BAUDENKMÄLER
in
SÜDTIROL

Umschlag vorne:
St. Martin in Thurn,
Mühle beim Mair zu Restalt,
im Hintergrund Schloß Thurn

Umschlag hinten:
Stilfs, Alte Pfarrkirche in Sulden

Redaktion:
Leo Andergassen und Helmut Stampfer

Alle Fotos von Hubert Walder,
Bildstelle des Landesdenkmalamtes

Gesamtherstellung:
Athesiadruck Ges.m.b.H., Bozen
ISBN 88-7014-610-3

BAUDENKMÄLER in SÜDTIROL

Herausgegeben vom
Landesdenkmalamt Bozen

VERLAGSANSTALT ATHESIA · BOZEN

Grußwort

Die vorliegende Publikation ist von großem kulturellen Wert – ich darf an dieser Stelle meiner Freude und meiner Genugtuung darüber Ausdruck geben, daß sie, dank des Fleißes der vielen, die an der Erstellung beteiligt waren, nun erscheinen kann. Es ist ein zweifacher Zweck, den sie erfüllt. Zum einen bekommt damit die Öffentlichkeit und die interessierte Leserschaft ein Dokument in die Hand, das einen Überblick, geordnet nach Gemeinden, über die denkmalgeschützten Gebäude Südtirols verschafft. Zum anderen wird damit auch die Arbeit des Denkmalamtes der Südtiroler Landesregierung mitdokumentiert, das nunmehr seit fast zwei Jahrzehnten, von 1973 bis 1982 unter der Leitung von Dr. Karl Wolfsgruber und seit 1983 unter Dr. Helmut Stampfer, für die Pflege erhaltenswerter Bausubstanz in unserem Land arbeitet.

Ich danke im Namen der Landesregierung allen, die am Zustandekommen dieser Publikation mitgewirkt haben, und wünsche ihr einen großen Kreis an fachkundigen, interessierten und neugierigen Benutzern.

Der Landesrat
Dr. Bruno Hosp

Zur Einführung

Die ältesten Schriftzeugnisse des Abendlandes, die vor knapp vierzig Jahren entzifferten Linear-B-Texte der minoisch-mykenischen Kultur, enthalten Inventare der Paläste von Knossos, Pylos und Mykene. Das menschliche Bestreben, Schätze schriftlich festzuhalten, reicht somit in früheste Zeiten zurück und dauert in wechselnden Formen bis heute an.

In der zweiten Hälfte des 19. Jahrhunderts wird der ursprüngliche Begriff auf die Erfassung des kulturellen Erbes einer Stadt, einer Region oder eines ganzen Landes ausgedehnt. Getragen von den jungen Disziplinen der Kunstgeschichte und Denkmalpflege, entstanden die ersten Inventarbände von Kunstdenkmälern.

Für die im Jahre 1907 von Max Dvořák begründete österreichische Kunsttopographie bearbeitete dessen Schüler Josef Weingartner zwischen 1915 und 1922 das Südtiroler Gebiet. Aufgrund der Annexion durch Italien konnte die Arbeit zwar nicht mehr im geplanten Rahmen erscheinen, die vier Bände der „Kunstdenkmäler Südtirols" (1923–1930) halten aber den Ertrag von Weingartners Inventarisation fest. Die erste Auflage, der bis heute sechs weitere, leider empfindlich gekürzte Auflagen gefolgt sind, stellt nach wie vor das wichtigste und unübertroffene Handbuch zur kunsthistorischen Forschung im Lande dar.

Aufgrund der Angaben bei Josef Weingartner beantragte das neu eingerichtete staatliche Denkmalamt in Trient die ersten Denkmalschutzbindungen in Südtirol. Nach dem Zweiten Weltkrieg wurden diese im Sinne des heute geltenden Staatsgesetzes vom 1. Juni 1939, Nr. 1089, bestätigt und zahlreiche neue Unterschutzstellungen vorgenommen. Dabei wandte man das Augenmerk in zunehmendem Maße auch Profanbauten zu, die bei Weingartner nicht aufscheinen.

Im Jahre 1973, als in Übereinstimmung mit dem neuen Autonomiestatut die Zuständigkeit für Denkmalschutz und Denkmalpflege vom Staat auf die Autonome Provinz Bozen-Südtirol übertragen wurde, erhielt die Landesverwaltung ein Verzeichnis aller denkmalgeschützten Bauten in Südtirol, gegliedert nach öffentlichem und privatem Besitz. Sehr bald stellte sich aber heraus, daß das Verzeichnis nicht nur viele Fehler, sondern vor allem große Lücken aufwies, die sich gerade im Hinblick auf verstärkte Abbruchbestrebungen und gesteigerte Umbautätigkeit problematisch auswirkten. Bedroht waren vor allem die Zeugnisse der bäuerlichen Architektur, Stadthäuser sowie Bauten des Historismus und des Jugendstils, die weder von Weingartner noch vom staatlichen Denkmalamt erfaßt worden waren.

Aus diesen Gründen nahm der erste Leiter des Landesdenkmalamtes, DDr. Karl Wolfsgruber, die vollständige Überarbeitung der Denkmallisten in Angriff. Die bestehenden Denkmalschutzbindungen wurden zuerst am Schreibtisch, dann vor Ort überprüft, Fehler richtiggestellt, Ergänzungen vorgeschlagen, schließlich dem Landesausschuß die Beschlußanträge übermittelt, wozu detaillierte Erhebungen am Kataster- und Grundbuchamt vorher, Zustellung an die Eigentümer und grundbücherliche Eintragung nachher erforderlich waren. Der Unterfertigte begann 1974 mit den Arbeiten in Salurn, 1976 kam Hubert Walder, der die fotografische Dokumentation besorgte, und 1981 Siegfried De Rachewiltz hinzu. Einzelne Gemeinden wurden ab 1983 von Waltraud Kofler-Engl, Irmgard Mitterer und Hans Nothdurfter bearbeitet, bis 1988 Leo Andergassen in Glurns das Vorhaben abschloß.

Als Ergebnis dieses beträchtlichen Aufwandes an Fach- und Verwaltungsarbeit liegt nun eine rechtskräftige Denkmalliste für ganz Südtirol vor, die zwar immer noch nicht vollkommen ist, aber doch wesentlich mehr den denkmalpflegerischen Erfordernissen von heute entspricht als das Verzeichnis des staatlichen Amtes. Der Mut zur Unvollständigkeit, zu dem mich Prof. Michael Petzet, der Leiter des Bayerischen Landesamtes für Denkmalpflege, des öfteren ermuntert hat, und die Überzeugung, daß die Liste für Landes- und Gemeindeverwaltungen, Projektanten, Eigentümer, ja für alle, denen Denkmalpflege ein Anliegen ist, von Nutzen sein könnte, standen Pate bei der vorliegenden Publikation.

Die Kurzfassung und der aus Sicherheitsgründen auferlegte Verzicht auf Angaben zum beweglichen Inventar heben das vorliegende Buch von den weiter ausholenden Bänden Weingartners bewußt ab und sollen auch einem zukünftigen Dehio Südtirol keineswegs vorgreifen. Alle Bauten, deren Erhaltung im öffentlichen Interesse liegt und die daher unter gesetzlichen Schutz gestellt worden sind, werden aufgelistet und mit kurzer Beschreibung charakterisiert. Die alphabetische

Reihenfolge der politischen Gemeinden, der Katastralgemeinden innerhalb derselben und die fortlaufende Zahl der Bau- und Grundparzellen, mit denen ein Gebäude katastermäßig identifiziert werden kann, dienen der raschen Information und leichten Benutzbarkeit.
Die Nichtaufnahme in die Liste stellt keineswegs einen Freibrief für Abbruch oder Verstümmelung dar. Sowohl in den Dörfern und Städten als besonders unter den Bauernhöfen gibt es zahlreiche Bauten, die erhaltenswert sind, für eine gesetzliche Eintragung aber zuwenig Elemente von künstlerischer oder volkskundlicher Bedeutung aufweisen. Andererseits ist der Denkmalbegriff einem ständigen Wandel unterworfen, so daß in Zukunft vielleicht weitere Bauten eingetragen werden, denen man heute noch keine Denkmalbedeutung zuerkennt. Keine Denkmalliste kann daher als endgültig abgeschlossen betrachtet werden, neue Erkenntnisse werden Zuwachs, widerrechtliche Maßnahmen leider aber auch Verluste bringen.
Da laut Artikel 13 des geltenden Denkmalschutzgesetzes Inschriften, Wappen und Malereien geschützt sind, auch wenn kein eigener Verwaltungsakt vorliegt, wurden Bildstöcke und einzelne Fassadenmalereien in der Regel nicht aufgenommen. Um Mißverständnissen vorzubeugen, wird ausdrücklich darauf hingewiesen, daß sich der Denkmalschutz stets auf das ganze Gebäude und nicht nur auf die in der Kurzbeschreibung erwähnten Bauelemente (Gewölbe, Stuben, Malereien usw.) erstreckt.
Obwohl das geltende Gesetz einen Unterschied zwischen öffentlichen Bauten und solchen in Privateigentum vorsieht, wurde der besseren Übersichtlichkeit wegen eine einzige Liste angefertigt. Die öffentlichen Verwaltungen und Körperschaften, kirchliche Institutionen miteingeschlossen, müßten von Rechts wegen selbst die Verzeichnisse vorlegen, was aber nie geschehen ist. Während die öffentlichen Bauten, denen geschichtliches und künstlerisches Interesse zukommt und die älter als fünfzig Jahre sind, kraft Artikel 4 des genannten Gesetzes auch ohne Verwaltungsakt unter Denkmalschutz stehen, bedarf es für Privatbauten eines Ministerialdekretes bzw. Landesausschußbeschlusses, der dem Eigentümer zugestellt werden muß.
Die von den einzelnen Bearbeitern gelieferten Texte wurden von Leo Andergassen für den Druck vorbereitet, vom Unterfertigten und seinen Mitarbeitern mehrmals gelesen und auf den neuesten Stand gebracht. Es ist somit tatsächlich die Arbeit des ganzen Amtes, die jetzt der Öffentlichkeit übergeben wird.
Außer den einzelnen Verfassern hat das Sekretariat beigetragen, der Toponomastikexperte Egon Kühebacher, der die Schreibweise der Eigennamen überprüft hat, und der Fotograf Hubert Walder. Von ihm stammen die Abbildungen des Buches, die alle Gemeinden entsprechend ihrer Denkmaldichte berücksichtigen.
Im Hinblick auf die anläßlich des Europäischen Denkmalschutzjahres 1975 in der Charta von Amsterdam erhobenen Forderung nach integriertem Denkmalschutz für Stadt und Land muß die Frage nach dem Sinn von Einzelunterschutzstellungen aufgeworfen werden. Es erübrigt sich zu betonen, daß ein integrierter Schutz für Baubereiche und -zonen heutigen Erfordernissen weit mehr entsprechen würde. Solange aber diese Möglichkeit gesetzlich nicht gegeben ist, solange Städte wie Meran und Bruneck nicht einmal über einen geltenden Wiedergewinnungsplan für ihre Altstädte verfügen, solange Denkmalpflege fast ausschließlich über die Unterschutzstellung laut geltendem Gesetz zum Tragen kommt, müssen wir mit den an sich überholten Bindungen von einzelnen Bauten vorliebnehmen. Auf die Umgebung eines Denkmales kann das Amt nur in beschränkter Weise im Sinne des oft angefochtenen Artikels 21 Einfluß nehmen, mit dem Bauverbote oder -beschränkungen bezüglich Höhe oder Abstände vorgeschrieben werden. Allerdings wurden und werden diese Maßnahmen nur ad hoc, das heißt bei begründeter Gefährdung eines Denkmales, und nicht planmäßig vorgenommen. Daraus erklärt sich die geringe Zahl dieser indirekten Schutzmaßnahmen, die unter dem Stichwort Bannzone nach dem betreffenden Bau jeweils angeführt werden.
Bei der Arbeit vor Ort leisteten zahlreiche Bürgermeister, Pfarrer, Mitglieder der Heimatschutzvereine und Denkmaleigentümer wertvolle Hilfe. Ihnen allen gebührt Dank und Anerkennung. Gleichzeitig ergeht an sie und an jeden Interessierten im Lande die Bitte, das Amt auf Ungenauigkeiten, Fehler und Lücken aufmerksam zu machen, um bei nächster Gelegenheit Verbesserungen anbringen zu können.
Inventare wurden seit jeher im Hinblick auf Wertsicherung und Erhaltung angelegt. All jenen, die Verantwortung für unsere Baudenkmäler tragen, Politikern, Verwaltern, Eigentümern, Projektanten, Restauratoren und Handwerkern, möge das Buch den Reichtum, die Vielfalt und die Qualität unseres architektonischen Erbes eindringlich vor Augen führen.

Helmut Stampfer
Landeskonservator

Katastralgemeinde Abtei

Kapelle Unsere Liebe Frau in Pescoll **Bp. 44**

Um 1900 auf Vorgängerbau errichtet. Abgesetzter, gerader Chorschluß, über der Sakristei Türmchen mit Spitzhelm, Rundbogentür, -fenster, Tonnengewölbe im Langhaus, im Chor Kreuzgratgewölbe. Schindeldach.

Kornkasten in Pedraces **Bp. 58**

Zweigeschossiger Bau, an der Fassade Jahreszahl 1782. Reste von Eckquadermalerei, am Fassadengiebel zwei Oculi und Skulpturennische.

Costa in Pedraces **Bpp. 69, 72**

Einhof. Erd- und Obergeschoß in Mauerwerk, verbretterter Giebel in Bundwerk. Holzsöller. Rundbogentüren zu den Kornkammern. Labe mit Stichkappengewölbe und zwei Spitzbogentüren. Sichtmauerwerk im Erdgeschoß.

Kapelle in Paracia **Bp. 137**

Hölzerner Fassadendachreiter mit Spitzhelm, dreiseitiger Chorschluß, Kreuzgratgewölbe. Rundbogentür, -fenster, Schindeldach. 18 Jh.

Sompunt mit Mühle **Bpp. 140/1, 143**

Dreigeschossiger Bau mit Walmdach, im Hausgang Tonnengewölbe, Rundbogentor mit Jahreszahl 1598, Treppe mit Steinbrüstung. Im Obergeschoß Leistendecke. Zweigeschossiger Verandavorbau, Eckquaderung.
Funktionsfähige Mühle in Holzblockbau mit vollständiger Einrichtung.

Gasthaus Weißes Kreuz (Trebo) **Bp. 181**

Rechteckbau mit Walmdach, 1614, an der Nordseite Spitzbogenportal. Gänge mit Stichkappengewölbe und Putzgraten, im Obergeschoß Tonne mit Stichkappen. Fassadenfresko (Madonna), der Überlieferung nach von Matthäus Günther.

Pfarrwidum in St. Leonhard **Bp. 186**

Bau mit Eckerker auf Konsolen, verbretterter Giebel, 16. Jh. Spitzbogenportal, Tonnengewölbe mit Stichkappen. Ende 19. Jh. erhöht und umgebaut. An der Fassade Sonnenuhr.

Pfarrkirche zu den Heiligen Jakob und Leonhard mit Friedhof in Abtei **Bp. 188 Gp. 1556**

Barockbau, 1776–78 von Franz Singer errichtet. Wandpfeilerraum, Kuppeln, abgerundeter Chorschluß, Rundbogenfensterpaare mit Thermenfenstern, Spitzturm 1347. Freskenausstattung von Matthäus Günther, 1776, Stukkatur von Singer.

Colz in St. Leonhard **Bp. 206/1**

Krüppelwalmdach, tonnengewölbte Gänge mit Stichkappen und Putzgraten (Werkzeichen H. W. 1604), Spitzbogentüren. Fassadenfresko (St. Christoph, Florian), 17. Jh. Im Inneren Malereien an einer Bretterwand (Erschaffung Evas, Sündenfall) und in den Schildbögen (Kreuzigung, Eherne Schlange), 1612.

Kornkasten in Valgiarei **Bp. 231**

Gemauerter Unterbau mit steingerahmter Rundbogentür, Eckquaderung. Obergeschoß in Holz, verbretterter Giebel, zum Söller zwei Türholme mit Eselsrücken.

Alfarei **Bp. 278**

Erdgeschoß gemauert, Obergeschoß vorkragend auf Holzstützen. Rundbogentür. Im Obergeschoß Eselsrückenholm. Im Keller Mittelsäule.

Plangsarores **Bpp. 297, 298, 299, 300**

Zwei Wohnhäuser mit Backofen und Kornkasten. Wohnbauten mit gemauertem Erdgeschoß und Rundbogentüren. In den Kellern eingezogene Balkendecken mit Mittelsäulen.

Geburtshaus von P. Josef Freinademetz in Oies **Bp. 325**

Zwei Geschosse gemauert, Giebelgeschoß verbrettert mit Laube, Küche mit Tonnengewölbe. Keller mit Balkendecke zu Kapelle umfunktioniert. Stubengetäfel mit Christusmonogramm und Jahreszahl 1848.

Heiligkreuz **Bp. 338**

Bau 1484 errichtet, Spitzturm mit gemalter Quaderung, dreiseitig gebrochener Chor, Kreuzrippengewölbe im Langhaus, Spitzbogenfenster. Im Westen Vorbau, 1851. Wandgemälde, Mitte 17. Jh., Schindeldach.

Hospiz bei Heiligkreuz **Bp. 339**

Dreigeschossiger Bau mit Krüppelwalm, Rundbogentür, 1718, Labe und Küche mit Tonnengewölbe und Stichkappen, Stubengetäfel mit intarsiertem Mittelfeld (Arma Christi), 1847.

Kapelle in Cianins **Bp. 377**

Kapelle mit dreiseitigem Chorschluß, Spitzbogentür, -fenster. Spitztonne mit Stichkappen. Gotisierender Baustil, Mitte 19. Jh., Schindeldach.

Marin de sura in Stern **Bp. 407**

Zweigeschossiger Bau, zwei Rundbogentüren, Jahreszahlen 1602 und 1721. Fenster mit Putzrahmen, tonnengewölbter Hausgang mit Stichkappen.

Pfarrkirche Unsere Liebe Frau in Stern mit Friedhof **Bp. 413 Gp. 3231**

Bau von 1516, 1888 und 1953 verlängert. Spitzturm, dreiseitiger Chorschluß, Tonne mit Stichkappen und Putzgraten im Langhaus. Spitzbogenfenster. Deckenmalerei von Johann Matthias Pescoller, 1897.

Ciasa Püter in Stern **Bp. 426**

Zweigeschossiger Bau mit verbrettertem Giebel, Quadermalerei mit Jahreszahl 1685, zwei Rundbogentüren im Kellergeschoß, gemauerte Freitreppe mit Rundbogentür, in der bohlenbalkengedeckten Labe zwei Bögen, feldergetäfelte Stube, 18. Jh., im Obergeschoß Eselsrückentürholm, 1685.

Colz (Granciasa) in Stern **Bpp. 462, 463, 464, 465**
Gpp. 3368, 3369/1, 3369/2, 3370, 3371, 3372, 3373

Eckerker. Umfassungsmauer mit Scharten und Ecktürmen, unregelmäßige Fensterreihen und Rundbogenportal. Gänge mit Stichkappengewölben und Putzgraten, Kassettendecke und Wandgetäfel, 17. Jh., Eckturm an der Talseite abgerundet, Schießscharten, Flachbogenfenster, im dritten Geschoß Rundbogentür (zum früheren Wehrgang), Schindeldach.
Bannzone: Gpp. 3227/1, 3227/2, 3344/1, 3344/2, 3345/1, 3345/2, 3346, 3347, 3348/1, 3348/3, 3349/1, 3349/2, 3350/3, 3351/3, 3351/4, 3351/8, 3351/9, 3351/11, 3351/13, 3351/14, 3351/15, 3358, 3365/1, 3366, 3367, 3374/1, 3375; Bpp. 470/2, 855, 884, 995, 1022/1, 1218/1, 1218/2, 1218/3

Pfarrkirche St. Kassian mit Friedhof und Kapelle **Bp. 573**
Gp. 4484

1762/63 errichtet, 1844/45 verlängert. Turm mit Oktogon und Zwiebelhaube, Blendfassade mit Voluten, Pilastergliederung, Skulpturennische. Polygonaler Chor, Spiegelgewölbe. Deckengemälde von Hans Pescoller.
Friedhofskapelle: polygonaler Schluß, Schindeldach.

Larsei **Bp. 616**

Im Erdgeschoß Tonnengewölbe auf Stichkappen. Gemauerte Treppe ins Obergeschoß. Stube mit Felderdecke (Christusmonogramm), 1893. Oberstube mit Felderdecke, Leistengetäfel und Mittelfeld (Auge Gottes), 1855.

Marienkapelle in Costadedoi **Bp. 633**

Fassadendachreiter mit Spitzhelm, dreiseitiger Chorschluß, Spitzbogenfenster, -tür. Spitztonne mit Stichkappen. 1901 errichtet. Schindeldach.

Mühle beim Rudiferia de sura in St. Kassian **Bp. 645**

Zweigeschossige Mühle in Schrotblockbau mit steilem Satteldach. Funktionstüchtig.

Kampidell in St. Kassian **Bp. 667**

Mauerbau mit verbrettertem Giebel an der Bergseite, Krüppelwalmdach an der Talseite, Fensterkörbe. Stube mit Leistengetäfel und Felderdecke, Zimmer mit Wandgetäfel und Stuckdecke, im Obergeschoß Kapelle mit Stuckdecke. Schindeldach.

Lourdeskapelle in Stern **Bp. 727**

Historisierende Kapelle mit Fassadendachreiter (Spitzhelm), um 1890. Spitzbogentür, -fenster, dreiseitiger Chorschluß, Tonnengewölbe mit Stichkappen.

Marienkapelle in Piccolplang **Bp. 803**

Dreiseitiger Chorschluß, Rundbogenfenster, -tür, Tonnengewölbe. Schindeldach.

Kapelle an der Staatsstraße **Bp. 903**

Hölzerne Kapelle, um 1930 mit Dachreiter (Spitzhelm), Biforienfenster, Rundbogentür und Vorhalle errichtet. Schindeldach.

Ölbergkapelle in Corcela **auf Gp. 116**

Kapelle aus dem 19. Jh., um 1960 stark erneuert. Dreiseitiger Chorschluß, hölzerner Fassadendachreiter, Rundbogentür und -fenster. Tonnengewölbe.

Lagazuoi-Kapelle **auf Gp. 5178**

Schrotblockbau mit geradem Abschluß, Satteldach, abgeschrägter Holm an der Eingangstür. Um 1917 erbaut.

Katastralgemeinde Luttach

Pfarrkirche St. Sebastian mit Friedhof **Bp. 1**
Gp. 1

Spätgotischer Bau mit polygonalem Chorschluß und Spitzturm 1495 geweiht. Steingerahmtes Portal, Spitzbogenfenster mit Maßwerk, im Chor und Schiff Sternrippengewölbe. Freskenreste, 16. Jh.

Gasthaus Oberstock **Bpp. 5, 58**

Ehemaliger Ansitz Oberstock. Um 1900 neu errichtet. Granitgerahmte Eingangstür, gewölbter Kellerraum, ein Kellerraum mit gotischer Mittelsäule, Balkendecken. An der Fassade zweigeschoßiger Balkonaufbau, verbretterter Giebel.

Mariahilfkapelle beim Oberstein **Bp. 12**

Gerader Chorschluß, hölzerner Dachreiter, Rundbogenfenster. Schindeldach.

Kornkasten und Kapelle beim Niederstein **Bp. 15, auf Gp. 119**

Getreidespeicher in Kantholzblockbau mit gemauertem Sockel. Abgefaste Türöffnung, offener Giebel.
Kapelle: Hölzerner Dachreiter (Jahreszahl 1948), Flachbogentonne, Rundbogenfenster. Schindeldach. 18. Jh.

Marienkapelle beim Großarzbach **Bp. 24**

Polygonaler Chorschluß, Tonnengewölbe, Rundbogenfenster, Schindeldach.

Oberbrugger mit Kapelle **Bpp. 46/1, 209**

Ehemaliges Wirtshaus. Rundbogiges Eingangstor, Labe mit Tonnengewölbe und Stichkappen, Steinplattenboden. Gewölbte Küche, Gaden und Keller. Steinerner Treppenaufgang. Einstige Trinkstube tonnengewölbt mit Stichkappen und Wappendarstellungen mit Trinksprüchen, Jahreszahl 1809 bis 1909, Brustgetäfel.
Kapelle: Polygonal abschließender Chor, steiles Satteldach, Tonnengewölbe. Rundbogenfenster.

Lindemair mit Kornkasten **Bpp. 63/1, 63/5**

Einhof. Verbretterter Giebel, spitzbogige Eingangstür. Im Obergeschoß Rundbogentür. Tonnengewölbte Küche, Stube mit Leistengetäfel und Jahreszahl 1836.
Kornkasten in Blockbau mit Freitreppe ins Obergeschoß, offener Giebel.

Mair zu Pirch mit Kornkasten **Bpp. 83/1, 83/3**

Fenster in tiefen Leibungen, Rundbogentor. In der Labe Tonnengewölbe, Steinplattenboden. Tonnengewölbte Küche. Rundbogentür zu netzgratgewölbtem Raum.
Kornkasten: Kantholzblockbau mit teilweise gemauertem Erdgeschoß, offener Giebel.

Mühle beim Innerhof in Weißenbach **Bp. 122**

Gut erhaltene funktionstüchtige Mühle in Kantholzblockbau. Schindeldach.

Kapelle beim Feichter in Weißenbach **Bp. 127**

Gerade abschließender Chor, rechteckige Eingangstür, Tonnengewölbe.

Pfarrkirche St. Jakob in Weißenbach **Bp. 157**

Spätgotischer Bau mit seitlichem Spitzturm, polygonaler Chorschluß, steingefaßtes Spitzbogenportal. Netzrippengewölbe mit Schlußsteinen. 1434 erstmals erwähnt, 1480 geweiht. 1957 Kirchenerweiterung (Projekt Erich Pattis). Christophorusfresko, 16. Jh.

Kornkasten beim Oberegger in Weißenbach **Bp. 183**

Zweigeschossiger Kantholzblockbau. Tür im Erdgeschoß mit Jahreszahl 1639, verbretterter Giebel.

Unteregger in Weißenbach **Bp. 184**

Steingerahmte spitzbogige Eingangstür. In der Labe Spitztonnengewölbe mit Stichkappen, Küche mit Tonnengewölbe. Zwei Stuben mit barockem Leistengetäfel. Steinerne überwölbte Treppe zum Keller und ins Obergeschoß, Spitzbogentüren.

Kapelle beim Oberschöllberger **Bp. 187**

Hölzerner Dachreiter, Kreuzgratgewölbe mit Rankenmalerei. Inschrift mit Jahreszahl 1750.

Marienkapelle beim Oberarzbacher **auf Gp. 146**

Hölzerner Giebeldachreiter (Spitzhelm), dreiseitig abschließender Chor, Tonnengewölbe. Steinplattenboden, Rundbogentür.

Kapelle und Backofen beim Feichter **auf Gp. 200**

Kapelle und Backofen unter einem Dach. Kapelle mit Tonnengewölbe, Steinplattenboden. Volkstümliche Wandmalereien mit Szenen aus der Passion Christi und der heiligen Anna.

Katastralgemeinde St. Jakob

Pfarrkirche St. Jakob mit Friedhofskapelle und Friedhof **Bp. 1**
Gp. 1

Spätgotischer Bau mit seitlichem Spitzturm, Rundbogentür, Sternrippengewölbe. Im 18. und 19. Jh. erweitert.
Friedhofskapelle an die Kirche angebaut: Rundbogentür, Kreuzgratgewölbe.

Pfarrwidum **Bp. 2**

Gemauerter Bau mit Krüppelwalmdach, steingerahmte Rundbogentür, Unterlabe mit Stuckdecke, tonnengewölbte Küche, überwölbter Stiegenaufgang, Oberlabe mit Stuckdecke. Zimmer mit neugotischem Getäfel mit Flachschnitzerei, Stube mit Kassettendecke.

Niedermair mit Mühle **Bpp. 17, 57**

Haus mit angebautem Kornkasten. Stube mit gotischer Balkendecke. Am Kornkasten Jahreszahl 1879, Fenster in tiefen Leibungen.
Mühle: Funktionsfähige Mühle in Blockbau. Am abgefasten Türsturz Jahreszahl 1840.

Tischler mit Mühle und Kornkasten **Bpp. 27, 30, 31**

Einhof mit gemauertem Erdgeschoß, Obergeschoß in Blockbau. Rundbogentür. Fenster in tiefen Leibungen, Labe mit Kreuzgratgewölbe. Gewölbter Keller. Laut Inschrift 1550 erbaut.
Mühle: Kantholzblockbau mit zwei Eingängen. Am abgefasten Türsturz Jahreszahl 1889. Funktionsfähige Mühle. Schindeldach.
Kornkasten: Holzkonstruktion in Blockbau. Gotische Türöffnungen, im Erdgeschoß über der Tür Jahreszahl 1550.

Untersteiner Mühle **Bp. 56**

Funktionsfähige Mühle in Blockbau. Eingang mit abgefastem Türsturz.

Spitzler **Bp. 61**

Malerisches Haus mit gemauertem Erdgeschoß, Obergeschosse in Holzbau. Reich gearbeitete Holzsöller, getäfelte Räume mit Intarsien. 1930 als Sommerfrischhaus für den Geistlichen Steger erbaut.

Kapelle beim Moser **Bp. 137**

Geschwungener Giebel, runder Chorschluß, hölzerner Giebeldachreiter mit Spitzhelm. Tonnengewölbe auf Wandpilastern. Rundbogenfenster.

Kapelle und Mühle beim Voppichl **Bpp. 159, 162**

Laut Inschrift 1798 erbaut. Polygonal abschließender Chor, hölzerner Giebeldachreiter, Rundbogentür, Tonnengewölbe mit Wandgemälden (Tod und Leben, Verkündigung, Michael, Fegefeuer, Sebastian, Silvester). Vor dem Altarraum hölzernes Gitter.
Mühle: Gemauerter Bau mit Fenster in tiefen Leibungen. Über der Tür Jahreszahl 1790 und Initialen N.I.P. Funktionsfähige Mühle mit Müllerhaus.

Kapelle und Mühle beim Schwaiger **Bp. 206, auf Gp. 919**

Holzkonstruktion in Blockbau. Hölzerner Dachreiter, Jahreszahl 1803 über der Tür. Innen Sattelabschluß.
Mühle: Funktionsfähige Mühle in Blockbau. Schulterbogentür mit Jahreszahl 1769 am Sturz.

Unterperger **Bp. 213**

Am Giebelfeld Jahreszahl 1689. Steingerahmtes Rundbogenportal, Fenster in tiefen Leibungen, Labe mit Kreuzgratgewölbe und Steinplattenboden. In Küche und Gaden Tonnengewölbe. Am Giebel Oculi und Vierpaßöffnung.

Enz **Bp. 214**

Am Giebel Jahreszahl 1733. Steingerahmte Rundbogentore, Labe mit Tonnengewölbe und Stichkappen, Steinplattenboden, gemauerter Treppenaufgang. Stube mit frühbarocker Felderdecke. Küche und ehemalige Kornkammer mit Tonnengewölben.

Kornkasten beim Niederhollenzer **auf Gp. 121**

Zweigeschossiger gemauerter Bau mit Holzgiebel. Holzschiebefenster in tiefen Leibungen. Steingerahmte rundbogige Eingangstür. Im Obergeschoß Jahreszahl 1545.

Katastralgemeinde St. Johann

Pfarrkirche St. Johannes der Täufer mit Friedhofskapelle und Friedhof **Bpp. 1, 2 Gp. 1**

Abgerundeter Chorschluß, seitlicher Turm mit Doppelzwiebel auf Oktogon. An der Fassade Volutengiebel, Pilastergliederung. 1783/85 von Josef Abenthung erbaut. Flachkuppeln im Langhaus, Thermen- und Rundbogenfenster. Freskenausstattung von Josef Schöpf (Vita Johannes des Täufers).
Bannzone: Gp. 21/4.

Pfarrwidum mit Garten **Bp. 6 Gp. 20/2**

Eckquaderung und Fensterumrahmung. Gewölbte Mittellabe, Oberlabe mit Stuckdecke. Bau 1908 erhöht. An der Giebelseite Holzveranda.

Gall **Bp. 20**

Verbretterter Holzgiebel, Eckquaderung, barocke Fensterumrahmung mit Jahreszahl 1770. Fresken (drei Sonnenuhren, St. Petrus, Paulus, Apostel, Antonius, Wappen) mit Jahreszahl 1794 und Initialen I.H.P.P.

Kohler **Bp. 31**

Einhof. Am Wohnhaus Eckquaderung und Wandgemälde (Maria mit Kind, Johannes Nepomuk, Margareth). Tonnengewölbte Küche, Stube mit barockem Leistengetäfel. Ehemaliger Gaden mit barockem Getäfel, bez. 1781.

Unterleiten **Bp. 88**

Holzbau mit gemauertem Erdgeschoß. Am Giebelfeld geschnitzte Engelsfiguren. Fenster in tiefen Leibungen, spitzbogige Eingangstür, tramgedeckte Labe, Flach- und Rundbogentüren. In der Stube eine Wand mit gotischem Getäfel und Inschriftenleiste.

Mairegger mit Kornkasten **Bp. 91**

Erdgeschoß gemauert, spitzbogiger Eingang, gewölbte Küche. Stube mit gewölbter, geschnitzter gotischer Bohlenbalkendecke. Obergeschoß in Bundwerk mit Ecksöller. Eß-Glocke.
Kornkasten: Zweigeschossiger Bau mit gemauertem Erdgeschoß, Rundbogeneingang, Fenster in tiefen Leibungen.

Kapelle beim Platter **Bp. 106**

Dreiseitiger Chorschluß, an der Fassade Volutengiebel, Giebeldachreiter. Steingerahmte Eingangstür, Tonnengewölbe mit Wandgemälden (Maria Himmelfahrt, Verehrung des Herzens Jesu), bez. 1809, an der Fassade heilige Notburga und Isidor. Schindeldach.

Abtei, Colz in St. Leonhard

Abtei, Campidell in St. Kassian

Abtei, Kornkasten in Valgiarei

Ahrntal, St. Jakob in Weißenbach

Ahrntal, Spitzler

Ahrntal, Mühle beim Schwaiger

Ahrntal, Kapelle beim Voppichl

Ahrntal, Mairegger

Kapelle beim Hochlercher **Bp. 110**

Polygonaler Chorschluß, Tonnengewölbe mit gemaltem Auge Gottes im Stuckmittelfeld, bez. 1747. Steingefaßte Eingangstür, im Apsisgewölbe Wandmalerei (Heilige Dreifaltigkeit).

Zuhaus zum Platter **Bp. 149**

Obergeschoß in Kantholzblockbau mit Söller. Stube mit gotischer Bohlenbalkendecke und Unterzugsbalken mit geschnitztem Sonnrad.

Mühlegg (Berggericht) mit Kornkasten und Johannes-Nepomuk-Kapelle **Bpp. 177, 178, 179**

Ansitzartiger Bau mit Eckerkern und Krüppelwalmdach. Steingerahmte Schulterbogentür mit Jahreszahl 1586. Gewölbte Labe und Küche. Ehemals Sitz des Ahrner Berggerichtes.
Kornkasten: Schmaler, zweigeschossiger gemauerter Bau mit Holzgiebel, Rundbogentür, hölzerne Freitreppe ins Obergeschoß. Im Erdgeschoß Sterngratgewölbe.
Kapelle: Gemauerter Dachreiter (Spitzhelm), polygonaler Chor, Tonnengewölbe, 1734 erbaut, 1743 geweiht. Am Giebel Oculifenster, Flachbogenfenster, Steinplattenboden, Schindeldach.

Kastner mit Kornkasten **Bpp. 181, 182**

Labe mit Balkendecke und Rundbogentüren, in der Stube barockes Leistengetäfel und gotische Balkendecke.
Kornkasten: bez. 1751, Holzbau.

Kapelle beim Mentler **Bp. 183**

Rechteckbau mit hölzernem Dachreiter, Tonnengewölbe, 1895 erbaut. Rechtecktür, am Giebel Oculus, vor dem Altarraum Holzgitter.

Oberlinder mit Kornkasten und Mühle **Bpp. 206, 210**

Steingerahmte Rundbogentüren mit Wappenschilden, Steinmetzzeichen und Jahreszahl 1588. Tonnengewölbe mit Stichkappen in der Labe. Tonnengewölbte Küche und Gaden.
Kornkasten: An das Wirtschaftsgebäude angebaut. Steingerahmte Schulterbogentür, am Sturz Jahreszahl 1588. Tonnengewölbter Innenraum.
Mühle: Funktionstüchtige Mühle in Kantholzblockbau mit abgefaster Türöffnung.

Mühle beim Wenger **Bp. 213**

Kantholzblockbau mit Gedächtnistafel an der Giebelseite und Jahreszahl 1748. Funktionsfähiges Mahlwerk.

Mesnerhaus in Steinhaus **Bp. 222**

Fenster in tiefen Leibungen, rundbogige Eingangstür mit Freitreppe. Tonnengewölbte Kellerräume, Labe und Küche. Zimmer mit Leistengetäfel. Am Giebel Oculi und Vierpaßöffnungen.

Stallungen und Schießstand in Steinhaus **Bpp. 225, 226**

Langgezogener Baukörper mit Fensterumrahmungen und Eckquaderung in Putz. Im Schießstand Balkendecke. Brunnentrog mit Jahreszahl 1770.

Pfarrkirche Unsere Liebe Frau von Loreto in Steinhaus mit Friedhof **Bp. 227** **Gp. 918**

1704 anstelle einer Kapelle erbaut und geweiht. Abgesetzter, gerade abschließender Chor, Fassadenturm mit Kuppelhaube und Laterne. Langhaus mit Tonnengewölbe, Kreuzgratgewölbe im Chor. An der Fassade Skulpturennischen.

Gassegg mit Garten **Bp. 228** **Gpp. 926, 927**

Herrschaftlicher Bau mit regelmäßigen Fensterreihen, Eckerkern und Pilastergliederung. Um 1713 errichtet. An den Giebeln Oculi. Eckquaderung, an den Fenstern Putzrahmen.
Bannzone: Gp. 928

Beim Steinhauser Wirt **Bp. 229/1**

Mächtiger Bau mit Eckquaderung, Fenster in tiefen Leibungen. Rundbogiges Eingangstor, Labe mit Tonnengewölbe und Stichkappen.

Ehemaliger Erzkasten in Steinhaus **Bp. 230/1**

Bau mit gemalten Eckquadern, Fenster in tiefen Leibungen. Rundfenster am Giebelfeld.

Rathaus (Faktorhaus) **Bp. 231**

Mächtiger Bau mit Krüppelwalmdach um 1560 errichtet. Eckerker und polygonaler Mittelerker. Enzenbergisches Wappen. Mittelflur im ersten Stock mit Kreuzgratgewölbe, Oberlabe mit Stuckdecke. Wandgemälde (Sündenfall), um 1560. Steingerahmtes Rundbogentor.

Kottersteger **Bp. 256**

Gemalte Eckquaderung, Wappendarstellung und Fresken (St. Florian, Madonna). Labe mit Tonne und Stichkappen, im Gaden Kreuzgratgewölbe. Rundbogentüren. Gewölbter Keller.

Marienkapelle beim Bachmair **Bp. 261**

Gotisierender Bau aus dem 19. Jh. mit polygonalem Chorschluß, an der Fassade Blendspitzbogen. Spitzbogeneingang, Spitzbogenfenster. Holzdecke, Schindeldach.

Kapelle beim Sandbichl **Bp. 272**

Polygonale Apsis, hölzerner Giebeldachreiter, Tonnengewölbe.

Pichl **Bp. 302**

Am Giebel Jahreszahl 1582. Rundbogeneingang. In der Stube spätgotische Bohlenbalkendecke mit Kerbschnitzerei.

Kapelle beim Oberhof **Bp. 303**

Holzbau mit Holzschindelverkleidung. Polygonaler Chorschluß, im Innern Jahreszahl 1855.

Marienkapelle und ehemaliger Friedhof beim Weißbachl — **Bp. 313, Gp. 1269**

An der Stelle der alten Pfarrkirche. Krüppelwalmdach, tonnengewölbter Innenraum, Rechtecktür, Lünette, Rundbogenfenster.

St. Martin — **Bp. 342**

Spätgotischer Bau, 1502/1503 errichtet. Polygonaler Chorschluß, Spitzturm aus Quadern, Schlingrippengewölbe, skulptierte Kanzelbrüstung.

Martinswirt — **Bp. 343**

Krüppelwalmdach. In Keller und Erdgeschoß Mittellabe mit Kreuzgratgewölbe. Stube mit Wandgetäfel und Stuckmittelfeld.

Mariahilfkapelle in St. Martin — **Bp. 357**

Satteldach, polygonaler Chorschluß, Tonnengewölbe, 1860 erbaut. Rechtecktür.

Kapelle und Kornkasten beim Obwegis — **auf Gp. 172/1**

Abgesetzter, gerade abschließender Chor, hölzerner Dachreiter, geschwungener Giebel, granitgerahmte Eingangstür. Tonnengewölbe auf Pilastergliederung. 1891 errichtet. Schindeldach.
Kornkasten: Zweigeschossige Holzkonstruktion in Blockbau. Im Obergeschoß Tür mit Eselsrückenholm.

Kapelle beim Unterfranken — **Gp. 714**

Satteldach, polygonaler Chorschluß mit Tonnengewölbe, Rechtecktür, Lünette. Von Daniel und Walburg Außerhofer 1912 erbaut.

Kapelle auf Vilegg — **auf Gp. 716**

Abgesetzter, polygonaler Chor, Volutengiebel, Tonnengewölbe, Rundbogenfenster, Schindeldach.

Kapelle beim Geiregger — **auf Gp. 1162**

Holzbau mit polygonalem Chorschluß, Giebeldachreiter, Rundbogeneingang.

Kornkasten beim Weißbachl — **auf Gp. 1265**

Zweigeschossiger Bau mit gemauertem Erdgeschoß, Obergeschoß in Kantholzblockbau. Steinerner Treppenaufgang, Holztür mit Eselsrückenholm und Jahreszahl 1797.

Kapelle beim Pichl — **auf Gp. 1379**

Kantholzblockbau mit polygonalem Chorschluß, Dachreiter. Schindeldach.

Kapelle beim Pitschiler — **auf Gp. 1887**

Abgetrennter Giebel, im Giebelfeld Nische mit Kreuzigungsgruppe. Hölzerner Dachreiter, Tonnengewölbe, Rundbogenfenster.

Katastralgemeinde St. Peter

Taser mit Mühle — **Bpp. 27, 29**

Gemauerter Bau mit angebautem tonnengewölbten Kornkasten. Küche mit Tonnengewölbe. Rundbogentür zum Gaden mit Balkendecke. Stube und Oberstube mit einfachem Leistengetäfel und Jahreszahl 1837.
Mühle: Gemauerter Bau mit offenem Bundwerkgiebel, Fenster in tiefen Leibungen. Funktionsfähige Mühle, Schindeldach.

Duregger — **Bp. 36**

Labe, Küche und Gaden mit Kreuzgratgewölben, gemauerter Treppenaufgang, Stube mit Leistengetäfel, bez. 1861. Im Kornkasten Fenster in originalen Leibungen und Jahreszahl 1541.

Pfarrwidum — **Bp. 37**

Gemauerter Bau mit Krüppelwalmdach, Putzrahmungen an den Fenstern, Stube mit Wandgetäfel.

Pfarrkirche St. Peter mit Friedhofskapelle und Friedhof — **Bpp. 37, 38, Gp. 195**

Polygonaler Chorschluß, seitlicher spätgotischer Fassadenturm. Steingerahmte Spitzbogentür, Spitzbogenfenster, Tonnengewölbe. Um 1600 errichtet.
Friedhofskapelle: Spitzbogenöffnung und Sterngratgewölbe, um 1600.

Locher — **Bp. 42/1**

Blockbau. Stube mit gotischer Balkendecke und Unterzug. Tonnengewölbte Küche, Türen mit Eselsrückenholmen.

Althaus — **Bp. 48**

Raststätte am Übergang ins Defreggental. Blockbau. Stuben mit Täfelung, Küchen mit Tonnengewölbe.

Ahrnsteiner — **Bp. 49**

Keller und Küche mit Tonnengewölbe, Stube mit Leistengetäfel, Türen mit Eselsrückenholmen. Labe mit Balkendecke. Am Sturz der Eingangstür Jahreszahl 1625, am Stadeltor Jahreszahl 1628. Schindeldach.

Linder — **Bp. 70**

Gemauerter Unterbau, Obergeschoß in Blockbau. Küche mit Tonnengewölbe, Stube mit Felderdecke und Unterzugsbalken, 16. Jh.

Grieser — **Bp. 72**

Über dem Eingangstor Wappen mit Jahreszahl 1470. Labe mit Kreuzgratgewölbe, Küche mit Tonnengewölbe, Stube mit gotischem Getäfel und Inschrift, bez. 1481.

Marche — **Bp. 92/1**

Holzkonstruktion in Blockbau, gemauertes Erdgeschoß mit Rundbogentür und Jahreszahl 1643 über dem Eingang. Fenster mit tiefen Leibungen. In der Labe Spitzbogentüren.

Ahrntal, Mühleck (Berggericht)

Ahrntal, Kornkasten beim Weißbachl

Ahrntal, Rathaus (Faktorhaus)

Ahrntal, Grieser

Kapelle und Zuhäusl beim Walcher **Bpp. 107, 108**

Rundbogiger Abschluß, hölzerner Dachreiter. Tonnengewölbe auf Wandpilaster. Schindeldach.
Zuhäusl: Gemauertes Erdgeschoß, Obergeschoß in Blockbau. Fenster in tiefen Leibungen, Stube mit Leistengetäfel und geschnitztem Mittelstück; über der Tür Jahreszahl 1843.

Antoniuskapelle beim Höcher **Bp. 147**

Rechteckbau, Rundbogenfenster, Tonnengewölbe. 1919 erbaut, 1950 und 1982 renoviert.

Kapelle beim Hittler **auf Gp. 65**

Rundbogiger Chorschluß, hölzerner Glockenträger. Rundbogeneingang, Tonnengewölbe, Rundbogenfenster. Schindeldach.

Katastralgemeinde Aldein

Pfarrkirche zum Heiligen Kreuz und zu den Heiligen Jakob und Helena mit Friedhofskapelle und Friedhof — **Bpp. 1, 311 Gp. 1**

Dreigeschossiger Bau, 1512 geweiht, Mitte 19. Jh. vergrößert und stark verändert. Polygonaler Chor, Sternrippengewölbe, Netzrippengewölbe im Langhaus. Südliches Seitenschiff im 19. Jh. angebaut. Gotisierende Fassade. Achteckiger Turmschluß.

Altes Volksschulgebäude — **Bp. 2**

Regelmäßiger Bau mit zwei Geschossen, an der Hauptfassade reich geschnitzter Bundwerkgiebel, 1828 datiert.

Gasthof Krone — **Bp. 4**

Regelmäßiger Bau, Rundbogentor, Scheitel datiert 1656, Initialen A. P. Stube mit spätbarocker Täfelung. Im ersten Stock Saal zum Platz Biforienfenster, einfache Stuckdecke. Türenbemalung, bez. 1834. Zimmer mit Kachelofen (18. Jh.).

Mesner — **Bp. 22**

Zweigeschossiger Bau mit Holzgiebel, kleiner gewölbter Vorraum. Stube mit Leistendecke. Gewölbte Küche. Im ersten Stock kleiner Saal, Biforienfenster mit Rosette und Seitensitzen. Rundbogige Söllertür.

Matznell — **Bp. 64/1**

Am Giebel Jahreszahl 1625. Im Erdgeschoß zwei gewölbte offene Vorplätze, steingerahmte Rundbogentür. Tonnengewölbte Küche mit mächtigem Viereckpfeiler. Gewölbte Speis und Kammer. Im zweiten Stock Stube mit Leistentäfelung, bez. 1854.

Sommerfrischhaus Baroni mit Maria-Schnee-Kapelle — **Bpp. 69/2, 70**

Ehemaliges Sommerfrischhaus von Baroni. Angebaut Herrschafts- und Baumanngebäude. Stubentäfelung in Renaissanceformen, 17. Jh. Am First Jahreszahl 1842.
Kapelle: Sechseckiger Zentralbau mit Kuppel, um 1600 errichtet. Späterer Sakristeianbau. Dachreiter. Steingerahmte Tür und Fenster mit Rosettendekor. Schindeldach.

Bauer am Weg — **Bp. 79/1**

Zweigeschossiger Bau, Fenster zum Teil mit tiefen Leibungen. An der Hauptfassade Sonnenuhr, bez. 1800, mit Initialen A. F. Im Keller mittelalterliches Mauerwerk. Gewölbte Küche und gewölbter Quergang. In der Stube Täfelung von 1931.

Bauer am Lehen — **Bp. 102/1**

Mittelalterlicher Baukörper mit spätgotischem Verputz, verbretterter Bundwerkgiebel. Gezimmerte Stube mit gewölbter Decke und geschnitztem Balken (14. Jh.). Im 17. Jh. errichteter Zubau mit geräumiger Barockstube. Keller mit Balkendecke und abgefaster Mittelstütze. Sichtmauerwerk.

Thomaser in Radein mit Lourdeskapelle — **Bpp. 149, 329**

Zweigeschossiger Bau mit Außentreppe, sandsteingerahmte Haustür, gewölbter Hausgang. Stube mit Leistengetäfel, tonnengewölbte Küche. Schulterbogentür. 1974 umgebaut und dabei aufgestockt.
Lourdeskapelle: Einfacher Rechteckbau aus dem Ende des letzten Jahrhunderts.

Pfarrkirche St. Wolfgang mit Friedhofskapelle und Friedhof in Radein — **Bp. 158, 311 Gp. 1579**

Um 1400 erbaut, das Schiff um 1500 eingewölbt. Turm mit Pyramidendach 1601–1603. 1913 erhöht. Polygonaler Chorschluß, Langhaus mit Sternrippengewölbe, 1913 um ein Joch verlängert, gleichzeitig mit einer Dekorationsmalerei versehen. An der Außenwand Fresko von Ignaz Stolz, 1935.
Friedhofskapelle: Bau auf polygonalem Grundriß.

Mariahilfkapelle beim Troger — **Bp. 169/2**

Rechtecktür zwischen zwei Viereckfenstern. Ober der Tür Radfenster. Lünetten.

St. Martin in Unterradein — **Bp. 172**

Kapellenbau. Ober der Tür Jahreszahl 1724 und Initialen B. F.

Ebner in Eichen mit Marienkapelle — **Bp. 222/3, 222/4**

Zweigeschossiger Mauerbau, zum Teil die alten Fensterleibungen erhalten. Gemalte Fensterumrahmungen. An der Nordseite im Dachgeschoß zwei Lichtschlitze mit Christusmonogramm und Jahreszahl 1586. An der Südseite Sonnenuhr. Mariahilfbild, Eckbemalungen.
Kapelle: Bau auf rechteckigem Grundriß, steingerahmte Rechtecktür. Hölzerner Dachreiter, Tonnengewölbe mit Stichkappen. Schindeldach.

Kapelle Maria Schnee auf Jochgrimm — **Bp. 298/2**

Einfacher Bau mit Rechtecktür und hölzernem Dachreiter, errichtet 1911.

Kapelle beim alten Widum — **Bp. 358**

Kleiner rechteckiger Bau mit Dachreiter.

Kapelle beim Scheidner — **Gp. 2373/2**

Kapelle auf sechseckigem Grundriß mit Rundbogenportal in Steinrahmung zwischen zwei Rechteckfenstern.

Katastralgemeinde Algund I

Alte Pfarrkirche zu den Heiligen Hippolyt und Erhard mit Friedhof — **Bp. 1, Gp. 1**

Langhausmauern romanisch (Reliefs als Bauplastik), Chor mit Netzrippengewölbe und Turm, um 1500. Tonnengewölbe im Langhaus, um 1620. Seitenkapelle im Nordwesten mit Stuckverzierungen, Deckengemälde, 19. Jh.

Mair im Korn mit Johannes-Nepomuk-Kapelle — **Bp. 34**

Gutshof, rundbogiges Hoftor, im ersten Stock Mittelsaal mit Tramdecke im zweiten Stock Stuckdecke, regelmäßige Raumeinteilung. Heutige Form 17. und 18. Jahrhundert. Steingerahmte Tür im ersten Stock.
Kapelle: 1748 von Alexander von Egen erbaut. Gerader Chorschluß, Stuckdecke, Dachreiter mit Zwiebelhaube, Rechteckfenster, Rechtecktür.

Steinhuber, Balthasar-Leiter-Straße 1 — **Bp. 69/1**

Hausgang mit Tonnengewölbe, Stichkappen und Putzrippen im ersten und zweiten Stock (keine Putzrippen). Wappenschildchen. Doppelbogenfenster an der Fassade, im zweiten Stock Renaissancestube, bez. 1592, mit Pilastergliederung und Intarsien (Inschrift: GOT ALDA 1592 IN. DI. ER Beter De Micheli). Über dem Eingang Fresko von Peter Fellin (Pietà zwischen Florian und Johannes Evangelist).

Töller — **Bp. 76**

Spätgotischer Eckerker auf Steinkonsolen, unter dem Erker Relief, 18. Jh. Hausgang mit Tonne und Stichkappen, Barockstube teilweise erneuert (Felderdecke mit Mittelfeld). Rundbogentüren.

Warther, Steinachstraße 7 — **Bp. 90/1**

Im ersten Stock Mittelsaal, nach Osten abgeteilt Stube mit geschnitzter neugotischer Brusttäfelung und Deckeneinfassung. Im zweiten Stock Saal mit Stuckdecke, 18. Jh. An der Nordfassade barockes Marmorrelief. Am Giebel drei Schulterbogentüren mit Balkonen.

Dominikanerinnenkloster Maria Steinach mit Kirche — **Bp. 96, 97, 98, 100, 101, 102/2**

Gegründet um 1243 von den Töchtern des letzten Grafen von Tirol. Kreuzgang, spätgotische Kirche. Das ehemalige Noviziat (Bp. 96) und andere Nebengebäude heute in Privatbesitz. Klosterkirche mit geradem Chorschluß, Kreuzgratgewölbe, Dachreiter mit Pyramidendach, Fresken ober dem Sterngratgewölbe, zweite Hälfte 14. Jh. und frühes 15. Jh. Kreuzgang mit Kreuzgratgewölben, Triforienöffnungen.

Prack — **Bpp. 104/2, 105/1, 105/2**

Im Haus eingebaut der im 14. Jh. erwähnte Turm zu Steinach. Wohntrakt in der heutigen Form aus dem 16. Jh. Gemauerte Freitreppe, gewölbter Hausgang, zwei Renaissancestuben.

Bindhofer — **Bpp. 118/1, 118/3, 118/5**

Ansitzartiger Bau. Gewölbter Gang, Barockstube, Turmanbau aus dem 16. Jh. mit dekorativen Renaissancemalereien im letzten Stock.

Zollbinder, Alte Landstraße 11 — **Bp. 139**

Mittelalterlicher Bau, spätgotischer Eckerker auf Kragsteinen. Fenster teilweise vergittert und steingerahmt. Ein zweiter Erker an der Straßenfront. Im Erdgeschoß Rundbogentür, gemauerter Stiegenaufgang. Im ersten Stock Stube mit Leistengetäfel. Keller mit Tramdecke.

St. Ulrich in Plars — **Bp. 154**

Spätgotischer Bau, im 17. Jh. verändert. Spitzturm. Im Langhaus Flachdecke, polygonaler Chor mit Tonnengewölbe, Spitzbogenportal, Rechteckfenster. Freskenausstattung Meraner Schule, um 1400.

Schnalshuber — **Bp. 167**

Der bergseitige Teil später hinzugefügt. An der Fassade Mariahilfbild. Steingerahmte Rechtecktür, am Sturz Wappen und Jahreszahl 1606. Gewölbter Hausgang, getäfelte Stube.

Heiligkreuz in Vellau — **Bp. 205**

Gotisierender Bau 1894 an Stelle einer barocken Kapelle errichtet. Polygonaler Chorschluß, Kreuzgratgewölbe auf Konsolen im Schiff, im Chor Fächergewölbe, Spitzbogentür, -fenster.

Villa Belvedere mit Park — **Bp. 243, Gp. 1055**

Historisierender Bau, um 1900. Hauptfassade zum Park mit zwei vorspringenden Seitentrakten. Große Terrasse im ersten Stock, zwei Balkontüren mit Dreieckgiebeln. Im Innern Stuckdecken.

Brückenkopf — **auf Gp. 765/1**

Römerzeitlicher Brückenkopf am linken Etschufer in regelmäßigem Quadermauerwerk. Darüber Kapellenbildstock in gotisierenden Bauformen, spitzbogiger Eingang, Satteldach.

Katastralgemeinde Algund II

Maria Schnee in Aschbach — **Bp. 22**

1695 errichteter Bau. Turm mit Pyramidendach, gerader Chorschluß. Rundbogenfenster. Schindeldach.

Herz-Jesu-Kirche in Aschbach — **Bp. 34**

Kirchenbau in gotisierenden Formen 1889 errichtet, 1890 geweiht. Fassadendachreiter mit Spitzhelm, Kassettendecke, Spitzbogentür, -fenster. Wandmalereien im Nazarenerstil von Josef Spöttl.

Links oben: Aldein, Maria Schnee im Tal
Links unten: Algund, Steinhuber
Rechts oben: Algund, Kraftwerk auf der Töll
Rechts unten: Altrei, Am Ort

Katastralgemeinde Forst

Forst **Bp. 1**

Burganlage im späten 13. Jh. errichtet. Bergfried, Palas, Wohntrakt und Kapelle umschließen einen Innenhof; Bergfried mit regelmäßigen Steinlagen und ausgestrichenen Mörtelfugen, Treppen mit Steinbrüstungen im Innenhof, teilweise 16. Jh. Kapelle mit polygonalem Abschluß und Netzgratgewölbe.

Josefsberg **Bpp. 32, 33**

Josefskapelle und Hieronymitanerkloster aus der zweiten Hälfte des 17. Jh.s, unter Josef II. profaniert und später umgebaut. Kapelle 1682 geweiht, von einem Einsiedler betreut. 1695 Klosteranbau.

Kraftwerk auf der Töll **Bpp. 38, 47**

Elektrizitätswerk, ausgeführt von Fa. Musch und Lun 1895–1998 nach Plänen von Ingenieur Oskar von Miller/München, P. Amonn und W. Fähndrich/Mödling. Zentrale Halle mit hohen Rundbogenfenstern, Sichtmauerwerk. Späterer Anbau nach Osten (1926).

Katastralgemeinde Altrei

Pfarrkirche St. Katharina mit Friedhof **Bp. 1**

Turm romanisch, Spitzhelm, 19. Jh. Kirche in gotisierenden Bauformen, 1871 errichtet (Baumeister Simone Longo). Portal spätgotisch. Kreuzrippengewölbe, Seitenschiff im Norden.

Bildstock **Bp. 44**

Nischenbildstock mit viereckigem Schaft, an der Vorderseite Inschrift, Jahreszahl 1614. Zwei Nischen außen sichtbar, zwei vermauert. Fresken (Kreuzigung, Gnadenstuhl, Geißelung, Rochus und Katharina).

Am Ort **Bp. 65/2**

Talseitig turmartiger Zubau, gewölbte Durchfahrt, alter Aufgang, Vorraum mit Jahreszahl 1638. Getäfelte Stube mit Balkendecke und Unterzug, kannelierte Lisenen, bez. 1642.

Lochmann **Bpp. 66/1, 66/3**

Zweigeschossiger, langgestreckter Bau. Ober dem Eingang Fresko (Heilige Familie). Am Giebel Oculi. Getäfelte Stube mit tief profilierter Kassettendecke mit Mittelfeld, kannelierte Pilaster, seitlich Jahreszahl 1702 und Initialen G. L. (Georg Lochmann).

Katastralgemeinde Andrian

Wolfsthurn **Bp. 98**

Kleine Burganlage aus dem 13. Jh. (Bergfried und untere Teile der Ringmauer). Wahrscheinlich im 16. Jh. erhöht. Dabei Torbau mit Schwalbenschwanzzinnen und Wirtschaftsgebäude errichtet. Mitte des 19. Jh.s erneuert.

Wolfsthurnhof, Eppaner Straße 25 **Bp. 117**

Über dem rundbogigen Tor Zinnenmauer. Terrasse am Wohnhaus, gemauerte Freitreppen. Im ersten Stock steingerahmte Rundbogentür, dahinter Räume mit mittelalterlichem Sichtmauerwerk.

Staudacher **Bpp. 139/1, 139/4**

Mittelalterliche Hofanlage, ursprünglich im Besitz der Serviten. Kreuzgratgewölbte Hauskapelle mit geradem Abschluß, Fenster mit Karniesbögen. An der Hofseite Sonnenuhr. Hohe Kellerräume.

Gasthof Schwarzer Adler, St.-Urban-Platz 2 **Bp. 145/1**

Bau mit Vordach auf zwei gemauerten Säulen. Offener Bundwerkgiebel. Gewölbte Kellerräume. Im ersten Stock Freitreppe, gewölbter Vorplatz, rechteckige Haustür in Steinrahmung, am Sturz Wappenschild mit Rebmesser und Jahreszahl 1599, Initialen A. P. Barockes Stubengetäfel.

Sternbauer, Bindergasse 2 **Bpp. 157/1, 157/2, 157/3**

Gewölbter Keller, gemauerte Freitreppe an der Straßenseite. Kreuzgratgewölbter Hausgang und offener Bundwerkgiebel. An der Südfassade Wandmalerei von 1519 (Herzogshut, Andreaskreuz, Krone, St. Florian, Anna Selbdritt, Jakob Rochus), an der Nordfassade Szenen aus dem Leben Christi, erste Hälfte 16. Jh., 1612 renoviert (Fußwaschung, Abendmahl, Ölberg, Kreuzigung).

Pfarrkirche St. Valentin **Bp. 158**

Turm um 1300, 1883 erhöht, im Chor Mauerwerk des spätgotischen Langhauses. Langhaus 1852—54 errichtet. Gerader Chorschluß. Rippengewölbe.

Andrian **Gp. 1029/1**

Burgruine. Spärliche Mauerreste der 1237 erstmals erwähnten Burg. Regelmäßige Steinlagen. Zu Beginn des 14. Jh.s schon gebrochen.

Andrian, Gasthof Schwarzer Adler

Auer, Pfarrkirche St. Peter

Auer, Ansitz von Fioreschy

Barbian, Unterfaller

Katastralgemeinde Auer

Unsere Liebe Frau vom Rosenkranz **Bp. 1**

Bau 1671 vollendet (Gebr. Miscollel aus Flaims). Unterer Teil des Turmes 14. Jh., Abschluß mit Oktogon und Glockenhaube 1776/77. Gerader Chorschluß, Tonnengewölbe auf Pilastern.

Kirchplatz 3 **Bp. 2/3**

Bau aus dem 16. Jh., Biforienfenster mit Seitensitzen, zwei Portale mit spätgotischer Sandsteinfassung, Rechtecktür mit Wappen und Rankenwerk. Freitreppe, Saal mit Tonnengewölbe und Stichkappen. Getäfelte Stube mit Lisenengliederung und Felderdecke, 17. Jh..

Baumgarten, Schloßweg 10 **Bpp. 11/1, 11/2, 11/3, 11/4**

Ansitz mit Wirtschafts- und Nebengebäude. Mittelalterliche Anlage, später vergrößert und zu Beginn des 17. Jh.s in die heutige Form gebracht. An der niedrigen Ringmauer Spitzbogentor. Wirtschaftsgebäude mit Dach auf steinernen Rundsäulen aufliegend, Kreuzgratgewölbe auf Viereckpfeilern. Am Wohntrakt Flacherker mit Zinnengiebel auf Kragsteinen. Vergitterte Rechteckfenster, Zinnengiebel, Torturm.
Bannzone: Bpp. 21/1, 21/2, 21/3, 21/4, 21/5, 21/6, 21/7, 21/8, 21/9, 21/10, 21/11, 21/12, 21/13, 21/14, 21/15

Happacher, Fuchsloch 1 **Bpp. 12, 13, 14, 16/1**

Herrschaftlicher Gutshof um einen gepflasterten Hof. Rundbogiges Hoftor in Porphyr. Freitreppe, steingerahmte Fenster, steingerahmte Rechtecktür mit Jahreszahl 1603. Anbau von 1619. Wirtschaftsgebäude mit gewölbtem Stall und Vordach auf Porphyrsäulen. Durchfahrt mit Kreuzgratgewölbe, Wagenhaus.

Cazan, Fuchsloch 2 **Bpp. 21/1, 21/2**

Nördlicher Trakt mit mittelalterlichem Baubestand, südlich in lokalen Renaissanceformen um 1600 angebaut. Auf der Hofseite Freitreppe und Saal mit drei Doppelbogenfenstern und Seitensitzen. Überwölbte Hofdurchfahrt. Reste der barocken Fassadenbemalung.

Kolumbangasse 3 **Bp. 23**

Ebenerdig ehemalige St.-Kolumban-Kapelle. Spitzbogenportal und zwei Viereckfenster in Steinrahmung. Innen Ansätze der Gewölberippen und vermauerte Spitzbogenfenster des Chores, 15. Jh.

Nardin, Wasserfallstraße 13 **Bpp. 28/1, 28/2, 28/3**

Großer Gutshof, von einer Mauer umgeben. Auf mittelalterlichem Bestand (Kellerräume, Wirtschaftsgebäude) im 17. Jh. herrschaftlich umgebaut. Tonnengewölbter Treppenaufgang, Saal mit Stichkappengewölbe, Raum mit Stuckdecke und Biforienfenster.

Staffler, Wasserfallstraße 7 **Bp. 29**

Auf älterem Bestand errichteter dreigeschossiger Renaissancebau um 1600. Fassade mit Eckerker, Freitreppe, Plattform auf Konsolen. Eingangstür mit Oberlichte in skulptierter Steinfassung. Biforienfenster.

Wasserfallstraße 5 **Bp. 30**

Zuhaus zu Bp. 31/1, mit dem es ursprünglich einen einheitlichen Komplex bildete. Offener Bundwerkgiebel, Sichtmauerwerk, gerader Türsturz in Stein.

Pock, Wasserfallstraße 1 **Bp. 31/1**

Herrenhaus einer großen Hofanlage. Unter Verwendung älteren Mauerwerks im Renaissancestil errichtet. Unregelmäßige Fassade mit zwei Erkern (ein Flacherker, ein Eckerker). Hoftor, bez. 1626 mit Monogramm Hans Pock. Biforienfenster, steingerahmtes Rechteckfenster, an den Erkern Okuli. Kreuzgratgewölbte Küche.

Schöpfer, Clauserweg 3 **Bp. 46/1**

Mittelalterlicher Bau, im 17. Jh. umgestaltet. Fenster und Inneneinteilung teilweise erneuert. Ursprünglicher Treppenaufgang und Halle mit Netzgratgewölbe. Im zweiten Stock Reste von Fresken (Apostel), um 1500. Rundbogiges Hoftor vermauert. In der Stube Empireofen, um 1800. Gewölbter Kellereingang.

Steinkeller **Bp. 54/1**

Herrschaftliches Haus, 17. Jh. Türen und Fenster in Steinrahmung, besonders reich verziert der viereckige Sandsteinrahmen des Portals mit Diamantquaderung und Rosetten. Rundbogentore.

Stielen, Kirchplatz 7 **Bp. 56**

Mittelalterlicher Bau, im 17. Jh. umgestaltet. Spitzbogiges Hoftor mit Steinfassung und Hausmarke, Schulterbogentüren, um 1500. Steingerahmte Viereck- und Doppelbogenfenster aus dem 17. Jh., Fassadenerker.

Kirchplatz 11 **Bp. 60/1, 60/2**

Mittelalterliche Dorfburg, die kleine Anlage später erweitert, um 1600 in die heutige Form gebracht. Dreigeschossiger Erker, steingerahmte Rundbogentür, Halle mit Stichkappengewölbe. Biforienfenster mit Seitensitzen, Tonnen in Küche und Speis, Zimmer mit Stuckdecken (Auge Gottes und Strahlenkranz), Wappenfresken (1776 renoviert).

Gschachnes, Bildstöcklweg 2 **Bp. 71/2**

Dreigeschossiges Haus mit Mittelsälen und regelmäßiger Raumeinteilung. Im Osten Anbau mit Loggia auf vier toskanischen Säulen und Steinbalustrade, 17. Jh. Rechtecktür in Marmorfassung, Vorraum mit Netzgratgewölbe.

Pfarrwidum mit Johanneskapelle **Bp. 80, Gp. 51**

Zwei Wohntrakte und Kapelle um einen schmalen Innenhof angelegt. Heutige Form um 1600. Rundbogiges Hoftor mit Rustika, Wirtschaftsgebäude mit Rundbögen, gemauerte Freitreppe, Rechtecktür, Saal mit Flachdecke, Räume mit Stuckdecken.
Johanneskapelle, 1869 errichtet. Rundbogentür, Kreuzgratgewölbe, Rundbogenapsis, Rundbogenfenster.

Gasthof Rose **Bp. 90/2**

Dreigeschossiger Renaissancebau, Anfang 17. Jh. Fassade mit Freitreppe, regelmäßige Raumeinteilung, gewölbte Kellerräume, Stuckdecken, Biforienfenster.

Abraham **Bp. 93/1**

Zweigeschossiger Bau aus dem 17. Jh. Gewölbte Durchfahrt, Rundbogentor. Biforienfenster. Das zweite Geschoß später ausgebaut.

Alte Landstraße 16 **Bp. 99**

Geschlossener Gutshof mit Herrschafts- und Wirtschaftsgebäuden, im wesentlichen 17. Jh. Das Wohnhaus später verändert und im Inneren erneuert. Eckerker, Rundbogentor, Balkon mit Korbbrüstung, gewölbte Räume im Kellergeschoß, im ersten Stock Saal mit Flachdecke.

Alte Landstraße 13 **Bp. 105/2**

Am ursprünglichen Bau romanisches Mauerwerk. Der südliche Teil um 1600 dazugebaut und erhöht. Getäfelte Stube mit Felderdecke, bez. 1628, Fensterrahmung mit Zahnschnittfries, Wandkästchen, kannelierte Pilaster. Rundbogentür zur Küche.

Villa Auerheim mit Park, Alte Landstraße 9 **Bpp. 106, 108, 109 Gp. 95/1**

Dreigeschossiger Bau, in historisierenden Formen 1864–1968 nach Plänen von Sebastian Altmann anstelle des Poschenhofes errichtet. Geräumige Eingangshalle, Barockofen, bez. 1780. Mehrere Räume mit Dekorationsmalereien an der Decke, 18. Jh. Gewölbte Kellerräume, 17. Jh. Park mit Nadelbäumen.

Pfarrkirche St. Peter mit Friedhofskapelle und Friedhof **Bpp. 121/1, 127/2 Gp. 176**

Gotischer Bau 1500–1525 errichtet. Turm mit gemauertem Spitzhelm um 1300. Abgesetzter polygonaler Chor, zweischiffiges Langhaus mit Netzrippengewölbe, im Chor Sternrippengewölbe. Wandgemälde, 16. Jh. Portalvorbau 1604. Friedhofskapelle: historisierender Bau, ausgemalt, geweiht 1903.
Bannzone: Bpp. 121/2, 298, 318; Gpp. 174/11, 174/13, 175, 177/9, 177/10

Kiechelberghof mit St. Daniel **Bpp. 129, 130/1, Gpp. 1289/1, 1289/2, 1290, 1291, 1292, 1293, 1294, 1295, 1296**

Alter Sonnenburger Gutshof aus dem 13. Jh. Heutiger Baubestand 15. bis 18. Jh. St. Daniel: Gotischer Bau aus der zweiten Hälfte des 14. Jh.s. Seitlicher Fassadendachreiter mit Spitzhelm, polygonaler Chorschluß, Kreuzrippengewölbe, Spitzbogentür, Wandgemälde (Danielsgeschichte), um 1440.
Bannzone: Gpp. 1289/1, 1289/2, 1290, 1291, 1292, 1293, 1294, 1295, 1296

Karnol (Leiterburg) **auf Gp. 1280**

Burgruine, Reste einer mittelalterlichen Burg, deren Geschichte und Name unbekannt ist. Ringmauerpolygon mit Spuren einer Toranlage an der Südseite.

Katastralgemeinde Barbian

Unteraichner **Bp. 6/1**

Große Labe mit roh behauener Balkendecke. Großküche mit angebautem Backofen. Zur Stube Tür mit gemauertem Eselsrücken, spätgotische Balkendecke.

Pfarrkirche St. Jakob mit Friedhof **Bp. 55 Gp. 617/1**

Turm 14. Jh., Kirche 1472 neu geweiht. Davon der polygonale Chor erhalten (heute Sakristei). 1874/75 in romanisierendem Stil nach Plänen von Josef von Stadl neu erbaut. Portalvorbau auf Säulen, im Schiff Tonne mit Stichkappen und Gurtbögen, Apsis, Pfeilergliederung, Rundbogenfenster.

Platzer **Bp. 71**

Hoher Bau. Steile hölzerne Freitreppe. Rundbogige Haustür, tonnengewölbte Labe mit Stichkappen und eingebautem Backofen. Barockstube mit profilierter Felderdecke. Im Mittelfeld Krönung Mariens. Zwischen den Stubenfenstern außen Jahreszahl 1757.

Frühauf **Bp. 84**

Steingerahmte Spitzbogentür, Hausgang mit Kreuzgratgewölbe und Steinplattenboden, tonnengewölbte Küche. An der Südseite Backofen. In der Kammer vergittertes Fenster mit Seitensitzen. Stube mit spätgotischer Balkendecke und Eselsrückenholm. Keller mit Schwibbögen und Balkendecke.

Wohlauf mit Heiliggrabkapelle **Bpp. 98, 99**

Spätgotischer Bau auf langgezogenem Grundriß parallel zum Abhang. Eckquadern. Steingerahmte Spitzbogentür. Vergitterte Fenster in Steinrahmung.
Kapelle: Bau mit Rundbogentür zwischen zwei Viereckfenstern, niederer Turm mit Pyramidendach. Lünettenfenster, im gerade abschließenden Chor Tonnengewölbe.

St. Leonhard in Kollmann mit Friedhof **Bp. 138 Gp. 1074**

Spätgotischer Bau mit barocken Seitenkapellen. Fassadenglockenmauer, polygonaler Chorschluß, Spitzbogenportal, Netzrippengewölbe mit Schlußstein, linke Seitenkapelle mit Kuppel und Laterne, rechte Seitenkapelle mit Kreuzgewölbe. An der Westwand Freskenreste (Jüngstes Gericht).

Pfarrkirche zur Heiligen Dreifaltigkeit in Kollmann **Bpp. 155/1, 155/2**

1588 errichtet und im 19. Jh. umgebaut. 1938 abgebrannt und anschließend erneuert. Netzrippengewölbe, polygonaler Chor, Dachreiter.

Zollhaus mit Nebengebäude in Kollmann **Bpp. 158/1, 159/1**

Spätgotischer Bau mit zwei Rundbogentoren als Straßendurchfahrt und Zinnengiebel. 1483 durch Erzherzog Sigismund errichtet. Eckerker. Ebenerdig gewölbter Gang. Fassadenbemalung mit rot-weißem Schachbrettmuster. Hauskapelle mit polygonalem Abschluß und Netzgratgewölbe, Fresken Anfang 16. Jh.
Nebengebäude: Flacher Viereckerker. Spitzbogentür in abgefaster Steinrahmung. Unter dem jüngeren Verputz Reste der rot-weißen Fassadenmalerei sichtbar.

Puntlitter in Saubach **Bp. 195/1**

Gemauerte Freitreppe mit überdachtem Vorplatz und Söller. Schulterbogentür in Steinrahmung. Flachgedeckter Gang. In der Stube Barocktäfelung mit Felderdecke und Viereckerker. Tonnengewölbte Küche.

St. Ingenuin und Albuin in Saubach **Bp. 197**

Spätgotischer Kirchenbau, um 1500. Polygonaler Chor, Spitzturm, Spitzbogenportal, Sternrippengewölbe.

Unterfaller in Saubach **Bp. 199/1**

Freitreppe, steingerahmte Rundbogentür. Der Hausgang ursprünglich gewölbt, heute flachgedeckt. Stube mit spätgotischer Balkendecke und Unterzug. Der vordere Teil mit Felderdecke verkleidet. Renaissancetür zur Kammer. Ofen aus Renaissancekacheln zusammengesetzt, bez. 1548 und 1626. Im Erdgeschoß spitzbogige Kellertür in Steinrahmung.

Pension Briol ober Dreikirchen **Bp. 214**

1896 bis 1998 in traditioneller Bauweise errichtet, 1928 bis 1929 nach Entwürfen des Malers Hubert Lanzinger in die heutige Form gebracht: wegweisendes Baudenkmal für die „Neue Sachlichkeit". Holzverkleideter Kubus als Zimmergeschoß, Speisesaal, Küche und Arbeitsräume süd- und nordseitig davon. Flachdach.

St. Gertraud, St. Nikolaus, St. Magdalena in Dreikirchen **Bpp. 229, 230, 231**

St. Gertraud: 1237 erwähnt, um 1400 gerade abschließender Chor angebaut. Hölzerner Dachreiter, Kreuzrippengewölbe. Wandgemälde Anfang 15. Jh. Im Schiff Flachdecke.
St. Nikolaus: Um 1400 umgebaut, gerade abschließender Chor mit hölzernem Dachreiter und Kreuzrippengewölbe. Spitzbogenportal. Im Schiff Flachdecke. Wandgemälde erste Hälfte 15. Jh., Brixner Schule.
St. Magdalena: 1422 erwähnt, polygonaler Chorschluß, hölzerner Dachreiter, Netzrippengewölbe auf Diensten, Spitzbogenportal leicht geschwungen.

Villa Baldauf in Dreikirchen **Bp. 306**

1922 bis 1923 von Lois Welzenbacher erbaut. Baumaterialien den traditionellen Bauten angepaßt (Holz, Stein, Schindeln). Strenger linearer Grundriß. Durch einen kleinen Anbau leicht verändert.

Villa Mimi (Kaffeemühle) in Dreikirchen **Bp. 308**

1922 bis 1923 von Lois Welzenbacher erbaut. Spitzbogige Eingangstür. Die Wohn- und Schlafräume gruppieren sich spiralförmig um den Kamin. Baumaterialien aus der Umgebung. Schindeldach.

Barbian, Villa Mimi (Kaffeemühle)
Links unten: Bozen, Franziskanerkloster
Bozen, Madonna-Apotheke
Bozen, Silbergasse

Katastralgemeinde Bozen

Andreas-Hofer-Straße 1 **Bp. 2**

Gasthaus Löwengrube. Zweigeschossiger Bau mit breitem polygonalem Eckerker. Im ersten Stock Rechteckfenster in Steinrahmung. Neugotische Gaststube mit Wandmalereien.

Andreas-Hofer-Straße 3 **Bp. 3**

Weit vorragendes Dach mit vier hölzernen Stützen in Volutenform.

Andreas-Hofer-Straße 20–26 **Bp. 10**

Historisierender Bau mit polygonalem Eckturm (früher mit Schwalbenschwanzzinnen), Rund- und Spitzbogenfenster, Flacherker mit Türmchenabschluß, Freitreppe, Balkone, geschnitzte Haustür. Erkerzimmer mit bemalter Kassettendecke, am Erkergewölbe Puttenmalerei.

Andreas-Hofer-Straße 28 **Bp. 11**

Alte Wegscheiderschmiede. Zweigeschossiger Barockerker. An der Fassade Relief mit Grablegung, 16. Jh. Flachbogentor. Letztes Stockwerk im 20. Jh. hinzugefügt.

Batzenhäuslgasse 4 **Bp. 12**

Großer Bau mit regelmäßigen Fensterreihen, nach Norden niederer Anbau. Über dem Eingang barockes Madonnenmedaillon in der Art des Gregor Schwenzengast, um 1700. Im Erdgeschoß gewölbter Raum mit Mittelstütze.

Andreas-Hofer-Straße 30 **Bp. 14**

Batzenhäusl, ursprünglich Schenkhaus der Deutschordenskommende. Viergeschossiger Bau mit konvex gebogener Fassade. Polygonaler Erker auf verzierten Konsolen, Rundbogentor, Wirtshausschild, im letzten Stock neugotische Gaststube.

Gerbergasse 67 **Bp. 26**

Ehemalige Mühle. Zweigeschossiger Bau mit steingerahmter Rechtecktür, zwei Wappenschilde mit Mühlrad und Bretzel, bez. 1575

Piavestraße 8 **Bp. 28**

Viergeschossiges Büro- und Wohngebäude, 1912 nach Plänen des Architekten Walter Norden errichtet. Zeittypische Gestaltung mit Loggia, Erker und Jugendstildekor.

Gerbergasse 34–38 **39/2**

Mittelalterlicher Baukern. Im Erdgeschoß spätgotisches Gewölbe auf 2 Steinsäulen, Anfang 16. Jh. Zur Straße ehemals abgefastes Rechteckfenster in Steinrahmung. In den Obergeschossen ehemals Stuckdecken, Ende 18. Jh.

Gerbergasse 37–39 **Bp. 42**

Dreistöckiges Gebäude mit Eingangstür in Sandsteinrustika sowie nachempfundene Rustikafassung am Geschäftseingang. Sandsteingefaßte Fenster.

Gerbergasse 22 **Bp. 44**

Viergeschossiger Bau mit viereckigem Fassadenerker im zweiten Stock. Im ersten Stock Fenstergitter, steingerahmte Rechteckfenster.

Gerbergasse 16–18 **Bp. 51**

Einfacher dreigeschossiger Bau mit Eckerkern und Fassadengestaltung, 19. Jh., mehrmals umgebaut.

Gerbergasse 10–14 **Bp. 52/1**

Gegen Ende des 19. Jh.s umgebaut, dabei Fassade erneuert. Baukern aus dem 17. Jh., über der Tür Inschrift „Elias Tagger 1632“. Steingerahmte Fenster, zweigeschossiger Polygoneckerker.

Weintraubengasse 7–9 **Bp. 63**

Fassade mit polygonalem Erker, 16. Jh. Mehrere steingerahmte Rechteckfenster.

Weintraubengasse 5 **Bp. 65**

Fassade mit Viereckerker auf Kragstein, Madonnenbild in Ovalrahmen von Engeln getragen. Bemalte Fensterumrahmungen mit ornamentierten Pilastern und Porträtkartuschen, um 1600. Hausgang mit Gratgewölbe, spitzbogige Haustür.

Rathausplatz 3 **Bp. 74**

Schmales Haus mit Laube. Stuckierte Fassade, Ende 18. Jh., Erkeranbau, Fensterumrahmungen mit Giebelaufsatz, Blattgehänge.

Bindergasse 35 **Bp. 79**

Fassadenmalerei von Rudolf Stolz. Mittelerker, in der Lichthaube Kreuzgratgewölbe auf Strebebogen, 16. Jh.

Bindergasse 33 **Bp. 80**

Viergeschossiger Bau mit 3 Fensterachsen. Reich stuckierte Fassade (Maskerons, Fruchtgehänge) mit zweigeschossigem polygonalen Mittelerker, Ende 18. Jh. Im Treppenhaus Holzbalustrade, Stuckdecken. Im Durchgang Kreuzgratgewölbe, gewölbte Lichthaube.

Bindergasse 31 **Bp. 82**

Engelsburg. Zweigeschossiger Fassadenerker, darüber Balkon. Gewölbte Lichthaube. Im Hof Freitreppe und Spitzbogentür, 16. Jh.

Gasthof Mondschein, Bindergasse 25 **Bpp. 85, 19**

Hof mit zweigeschossigen hohen Rundbogenöffnungen, Balustergeländer. Hausmadonna in Stuckrahmen, Wirtshausschild um 1800. Im ersten und zweiten Stock Stuckdecken, Anfang 18. Jh.

Bindergasse 19 **Bp. 88**

An der Fassade Pietà in Steinrahmung, schmaler Lichtschacht mit Treppenanlage, ursprünglich auf Konsolen. Steingerahmte Rechteckfenster, 18. Jh. Zum Keller Tonnengewölbe.

Bozen, Silbergasse 14
Rechts oben: Bozen, Troyburg
Rechts unten: Bozen, Palais Trapp

Oben: Bozen, Rathaus
Rechts: Bozen, Pfarrturm
Unten: Bozen, Kanzel in der Pfarrkirche

Bindergasse 9 **Bp. 93** **Gp. 50**

Lichthof mit flachbogig unterwölbten Treppen. Im ersten Stock abgefaste Spitzbogentür, 16. Jh..

Bindergasse 5 **Bp. 95**

Ehemals Gasthof Pfau. Im ersten Stock spätgotische Balkendecke mit mächtigem Unterzug, im zweiten Stock Decke mit Stuckverzierungen. Hausmarke (Pfau) in Empirestilformen, 19. Jh..

Bindergasse 3 **Bp. 96**

Einfache Empirefassade mit Flachbogenöffnungen im Erdgeschoß, Fensterumrahmungen in Stuck. Im zweiten Stock reich verzierte Stuckdecke. Gewölbter Hausgang, in der Werkstatt ebenso Gewölbe. Im ersten Stock tonnengewölbter Raum, Stiegengeländer bez. 1904

Bindergasse 1 **Bp. 97**

Ehemals landesfürstliches Amtsgebäude, 1512 errichtet. Steildach, mehrere Eckerker, polygonale Mittelerker, spätgotische Fensteröffnungen, teilweise mit Fensterkreuz, teilweise mit Spitzbogenfries am Fenstersturz. Spitzbogiger Eingang, kreuzgratgewölbte Halle.

Vintlergasse 2 **Bp. 98**

Ansitz Schrofenstein. Im Kern mittelalterlicher Bau, im 17. Jh. umgestaltet, 1898 erhöht, Fassade erneuert. Freskenreste um 1400 (Kampfszenen). Viergeschossige Fassade mit polygonalem Erker, an den Fenstern Dreieck- und Rundgiebel. Balkon auf Kragsteinen.

Vintlergasse 6 **Bp. 100**

Dreigeschossiger Bau, später erhöht. Zwei Flachbogentore, großes Stiegenhaus mit Rundbogenöffnungen, Balkone mit geschwungenen Brüstungen.

Vintlergasse 11 **Bp. 110/1**

Einfache Fassade, im Erdgeschoß erneuert. Ursprüngliche Treppenanlage, Brüstungen mit ausgesägten Brettern, offenes Dach.

Vintlergasse 1 **Bp. 114**

Im Kern mittelalterlicher Bau. Fassadenerker im ersten Stock, mehrere steingerahmte Fenster.

Gasthaus Weißes Rössl, Bindergasse 6 **Bp. 116**

Mittelalterlicher Bau mit unregelmäßiger Raumeinteilung. Rokokoofen mit Landschaftsveduten. Fassadenmalerei von Albert Stolz 1912. Wirtshausschild, bez. 1827. Im Erdgeschoß Stube in Neurenaissanceformen.

Bindergasse 8 **Bp. 117**

Dreigeschossiger Viereckerker mit Stuckdekorationen, einfache Stuckdecken. Fenster in Steinrahmen, 17. Jh.

Bindergasse 10 **Bp. 118**

Zweigeschossiger Fassadenerker, darüber Balkon. Im ersten Stock steinerner Fensterrahmen mit Rosettendekor, am Mittelsturz Wappenschild. Im Erdgeschoß gewölbter Raum, im ersten Stock spätgotische Balkendecke, ebenso im Hinterhaus, bez. 1548. Kurzer gewölbter Gang, steingerahmte Rechtecktüren.

Bindergasse 14 **Bp. 121/1**

Fassadengestaltung 17. Jh. Schmiedeeisernes Zunftschild mit Schlüssel, 18. Jh.

Bindergasse 16 **Bp. 122**

An der Fassade Madonnenbild mit Steinrahmen, einfache Stuckdecken. Im Erdgeschoß Rund- und Flachbogenöffnungen.

Bindergasse 18 **Bp. 123**

An der Fassade Madonnenbild mit Stuckrahmen, steingerahmte Haustür mit Oberlicht. Ladeneinbau um 1900. Schmaler Lichthof. Im Hinterhaus Räume mit Stuckdecken.

Bindergasse 20 **Bp. 124**

Rechteckfenster in verzierter Steinrahmung im ersten Stock, im zweiten Stock gekuppelt. Fassadenfresko in Rundbogenrahmen, gewölbte Räume, Stuckdecken.

Bindergasse 24 **Bp. 126**

Einfache Fassadengestaltung. Originale Treppenanlage mit Öffnungen auf einen seitlichen Lichtschacht.

Streitergasse 14 **Bp. 135**

Viergeschossige Fassade mit einfachen Stuckornamenten. Im Erdgeschoß Rundbogentür zu tonnengewölbtem Raum.

Streitergasse 20 **Bpp. 138, 139**

Sogenanntes Ölhaus. Viergeschossiger Bau mit neoklassizistischer Fassadengestaltung, 16 Fensterachsen. Stiegenhaus mit Säulen. Rechteckfenster in Steinrahmung. Im Erdgeschoß Rustikabänderung.
Verbindungsgang zum Ansitz Thurn: Überspannt mit einem zum Teil vermauerten Bogen die Streitergasse.
Petersaal. Eingebaute Reste der alten Stadtbefestigung. Heutige Form Anfang 16. Jh. Polygonaler Erker, steingerahmte Schulterbogentür.

Streitergasse 22–24 **Bp. 141**

Dreigeschossiger Bau auf langgezogenem Grundriß. Fassadengestaltung aus dem späten 19. Jh. Erker und sieben Fensterachsen. Im Erdgeschoß Rustikasockel und flachbogige Türöffnungen.

Streitergasse 26 **Bp. 142**

Im Innern zum Teil verändert. Für die Fassadenabfolge von Bedeutung.

Streitergasse 28 **Bp. 143**

Schmaler, viergeschossiger Bau mit einfacher, langgezogener Fassade. Fünf Fensterachsen. Im Erdgeschoß mehrere gewölbte Räume.

Streitergasse 30–32 **Bpp. 144, 145**

Dreigeschossiger Bau mit Mezzanin, polygonaler Eckerker mit Zwiebelhaube. An der Fassade zwei Bilder in Stuckrahmen (Immakulata, Verehrung des Namens Jesu durch Engel), 18. Jh. Alter Aufgang, mehrere Stuckdecken. Fenster in Steinrahmung.

Franziskanergasse 7 **Bp. 146**

Rundbogentor mit Schmiedeeisengitter. Gewölbter Hausflur. Der nördliche Hausteil bombenbeschädigt und zum Teil erneuert.

Franziskanerkloster, Kirche St. Franziskus und Garten **Bpp. 149, 150 Gpp. 39/2, 40, 41, 42**

Kloster 1237 erwähnt. Polygonchor mit Kreuzrippengewölbe (1348), Turm mit Spitzpyramide (1376), dreischiffiges Langhaus mit Netzrippengewölbe (um 1450), Seitenkapellen an der Südseite (um 1680).
Um den Kreuzgang mehrere Kapellen angeordnet. Im Kreuzgang Wandgemälde, 14. bis 17. Jh. Im Klostergebäude Freskenreste (Allegorien der franziskanischen Ordensprovinzen), 14. Jh.

Palais Toggenburg mit Park **Bpp. 151/1, 151/3 Gp. 25**

Großer Bau, mittelalterlicher Kern, zum Hof spätgotische Loggia, Fassadengestaltung aus dem 19. Jh. Großer Saal aus dem frühen 19. Jh. Park als englischer Landschaftsgarten.

Wangergasse 6 **Bp. 155**

Viergeschossige Fassade mit geschwungenem Barockgiebel, Rundbogentor mit Arkantussternen, barocker Türflügel. Daneben steingerahmtes vergittertes Rechteckfenster.

Wangergasse 8 **Bp. 156**

Schlichte Fassade, für das Straßenbild von Bedeutung.

Wangergasse 10 **Bp. 157**

Viergeschossiger Bau mit Keller und ausgebautem Dachgeschoß. Stattliche Fassade mit fünf Fensterachsen, einfache Giebelaufsätze.

Wangergasse 12 **Bp. 158**

Breite Fassade mit Immakulatafresko in Stuckrahmen, 18. Jh., Erdgeschoß in altem Zustand, Stiegenhaus erneuert. Im ersten Stock steingerahmte Rechtecktüren.

Wangergasse 14 **Bp. 159**

Viergeschossiger Bau mit Keller. Im Inneren weitgehend erneuert. An der Fassade Stuckdekorationen im Biedermeierstil.

Wangergasse 16 **Bp. 160**

Dreigeschossiger Bau mit steingerahmten Rechteckfenstern. Räume mit Stuckdecken, Stiegenaufgang mit Schmiedeeisengeländer. Ehemalige Hauskapelle zum Hl. Bonifatius. Hinterhaus im 19. Jh. angebaut.

Wangergasse 20 **Bp. 162**

Zwei Rundbogentore, Fenster mit Giebelaufsätzen und Parapeten. Im zweiten Stock reich verzierte Stuckdecke, um 1730. Eckmedaillons mit den vier Jahreszeiten, Landschaftsbilder, um 1830. Zwei weitere Zimmer mit Stuckdecken (in den Eckfeldern vier Elemente).

Wangergasse 83–89 **Bp. 167**

Delai-Haus. Rundbogenportal in Steinrahmung mit Rosettendekor und Diamantquaderung. Zweigeschossiger polygonaler Erker, mehrere Doppelbogenfenster, 17. Jh. (zum Teil vermauert). Rechteckfenster in Steinrahmung, Hausgang mit Kreuzgratgewölbe, barockes Treppenhaus, rückwärts vorspringend mit Stukkaturen.

Torgglhaus **Bp. 184**

Eckhaus Obstmarkt – Museumsstraße in gotisierenden Stilformen gegen Ende des 19. Jh.s erbaut. Fassadenfresko (Kundschafter mit der Traube), Turm als Nachbildung des ehemaligen Turmes der Kommende Weggenstein. Im Innern gotische Balkendecke aus Englmair/Girlan. Neugotisches Stubengetäfel.

Obstmarkt 32–33 **Bp. 187**

Durchgehender polygonaler Fassadenerker, viergeschossiger Bau mit drei Fensterachsen. Im zweiten Stock einfache Stuckdecken. Steingerahmte Rechteckfenster, Treppenhaus mit Balustergeländer.
Bannzone Obstmarkt: Bpp. 184, 185, 186, 202, 310, 509

Obstmarkt 34–35 **Bp. 188**

Schmaler Bau mit zwei Fensterachsen. Spitzbogige Haustür in abgefaster Steinrahmung, 16. Jh.

Obstmarkt 36–37 **Bpp. 189/1, 189/2, 189/3**

Fassade mit Rundbogentor, fünf gekuppelte Fenster in drei Geschossen, Balkon auf geschwungenen Konsolen. Im Hof Grabstein, bez. 1657.

Obstmarkt 38 **Bp. 190**

Gebrochene Fassade mit Rundbogentor. Im Erdgeschoß mehrere gewölbte Räume.

Obstmarkt 40–41 **Bp. 191**

Fenster mit Rund- und Dreieckgiebeln und Parapeten. Zwei Rundbogentore mit Schmiedeeisengitter. Lichthaus mit Eisenbrüstungen und Rundbögen, 18. Jh. Barocktürflügel.

Obstmarkt 43–44 **Bpp. 192/1, 192/2**

Viergeschossige Fassade mit zwei geschwungenen Polygonalerkern. Rundbogenportal mit Schmiedeeisengitter, Stuckdecken, 18. Jh. Gekuppelte Rechteckfenster mit Dreieck- und Rundgiebelaufsätzen.

Obstmarkt 45–46 **Bp. 193**

Viergeschossiger Bau mit polygonalem Fassadenerker. Einfache Stuckdecken. Im Treppenhaus Schmiedeeisenbrüstungen und Wappen der Menz. Im Erdgeschoß Rundbogentor.

Obstmarkt 47–50 **Bpp. 194/1, 194/2, 194/3**

Zweigeschossiger Fassadenerker mit Balkon. Rundbogentor mit Wappenstein, bez. 1660. Gewölbter Hausgang. Aufgang mit Schmiedeeisengitter und Stuckdecke, gewölbte Lichthauben. Steingerahmte Rechteckfenster. Räume mit Stuckdecken. Kreuzgratgewölbter Hausgang im ersten Stock, Zimmer mit profilierter Felderdecke.

Streitergasse 53 **Bp. 200**

Barocker Fassadenerker. Steingerahmte Tür mit Rosettendekor, am Sturz Wappenschild, 17. Jh. Steingerahmte, gekuppelte Rechteckfenster.

Obstmarkt 7 **Bp. 204**

Flachbogentor mit Schmiedeeisengitter, Steinrahmung und Wappenstein. Im zweiten Stock des Lichthofes Gang mit Säulen und Rundbögen. Steingerahmte Rechteckfenster, Stuckdecken.

Obstmarkt 13 **Bp. 205**

Viergeschossiges Eckhaus, Fassadengestaltung Ende 18. Jh. Fenster mit Segment- und Dreieckgiebel, Parapete, Rundbogenportal, Balkon.

Obstmarkt 11 **Bp. 207**

Spätgotischer Viereckerker auf Kragsteinen mit Balkon, reich verziertes Barockportal. An der Fassade zum Obstmarkt Stuckdekorationen, 18. Jh.

Lauben 74 **Bp. 208**

Kleiner Lichthof mit Rundbogenöffnungen auf Säulen, zum Teil gemauerte Brüstungen.

Lauben 72 - Obstmarkt 8–10 **Bp. 209**

Lichthof mit dreigeschossiger Rundbogenloggia mit Kreuzgratgewölbe über toskanischen Säulen. Zum Obstmarkt viergeschossige Fassade mit polygonalem Eckerker, 18. Jh. Barocktür mit skulptiertem Oberlicht, Rundbogentor mit Pilasterrahmung.

Lauben 70 **Bp. 210**

Spitzbogenlaube. Im Lichthof Verbindungsgänge mit Säulen und Rundbögen. Romanisches Mauerwerk mit zwei Rundbögen. Gang mit Kreuzgratgewölbe.

Lauben 68 **Bp. 211**

Breite Fassade. Drei Rundbogenlauben mit Kreuzgratgewölbe, darüber fünf gekuppelte Rechteckfenster. Säulenflankierter Ladeneingang.

Lauben 64–66 **Bpp. 212/1, 213/1**

Doppelhaus, 16. Jh. Fassadengestaltung 18. Jh. Lichthof mit gekuppelten Rechteckfenstern, Treppen und Verbindungsgänge auf verzierten Kragsteinen mit Eisenbrüstungen. Gewölbte Vorplätze. Mehrere Räume mit Stuckdecken.

Obstmarkt 1–3 **Bpp. 212/2, 213/2**

Haus Menz. Doppelhaus. Polygonaler Fassadenerker, Rundbogenportal mit Pilasterrahmung, darüber Galerie mit Steinbalustrade und Balkon auf Kragsteinen. Barocke Fensterbekrönungen. Im Treppenhaus Schmiedeeisenbrüstung, in den Gängen Stuckdecken. Räume mit Öfen, um 1800. Zimmer mit Stuckdekken und Barocktüren.

Lauben 62 **Bp. 214**

Gewölbte Lichthaube. Im zweiten Stock sehr reich gestaltete Stuckdecke, Mitte 18. Jh. An der Fassade gekuppelte Rechteckfenster.

Lauben 60 - Streitergasse 53 **Bp. 215**

Fünfgeschossiger Bau mit dreiseitigem Erker an der Fassade zur Streitergasse. Steingerahmte Rechtecktür und Viereckfenster mit abgefasten Kanten, 16. Jh.

Lauben 58 - Streitergasse 51 **Bp. 216**

Schmales Stiegenhaus mit originaler Treppenanlage. Gewölbte Lichthaube, schmiedeeiserne Treppenbrüstung, steingerahmte Tür- und Fensteröffnungen.

Lauben 54–56 - Streitergasse 47–49 **Bpp. 217, 218**

Großer Lichthof. Rundbogenöffnungen zwischen Viereckpfeilern und einer Säule, unterwölbte Verbindungsgänge. Im Erdgeschoß Flachbogentür zwischen zwei Rechteckfenstern mit Dreieckgiebel, Fenstergitter. In drei Geschossen Fensterbekrönungen, um 1800. An der Seite zur Streitergasse gotische Spitzbogentür und Viereckerker mit Jahreszahl 1567. Mehrere Stuckdecken und Öfen, um 1800.

Lauben 52 - Streitergasse 41 **Bp. 219**

Dreigeschossiger Bau mit zwei Lichthöfen, im Erdgeschoß durch Geschäftseinbau unterbrochen, zur Laubengasse sandsteingefaßte Fenster und zwei Oculi, zur Streitergasse zentraler Erkervorbau und sandsteingefaßte Fenster. Im ersten Stock tonnengewölbter Raum. „Told-Stube“ aus dem 19. Jh. mit bleigefaßten Butzenfenstern und Familienwappen.

Lauben 48 - Streitergasse 39A **Bp. 221**

Fassadengestaltung 18. Jh. Lichthof mit dreigeschossigem Loggiengang, Rundbögen auf toskanischen Säulen, Kreuzgratgewölbe. Schmiedeeisengitter im Hausgang und im ersten Stock.

Lauben 46 - Streitergasse 37A **Bp. 222**

Zwei Laubenbögen, reiche Stuckfassade, zweite Hälfte 18. Jh. Stiegenhaus mit Schmiedeeisengittern, gewölbte Lichthauben, eine bez. 1680. Stuckdecken, Anfang 19. Jh.

Lauben 38 **Bp. 226**

Fassadenerker im zweiten Stock. Eine Spitzbogenlaube mit breit abgefasten Kanten. Gekuppelte Rechteckfenster.

Streitergasse 31 **Bp. 227**

Zweigeschossiges Hinterhaus. An der Längsseite Treppe mit offenen, flachbogig unterwölbten Gängen. Rundbogentüren.

Lauben 36 **Bp. 229**

Einfache Fassadengestaltung. Breite Rundbogenlaube mit gemalter Quaderfassung, in den oberen Geschossen vier gekuppelte Rechteckfenster.

Lauben 34 - Streitergasse 29 **Bp. 230**

Im Lichthof große Rundbogenöffnungen mit zwei Doppelbogenfenstern (zum Teil vermauert) in reicher Verzierung. Im dritten Stock geschnitzte Brüstung, 17. Jh. Stuckdecken.

Lauben 32 - Streitergasse 27–27A **Bp. 231**

Zur Streitergasse ehemaliger Ansitz Thurn (Turm der Stadtbefestigung), im 19. Jahrhundert umgebaut. Abgetreppter Zinnengiebel. Zu den Lauben im ersten Stock gewölbter Vorraum, Raum mit Stuckdecke, Küche mit Tonnengewölbe. Im zweiten Stock zwei Räume mit Empirestuckdecken, im dritten Stock gewölbter Hausgang.

Altes Rathaus, Lauben 30 **Bp. 232**
Streitergasse 25

Drei Spitzbogenlauben mit Sterngratgewölben und spätgotischen Dekorationsmalereien. Zwei Spitzbogentüren mit Wappensteinen in Steinrahmung, gotisches Viereckfenster. Zum Lichthof Loggia mit Spitzbogenöffnungen und Kreuzgratgewölben. Im alten Ratssaal Wandmalereien von Georg Müller (Allegorien auf die Gerechtigkeit), 1597. Stuckdecken, um 1800.

Lauben 28 **Bp. 233/1**

Fassadengestaltung Ende 19. Jahrhundert. Kapelle mit kuppelgewölbtem Altarraum und Fresko (Gott Vater), 1766.

Lauben 24 - Streitergasse 19A–21 **Bp. 235**

Fassadenerker, Spitzbogenlauben und -portal mit Jahreszahl 1501. Lichthof mit breiten Bogenöffnungen auf Pfeilern. Hölzernes Balustergeländer, Fenster mit Eisengittern, Freitreppe mit steingerahmtem Rechteckportal und Ochsenauge.

Lauben 22 - Streitergasse 17B–19 **Bp. 236**

Viergeschossige Fassade aus dem ausgehenden 19. Jh. Kreuzgratgewölbte Eingangshalle. Empiretürflügel mit Schmiedeeisenoberlicht, um 1800.

Lauben 20 **Bp. 237**

Zweigeschossiger Fassadenerker, darüber Balkon. Einfacher Lichthof, Brüstungen mit ausgesägten Brettern.

Lauben 18 **Bp. 238**

Einfacher Lichthof, Brüstungen mit Holzbalustern, kreuzgratgewölbter Hausgang. An der Fassade fünf gekuppelte Rechteckfenster.

Lauben 16 - Streitergasse 15A–17A **Bp. 239**

Im Kern mittelalterlicher Bau (Mauerwerk im Keller), Fenster mit Giebelaufsätzen, um 1740. Viereckiger Fassadenerker, darüber Balkon. Im Lichthof Galerie mit Spitz- und Flachbogenöffnungen, Kreuz- und Sterngratgewölbe, 16. Jh. Im Keller Tonnengewölbe. Halle mit Mittelpfeiler, Raum mit Dreistrahlgewölbe.

Lauben 14 - Streitergasse 13A–15 **Bp. 240**

Einfache Stuckfassade, um 1800. Im zweiten Lichthof Rundbogentür mit Wappen, bez. 1635.

Lauben 12 - Streitergasse 13 **Bpp. 241/1, 241/2**

Großer Lichthof. Verbindungsgang mit Rundbogenloggien, Viereckpfeilern und toskanischen Säulen. Doppelbogenfenster.

Lauben 8 - Streitergasse 9 **Bp. 243**

Fassadenerker. Einfaches Stiegenhaus mit hölzernen Balusterbrüstungen. Steingerahmte Rechteckfenster und Türen. Fresko (Immaculata), 19. Jh.

Lauben 6 - Streitergasse 7 **Bpp. 244/1, 244/2**

Unterwölbte Verbindungsgänge auf Konsolen. Brüstungen im Treppenhaus mit Holzbaluster. Gekuppelte Rechteckfenster.

Lauben 4 - Streitergasse 3A–5 **Bp. 245**

Fassadenerker im zweiten Stock. Schmales Stiegenhaus, Treppen mit Holzbaluster. Flachbogig unterwölbte Verbindungsgänge. Gekuppelte Rechteckfenster.

Rathausplatz 9 **Bp. 252/1**

Schmaler Bau. Viereckerker auf schwerem Kragstein bis zur Laubenbreite vorspringend, 16. Jh. Am Erker Balkone mit Eisenbrüstungen.

Rathausplatz 10 **Bp. 255**

Empirefassade mit in den drei Geschossen unterschiedlichen Stuckaufsätzen. Pilastergliederung, Geschoßbänderung.

Lauben 7 - Gumergasse 4 **Bp. 259/1**

Zwei Laubenbögen. Beachtliche Stuckfassade, zwei Barockportale. Rechteckfenster mit Aufsatz. Im Stiegenhaus toskanische Säulen mit Rundbogenarkaden, Eisenbrüstungen. Mehrere Stuckdecken, erste Hälfte 18. Jh.

Lauben 9 - Gumergasse 6 **Bpp. 260/1, 260/2**

Zwei Laubenbögen mit Maskerons am Scheitel. Breite Fassade zu sechs Fensterachsen mit reicher Stuckverzierung im Zopfstil, Ende 18. Jh. Flachbogenportal mit Keilstein.

Lauben 15 - Gumergasse 12 **Bp. 263**

Drei Spitzbogenlauben mit Maskerons am Scheitel. Fünfgeschossiger Bau mit sieben Fensterachsen. An der Fassade Stuckverzierungen im Empirestil. Im zweiten Stock Stuckdecken und Empireofen.

Gumergasse 14 **Bp. 264**

Ehemaliger Turm der bischöflichen Burg. Mauerwerk mit Buckelquadern, Rundbogenöffnung, 13. Jh. In der Südwestecke doppelgeschossige Loggia auf Säulen mit Eisenbrüstung, 17. Jh. Steingerahmte Rechtecktür mit Oberlicht.

Gasthaus Weißes Kreuz, Kornplatz 3 **Bp. 266**

Anstelle der bischöflichen Burg errichtet, von der mittelalterlicher Mauerbestand erhalten blieb.
Bannzone Kornplatz: Bpp. 273, 274

Kornplatz 2 **Bp. 267**

Drei Laubenbögen mit Kreuzgratgewölbe und polygonaler Eckerker. Triglyphenfries, Rustika im Erdgeschoß. Fassadengestaltung Ende 19. Jh. Spätgotischer Mauerbestand. Im ersten Stock Rechteckfenster mit Dreieckgiebeln.

Lauben 17 **Bp. 268**

Madonnenapotheke. Mittelalterlicher Baubestand (romanische Doppelbögen). Fassadenfresken von Albert Stolz, Viereckerker. Apothekeneinrichtung, 19. Jh. Im ersten Stock Raum mit zwei Flachbögen auf Achteckpfeiler, spätgotische grüne Rankenmalerei, um 1500.

Waaghaus, Lauben 19 - Kornplatz 1 **Bpp. 269/1, 269/2**

Ehemalige Fronwaage. Giebelständiger Bau mit Krüppelwalmdach. An der Ostseite Sichtmauerwerk, Rechteckfenster in Steinrahmung. Im Westen Durchgang mit Schwibbögen. Zum Kornplatz Doppelbogenfenster mit Wappenmalerei, 16. Jh. Gemalte Eckpilaster. Steingerahmte Rechtecktür mit Wappenkartusche, Kreuzigungsfresko, Anfang 16. Jh. Wandgemälde mit Fronwaage von Albert Stolz.

Lauben 21 - Kornplatz 10B–11 **Bp. 270**

Fassadenerker. Rundbogentor mit Schmiedeeisengitter und Wappenschild. Fassade zum Kornplatz gegen Ende des 19. Jh.s umgestaltet.

Lauben 25 A **Bp. 275**

Einfache Fassadengestaltung mit Rundbogenlaube. Hausflur mit Kreuzgratgewölben, flachbogig unterwölbter Verbindungsgang im Stiegenhaus.

Lauben 29 A **Bp. 278**

Dreiachsiges Haus mit dreigeschossigem Erker und Spitzbogenlaube. Im Lichthof Doppelbogenöffnungen mit toskanischen Säulen. Rechteckfenster in Steinrahmung. Tonnengewölbe mit Stuckfeld, Zimmer mit Stuckdecke, Ende 17. Jh.

Kornplatz 8 - Silbergasse 2 **Bp. 281**

Fassadengestaltung 17. Jh. Eckturm mit steingerahmtem Rechteckfenster, im zweiten Stock Saal mit reicher Stuckdecke und Fresko (Immaculata), um 1730.

Silbergasse 2A–2B **Bp. 282**

Fassade mit steingerahmten Rechteckfenstern. Zweigeschossiger dreiseitiger Erker mit querovalen Oculiöffnungen, 17. Jh. Im Erdgeschoß gewölbte Räume, Treppe mit Eisengeländer.

Lauben 33 **Bp. 283**

Zweigeschossiger Fassadenerker. Im Stiegenhaus flachbogig unterwölbte Treppen auf Konsolen. Am Hinterhaus vier spätgotische Fenster in Steinrahmung, um 1500. Vorspringende Sohlbänke.

Lauben 33A–35 **Bp. 284**

Fassade mit drei Spitzbogenlauben. Polygonaler Erker und steingerahmte Fenster. Im Erdgeschoß Gewölbe.

Silbergasse 4 **Bp. 286**

An der viergeschossigen Fassade zwei Rundbogentore in Pilasterrahmung mit geradem Gebälk. Im Stiegenhaus flachbogig unterwölbte Verbindungsgänge.

Lauben 37 **Bp. 287**

Fassadenerker. Zwei Flachbogenportale in Marmorrahmung, Ende 18. Jh. Stiegenhaus mit flachbogig unterwölbten Verbindungsgängen und Eisengeländer. Tonnengewölbte Lichthauben mit Doppelkreuzen.

Merkantilgebäude, Lauben 39 – Silbergasse 4B–6 **Bp. 288**

Barockpalais, erbaut nach Plänen von Francesco Perotti 1708 bis 1727. Zwei Treppen mit Rundbogenportalen mit Merkantilwappen, Balkone. Treppenhaus mit Marmorbalustern, Innenhof mit Bogengängen. Stuckdecken. Im Merkantilsaal Stuckdecke. An der Laubenseite fünf Bögen mit Kreuzgratgewölben, Stuckrahmen. Rundbogentore, unterschiedliche Fenstergestaltung in beiden Geschossen.

Lauben 43 **Bp. 290**

Fassade mit Spitzbogenlaube und je drei gekuppelten Rechteckfenstern, 17. Jh.

Lauben 45 – Silbergasse 10 **Bp. 291**

An der Fassade Polygonerker, gekuppeltes Rechteckfenster, Rundbogentor. Reste von Fensterumrahmungen. Großer Lichthof mit flachbogig unterwölbten Treppen. In einer Nische Fresko, 15. Jh. Zur Silbergasse Freitreppe mit spätgotischer Maßwerkbrüstung.

Lauben 47 – Silbergasse 12 **Bp. 292**

Einfache Fassadengestaltung. Zur Silbergasse viereckiger spätgotischer Erker mit drei gekuppelten Rechteckfenstern.

Lauben 49 – Silbergasse 14 **Bp. 293**

Drei Laubenbögen. Großer Lichthof mit Doppelbogenöffnungen und toskanischen Säulen. Stuckdecken im Empirestil. Zur Silbergasse Freitreppe mit gerahmter Rechtecktür und gebrochenem Dreieckgiebel, darüber Ochsenauge. Empiretürflügel. Rundbogenportal mit Wappenstein, bez. 1671.

Troyburg, Lauben 52 – Silbergasse 16 **Bp. 295**

Ansitz. Zwei Lichthöfe mit toskanischen Säulen und Doppelbogenöffnungen, Gang mit Kreuzgratgewölbe. Zur Silbergasse steingerahmtes Rundbogenportal, am Sturz zwei Wappen mit Jahreszahl 1603. Zweigeschossiger polygonaler Erker mit Türmchenabschluß und Oculiöffnungen. Zwei Schichten von dekorativen Fassadenmalereien, um 1500 und von 1603.

Lauben 53–55 **Bp. 297, 298**

Doppelhaus. Schmaler Lichtschacht. Treppen mit Holzbalustern. Einfache Stuckdecken. Im Erdgeschoß und ersten Stock Gewölbe. Steingerahmte Rechtecktüren.

Lauben 57 **Bp. 299/1**

Viergeschossiger Bau, ein Laubenbogen, Flacherker, darüber Balkon mit Schmiedeeisengitter. Empirestukkaturen, um 1800. Im ersten Stock einfache Stuckdecken.

Silbergasse 18 **Bp. 299/2**

Viergeschossiger Bau mit flacher Lichthaube. Treppen mit Kreuzunterwölbungen und Schmiedeeisengeländern; Hausmadonna, 1779. Rechtecktür in Ohrenrahmung.

Lauben 63 - Silbergasse 20B–22 **Bp. 303**

Schmales Haus mit Rundbogenlaube. Fassadenerker im zweiten Stock. Zwei gekuppelte Rechteckfenster. Im Erdgeschoß Gewölbe.

Lauben 65–67 - Silbergasse 24 **Bpp. 304, 305**

Doppelhaus. Beim Umbau 1971/72 Fresken im romanisch-gotischen Übergangsstil aufgedeckt (Monatsbilder in Tondi, Blattrankenwerk, Ende 13. Jh.). Rechteckportal, Raum mit Tonnengewölbe.

Lauben 69 - Silbergasse 26–30 **Bp. 306**

Zweigeschossiger Eckerker. Im Erdgeschoß Flachbogentor. Gewölbtes Stiegenhaus mit Eisenbrüstung.

Lauben 69A - Silbergasse 32 **Bp. 307**

In der Laubengasse Erker, zur Silbergasse Rundbogentor in Rustikarahmung, vergittertes Rechteckfenster.

Obstmarkt 17 - Silbergasse 34–36 **Bp. 312**

Flacherker auf Kragsteinen, darüber Balkon mit Schmiedeeisengitter. Mittelalterlicher Wohnturm ins Haus einbezogen.

Gasthaus Roter Adler, Goethestraße 3 **Bp. 314**

Bau mit zwei Rundbogenlauben. Auf älterem Bestand im 17. Jh. verändert.

Goethestraße 5 **Bp. 315**

Polygonaler Fassadenerker im zweiten Stock. Mansarddach mit drei Fenstern und einem Dreieckgiebel. Im ersten Stock gekuppelte Rechteckfenster.

Goethestraße 7 **Bp. 316**

Schmaler Bau in der ganzen Front vorspringend, südlich auf geschwungener Konsole aufruhend. Im ersten Stock Fensteraufsatz.

Mustergasse 14 **Bp. 324/1**

Viergeschossige Fassade mit neuklassizistischer Gestaltung, 19. Jh. Zwei Rundbogenportale mit Halbsäulen und Vasen, geräumiges Stiegenhaus. Fenster mit Putzrahmen, oktogonale Lichthaube. Gewölbter Saal mit Mittelpfeiler. An der Hofseite Freitreppe, Rechtecktür mit Oberlicht, Ochsenaugen.

Silbergasse 17 **Bp. 326**

Dreigeschossiger Bau mit vier Fensterachsen, Mezzanin. Steingerahmtes Rechteckportal, Wandbrunnen. Im Erdgeschoß breites Gewölbe. Lichthof mit Holzbalustrade.

Mustergasse 12 **Bp. 327**

Einfache Fassade mit steingerahmten Rechteckfenstern. Im Erdgeschoß gewölbte Räume, mittelalterlicher Baubestand.

Mustergasse 10 - Silbergasse 15 **Bp. 328**

Fassade mit zweigeschossigem Mittelerker, Muschel- und Dreieckgiebelaufsätze an den Fenstern. Stuckdecken, 17. Jh. Im Hinterhaus Flur mit Kreuzgratgewölbe.

Mustergasse 8 - Silbergasse 11A–13 **Bp. 329**

Polygonaler Erker, darüber Balkon. Dreieckgiebel, 19. Jh. Kreuzgratgewölbter Hausgang, Stiegenhaus mit Eisengeländer. Zur Silbergasse großer Raum mit Stuckdecke und Kachelofen, 18. Jh.

Mustergasse 6 **Bp. 330**

Zweigeschossiger Bau mit symmetrischer Fassadengestaltung zur Mustergasse hin, zentralem erkerartigem Vorbau mit neoklassizistischen Formelementen, Dachvorsprung mit Zahnschnittmuster, gemauertem einfachen Stiegenhaus. 1926 von Arch. Ivo Tschurtschenthaler umgebaut.

Silbergasse 11 **Bp. 331**

Fassade mit Putzgliederung. Ebenerdig gewölbte Räume. An der Längsfront zwei Rundbogenportale.

Palais Trapp, Mustergasse 4 - Silbergasse 9 **Bpp. 332, 334**

Fassade mit polygonalem Eckerker. Viergeschossiger Bau mit Oculikranz. Zwei Portale mit Wappen der Grafen Trapp, gewölbte Lichthaube mit Bild in Stuckrahmen, 17. Jh. Eisengeländer. Am Hinterhaus zur Silbergasse gotische Balkendecke mit Flachschnitzerei.

Silbergasse 5 **Bp. 335/1**

Fassadengestaltung 19. Jh. Im ersten und zweiten Stock reich verzierte Stuckdecken aus dem 17. Jh.

Palais Menz, Mustergasse 2A **Bpp. 335/2, 335/3, 335/4**

Fassadengestaltung Ende 19. Jh. Im zweiten Stock großer Saal mit Fresken von Carl Henrici, 1770 (Triumph Amors, olympische Götter, Maskenbälle). Stukkaturen des späten 17. Jh.s.

Stadthotel, Mustergasse 2 - Silbergasse 1 **Bp. 338**

Viergeschossiger Bau in neubarocken Stilformen 1912/13 durch die Gebrüder Ludwig errichtet. Fassade mit geschwungenen Balkonen, Fensterbekrönungen, im Erdgeschoß Rundbogenfenster.

Waltherplatz 3 **Bp. 346**

Dreigeschossiger Fassadenerker. Portal mit Halbsäulen, um 1800. Fenster mit Rund- und Dreieckgiebeln, flache Lichthaube.

Kornplatz 4 **Bp. 351**

Aus der 1786 entweihten und zum Teil abgebrochenen St.-Andreas-Kirche umgebaut. Gotische Mauerstrukturen und Fresken, Reste mit Spitzbogenmaßwerk (um 1400). Kirchenportal mit gesprengtem Segmentgiebel. Am dreigeschossigen Flacherker Relief (St. Andreas). Fenster in Steinrahmung.

Rathaus, Rathausplatz 5 **Bp. 358**

Barockisierende Fassadengestaltung mit Uhrturm und Mittelhof. Entwurf von Karl Hocheder/München, erbaut 1904–1907 unter der Leitung von J. Bittner.

Hotel Laurin, Laurinstraße 4 **Bp. 370**

Großer Hotelbau in barockisierenden Formen. Entwurf und Ausführung Gebrüder Ludwig 1909/10. Wandgemälde aus der Laurinsage von Bruno Goldschmidt in der Lesehalle, 1911.

Propstei, Pfarrplatz 27–31 **Bp. 380**

Große Anlage um einen Mittelhof, im Zweiten Weltkrieg durch Bomben beschädigt. Im Erdgeschoß zum Teil gotischer Baubestand, gewölbt. Reste von Stuckdekorationen aus dem 18. Jh. in der Kapelle.

Dom Maria Himmelfahrt mit Kirchplatz **Bp. 384 Gp. 270/3**

Dreischiffiges Hallenlanghaus, um 1300, im Übergangsstil über mehreren Vorgängerbauten errichtet. Umgangschor 1380–1420 von Martin Schieche erbaut. Sternrippengewölbe mit Schlußsteinen. Chorscheitelkapelle 1743–1745 von J. Delai errichtet (Deckengemälde von C. Henrici 1771, Marienleben). Turmaufsatz 1500–1519 unter der Bauleitung von H. Lutz von Schussenried errichtet. Im Inneren bedeutende Wandgemälde, 13. bis 16. Jahrhundert (Urbanslegende, Margarethenlegende, Siebenschläferlegende).
Bannzone: Bpp. 341/1, 343, 345, 347, 377, 379/1, 379/3, 381, 428, 429, 430/4, 440, 442, 443, 444, 729, 811, Gpp. 270/1, 270/3, 272.

Dominikanerplatz 9 **Bp. 424/2**

Schmaler Bau mit durchgehendem dreigeschossigen Viereckerker auf Steinkonsolen mit Resten des gotischen Fugenputzes. Im ersten Stock einfache Fenstergitter und gemalte Fensterumrahmungen. Im Erdgeschoß Rundbogentür.

Kapuzinerkloster, Kirche St. Anton und Garten **Bpp. 425, 426 Gpp. 155, 156/1, 156/2**

Zu Beginn des 17. Jh.s an der Stelle des alten Ansitzes Wendelstein errichtet. Klosterkirche mit geradem Chorschluß, dahinter Mönchschor mit Tonne. Vorhalle mit Rundbogenöffnungen. Im Kloster Freskenreste des Vorgängerbaues, Anfang 15. Jh.

Ehemaliges Dominikanerkloster und Kirche St. Salvator* **Bpp. 433, 434**

Klosterkirche über einem Vorgängerbau im frühen 14. Jh. als Hallenkirche mit polygonalem Langchor (1313) und Seitenkapellen errichtet. Chor um 1740 barockisiert (Stuckdekor). Johanneskapelle mit bedeutender Freskenausstattung, vor der Mitte des 14. Jh.s (Johanneslegenden, Mariengeschichte, Nikolauslegende). Freskenreste im Kreuzgang, 14. bis 16. Jh.
Bannzone: Bpp. 420/2, 421/1, Gp. 281
*Kulturgut von gesamtstaatlichem Interesse, von der Landeszuständigkeit ausgenommen.

Pfarrplatz 11–12 **Bp. 438**

1761 erbautes Barockpalais. Viergeschossiges Gebäude mit Mezzanin. Symmetrisch angelegte Fassade mit Mittelportal. Vergitterte Oberlichten. Fenster in Ohrenrahmung, mehrere Stuckdecken. 1921 von den Architekten Amonn und Fingerle umgebaut.

Palais Campofranco mit Nebengebäuden und Park, Mustergasse 1–3 **Bpp. 445, 447 Gpp. 99/1, 99/2**

Dreigeschossiger Barockpalast, 1764 erbaut. Aufsatz mit geschwungenem Giebel, neun Fensterachsen. Mittelportal durch Balkonvorbau auf Säulen betont. Zwei seitliche Rundbogenportale, vergitterte Rechteckfenster. Im ersten und zweiten Stock Pilastergliederung, Fenster mit geschwungenen Bekrönungen.

Palais Pock, Musterplatz 1–3 **Bpp. 449/1, 451**

Viergeschossige, zweiflügelige Barockanlage, 1759 errichtet. An der Hauptfassade drei symmetrisch angelegte Portale mit Pilasterrahmung. Fenster mit Stuckverzierungen, über dem Hauptportal Balkonvorbau auf Säulen. Lichthaube. Räume mit Stuckdecken. Am Nebenhaus Relief des Erbauers Anton Pock.

Mustergasse 9 **Bp. 452**

Viereckiger, dreigeschossiger Fassadenerker. Enges Treppenhaus. Zwei Laubenbögen. Ehemaliges Gerichtsgebäude. Rechteckfenster in Steinrahmung, Kreuzgratgewölbe im Treppenhaus. Eisen- und hölzernes Balustergeländer. Mittelalterliches Mauerwerk im Keller.

Mustergasse 11 **Bp. 453**

Schmales Haus mit einer Rundbogenlaube, gekuppelte Rechteckfenster. Im Erdgeschoß schmaler gewölbter Raum.

Mustergasse 13 **Bp. 454**

Dreigeschossiges Haus mit Laube, kleiner und größerer Lichthof mit mittelalterlichem Mauerwerk am Treppenabgang zum Keller. Fassade mit zwei Fensterachsen.

Mustergasse 15 **Bp. 455**

Im Straßenzug vorspringendes, dreigeschossiges Haus mit flachgedeckter Laube. Fassade mit zwei Fensterachsen, steingerahmt. Im Erdgeschoß Kreuzgratgewölbe und Tonnengewölbe im ersten Obergeschoß.

Mustergasse 19–23 **Bp. 457**

Ehemaliger Ansitz Rosenegg. Wohnhaus des Malers Carl Henrici. An der Fassade Wappenfresko. Im Erdgeschoß gewölbte Räume mit Putzrippen, Marmortreppe. Steingerahmte Fenster, polygonaler Erker. Im ersten Stock gewölbter Hausgang. Zwei gewölbte Kellerräume.

Goethestraße 17 **Bp. 458**

Fassadenerker. Dachgesims mit Bogenzwickeln. Im Erdgeschoß Tonnengewölbe mit Stichkappen.

Goethestraße 44 **Bp. 467**

Ansitz Kollegg. An der Straßenseite zwei Rundbogentore mit Pilasterrahmung, geschwungenen Giebeln und Vasenaufsätzen im Empirestil. Stuckverzierte Fensterumrahmungen mit Parapeten und Aufsatz. Am Dominikanerplatz Risalit, Loggia mit geradem Gebälk. Im Innern mehrere Stuckdecken.

Goethestraße 40 **Bp. 476**

Dreigeschossiger Bau mit drei Fensterachsen. Im ersten Stock Raum mit gotischen Dekorationsmalereien.

Goethestraße 38 **Bp. 477**

Schmaler Bau mit zwei Fensterachsen. An der Fassade kleines Bild in stuckiertem Ovalrahmen. Gekuppelte Rechteckfenster. Im Stiegenhaus Treppen mit Eisengeländer.

Goethestraße 36 **Bp. 478**

Portal mit Pilasterrahmung und Dreieckgiebel, um 1800. Treppenhaus mit unterwölbten Verbindungsgängen.

Goethestraße 34 **Bp. 479**

Zweigeschossiger Fassadenerker. Viergeschossiger Bau mit drei Fensterachsen. Fenster mit Segmentgiebeln und Parapeten, Mitte 18. Jh. Mehrere Stuckdecken.

Goethestraße 32 **Bp. 480**

Polygonaler Fassadenerker. Drei Fensterachsen. Rundbogentor in Steinrahmung, am Scheitel Wappenschild, bez. 1615. Fenster in Steinrahmung.

Goethestraße 30 **Bp. 481**

Schmales Haus, Fassadengestaltung 17. Jh., zwei steingerahmte Rechteckfenster.

Goethestraße 28 **Bp. 482**

Im Erdgeschoß Ladeneingang mit Gewölbe. Im ersten und zweiten Stock gekuppelte Fenster in Steinrahmung, 17. Jh. Der dritte Stock und Dachgeschoß später hinzugebaut. Am Dachansatz Oculi.

Goethestraße 26 **Bpp. 483/1, 483/2, 483/3**

Flachbogiges Portal mit Keilstein. Viereckerker, darüber Balkon. Steingerahmte Rechteckfenster, Ochsenaugen.

Goethestraße 2 **Bp. 500**

Schmaler Bau mit zwei Fensterachsen, am Eingang eingemauerte Säule, Tonnengewölbe im Erdgeschoß, im ersten Obergeschoß gotischer Unterzugsbalken mit Flachschnitzerei, im zweiten Obergeschoß Felderdecke, 17. Jh.

Erbsengasse 11 **Bp. 501**

Schlichte Fassade mit steingerahmten Rechteckfenstern und Rundbogenportal, 18. Jh. Im Kern mittelalterlicher Baubestand.

Erbsengasse 9 **Bp. 502**

Schmaler Bau, an der Fassade zum Obstmarkt vier gekuppelte Rechteckfenster in Steinrahmung, 17. Jh. Zweigeschossiger polygonaler Erker. Dachgeschoß später erhöht.

Erbsengasse 7 **Bp. 503**

Mittelalterlicher Baukern. Gemauerter, flachbogig unterwölbter Balkon auf Kragsteinen, im Erdgeschoß Rundbogenöffnung, vergittertes Flachbogenfenster. Zum Obstmarkt viergeschossige Fassade mit steingerahmtem Rechteckfenster (fünf Achsen).

Erbsengasse 8 **Bp. 505**

Dreigeschossiger Bau mit vier Fensterachsen. An der Westansicht unterwölbter Verbindungsgang mit Satteldach zum schräg gegenüberliegenden Haus auf Bp. 508. Tonnengewölbte Räume im Erdgeschoß, im rückwärtigen Bereich Keller mit Gewölbe; ab dem ersten Obergeschoß Lichthof.

Erbsengasse 5, Obstplatz 24a **Bp. 508**

Schmaler, dreigeschossiger Bau mit zwei Fensterachsen zum Obstplatz. An der Fassade zur Erbsengasse unterwölbter Verbindungsgang mit Satteldach zum schräg gegenüberliegenden Haus auf Bp. 505. Im ersten Obergeschoß Raum mit Kreuzgratgewölbe.

Museumstraße 1–3 **Bpp. 510, 740**

Anstelle des alten Gasthofes zur Sonne in gotisierendem Stil errichteter Bau. Pläne von Irschara. Giebel mit Türmchenzinnen, zum Obstmarkt Balkon auf Kragsteinen mit Spitzbogenüberdachung, in der Museumstraße Mittelrisalit.

Museumstraße 29 **Bp. 528**

Fassadenfresken von Albert Stolz (Siegfriedsage), 1906. Im Erdgeschoß zum Teil verbautes Gewölbe auf Säulen.

Museumstraße 31 **Bp. 529**

Im Erdgeschoß verbaute Stuckdecke mit Perlstabfeldern. Im Stiegenhaus Holzbalustrade.

Stadtmuseum mit Hofraum **Bp. 534**
Gp. 204/2

In lokalen Renaissanceformen 1902–1904 nach Plänen von Alois Delug und Wilhelm Kürschner an der Stelle des alten Ansitzes Hurlach erbaut. Mehrere steingerahmte Doppelbogenfenster, breites Stiegenhaus. Mittelturm zum Teil abgetragen. Im Norden Eingang mit Loggia, runder Eckturm.

Museumstraße 44–42C **Bp. 543/2**

Portal mit Wappen der Familie Haiden; Stiegenhaus mit unterwölbten Treppen. Stuckdecken.

Museumstraße 28 **Bp. 551**

Fünfgeschossiger Bau mit schlichter Fassade. Enges Stiegenhaus mit unterwölbten Treppen und ausgesägten Brüstungen.

Museumstraße 26 **Bp. 552**

Gekuppelte Fenster in reich profilierter Steinrahmung, 17. Jh. Nische mit Madonnenbild.

Museumstraße 24 **Bp. 553**

Schmales Haus mit zwei Fensterachsen, Fenster mit Putzrahmen. Ebenerdig Ladeneinbau.

Museumstraße 22 **Bp. 554**

Polygonaler Fassadenerker mit Wappenstein, um 1500, steingerahmte Fensteröffnungen.

Sparkassenstraße 1 mit Garten **Bp. 575**
Gp. 213/1

Ummauerter Garten, Eckerkerturm, Biforienfenster, Rundbogenportal. Im Hofparterre vergitterte Fenster. 1901 von J. Bittner für Herrn von Zallinger/Stillendorf in lokalen Renaissanceformen errichtet.

Stillendorf mit Garten und Park, Wangergasse 93–95 **Bpp. 576/1, 576/2, 576/3**
Gpp. 228, 230

Im 13. Jh. erwähnt, im 17. Jh. umgestaltet. Im 19. Jahrhundert stark verändert. Park von einer Zinnenmauer eingefaßt. Flachbogenportal mit Wappenkartusche. Regelmäßige Fensterreihen, Geschoßbänderung.

Sparkassengebäude **Bp. 577**

1904 nach Plänen Wilhelm Kürschners erbaut, in den dreißiger Jahren umgebaut. Fassaden mit Ziegelmauerwerk verkleidet. Die runden Eckausbildungen mit Marmorbesatz und Relief von Hans Piffrader. Im Erdgeschoß Porphyrverkleidung.

Franziskanergymnasium, Vintlerstraße 23 **Bp. 647/1**

1882 nach Plänen von Sebastian Altmann in klassizistischem Stile erbaut. Streng gegliederte Fassade, Rundbogenportal. Im letzten Stock Kapelle mit Malereien des Laienbruders Cajus D'Andrea im Stile der Nazarener (Jesusleben, Evangelisten, Maria, Ordensheilige in Nischen).

Museumstraße 43 **Bp. 659**

Eckbau mit zwei Straßenfassaden, Erdgeschoßzone porphyrverkleidet. Eingang an der Nordfassade, darüber vorkragende Loggia mit Balustrade. Tonnengewölbte Eingangshalle mit Terrazzoboden, Marmortreppe mit schmiedeeisernem Geländer. Gewölbter Treppenaufgang.

Dantestraße 10 **Bp. 693**

Steinsichtiger Bau mit Eckturm und Zinnengiebel, um 1880 in neugotischen Stilformen erbaut. Gewölbte Eingangshalle, mehrere Räume mit Holzdecken.

Palais Widmann **Bp. 706/1**

1882–1885 nach Plänen von Sebastian Altmann in Neurenaissanceformen errichtet, 1929 nach Osten verlängert. Breit gegliederte Fassade mit Fensterbekrönungen, Balkonen und Risaliten. Eingangshalle mit Säulenaufgang (heute abgemauert).

Herz-Jesu-Kirche **Bp. 746**

1897–1899 nach Plänen von Johann Bittner in romanisierendem Stil errichtet. Doppelturmfassade, Rundbogengalerie. Kirchenbau in basilikalen Formen mit Rundbogenapsis, Seitenkapelle. Stützenwechsel, Kreuzgratgewölbe. Mosaikausstattung in Chor und Seitenkapelle, Wandgemälde von Jonas Ranter 1905–1910.

Sparkassenstraße 7 **Bp. 758**

Fassade in neubarockem Stil mit Putzquaderung im Erdgeschoßbereich. Zwei Erker mit Dach, Pilastergliederung. Über den Fenstern Dreieck- und Segmentgiebel. 1899–1905 errichtet.

Sparkassenstraße 5–3 **Bpp. 759, 760**

Doppelhaus mit einheitlicher Fassadengestaltung in historistischen Stilformen. Auf dem doppelten Mittelrisalit Balkone mit Balustrade oder Eisengeländer. Seitlich je ein zweigeschossiger polygonaler Erkervorbau mit Altane. Über den Fenstern und in den Segmentgiebeln der Dachaufbauten barockisierende Putzdekorationen.

Talfergasse 1 **Bpp. 761, 762**

Baukomplex mit Innenhof. Als Teil der Verbauung der Sparkassenstraße von 1899–1905 nach Plänen der Architekten Strehle und Cassel erbaut. Fassadengestaltung in gotisierenden Stilformen: Eckerker mit Turmaufsatz, treppenförmige Dachaufsätze.

Talfergasse 3 **Bpp. 763, 764**

Im Zuge der Verbauung der Sparkassenstraße von 1899–1905 nach Plänen der Architekten Strehle und Cassel erbaut. Fassade mit historisierenden Elementen. Loggien, Erker, Balkone, neugotische Ornamentik.

Sparkassenstraße 6 **Bp. 765**

Historisierende Bauformen 1899–1905 nach Plänen der Architekten Strehle und Cassel im Stile der Nürnberger Spätgotik errichtet. Fassade mit Mittel- und Seitenrisaliten, Viereck- und Dreieckerker, Ecktürmchen mit Kuppeldach. Gotisierende Ornamente an Erkern, Balkonbrüstungen und Giebeln.

Talfergasse 5 **Bp. 766**

Gotisierende Fassadengestaltung mit Rechteckerkervorbau und geschweiftem Giebel. Im zweiten Stock Loggia, Fenster mit Putzrahmen. Im Parterre neugotisches Doppelfenster mit gemauertem Fensterkreuz.

Sparkassenstraße 8 **Bp. 767**

1899–1905 nach Plänen der Architekten Strehle und Cassel erbaut. Fassade in gotisierenden Stilformen mit dreigeschossigem Erkervorbau und Treppengiebel. Balkone mit Überdachungen.

Talfergasse 7 **Bp. 768**

Gotisierende Fassadengestaltung mit Mittelrisalit, Treppengiebel und zweigeschossigem Erkervorbau. Rundbogige Eingangstür mit Oberlichte. Erker mit neugotischem Maßwerk.

Sparkassenstraße 10 **Bp. 769**

1899–1905 erbaut. Reich gegliederte Fassade in historisierenden Stilformen. Spitzgiebel, Eckerkerturm, Balkone und Loggia mit Balustraden mit neugotischem Maßwerk. Schön gearbeitete Eingangstür, Oberlichte mit Butzenscheiben. Überwölbter Treppenaufgang mit gußeisernem Geländer.

Foto-Atelier Waldmüller **Bp. 770**

Errichtet um 1910 mit vorspringendem Mitteltrakt in neuklassizistischen Formen. Balkon auf zwei dorischen Säulen. Gegen Norden Atelierraum mit hoher Verglasung.

Leonardo-da-Vinci-Straße 17 **Bp. 771**

Viergeschossiger Bau mit reich gestalteter Fassade in historisierenden Stilformen. Rund- und Doppelbogenfenster, zwei Erkeranbauten, Barockbalkon und Renaissanceloggia.

Leonardo-da-Vinci-Straße 15 **Bp. 772**

Viergeschossiger Bau mit zwei seitlichen Risaliten, in der Mitte fünf Fensterachsen. Barockisierendes Portal, darüber Balkon. Bewegte Fenstereinfassungen in barocken Stilformen. 1899/1900 nach Plan von Julius Mayreder/Wien erbaut.

Sparkassenstraße 18 **Bp. 773**

Eckverbauung mit zwei polygonalen Erkertürmen. Rundbogenportal in Rustikarahmung, darüber Balkonaufbau. Barockisierende Fassadengestaltung. 1899/1900 nach Plan von Julius Mayreder/Wien errichtet.

Sparkassenstraße 20–22 **Bp. 774/1**

Siebenachsiger Bau, an den Seiten zwei dreigeschossige Erker. Ober dem Tor Doppelbogenfenster, Fassade mit reichem Stuckdekor in Rokokoformen.

Goetheschule, Marienplatz 1 **Bp. 799**

Monumentaler Schulbau mit origineller Dach- und Fassadengestaltung. Riefen- und Glattputz mit Stuckdekor in originaler Farbfassung, Freitreppe mit Loggia. Relief (Hänsel und Gretel, lesende Mädchen). 1906–1908 nach Entwurf von Willhelm Kürschner errichtet.

Danteschule, Sparkassenstraße 24 **Bp. 805**

1909–1911 nach Projekt des Bozner Stadtarchitekten Gustav Nolte errichtet. Fassaden in Münchner Jugendstilformen mit kunsthandwerklichem Dekor: an den Pfeilern im Erdgeschoß Relief (Tierkreiszeichen, Fabelwesen). Rundbogenöffnungen. Im Innern Wandmalereien von Tony Grubhofer.

INCIS-Gebäude, Carduccistraße 2 **Bp. 819**

Beachtlicher Großbau in barockisierenden Formen, 1927 nach Entwurf des Architekten Alberto Calza Bini errichtet.

Goethestraße 22 **Bp. 977**

Im Stiegenhaus Kreuzgratgewölbe und Spitzbogenloggia, 16. Jahrhundert.

Kolpinghaus, Spitalgasse 1 **Bp. 989**

Der östliche Baukörper nach Plänen von J. Bittner 1908 erbaut. Jugendstilfassade, im Erdgeschoß großer gewölbter Saal mit wertvoller Täfelung und Fresken von Albert Stolz.

Mariensäule am Marienplatz **auf Gp. 24**

Vierteiliger Sockel mit sitzenden Figuren (darunter Moses nach Michelangelo), zwei Inschriftentafeln. Darauf korinthische Säule mit der Unbefleckten. Weißer Marmor, 1909 von Andreas Kompatscher errichtet.

Fischbrunnen und Fischbehälter in der Streitergasse **auf Gp. 251/1**

Gemauerter Fischbehälter. Davor Brunnen mit zwei Delphinen an der Brunnenwand, Vasenaufsatz (verloren). Anfang 19. Jh.

Neptunbrunnen am Obstplatz **auf Gp. 259**

Marmorsockel mit drei Muschelschalen, Neptun mit drei Delphinen in Bronze. 1749 angefertigt, 1777 aufgestellt.

Waltherdenkmal am Waltherplatz **auf Gp. 267/1**

1889 von Bildhauer Heinrich Natter errichtet. Marmorsockel mit Brunnenschalen, wappenhaltenden Löwen und wasserspeienden Schwänen. Am Aufsatz Waltherskulptur.

Talferbrücke **auf Gp. 310/1**

Eisenkonstruktion auf vier Pfeilern, Brückenköpfe in weißem Kalkstein mit Bozner Wappen und der Jahreszahl 1900. Jugendstilgeländer aus Eisen. 1900 von der Firma Waagner Biro errichtet.

Katastralgemeinde Gries

Alte Pfarrkirche zu Unserer Lieben Frau mit Friedhof **Bp. 3 Gp. 1**

Polygonaler Chor, um 1414 errichtet, romanisches Langhaus im 16. Jh. erhöht und mit Sternrippengewölbe versehen. Erasmuskapelle mit polygonalem

Bozen, Dominikanerkirche

Bozen, Stiftskirche Gries

Bozen, INCIS-Gebäude

Bozen, Kolpinghaus

Bozen, St. Jakob am Sand

Bozen, Rottenbuch

Schluß 1519 errichtet. Portalvorbau mit Sternrippengewölbe, 1529. Romanischer Turmunterbau mit gemauertem Spitzhelm aus dem 16. Jahrhundert.
Bannzone: Bpp. 4/1, 4/2, 266, Gpp. 2/1, 4, 31/1, 1084/1, 1084/2

Münzbank **Bp. 44**

Herrschaftlicher zweigeschossiger Bau aus dem 18. Jh., um 1830 umgebaut. Im Hof Rundbogenloggia, im ersten Stock Saal mit Empiremalerei und Kamin (1745).

Benediktinerstift Muri-Gries mit Kirche St. Augustin **Bpp. 53, 54, 55, 56**

Spätbarocker Kirchenbau, 1769–1771 von Giuseppe Sartori errichtet. An der konvex geschwungenen Fassade Säulen- und Pilastergliederung, Volutengiebel. Im Schiff Tonnengewölbe, Seitenkapellen. Runder Chorschluß, Ovalkuppel, Oratorien. Deckengemälde von Martin Knoller 1771–1773.
Im Benediktinerstift mittelalterliche Burganlage aus dem 12./13. Jahrhundert (Bergfried, Palas). Die alte Stiftskirche wurde ab 1407 an die ehemalige romanische Burgkapelle angebaut. Zweigeschossiger Kreuzgang mit Sterngratgewölbe. Prälatenzimmer mit Kassettendecke, bez. 1603.
Bannzone: Bpp. 11, 12, 13/1, 14/1, 15/1, 16/2, 19, 20, Gpp. 15/1, 24

Oberrautner **Bp. 63**

Mittelalterlicher Bau mit gemauertem Giebel und steilem Satteldach. Vom Hof aus Freitreppe, steingerahmte Spitzbogentür. Angebautes Wirtschaftsgebäude.

Rottenbuch mit Nebengebäuden und Park **Bpp. 92/1, 92/2, 92/3, 92/4, 92/5 Gpp. 114/2, 115, 116/1**

Der Nordtrakt mit Freitreppe, Doppelbogenfenster, Wandmalereien und bemalten Holzdecken, letztes Viertel des 16. Jh.s. Um 1650 nach Süden verlängert, großer Saal und Kapelle über zwei Geschosse. Ehemalige Wirtschaftsgebäude mit gewölbten Räumen im Erdgeschoß.

Glögglhof mit Park **Bp. 99 Gp. 129/1**

Als Hof bereits 1295 erwähnt. Heute herrschaftliche Villa mit Hauskapelle zum heiligen Josef, 1887 in klassizistischen Stilformen umgebaut.

Herzogspalast mit Nebengebäuden und Park **Bpp. 101/1, 101/2, 458, 474, 475, 1066, 1067, 1068 Gpp. 133/2, 141, 2308/2**

Ehemals Villa Wendlandt, in den dreißiger Jahren bis auf die Grundmauern abgebrochen und in Prunkformen der rationalistischen Architektur für den Herzog von Pistoia nach einem Projekt von Ferdinando Forlati neu aufgebaut.

Oberhammer **Bp. 105/1 Gp. 153/4**

Mittelalterliche Hofanlage. An der Hinterseite zwei offene Rundbögen. Freitreppe, Vorraum mit steingerahmter Rundbogentür, tonnengewölbte Küche, getäfelte Stube.

Villa Monrepos mit Park, Guntschnastraße 50 **Bp. 116/2 Gpp. 167/2, 167/4**

Neuklassizistischer Bau auf kreuzförmigem Grundriß. Mittelrisalite mit Dreieckgiebeln, Eckquaderung, Balkone. 1877 für Baron Henri Marie Mollerus erbaut. Park mit Nadelbäumen.

Plattner mit Park **Bp. 129 Gp. 196**

Herrschaftlicher Villenbau mit großer Parkanlage. Älterer Baukern, gegen Ende des 19. Jh.s von Baurat Ende aus Berlin in historisierenden Stilformen großzügig umgebaut.

Gscheibter Turm, St.-Oswald-Kapelle und Ansitz Troyenstein **Bpp. 135, 136, 137 Gpp. 208, 209, 210, 211**

Bergfried der mittelalterlichen Burg Troyenstein mit Zinnenkranz innerhalb von zwei Mauerringen, 13. Jh.;
St.-Oswald-Kapelle: Rundbogenapsis, 14. Jh. Dachreiter, Schiff mit Kreuzgratgewölbe, 1592 geweiht. Wandgemälde (Verkündigung, Evangelisten, Heilige, Ölberg, Geburt Christi), Ende 16. Jh. und 1668.
Ansitz Troyenstein: ursprünglich Hofanlage, im 19. Jh. historisierend verändert. Erkerturm mit vier Eckaufsätzen und Zinnenkranz, abgetreppter Giebel, Verandavorbau. Mehrere Spitzbogenfenster, zwei Räume mit Stuckdecken, 17. Jh.
Bannzone: Gpp. 213/2, 214

Mauracher **Bp. 139 Gpp. 217/1, 217/2, 218/1, 220/1**

Hofanlage mit Viereckerker auf Kragsteinen im ersten Stock, 16. Jh. Rundbogiger Eingang, vorkragender Gebäudeteil auf Rundbögen.

Branneser **Bp. 140 Gp. 225**

Viereckerker auf Holzstützen, in der Erkerstube spätgotische Balkendecke mit Spiegelfeldern, 16. Jh.

Kinig **Bp. 141**

Ursprünglich vermutlich Zollstation. Alter Bau, der die Straße überspannt. Verbretterter Bundwerkgiebel, umlaufender Söller. Im Keller Sichtmauerwerk. Im Innern erneuert.

Hofmann, Rafensteiner Weg 5 **Bp. 142/1 Gpp. 227, 234/1**

Weinhof auf unregelmäßigem Grundriß. Freitreppe, Rundbogentür. An der Bergseite türmchenartiger Anbau.

Köfele **Bpp. 143/1, 143/2**

Ursprünglich ein befestigter Brückenkopf. Am Wirtschaftsgebäude Rundbogentüren, zum Teil Sichtmauerwerk, hohe Substruktionsmauern, 13. Jh.

Rafenstein **Bp. 162**

Ruine einer ausgedehnten Burganlage, im 13. Jh. erbaut. Ringmauer mit Schlitzscharten, Bischofspalast mit Rundbogentüren, im 14. (Vorzwinger, Torturm und Südtrakt) und 16. Jh. (Zwinger mit Eckrondellen, neuer Wohntrakt) erweitert und befestigt. Um 1600 nochmals umgebaut (Wohntrakt erhöht). Reste von Wandmalereien aus dem 16. und 17. Jh.

St. Jakob am Sand **Bp. 173**

Hochmittelalterlicher Kirchenbau mit Saalraum und Apsis, wurde im 14. Jh. erhöht und außen mit einem polygonalen Chorschluß versehen. Turm mit Spitzpyramide. Im Langhaus Tonnengewölbe. In der Apsis, am Triumphbogen und an der Nordwand Fresken, Anfang 14. Jh. (Majestas mit Evangelistensymbolen, Apostelreihe).

Thurner **Bp. 175**

Einfacher Bauernhof, in dem ein später umgebauter mittelalterlicher Wohnturm steckt. Im Südwesten Stube mit Balkendecke und Unterzug. An den Balken profilierte Spiegelfelder. Oberhalb der Kammertür Jahreszahl 1659.

St. Georg am Kofel **Bp. 195**

1165 erwähnt. Turm um 1300. Gemauerter Spitzhelm aus dem ausgehenden 15. Jh. Langhaus um 1400 errichtet. Dreiseitiger Chorschluß mit sechsarmigem Rippengewölbe, im Schiff Kreuzrippengewölbe. An der Südseite außen skulptierte Konsolen mit Baldachinen.

Kofler auf Ceslar **Bp. 199**

Ehemaliger Ansitz Rundenstein. Mächtiger Weinhof, im ersten Stock breiter Mittelgang mit Doppelbogenfenster. Fenstergitter. Über dem Rundbogentor Wappen der Kofler, bez. 1590.

Bühler in Guntschna **Bp. 208/1**

Mittelalterlicher Bau, später erweitert. Im Keller große Torggl, bez. 1678.

Anreiter in Moritzing **Bp. 229**

Weinhof. Im Keller mittelalterlicher Baubestand, die heutige Form aus dem 16. Jh. An der Fassade Fresko (Kreuztragung), 16. Jh. Polygonaler Erker im ersten Stock, verbretterter Bundwerkgiebel. Barockes Hoftor.

St. Mauritius in Moritzing **Bp. 230**

Über einer romanischen Chorturmkirche 1736 von Josef Delai errichtet. Spitzturm. Zentralbau auf oktogonalem Grundriß, in der Kuppel Gemälde von G.A. Delai, Stukkaturen von H. Bittner. In der alten Kirche Fresken (Schmerzensmann, Apostel, Heilige), um 1370.
Bannzone: Gpp. 1006, 1007

Kugler in Moritzing **Bp. 244**

Langgezogener Bau mit steingerahmten Rechteckfenstern und Türen, 17. Jh. Im Obergeschoß drei Räume mit schönen Stuckdecken aus dem beginnenden 18. Jh.

Berndorf (Egen) **Bpp. 264/1, 264/2, 264/3, 264/4**

Um einen Hof angelegte Gebäudegruppe. Heutige Form 17. Jh., im Kern wesentlich älter. Wohnhaus mit zwei Eckerkern, über dem Portal Fresko (Madonna mit Heiligen), 18. Jh. Zum Garten Freitreppe (Wappen der Wolkenstein, um 1600). Im Hausflur bemalte Balkendecke mit Ranken und Heiligenmedaillons, 18. Jh.

Sigmundskron **Bpp. 325, 326, 327, 328, 329**

Ausgedehnte Burganlage. Hochburg aus dem 12. Jh. Vorburg und Befestigungsbauten aus dem ausgehenden 15. Jh. Hochmittelalterliche, doppelgeschossige Chorturmkapelle mit Resten von Wandgemälden aus dem 11./12. Jh. In der Vorburg Bergfried, 15. Jh. Ebenso Torturm mit Spitzbogentor und Wappenstein des Sigismund des Münzreichen, 1474.
Bannzone: Gpp. 1749, 1750/1

St. Quirin in Quirein **Bp. 372**

Vermutlich vorkarolingischer Bau, im 12. Jh. im Besitz des Klosters Tegernsee. Im Keller des Hauses auf Bp. 372 zum Teil erhalten. Ursprünglicher Zentralbau auf kreisförmigem Grundriß, im 15. Jh. zweischossig unterteilt. An der Hausfassade Barockfresken mit Kirchenpatronen, 18. Jh.
Bannzone: Bp. 2536, Gpp. 983, 2141/1, 2141/5.

Mariaheim mit Weinbergen **Bpp. 413, 414, 415 Gpp. 2199/4, 2201, 2203/1**

Gutshof des Augustinerchorherrenstiftes Neustift. Die im Kern hochmittelalterlichen Kapellen wurden im frühen 17. Jh. mit einem polygonalen Chorschluß versehen. Chortürmchen mit Kuppeldach und Laterne, Tonnengewölbe. Im Gutshof mittelalterlicher Wohnturm, im 16. Jh. durch zwei seitliche Trakte erweitert. Im Erdgeschoß Kreuzgratgewölbe auf Pfeilern, im ersten Stock Räume mit ornamentalen Fenster- und Türeinfassungen, Stuck- und Kassettendecken.

Villa Serena mit Park, Fagenstraße 20 **Bpp. 455, 717 Gpp. 156/7, 157/1, 157/3**

Der östliche Gebäudeteil 1882/83 in historisierenden Formen erbaut. 1908 um ein Stockwerk erhöht. Der westliche Trakt mit Rundbogenloggien und Jugendstileinrichtung (Speisesaal, Treppenhaus) 1911/12 nach Plänen der Architekten Gebrüder Ludwig aus München angebaut. Ursprünglich Pension Navratil, ab 1901 Sanatorium Gries, ab 1926 Hotel Savoy. Park mit Nadelbäumen.

Villa Guntschna mit Park, Fagenstraße 16 **Bp. 456 Gp. 157/2**

Kubusförmiger Bau in geometrisch klaren Proportionen mit neuklassizistischem Fassadendekor. 1882/84 von Elise Navratil erbaut.

Gemeindehaus Gries, Grieser Platz 16–18 **Bp. 479 Gp. 2278**

Kubusförmiger Bau mit neoklassizistischer Fassadengestaltung, 1888 als Gemeindekanzlei und Knabenschule nach Plänen von Sebastian Altmann errichtet.

Bozen, Burgkapelle Sigmundskron

Bozen, Mariaheim

Bozen, Deutschordenskommende Weggenstein

Villa Clara, Fagenstraße 30 **Bp. 483/1**

Beachtlicher Bau in historisierenden Formen: Viereckerker, renaissancehafte Fenster, neubarocker Giebel, polygonaler Erkerturm mit Spitzdach. Im Erdgeschoß Rundbogenöffnungen. 1889/96 von Baumeister Johann Madein errichtet.

Wandelhalle auf der Guntschnapromenade **Bp. 500**

Reihe von steinernen und gußeisernen Säulen mit darüberliegender Terrasse. Zusammen mit der Guntschnapromenade gegen Ende des 19. Jh.s errichtet.

Villa Zeltnerheim mit Portierhäuschen und Park **Bpp. 539, 540 Gp. 147/1**

Herrschaftlicher Bau in historisierenden Stilformen: neubarocker Giebel, gestaffelte Fenster, Eckerker, Säulenloggia. Gotisierendes Portierhäuschen. Kurz nach 1893 von Johannes Zeltner nach Plänen von Ing. Dietz erbaut. Park mit mediterranen Pflanzen.

Villa Zita, Gscheibten-Turm-Weg 7 **Bp. 551**

Kubusförmiger Bau, um 1900 errichtet. Historisierende Fassadengestaltung. Im Stiegenhaus Eisengeländer und Jugendstilmalereien.

Evangelische Kirche **Bp. 617**

Historisierender Bau auf kreuzförmigen Grundriß mit Spitzturm 1906–1908 nach Plänen von Linke und Ruter errichtet. An den Kreuzarmen Radfenster, polygonaler Chorschluß mit Rippengewölbe, in den Schiffen Holzdecke. Vorhalle, Spitzbogenportal mit Relief (Christus) von A. Kompatscher.

Siegesdenkmal* **Bp. 870**

An der Stelle des 1927 zerstörten Kaiserjägerdenkmals 1928 nach Plänen von Architekt Marcello Piacentini errichtet. Liktorenbündel tragen den gerade abschließenden Architrav mit Inschrift, Giebelskulptur (Victoria) von Arturo Dozzi.
*Kulturgut von gesamtstaatlichem Interesse, von der Landeszuständigkeit ausgenommen.

Ehemaliges GIL-Gebäude **Bp. 1104**

Entlang der Drususstraße verlaufender Baukörper, durch eine Pergola mit dem auf ellipsenförmigem Grundriß sich erhebenden Theateraufbau verbunden. 1934/35 nach Plänen der Architekten S. Mansutti und G. Miozzo in rationalistischen Architekturformen erbaut.

Christkönigkirche **Bp. 2721**

In basilikalen Stilformen nach Plänen von Guido Pelizzari 1938/39 erbaut. Westfassade mit Porphyrverkleidung und Figuralplastik, Heilige Dreifaltigkeit von Ignaz Gabloner.

Bildstock an der Alten Meraner Straße **auf Gp. 936**

Schaft an der Straßenmauer. Vier Spitzbogennischen mit Freskenresten und Inschrift, Anfang 16. Jahrhundert.

Katastralgemeinde Zwölfmalgreien

Talfergasse 2 mit Park **Bp. 2 Gpp. 3/1, 4, 5/3**

Langgezogener, einstöckiger Bau mit neoklassizistischer Fassadengestaltung. Im Erdgeschoß Rustika mit vergitterten Viereckfenstern. Über dem flachbogigen Portal Marmorrelief mit Madonna (um 1700).

Maretsch **Bpp. 5, 7 Gpp. 11/1, 11/2, 11/3**

Vierflügelige Anlage mit Eckrondellen; um den mittelalterlichen Palas (13. Jh.) und um den Bergfried gruppieren sich die im 16. Jh. errichteten und im 17. Jh. umgebauten Flügelbauten mit offenen Bogenhallen und Loggien. Am Rundbogenportal Jahreszahl 1633. In einem Rundturm Kapelle, um 1600 eingerichtet. Bedeutende Renaissancemalereien, um 1570.
Bannzone: Bpp. 1092, 1106, 1148, 2103, Gpp. 5/22, 12/1, 12/6

Gerstburg **Bpp. 9, 10 Gp. 5/2**

Ansitz. Mittelalterlicher Baukern, im 17. und 18. Jh. umgebaut. Drei Eckrondelle. Regelmäßige Fensterreihen, Keller mit Gratgewölbe und Spitzbogentür. Im ersten Stock Zimmer mit Stuckdecke, 17. Jh. Wandmalereien, 19. Jh. Im zweiten Stock Saal mit Deckenfresko von M. Knoller (Einzug der Aurora, Jahreszeiten), um 1770. In der 1495 geweihten Kapelle Empiredekoration, um 1800.

Paugger mit Gartenhaus **Bpp. 12, 13, 15**

Ansitz. Im Kern mittelalterlicher Wohnturm, späterer, zweigeschossiger Terrassenzubau. Steingerahmte Vierecktür mit Rosettendekor, um 1600. Im zweiten Stock Saal mit romantischen Wandmalereien (klassische Gedichte), 19. Jh., erste Hälfte. Gartenhaus mit klassizistischer Fassadengestaltung.

Lindenburg, Runkelsteiner Straße 23 **Bp. 17**

Bau auf unregelmäßigem Grundriß, erstmals 1237 als „bei der Linte" erwähnt, im 16. Jh. zum Ansitz Lindenburg umgebaut. 1896/97 nach Plänen von Arch. Johann Bittner vergrößert und in historisierender Form umgestaltet. Ältester Kern im östlichen Teil mit gewölbten Räumen, im ersten Obergeschoß Kassettendecke aus der Spätrenaissance.

Stieler **Bp. 22**

Dreigeschossiger Bau mit Krüppelwalmdach, an der Giebelseite verbrettertes Bundwerk. Stützmauern. Steingerahmte Rechteckfenster (teilweise erneuert), schmiedeeiserne Fenstergitter im ersten Stock. 17. Jh.

Farbbilder in Reihenfolge:
Bozen, Dominikanerkirche, Johanneskapelle
Bozen, Rottenbuch
Brixen, St. Johannes im Kreuzgang
Brixen, Pfarrkirche St. Michael

SIDORVS

MDCC

Talfergries 2 **Bp. 25**

Barockes Fassadenfresko. Im Erdgeschoß Raum mit Tonnengewölbe, Gang mit Kreuzgratgewölbe, gemauerter Stiegenaufgang. Im ersten Stock hohes Kreuzgratgewölbe, tonnengewölbte Küche, Stube mit barockem Kachelofen.

Payrsberg, Oswaldweg 3 **Bpp. 30/1, 30/2, 30/3, 30/4**

Anstelle eines mittelalterlichen Küchenmairhofes im 16. Jahrhundert errichteter Edelsitz, später Umbau. Rundbogentor mit Wappenstein, tonnengewölbter Durchgang. Heilig-Kreuz-Kapelle: im Erdgeschoß ehemaliges Kapellenportal (Rundbogen, 13. Jh.), darüber gotischer Kapelleneingang (Spitzbogentür). Dreiseitiger Chorschluß mit sechsarmigem Rippengewölbe, zwei Spitzbogenfenster, Ende 15. Jh..
Bannzone: Gpp. 39, 40/1, 40/3, 40/6, 145/2

Hubbauer, Heinrichstraße 25 **Bpp. 32, 1613 Gp. 31**

Ehemaliger Ansitz mit Türmchen und eingebauter Kapelle. Mittelalterlicher Kern, im 17. Jh. umgebaut. Im Erdgeschoß Tonnengewölbe, Spitzbogenöffnung. Am Turm rechteckige Renaissancetür mit Rautenmuster, unterwölbter Söller auf Kragsteinen, steingerahmte Rechteckfenster. Flachbogentor mit Zinnenbesatz. Im ersten Stock spätgotische Balkendecke.

Heinrichshof mit Kapelle **Bpp. 40/1, 40/2, 40/3, 40/4, 40/5**

Ausgedehnte Anlage um einen Innenhof, 17. Jh. In Wirtschaftsgebäude und Keller Tonnengewölbe mit Stichkappen.
Kirche zum seligen Heinrich von Bozen, 1859 errichtet, 1869 geweiht. Fassadendachreiter mit Spitzhelm, Rechtecktür, Skulpturennischen.
Bannzone: Gpp. 46/1, 46/2, 47/2, 47/3

Compil, Heinrichstraße 31 **Bp. 46**

Ansitz. Zweigeschossiger Bau aus dem 17. Jh., in der zweiten Hälfte des 19. Jh.s in historisierenden Bauformen umgebaut. Turm mit vier Eckaufsätzen, im Innern mehrere Stuckdecken aus dem 17. Jh. Kapelle zu den hl. Siebenschläfern, 1457 geweiht.
Bannzone: Gpp. 54, 56, 58, 74/1, 74/2, 75/1, 75/2, 75/3

Ehemalige Schlößlmühle **Bp. 47**

Im Keller altes Mauerwerk. Im ersten Stock Spitzbogentür und gewölbter Hausflur.

Klebenstein mit Antoniuskapelle und Park **Bpp. 52, 53, 54 Gpp. 70/1, 70/2, 70/3**

Hochmittelalterlicher Baukern aus dem 13. Jh. (Bergfried, Palas), Zubauten um 1600. Rundbogentor mit Zinnenmauer, Hausgang mit Kreuzgratgewölbe, steingerahmte Rechtecktüren. An der Antoniuskapelle Dachreiter mit Spitzpyramide, Rechtecktür. Gerader Chorschluß, Tonnengewölbe auf Pilastern, Rechteckfenster.

Rendelstein **Bp. 60/1**

Reste einer kleinen Burganlage aus der zweiten Hälfte des 13. Jh.s (Bergfried, Palas, Zwinger). Quadergerahmtes Rundbogentor, mehrere Rundbogentüren im Innenhof, romanisches Sichtmauerwerk in regelmäßigen Lagen.

St. Peter auf Karnol **Bp. 67**

Unter Verwendung des romanischen Bestandes (1155 erwähnt) im 15. Jh. vergrößert. Spitzturm. Rundapsis, Seitenkapelle mit Spitzbogenfenstern und Kreuzgratgewölbe, romanisierende Fassadengestaltung, 19. Jh. Tonnengewölbe.

Unterpayrsberg **Bp. 74**

Im 13. Jh. als Küchenmeierhof der Herren von Niederthor erwähnt. Großer Bau, im Keller mittelalterliches Mauerwerk. Die Obergeschosse im vorigen Jahrhundert durch Bürgermeister Josef Streiter und seine Nachkommen verändert.

Villa Defregger mit Garten, Weggensteinstraße 22 **Bp. 79/3 Gpp. 161/2, 161/5**

Historisierender Bau, 1879 für den Maler Franz von Defregger nach Plänen von Sebastian Altmann errichtet, 1889 erweitert. Türmchen, Doppelbogenfenster, gemalter Fries von Albert Stolz.

Villa Canal mit Park, Runkelsteiner Straße 14 **Bp. 86 Gp. 162/2**

Beachtlicher Bau des späten Historismus, 1902 von und für Albert Canal errichtet. Türmchen, Erker und Loggien an der Fassade, im Stiegenhaus Fließenbelag, Stuckdecken und Malereien.

St. Georg in Weggenstein und Deutschordenskommende **Bpp. 90, 91**

Hochgotischer Bau, um 1400 errichtet, Dachreiter mit Spitzpyramide, dreiseitiger Chorschluß, Kreuzrippengewölbe. Außen Wandgemälde (Kreuzigung), Anfang 15. Jh.
Kommende mit mittelalterlichem Baukern, im 16., 17. und 18. Jh. umgebaut, nach Kriegsschäden vereinfacht. Barockportal mit Wappenkartusche und Dreieckgiebel, Freitreppe im Innenhof. Im ersten Stock mehrere Stuckdecken aus dem 18. Jh.

Rohrer, Cavourstraße 3 **Bp. 93**

Mittelalterlicher Bau, auf unregelmäßigem Grundriß um einen Hof gruppiert. Im 17. Jh. umgestaltet. Flachbogenportal zum Hof, Freitreppe, flachbogig unterwölbter Gang, steingerahmte Rechtecktür mit Wappenschild am Sturz.

Prackenstein mit Park, Cavourstraße 7 **Bp. 95 Gp. 174**

Ansitz in interessanten gotisierenden Stilformen, von Karl von Einbach in der zweiten Hälfte des 19. Jh.s umgebaut. Im ersten und zweiten Stock wertvolle neugotische Raumausstattungen.

Vergutz, Cavourstraße 11 **Bp. 100/1**

Ansitz. Ursprüngliche Hofanlage, im 16. Jh. zu einem Edelsitz umgebaut. Rechteckfenster in Steinrahmung, Viereckerker. Im zweiten Stock Hausgang mit Stuckdecke, Zimmer mit stuckierter Felderdecke und Knorpelwerkkartusche, 17. Jh.

St. Johann im Dorf **Bp. 105**

1180 erwähnt, im 14. Jh. umgebaut. Chorturmkirche mit Rundapsis, im Schiff Spitztonne. Tür- und Fensteröffnungen 17. Jh., ebenso Sakristeizubau. Turm mit gemauerter Pyramide. Im Chor Wandgemälde, erstes Drittel 14. Jh. (Marienkrönung, Majestas, Apostelreihe), am Triumphbogen zwei Freskenschichten (1330, 1380), im Langhaus Vitenszenen Johannes des Täufers und Johannes des Evangelisten, am Gewölbe Majestas.

Propst-Wenser **Bp. 111/1**

Spätmittelalterlicher Bau, im 17. Jh. in die heutige Form gebracht. Steingerahmte Rechteckfenster mit Resten gemalter Einfassungen. Im ersten Stock Saal mit Stuckdecke.

St. Oswald **Bp. 116**

Im Zweiten Weltkrieg durch Bomben zerstört, Grundmauern erhalten. Die um 1300 erbaute Ostturmkirche hatte einen gerade abschließenden Chor mit Tonnengewölbe und war im Langhaus ebenfalls mit einer Spitztonne versehen. Im Süden befand sich eine Schulterbogentür, außen eine Vorhalle auf Pfeilern.

Hörtenberg mit Garten **Bp. 121**
Gpp. 190/2, 191/1

Ansitz. Regelmäßiger Renaissancebau, Ende 16. Jh. Anstelle eines mittelalterlichen Hofes. Eckerkertürme, Mittelerker, gekuppelte Rundbogenfenster. Rundbogenportal mit Pilasterrahmung, im ersten Stock Stubengetäfel mit Hermenpilastern und Flachdecke, 17. Jh. Barockofen.

Altes Schulhaus in Rentsch **Bp. 197**

Ehemaliger Ansitz. Regelmäßiger Renaissancebau mit vier Ecktürmen. Rundbogenportal, Doppelbogenfenster. Im Süden Spitzbogenportal, Im Norden vergitterte Viereckfenster, kurze Freitreppe, Rechtecktür. In der Dachzone Oculi.

Pfarrwidum in Rentsch **Bp. 198**

Ehemalige St.-Pauls-Kirche mit romanischer Rundapsis gegen Ende des 18. Jahrhunderts zu einem Wohnhaus umfunktioniert. Mauerwerk um 1300, Türmchen mit Spitzpyramide, rundbogige Haustür. Im Innern Freskenreste, um 1400.

Pfarrkirche St. Laurentius in Rentsch **Bp. 199**

Spätklassizistischer Sakralbau mit romanischen Mauerresten (Chorturm und Apsis, dort Reste von gotischen Wandmalereien aufgedeckt), gerader Chorschluß, Tonnengewölbe, um 1823. Deckenmalerei und Altarperspektive.

Mair in Rentsch **Bp. 214**

Mittelalterlicher Bau mit steingerahmter Rundbogentür. Stube mit gotischer Balkendecke. Am Unterzug Flachschnitzerei, um 1500.

St. Magdalena in Prazöll **Bp. 237**

Chorturmkirche, um 1300 errichtet. Turm mit Spitzpyramide um 1500 erhöht. In Chor und Langhaus Tonnengewölbe, Rundbogenportal im Westen, bez. 1627. Frühgotische Wandgemälde im Chor (Apostel, Kreuzigung, Majestas Domini), um 1300.Im Langhaus Passionsszenen, Magdalenenlegende und Maiestas Domini mit Evangelistensymbolen und Kirchenvätern. An der Westwand Jüngstes Gericht, Bozner Schule, um 1370.

Pitsch im Bach **Bp. 250**

Großer Bau von 1925. Im ersten Stock Stube mit neugotischer Täfelung, darüber Fries mit Wandmalereien (Weinlese, Familie, hl. Florian) von Albert Stolz, bez. 1927.

Waldgries **Bp. 252**

Ansitz. Großer regelmäßiger Bau mit Kapelle (Dachreiter). Um 1570 herrschaftlich umgebaut. Im ersten Stock Mittelsaal, Zimmer mit Felderdecken. Im zweiten Stock tonnengewölbte Kapelle mit kreuzgratgewölbtem Anraum. Wandgemälde, Ende 16. Jh. (Trinität, Apokalyptisches Weib, Verkündigung, Opfer Abrahams, Eherne Schlange, Jonas, Auferstehung).

Grünewald **Bp. 253/1**

Ansitz. Hofanlage aus dem 16. Jh., im 19. Jh. in historisierenden Bauformen erneuert und ausgebaut. Wohnhaus mit Freitreppe, Schulterbogentür, polygonaler Eckerker und steingerahmte Rechteckfenster. Freitreppe mit zweigeschossiger Loggia mit Maßwerkbrüstung, dreiseitiger Erker.

St. Justina in Prazöll **Bp. 271**

Turm mit Triforienöffnungen und gemauerter Spitzpyramide, um 1300. Gerader Chorschluß, Spitztonne, Rechtecktür, Rundbogenfenster. Nach den Bombenschäden 1954 neu errichtet.

Villa Zanotti und Lazzeri **Bp. 299/1**

Ansehnlicher Baukubus in neoklassizistischem Stil nach Plänen von Giuseppe Segusini errichtet, um 1850. Steingefaßte Rechteckfenster. Im Erdgeschoß gewölbte Räume. In der Mittelachse Loggien mit mächtigen Säulen mit Stuckkapitellen in beiden Geschossen.

Mauracher **Bp. 307**

Freitreppe mit Vorlaube, gewölbter Hausgang, tonnengewölbte Küche. In der Stube Bohlenbalkendecke, bez. 1574.

Wangger **Bp. 315**

Gewölbter Hausgang, tonnengewölbte Küche. In der Stube barocke Täfelung. Westlich angebaut turmartiger Trakt mit vermauertem Rundbogenfenster.

St. Martin in Kampill **Bp. 331**

1180 erwähnt. Chorturmkirche mit Apsis und Sakristeianbau mit polygonalem Schluß, um 1300. Turm mit gemauerter Spitzpyramide. Im Langhaus Spitztonnengewölbe. Freskenausstattung, Anfang 15. Jh. (am Langhausgewölbe Majestas Domini mit Kirchenlehrern, an den Langhauswänden Passionsszenen, in der Apsiskonche Madonna mit Engeln, am Chorgewölbe Lamm Gottes mit Evangelistensymbolen, Apostel und Heiligenreihe).

Kampenn **Bp. 343**

Burganlage, im 13. Jahrhundert erwähnt (Bergfried, Palas), um 1600 umgebaut (Palas verändert, Eckerker angebaut, Rundbogentor in Rustikarahmung, tonnengwölbte Kapelle, Ecktürmchen, Wandmalereien), 1913 erneuert und vergrößert.

Stauder in Kampenn **Bp. 348**

Bau mit offenem Bundwerkgiebel, breiter Mittelgang. Von Josef Johann Neupper als Sommerfrischhaus gegen Ende des 18. Jh.s errichtet.

St. Joachim und Anna in Kampenn **Bp. 349**

Gerader Chorschluß, Spitzturm. Im Chor Tonne, im Schiff Flachkuppel auf Wandpfeilern. 1775 erbaut. Freskenausstattung von C. Henrici, gemalte Fensterumrahmungen.

Widum in Kampenn **Bp. 352**

Regelmäßig angelegter Bau mit Schopfwalmdach. Ober dem Eingang Inschrift mit Chronogramm 1798.

St. Isidor mit Sommerfrischhaus auf Kohlern **Bpp. 360, 361**

Kirche mit geradem Chorschluß, Kuppelgewölbe, Türmchen mit Glockenhaube und Laterne. An der Fassade Rechtecktür zwischen Viereckfenstern, darüber Flachbogenfenster in Putzrahmen, 18. Jh. Am Wohnhaus Rechteckfenster in regelmäßiger Reihung mit Putzfatschen. Krüppelwalmdach.

Kapelle in Herrenkohlern **Bp. 378**

Schlichter Rechteckbau mit Dachreiter, um 1744 errichtet. Im Schiff Flachdecke, im Chor Tonnengewölbe.

Heiliggrabkirche mit Kreuzwegkapellen **Bpp. 417, 418. 782, 783, 784, 785, 1647, 1740, 1741, 1792**

Barocker Zentralbau auf oktogonalem Grundriß, 1683/84 durch Peter und Andrä Delai errichtet. Rechteckportal, Kuppel mit Laterne, gerade abschließender Altarraum mit gemauertem Hl. Grab. Kuppelfresken von Gabriel Kessler (Passion, Auferstehung, Himmelfahrt), Stuckaturen von K. Conseglio. Sieben einfache Wegkapellen mit Rundbogenöffnungen, zum Teil nach Kriegsschäden neu errichtet.

St. Vigil unter Weineck **Bp. 420**

Im 13. Jahrhundert erwähnt, 1685 profaniert. Rundbogenapsis, breites Schiff, an den Langhauswänden Freskenreihen (Marienleben, Vigiliuslegende). In der Apsis Freskenreste, Ende 14. Jh. An der Fassade St. Vigil (Werkstatt Leonhards von Brixen), um 1470.

Kapelle im Freinademetz-Haus **Bp. 427**

Tonnengewölbte Kapelle des ehemaligen Oberzallingerhofes mit Wandmalereien aus dem späten 16. Jh., Ölberg, Kreuzigung, Auferstehung.

St. Gertraud in Haslach **Bp. 429**

Barocker Kirchenbau, 1770 durch Johann von Zeno errichtet. Fassadendachreiter, Rundbogenapsis, Flachkuppel auf Pilastern, geschweifte Fenster. Kuppelgemälde (St. Gertraud).

Köhlerhäusl in Haslach **Bp. 430**

Kleiner regelmäßiger Bau aus dem 17. Jh. Steingerahmte Fenster, im Erdgeschoß mehrere gewölbte Räume.

Niederhaus **Bpp. 431/1, 431/2**

Mittelalterlicher Bau, im 17. Jh. umgestaltet. Kurze Freitreppe mit steingerahmter Rechtecktür, Rundbogentür zum Keller, Hofmauer mit Zinnen. An der Fassade Florianfresko, 18. Jh. Saal mit Stuckdecke, 18. Jh. Fresken aus dem beginnenden 15. Jh. (höfische Szenen).

Haselburg **Bp. 432**

Im 13. Jahrhundert erbaut, im 16. Jh. erneuert, teilweise Ruine. Rundbogentor mit Wappenfeld, an der Südseite zweigeschossiger Viereckerker auf Kragsteinen. Im ersten Stock Zimmer mit Gemäldefries (römische Historien, Kaiserbilder, Wappen Völs-Colonna), bez. 1541. Im zweiten Stock Szenen aus Ovids Metamorphosen.

Kapelle bei Bad St. Isidor **Bp. 567**

Einfacher Rechteckbau mit abgesetzter Rundapsis, 19. Jh. Türmchen mit Pyramidendach (Schindeln), Rundbogenfenster.

Villa Winterheim mit Park, Runkelsteiner Straße 20 **Bp. 582 Gp. 161/7**

1884 nach Plänen von Arch. Sebastian Altmann gebaut. Rechteckiger Grundriß mit turmartigen Vorsprüngen und Eckturm. An der Westansicht Loggia. Verputz in Rustikaquaderung.

Villa Lener mit Park, Runkelsteiner Straße 18 **Bp. 589 Gpp. 161/3, 161/8**

1884 nach Plänen von Arch. Sebastian Altmann gebaut. Rechteckiger, zweigeschoßiger Bau, symmetrische klassizistische Fassadengliederung mit dreistökkigem vorgestellten Portikus. Mansardendach mit Erkern.

Soldatenfriedhof mit Mariahilfkapelle in St. Jakob **Bp. 621 Gpp. 1563/2, 1563/3, 1564**

Einer der ältesten Soldatenfriedhöfe Tirols, Begräbnisstätte seit 1859, 1888 als Friedhof geweiht. 1916 von Baurat Nolte erweitert, Ehrenmal für die Gefallenen errichtet. Im Laufe der Zeit mehrmals verändert und vergrößert.
Die Mariahilfkapelle 1897–98 nach Plänen von Johann Bittner in gotisierenden Stilformen erbaut. Polygonaler Chorschluß, Rippengewölbe, Spitzbogenfenster.

Kapelle in Bauernkohlern **Bp. 685**

Einfacher Bau im romanisierenden Stil 1879 von Sebastian Altmann errichtet. Dekorationsmalereien von E. Vulcan.

Villa Anita mit Garten, Runkelsteiner Straße 16 **Bp. 693 Gp. 161**

Jahrhundertwendebau. Polygonales Ecktürmchen, im Stiegenhaus Rundbogenfenster und Gewölbe, Decken mit Stuckverzierungen.

Villa St. Peter mit Park, Heinrichstraße 2 **Bp. 761 Gp. 36/2**

An der Südseite durchgehender Erkervorbau, im Westen Rundbogenloggia und geräumiges Stiegenhaus. Im Mittelraum gemalter Fries von Albert Stolz (durch eine später eingezogene Decke nicht sichtbar). Historisierender Bau, um 1910.

Gelfhaus, Wassermauer 2 **Bp. 833**

Kubusförmiger Bau mit reichem Fassadendekor in neuklassizistischen und neubarocken Formen. In den frühen zwanziger Jahren von Arch. Marius Amonn errichtet.

Schulhaus und Kindergarten in Oberau **Bpp. 903/1, 903/2**

Nach Plänen des Stadtarchitekten Gustav Nolte 1912/13 erbaut. Hauptbau mit vorgezogenem Treppenhaus durch loggienartigen Übergang mit dem Kindergartengebäude verbunden. Rundbogenfenster, steingerahmtes Eingangsportal, Erker. Gewölbte Treppenanlagen und Gänge. Originale Türflügel und Fensterrahmen.

Gelfhaus, Talfergries 12 **Bp. 958**

Langgezogener Bau mit zwei durchgehenden Fassadenerkern und Stuck. In den frühen zwanziger Jahren von Arch. Marius Amonn errichtet.

Pfarrkirche zum heiligen Rosenkranz in Oberau **Bp. 1160/1**

1937/38 nach Entwürfen des Architekten Franz Lottersberger erbaut. Einschiffiger Bau mit abgesetzter Rundapsis. In der Apsis Wandgemälde von J. B. Oberkofler (Rosenkranzkönigin mit St. Dominikus und Katharina von Siena).

Weinegg **Gp. 1471/1**

Burgruine. Kümmerliche Mauerreste einer ausgedehnten Burganlage (Stammsitz der Herren von Weinegg). Die Burg wurde von Meinhard II. im 13. Jh. zerstört.

Links oben: Bozen, St. Martin in Kampill
Links unten: Bozen, Heiliggrabkirche
Branzoll, Pfarrkirche zum Herzen Jesu

Katastralgemeinde Branzoll

St. Leonhard **Bp. 1**

Spätgotischer Kirchenbau, um 1500, romanischer Turm mit Spitzpyramide, 14. Jh. Polygonaler Chor, Seitenkapelle, Sternrippengewölbe. Chorfresken aus der Erbauungszeit.

Ehemalige Friedhofskapelle **Bp. 3**

Kapelle im Erdgeschoß, in neuerer Zeit ein Stock aufgesetzt. In der Vorhalle zur Kapelle Freskenreste aus dem beginnenden 16. Jh. (St. Michael mit der Seelenwaage, Ölberg, St. Georg, Rochus, Landsknecht). In der ehemaligen Kapelle Tonnengewölbe.

St.-Leonhards-Platz 9 **Bp. 4/1**

Ansitzartiger Bau auf annähernd quadratischem Grundriß. Nach Süden Türmchen. Illusionistische Fassadenmalerei, 18. Jh. mit Fensterbekrönungen und Balusterbrüstungen. Steingerahmtes Rundbogentor, gewölbte Räume im Erdgeschoß.

St.-Leonhards-Platz 14 **Bp. 11**

Dreigeschossiger Renaissancebau. Steingerahmte Rechteckfenster, zwei Rundbogentüren in Rustika-Rahmung, eine mit sehr schönem Empireholzflügel (Vasen- und Blütendekor). Gewölbte Räume, Stuckdecken. Sogenanntes „Zollhaus".

Bildstock St. Leonhard **Bp. 12/2**

Nische mit Sandsteinfigur des hl. Leonhard, 14. Jh.; Kopie, das Original heute in der Kirche St. Leonhard.

Hauptstraße 10 **Bp. 14**

Spätmittelalterlicher Bau mit schlichten Fassaden. An der Südwestseite spätgotischer Viereckerker auf Kragsteinen, Fenster mit Hohlkehlen und Abfasung.

St.-Leonhards-Platz 5 **Bp. 19**

Ansitz Bossi-Fedrigotti. Regelmäßiger Bau mit Rustikaportal, Marmorfreitreppe und steingerahmten, zum Teil vergitterten Fenstern. Ober dem Portal Wappenkartusche, an der Fassade Madonnenrelief. Räume mit Balkendecke.

Ferrariplatz 15 **Bp. 26/1**

Wohnhaus und Wirtschaftsgebäude zusammengebaut. Kurze, doppelläufige Freitreppe, Rundbogenportal in Steinfassung. In der Halle Holzdecke. Doppelbogenfenster in Steinrahmung. Ehemalige Küche mit Tonnengewölbe, gewölbter Keller. 17. Jh.

Palais von Ferrari mit Nebengebäuden und Park **Bpp. 31, 32/1 Gp. 37**

Um einen großen Hof sind zwei Gebäude mit einem Verbindungstrakt symmetrisch angelegt. Heutige Form aus dem 19. Jh. Regelmäßige Fassadengestaltung mit steingerahmten Rechteck- und Triforienfenstern, unter dem Dachansatz Mezzaningeschoß. Herrschaftlicher Park mit Nadelbäumen.

Schwarz-Adler-Straße 1 **Bp. 57/1**

Steingerahmtes Flachbogentor, darüber Doppelbogenfenster. Eckerker mit Inschrift des Architekten Lorenzo Rosso, 1557 (Umbau). An der Südfassade barocke Fresken (Sonnenuhr, Mariahilf zwischen zwei Heiligen, St. Sebastian, Florian). Im ersten Stock Rötelzeichnungen, bez. 1564.

Gasthaus Goldenes Kreuz **Bp. 66/2**

Spätmittelalterlicher Bau im 17. Jh. verändert. Doppelläufige Freitreppe, Rustikator, tonnengewölbter Vorraum, gotische Tür. In der Stube spätgotische Balkendecke mit Jahreszahl 1578. An einem vermauerten Fenster Jahreszahl 1659. Im zweiten Stock Saal mit Doppelbogenfenster, Räume mit Kassettendecken.

Hauptstraße 55 **Bp. 68/1**

Renaissancebau mit Rundbogentor in skulptierter Steinfassung, Rechteckfenster in Steinrahmung. 17. Jh. Stube mit Kassettendecke, zweizoniges Schuppenpilastergetäfel, Supraportenbild, geschnitzte Türeinfassungen.

Pfarrkirche zum Herzen Jesu mit Friedhof **Bp. 106/1**

Historisierender Bau, 1896 vom Maurermeister Glopper errichtet. Turm mit Pyramidendach, dreischiffige Basilika mit durchfenstertem Obergaden und Flachdecke. Rundapsis, im Chorjoch Kreuzgratgewölbe. Rundbogenfenster. Wandgemälde im Chor von Rudiferia.

Katastralgemeinde Brenner

Pfarrkirche St. Valentin mit Bildstock **Bp. 26**

Romanisierender Turm mit Satteldach, 14. Jh., dreiseitiger Chorabschluß und Portal spätgotisch. Die Kirche im 17. Jh. umgebaut und 1790 vergrößert. Deckengemälde von Franz Unterberger, 1787.
Neben der Kirche Bildstock mit tonnengewölbter Rundbogennische, bez. 1692.

Peterle **Bp. 75**

Einhof mit Bundwerkgiebel, z.T. unverschalt. Am Giebel die Jahreszahl 1707. Fassadenfresken (hl. Florian, Mariahilf und Emmausszene). Fenster mit Putzrahmen. Stube mit geschnitztem Getäfel, bez. 1933. Tonnengewölbte Küche.

Marienkapelle am Giggelberg **Bp. 108**

Erbaut 1722. Einfacher Bau mit hölzernem Giebeldachreiter, Rundbogentür, Rundbogenfenster und Tonnengewölbe; Schindeldach.

Brennerbadkapelle **Bp. 116**

Erbaut 1887. Historisierender Bau in Basilikaform, dreischiffig, Lichtgaden geschlossen, übereck gesetzter Fassadendachreiter mit Spitzhelm; Schindeldach.

Wolfenkapelle **Bp. 216**

Erbaut 1755. Fassadendachreiter mit Zwiebelhaube, Rundbogentür und Rundbogenfenster, Tonnengewölbe mit Stichkappen über Pilastern.

Katastralgemeinde Gossensaß

Peckenmairhaus **Bpp. 5/1, 5/2**

Dreigeschossiger Bau mit ausgebautem Dachgeschoß. Rechteckige Haustür, tonnengewölbte Labe. An der Südseite zweigeschossiger Erker, an der Nordseite Erker im ersten Stock.

Sailer **Bp. 13/1**

Eingeschossiger Bau mit geschnitztem Bundwerkgiebel. An der Straßenseite ursprünglich ein Erker. Oberhalb der rechteckigen Haustür mit einspringendem Oberlicht Barockfresko (Maria).

Romstraße 46 **Bp. 19**

Eckhaus, im ersten Stock dreiseitiger, im zweiten Stock zweiseitiger Erker. Im Erdgeschoß Hausgang mit Spitztonne. Im ersten Stock teilweise gewölbter Hausgang und tonnengewölbte Küche.

Stadelgasse 138 **Bp. 43**

Die Südhälfte des Hauses verändert, die Nordhälfte im ursprünglichen Zustand. Im Südteil großes abgeschrägtes Rundbogentor, im Erdgeschoß tonnengewölbter Hausgang.

Pfarrkirche zur Unbefleckten Empfängnis mit Friedhofskapelle St. Barbara und Friedhof **Bpp. 57, 58 Gp. 45**

1478 erwähnt. Aus dieser Zeit der spätgotische Turm, der 1769 erhöht und mit einer Zwiebelhaube versehen wurde. Die Kirche 1750 als Wandpfeilerbau mit Flachkuppeln und Quertonnen neu errichtet. Deckengemälde von Matthäus Günther, 1751.
Friedhofskapelle: Zweigeschossiger Zentralbau mit Freitreppe, 1515 geweiht, übereck aufgesetztes Spitztürmchen und Spitzbogenportal, Kreuzgratgewölbe. Wandgemälde: Marientod, 1515.

Lehanhaus, Valentinstraße 3 **Bp. 59**

Wohnhaus mit geschnitztem Holzgiebel, Fassadenerker, im Erdgeschoß tonnengewölbte Hauslabe.

Schmiedhaus, Valentinstraße 4 **Bp. 69**

Wohnhaus mit Bundwerkgiebel, ehem. Sensenschmiede. An der Fassade Putzschilde mit Wappen und Jahreszahl 1857. Im Erdgeschoß tonnengewölbte Schmiede; tonnengewölbter Hausgang.

Palace-Hotel **Bpp. 78/1, 78/2**

1910–1911 von August Gröbner unter Bauführung der Gebrüder Ludwig in Formen des späten Jugendstils erbaut. Reichgegliederte Fassade mit Balkonen und Rundtürmchen, Rundbogentor und Rundbogenfenster. Zahlreiche Räume mit Stuckdecken.

Wolfen **Bp. 81**

Abgefastes Spitzbogentor in Steinrahmung, darüber Erzstufe und verblichenes Fresko (zwei Knappen). Am spätgotischen Flacherker Fresken von Rudolf Stolz. Große gewölbte Eingangshalle auf rundem Granitpfeiler. Im Nordwesten gewölbte Küche, darüber ebenfalls gewölbter Raum. An der Decke des Mittelsaales im ersten Stock spätgotisches Schnitzrelief.

Antoniuskapelle beim Kreuzbachl **Bp. 176**

Neugotischer Bau mit hölzernem Dachreiter, im Innern Spitztonne, errichtet um 1905.

Kreuzkapelle beim Moatner **auf Gp. 391**

Rechteckbau mit polygonalem Abschluß, hölzerner Dachreiter. Über der Rundbogentür Vierpaßfenster, zwei seitliche Rundbogenfenster, 18. Jh.

Katastralgemeinde Pflersch

Mariahilfkapelle in Vallming **Bp. 30**

Erbaut 1713. Giebeldachreiter mit Spitzhelm, Spitzbogentür und Spitzbogenfenster, dreiseitiger Chorschluß, Spitztonne, Schindeldach.

Josefskapelle in Kieserengen **Bp. 52**

Erbaut Anfang des 18. Jh.s. Giebeldachreiter mit Spitzhelm, Rundbogentür, Tonnengewölbe, Schindeldach.

Maria Schnee in Ast **Bp. 64**

Erbaut 1737. Giebeldachreiter, Rundbogentür, Rundbogenfenster, Tonnenwölbung.

Heidegger **Bp. 68**

Einhof mit durchgehender tonnengewölbter Labe, Küche mit Tonnengewölbe und Stichkappen, Stube mit einfacher Stuckdecke. Am First des Wirtschaftstraktes die Jahreszahl 1782.

Boden **Bpp. 127, 128**

Einhof, im Laufe der Zeit mehrfach erweitert. Geschnitztes Giebelbundwerk mit Schlangenverzierung, am Giebelbalken Jahreszahl 1846. Kurze Labe mit hohem Tonnengewölbe, kleine tonnengewölbte Küche, Stube mit einfacher Leistentäfelung.

Pfarrkirche St. Anton Abt **Bp. 134/1, 134/2**
mit Friedhofskapelle und Friedhof **Gp. 624/2**

Eine Kirche wird 1418 erwähnt, ein Neubau 1482 geweiht, aus dieser Zeit der Turm mit Spitzhelm. Der romanisierende Bau 1881 errichtet: Tonne mit Stichkappen auf Diensten, polygonal gebrochener Chor.
Friedhofskapelle: Gotisierender Bau um 1880, das spitzbogige Portalgewände stammt aus der alten Kirche, Kreuzrippengewölbe.

Jogglkapelle in Gattern **auf Gp. 319**

Rechteckbau mit Dachreiter und Rundbogenfenster. Im Innern Kreuzgewölbe und Lourdesgrotte.

Brenner, Wolfenkapelle

Brixen, Pfarrkirche und Dom

Brenner, Palace Hotel in Gossensaß

Brixen, Runggadgasse 8

Katastralgemeinde Brixen

Gasthof Goldener Adler, Adlerbrückengasse 9 **Bp. 1**

Spätmittelalterlicher Bau auf langgezogenem Grundriß. Eckerker, granitgerahmtes Schulterbogenportal, bez. 1635. Im Erdgeschoß gewölbte Räume. Im ersten Stock Gang mit Netzgratgewölbe.

Adlerbrückengasse 7 **Bp. 2**

Laubenhaus mit doppelgeschossigem Erker, drei Laubenöffnungen. Leicht spitzbogig abgefastes Portal. Hauskapelle. Reste von Quadermalerei.

Adlerbrückengasse 3 **Bp. 4**

Dreigeschossiger mittelalterlicher Bau mit Fassadenerker. Überwölbte Granittreppe zum ersten Obergeschoß, dort Erkerzimmer mit barocker Felderdecke und Wandtäfelung.

Ehemaliges Postgebäude **Bp. 12**

Kubusförmiger Verwaltungsbau aus dem ausgehenden 19. Jh. mit strenger Fassadengestaltung. Im Erdgeschoß gewölbte Räume.

Neuhaus, Schlachthausgasse 3 **Bp. 14/1**

Ansitz. Langgezogener spätgotischer Bau mit drei Geschossen. An der Westfassade zwei Erker und Wappenfresko um 1500 ober einer granitgerahmten Recktecktür.

Großer Graben 2 **Bp. 16**

Im Kern mittelalterlicher Bau. Fassadengestaltung aus dem späten 19. Jh. Östlich angebaut ein turmartiger Trakt. Im Erdgeschoß gewölbte Räume, im ersten und zweiten Stock je ein Raum mit Gewölben. Im Süden Viereckerker.

Altenmarktgasse 6 **Bp. 18**

Dreigeschossige Fassade mit zwei symmetrisch angeordneten doppelgeschossigen Polygonerkern. Granitgerahmte Rechtecktür. Drei querovale Okulióffnungen.

Gasthof Goldener Stern, Altenmarktgasse 8 **Bp. 19**

Langgezogener Bau mit gebrochener Fassade. Drei doppelgeschossige und zwei einfache Erkeranbauten. Marienfresko in Stuckrahmen. Im Süden Rundbogenportal in abgefaster Granitrahmung, Wirtshausschild um 1800.

Altenmarktgasse 14 **Bp. 22**

Giebelständiger Bau mit Fassadenerker im ersten Stock. Viergeschossig. Im Erdgeschoß gewölbte Räume.

Gasthaus Weißes Rößl, Altenmarktgasse 22 **Bp. 29**

Dreigeschossige Fassade mit granitgerahmter Schulterbogentür, zwei doppelgeschossige Erker. Gewölbter Hausgang im Erdgeschoß. Im ersten Stock Stuckdecke im Hausgang.

Hotel Goldenes Rößl, Brennerstraße 3 **Bp. 37/1**

Reich gegliederte Fassade mit mehreren Erkern, Biforienfenster und Rundbogenportal in zweifach abgestufter Flachbogennische. Wirtshausschild.

Trattengasse 2 **Bp. 38**

Zwei dreigeschossige Erkertürmchen. Rundbogenportal, darüber im ersten Stock Viereckerker auf toskanischen Granitsäulen mit Balkon. Am Erker Relief (Heilige Familie), 18. Jh. Im Inneren mehrere Stuckdecken, 18. Jh.

Trattengasse 8 **Bp. 41**

Viergeschossiger Bau. Im ersten Stock Viereckerker auf zwei Granitsäulen mit toskanischem Kapitell, darüber Balkon mit ausgebauchtem Gitter.

Trattengasse 18 **Bp. 46**

Der westliche Hausteil auf flachbogig unterwölbten Kragsteinen vorspringend. Doppelgeschossiger Erker.

Trattengasse 22 **Bp. 48**

An der Fassade flache Viereckerker. Im ersten Stock eingemauertes Marienrelief mit Stifterfigur.

Trattengasse 26 **Bp. 50**

Ehemals Nebengebäude des Hotel Elefant. Rustikasockel, im ersten Stock zwei dreiteilige Fenster mit gemauerten Säulen.

Hotel Elefant, Weißlanstraße 4–10 **Bpp. 51/1, 51/2**

Aus drei Häusern zusammengebaut. Zwei polygonale Erker. Fassadenfresken (Unbefleckte, Elefant mit Treiber, Riese und Zwerg, Spruchbänder). Fenster mit Marmorrahmung, Ende 18. Jh.

Friedhofsarkaden und Friedhofskapelle **Bpp. 66, 67**

Der östliche Teil mit Flachbogenarkaden 1792 errichtet. Im westlichen Teil Kapelle in gotisierenden Stilformen, um 1880 erbaut.

Heilig-Geist-Spital mit Kirche **Bpp. 64, 70/1, 71**

Spital um 1330 errichtet, im 17. Jh. vergrößert. Zwei Saalräume mit spätgotischen Gewölben. Kirche um 1695 umgebaut. Turm mit Kuppelhaube und Laterne auf Oktogon. Gerader Chorschluß, Tonnengewölbe, Lünettenfenster.

Stadelgasse 14 **Bp. 82/1**

Schmaler Bau mit spätgotischem Baubestand: im Erdgeschoß mehrere gewölbte Räume, im ersten Stock Hausgang mit Kreuzgratgewölbe, breit abgefaste Spitzbogentür zu einem gewölbten Seitenraum.

Stadelgasse 16 **Bp. 83**

Viergeschossiger spätmittelalterlicher Bau, breit abgefastes Spitzbogentor, darüber Rechteckerker. Gewölbter Hausgang.

Trattengasse 21 **Bp. 84**

Ehemaliges Bezirkshauptmannschaftsgebäude. Großer Verwaltungsbau aus dem ausgehenden 19. Jh. Neuklassizistische Fassade mit Kranzgesims, zwei Eckerker mit Türmchenabschluß. Granitgerahmte Rechtecktür. Zehn zu neun Fensterachsen.

Trattengasse 17 **Bp. 86**

Fassade mit vorkragendem Obergeschoß auf flachbogig unterwölbten Granitkonsolen. Im Erdgeschoß Raum mit Tonnengewölbe und Stichkappen, zwei Nebenräume mit Kreuzgratgewölbe.

Altenmarktgasse 19 **Bp. 103**

Fassade mit Erker, Granitgerahmte Eingangstür. Im Erdgeschoß gewölbte Räume. Im ersten und zweiten Stock mehrere Räume mit Stuckdecken und Täfelungen.

Kloster der Englischen Fräulein und St.-Josefs-Kirche **Bpp. 104, 105**

Kloster ca. 1760 neu gebaut, Kirche 1765 unter der Leitung Georg Tangls errichtet, in der ersten Hälfte des 19. Jh.s umgestaltet. Gerader Chorschluß, Flachkuppel. Klassizistische Fassadengestaltung mit Pilastern und Dreieckgiebel. Deckengemälde von Josef Mühlmann, 1854, und Johann Matthias Pescoller, 1904.

Altenmarktgasse 7 **Bp. 110**

Im Erdgeschoß drei Räume mit Gewölben. Im ersten und zweiten Stock barocke Stuckdecken im Stiegenhaus und in drei Zimmern.

Waltherhaus, Altenmarktgasse 1 **Bp. 114**

Ehemaliger Ansitz der Herren von Walther. Historisierende Fassadengestaltung in barocken Formen, um 1880. Im Stiegenhaus Gänge mit barocken Schmiedeeisengittern und gewölbte Treppenvorplätze. Fensterbekrönungen mit geradem Gebälk und Segmentgiebel, unter dem Dachansatz Kranzgesims.

Großer Graben 3 **Bp. 115**

Mittelalterlicher Bau in der Nordostecke des alten Stadtgevierts. Granitgerahmte Rechtecktür, Ecktürmchen mit glasiertem Dach, historisierende Fassadengestaltung.

Weißenturmgasse 3 **Bp. 116**

Dreigeschossiger traufständiger Bau. Erneuerte Fassade mit barockem Portal in Granitrahmung. Im Hausgang Tür mit Jahreszahl 1668.

Weißenturmgasse 1 **Bp. 117**

Mittelalterlicher Bau, alte Dompropstei mit Michaelstor. Im Hof steingerahmte Spitzbogentür, zweigeschossige Loggien. Räume mit Stuckdecken aus dem 18. Jh.

Pfaundlerhaus, Pfarrplatz 3 **Bp. 118/2**

Renaissancefassade mit Rundbogenlauben, zwei symmetrisch angeordnete Erker und Rundbogenfenster, um 1580. Fassade ursprünglich bemalt. Im Erdgeschoß Kreuzgratgewölbe. Treppenhaus mit Balustergeländer aus Granit. Im ersten Stock Stuckdecke, zum Hof Kassettendecke, bez. 1581.

Pfarrplatz 2 **Bp. 119**

An der Fassade Viereckerker, im Hof dreigeschossige Loggia. Im ersten Stock Kreuzgratgewölbe, Fresken, 18. Jh. Im Innenhof zweigeschossige Loggengänge mit Ziegelbrüstungen.

Pfarrplatz 1 **Bp. 120**

Zum Pfarrplatz drei Lauben auf Granitpfeilern. Eckerker, zum Platz freier Viereckerker, zur Straße doppelgeschossiger Erker.

Große Lauben 6 - Großer Graben 13 **Bp. 124/1**

Dreigeschossige Fassade mit Zinnengiebel und doppelgeschossigem Erker. Verbindungsgang zwischen Vorder- und Hinterhaus.

Große Lauben 8 - Großer Graben 15 **Bp. 125**

Fassade mit Zinnengiebel und zweigeschossige Erker. Schöner Mittelhof. Im Erdgeschoß gewölbte Räume, im ersten Stock gewölbter Kapellenraum und mehrere Räume mit Stuckdecken.

Große Lauben 10 - Großer Graben 17 **Bp. 126**

Zwei Laubenöffnungen. Fassade mit doppelgeschossigem Erker und neuerem Viereckerker. Am östlichen Erker Marienbild und Inschrift. Ladenöffnungen in Steinrahmung, um 1910.

Große Lauben 12 - Großer Graben 21 **Bp. 128**

Klassizistische Fassadengestaltung aus dem 19. Jh. Zwei Laubenbögen, doppelgeschossiger Erker. Im ersten Stock Gewölbe. Verbindungsgang.

Altes Rathaus, Große Lauben 14 Großer Graben 23 **Bp. 129**

Barockfassade mit Balkon und Freskenresten. Prächtiger Innenhof mit spätgotischer Freitreppe und unterwölbten Verbindungsgängen. Wandgemälde in Stuckrahmen (Urteil des Salomo), um 1700.

Große Lauben 20 - Großer Graben 25 **Bp. 132**

Mittelalterlicher Baubestand. Im Erdgeschoß mehrere Gewölbe, Granitstiege zum ersten Stock. Im Obergeschoß Raum mit Gewölbe.

Große Lauben 22–24 - Großer Graben 27 **Bp. 133**

Zwei Laubenbögen, zwei zweigeschossige Erker. Im Hof Stiegenhaus mit Loggia und Gratgewölbe. Im zweiten Stock Kassettendecke aus dem 17. Jh. Im ersten Stock Fresken, 16. Jh.

Große Lauben 26 - Großer Graben 29 **Bp. 134**

Zwei Laubenbögen. Fassade mit flachem Viereckerker. Im Lichtschacht Fresko (Auferstehung), um 1700. Im zweiten Stock Zimmer mit Getäfel, 18. Jh.

Große Lauben 28 - Großer Graben 31 **Bp. 135**

Vorspringender Hausteil mit einer Flachbogenlaube. Zwei doppelgeschossige Erker. Fassadengestaltung in historistischen Formen mit Zahnschnittfriesen und Doppelbogenfenstern. Zinnengiebel, zwei zweigeschossige Erker.

Ansitz von Lachmüller, Säbnertorgasse 3 Bpp. 136, 137
Kleiner Graben 1 - Großer Graben 33

Im 13. Jh. Stammsitz der Herren von Säben, im 16. und 17. Jh. umgebaut. Drei Zinnengiebel, zwei Lichthöfe, Hauskapelle. Getäfel und Holzdecken in Renaissanceformen. Gegen den kleinen Graben Stadtmauer mit Schießscharten und Wehrgang.

Säbnertorgasse 3A Bp. 138

Zweigeschossiger Bau, ursprünglich Stallungen des Ansitzes von Lachmüller. Im Erdgeschoß alte Ladeneinbauten, im ersten Stock Erker und vergittertes Fenster.

Säbnertorgasse 1 - Kleiner Graben 3 Bp. 139

Viergeschossiger Bau. Granitgerahmte Rechtecktür, darüber verblaßtes Fresko. Im zweiten Stock ober dem Fenster Stuckkartuschen.

Gasthaus Schwarzer Adler, Kleine Lauben 2 Bp. 140

In der Hausecke Holzskulptur (Wilder Mann mit drei Köpfen), spätes 16. Jh. Malerischer Hof mit Verbindungsgang.

Kleiner Graben 5 Bp. 142

Dreigeschossiger Bau mit schlichter vierachsiger Fassade. Keller und ein Teil des Treppenaufganges mittelalterlicher Bestand.

Kleine Lauben 8 - Kleiner Graben 13 Bp. 147

Viergeschossiger Bau, die Fassade im oberen Teil erneuert. Im dritten Stock zwei Flacherker. Drei spitzbogige Laubenöffnungen. Lichthof mit Verbindungsgängen.

Kleine Lauben 10–12 Bp. 148

Fünfgeschossiger Bau. An der Fassade Viereckerker, Blendbögen und Spitzbogenfries, 16. Jh. Granitgerahmtes Rundbogenportal, bez. 1689. Im dritten Stock leicht vorkragende Gebäudeteile, Zinnengiebel. Im Keller Tonnengewölbe mit Stichkappen.

Gasthof Sonne Bp. 151

Ehemaliger Sitz des Stadthauptmannes, an die Stadtmauer angebaut. Unregelmäßiger Grundriß. Im Erdgeschoß mehrere gewölbte Räume, im ersten Stock Diele mit Gewölbe auf einem Mittelpfeiler.

Kreuzgasse 2 Bp. 152

Dreigeschossiger Bau. Im Erdgeschoß Gewölbe auf Steinpfeiler und steingerahmte Schulterbogentür.

Kreuzgasse 1 Bp. 162/1

Stattlicher dreigeschossiger Barockbau mit granitgerahmter Rechtecktür. Im Erdgeschoß durchgehender Mittelgang. Barocke Treppenanlage.

Sonnentor Bp. 163

Teil der mittelalterlichen Stadtbefestigung, ursprünglich Kreuztor genannt. Steingerahmte Lichtschlitze.

St. Gotthard und Erhard Bp. 175

1695 anstelle einer mittelalterlichen Kapelle errichtet. Ostturm mit Kuppelhaube und Laterne. Gerader Chorschluß, Kreuzgratgewölbe, Lünettenfenster. An der Fassade Rechteckportal mit gesprengtem Giebel und Wappenkartusche zwischen Viereckfenstern. Deckengemälde, um 1700.

Kleine Lauben 11 Bp. 176

Schmaler viergeschossiger Bau mit Eckerker. Überwölbter Durchgang. Im Erdgeschoß gewölbte Räume.

Gasthof zur Traube, Kleine Lauben 9 Bp. 179

Dreigeschossiger giebelständiger Bau, im Innern teilweise erneuert. Drei Laubenbögen. Treppengiebel um 1900.

Bäckergasse 4 Bp. 184

Freitreppe und zwei flachbogig unterwölbte Vorkragungen in Zimmerbreite, 16. Jh.

Kleine Lauben 7A Bp. 185

Fassade mit Treppengiebel und zwei doppelgeschossigen Erkern. Drei Laubenbögen.

Kleine Lauben 7 Bp. 186

Fassade mit doppelgeschossigem Erker und erneuerter Quadermalerei. Ein Laubenbogen.

Kleine Lauben 5 Bp. 187

Fassadengestaltung aus dem späten 19. Jh., zwei Laubenbögen. Granitgerahmte Rechtecktür.

Kleine Lauben 3 Bp. 188/1

Dreigeschossiger Bau mit doppelgeschossigem Mittelerker und rundbogiger Haustür. Ein Laubenbogen.

Große Lauben 27 Bpp. 189/1, 189/2

Ehemaliges Stadtrichterhaus, aus zwei Hauseinheiten bestehend. Fassadenerker, geräumiger Lichtschacht. Vier Laubenöffnungen.

Große Lauben 21 Bp. 192

Fassade mit zwei Viereckerkern. Treppenhaus mit gewölbter Lichthaube. Ein Laubenbogen, am Giebel Zinnenkranz. Mehrere Spitz- und Rundbogentüren.

Große Lauben 19 Bp. 193

Fassade mit doppelgeschossigem Erker und Zinnengiebel. Im Erdgeschoß gewölbte Räume. Spätgotisches Treppenhaus mit tonnengewölbter Lichthaube, gemauertem Pfeiler mit kreuzgratgewölbtem Treppenvorplatz. Gewölbter Keller.

Große Lauben 13 **Bp. 196**

Im Erdgeschoß gewölbte Räume. Im ersten Stock Küche mit Kreuzgratgewölbe, im zweiten Stock einfache Stuckdecke. Zwei Lichthöfe, einer mit hölzerner Mittelsäule.

Große Lauben 11C **Bp. 197/1**

Fassade mit doppelgeschossigem Mittelerker. Im Erdgeschoß und ersten Stock gewölbte Räume. Ursprüngliches Stiegenhaus mit Lichthaube.

Große Lauben 9 **Bp. 198**

Pfarrmesnerhaus. Doppelgeschossiger Erker, Zinnengiebel. Lichtschacht mit gewölbter Haube.

Gasthof Rose, Große Lauben 7 **Bp. 199**

Viergeschossiger Bau, ein Laubenbogen. Zinnengiebel. Schmiedeeisernes Wirtshausschild. Im Erdgeschoß Wandgemälde von R. Stolz. Im ersten Stock gewölbter Gang.

Rathaus, Große Lauben 5 **Bp. 200**

Im Erdgeschoß gewölbte Räume, im ersten Stock Vorplatz mit Gratgewölbe und Lichtschacht. Im zweiten Stock spätgotische Holzdecke aus dem 15. Jh. und historistische Wandmalereien von R. Thaler, Innsbruck, 1910. Im Ratssaal Barockgetäfel. Im dritten Stock Holzdecken mit dem Wolkensteinwappen, 17. Jh.

Kirchbergerhaus, Domplatz 20 **Bp. 202**

Dreigeschossiger Bau mit barocker Fassadengestaltung (geschwungener Giebel), um 1750. In einem Zimmer des zweiten Stockes Stuckdecke aus der zweiten Hälfte des 18. Jh.s, zwei Laubenbögen.

Domplatz 13 **Bp. 204**

Viergeschossiger Bau mit Fassade in historistischen Stilformen. Im Erdgeschoß gewölbte Räume.

Pfarrwidum, Domplatz 12 **Bp. 205**

Langgestreckter Bau mit zwei Erkern. Granitgerahmte Schulterbogentür, am Sturz Jahreszahl 1671. Im ersten Stock Stuckdecke.

Finsterwirt, Domgasse 3 **Bp. 206**

Langgezogener zweigeschossiger Bau, Fassadenerker, granitgerahmte Rechtecktür. Im ersten Stock mehrere Holzdecken, eine mit Wappen des Hochstiftes Brixen und des Fürstbischofs Khuen, in den Erkern Gratgewölbe. An der Fassade spätgotische Quadermalerei.

Domplatz 11 **Bp. 207**

Ursprünglich Dompropstei. Viergeschossiger Bau mit Eckerker und flachbogiger Haustür in Granitrahmung. Fassadengestaltung aus dem 19. Jh.

Villa Covi **Bp. 210**

Herrschaftliche Villa in neuklassizistischen Stilformen, 19. Jh. Erker an der Westfassade. Im Inneren noch originale Raumeinteilung und Lichthof.

Domplatz 3 **Bp. 211**

Ursprüngliche Bischofsresidenz. Wesentlicher Teil der Münsteranlage. Langgezogener Bau mit Spitzbogentor in breit abgefaster Granitrahmung.

St. Johannes im Kreuzgang **Bp. 213**

Hochmittelalterlicher Bau. Über dem Chor Oktogonkuppel mit Laterne, im Langhaus Empore und Kreuzrippengewölbe. Rundbogenfenster. Freskenausstattung 13. bis 15. Jh. (Ekklesia-Sophia, Patriarchen, Kirchenlehrer, Johanneslegenden, Christophorus).

Domkreuzgang **Bp. 214**

Vierflügelige Anlage, um das Jahr 1000 erbaut, in der zweiten Hälfte des 14. Jh.s mit Kreuzrippengewölben versehen. Wertvolle Wandmalereien vom 13. bis ins 16. Jh. Rundbogenarkaden auf Doppelsäulchen mit Knospenkapitellen und Pfeilern.

Unsere Liebe Frau im Kreuzgang **Bp. 215**

Ursprünglich zweigeschossige bischöfliche Privatkapelle, um 1210 erbaut, im 14. Jh. erweitert und mit Kreuzrippengewölben versehen. Romanische Fresken aus dem frühen 13. Jh. im Dachraum. Fassadentürmchen mit Kuppelhaube und Laterne, Ende 18. Jh.

Pfarrkirche St. Michael **Bp. 218/1**

Ottonischer Vorgängerbau, der spätgotische Bau 1503 geweiht. Polygonaler Chorschluß (leicht geneigt), Gewölbe ohne Rippen (Fresken von J. Hautzinger, 1757). „Weißer Turm" mit kleinen Erkern ober den Spitzbogenschallfenstern, gemauerter Spitzhelm, 1459 (unterer Turmteil um 1300).

Dom Maria Himmelfahrt **Bp. 219**

In der heutigen Form ein barocker Umbau (1745–1755), über zwei (ursprünglich dreischiffigen) Vorgängerbauten errichtet. Teile des ottonisch-romanischen Mauerwerks im Langhaus und im Westen, gotischer Polygonchor (1472), Querschiff. Wandpfeilerraum mit Tonnengewölbe. Freskenausstattung Paul Troger und A. von Felsburg. Doppelturmfassade mit klassizistischer Vorhalle von J. Pirchstaller, 1785–1790.

Albuingasse 2 **Bp. 220**

Langgezogener zweigeschossiger Bau mit Kreuzgangstor als Teil der mittelalterlichen Stadtbefestigung. Gewölbter Durchgang. Fassadengestaltung aus dem 19. Jh. Steingerahmtes Fenster im Erdgeschoß, im ersten Stock Fenstergitter. Am Turm Triforienfenster und Wappenmalerei (1925).

Hartwiggasse 2 **Bp. 221**

Altes Stadtgymnasium. Rundbogentor in Granitrahmung. Im Erdgeschoß gewölbte Räume. Fassadengestaltung aus dem 19. Jh. Viergeschossiger Bau.

Domplatz 4 **Bp. 224**

An die alte Hofburg angebaut. Im Kern mittelalterlicher Baubestand.

Domplatz 5 **Bp. 225**

In der heutigen Form charakteristischer Bau aus dem ausgehenden 19. Jh. Fassade in neuklassizistischen Stilformen mit Mittelrisalit und Dreieckgiebel, bez. 1891.

Bischöfliche Hofburg mit Neugebäude, Nebengebäuden, Baumgarten und Herrengarten — **Bpp. 165, 226, 227, 233/1, 233/3, 233/4 Gpp. 137, 143**

Um 1265 aus einer älteren Burg umgestaltet. Vom Ende des 16. bis Anfang des 18. Jh.s großzügig umgebaut. Vierflügelige Anlage mit vier Eckrisaliten, zwei Flanken mit dreigeschossigen Arkadengängen mit Terracottafiguren (Hans Reichle, Habsburgergestalten), Kapelle mit Dachreiter (Kuppelhaube mit Laterne), Marmorportal und geradem Chorschluß, Flachtonne, Fresken (Marienleben) von Kaspar Waldmann. In der südwestlichen und südöstlichen Gartenecke chinesischer und japanischer Pavillon.
Neugebäude zur Hofburg: Bau mit barocker Fassadengestaltung, erste Hälfte des 18. Jh.s unter Fürstbischof Caspar Ignaz von Künigl errichtet. Der Barockgarten als Herrengarten gestaltet.

Dompropstei, Hofburgplatz 1 — **Bp. 229/1**

Zur Straße Gartenmauer mit Barockportal. In der heutigen Form Barockbau mit Krüppelwalmdach. Im ersten und zweiten Obergeschoß durchgehender Mittelsaal, mehrere Räume mit barocken Stuckdecken.

Domherrenhaus, Brunogasse 13 — **Bp. 230**

Zur Straße Gartenmauer. Im Kern mittelalterlicher Bau. Gewölbter Kellerraum, überwölbter Treppenaufgang, im ersten Stock Flur mit Kassettendecke.

Brunogasse 11 — **Bp. 231**

Zur Straße Gartenmauer. Langgezogener traufständiger Bau. Kreuzgratgewölbter Kellerraum. Spätbarocke Treppenanlage. Im ersten Obergeschoß Raum mit geschnitzter gotischer Balkendecke aus der Mitte des 15. Jh.s.

Brunogasse 9 — **Bp. 232**

Zur Straße Gartenmauer. Kleines Gebäude mit mittelalterlichem Baukern. Im Erdgeschoß gewölbter Hausgang. Überwölbter Treppenaufgang. Im ersten und zweiten Obergeschoß tonnengewölbter Raum.

Brunogasse 5 — **Bp. 235**

Mittelalterlicher Bau. Im Erdgeschoß gewölbter Gang mit gotischer Flachbogennische. Im ersten Stock in einem Raum spätgotische Holzdecke mit Unterzugsbalken.

Scheuchegg, Brunogasse 3 — **Bp. 236**

Ursprünglich befestigter Edelsitz. Eingebauter Rundturm erhalten. Steingerahmte Rundbogentür, bez. 1688, mit gesprengtem Dreieckgiebel, Maskeron und Wappen.

Hartwiggasse 8 — **Bp. 238**

Flachbögig unterwölbte Vorkragung mit Mittelerker, unter dem Erker Konsole mit Fratze in Tuffstein. Ober der Tür spätgotischer Wappenstein der Jöchl mit Jahreszahl 1532. Im Erdgeschoß gewölbter Hausgang.

Runggadgasse 2 — **Bp. 239/2**

Klassizistische Fassadengestaltung mit Lisenengliederung, Dreieckgiebeln ober den Fenstern und einfachem flachen Viereckerker.

Runggadgasse 4 — **Bp. 239/1**

Rundbogentor in breit abgefaster Granitrahmung. Rustikasockel. Spätmittelalterlicher Baubestand. Erker mit barocker Fensterumrahmung, Eselsrückentürholm, Wandgemälde mit Jagdszenen (15./16. Jh.).

Runggadgasse 6 — **Bp. 240**

Schulterbogentür mit Granitrahmung, am Sturz Jahreszahl 1665. Barocker Türflügel. Im ersten Stock Erker, gewölbter Hausgang und Küche, Stube mit spätgotischer Bohlenbalkendecke.

Runggadgasse 8 — **Bp. 241**

Spitzbogiger Haustür in gekehlter Granitrahmung, am Scheitel Wappenschild. Doppelgeschossiger Erker. An der Fassade Reste von spätgotischer Quadermalerei.

Runggadgasse 10 — **Bp. 242/1**

Haustür in Granitrahmung. Im Erdgeschoß Halle mit Gratgewölbe. Gewölbter Treppenaufgang. Mehrere getäfelte Räume. Im zweiten Stock Kassettendecke, 17. Jh. Abgeteilter Saal. Gewölbter Keller mit Rundbogentüren.

Runggadgasse 12 — **Bp. 243**

Bau mit barocker Fassade. Granitgerahmtes Rundbogentor, zweigeschossiger Erkeranbau. Gewölbte Kellerräume, im Erdgeschoß gewölbte Halle auf Mittelsäule. Großzügige barocke Treppenanlage, im Flur des ersten und zweiten Stockes Kassettendecke.

Runggadgasse 14A — **Bp. 244**

Fassade mit zwei Erkern. Gewölbte Keller, im Erdgeschoß überwölbter Durchgang zum Garten. Im zweiten Stock Stuckdecken aus dem 18. Jh.

Runggadgasse 16 — **Bp. 246**

Spätmittelalterlicher Bau auf schmalem Grundriß. Im Erdgeschoß Spitzbogentür in Granitrahmung zu tonnengewölbter Halle. Gewölbter Durchgang zum Garten.

Runggadgasse 20 — **Bp. 248**

Spitzbogentür in breit abgefaster Granitrahmung. Doppelgeschossiger Erker. Lichtschacht mit gewölbtem Vorraum.

Runggadgasse 24 — **Bp. 253**

Abgefaste rundbogige Haustür. Doppelgeschossiger gotischer Viereckerker auf drei Kragsteinen. An der Ostfassade Reste eines Barockfreskos. Zweigeschossiger Erker an der Südseite.

Klarissenkirche St. Elisabeth und Kloster — **Bpp. 255, 256, 261**

Kirche und Kloster bereits 1235 erwähnt (erstes Klarissenkloster im deutschen Sprachraum), 1683 umgebaut. Fassadendachreiter mit Giebelhaube, gerader Chorschluß mit Flachkuppel, Tonnengewölbe, Seitenkapelle.

Franziskanerkloster — **Bp. 262**

Einfacher Zweckbau, um 1683 in die heutige Form gebracht. Kreuzgang mit Franziskusvita des Fr. Josaphat Leitner, 1700/01; neben der Pforte Fresken, 15 Jh.

Brixen, Seminarkirche Heilig Kreuz

Brixen, Obere Schutzengelgasse 10

Brixen, St. Cyrill in Tils

Brixen, Pedoferer in Afers

Links oben: Brixen, Thalhofer in Untereben
Rechts oben: Brixen, Widmann in Klerant
Rechts unten: Brixen, Holderer in Karnol
Links unten: Brixen, Kircher in St. Leonhard

Kapuzinerkirche und Kloster **Bpp. 264, 265**

Einfacher Bau, 1631 geweiht. Fassadendachreiter, gerader Chorschluß, Tonnengwölbe.

Runggadgasse 21 **Bp. 268/2**

Ursprünglich Unterer Küchenmairhof, später Gasthof Mondschein. Fassade mit drei Erkern, im Erdgeschoß neue Flachbogenöffnungen. Dreigeschossiger Bau.

Runggadgasse 15 **Bpp. 270/1, 270/2**

Spätgotischer viergeschossiger Bau mit barocker Fassadenmalerei. Zweigeschossiger Erker. Im Erdgeschoß gewölbte Halle.

Runggadgasse 11 **Bp. 271**

Ursprünglich Oberer Küchenmairhof in der Runggad, Rundbogentor mit Rustikarahmung, am Keilstein Winkelhoferwappen und Jahreszahl 1632. Viergeschossiger Bau mit zwei Erkern.

Runggadgasse 7 **Bp. 277**

Spätgotische Spitzbogentür in Granitrahmung. Barocker Türflügel mit geschnitztem Muschelornament und Jahreszahl 1757.

Runggadgasse 5 **Bp. 278**

Spätmittelalterlicher Baubestand. Spitzbogentür in Granitrahmung. Gewölbte Eingangshalle und Kellerraum, überwölbte Granittreppe. Im zweiten Obergeschoß Raum mit Stuckdecke.

Runggadgasse 3 **Bp. 279**

Granitgerahmtes Spitzbogentor. Fassade mit zwei symmetrisch angeordneten Erkern. Im Erdgeschoß gewölbte Räume.

Runggadgasse 1 **Bp. 280**

Spitzgerahmtes Schulterbogenportal, am Sturz Jahreszahl 1655. Im Erdgeschoß durchgehender gewölbter Mittelgang, Granittreppe, überwölbte Vorplätze mit Wandgemälden.

Mühlgasse 3 **Bp. 282/1**

Zweigeschossiger Bau auf unregelmäßigem Grundriß. Spitzbogige Haustür, im Erdgeschoß gewölbte Räume. Im ersten Stock Erker, gewölbter Hausgang.

Hartwiggasse 9 **Bp. 284**

Dreigeschossiger Bau. Fassadengestaltung 19. Jh. An der Nordwestseite spätgotischer Eckerker. An der Westfassade verblichenes Barockfresko. Ehemaliges St.-Katharina-Dombenefiziumhaus.

Hartwiggasse 5–7 **Bp. 285**

Langgezogener dreigeschossiger Bau. Spitzbogenportal in breit abgefaster Granitrahmung. An der Südwestseite spätgotischer Viereckerker.

Hartwiggasse 1 **Bp. 286**

Ehemaliges Kapitelamtmannhaus. Im Innern Holzdecken und Stuckdecken aus dem 18. Jh. An der Nordseite Treppengiebel, im Westen Erker.

Priesterseminar mit Heiligkreuzkirche **Bpp. 287/1, 288**

Anstelle des mittelalterlichen Heiligkreuzspitales 1764 nach Entwurf von Georg Tangl errichtet. Vierflügelige Anlage mit Kirche, 1767. Turm mit Kuppelhaube, abgerundeter Chorschluß, Flachkuppeln (Deckengemälde J. A. Zeiller). In der Seminarbibliothek im Mittelrisalit Gemälde von Franz Anton Zeiller. Ende 19. Jh. um ein Geschoß erhöht.

Platzhaus, Griesgasse 18 **Bp. 289**

Spätgotischer Bau mit Zinnengiebel. Eckerkerturm, Rundbogentor. Im ersten Stock Saal mit Kassettendecke. Polygonaler Erker.

Griesgasse 16 **Bp. 290**

Zweigeschossiger Mittelerker über Rechtecktür in Granitrahmung. Mittelalterlicher Lichthof mit teilweise überwölbten Treppenaufgängen.

Griesgasse 14 **Bp. 291**

Haustür in Granitrahmung mit Schulterbogen. Zwei symmetrisch angeordnete doppelgeschossige Erker. Im ersten Stock barockes Fassadenfresko (St. Kassian).

Griesgasse 10 **Bp. 293**

Im Kern spätmittelalterlicher Bau mit Rechtecktür in Granitrahmung. Im Erdgeschoß Keller mit Balkendecke. Gotische Mauernische und Rundbogentür im Gang des ersten Obergeschosses.

Winkelhof, Seminarplatz 1 **Bp. 296**

In der heutigen Form barocker Bau. In mehreren Räumen Stuckdecken aus der Mitte des 18. Jh.s.

Albuingasse 7 **Bp. 298**

Ehemaliges Dompfarrhaus. Zweigeschossiger Bau. Rundbogenportal in Granitrahmung. Reste von spätgotischer Wandmalereien.

Albuingasse 5 **Bp. 299**

Ehemalige Domdechantei. Viergeschossiger Bau mit spätgotischem Steildach. Erneuerte Quadermalerei. Polygonaler Erker. Hauskapelle mit polygonalem Chorschluß, Stichkappengewölbe, Spitzbogentür. Zweigeschossiger Eckerker auf Kragsteinen, polygonaler Erker.

Adlerbrückengasse 2 **Bp. 300**

Im Kern spätmittelalterlicher Bau mit Fassadengestaltung der Jahrhundetwende. Zinnengiebel, runder Erker. Im Erdgeschoß mehrere gewölbte Räume, im ersten Obergeschoß gewölbte Küche.

Adlerbrückengasse 4 **Bp. 301**

Viergeschossiger Bau. An der Fassade zwei symmetrisch angeordnete doppelgeschossige Erker. Geräumiger Lichthof. Hauskapelle.

Adlerbrückengasse 6 **Bp. 302**

Viergeschossiger Bau. Fassade mit Zinnengiebel und zwei doppelgeschossigen Erkern. Granitgerahmtes Rechteckportal, bez. 1609. Im Erdgeschoß gewölbte Räume.

Adlerbrückengasse 8 **Bp. 303**

Dreigeschossiger Bau. Fassade mit zweigeschossigem Erker und Zinnenkranz am Giebel. Im Lichthof Gewölbe und Treppe mit Balustergeländе.

Adlerbrückengasse 10 **Bp. 304**

Zweiachsiger Bau mit doppelgeschossigem Erker. Gotischer Lichthof. Im Erkerzimmer des ersten Stockes Stuckdecke. Schmaler gewölbter Gang.

Adlerbrückengasse 12 **Bp. 309**

Zweiachsiger Bau mit doppelgeschossigem Erker und Zinnenabschluß. Im Erdgeschoß gewölbter Hausgang.

Griesgasse 2 **Bp. 310**

Granitgerahmte Rechtecktür, am Sturz Jahreszahl 1654. Fassadenfresko (Unbefleckte), 18. Jh.

Stuflergasse 10 **Bp. 311**

Granitgerahmtes Rundbogenportal mit Jahreszahl 1642, drei Erkeranbauten. Reiche Fassadenmalerei aus dem ausgehenden 19. Jh. Gewölbter Hausgang, Kellerräume mit Gewölbe. Lichthof.

Untere Schutzengelgasse 3 **Bp. 317**

Viergeschossiger Bau. Mittelalterlicher Bestand, Fassade mit doppelgeschossigem Erker und Balkon aus dem 19. Jh.

Untere Schutzengelgasse 5 **Bp. 318**

Spätmittelalterlicher viergeschossiger Bau. Rundbogige Haustür, Flacherker über zwei Geschosse, vergittertes Gangfenster.

Untere Schutzengelgasse 7 **Bp. 319**

Tonnengewölbter Eingang, im Vorraum und Lichthof Kreuzgratgewölbe. Küche mit Tonnengewölbe. Zwei doppelgeschossige Erker, großteils ursprüngliche Fensterleibungen.

Untere Schutzengelgasse 4 **Bp. 320**

Im Erdgeschoß und ersten Stock gewölbte Räume. Stube mit Leistendecke und barocker Wandvertäfelung. Raum mit Stuckdecke.

Untere Schutzengelgasse 9 **Bp. 325**

Fassade mit einem ursprünglichen Erker und zwei Balkonen aus dem 19. Jh. Gewölbte Eingangshalle.

Schutzengelkirche in Stufels **Bp. 326**

Romanische Rundapsis, Kirche 1711 umgebaut. Ostturm mit Kuppelhaube und Laterne, unregelmäßiger Chorgrundriß, Kreuzgratgewölbe. Deckengemälde, Anfang 18. Jh.

Unterdrittelgasse 6 **Bp. 338**

Rundbogige Haustür, schmaler gewölbter Hausgang. Ladeneinbau mit gewölbtem Geschäftsraum. Überwölbter Stiegenaufgang, im ersten Stock gewölbter Gang. Keller mit Tonnen und Balkendecke.

Unterdrittelgasse 8 **Bp. 339**

Spätmittelalterlicher Bau mit zwei Fensterachsen. Fassade mit Erker und Rundbogentür. Gewölbter Kellerraum. Im Erdgeschoß Mittel- und Quergang mit Gewölbe. Überwölbter gemauerter Treppenaufgang.

Unterdrittelgasse 10 **Bp. 340**

Rechtecktür in Granitrahmung mit Schulterbogen. Im Erdgeschoß große gewölbte Halle (der Länge nach abgeteilt). Im ersten Stock Erkeranbau. Stiegenhaus um 1900 erneuert und mit Glasdach versehen.

Unterdrittelgasse 14 **Bp. 342**

Spätmittelalterlicher Bau. An der Fassade doppelgeschossiger Mittelerker. An der Gartenfassade dekorative Verandavorbauten, Anfang 20. Jh. Im Erdgeschoß Gang mit Balkendecke.

Unterdrittelgasse 16 **Bp. 343**

Ehemals Ansitz Neidheim. Ober der Tür Wappenstein der Goreth, bez. 1591. Keller und Erdgeschoß mit Gewölben, Obergeschosse zu Beginn des 20. Jh.s umgebaut. Erker mit Türmchenabschluß, Zinnengiebel, Verandavorbau. Gewölbtes Stiegenhaus mit Wandmalereien und Stütze. Im ersten Stock Räume mit Holzdecken. Fassadenmalerei 1901.

Unterdrittelgasse 11 **Bp. 344**

Spitzbogige Haustür in abgefaster Granitrahmung. Im ersten Stock spätgotische Vorkragung, dreimal flachbogig abgetreppt. Im Erdgeschoß Kellerraum mit gotischer Balkendecke.

Unterdrittelgasse 9 **Bp. 345**

Mittelalterlicher Baubestand. Fassade mit Rechtecktür in Granitrahmung und Erker. Rundbogige Tür zu Keller mit Balkendecke.

Unterdrittelgasse 7 **Bp. 346**

Barockfassade mit granitgerahmter Schulterbogentür, bez. 1718. Darüber Doppelkartusche in Stuckrahmen.

Obere Schutzengelgasse 10 **Bp. 351**

Spätgotischer Baubestand mit gewölbten Räumen im Erdgeschoß und ersten Stock. Fassadenerker. Gewölbte Vorplätze, im oberen Hausgang Tonnengewölbe mit Stichkappen.

Obere Schutzengelgasse 5 **Bp. 354**

Breit abgefastes Spitzbogenportal in Granitrahmung. Hausgang mit Stichkappengewölbe, Schacht. Im ersten Stock Kreuzgratgewölbe.

Obere Schutzengelgasse 3 **Bp. 355**

Fassade mit Doppelbogenfenster und Erker, bez. 1729 mit Initialen A. Z.

Hirschenwirt, Obere Schutzengelgasse 1 **Bp. 356**

Granitgerahmtes Spitzbogenportal, doppelgeschossiger Erker.

Köstlan, Köstlanstraße 7–12 **Bpp. 398/1, 398/2**

Ansitz. Aus zwei Hauseinheiten mit Innenhof bestehend. In der heutigen Form ins 16./17. Jh. zurückgehend. Zwei Eck- und drei Fassadenerker. Fenstergitter. Steingerahmtes Schulterbogentor, darüber Wappenrelief.

Ehemalige Bierbrauerei Seidner **Bpp. 398/3, 502**

Industriebauten in historischen Formen (Bauelemente der Sakralarchitektur entlehnt), 1888 errichtet. Sudhaus mit hohen Rundbogen- und Doppelbogenfenstern. Turm als Kohlelager – und Verwaltungsbau. Getreidelager mit Tonnengewölbe.

Seeburg, Seeburgstraße 1 **Bpp. 410/1, 410/2**

Ansitz. Fassadengestaltung 17. Jh. Im Erdgeschoß Gratgewölbe, im ersten Stock Kapelle aus dem 17. Jh.

Krakofl, Seeburgstraße 2 **Bp. 414**

Mittelalterlicher Bau, in der heutigen Form auf das 19. Jh. zurückgehend. Übereck gestellter viereckiger Eck- und zwei polygonale Mittelerker mit Zinnenbesatz. Ehemals bischöfliche Kammerhube. Um 1320 erbaut.

Glockengießerhaus, Brennerstraße 28–30 **Bp. 422/1**

Polygonaler Eckerker. Fassadenfresken aus dem 18. Jh. (Grablegung, Glocke, St. Florian), der Tradition nach von J. G. Grassmair.

Mariahilfkirche in Zinggen **Bp. 423**

1658 erbaut, nach Behebung von Hochwasserschäden 1768 neu geweiht. Gerader Chorschluß, Ostturm mit Spitzdach auf Oktogon, Ziegelimitation an der Fassade. Freskenausstattung von Josef Erler, 1837.

Unsere Liebe Frau von den Sieben Schmerzen **Bp. 459**

Einfacher Bau, 1722 errichtet. Tonnengewölbe. Vierecktüre, Lünettenfenster. Altar durch Schmiedeeisengitter abgeschrankt.

Vinzentinum mit Herz-Jesu-Kirche **Bpp. 478, 719**

Vierflügelige Anlage, 1876–1878 nach Entwürfen Josef von Stadls errichtet. Historisierende Bauformen, Rundbogenfenster. Kirche (über dem Theatersaal) mit polygonalem Chorschluß mit Gratgewölbe, im Langhaus Tonne. Wandgemäldevorlagen A. von Felsburg. Im Theatersaal Wandgemälde E. von Wörndle (Parzivalgeschichte).

Villa Rifesser mit Garten und Nebengebäude, Bahnhofstraße 29 **Bpp. 516, 587 Gp. 942**

Dreigeschossiger Bau mit historisierend gestalteter Fassade. Ein Rund- und ein viereckiger Eckerkerturm, Rundbogenfenster. Spitzgiebel mit drei Fenstern in einer Blendnische. Nebengebäude in märchenhaften Historismusformen. Gleichzeitig angelegter Garten mit Steinsäulen und Drahtgitter.

Villa Adele, Bahnhofstraße 18 **Bp. 518**

Bau in historistischen Formen errichtet. Zwei runde Ecktürme, doppelgeschossige Rundbogenloggia, Rundbogenportal in Rustikarahmung, am Keilstein Jahreszahl 1904. Eingangshalle und Stiegenhaus in herrschaftlichen Ausmaßen, Lichthaube mit Rundbogenfenstern.

Villa Edelweiß mit Nebengebäude, Elvaser Straße 37–39 **Bpp. 519/1, 519/2**

Zweigeschossiger Bau mit Bänderung, Quergiebel und Ecktürmchen. Die Holzverschalung des Dachgeschosses und die Gestaltung der Balkone mit ausgesägten Brüstungen sind kunsthandwerkliche Zeugnisse des Heimatstiles. Eckquaderung.

Villa Heimat (Tirolerheim), Köstlanstraße 2 **Bp. 527**

Zweigeschossiger Bau, nach Norden Treppenrisalit und steingerahmte Schulterbogentür mit Oberlichte, Satteldach. Die Nordwestecke zu einem Erker abgeschrägt, nach Süden doppelgeschossige Rundbogenloggia. Im zweiten Stock und im Dachgeschoß ornamentale Holzbrüstungen in Fachwerk.

Villa Kunz, Rienzdamm 2 **Bp. 534**

Villenartiger Bau mit steilem Satteldach und Kreuzgiebel an der Südseite, polygonaler Turm mit Glockenhaube. Am Kreuzgiebel Holzdekoration in Fachwerkbauweise, darunter doppelgeschossige Loggia, unten bogenförmig geschlossen, oben offen. Nach Norden späterer Zubau.

Villa Lugegg, Elvaser Straße 43 **Bp. 540**

Krüppelwalmdach, an der Südseite doppelgeschossige Loggia: Unten zwei gemauerte Bögen auf einer Säule, oben offene Holzkonstruktion. An die Loggia anschließend kreuzgiebelartig vorspringender Bauteil mit Viereckerker, Balkon und Türmchen. Holzvorbauten in charakteristischem Heimatstil mit Aussägearbeiten.

Villa Sabiona, Plose Straße 3 **Bp. 553**

Krüppelwalmdach. Kreuzgiebel an der Westseite mit reich gestalteten Fassaden in historistischen Formen. Rund- und flachbogige Fensterkombinationen, dekorative Fassadenmalereien. An der Südseite Balkone. Am Kreuzgiebel und am Vorbau der Eingangstür ornamental angelegte Holzteile. Verglaster Portalvorbau.

Villa Frohsinn (Nana), Elvaser Straße 36 **Bp. 564**

Steildach mit Kreuzgiebel. Am Steilgiebel rundbogig gestaltete diaphane Holzverkleidung in filigranen Formen mit Steuerrad. Charakteristische Baugestaltung aus der Jahrhundertwende.

Bahnhofstraße 40 **Bp. 571**

Fassade: Kreuzgiebel mit Balkonen, Erkerturm, Stuckornamente, rundbogiges Oberlicht. Hausgang mit Fliesenbelag, Holztür mit breitem Glaseinsatz. Um 1910 errichtet.

Kienerhäuser, Kassianstraße 18 **Bp. 577**
Goethestraße 16 **Bp. 578**
Goethestraße 14 **Bp. 579**
Goethestraße 12 **Bp. 580**
Goethestraße 10 **Bp. 581**
Verdistraße 1 **Bp. 582**

Einheitlich gestaltete Reihenhaussiedlung mit polygonalen und viereckigen Erkeranbauten, flachbogige Loggien, an beiden Außenseiten Eckerker. Sparsame, aber qualitätvolle Stuckdekoration auf Riefenputz in originaler Farbgebung, kurz vor dem Ersten Weltkrieg angelegt.

Altes Krankenhaus mit Park **Bp. 600 Gpp. 594, 638**

Nach Plänen von Payr und Baier aus Innsbruck 1912/14 errichtet. Zwei Trakte ursprünglich Sanatorium und Krankenhaus, Kapelle als verbindender Mittelteil, mit je einem Innenhof. Neubarocke und Jugenstilformen an den Fassaden und in der Innenraumgestaltung (Lampen, Türflügel).

St. Johannes Nepomuk an der Adlerbrücke **auf Gp. 245/1**

Standbild des Brückenheiligen zwischen zwei Engelsputten mit Attributen über einem Durchgangsbogen aus Granit, bez. 1766. Vom Passeirer Bildhauer Ferner errichtet.

St. Johannes Nepomuk in den Rappanlagen **auf Gp. 306/1**

Standbild des Heiligen auf einem hohen Granitsockel, erste Hälfte 18. Jh. Ursprünglich an der Zinggener Straße.

Bildstock beim Hotel Elefant **auf Gp. 579**

Viereckiger Schaft mit Nischenaufsatz, Fresken aus der ersten Hälfte des 15. Jh.s (Kreuzigung, Schmerzensmann, Maria zwischen Florian und Sebastian, Christophorus).

Jahrtausendsäule am Hofburgplatz **auf Gp. 982**

Gedenksäule an die Tausendjahrfeier der Gründung Brixens (1901). Statue des Bischofs Zacharias, Brixner Stadtwappen und Bronzerelief. 1909 von Norbert Pfretschner.

Katastralgemeinde Afers

St. Jakob mit Friedhof **Bp. 12 Gp. 222**

Spätgotischer Bau aus dem 15. Jh. Turm mit Spitzpyramide, dreiseitiger Chorschluß, Sternrippengewölbe. Wandgemälde der Brixner Schule 15./16. Jh.

Mariahilfkapelle am Freienbühel mit Vorplatz **Bp. 44 Gp. 451**

Bau mit Spitztürmchen, polygonaler Chorschluß, Tonnengewölbe. 1813 errichtet. Einfache Deckenmalerei, 20. Jh.

Hofer **Bp. 48**

Hausgang mit Kreuzgratgewölbe und gemauertem Aufgang zum Obergeschoß. Mehrere tonnengewölbte Räume. Zwei Stube, in einem Mittelstück mit Einlegearbeit, bez. 1853. Rundbogentür, am Giebel Oculi und Floriansfresko. Verbretterter Giebel mit Söller. Angebauter Backofen.

Pfarrkirche St. Georg mit Friedhof **Bp. 53 Gp. 463**

Bereits 1232 erwähnt. Turm mit Pyramidendach 1440, Kirche 1758 und 1778 neu aufgeführt. Dreiseitiger Chorschluß, Tonnengewölbe, Stuckdekorationen aus der Erbauungszeit, Wandgemälde um 1900.

Pedoferer **Bp. 78**

Dachgeschoß in Holzblockbau. Tonnengewölbte Rauchküche, Stube mit einfacher Feldertäfelung, an der Decke bemaltes Mittelstück (Auge Gottes), bez. 1832. Zwei bemalte Türflügel (Schutzengel, Heilige Familie, Gebete).

Antoniuskapelle beim Schnatzer **Bp. 142**

Um 1920 errichtet. Übereck gesetzter Giebeldachreiter, Rechtecktür, Rundbogenfenster. Dreiseitiger Chorschluß, Tonnengewölbe.

Ehemalige Lungenheilanstalt Palmschoß **Bpp. 149, 150**

Sanatorium und Villa. Gemauertes Erdgeschoß mit Natursteinverblendung, die Obergeschosse in reiner Holzkonstruktion. In der Gesamtanlage sehr frühes Beispiel funktionalistischer Architektur in Südtirol. Im Detail Anklänge an traditionelle Bauernhausbauweisen (Balkone, Giebelabschlüsse).

Kapelle beim Sader **auf Gp. 311**

Um 1920 errichtet. Rundbogentür, -fenster, dreiseitiger Chorschluß. Ursprünglich Ausmalung von Franz Weihrauter.

Katastralgemeinde Albeins

Untermair **Bp. 9/1**

Spätmittelalterlicher Bau. Hausgang mit Kreuzgratgewölbe, Küche und Speis mit Tonnengewölbe und Stichkappen. Stube mit Brustgetäfel. Kellereingang mit spätgotischer spitzbogiger Einfassung in Granit.

Oberjaufner **Bp. 13**

Zweigeschossiger Bau. Dreiseitiger Erker mit barocken Fresken (Marienkrönung zwischen Mariahilfbild und Florian, seitlich Margareth und Georg, 18. Jh.

Kircher mit Zuhaus **Bpp. 18/1, 19**

Rundbogige Haustür in breit abgefaster Steinrahmung. Gewölbte Labe und Küche. Stube mit barockem Leistengetäfel, Mittelfeld (Christusmonogramm), bez. 1795. Im Zuhaus teilweise gewölbter Keller, Tramdecke. Rundbogentüren, Küche mit Tonnengewölbe. Am Stadel Jahreszahl 1554.

St. Margareth **Bp. 22**

Romanisches Langhaus, polygonaler Chor, Turm mit Spitzpyramide und Gewölbe spätgotisch. Gegen Ende des 18. Jh.s barockisiert (Entfernung der Gewölberippen).

Obermair **Bp. 28/1**

Gemauerter Treppenaufgang mit Loggia. Hausgang mit Kreuzgratgewölbe, 16. Jh.

Pfarrkirche St. Hermagoras und Fortunat, Friedhofskapelle und Friedhof **Bpp. 55, 56 Gp. 96**

Spätgotischer Bau (Spitzturm, Polygonchor) mit älterem Kern. 1784 barockisiert (Entfernung der Gewölberippen). Am Fassadengiebel verblaßte Fresken, um 1700. Deckengemälde 1858.

Friedhofskapelle: Einfacher romanischer Viereckbau mit Rundbogentüre.

Bittertschöl **Bp. 69**

Spätmittelalterlicher Bau. Spitzbogentür in Granitfassung, an der Fassade teilweise Quadermalerei. Backofen auf Gabelstütze. Fensterrahmungen mit Rötelmalerei, bez. 1766. Am Wirtschaftsgebäude Putzschild mit Jahreszahl 1640. Rundbogentor mit Steingewände, kleine steingerahmte Fensteröffnung.

Platzlunger mit Kapelle **Bpp. 72/2, 90**

Spätmittelalterlicher Bau mit barocker Fassadengestaltung. Erker, Putzfatschen an den Ecken und an den Fenstern, Türflügel, bez. 1822. In der Kapelle Kreuzgratgewölbe, Rechtecktür zwischen zwei Viereckfensterchen.

Aichner **Bp. 76**

Spätmittelalterlicher Bau. An der Fassade stellenweise Quadermalerei, hohe Fensterlaibungen, barockes Mariahilffresko. Labe mit Tonne und Stichkappen, Rundbogentüren. Stube mit spätgotischer Balkendecke. Steingerahmte Spitzbogentür mit Wirtschaftsgebäude, Keller mit Gewölbe.

Katastralgemeinde Elvas

Walkner **Bp. 1**

Ehemaliges Sommerfrischhaus der Brixner Familie Walkner. Barocke Fensterbemalungen im ersten Stock, um 1770. Im zweiten Stock Saal (heute unterteilt) mit Deckengemälde. Steingerahmte Schulterbogentür, darüber Mariahilfbild.

Putzer **Bp. 19**

Bemalte Eckquaderung und Fenstereinfassungen. Ober der Tür gemaltes Wappen des Georg Stier von Neuthaimb und Jahreszahl 1607. Kapelle mit polygonalem Chorschluß.

Hahnberg **Bp. 24**

Ansitz. Im 16. Jh. errichtet, um 1890 durch Kraus in München umgebaut. Rundbogenportal mit Pilasterrahmung und Wappenschild der Hahnberg, Saal mit Kreuzgratgewölbe, im ersten Stock Hausgang mit Gratgewölbe. Der bergseitige Trakt kopiert die Johanneskapelle in Brixen.

Pfarrkirche zu den Heiligen Peter und Paul, Friedhofskapelle und Friedhof **Bp. 40 Gp. 466**

Spätgotischer Bau (Spitzturm), Ende des 17. Jh.s durch Johann Baptist Delai barockisiert. Wandpfeilerraum mit Tonnengewölbe und Stichkappen, gerader Chorschluß. Deckengemälde von Johann Matthias Peskoller, 1903.

Friedhofskapelle: Polygonaler Chorschluß, Gratgewölbe, 17. Jh.

Bildstock beim Payer **auf Gp. 894/2**

Spätgotischer Bildstock auf Viereckpfeiler mit Spitzpyramide, Anfang 16. Jh. Vier Bildnischen. Die Malereien nach dem Zweiten Weltkrieg von Johann Baptist Oberkofler übermalt (Madonna, Sebastian, Guter Hirte).

Katastralgemeinde Milland

Alte Pfarrkirche Maria am Sand, Friedhofskapelle und Friedhof **Bpp. 1, 2 Gp. 1**

Im Kern 1305 errichtet (Langhausmauern), um 1464 umgebaut (Spitzturm, Polygonchor). 1766 barockisiert (Entfernung der Gewölberippen, Freskierung durch F. A. Zeiller und Denifle). Wandgemälde außen 15. bis 17. Jh.

Platsch (Missionshaus) **Bpp. 15, 17**

Ende des 12. Jh.s als Bauernhof erwähnt. Turmartiger Bau mit Wohntrakt. 1809 abgebrannt, 1910 in historistischen Formen umgebaut. Eckerker.

Hubenstein (Kofler) **Bp. 24/3**

Ansitz. Eckerkerturm, breit abgefaste Spitzbogentür in Granitrahmung. Reste von Quadermalerei, 16. Jh. Nach dem Brand von 1809 nur notdürftig wiederhergestellt. Im Keller Tonnengewölbe mit Stichkappen.

Domhof **Bp. 28/1**

Hofmauer mit kleinem und großem Rundbogentor. Granitgerahmte Haustür, gewölbte Hausgänge, 17. Jh. Im Keller Tonnengewölbe mit Stichkappen.

Karlsburg **Bp. 31**

Bereits 1250 als Meierhof erwähnt. Ansitzartiger Bau, erste Hälfte 17. Jh. Krüppelwalmdach, Polygonerker, Rundbogentor, bez. 1631, Rundbogenfenster mit Gitterkörben. Saal mit Galerie, Wappenfresken und Felderdecke. Steingerahmte Schulterbogentür, Kapelle mit Kreuzgratgewölbe und Dachreiter.

Zephyr (Rindl) **Bp. 35/1**

Spätmittelalterlicher Bau, im Hausgang Tonnengewölbe mit Stichkappen. Gewölbter Treppenaufgang. Im 17. Jh. adeliger Ansitz. Reste von deokrativen Wandmalereien (Tür- und Fenstereinfassungen).

Razötz **Bp. 36**

Als Hof bereits gegen Ende des 13. Jh.s erwähnt, im 16. und 17. Jh. umgebaut. Die heutige Gestalt Ergebnis eines Umbaues in den Jahren 1904/05. Gotische Stube mit Kachelofen.

Vilseck **Bpp. 91, 233**

1250 als Mairhof erwähnt. Im frühen 17. Jh. zum Edelsitz erhoben, 1809 abgebrannt, später erneuert.

Pestbildstock **auf Gp. 104/1**

Spätgotischer Bildstock, die Malereien aus dem Zweiten Weltkrieg von Johann Baptist Oberkofler übermalt.

Katastralgemeinde Pfeffersberg

Pfarrkirche St. Veit in Tils mit Friedhof **Bp. 6 Gp. 202**

1366 erwähnt. Spätgotischer Bau, Mitte 18. Jh. barockisiert. Turm mit Spitzpyramide, polygonaler Chorschluß, Gewölbe ohne Rippen. Vermauertes Vordach auf Säule im Norden. Fresken von Johann Mitterwurzer, 18. Jh.

St. Johannes in Tötschling mit Umfriedung **Bp. 42 Gp. 956**

1341 erwähnt. Polygonchor 1493, Fassadendachreiter mit Pyramide, 18. Jh. Im Chor Netzrippengewölbe, im Langhaus Flachdecke. An der Westseite zwei Viereckfenster und Kreuzigungsfresko unter einem Pultdach (18. Jh.). Über der Rundbogentür im Süden Fresko, 17. Jh.

St. Nikolaus in Tötschling **Bp. 47**

1337 erwähnt (Langhausmauern). Bau aus dem 16. Jh., Turm mit Pyramide, Rundbogentür, Spitzbogenfenster. Polygonchor, Netzrippengewölbe.
Bannzone: Gpp. 958, 959, 960, 967

Weingartner in Tötschling **Bp. 51**

Bau aus dem 16. Jh. mit Freitreppe und Rundbogentür. Gewölbter Hausgang und Küche. Stube mit Leistengetäfel, bez. 1904. Rundbogiger Gang zum Wirtschaftsgebäude. Im Keller Sichtmauerwerk in regelmäßigen Steinlagen.

Weiß in Payrdorf **Bp. 60**

Spätmittelalterlicher Bau. Im Keller Tramdecke über gotischer Holzstütze, Freitreppe, Rundbogentür. Stube mit Leistengetäfel, Mittelstück bez. 1855.

Baumgartner in Payrdorf **Bp. 66/1**

Geburtshaus des Philipp Jakob Falmerayer. Hausgang mit Tonnengewölbe. Stube mit Leistengetäfel, ober der Kammertür 1693. Verbretterter Giebel mit Söller am Wirtschaftstrakt.

Pichler in Payrdorf **Bp. 67**

Rundbogige Haustür in Granitrahmung. Im Keller Rundbogentüren mit Gewölbe. Einfache Stubentäfelung von 1896. Ofen mit Reliefkachel (Verkündigung). Angebauter Backofen. Giebelbundwerk.

Heidner in Payrdorf **Bp. 70/1**

Fassadenfresko (Mariahilf) von 1777. Hausgang und Küche mit Tonnengewölbe. Stube mit barockem Feldergetäfel und Vierpaßmittelfeld. Im Stall Gewölbe auf Mittelpfeiler. Verbretterter Giebel mit Söller, hohe Fensterlaibungen.

Kircher in Tschötsch **Bp. 75/1**

Spätmittelalterlicher Bau, durch Zubauten teilweise verändert: Rundbogentüren. In der Stube spägotische Bohlenbalkendecke mit geschnitztem Fries (Zopfmuster), 16. Jh.

Widum in Tschötsch **Bp. 77**

Barockbau. Haustür mit Oberlichte, bez. 1779. Darüber Fresko in schlechtem Zustand (Madonna, Johannes der Täufer, Heiliger). Am Giebel Okuli, Fenster in Putzrahmung.

St. Johann in Tschötsch mit Friedhof **Bp. 78 Gp. 1309**

Spätgotischer Bau, 1490 geweiht. Turm mit Pyramidendach, polygonaler Chorschluß, steingerahmte Schulterbogentür. Gewölbe ohne Rippen (Fresko von Josef Anton Zoller 1763), Stukkaturen.

Kuen in der Mahr **Bp. 96**

Freitreppe mit niedriger Brüstung, rundbogige Haustür. Gang mit Tonnengewölbe und Stichkappen. Gewölbter Keller in Sichtmauerwerk, Spindel einer Torggl bez. 1674.

Reinegg in der Mahr **Bp. 97**

Als Hof bereits 1265 erwähnt, im 17. Jh. als Edelsitz umgebaut. Um 1915 modernisiert. Mehrere Erker, Rundbogenloggia.

St. Jakob in der Mahr **Bp. 98**

Romanische Langhausmauern, zu Beginn des 15. Jh.s umgebaut. Turm mit Spitzpyramide, dreiseitiger Chorschluß, Sternrippengewölben mit Wappenschilden. Wandgemälde im Chor, 15. Jh. (Jakobslegende).

Wirt an der Mahr **Bp. 102/1**

Landgasthof mit 3 polygonalen Erkern und östlichem Loggienvorbau. Gewölbte Hausgänge, im Keller Gewölbe. An einem Türsturz Jz. 1595. Gewölbte Küche.

St. Ulrich in Pinzagen mit Friedhof **Bp. 108 Gp. 1681**

Bau aus dem ausgehenden 15. Jh. (Turm mit Spitzpyramide, Polygonchor), 1786 barockisiert (Rippen entfernt, Lünettenfenster). Fresken von J. Mitterwurzer, 1786.

Sigmund in Pinzagen **Bp. 111**

Rundbogige Haustüren, Gang mit Kreuzgratgewölbe. Küche mit Tonnengewölbe. Stube mit Feldergetäfel von 1875, am Fries Jagdszenen in Aussägearbeit. Verbretterter Giebel mit Laube. Keller mit Tramdecken und Tonnengewölbe.

St. Cyrill bei Tils **Bp. 123**

Romanisches Langhaus, gerade abschließender Chor mit Kreuzgratgewölbe, Langhausfelderdecke und Karniesbogenfenster, 17. Jh. Steingerahmte Schulterbogentür, Dachreiter mit Pyramide. Fresken an der Fassade um 1420, Im Inneren Freskenausstattung aus dem 14./15. Jh. Bemalte Holzdecke, am Chorgewölbe Renaissancedekorationen, um 1600.

Thalhofer in Untereben **Bp 127**

Rundbogige Haustür in Steinrahmung. Im ersten Stock großer Mittelgang mit Tonnengewölbe, dreifaches Rundbogenfenster mit zwei Granitsäulen, 16. Jh. Runder Eckturm, Fenster mit Eisengittern.

Kapelle beim Wegscheider in Gareit **Bp. 138**

Einfacher Bau mit hölzernem Dachreiter (Pyramide), dreiseitiger Chorschluß, Tonnengewölbe. Anstelle eines älteren Baues 1933 errichtet. Schindeldach.

Kapelle Maria Himmelfahrt beim Burger in Untereben **Bp. 140**

Barockbau errichtet 1752. Hölzerner Dachreiter mit Pyramidendach, Rechtecktür, Halbkreisfenster. Dreiseitiger Chorschluß, Tonnengewölbe. Freskierte Altarwand mit Volutenpilastern, Baldachin und Engel, um 1770. Kapellentür mit Rosettenmuster.

Kapelle beim Egarter in Gereuth **Bp. 147**

Verbretterter Giebel, Satteldach, gerader Abschluß. Rundbogentür, Kreuzgratgewölbe. Lourdesgrotte.

Kapelle beim Perlunger in Gereuth **auf Gp. 603**

Barockbau mit Kreuzgratgewölbe. Fassade mit abgetrepptem Zinnengiebel aus Granitsteinen, 1922. Flachbogentür.

Bildstock in Tötschling **auf Gp. 926**

Gemauerter Bildstock mit Rundbogennische und Satteldach. Eisengitter.

Katastralgemeinde St. Andrä

Pfarrkirche St. Andreas, Friedhofskapelle und Friedhof **Bp. 1, 3 Gp. 1**

Langhausmauern romanisch, Polygonchor und Spitztum um 1500 angebaut. Langhaus mit Rundbogenfenster und Spitzbogengewölbe (ohne Rippen). Wandgemälde von Johann Baptist Oberkofler im Chor. Außen Kreuzwegstationen von Jakob Jenewein, 1736.
Einfacher Bau mit dreiseitigem Abschluß, 18. Jh. Flachtonne, Rechtecktür, Vierpaßöffnung, Rechteckfenster.

Mariahilf am Friedhof **Bp. 2**

Oktogonaler Zentralbau von Delai anstelle eines vorromanischen Vorgängerbaues 1696 errichtet. Dachreiter mit Kuppelhaube und Laterne, gerader Chorschluß mit Tonne, Wandgemälde (Marienleben), 18. Jh.

Friedhofskapelle **Bp. 3**

Einfacher Bau mit dreiseitigem Abschluß, 18. Jh. Flachtonne, Rechtecktür, Vierpaßöffnung. Rechteckfenster.

Pfarrwidum in St. Andrä **Bpp. 4, 6/1**

Im Kern mittelalterlicher Wohnturm mit breitem Mauerwerk, Turm der Lithuse, 1265 erwähnt. Behäbiger Barockbau mit erneuerten Fensterumrahmungen, am Giebel Okuliöffnungen.

Bischof in Mellaun **Bp. 39**

Im Kern mittelalterlicher Wohnturm, Sitz der Ritter von Mellaun, 1195 erwähnt. Im Keller Sichtmauerwerk in unregelmäßigen Steinlagen. Am Giebel Okuliöffnungen.

Großhuber in Mellaun **Bp. 46**

Eckerker mit Sonnenuhr von 1553. Unter dem heutigen Stubengetäfel von 1920 Wappen und Malereien (Stadtansicht), 14. Jh. Eingang mit drei Spitzbogenarkaden auf Säulchen (19. Jh.).

Kropp mit Kornkasten **Bpp. 50, 51**

Spätmittelalterlicher Hof mit steingerahmter Schulterbogentür, Freitreppe. Fassadenfresko (Madonna), am Giebel Oculi. Stubengetäfel bez. 1866.
Gemauerter Kasten mit Rundbogentür. Wirtschaftsgebäude mit gotischen Fensterlaibungen (ehemaliges Wohnhaus).

St. Johann in Melaun mit Kirchplatz **Bp. 52 Gp. 409**

Spätgotischer Bau, 1464 von Meister Leonhard ausgemalt, 1873 restauriert. Übereck gestellter Fassadendachreiter, polygonaler Chorschluß mit Sternrippengewölbe.

Almdötscher in Mellaun **Bp 61**

Hausgang mit Kreuzgratgewölbe, Küche mit Tonnengewölbe. Stubengetäfel von 1901. Im Keller gotische Holzstütze, tiefer Keller mit Tonne.

Widmann in Klerant **Bp. 81**

Aus zwei Hauseinheiten bestehend. Hausgang mit Kreuzgratgewölbe. In der Stube spätgotische Balkendecke, Biedermeierkachelofen mit Sprüchen. Gewölbte Keller.

St. Nikolaus in Klerant mit Kirchplatz **Bp. 86 Gp. 810**

Bau aus der ersten Hälfte des 15. Jh.s, Turm mit Kuppelhaube und Laterne um 1700. Polygonaler Chorschluß mit Fächerrippengewölbe, Langhaus mit Kreuzrippengewölbe. Freskenausstattung, Meister Leonhard, 1474.

Veitmoar in Moardorf **Bp. 134**

Spitzbogige Haustür, Gang mit Tonnengewölbe und gemauertem Aufgang. Im Keller ebenfalls Kreuzgratgewölbe, spitzbogige Türen. Fresko (Anna Selbtritt, 16. Jh.).

Gebroatner in Karnol **Bp. 150**

Spätmittelalterlicher Bau. Eckerker, rundbogige Haustür, Labe mit Eselsrücken. Zur Stube spätgotische Balkendecke.

St. Johann in Karnol mit Kirchplatz **Bp. 154 Gp. 2105**

Bau aus dem beginnenden 12. Jh., um 1415 umgebaut. Türmchen mit Spitzhelm um 1500. Rundbogenapsis, im Schiff Netzrippengewölbe, Spitzbogenfenster, -tür. Freskenausstattung in der Apsis, Ende 15. Jh., am Triumphbogen (Kain und Abel), 1643, an der Nordwand Ende 14. Jh.

Holderer in Karnol **Bp. 155**

Treppenaufgang mit Loggienanbau von 1536. Barocke Fassadenfresken mit Friesform. Hausgang mit Kreuzgratgewölbe. Am Zubau Eckquaderung. Erker auf Kragstein und Stütze an der Fassade. Im Keller Schwibbögen.

Gostner in St. Leonhard **Bp 180**

Mittelalterlicher Wohnturm im Hof eingebaut. Sichtmauerwerk in unregelmäßigen Steinlagen, verbretterte Balkone und Lauben. Überwölbter Eingang mit Rundbogentüren, mehrere originale Fensteröffnungen.

St. Leonhard mit Friedhof **Bp. 217 Gp. 2845**

1194 geweiht, 1430 erweitert (Spitzturm) und eingewölbt, 1695 verlängert, im 18. Jh. barockisiert. Dreiseitiger Chorschluß. Gewölbe ohne Rippen, Halbkreisfenster. Wandgemälde von Toni Kirchmayr 1921. Leonhardskette.

Kircher in St. Leonhard **Bp. 220/1**

Rundbogeneingang mit Tonnengewölbe. Westseitiger Hausgang mit Kreuzgratgewölbe. Im Keller Tonnengewölbe. Im Westen Vorbau, Rundbogentür zum Keller, netzgratgewölbte Labe, Steinplattenboden.

Plabach **Bp. 226/1**

Ansitz. 1390 erwähnt. Nach dem Brand von 1809 in der zweiten Hälfte des vorigen Jh.s erneuert. Eckerker, Zinnengiebel.

Pediller in St. Leonhard **Bp. 227**

Gemauertes Erdgeschoß, Obergeschoß in Holzkonstruktion. Im Hausgang Jz. 1639. Küche mit Tonnengewölbe, in der Stube spätgotische Balkendecke mit zwei Unterzugsbalken.

Katastralgemeinde Sarns

Pallaus mit Park **Bp. 6 Gp. 1, 2, 3, 5/1, 8, 9/1, 9/2, 10/1**

Um 1500 erbaut, von einer erneuerten Zinnenmauer mit Ecktürmchen umgeben. Achteckturm mit mehreren Dacherkern, Mittelsaal mit Galerie, gemauerte Eselsrückentüren, Rankenmalerei an den Brüstungen. Sterngratgewölbe.

Kampan **Bp. 10**

Ansitz. 1273 erwähnt, 1868 abgebrannt. Gegen Ende des 19. und zu Beginn des 20. Jh.s wiederhergestellt.

Pfarrkirche St. Sebastian mit Kirchplatz **Bp. 18 Gp. 275**

1502 durch Johann Matthäus Kuntner in Vahrn erbaut, 1510 geweiht. Spitzturm, dreiseitiger Chorschluß, Netz- und Schlingrippengewölbe. Sakramentshäuschen.

Sarnfeld mit Nebengebäuden und Garten **Bpp. 23/1, 23/2, 23/5, 24 Gpp. 236/1, 236/2**

Ansitz. 1741 errichtet, in der ersten Hälfte des 18. Jh.s zu einem Sommersitz umgebaut. Eckerker, geschwungener Giebel, regelmäßige Fensterreihen.

Bildstock an der Kreuzung Landesstraße–Dorfgasse **Bp. 37**

Bildstock in Granit auf achteckigem Sockel, um 1910 nach einem älteren Muster errichtet. Gotisierende Malereien von Rudiferia.

Katastralgemeinde Bruneck

Pfarrkirche Unsere Liebe Frau mit Friedhofskapelle, Arkaden und Friedhof — **Bpp. 1, 2, 3, 4, 339/1, 339/2 Gp. 1**

1334 eine Frauenkirche erwähnt. Die heutige Kirche 1851 bis 1853 nach Plänen Hermann von Bergmanns errichtet. Historisierender Bau mit Kreuzgratgewölbe im Langhaus, abgesetzter, polygonal abschließender gotischer Chor. Gegliederte Doppelturmfassade. Freskenausstattung Georg Mader, 1860 (Szenen aus dem Marienleben).

Ragenhaus — **Bp. 5**

1205 erstmals erwähnt. Dreiflügeliger Bau mit Viereckerkern, im Innenhof umlaufende, dreigeschossige Arkadengänge mit Granitsäulen und Kreuzgratgewölben. Am Brunnen Wenzlwappen und Jahreszahl 1680. Gotische Holzstütze im Keller. Mehrere gewölbte Räume im Erdgeschoß.

Ansiedel mit Nebengebäuden und Park — **Bpp. 6, 8, 9, 10/1, 10/2 Gpp. 31, 32, 33**

Barocker Bau mit vier Eckerkern und Loggia über zwei Stockwerke. Im ersten und zweiten Stock Halle mit Kreuzgratgewölbe über Rundpfeilern. Steingerahmte Türen.
Bannzone: Gpp. 665/1, 665/2

Teißegg mit Garten — **Bp. 11 Gpp. 34/1, 34/2**

Ansitz. Im 15. Jh. erstmals erwähnt. Turmumbau. In der Halle Kreuzgratgewölbe und Kamineinbau, überwölbter Treppenaufgang, im ersten und zweiten Stock Mittelsäle, in einem Stuckdecke. Mehrere gewölbte Kellerräume.

Vintler mit Garten — **Bp. 15/1 Gpp. 39, 40**

Erkervorbau mit steingerahmtem Vierecktor. Über der Tür Wappen der Vintler mit Jahreszahl 1795. Teilweise ummauerter Garten. Gewölbter Hausgang.

Palais Sternbach mit Mariensäule und Garten — **Bp. 18 Gp. 26**

Ansitz, 1664 umgebaut. Eckerker, geschwungener Volutengiebel, Lichthaube. Steingerahmtes Rundbogentor mit Wappenkartusche, Vorhalle mit Säulen und Erkeraufbau. Im Erdgeschoß kreuzgratgewölbte Halle mit Pfeilern, Stiegenhaus mit Stuckdecken. Im zweiten Stock Saal mit Fresken von Kaspar Waldmann. Kachelofen, um 1700, mit Kuppeldach.
Mariensäule vor dem Ansitz: Granitsäule, am Sockel Wappen der Sternbach und Inschriften. 1716 errichtet. Marmorskulptur der Immaculata.

Oberragen 18 — **Bp. 19**

Bau mit geschwungenem Barockgiebel. Granitgerahmte, vergitterte Fenster, steingerahmte Flachbogentore. Im Erdgeschoß gewölbte Räume.

Oberragen 12 — **Bp. 21/1**

Fassade mit Zinnenabschluß, granitgerahmtes Spitzbogenportal mit Jahreszahl 1597. Im Hausgang Netzgratgewölbe, gewölbte Kellerräume, Küche mit Tonnengewöbe. Gewölbte Labe im ersten Stock, gemauerter Treppenaufgang.

Oberragen 10 — **Bp. 21/2**

Spitzbogenportal in Granitrahmung, im Erdgeschoß gewölbte Halle mit Gurtbogen und Granitpfeilern. Steingerahmte Rechtecktür.

Oberragen 6 — **Bp. 25**

Gerader Zinnenabschluß, polygonaler zweigeschossiger Erker, spitzbogige Eingangstür in Steinfassung. Fenster in Granitfassung mit Jahreszahl 1654 und Initialen M.C. Überwölbter Stiegenaufgang, Stubentäfelung. Keller mit Balkendecke, gewölbter (ehemaliger) Stall. Erneuerte Eckquaderfassung.

Seeböckhaus, Oberragen 4 — **Bp. 26**

Dreigeschossiger Bau mit Eckerker und polygonalem Fassadenerker. Steingerahmte Schulterbogentür. Wandbild (Madonna und Dreifaltigkeit), bez. 1706. Kreuzgratgewölbte Labe, im ersten Stock Raum mit Kassettendecke und Pilastergetäfel. Im zweiten Stock Saal mit Felderdecke und Stube mit Pilastergetäfel und geschnitztem Fries (in den Mittelfeldern Malereien), 17. Jh.

Schloß Bruneck — **Bpp. 27, 28/1, 28/2, 28/3 Gpp. 50, 52**

Gut erhaltene Burganlage mit Ringmauer, Zwinger, Bergfried mit Zinnen, Wohntrakt und Innenhof. Von Bischof Bruno ab 1251 erbaut. Im 14. und 16. Jh. erweitert und erneuert (Treppentürmchen mit Dekorationsmalereien, um 1600, in den Räumen Kassettendecken).
Bannzone: Gpp. 53, 84, 632/1, 637, 638/1, 638/2, 639, 640, 641, 646/1, 646/2.

St. Katharina auf dem Rain — **Bp. 29**

Polygonaler, spätgotischer Chorschluß (Tonnengewölbe), Chorturm mit Doppelzwiebel auf Oktogon. Rechteckiges, steingerahmtes Eingangsportal, Langhaus mit Flachtonne. Rechteckfenster, Stuckrahmen.

Stadtgasse 2 — **Bp. 30**

An das Unterrainertor angebaut. Im Erdgeschoß Geschäftseinbau. Dreigeschossiger Erker, flachbogiger Durchgang, Fensterumrahmungen. Im ersten Stock tonnengewölbte Küche.

Unterrainertor — **Bp. 31**

Teil der ehemaligen Stadbefestigung. Rundbogige Durchfahrt. An der Ostseite Wandbild mit Kreuzigung und heiligem Bischof, Ende 15. Jh.

Stadtgasse 10 — **Bp. 36/1**

Schmale Fassade mit Wandgemälde. Im Erdgeschoß langgezogener gewölbter Raum mit Stichkappen. Gemauerter Treppenaufgang, gewölbter Keller.

Stadtgasse 16 **Bp. 39**

Schmale Fassade mit Fabelmalereien, 16. Jh. Im Giebelfeld Jahreszahl 177.. Im Erdgeschoß Raum mit Dreistrahlgewölbe, gemauerter Treppenaufgang. Im ersten Stock Zimmer mit einfachem Getäfel.

Stadtgasse 26 **Bp. 44**

Steiler Giebel. Fenster in tiefen Leibungen. Im Erdgeschoß gewölbte Räume, im ersten Stock Vorplatz mit Netzgratgewölbe.

Stadtgasse 30–30A **Bp. 46**

Regelmäßige Fensterreihen. Treppenhaus mit Lichthaube. Im ersten Obergeschoß sogenannte Defreggerstube (Trinkstube) mit Pilastergetäfel von 1894. In den einzelnen Wandfeldern Wappen der Städte Tirols, des Trentino und Trinksprüche. An den Türen Brandmalerei (Wappen, Ansicht von Bruneck). Mehrere Räume mit spätbarocken Stuckdecken.

Stadtgasse 40 **Bp. 52**

Überwölbter Treppenaufgang, Lichthof mit Holztreppen. Im ersten und zweiten Stock Küche mit Tonnengewölbe, Raum mit barocker Stuckdecke.

Stadtgasse 42 **Bp. 53**

Altes Rathaus bis 1809. Im Keller mittelalterliches Mauerwerk. Fassade aus dem späten 19. Jh. Wappen von Bruneck, Doppelbogenfenster und Zierschleudern. Mehrere gewölbte Räume.

Strehlehaus, Stadtgasse 44 **Bp. 54**

Straßenfassade mit Feuermauer, Viereckerker auf Kragsteinen. Steingerahmte, abgefaste Spitzbogentür. Fassadenbemalung (Architektur, Portraits). Im Erdgeschoß Raum mit Kreuzgratgewölbe, Lichthof 1743. Um 1500. Im Obergeschoß Stuckdecken.

Gasthof Goldener Hirsch, Stadtgasse 46 **Bp. 55**

Gratgewölbe im Erdgeschoß, überwölbter Treppenaufgang. Lichtschacht mit gewölbter Haube. Tonnengewölbter Raum im Obergeschoß, teilweise gewölbter Vorplatz.

Stadtgasse 48 **Bp. 56**

Füngeschossiger Bau mit geschwungenem Barockgiebel. An der Fassade Relief eines Kaufmannes mit Spruchband. Im Erdgeschoß und ersten Stock gewölbte Räume. Im zweiten Stock Küche mit Tonnengewölbe und Wohnraum mit Stuckleiste an der Decke.

Stoffelehaus, Stadtgasse 50 **Bp. 57**

An der Straßenfassade zweigeschossiger Erker und Balkon. Zinnengiebel. überwölbter Treppenaufgang, im ersten Stock kreuzgratgewölbter Gang.

Stadtgasse 54 **Bp. 59**

Im Erdgeschoß Tonnengewölbe, Raum mit Balkendecke. Überwölbter Treppenaufgang. Im Keller Balkendecke mit abgefaster Mittelstütze. Im ersten Stock Küche mit Tonnengewölbe, im zweiten Stock Zimmer mit Stuckdecke.

Stadtgasse 58 **Bp 61**

Einfache Fassadengestaltung. Gewölbte Kellerräume, im Erdgeschoß tonnengewölbte Räume. Im Obergeschoß gewölbter Raum. Ehemals im Besitz von Friedrich Pacher.

Kirchbergerhaus, Stadtgasse 62 **Bp. 63**

Im Kern mittelalterlicher Baubestand, ursprünglich drei Häuser. Viereckerker auf abgetreppten Kragsteinen, Spitzbogengfries, spitzbogige Eingangstür. Fenstergitter. Lichthof mit gewölbter Haube. Fassadenmalereien (Fensterumrahmungen), Wirtshausschild, 19. Jh.

Katharinagasse **Bp. 67**

Mit der Südmauer an die ehemalige Stadtmauer angebaut.
Bannzone: Gpp. 101, 102, 103, 104, 105, 106, 107, 108, 109, 110, 111, 112, 113.

Katharinagasse 14 **Bp. 68/1**

Südfassade mit Stützmauern. Originale Lichtschlitze, Fenster in tiefen Leibungen, Söller mit Schmiedeeisengitter. Teil der ehemaligen Stadtmauer.

Katharinagasse **Bp. 68/2**

Haus schließt an den Rundturm an. Granitgerahmte Rechtecktür zwischen vergitterten Fenstern. Im Obergeschoß abgefaste Flachbogentür. Teil der ehemaligen Stadtmauer.

Katharinagasse **Bp. 69**

Vorspringender Rundturm in Sichtmauerwerk mit ausgestrichenen Mörtelfugen. Originale Fensteröffnungen und Schlüsselscharten. Teil der ehemaligen Stadtmauer.

Katharinagasse 8 **Bp. 70**

Im Erdgeschoß zwei gewölbte Räume, Obergeschosse erneuert. Teil der ehemaligen Stadtmauer.

Katharinagasse 6 **Bpp. 71, 72, 73**

Fassade mit unterwölbtem Viereckerker auf Kragsteinen. An der Südmauer Verandavorbau, hölzerne Außentreppen. Teil der ehemaligen Stadtmauer.

Katharinagasse 2 **Bp. 74**

Die Südmauer bildet einen Teil der ehemaligen Stadtmauer.

Stadtgasse 68 **Bp. 77**

Im Erdgeschoß schmaler Durchgang, Raum mit Tonnengewölbe, eingemauerte hölzerne Mittelstütze. Überwölbter Treppenaufgang ins Obergeschoß, Lichthof, gemauerte Treppe mit Säule ins zweite Obergeschoß.

Schulgebäude beim Ursulinenkloster **Bp. 84**

An das Ursulinentor angebaut, 1909 von Franz Müller errichtet, später nach Süden erweitert. Dreigeschossiger Bau mit Mansarddach, regelmäßige Fensterreihen, Riefenputz. Durchgehende Mittelgänge in allen Geschossen.

Bruneck, Ragenhaus

Bruneck, Kirchbergerhaus

Bruneck, Stadtgasse 53

Ursulinentor **Bp. 86/2**

Ehemals Teil der Stadtbefestigung. Zweigeschossiger Turm mit rundbogiger Durchfahrt. Zinnenabschluß. Reste von Wandmalereien, um 1420 (Kreuzigungsgruppe, Madonna mit zwei Bischöfen, St. Christoph); Barockfresko, 18. Jh.

Ursulinenkirche zum heiligen Erlöser, Kloster und Garten **Bpp. 87, 88, 89, Gpp. 131, 132**

In das Kloster einbezogener Kirchenbau mit polygonalem Chorschluß, seitlichem Spitzturm und Krypta. Gemauerte Außentreppe, Spitzbogenportal mit Wimperg, Sternrippengewölbe in Langhaus und Chor. Um 1427 errichtet.
Klostergebäude: Klostergründung 1742. Regelmäßige Fensterreihen, über der Eingangstür Jahreszahl 1744. Im Hof Loggiengang auf Pfeilern. Im Fürstenzimmer und Refektorium Stuckdecken.

Stadtgasse 63 **Bp. 91/1**

Zweigeschossiger Bau mit steingerahmtem Rundbogentor, darüber Wappenstein von Neustift, Jahreszahl 1547 und Inschrift: Vivat felix Novacella. Im Erdgeschoß Halle mit Sterngratgewölbe, Räume mit Kreuzgrat- und Tonnengewölbe. Teilweise originale Fensteröffnungen. Im Keller Mauerwerk mit regelmäßigen Steinlagen.

Stadtgasse 59 **Bp 93**

Schmale Fassade. Im Erdgeschoß und ersten Stock gewölbte Räume. Gemauerter Treppenaufgang, Lichthof. Im Hochparterre Raum mit Täfelung.

Stadtgasse 57 **Bp. 94**

An der Fassade auf älterem Putz Wappenfries, 16. Jh. Im Erdgeschoß kreuzgratgewölbte Halle, im ersten Stock Labe mit Tonnengewölbe und Stube mit barocker Täfelung.

Stadtgasse 55 **Bp. 95**

Einfache Fassadengestaltung mit Flacherker im ersten Stock. Im Erdgeschoß tonnengewölbter Raum, Lichthof. Im ersten Stock Stube mit barockem Getäfel und Kachelofen. Im Keller mittelalterliches Mauerwerk. An der Fassade Wappenfresko (spätgotisches Wappenschild der Mor).

Stadtgasse 53 **Bp. 96**

Fassade mit Spitzgiebel und Zinnenkranz. Im Erdgeschoß kreuzgratgewölbte Halle auf Viereckpfeilern, Treppenhaus mit Lichthaube und Holzgeländer.

Stadtgasse 47, 49, 51 **Bpp. 97, 98, 100**

Ursprünglich vier Hauseinheiten. Fassade mit zweigeschossigem polygonalem Erker, Fenster in tiefen Leibungen. Im Erdgeschoß kreuzgratgewölbte Räume, im ersten Stock tonnengewölbter Gang mit Stichkappen, Raum mit Felderdecke, Wandgemälde (Gnadenstuhl), Anfang 15. Jh.

Stadtgasse 43 **Bp. 102**

Ursprünglich zwei Hauseinheiten. Im Hausgang Netzgratgewölbe, gewölbter Apothekenraum, gemauerte Treppe in den Keller. Im ersten Stock ebenfalls Gang mit Gratgewölbe, Hauskapelle. Im Erdgeschoß Trinkstube mit Wandmalereien von 1526.

Florianitor **Bpp. 110, 111**

Dreigeschossiger Torturm mit rundbogiger Durchfahrt. Originale Fensteröffnungen und Schlüsselscharten. An der Nordfassade Wandgemälde von Stolz. Am westlich angebauten Haus Balkon mit ausgebauchtem, schmiedeisernem Geländer. Eckquaderung. Im Innern Deckenbemalung von Rudolf Stolz.

Ehemaliger Gasthof Goldener Stern **Bp. 112**

Spätmittelalterliches Stadthaus mit tonnengewölbtem Kellerraum. Die Nordfassade entspricht der mittelalterlichen Stadtmauer und weist originale Schießscharten auf.

Graben 30 mit Garten **Bp. 115**

Gemalte Fensterumrahmungen, ausgebauchtes Balkongeländer. Gewölbte Kellerräume, im Erdgeschoß gewölbter Hausgang. In der Hintergasse steingerahmte Rechtecktür mit Oberlichte, Verandavorbau. Ehemals Wohnhaus des Malers Bachlechner.

Graben 32 **Bp. 116**

An die Stadtmauer angebaut. Im Kellergeschoß Fenster in tiefen Leibungen, gewölbte Räume. Holzbalkone mit Aussägearbeiten, um 1900. Verbindungsgang über die Hintergasse zum Haus in der Stadtgasse.

Graben 34 **Bp. 117**

Dreigeschossiger Bau mit gewölbtem Raum im Erdgeschoß, Zimmer mit Stuckdecke. Verbindungsgang über die Hintergasse. Im ersten Stock Kreuzgratgewölbe, Fenster mit Ohrenrahmung. An die Stadtmauer angebaut.

Stadtturm **Bp. 119**

Ehemaliger Eckturm der Stadtbefestigung. Turm mit Kegeldach auf rundem Grundriß, Sichtmauerwerk, originale Lichtöffnungen. Später umgebaut und stark verändert (Flachbogenfenster, Balkone).

Stadtgasse 39 **Bp. 124**

Dreigeschossiger Bau. Im Keller drei langgestreckte Räume mit Kreuzgratgewölben, rundbogiger Ausgang zur Hintergasse. Im Erdgeschoß kreuzgratgewölbte Räume, Treppenhof mit Lichthaube.

Stadtgasse 29 **Bp. 130**

Halle mit Netzgratgewölbe, Geschäftsraum mit Kreuzgratgewölbe. Tonnengewölbte Lichthaube, barockes schmiedeeisernes Stiegengeländer, Küche mit Tonne. Verbindungsgang zum Haus in der Hintergasse.

Stadtgasse 27 **Bp. 131**

Schmales Haus mit Zinnenabschluß. Zweigeschossiger polygonaler Erker. Im ersten Stock einfache Felderdecke, im Mittelfeld Gemälde (Immaculata), 18. Jh.

Stadtgasse 27 b **Bp. 132**

Viergeschossiger Bau mit erneuerter Fassade, tiefe Fensterleibungen. Im Stiegenhaus Tonnengewölbe.

Stadtgasse 25 **Bp. 133**

Erneuerte Fassade. Im Erdgeschoß tonnengewölbter Raum. Kreuzgratgewölbter Lichtschacht und Haube. Im ersten Stock Felderdecke mit Vierpaßmittelfeld.

Stadtgasse 23 **Bp. 134**

Schmale Fassade mit geradem Mauerabschluß. Fenster in tiefen Leibungen. An der Fassade Wandgemäldereste. Lichtschacht mit gewölbter Haube. Im ersten Stock Zimmer mit Pilastergetäfel, im zweiten Stock Stuckdecke, 18. Jh.

Stadtgasse 21 **Bp. 135**

Schmaler Bau mit Zinnenkranz, an den Zinnen Nischen mit Blendmaßwerk, 19. Jh. Gewölbte Kellerräume, im Erdgeschoß Raum mit Tonnengewölbe.

Stadtgasse 17 **Bp. 137**

Schmaler Bau mit gewölbten Kellerräumen. Im Erdgeschoß Kreuzgratgewölbe, überwölbte Lichthaube, Treppen mit Holzgeländer.

Stadtgasse 15 **Bp. 138**

Ehemaliger Gasthof Goldener Löwe. Neuere Fassadengestaltung, Zinnenabschluß. Rechtecktür in Steinrahmung mit Rosetten und Jahreszahl 1820. Geschäftsraum mit Tonnengewölbe, Hausflur mit Gratgewölbe.

Stadtgasse 13 **Bp. 139**

Sogenanntes Paradeishaus. Zur Stadtgasse hin einachsiges Gebäude, zum Rienzdamm breite Fassade (Teil der ehemaligen Stadtmauer). Im Erdgeschoß und im ersten Stock tonnengewölbte Räume.

Rienztor **Bp. 142**

Einfacher Torturm mit rundbogiger Durchfahrt. Teil der ehemaligen Stadtbefestigung.

Oberragen 3 **Bp 151, 152**

Rundbogentor. Im südlichen Teil des Erdgeschosses Kreuzgratgewölbe. Nördlicher Hausteil und Obergeschoß um 1900 erneuert. Balkon mit Eisengitter.

Oberragen 5 **Bp. 153**

Im Keller gewölbter Gang, Raum mit Balkendecke und Unterzug auf gotischer Mittelsäule. Im Erdgeschoß gewölbter Hausgang.

Oberragen 7 **Bp. 156**

Hausgang mit Kreuzgratgewölbe, Raum mit Netzgratgewölbe. Treppe mit Granitstufen. Im ersten Stock Vorplatz mit Netzgratgewölbe, granitgerahmte, abgefaste Rechtecktür.

Oberragen 13 **Bp. 159/1**

Breit abgefastes Rundbogentor mit Granitgewände, in der Eingangshalle Netzgratgewölbe.

Oberragen 19 **Bp. 165**

Rundbogige Haustür. In Erdgeschoß und Keller schmaler tonnengewölbter Gang. Im Erdgeschoß Raum mit Kreuzgratgewölbe. Gewölbte Küchen im ersten und zweiten Stock.

Oberragen 21 **Bp. 168**

Dreigeschossiger Bau mit Rundbogentor in Steinrahmung, Granitbuckeln und Wappen der Äbtissin von Sonnenburg mit Jahreszahl 1695 und Initialen M.E.A. Im Erdgeschoß Halle mit Gratgewölbe, gemauerter Treppenaufgang. Barockes Stubengetäfel.

Oberragen 25 **Bp. 171**

Kreuzgratgewölbter Hausgang, Küche mit Tonnengewölbe. Überwölbter Treppenaufgang mit Granitstufen. Im ersten Stock Gang mit Kreuzgratgewölbe, Erkerstube mit frühbarocker Täfelung.

Oberragen 27 **Bp 172**

Steingerahmte rechteckige Eingangstür, im ersten Stock Viereckerker auf Säulen. Stiege mit zwei Säulen und barockem Holzgeländer. Im ersten Stock Kachelofen mit Empiredekor. Bemalte Türen, 18. Jh. Lichthaube.

Oberragen 29 **Bp. 177**

Fassade mit Zinnengiebel und polygonalem Erker. Rundbogige, steingerahmte Eingangstür. Im Gang Gewölbe mit Putzrippen. Gemauerter Treppenaufgang und gewölbte Lichthaube. Im ersten Stock Raum mit barockem Kachelofen, um 1700.

Oberragen 31 **Bp. 178**

Im nördlichen Teil flachgewölbter Hausgang und gewölbter Raum. Im ersten Stock breiter Gang mit Tonnengewölbe und Stichkappen.

Oberragen 33 **Bp. 179**

Rundbogige, granitgerahmte Haustür. Im Hausgang Kreuzgratgewölbe, gemauerter Treppenaufgang. Im Erdgeschoß Raum mit Bohlenwänden und Eselsrückentürholm. Im ersten Stock gewölbter Gang.

Oberragen 41 **Bp. 184/1**

Der nördliche Hausteil des Erdgeschosses zählt noch zum spätgotischen Baubestand. Gewölbter Hausgang, überwölbte Stiege. Der südliche Teil erneuert.

Pfarrwidum, Oberragen 22 **Bp. 185**

Geschwungener Giebel. Über der flachbogigen Eingangstür Viereckerker auf Konsolen (Fresko: Pietà). Gemalte Fensterumrahmungen und Eckpilaster. An der Ostfassade Turmvorbau. An der Südfassade Fresko (Kreuzigung).

Mühlgasse 4 (Saumühle) **Bp. 189**

Granitgerahmte Schulterbogentür, gewölbter Hausgang. Im ersten Stock Balkendecke, gewölbter Raum, Stube mit Erker und Barocktäfelung. An der Nordfassade Wandgemälde (Kreuzigung mit Ecclesia, Synagoge, Schutzmantelmadonna, Eva. Gottvater mit Engeln und Heiligen), um 1520.

Bruder-Willram-Straße 11 **Bp. 208/1**

Barockbau mit Krüppelwalmdach. Rechteckige Eingangstür mit barockem Türflügel. Labe mit Dreistrahlgewölbe. Treppenaufgang mit Balustergeländer. Im ersten Stock tonnengewölbter Quergang und Teil des ehemals gewölbten Hausganges erhalten. Geburtshaus von Bruder Willram (1870–1939).

Spitalkirche zum Heiligen Geist mit ehemaliger Sakristei **Bpp. 222, 223, Gp. 898**

1759 bis 1760 errichtet. Polygonaler Chorschluß, reich gegliederte Fassade mit Volutengiebel und Skulpturennischen, Turm mit Zwiebelhaube auf Oktogon. Säulenflankiertes Portal, im Chor Kreuzgratgewölbe, im Langhaus Tonne. Stuckdekorationen. Freskenausstattung, um 1760, von Jakob Anton Delai. Am Chor Sakristeianbau, heute Wohnhaus. Steingerahmte Rechtecktür, im Erd- und Obergeschoß Raum mit barocker Stuckdecke.

Gasthaus Lamm **Bp. 224**

Haus mit Krüppelwalmdach. Steingerahmte Rechtecktür, in der Labe Tonnen- und Kreuzgratgewölbe. Überwölbter Treppenaufgang. Im ersten Stock Stuben mit Leistengetäfel und Unterzugsbalken, weitere Stube mit neugotischer Täfelung von 1914. Im zweiten Stock zwei Räume mit Stuckdecken, barocke Holztür. Keller mit Balkendecke und abgefaster Mittelstütze.

Altes Spital **Bp. 225/1**

Dekorative Fensterumrahmungen und Eckquaderung. Steingerahmte, rechteckige Eingangstür und Fenster zum Untergeschoß. Im Hof drei Arkaden. Im Erdgeschoß sämtliche Räume gewölbt. Im Untergeschoß großer Saal mit Dreistrahlgewölbe. Im ersten Obergeschoß zwei Räume mit Tonnengewölbe und Stichkappen.

Kapuzinerkirche zur Heiligen Dreifaltigkeit **Bp. 232**

Einfacher Bau mit gerade albschließendem, abgesetztem Chor, hölzernem Dachreiter, Tonnengwölbe, Flachbogenfestern und Mönchschor. Erbaut 1626–1628.

Schleishaus **Bp. 249/1**

Barockbau mit Krüppelwalmdach und Erker. Granitgerahmte Schulterbogentür, geschnitzter Türflügel mit geschmiedetem Türklopfer. In Keller und Erdgeschoß tonnengewölbte Gänge. Getäfelte Stube, gemauerter Treppenaufgang. Im ersten Stock Gang mit Stuckdecke, barocke Holztüren und Umrahmungen. Zimmer mit Stuckdecke.

Sparkassengebäude **Bp. 263/1**

Langgestreckter historisierender Bau mit abgetreppten Giebeln. Sockelzone in Granit, Eckerker mit Maßwerk in Granit. Flacher, dreiseitiger Fassadenerker.

Gerichtsgebäude **Bp 286**

Bau mit regelmäßigen Fensterreihen, Eckquaderung, Gesimsen, Pilastern und Fensterumrahmungen. Steingerahmtes Portal. Kreuzgratgewölbte Gänge mit Gurtbögen. Im Erdgeschoß gewölbte Räume. Zweites Viertel 19. Jh.

Karl-Told-Straße 1A mit Garten **Bp. 290/3 Gp. 482/3**

Kleinere Villa mit Mansardendach und Dachhäuschen. Harmonische Fassadengliederung in Jugendstilformen. Über der Eingangstür Jahreszahl 1911 und Initialen GE (Gotfrid Eliskases). Hölzernes Vordach, Eckpilaster mit Tonscheiben aus der Töpferei Malfertheiner.

Ansitz Stegen mit Wirtschaftsgebäude und Hofraum **Bpp. 292, 293 Gpp. 504/2, 504/3, 504/5, 505, 993**

Zweigeschossiger Bau mit Eckerker, unterwölbter Freitreppe, Loggia mit Rundbögen, Kreuzgratgewölbe und Granitsäulen. Steingerahmte Schulterbogentür. Im ersten Stock gewölbte Halle. Ummauerter Hofraum mit Garten. 16. Jh.

Karl-Meusburger-Schule, Graben 1 **Bp. 314**

Dreigeschossiger Bau mit Walmdach. Eckquaderung, Fensterumrahmungen. Vorspringende Seitenrisalite mit Doppelbogenfenstern. Steingerahmtes, rechteckiges Portal mit flankierenden Pfeilern. Gänge mit Kreuzgrat- und Flachbogengewölbe. Granittreppen mit Balustraden.

Villa Harrasser mit Garten, Michael-Pacher-Straße 1 **Bp. 320/1 Gp. 565/2**

Bau mit Walmdach, Eckturm und Mittelrisalit. Rundbogenportal mit kassettiertem Gewände, Rundbogenfenster. Fensterverdachungen mit Muschelmotiv. An der Ostfassade Verandavorbau mit Kuppeldach. Treppenhaus mit Granitstufen.

Villa Moessmer mit Garten **Bp. 330 Gp. 325**

1910 von Franz Madile errichtet. Dreigeschossiger Bau mit Unter-, Haupt- und Attikageschoß, flaches Dach. Reiche Fassadengliederung durch Eckquaderung, Gesimse, Doppelpilaster und Fensterumrahmungen.

Villa Walsthöny mit Garten **Bp 338 Gp. 565/3**

Dreigeschossiger Bau mit Krüppelwalmdach, im zweiten Obergeschoß Fachwerkaufbau, Dreiecksgiebel an der Fassade. Rechteckerker auf Konsolen, steingerahmte Fenster. An der Ostseite Portal und Verandavorbau auf Granitsäule. 1899 von Franz Madile errichtet.

Villa Santer **Bp. 354 Gp. 1002**

In Jugendstilformen errichteter Villenbau. Mittelrisalit mit Frontgiebel und Eckpilastern, dekorative Fensterumrahmungen in Putz. Im Erdgeschoß Fenster mit originaler Vergitterung. Am ostseitigen Giebel Putto unter Triumphbogen, von Madile erbaut.

Giuseppe-Verdi-Straße 14 mit Garten **Bp. 380 Gp. 491/1**

Villa mit Mittelrisalit (Treppenhaus) an der Süd- und Nordfassade. Eckerkerturm, Erker, Verandavorbauten, Mansardendach. Treppe mit dekorativem Eisengeländer. 1912 von Franz Madile errichtet.

Villa Rabensteiner mit Garten, Bruder-Willram-Straße 18 **Bp. 388 Gp. 293/1**

Zweigeschossiger Villenbau mit Mansarddach. Verandavorbau mit Giebel an der Süd- und Ostseite. Mittelrisalit. Eingangsportal mit Putzfatsche. 1911 von Franz Madile errichtet.

Villa Franzelin mit Park **Bp. 420 Gpp. 545/2, 560/1, 560/2**

Villa mit Mansardendach, seitlich vorspringenden Verandavorbauten, überwölbtem Portalvorbau und Erker. Im Portalvorbau und in der Veranda Wandmalereien von Hugo Atzwanger. Halle mit stuckverziertem Tonnengewölbe und Stichkappen, Zimmer mit Stuckdecke. Speiseraum mit Balkendecke und Wandgetäfel. 1923 von Marius Amonn erbaut.

Rochen mit Backofen und Wirtschaftsgebäude in Stegen **Bpp. 454, 455**

Einhof. Gemalte Eckquaderung. Fassadenfresko (Krönung Mariens), Mitte 18. Jh. Gratgewölbte Labe, tonnengewölbte Küche, Kornkammer und Kellerräume. Oberlabe mit Tonne und Stichkappen. Backofen mit Tonnengewölbe und Satteldach.

Tonnler mit Backofen in Stegen **Bpp. 467, 468**

Krüppelwalmdach. Steingerahmte Rechtecktür, Labe mit Gratgewölbe und Steinplattenboden. Tonnengewölbte Speise und Kellerräume. In der Stube Balkendecke und Wandvertäfelung. Oberlabe und Kornkammer mit Tonnengewölbe. An der Fassade Gasthausschild, 19. Jh., Backofen mit Tonne und Schindeldach.

Mesner in Stegen **Bp. 471**

Zweigeschossiger Bau. Tonnengewölbte Labe und Küche. Stube mit Leistengetäfel. Im Keller tonnengewölbter Gang, am Türsturz Jahreszahl 1544.

Pfarrkirche St. Nikolaus in Stegen mit Friedhofskapelle und Friedhof **Bpp. 473, 474, Gp. 1241**

Polygonaler Chorschluß (14. Jh.), im Kern romanisches Langhaus (13. Jh.) mit Netzrippengwölbe aus dem beginnenden 16. Jh. Spitzturm. An der Fassade Fresken, um 1600, im Inneren Wandgemälde, 15. bis 18. Jh.
Friedhofskapelle:
Zweigeschossiger Bau mit Spitzbogen- und Schulterbogentür. unterwölbte Freitreppe ins Obergeschoß mit Tonnengewölbe. Im Erdgeschoß Beingruft mit Kreuzgratgewölbe. Wandgemälde: Ölberg, um 1600, Kreuzwegstationen, 18. Jh.

Breitenberger mit Kapelle in Stegen **Bpp. 475/2, 476**

Einhof mit Krüppelwalmdach. Eckquaderung. Steingerahmte Schulterbogentür, Labe mit Tonnengewölbe, gemauerter Treppenaufgang. In der Stube barockes Leistengetäfel mit Vierpaßmittelfeld (Christusmonogramm). Kreuzgratgewölbter Raum.
Kapelle: Barockbau mit hölzernem Dachreiter. Rundbogentür, darüber Vierpaßfeld. Bemaltes Kreuzgratgewölbe, an der Westwand Medaillon mit Inschrift und Jahreszahl 1680. Wandmalereien (Passionsszenen in Rankenmalerei, Evangelisten und Heilige in Tondi).

Gasper-Stöckl in Stegen **Bp. 510**

Bau auf quadratischem Grundriß mit Pyramidendach, Innenwände und Gewölbe bemalt (Evangelisten, Wappen, Heilige). An der Tür Jahreszahl 1760.

Schächer-Stöckl am alten Weg nach Percha **Bp. 748**

Dreiseitig abschließender Chor mit drei Nischen mit Muschelmotiv. Kreuzgratgewölbe mit Stuckmittelfeld und Engelsköpfen. Granitgerahmte Eingangstür, Vierpaßfenster. Rankenmalerei.

Heldenfriedhof und Kapelle **Bp. 1135, Gp. 1799**

Schön gelegener Friedhof mit Kapelle und Brunnen. Kapelle mit weit vorgezogenem Dach und Fresko. 1915 eingeweiht.

Bildstock an der Straße nach Dietenheim **auf Gp. 382**

Gemauerter Bildstock mit Pyramidendach (Schindeln). Aufsatz mit vier Rundbogennischen, Wandmalereien, zweites Viertel des 15. Jh.s.
Bannzone: Gpp. 379, 381, 382.

Bildstock an der Straße nach St. Georgen **auf Gp. 460/1**

Bildstock aus Granit mit kräftigem Unterbau und Pyramidendach aus Stein. In den Nischen Verputzreste. Um 1600.

Bildstock an der Straße nach Taufers **auf Gp. 478**

Gemauerter Bildstock mit Pyramidendach. In den Flachbogennischen verwitterte Wandgemälde, um 1619.

Alpinidenkmal* **auf Gp. 898**

Skulptur eines Alpinisoldaten auf gemauertem Sockel (Fragment). Denkmal 1938 zu Ehren der im Abessinienfeldzug gefallenen Soldaten errichtet.
*Kulturgut von gesamtstaatlichem Interesse, von der Landeszuständigkeit ausgenommen.

Katastralgemeinde Aufhofen

Mitterhofer **Bp. 43**

Hausgang mit Kreuzgratgewölbe, gemauerter Treppenaufgang, Oberlabe ebenfalls mit Kreuzgratgewölbe. Im Keller Tonnengewölbe.

Pfarrwidum **Bp. 47**

Ehemaliger Ansitz Mohrenfeld. Steingerahmte Schulterbogentür mit Oberlichte, polygonaler Erker mit Fresken an der Brüstung. An der Fassade Wappen und St.-Florian-Fresko. Im ersten Stock Mittelsaal mit Kreuzgratgewölbe. Wandmalereien aus dem 16. Jh. Mehrere Räume mit Täfelungen. Erker an der Straßenfront. Im Dachgeschoß Ochsenaugen.

Steinburg **Bp. 49**

Ansitz. Eckerkertürme, steingerahmte Schulterbogentür, Ochsenaugen. Rundbogenportal in Steinfassung, im Erdgeschoß tonnengewölbter Saal. Renaissancestube von 1609 mit prunkvoll geschnitzten Türeinfassungen, Kassettendecke und Ofen mit bemalten Kacheln, bez. 1613. Erkerzimmer mit dekorativen Fresken und Wappen, Ende 16. Jh.
Bannzone: Gp. 897

Adl **Bp. 51**

Mittellabe mit Tonne und Stichkappen. Stube mit Barocktäfelung, geschnitztes Mittelfeld (Christusmonogramm), geschnitzte Eckfelder, Wandkasten, bez. 1821.

Pfarrkirche St. Katharina mit Friedhofskapelle und Friedhof **Bp. 57, 58 Gp. 868**

Polygonaler Chorschluß, seitlicher Turm mit Oktogon und Kuppelhaube. Steingerahmte Vierecktür, darüber Steinretabel, 1579; mittelalterlicher Kirchenbau, um 1360 erneuert, 1452 umgebaut. Kapelle mit Spitzbogentüre und Kreuzgratgewölbe. 1835 barockisiert.
Friedhofskapelle: Einfacher Bau mit Spitzbogentüre in abgefaster Steinrahmung. Kreuzgratgewölbe, Flachbogenfenster. 15. Jh. Dekorative Wandmalereien aus dem 19. Jh., Freskenrest, 15. Jh. (Kreuzigung)

Kasten beim Haidacher **Bp. 61/1**

Spätgotischer Getreidespeicher mit späterem Zubau. Fenster mit breiter Leibung, verbretterter Giebel.

Ansiedl mit Garten **Bp. 68 Gp. 879**

Ansitz. Bischöflicher Küchenmaierhof, Eckerkerturm, Rundbogentor. Wappensteine 1534, 1540. Im Keller mittelalterliches Mauerwerk in regelmäßigen Steinlagen, 12. Jh. Im Erdgeschoß Saal mit Kreuzgratgewölbe.

Vierzehn-Nothelfer-Kapelle am Weg St. Georgen–Aufhofen **Gp. 1759**

Einfacher Bau mit polygonalem Chorschluß, Tonnengewölbe, Rundbogentür. Vor der Altarnische Gitter, über dem Eingang Vierpaßfeld mit Marienmonogramm.

Katastralgemeinde Dietenheim

Hebenstreit **Bp. 1**

Ansitz. Zwei Eckerkertürmchen, abgetreppter Giebel, Rundbogenportal mit Jahreszahl 1624 und Wappenstein des Andrä Benedikt Hebenstreit von Glurnher zu Ansidl, 1724. Im teilweise gewölbten Hausgang Felderdecke. Räume mit Stuckdecken.

Aschgut (von Grebmer) **Bp. 5/1**

Ansitz. Dreigeschossiger Bau mit Eckerkertürmchen. Zwei Viereckerker, barockisierender, geschwungener Blendgiebel, Mittelgang mit Stuckdecke im ersten und zweiten Stock, Balkone. Nach einem Brand 1919 von Arch. Marius Amonn umgebaut.

Kröll **Bpp. 6/1, 6/2**

Zweigeschossiger Bau mit steilem Krüppelwalmdach. Polygonaler Mittelerker, stichkappengewölbter Hausgang mit Jahreszahl 1649. Zweiarmige Freitreppe. Mehrere Fenstergitter. Am Stubengetäfel Jahreszahl 1851, zwei Räume mit Felderdecke. Im Anbau Reste von Wandmalereien aus dem ausgehenden 18. Jh.

Getreuenstein **Bp. 12**

Ansitz. Zwei Eckerkertürme, rundbogige Haustür mit abgefaster Steinrahmung, darüber zweigeschossiger, polygonaler Erker mit Fenstergittern. Ursprünglich mit barocker Fassadenmalerei versehen.

Zimmerhäusler **Bp 13**

Zweigeschossiger Bau mit Krüppelwalmdach, steingerahmte Rechtecktür mit Oberlichte, Eckquadern und Fensterrahmungen. Barockstube mit Felderdecke und Vierpaßmittelfeld, Tür mit barockem Aufsatz, Wandkästchen, Pilastergetäfel.

Mair am Hof **Bp. 15**

Ansitz. Stattlicher Bau mit hohem Spitzgiebel und viereckigem Fassadenerker, Balkone mit ausgebauchten Schmiedeeisengittern, architektonische Fassadenbemalung mit Pilastern und Balustraden. Mittelsaal mit Stuckdecke. Im Erdgeschoß Antoniuskapelle mit geradem Abschluß und Flachdecke mit Stukkaturen.

Morberg (Schmiederhaus) **Bp. 16**

Ansitz. Runder und viereckiger Erkerturm, im Erdgeschoß Stube mit Getäfel und Leistendecke. 1557 zum Edelsitz erhoben.

Sonnegg **Bp. 20**

Ansitz. Vier übereckgestellte Viereckerkertürme, Fassadenfresken, um 1700 (Fensterimitation, Herrscherreihe, Gekreuzigter und Dolorosa). Wappenstein, bez. 1569. Im Inneren Erkerraum mit Wandmalereien aus der zweiten Hälfte des 16. Jh.s.

Moar am Graben **Bp. 28**

Fassadenfresko St. Florian, Rechtecktür mit Oberlichte, gewölbter Hausgang mit Steinplattenboden (1745), gewölbte Selchküche. Gemauerter Treppenaufgang mit gewölbter Oberlabe. Am Kellersturz Jahreszahl 1719. Ursprünglich barocke Architekturmalerei an der Fassade.

Pfarrkirche St. Jakob mit Friedhofskapelle und Friedhof **Bp. 30 Gp. 79**

Hauptschiff mit polygonalem Chorschluß, seitlicher Turm mit Laterne auf Oktogon. Vorhalle mit Kreuzgratgewölbe. 1332 erstmals erwähnt. Im Seitenschiff Sterngratgewölbe, 1493. Wandgemälde in der Seitenkapelle (Gregorius-

Links oben: Bruneck, Friedhofskapelle Aufhofen
Links unten: Bruneck, Getreuenstein in Dietenheim
Rechts oben: Bruneck, Walsermair in St. Georgen
Rechts unten: Burgstall, Ruine Burgstall

messe) von Simon von Taisten, 1506; im Chor Kindheitsgeschichte, erste Hälfte 15. Jh. An den Außenwänden Ölberg und St. Wolfgang, Anfang 15. Jh., von Hans von Bruneck, Volto Santo, Mitte 15. Jh.
Friedhofskapelle: Zweigeschossiger Bau; im Erdgeschoß Kapelle mit Gratgewölbe und drei Rundbogennischen, im Obergeschoß Tonnengewölbe. An der Ostseite zwei Spitzenbogenportale, an der Südseite Viereckfenster in Steinrahmung, 16. Jh. Wandgemälde (Kreuzigung), um 1500.

Weber **Bp. 116/1**

Fassadenerker, Fenster mit breiter Leibung in regelmäßiger Reihung. Labe und Küche mit Tonnengewölben und Stichkappen, Stube mit Leistengetäfel und Vierpaßmittelfeld, bez. 1844.

Lechner in Luns **Bp. 117**

Spätgotischer Bau, Labe und Küche mit Tonnengewölbe. Rundbogentür zur Küche, Stube mit Bohlenwänden und Bohlenbalkendecke, am Türholm Jahreszahl 1543.

Ober- und Unterpichler **Bp. 119/1**

Langgezogener Bau mit Fassadenerker, Fresko (Maria Lactans), 17. Jh. Labe mit Kreuzgratgewölbe, Küche mit Tonnengewölbe, Spitzbogentür zum Keller. In der Oberlabe Kreuzgratgewölbe. Kammer mit Tonnengewölbe.

Puenlander **Bp. 121/1**

Bau um 1870 errichtet, kleiner Dachreiter, Küche mit Kreuzgratgewölbe, gotisierendes Stubengetäfel mit geschnitztem Mittelfeld und Spitzbogenfries; Wandkästchen, bez. 1870.

Katastralgemeinde Reischach

Pfarrkirche zu den Heiligen Peter und Paul mit Friedhof **Bp. 1 Gp. 1**

Romanisch-spätgotischer Spitzturm. Klassizistischer Saalraum mit Tonnengewölbe, abgesetzter polygonaler Chor, Schulterbogenfenster. Kirche 1814 gebaut, 1819 eingeweiht, 1960 nach Plänen von Othmar Parth verlängert.

Angerlehen **Bp. 11/1**

Zweigeschossiger Bau mit Krüppelwalmdach, Rundbogentüren, Labe mit Kreuzgratgewölbe. Tonnengewölbte Treppe ins Obergeschoß. An der Haustür Jahreszahl 1706. Küche mit breitem Tonnengewölbe, Oberlabe mit Putzgratgewölbe. Barockstube mit Felderdecke und Vierpaßmittelfeld. Oberstube, bez. 1852.

Angerburg **Bpp. 16, 17**

Ansitz. Malerisches Stiegenhaus. Halle mit Kreuzgratgewölben. Ursprünglich in drei Geschossen Loggien mit Granitsäulen. Fenster mit Gitterkörben, Viereckerker, Sonnenuhr. Stammsitz der Herren von Reschon, 1373 ausgestorben.
Bannzone: Gpp. 69, 70, 71/1

Hofer **Bpp. 26/1, 26/2**

Spitzbogentüren, profilierte Granitrahmung mit leeren Wappenschilden. Zwischen zwei Hohlkehlen Rundstab mit gedrehten Vasen und Scheitelkreuzung. Um 1500. Gotisierende Haustür mit Maßwerk, 19. Jh.

Kapelle beim Treyer **Bp. 80**

Einfacher Bau mit hölzernem Giebeldachreiter (Pyramide), Tonnengewölbe. Rechteckige Tür und Fenster. Schindeldach. 18. Jh.

Kasten beim Salcher **Bp. 100**

Spätgotischer Getreidespeicher mit Rundbogentür, Eisentürflügel, Fenster in Originalleibung.

Kasten beim Untermohrberg **Bp. 101**

Spätgotischer Getreidespeicher auf Felsenvorsprung, steingerahmte, abgefaste Rundbogentür, Eckquadermalerei, Eisentürflügel. Kleine Fensteröffnungen in ursprünglicher Leibung. Verbretterter Giebel.

Unterhuber **Bp. 112**

Steingerahmtes Rundbogentor, bez. 1767. Labe mit Balkendecke. Stube mit Leistengetäfel und Mittelfeld (Krönung Mariens). Über dem Eingang Mariahilf-Fresko.

Oberhuber **Bp. 113**

Stattlicher Bau mit großer, steingerahmter Rundbogentür, tonnengewölbte Labe, Küche und Treppenhaus zum Obergeschoß. Im ersten Stock tonnengewölbte Kammer mit Rundbogentür. Am Rundbogentor Jahreszahl 1690.

Backofen beim Ober- und Unterhuber **Bp. 116**

Backofen mit Tonnengewölbe und Satteldach.

Kapplerstöckl **Bp. 117**

Hölzerner Fassadendachreiter mit Spitzhelm, runder Chorschluß, Kreuzgratgewölbe. Über der steingerahmten Rundbogentür Jahreszahl 1681. In der Altarnische Wandmalereien (Verkündigung, Heimsuchung), bez. 1682. Schindeldach.

Lamprechtsburg mit Kapelle **Bpp. 119, 121**

Burganlage aus dem frühen 13. Jh. Ringmauer mit Rondell und kleinem Zwinger, Bergfried und Palas. Im 16. Jh. ausgebaut: Doppelbogenfenster, Zimmer mit Kassettendecke und Wandgetäfel, Raum mit Felderdecke und gemalten Rollwerkkartuschen, grüner Kachelofen.
Kapelle: Fassadenturm mit Kuppelhaube und Laterne, abgesetzte Rundapsis, Tonnengewölbe. Rechteck- und Lünettenfenster. 17. Jh.

Mairkircher **Bp. 123**

Stattlicher Bau mit steingerahmter Rundbogentür, darüber Verandavorbau. An der Fassade Jahreszahl 1754. Labe und Küche mit Tonnengewölbe, Oberlabe mit Tonnengewölbe und Stichkappen. Tonnengewölbte Kornkammer mit Kornspeicher, bez. 1751.

Kapelle beim Greiter **Bp. 190**

Einfacher Bau mit hölzernem Giebeldachreiter (Pyramide), Rechtecktür und Rundbogenfenster. Um 1913 errichtet.

Katastralgemeinde St. Georgen

Pfarrkirche St. Georg mit Friedhofskapelle und Friedhof **Bpp. 1, 2 Gp. 1**

Spätgotischer Kirchenbau, um 1475 errichtet. Polygonal abschließender Chor, seitlicher Spitzturm. 1483 eingewölbt (Stern- und Netzrippengewölbe). Wandgemälde außen: Kreuzigungsgruppe mit Heiligen, Hans von Bruneck, Anfang 15. Jh. An der Sakristei Ölberg, Mitte 15. Jh. Am Fassadengiebel Madonna mit Kirchenpatronen, 18. Jh. Im Chor Fresken (Evangelistensymbole, Kirchenväter, Madonna). Werkstatt Leonhards von Brixen, drittes Viertel 15. Jh., an der Nordwand fragmentarische Köpfe von Friedrich Pacher.
Friedhofskapelle: Bau aus dem 16. Jh. mit abgefaster Spitzbogentür, Viereckfenster und flachem Kreuzgratgewölbe. Wandgemälde (Ölberg, Kreuzigung mit den vierzehn Nothelfern), um 1600.

Brugger **Bp. 3**

Steingerahmte Rechtecktür mit Oberlicht, Labe mit Kreuzgratgewölbe, Küche mit Tonnengewölbe. Stube mit Leistengetäfel. Oberlabe mit Gratgewölbe, gemauerter Treppenaufgang.

Kanins **Bp. 4**

Spätgotischer Bau mit Krüppelwalmdach und verbretterter Giebel mit Laube. Labe und Küche mit Tonnengewölbe, Rundbogentüren. Spätbarockstube mit Jahreszahl 1836 am Wandkästchen.

Walsermair **Bp. 6**

An der Straßenfront abgewalmter Giebel und Glockentürmchen. Rechtecktür mit Oberlicht, darüber gemalte Wappen und Vasen, St. Josef und Georg im Kranzrahmen (1891). Barocke Fensterumrahmung, Eckquaderung. Stubengetäfel, bez. 1938. Am Giebel Oculi.

Hanslmair **Bp. 12**

Krüppelwalmdach, Rechtecktür, Labe mit Kreuzgratgewölbe, Tonnengewölbte Küche. Stube mit spätbarockem Getäfel mit Vierpaßmittelfeld, ein Fenster vergittert.

Mariahilfkapelle in Gießbach **Bp. 30**

Abgesetzter Chor mit Dachreiter (Spitzhelm). Vierecktür, darüber Lünette. Tonnengewölbe. Geschwungener Giebel mit Vierpaßöffnung. 1837 errichtet.

Mühle **Bp. 31**

Gemauerter Bau mit Fachwerkaufsatz, steingerahmte Fenster. Rechtecktür, in Stein gehauene Jahreszahl 1892. Funktionsfähiges Mahlwerk.

Mühle **Bp. 32**

Gemauerter Giebel, steingerahmte, abgefaste Rundbogentür, Jahreszahl 1747. Wandmalereien (Maria, Josef, Georg). Fenster mit breiter Leibung. Funktionsfähiges Mahlwerk.

Hattler in Gießbach **Bp. 41**

Spätmittelalterlicher Bau mit gewölbter Labe und Küche. Gemauerter Treppenaufgang, im ersten Stock Brotkammer und getäfelte Stube (19. Jh.). Im Erdgeschoß drei Räume mit Täfelungen aus dem ausgehenden 16. Jh.

Gießbach **Bp. 47**

Im 16. Jh. errichtet, im 17. und 18. Jh. umgebaut. Steingerahmtes Rundbogenportal mit Dreieckgiebel, Eckerkerturm, Kapelle mit Dachreiter und geschwungenem Blendgiebel, Eckquaderung. Fenster mit Ohrenrahmung. Mittelsäle mit Flachdecken und Stuckrahmen.

Gremsen **Bp. 50**

Zwei Eckerker mit Turmabschluß, Freitreppe mit zweigeschossiger Loggia auf Rundsäulen, 16. Jh., Viereckturm. Fenster teilweise vergittert. Stube mit Leistengetäfel, bez. 1652. Gratgewölbte Hausgänge. Im Erkerzimmer Leistengetäfel.

Hofbauer **Bp. 54**

Stattlicher Bau mit steingerahmtem Spitzbogenportal, bez. 1595. Über dem Portal Mariahilfbild. Tonnengewölbter Hausflur mit Stichkappen, bemalte Eckquaderung.

Mörl **Bp. 65/1**

Eckerker, zweiarmige Freitreppe, Schulterbogentür in abgefaster Steinrahmung, bez. 1583. Hausgang mit Tonne und Stuckfelder, Rundbogentüren. Im ersten Stock Halle mit Gratgewölbe. Erkerzimmer mit Stuckdecke und Wandgetäfel.

Katastralgemeinde Burgstall

Pfarrkirche Heiligkreuz **Bp. 1**

Spitzturm und polygonaler Chor spätgotisch, um 1500, Langhaus ab 1868 nach Plänen des Architekten Geppert aus Innsbruck in romanisierenden Bauformen auf kreuzförmigem Grundriß neu errichtet, 1905 geweiht. In der Vierung Kuppelgewölbe, im Langhaus Tonne.

Ruine Burgstall **auf Gp. 53/2**

Mauerreste der 1289 erwähnten Burg. Turmunterbau in Mannshöhe in regelmäßigen Steinlagen mit Mörtelverbindung erhalten.

Katastralgemeinde Colfuschg

Pfarrkirche St. Vigil mit Friedhofskapelle und Friedhof **Bpp. 1, 124 Gp. 243**

Gotischer Baukern, 1626 Chor errichtet und 1869 Langhaus vergrößert. Polygonaler Chorschluß, Sternrippengewölbe, Turm mit Zwiebelhaube auf Oktogon. Gotisierender, hölzerner Portalvorbau.
Friedhofskapelle: gerader Abschluß, Spitzbogenfenster, Schindeldach.

Sorà **Bp. 95**

Krüppelwalmdach. Im Erdgeschoß Rundbogentür in Steinrahmung, an der Nordseite Freitreppe und Loggia aus Holz. Spätbarocke Fensterumrahmung und Eckquaderung, 18. Jh.

Zecca da Ruatsch **Bp. 96**

Krüppelwalmdach. Portalvorbau mit Veranda, spitzbogige Kellertür in Steinrahmung mit Relief am Scheitel. An der Giebelfassade Jahreszahl 1688. Rechtecktür mit Jahreszahl 1819.

Katastralgemeinde Corvara

Alte Pfarrkirche St. Katharina mit Friedhofskapelle und Friedhof **Bp. 1 Gp. 1**

Spätgotischer Bau, 1498 errichtet. Turm mit Spitzhelm auf Oktogon. Polygonaler Chorschluß, Fächergewölbe, im Schiff Sternrippengewölbe. Wandmalereien (Marienkrönung, Gregoriusmesse, Heilige), 15., 16., 17. Jh.
Friedhofskapelle: polygonaler Abschluß, Spitzbogenfenster, Schindeldach.

Rock **Bp. 38**

Mittelalterlicher Hof mit barockem Anbau, steingerahmte Rundbogentüren, barocke Fensterumrahmungen.

Plaza d'sura **Bp. 61**

Spätmittelalterliches Erdgeschoß, steingerahmte Spitzbogentür mit Relief. Obergeschoß um 1850, im zweiten Stock gemauerter Rundofen. Bergseitig runder Küchenanbau mit Mittelkamin.

Plaza d'sott **Bp. 63**

Spätmittelalterlicher Bau mit gemauertem Erdgeschoß und vorkragendem Obergeschoß in Holzblockbau. Fenster mit weiß-roter Rahmung. Stube mit Felderdecke, um 1700. Kammertür mit Eselsrückenholm. Tonnengewölbte Küche.

Pedecorvara **Bp. 70**

Mittelalterlicher Bau mit gemauertem Untergeschoß und vorkragendem Obergeschoß in Holzblockbau. Breit abgefaste Spitzbogentür in Sandsteinrahmung und Relief am Bogenscheitel.

Plan d'sura **Bp. 78**

Mittelalterlicher Hof mit gemauertem Untergeschoß und vorkragendem Obergeschoß in Holzbau. Im Keller spätgotische Holzstütze. Spitzbogige Küchentür in Steinrahmung. In der Stube Balkendecke mit Unterzug, bez. 1599.

Katastralgemeinde Deutschnofen

Pfarrkirche zu den Heiligen Ulrich und Wolfgang mit Friedhof **Bp. 1 Gp. 1**

Pfarrei 1265 erwähnt. Turm romanisch, im 15. Jh. erhöht, im 17. Jh. mit Oktogon und Kuppelhaube abgeschlossen. Chor und Langhaus 1455 neu errichtet. Sakristei im 19. Jh. erweitert. Im Chor Netzrippengewölbe und Jahreszahl 1477.

Gatterhaus **Bp. 10/2**

Sandsteingerahmte Rundbogentür, am Schlußstein Wappen und Jahreszahl 1634. Biforienfenster, Rechteckfenster mit Gebälksturz. Labe mit Kreuzgratgewölbe. Im Obergeschoß vermauerte Rechtecktür mit Gebälksturz. Keller mit hohem Tonnengewölbe.

Thurn (Rathaus) **Bp. 11/1**

Ehemaliger Mairhof und Gerichtssitz, 1341 erwähnt, Viereckbau mit regelmäßigen Steinlagen und ausgestrichenen Mörtelfugen im Erdgeschoß. An der Südwestecke Reste eines abgetragenen Turms. Steingerahmtes Rundbogenfenster mit Kuenschem Wappen und Jahreszahl 1682. Im zweiten Stock Saal mit Stuckdecke und Fresko (Juno im Pfauenwagen),17. Jh. Im Giebel Oculi.

Winkelhaus **Bp. 13**

Zwei Eckerker, unter dem linken Erker im Mörtel die Jahreszahl 1616. Die ursprünglichen Fenster im zweiten Stock zum Teil vermauert. Im Erdgeschoß vermauerte Rundbogentür, Labe mit Kreuzgratgewölbe, im zweiten Stock steingerahmte Rechtecktür.

Neuhaus **Bp. 29**

Krüppelwalmdach, polygonaler Eckerker mit Sonnenuhr (modern). Eingang mit steingerahmter Rundbogentür und Schlußstein mit Wappen, im Obergeschoß Stube mit Leistengetäfel. 16./17. Jh.

Josefskapelle im Altersheim **Bp. 32**

Historisierende Kapelle, 1928 erbaut. Kassettendecke und Empore mit Flachschnitzwerk. Apsis, Rundbogenfenster mit Glasdekor von B. Strobl, Brixen.

Oberkofel **Bp. 52**

Einheitliche Anlage aus dem 16. Jh. Geschlossener Giebel, rundbogige Haus- und Küchentür, Labe mit Kreuzgratgewölbe, rundbogige Labenkammertür, Küche mit Tonnengewölbe. Im Obergeschoß Söller mit Rundbogentür. Keller mit Balkendecke und Rundbogentor. Stube mit spätgotischer Bohlenbalkendecke und Unterzug. Angebauter Backofen mit Satteldach.

Unterkofel **Bp. 54**

Steingerahmtes Rundbogentor an der bergseitigen Hausecke mit Türflügel, bez. 1781, rundbogige Söllertür an der Eingangsseite. Steintreppe zum Obergeschoß, Labe mit Kreuzgratgewölbe und spätgotischer Treppenbrüstung. Küche mit hohem Tonnengewölbe. Stube mit Bohlenbalkendecke und Unterzug. Kammertür mit Eselsrückenholm (Jahreszahl 1559).

St. Agatha **Bp. 55**

Romanischer Bau, im 15. Jh. umgestaltet. Spitzbogenportal, Langhaus mit Kreuzrippengewölbe, polygonaler Chor mit Fächergewölbe. Am Turm mit Pyramidendach spitzbogige Schallfenster. An der Fassade und im Inneren Fresko, um 1400.

Lochhof (Weigelewirt) **Bp. 131**

Giebel im Bundwerk. Offener Rundbogen am Kellervorbau, rundbogige Tür am Kellereingang. Reste eines Rundbogens an der ehemaligen Söllertür. Ebenerdiger Eingang, drei Räume mit Tonnengewölben. Zwischen zwei Kammern Tür mit Putzstreifenrahmung. Das Mittelstück des Untergeschosses mittelalterlich, die gewölbte Kammer, der Kellervorbau und der Wohnteil Ende 16. Jh. Kniestock und Dachstuhl Ende 16. Jh.

Holzer **Bp. 154**

Giebel in Bundwerk, Eingang über gemauerter Rampe, steingerahmte Rundbogentür mit doppelter Fase, großes Stubenfenster mit Steingewände, kleines Stubenfenster mit Putzrahmen, darüber Schild mit Jahreszahl 1633. Stube mit Bohlenbalkendecke und Flachschnitzerei, Wandvertäfelung mit Resten eines gotischen Maßwerkfrieses.

Prentner **Bp. 160**

Vom mittelalterlichen Bau nur mehr das Untergeschoß erhalten. Haupt- und Obergeschoß um 1880 neu errichtet. Im Untergeschoß zwei Kellertüren mit spitzbogigen Steinwänden, gewölbter Kellergang in Winkelform, Keller mit schmaler Rundbogentür. Vermauerte Steintreppe zum Obergeschoß. An der Talseite zwei Keller mit Tonnen und Stichkappen.

Herbst **Bp. 246/2**

Einheitlicher Bau, um 1600, geschlossener Giebel, am Firstbaumkopf die Jahreszahl 1600 und die Initialen R. T. M. Vermauerte rundbogige Haustür, Kellereingang mit rundbogigem Steingewände. Fenster mit rot bemalter Putzstreifenrahmung, Hausecken mit-rot weiß bemalten Quadern. Am bergseitigen Giebel Putzschild mit Jahreszahl 1611 und Initialen M. H. Stube mit Felderdecke und Leistengetäfel, tonnengewölbter Keller, Stall mit steingerahmter Spitzbogentür.

Marienkapelle beim Flaschtaler **Bp. 283**

Einfacher Bau mit Giebeldachreiter 1878 eingeweiht. Rechtecktür, Lünettenfenster, Tonnengewölbe.

Pfarrkirche St. Peter in Petersberg mit Friedhof **Bp. 307 Gp. 2709**

Turm und Teile der Langhausmauern romanisch. Seitenkapelle um 1400 angebaut. Chor mit Netzrippengewölbe um 1500 errichtet. Langhaus im 17. Jh. eingewölbt und dabei Seitenschiff angefügt.

Wallfahrtskirche Unsere Liebe Frau in Maria Weißenstein mit Klostergebäude **Bp. 321**

Kirche 1638 begonnen, 1673 geweiht und 1753 restauriert. 1870 und 1954 erneuert. Über der Orgelempore achteckige Kuppel mit Spitzdach. Langhaus mit Tonne, im Chor Flachkuppel, Pilastergliederung. Zwei Seitenkapellen mit Kreuzgratgewölben und Tonnen. Wandgemälde von A. Mölckh. (1753) und

Corvara, Sorà und Zecca da Ruac in Kolfuschg

Deutschnofen, Thurn (Rathaus)

Deutschnofen, Lochhof (Weigelewirt)

Deutschnofen, St. Agatha

Enneberg, Moreck (Gran ciasa) in La Pli

Enneberg, Färberhaus in St. Vigil

Enneberg, Pfarrkirche Peter und Paul in Welschellen

A. Siber (19. Jh.), in der Sakristei Fußwaschung von V. Rovisi (18. Jh.).
Klostergebäude 1719–1722 errichtet, zwei symmetrisch an das Kirchengebäude angefügte Flügel mit regelmäßigen Fensterreihen und vertikalen Putzstreifen.

Gasthaus Maria Weißenstein **Bp. 325**

Bau aus dem beginnenden 18. Jh. Rundbogentür mit Steingewände, Gang in Winkelform, Gastraum mit Kreuzgratgewölbe und gemauerter Mittelsäule.

Hof am Pichl (Pieler) mit Hauskapelle **Bp. 359**

An der Hauptfassade Fenster mit gemalten Putzstreifen, Schmiedeeisengitter an den Fenstern, Putztafel mit Jahreszahl 1559. An den Hausecken rot-weiß bemalte Quadern. Stube mit Bohlenbalkendecke und Unterzug, bez. 1529, Wandvertäfelung mit Jahreszahl 1554. Im Obergeschoß Barockstube mit Felderdecke. Ober der Kammertür Jahreszahl 1598.
Freistehende Kapelle mit Rechtecktür, Lünettenfenstern und abgesetzter Apsis, 1938 erneuert.

St. Helena **Bp. 388**

Erbaut 12./13. Jh., 1410 Neuweihe. Abgesetzte Apsis, Rundbogentür, im Langhaus Spitztonne, Turm um 1500 mit Spitzbogenfenstern versehen (Pyramidendach mit Schindeln). Vorhalle 19. Jh. An der Fassade und im Inneren bedeutende Wandgemälde der Bozner Schule, um 1410.

Bremer Schmied **Bp. 419/1**

Hammerschmiede am Kardaunerbach. Rundbogentür, steiles Satteldach, drei hohe Kamine für die drei gemauerten Essen in der Schmiede. Einheitlicher spätgotischer Zweckbau.

Birchabrucker Gut mit Antoniuskapelle **Bpp. 440/1, 939**

Dreigeschossiger Bau mit Bundwerkgiebel. Polygonaler Fassadenerker, Rundbogentür im Erdgeschoß. Rechteckfenster mit Putzstreifenrahmung, barockisierende Stube mit Kassettendecke, Vierpaßmittelfeld mit Intarsien, Türumrahmung mit Stechschnitzerei. Keller mit Tonnengewölbe.
Historisierende Kapelle 1880 neu erbaut mit hölzernem Dachreiter (Pyramidendach mit Schindeln), Rundbogentür, Rundbogenfenster, Netzrippengewölbe.

Pfarrkirche St. Nikolaus in Eggen mit Friedhof **Bp. 542 Gp. 4480**

Turm 14. Jh., 1518 mit spätgotischem Abschluß und Spitzhelm versehen. Die Kirche 1448 geweiht, 1858–1864 umgebaut. Tonnengewölbe mit Pilastergliederung, umlaufendes Gebälk. Rundbogen- und Halbkreisfenster.

Unterlehen **Bp. 560**

Fassadensöller, Wandmalereien aus dem 16. Jh. (Reste einer Christophorusdarstellung, St. Georg, durch späteren Fensterausbruch beschädigt). Stube mit Leistengetäfel, bemaltes Vierpaßmittelfeld (Dreifaltigkeit). Tonnengewölbter Keller.

Mariahilfkapelle beim Dorfer **Bp. 588**

Einfacher Bau mit hölzernem Giebeldachreiter, 1831 errichtet. Schulterbogentür, Lünettenfenster, Empore.

Mariahilfkapelle beim Oberganischger **Bp. 657**

Romanisierender Bau mit Rundbogentor, Rundbogenfenster und Tonnengewölbe. Anfang 20. Jh.

Florianskapelle beim Zischg **Bp. 704**

Gotisierender Bau mit Spitzbogentür und Giebeldachreiter, Spitzbogenfenster, Kreuzgratgewölbe und Empore. Am Gewölbe die Jahreszahl 1895.

Rosenkranzkapelle beim Tschengg **Bp. 759**

Kleiner Bau mit Dachreiter, Flachbogentür, Rundbogenfenster und Oculus, Kreuzgewölbe. 18./19. Jh.

Martinskapelle beim Tschuffler **Bp. 769**

Bau mit Rechtecktür, Lünettenfenster, Tonnengewölbe, 1917 geweiht.

Pfőslkapelle **Bp. 809**

Lourdeskapelle von 1896 mit Giebeldachreiter, Rundbogenfenster, Tonnengewölbe und Tuffsteingrotte.

Florianskapelle beim Halser **Bp. 844**

Gotisierender Bau mit einbezogenem Türmchen, spitzbogigen Schallfenstern, Tonnengewölbe, Empore. Um die Jahrhundertwende errichtet.

Schadnerkapelle **Bp. 845**

Margarethenkapelle. Hölzerner Dachreiter, Rechtecktür, Tonnengewölbe, Rundbogennische, 19. Jh.

Leonardikapelle und St.-Peregrinus-Eremitage in Weißenstein **auf Gp. 2838/1**

Romanisierende Kapelle und Eremitage, 1714 errichtet, nach der Aufhebung des Klosters zerstört, 1869 wiederhergestellt. Fassadendachreiter, Rundbogenfenster.

Bildstock „Pan Kugeletn Pild“ **auf Gp. 3469/1**

Gemauerter Bildstockpfeiler mit vier Rundbogennischen und Fresken, um 1700.

Katastralgemeinde Enneberg

Pfarrkirche Maria Lichtmeß mit Friedhofskapelle und Friedhof **Bpp. 1, 2 Gp. 1**

Gotischer Bau aus dem 15. Jh., im 18. Jh. barockisiert. Blendfassade, Fenster mit Karniesbögen, Seitenkapellen (1494, 1639). Im Schiff Tonnengewölbe mit Stichkappen, polygonaler Chorschluß. Deckenbilder (Marienleben) von Josef Arnold, 1848/49. An der Emporenbrüstung und im Chor Wandgemälde von Johann Matthias Pescoller, um 1900.

Friedhofskapelle: Gerade abschließender, abgesetzter Chor, steingerahmte Rechtecktür, darüber Lünette. Rundbogenfenster. Tonnengewölbe mit Stichkappen auf Wandlisenen. Deckengemälde (Jüngstes Gericht), 1760.

Pfarrwidum in Enneberg **Bp. 3**

Rechteckbau mit doppelgeschossigem Erker, um 1717 errichtet. Gemauerte Freitreppe mit Loggia auf Säulen. Am Giebel Ochsenaugen. Im Hausgang Tonnengewölbe mit Stichkappen, Stuckdekor, Deckengemälde (Maria mit Josef, Marienkrönung). In der Stube Felderdecke.

Somür in La Pli **Bp. 4/1**

Im Erdgeschoß mittelalterlicher Baubestand, Aufbau in vorkragendem Holzblockbau, Stubengetäfel mit Felderdecke aus dem 17. Jh.

Moregg (Gran ciasa) in La Pli **Bp. 8**

Ansitz. Stattliches Gebäude, 1575 errichtet. Zwei Erker mit Satteldächern, im Erdgeschoß und ersten Stock Labe mit Gratgewölbe. Mehrere Leistentäfelungen, Stuben mit Felderdecken und geschwungenen Mittelfeldern, 18. Jh.

Asch (Prack) **Bp. 38**

Ansitz. Im frühen 17. Jh. errichtet. Nach einem Brand Wiederaufbau. Fenster mit Seitensitzen, Spitzbogentüren, über einem Fenster Jahreszahl 1637 und Marienbild.

Säck mit Kornkasten und Backofen in St. Vigil **Bp. 51**

Wohnhaus mit breitem Eckerker, Reste einer angebauten Kapelle (Gewölbeansatz, Rundfenster). Küche mit Tonnengewölbe, am Kornspeicher Rundbogeneingang. Angebauter Backofen.

Mair in Hof **Bp. 54**

Spätmittelalterlicher Bau, Jahreszahl 1440 überputzt. Breite Labe mit Gratgewölbe, barockes Stubengetäfel mit Resten des gotischen Wandgetäfels, Kielbogentür.

St. Nikolaus in Hof **Bp. 59**

Kirche 1436 erwähnt, 1712 Neubau. Gerade abschließender, abgesetzter Chor mit Kreuzgratgewölbe, im Langhaus Flachtonne mit Stichkappen auf Wandpfeilern. Turm mit Zwiebelkuppel auf Oktogon. Deckengemälde um 1717.

Biccia mit Stadel und Kornkasten in Eliscases **Bpp. 100, 101, 102**

Rundbogige Eingänge, tonnengewölbte Labe mit Stichkappen, gemauerter Treppenaufgang. Gotischer Kornkasten mit originalem Verputz und Rundbogeneingang, Stadelaufbau in Holz, über einem gemauerten Unterbau vorkragend.

Gschlierkapelle bei Palfrad **Bp. 168**

Einfacher Rechteckbau mit Dachreiter (Pyramide), über der Tür Lünettenfenster. 1845 erbaut.

Kapelle auf dem Weg nach Plaiken **Bp. 174**

Barocker Kapellenbau mit Vorhalle auf Pfeilern, Rundbogennische mit Gitter, Zeltdach.

St. Georg in Plaiken **Bp. 193**

Anstelle eines älteren Baues 1735 neu errichtet. Gerade abschließender Chor, Tonnengewölbe mit Stichkappen, Rundbogenfenster. Turm mit Zwiebelhaube auf Oktogon.

Mariahilfkapelle in Zwischenwasser **Bp. 241**

Historisierender Kapellenbau mit zwei seitlichen Fenstern und Tonnengewölbe.

Pintja in Welsch-Montal **Bp. 271**

Wohnhaus mit gemauertem Backofen am Eingang und umlaufender Treppe (1734), Stubengetäfel, bez. 1872, Küche mit Tonnengewölbe. Im Stall drei abgefaste Holzsäulen.

Margarethenkapelle in Welsch-Montal **Bp. 272**

Einfacher Kapellenbau, 1619 errichtet. Breites Netzgratgewölbe. 1895 in gotisierenden Stilformen umgestaltet. Schindeldach.

Kornkasten beim Kaneider in St. Vigil **Bp. 305**

Blockbau aus Rundhölzern auf vier Holzsäulen, Steinplattenfundament, Schindeldach.

Gerichtshaus in St. Vigil **Bp. 317/1**

Einfacher Bau auf rechteckigem Grundriß mit Walmdach, 18. Jh. Über dem rechteckigen Portal Wappenschilde (Sonnenburg, Enneberg).

Pfarrkirche St. Vigil mit Friedhof **Bp. 319 Gp. 3031**

1770–1780 von Franz Singer und J. Abenthung erbaut. Spitzturm, 16. Jh., Fassade mit geschwungenem Giebel und Scheinarchitektur, Thermenfenster. Außen abgerundeter Chorschluß, Wandpfeilerraum mit Kuppelgewölben. Freskenausstattung von Matthäus Günther, 1782 (Martyrium des Hl. Vigilius, göttliche Weisheit mit Tugenden, im Chor Szenen aus dem Leben des Hl. Franz Xaver, Heilige). Über der Empore Tonnengewölbe.

Plazores **Bp. 370**

Rundbogeneingang in Steinrahmung, gotische Fensteröffnungen, originaler Verputz und Bemalungen. Tonnengewölbter Hausgang mit Stichkappen, gewölbte Küche. Einfache Stubentäfelung. Gemauerte Treppe ins Obergeschoß.

Federa in St. Vigil **Bp. 379/1**

An der Fassade gotischer Putz mit bemalten Eckquadern, angebauter Backofen.

Färber in St. Vigil **Bpp. 392/1, 392/2**

Ansitzartiger Bau aus dem 18. Jh. mit barocken Eck- und Fensterbemalungen. Über dem Eingang Jahreszahl 1749. Fassadenerker. Im Innern Flachdecken mit Stuckhohlkehlen, mehrere Balkendecken.

Rost mit Kornkasten **Bp. 413**

Über dem Eingang Erker mit Dekorationsmalerei, gewölbter Hausgang, gemauerter Treppenaufgang. Im Obergeschoß Küche mit Tonnengewölbe, Stube mit Leistengetäfel und Mittelfeld, bez. 1762. Im Dachgeschoß gezimmerte Kammern mit Eselsrückentürholmen.
Kornkasten: Im Erdgeschoß einst Mühle, Obergeschoß in Blockbau als Kornspeicher in Verwendung.

Ras 5 **Bp. 420**

Turmartiges Gebäude, Ende 15. Jh., im 17. Jh. erweitert. Gemauerte Freitreppe mit Granitsäule, steingerahmte Spitzbogentür. Im Dachgeschoß Turm in Sichtmauerwerk.

Hotel Monte Sella **Bp. 519**

Einheitlicher, historisierender Bau, um 1900 errichtet. Polygonaler Erkerturm, an den Fassaden Balkonaufbauten mit ausgesägten Brüstungen. Fenster mit Putzrahmen, Eckeinfassungen.

Lourdeskapelle im Dorf **Bp. 528**

Polygonaler Chorschluß mit Tuffsteingrotte, gotisierende Fensterformen, Gewölbe.

Kapelle in Runggatsch **Bp. 543**

Einfacher Kapellenbau auf rechteckigem Grundriß mit Tonnengewölbe, über der Rechtecktür Lünettenfenster. 17. Jh.

Mühle auf dem Weg nach Plaiken **Bp. 545**

Funktionstüchtige Mühle in Holzblockbau auf gemauertem Unterbau.

Kapelle in Eliscases **Bp. 559**

Gotisierender Kapellenbau mit Spitzbogenfenstern und bunten Glasscheiben.

Lourdeskapelle in Zwischenwasser **Bp. 647**

Gotisierender Kapellenbau mit Tuffsteingrotte.

Katastralgemeinde Welschellen

Kapelle in Unterkastlung **Bp. 362**

Einfacher Kapellenbau aus dem 19. Jh.

Pfarrkirche zu den Heiligen Peter und Paul mit Friedhof **Bp. 385, Gp. 2735**

Kirche um 1716 umgebaut, gerade abschließender, abgesetzter Chor mit Kreuzgratgewölbe, im Schiff Tonnengewölbe auf Wandpfeilern. Turm mit Pyramidendach. 1909/10 von J. M. Pescoller ausgemalt (Cäcilia, Pauli Bekehrung, Schlüsselübergabe, Hl. Familie, Heilige, Emmaus). Freskofragment (Kreuzigung Petri), 15. Jh.

Altes Gasthaus Janesch **Bp. 391**

Zum Keller Eingang mit polygonal gebrochenem Holm, barocke Stubentäfelung mit Mittelfeld (Auge Gottes), 18. Jh.

Rinkwein zu Turnerötsch **Bp. 397**

Ansitz. Mittelalterlicher Baukern, 13. Jh. Stammsitz der Herren von Ellen.

Kapelle in Innergruns **Bp. 430/2**

Einfacher Kapellenbau aus dem 19. Jh.

Kapelle in Peskosta/Weitental **auf Gp. 3182/1**

Einfacher Kapellenbau mit Kreuzgratgewölbe und Rundbogenfenster.

Katastralgemeinde Eppan

St. Anna mit Kloster der Terziarschwestern **Bpp. 1, 2**

Spätgotischer Bau, Anfang 16. Jh. Turm mit Spitzpyramide, polygonaler Chorschluß, asymmetrisches Gratgewölbe im Langhaus, im Chor Sterngratgewölbe. Kloster: Ehemaliger Ansitz Sprengheim. Einfaches Gebäude mit Rundbogentor, seit 1842 Kloster.

St.-Anna-Weg 7 **Bp. 3**

Langgezogener zweigeschossiger Bau mit steingerahmten Rechteckfenstern. Rustikator, am Keilstein Wappenschild mit Jahreszahl 1641. Im Keller vergitterte Viereckfenster.

Wendelstein mit Nebengebäuden, St.-Anna-Weg 11 **Bpp. 4, 5**

Ansitz. Ursprünglich zweigeschossiger Bau mit gekuppelten Rechteckfenstern. An der Hofseite Freitreppe und Doppelbogenfenster. In der Hofmauer steingerahmtes Rundbogentor, bez. 1625. Im ersten Stock Stuckdecken. Am Nebengebäude Rundbogentor mit Jahreszahl 1711 und Wappen (Mühlrad).

Bastreinbach, St.-Anna-Weg 18 **Bp. 6**

Ansitz. Unverputzter Bau mit abgewalmtem Dach. Hofmauer mit Rundbogentor und Freitreppe. Ursprüngliche Fensterleibungen zum Teil erhalten. Alte Fenstergitter. Nach Süden Doppelbogenfenster mit Rosettendekor.

St.-Anna-Weg 16 **Bp. 7**

Dreigeschossiger Bau mit steingerahmten Rechteckfenstern. Rundbogiges Hoftor, am Keilstein unleserliche Jahreszahl.

Windegg, Verdistraße 40 **Bp. 8**

Ansitz. Regelmäßiger Renaissancebau mit Doppelbogenfenster, flacher Polygonalerker. Gewölbte Eingangshalle mit Mittelpfeiler, Wendeltreppe. Renaissancestube, bez. 1585, Fenstergitter. Durchgehender Mittelsaal.

Verdistraße 32–34 **Bp. 12/2**

Bau aus dem 16. Jh. mit vorspringendem Türmchen. Gewölbte Durchfahrt, vom Hof aus Freitreppe.

Verdistraße 29–31 **Bp. 13/1**

Heutige Form 17. Jh. Rundbogenportal in Rustikarahmung, gewölbte Durchfahrt. Steingerahmte Rechteckfenster, Doppelbogenfenster. Mittelalterliches Sichtmauerwerk, im ersten Stock steingerahmte Schulterbogentür.

Alte Apotheke, Josef-Innerhofer-Straße 35 **Bp. 14**

Dreigeschossiger Bau mit Krüppelwalmdach. Am Giebel Okuliöffnungen. Mittelsäle mit Doppelbogenfenster. Gekuppelte Rechteckfenster. Eckerker mit Sonnenuhr, bez. 1692. Abgetreppter Giebel. Rechtecktür mit Oberlicht.

Wohlgemuth (Hammerstein), Kalterer Straße 1–3 **Bpp. 16/1, 16/2**

Ansitz. Zwei Trakte durch eine Hofmauer mit Rustikator und Loggiengang verbunden. Doppelbogenfenster, zwei Erkertürme. Im Erdgeschoß gewölbte Räume, steingerahmte Türen. Stube mit Kassettendecke und Pilastergetäfel mit Einlegearbeiten. Im Saal Kassettendecke in Sternform. Gewölbter Hausgang. 16./17. Jh.

Kalterer Straße 11 **Bpp. 19/1, 19/2**

Zweiflügeliger Bau. Rundbogentor, steingerahmte Rechteckfenster. Wirtschaftsgebäude zu Wohnzwecken ausgebaut. Fassadenfresko (Thun-Wappen), 18. Jh.

Angerburg, Unteralberweg 16 **Bp. 20/2**

Ansitz. Dreigeschossiger Bau mit abgewalmtem Dach. Rundbogiges Hoftor, steingerahmtes Rechteckfenster, Doppelbogenfenster. An der Westseite Wappenmalerei.

Unteralberweg 10 **Bp. 22**

Große Hofanlage mit offenem Bundwerkgiebel. In der Hofmauer Rundbogentor.

Grustdorf, Unteralberweg 4 **Bp. 24**

Ansitz. Rundbogiges Hoftor und Rechtecktür mit Wappenkartusche. Doppelbogenfenster. Eckerker auf Konsolsteinen. Sonnenuhr, bez. 1674, Rechteckfenster in Steinrahmung. Im Erdgeschoß spätgotische Holzdecke mit abgefasten Balken und drei Unterzügen, 16. Jh. Mehrere gewölbte Räume, im Keller Tramdecke. Im ersten Stock gewölbter Hausgang, Stube mit Renaissancetäfelung im zweiten Stock.

Bahnhofstraße 44–66 **Bpp. 26/1, 26/2**

Zweigeschossiger Bau mit offenem Giebel. Steingerahmte Rechteckfenster, dreiseitiger Erkeranbau. Rustikator mit Wappenstein, gewölbte Durchfahrt.

Bahnhofstraße 65–67 **Bp. 29/1**

Langgestreckter Bau mit steingerahmten Rechteckfenstern, im Dachgeschoß Okuliöffnungen. Rustikator, darüber Mariahilfbild. Steingerahmtes Schulterbogentor mit Jahreszahl 1524.

Bahnhofstraße 30 **Bp. 34**

Dreigeschossiger Bau mit offenem Giebel. An der Fassade spätmittelalterliche Freskenreste (Schachbrettmuster mit zwei Köpfen). Schulterbogentür, bez. 1524. Durchgehender Mittelsaal, zum Teil mit Tonplattenboden.

Dominikanerkirche St. Josef mit Kloster **Bpp. 39, 630**

Dreischiffiger romanisierender Bau, entworfen von A. von Geppert, 1883–1886 errichtet. Fassadenturm mit Spitzhelm, abgerundeter Chorschluß, Rundbogenfenster. Seitenkapelle. Kreuzgratgewölbe.
Dominikanerkloster: Dreigeschossiger Bau mit steingerahmten Fenstern. An der Westseite Verbindungstrakt zur Kirche. Rundbogentor, 17. Jh. Hauskapelle mit Deckenfresken, 18. Jh.

Bahnhofstraße 37–39 **Bp. 40**

Ehemaliger Ansitz. Dreigeschossiger Bau mit symmetrisch angelegtem Doppelbogen- und gekuppeltem Rechteckfenster. Im ersten Stock vergitterte Fensteröffnungen. An der Gartenseite Ecktürmchen. Vermauerte Rundbogenöffnungen im Erdgeschoß.

Nesselhof, Maria-Rast-Weg 3 **Bp. 41**

Ansitz. Ursprünglich zweigeschossiger Bau. Im ersten Stock alte Fenstergitter. Doppelbogenfenster. Rundbogentor mit Rustikarahmung, am Keilstein Jahreszahl 1674 und Christusmonogramm. Fenstergitter.

Bahnhofstraße 2–4 **Bp 47**

Dreigeschossiger Renaissancebau mit Doppelbogen- und Rechteckfenstern in Steinrahmung. Hofmauer mit (später verbreitertem) Rustikator, bez. 1639.

Gasthof Goldene Traube **Bp 49**

Zweigeschossiger Bau mit steingerahmten Rechteckfenstern. Zur Straße Rustikatür, daneben großes Rundbogentor mit Rosetten- und Pfeifenornamenten.

Gasthof Sonne **Bp. 56/1**

Bau mit zwei Fassadenerkern. Doppelbogenfenster. Gewölbter Mittelsaal im ersten Stock.

Ehemalige Kapuzinerkirche Maria Heimsuchung mit Kloster **Bpp. 60, 61**

Einfacher Bau mit geradem Abschluß, Tonnengewölbe, errichtet um 1640. 1973/74 nach Plänen von K. Rifesser, an der Stelle der früheren Seitenkapelle nach Osten erweitert. Ehemaliges Kapuzinerkloster: Einfaches Gebäude. Kreuzgang mit Satteldächern auf Holzstützen.

Alter Schießstand **Bp. 62**

Zweigeschossiger Bau auf quadratischem Grundriß. Rundbogentor in Rustikarahmung, am Keilstein Jahreszahl 1670. An der Westseite Schießstand, Raum mit profilierter Holzdecke, Ende 19. Jh.

Schießstandweg 14 **Bp. 68**

Schmaler, giebelständiger Bau. Dreiseitiger Erker, im Erdgeschoß große Toreinfahrt.

Mareithof, St.-Michaels-Platz 10 **Bp. 69**

Dreigeschossiger Bau mit gebrochener Fassade. Steingerahmte Fenster. Polygonaler Eckerker. Rundbogentor mit Wappenschild am Keilstein. Im Erdgeschoß gewölbte Räume, Freitreppe. Renaissancekachelöfen.

St.-Michaels-Platz 12 **Bp 70**

Spätmittelalterlicher Bau mit Spitzbogentür in Quaderfassung im Erdgeschoß. Aufgang zur Kirchenempore und Zugang zum Gewölbe mit rautenförmiger Ziegelbrüstung.

St.-Michaels-Platz 4–6 **Bp. 72**

Dreigeschossiger Bau mit drei zu drei Fensterachsen. Geschoßgliederung mit breiten Putzstreifen. Im Erdgeschoß zwei Flachbogentore.

Pfarrkirche St. Michael **Bp. 73**

Spätgotischer Bau, Langhausmauern vom romanischen Vorgängerbau übernommen. Polygonaler Chorschluß mit Sternrippengewölben, im Langhaus Kreuzrippengewölbe. Empore auf Pfeilern, 1610. Turm mit gemauerter Pyramide, 16. Jh. Außen Freskenreste, um 1380 (St. Leonhard, St. Sigmund)

Krafußweg 7 **Bp. 77**

Eckhaus mit Krüppelwalmdach. Polygonaler Erkeranbau, Doppelbogenfenster. Mehrere steingerahmte Rechteckfenster. Gewölbte Einfahrt.

Pfarrwidum **Bp 83**

Bau aus zwei Trakten bestehend, wovon der östliche älteren Bestand aufweist. Polygonaler Eckerker, steingerahmte Rechtecktür mit Oberlicht.

J.-G.-Plazer-Straße 13–15 **Bp. 86**

Dreigeschossiger Bau mit polygonalem Eckerker mit Türmchenabschluß, bez. 1578. Rustikator mit Jahreszahl 1672 am Keilstein. Okulireihe am Dachansatz. Zum Nachbarhaus Rundbogentor, bez. 1606.

J.-G.-Plazer-Straße 11 **Bp. 87**

Zweigeschossiger Bau mit steingerahmten Rechteckfenstern. Rosettenverziertes Doppelbogenfenster an der Straßenseite.
Am Ecktürmchen Jahreszahl 1518.

Rathaus **Bp. 88/1**

Ehemaliger Ansitz Platzegg. In den 30iger Jahren erhöht und umgebaut, wobei der ursprüngliche Charakter stark verändert wurde. 1984/85 Rückrestaurierung. Polygonaler Eckerker, Freitreppe, Rundbogeneingang. Im Erdgeschoß Reste spätgotischer Quadermalerei.

J.-G.-Plazer-Straße 4–8 **Bp. 89/1**

Zweistöckig. Steingerahmte Fenster, z. T. gekuppelt. Flacher Erker. Großes Rundbogentor und kleine Rundbogentür mit Rustikarahmung, am Keilstein Jahreszahl und Initialen 1637 P.F. Darüber Nische mit Marienfresko.

J.-G.-Plazer-Straße 24 **Bp. 92**

Bau mit abgewalmtem, spätgotischem Steildach. Eckerker auf Steinkonsolen. Vermauerter Rundbogen in Stein und neue Rechtecktür. Angebaute Hofmauer mit steinernen Pfosten eines ehemaligen Rundbogentores.

J.-G.-Plazer-Straße 30–34 **Bp. 95**

Erneuerte Fassadengestaltung. Rechtecktür, am Sturz Wappen und Jahreszahl 1592.

Stromburg, J.-G.-Plazer-Straße 38–42 **Bp. 97/1**

Ansitz. Dreigeschossiger Bau mit steingerahmten Rechteckfenstern. Rundbogentor in Quaderfassung. Eckerker mit z.T. gekuppelten Fenstern und Türmchenabschluß. Okuliöffnungen.

Eppanerhof, J.-G.-Plazer-Straße 50 **Bp. 99**

Ehemaliger Ansitz Hammersbach. Regelmäßiger Baukörper von vier zu fünf Fensterrachsen. Im Innern erneuerte Räume.

J.-G.-Plazer-Straße 31 **Bp. 100/1**

Dreigeschossiger Bau mit Krüppelwalmdach. An der Hofseite Freitreppe. Zwei polygonale Eckerker mit schönen Fenstergittern.

Goldgasse 2–4 **Bp. 102**

Freitreppe, spitzbogige Haustür in Steinrahmung, gotisches Viereckfenster mit steinernem Mittelpfosten. Spätgotischer Bau, im 17. Jh. verändert. Gewölbte Hausgänge und Küchen.

Köglburg, Krafußweg 8-10 **Bp. 107/2**

Ansitz. Zweigeschossiger Bau mit abgewalmtem Dach. An der Ostseite spätgotischer Viereckerker, Doppelbogenfenster. Barockes Sgraffito.

Krafuß, Krafußweg 25 **Bp. 109**

Ansitz. Regelmäßiger Renaissancebau. An der Hofseite Freitreppe und Rundbogenloggia. Rundbogiges Hoftor mit Wappen und Jahreszahl 1628.

Kellerei Lindner **Bp. 111**

Der ältere Teil hat ansitzartigen Charakter. Polygonaler Eckerker, Doppelbogenfenster, 17. Jh.

Reinsbergstraße 9 **Bp. 114**

Bau mit Zinnengiebel. Rundbogentür in abgefaster Steinrahmung. Im Keller Tonnengewölbe, im ersten Stock Küche mit Tonnengewölbe und Stichkappen.

Perkheim (Massauer), Reinsbergstraße 5 **Bp. 115**

Ansitz. Ursprünglich gotischer Bau, im 17. Jh. in Renaissanceformen umgestaltet. Spitzbogiges Hoftor. Zwei polygonale Erker mit Türmchenabschluß. Doppelbogen- und Rechteckfenster. Im ersten Stock reich gearbeitete Fenstergitter. Eckquaderung, Erkerbemalung. In der Hofmauer Jahreszahl 1623.

Altenburg mit Mühle, Maderneidstraße 19 **Bpp. 117, 118**

Ansitz. Zwei Häuser durch einen Mitteltrakt verbunden. Polygonaler Eckerker, Doppelbogenfenster. Steingerahmtes Portal mit Wappenaufsatz, bez. 1592. Funktionsfähige gemauerte Wassermühle.

Maderneidstraße 28 **Bp. 119**

Dreigeschossiger Bau mit abgewalmtem Steildach. An der Westfassade Reste eines Freskos. Halbrunder Treppenturm mit Zinnenkranz. Rundbogentore.

Thalegg mit Kapelle, Garten und Park, Maderneidstraße 11 **Bpp. 121, 122 Gpp. 243, 244/1**

Ansitz. Renaissancebau auf symmetrischem Grundriß. Hoftor mit Pyramiden, bez. 1606. Freitreppe mit Rundbogenloggia, Rechtecktür mit Oberlichte. Doppelbogenfenster, zwei Eckerker. Im Innern Wandmalereien, 17. Jh.
Kapelle: Gerader Chorschluß mit Glockenmauer, Rechtecktür, Viereck- und Flachbogenfenster. An der Altarwand Spitzbogennische, Anfang 17. Jh.

Maderneidstraße 7–9 **Bp. 123/1**

Zweigeschossiger Bau mit Eckerker. Rosettenverziertes Doppelbogen- und steingerahmte Rechteckfenster.

Maderneidstraße 16 **Bp. 124/1**

Dreigeschossiger Bau auf regelmäßigem Grundriß aus dem 17. Jh. Doppelbogenfenster.

Schneeberg, Maderneidstraße 10 **Bpp. 125/1, 125/2**

Anstiz. Zweigeschossiger Bau aus dem 16. Jh. Zum Hof mehrere Rundbogentore.

Von Söll (An der Lacken), Maderneidstraße 3 **Bp. 126/1**

Ansitz. Dreigeschossiger Bau mit abgewalmtem Dach. In der Mittelachse Rundbogentor, Polygonerker, Doppelbogenfenster. Am Erker Wappenstein mit Inschrift und Jahreszahl 1603. Fenster in Steinrahmung mit Gitter.

Kreit mit St.-Anton-Abt-Kapelle **Bpp. 129, 130**

Ansitz in lokalen Renaissanceformen, am Ende des 16. Jh.s erbaut. Zwei Ecktürmchen, Freitreppe, Loggia. Gewölbter Mittelsaal und Küche.
St.-Anton-Abt-Kapelle: 1661 erbaut. Gerade abschließender, erhöhter Chor. Fassadentürmchen mit Pyramidendach, Rechtecktür zwischen zwei Viereckfensterchen, im Chor Deckenmalereien.
Bannzone: Gpp. 703, 704, 705/1, 705/2, 705/3, 706, 707, 712, 713.

Kreuzweg, Sillweg 5 **Bpp. 134/1, 134/2**

Ansitz. Der mittelalterliche Bestand im 17. Jh. verändert. Eckerker, Doppelbogenfenster, Fenstergitter. Innenhof. Gewölbte Säle und Küchen, Stube mit Balkendecke. Raum mit Stuckdecke. Wirtschaftsgebäude zu Wohnzwecken ausgebaut.

Garber **Bp. 135**

Bau mit ansitzartigem Charakter. Steingerahmte Rechteckfenster, polygonaler Eckerker mit Fresken und Inschrift. Rundbogentor.

Rosenfeld, Pigenò 2–6 **Bpp. 136, 137/1, 138**

Ansitz mit zwei Nebengebäuden. In der Hofmauer Rundbogentor, bez. 1639. Hauptbau mit Rundbogentür und Doppelfenster in der Mittelachse. Im ersten Stock Saal mit Gewölbe, im zweiten Stock ursprünglich mit Stuckdecke, Großer Raum mit Kassettendecke.

Pigenò 8–10 **Bpp. 139, 140/1, 140/2**

Langgezogener Bau mit Zinnengiebel an der Ostseite. Im Westen zwei symmetrisch angelegte Türmchen. Freitreppe zum Hof. Am Tor Jahreszahl 1684.

Kuensegg, St.-Anna-Weg 19 **Bpp. 141/1, 141/2**

Ansitz. Langgestrecktes Gebäude mit Zinnengiebeln an beiden Seiten. Im Kern spätmittelalterlicher Bau, im 17. Jh. umgebaut. Freitreppe, Doppelbogenfenster mit Fenstergittern.

Eppan, Wohlgemuth (Hammerstein)

Eppan, Gandegg

Eppan, Rathaus (Platzegg)

Eppan, Kreit

St.-Anna-Weg 19–21 **Bp. 142**

Bau mit offenem Giebel und abgewalmtem Dach. Hofmauer mit Rundbogentor. Freistehender turmartiger Nebenbau. Polygonalerker, Fenster in Steinrahmung. Torggelstein, bez. 1606.

St.-Anna-Weg 24 **Bp. 143**

Dreigeschossiger Bau mit steingerahmten Rechteckfenstern (zum Teil erneuert).

Gleifheim mit Kapelle, St.-Anna-Weg 40 **Bpp. 144, 145**

Ansitz. Renaissancebau aus dem 17. Jh. mit Doppelbogenfenstern, Freitreppe und Eckerkern. Am Hoftor Wappenstein mit Jahreszahl 1628. Felderdecke mit Christusmonogramm im Mittelfeld. Raum mit Deckenmalereien.
Kapelle St. Johannes der Täufer: Einfacher Bau aus der ersten Hälfte des 17. Jh.s. Polygonaler Chorschluß, Tonnengewölbe, Dachreiter mit Pyramidendach.

Liebenburg, Pigenò 26 **Bpp. 148/1, 148/2, 148/3**

Ansitz. Steingerahmte Rechteckfenster, an der Hofseite Fresko (St. Florian). Am Tor Jahreszahl 1662. Im ersten Stock Zimmer mit spätgotischer Balkendecke, im Hausgang Stuckdecke, im Erdgeschoß Saal mit Tonnengewölbe und Putzrippen. Gewölbter Keller. Am Zuhaus steingerahmte Rundbogentür

Hebenstreit (Wiesenegg), Pigenò 20 **Bp. 149**

Ansitz. Krüppelwalmdach. Vergitterte Fenster. In der Hofmauer Rustikator, darüber drei Viereckzinnen mit Nischen. Am Kamin erneuerte Jahreszahl 1669. Freitreppe, gewölbter Keller, im ersten Stock gewölbter Hausgang, im zweiten Stock Balkendecke mit profilierten Spiegeln, 16. Jh.

Wickenburg mit Park, Pigenò 16 **Bp. 150 Gp. 1050**

Ansitz. An der Nordseite turmartiger Trakt mit Zinnen (um 1900). Am Erkerturm steingerahmte Rechteckfenster, Okuli. Ende 16. Jh. Großer ummauerter Park mit Nadelbäumen, Ende 19. Jh.

Lindenheim mit Park, Pigenò 7–9 **Bp. 151 Gp. 1048**

Ansitz. Ursprünglich einfacher Bau aus dem 17. Jh. Der zinnengeschmückte Zwerchgiebel und der Turm stammen von einem Umbau aus dem ausgehenden 19. Jh. Polygonaler Eckerker, am Giebel Oculi.

Pigenò 11–13 **Bp. 152**

Dreigeschossiger Bau mit steingerahmten Rechteckfenstern. Gemalte Eckquadern.

Pigenò 28–30 **Bp. 153/1**

Im Erdgeschoß gewölbte Räume. Gemauerter Treppenaufgang, gewölbter Gang und Küche. An einem Türsturz Jahreszahl 1762.

Rosenburg, Pigenò 38 **Bp. 156**

Ehemaliger Gerichtskerker mit drei gewölbten Zellen. Mittelalterliches Mauerwerk. Im Erdgeschoß steingerahmte, vergitterte Viereckfenster, offener Giebel.

Pigenò 36 **Bp. 157**

Ursprünglich zum Ansitz Rosenburg gehörig. Nach Norden starke Stützmauern, an der Ostseite schmaler Hofraum.

Pigenò 3 **Bp. 159**

Ehemaliger Ansitz. Heutige Form aus dem 17. Jh. Rundbogentore, verzierte Doppelbogenfenster. Polygonaler Eckerker.

Badlweg 1–3 **Bp. 160/2**

Regelmäßiger Renaissancebau mit Eckerker und Okuliöffnungen. In der Hofmauer Rundbogentor. Keilstein mit Pfeifenornament, bez. 1645. Steingerahmte Rechtecktür.

Gandegg mit Maria-Schnee-Kapelle und Park **Bpp. 163, 164/1 Gpp. 1169/1, 1172**

In der heutigen Form von Blasius Khuen um die Mitte des 16. Jh.s neu errichtet, wobei ein älterer Turm mitverwendet wurde. Dreigeschossiger Viereckbau mit runden Ecktürmen, im Süden Turmeinbau. Mehrere Räume mit Gewölben und Renaissancegetäfel.
Kapelle: Vorgängerbau Ende des 17. Jh.s ausgebaut und in die heutige Form gebracht (an der Südmauer Freskenreste, 16. Jh.). Polygonaler Chorschluß, Kuppel mit Laterne. Dachreiter mit Spitzhelm. Flachtonne und Kuppel im Langhaus (Kuppelmalereien: Engelkonzert). Empore: Stukkaturen und Fresken, um 1700.

Eiskeller **Bp. 165/2**

Kleiner Bau, aus Porphyrsteinen errichtet. Naturkeller im Bergsturzgebiet der Gand.

Englar mit Sebastiankapelle **Bpp. 166, 167**

Ansitz. Spätgotischer Bau mit ungewöhnlich hohem, abgewalmtem Dach. Rund- und Spitzbogentüren. Eckerker auf Kragsteinen, Saal mit Balkendecke und Gratgewölbe. Ringmauer mit Schießscharten.
Kapelle: Spätgotischer Bau, 1475 geweiht. Polygonaler Chorschluß, Netzrippengewölbe. Turm mit Satteldach. Am Gewölbe Rankenmalerei, Anfang 16. Jh.
Bannzone: Gpp. 1106/1, 1106/2, 1107, 1110, 1111, 1112, 1113, 1114, 1115, 1116, 1117/2, 1118, 1119.

Schloß Moos (Schulthaus) mit Nebengebäuden und Katharinenkapelle **Bpp. 169, 170, 171, 172, 173, 174, 176**

Mittelalterlicher Wohnturm, später mehrmals verändert und erweitert. Wandmalereien aus dem frühen 15. Jh., Stube mit aufgebogener Balkendecke, Ende 15. Jh. (Bp. 176).
Langgestrecktes Wirtschaftsgebäude mit Flachbogenöffnungen, teilweise zu Wohnzwecken ausgebaut. Gewölbter Hausgang mit Stichkappen, gemauerter Treppenaufgang. (Bpp. 170–173).
Hoher Bau, an der Nordseite Freitreppe, im Osten viereckiges Türmchen. (Bp. 174).
Kapelle: Romanischer Bau mit Rundapsis, Anfang des 17. Jh.s mit Dekorationsmalereien ausgeschmückt. Abgefastes Rundbogenportal. 1988 restauriert. (Bp. 169).

Matschatsch mit Park — Bp. 177, Gpp. 1189, 1190, 1191, 1193, 1196/1, 1196/2, 1201/1, 1201/2, 1202/1, 1202/2

Villa in historistischen Stilformen aus dem Ende des 19. Jh.s. Freitreppe, Loggiavorbau, Doppelbogenfenster. Neubarocke Kapelle. Ausgedehnte Parkanlage.

Nofner — Bpp. 178/1, 178/2, 178/3

Ehemaliger Ansitz. In der Hofmauer Rundbogentor. Vom Hof aus Freitreppe, Doppelbogenfenster. Wirtschaftsgebäude. Im Südtrakt Erkertürmchen.

Steinmetzhäusl — Bp. 182

Spätgotischer Bau. Im Untergeschoß Stall und Keller. Im Hauptgeschoß Saal, Küche mit flachem Tonnengewölbe. Stube mit Bohlenbalkendecke des frühen 16. Jh.s, der Mittelbalken mit geschnitztem Ornament.

Egger — Bpp. 183/1, 183/2, 183/3

Bau aus dem 17. Jh. Steingerahmte Rechteckfenster, Freitreppe.

Turnhof — Bp. 184

Mittelalterliche Hofanlage mit starken Stützmauern. Gewölbter Hausgang, Fenster mit Seitensitzen. In der Stube Renaissancegetäfel mit Unterzugsbalken.

Heiligkreuzkirche auf der Gleif mit neun Kalvarienbergkapellen — Bpp. 185, 186, Gpp. 6422/1, 6422/2

1716 errichtet. Doppelturmfassade, gerader Chorschluß, Kreuzgratgewölbe. Stuckverzierung. Angebaut ehemalige Einsiedelei, Stubengetäfel.
Sieben einfache Kapellenbauten, 1716 errichtet. Gerade Abschlüsse, Satteldächer, zum Teil Säulen- und Pilasterrahmung, Eisengitter. Zwei Kapellenbildstöcke, 19. Jh.

Aichberg, Bergstraße 31 — Bp. 188

Ansitz aus dem 17. Jh. mit Erker und Doppelbogenfenster. Turm mit Zinnenabschluß, 19. Jh. Kapelle mit Malereien des späten 19. Jh.s, von J. Hintner.

Unterpaschbach (Großhaus), Bergstraße 30 — Bp. 189

Ansitz. Regelmäßiger Renaissancebau mit Rundbogenportal in der Mittelachse, Balkon im ersten Stock, Doppelbogenfenster im zweiten Stock. Stuckgerahmte Tafel mit Jahreszahl 1557. Mittelsäle mit Stuckdecken, 17. Jh.

Weinberg, Bergstraße 36 — Bp. 190

Ansitz. Dreigeschossiger Bau aus dem 17. Jh., im 19. Jh. erhöht und umgebaut. Polygonaler Erkerturm, im ersten Stock Fenstergitter. Über der Tür Fresko in Stuckrahmung (Mariahilf, St. Florian, Georg), um 1600.

Paschbach mit Nebengebäuden — Bpp. 191/1, 191/2

Ausgedehnte Anlage. Am Wohnturm Zinnenkranz, Erker. Freitreppe mit Rundbogenloggia, Rechtecktür mit Jahreszahl 1585. Zwei Säle mit Gratgewölben, 16. Jh. Im ersten Stock Stube mit Balkendecke und Pilastergetäfel. Kachelöfen.

Rosengarten mit Kapelle und Park — Bpp. 194, 195, Gp. 1465

Ansitz. Freitreppe, Eckerker. Doppelbogenfenster. An der Durchfahrt Wappenstein mit Jahreszahl 1612. Mittelsäle mit regelmäßiger Raumeinteilung.
Kapelle Maria Opferung: Einfacher Bau mit geradem Chorschluß und hölzernem Dachreiter, zweite Hälfte des 17. Jh.s. Gratgewölbe mit Stuckfeldern und Malereien (Kindheitsgeschichte Christi). Schmiedeeisengitter.

Auf der Platten 12 — Bp. 204

Mittelalterliche Hofanlage, ursprünglich in Sichtmauerwerk. Im ersten Stock einfache Stuckdecke und Christusmonogramm, 19. Jh. Erneuerte Fensteröffnungen.

Turmbachweg 15–17 — Bp. 205, 206

Mittelalterlicher Wohnturm, daran anschließend erneuertes Wohngebäude. Regelmäßiges Mauerwerk, 13. Jh. Rundbogenöffnungen, Walmdach.

Bad Turmbach — Bp. 207/1

Bau mit polygonalem Erker aus dem 17. Jh. Im Westen Mühle mit gewölbten Räumen angebaut. Erkerstube, tonnengewölbte Küche.

Turm beim Schmalzer in Perdonig — Bpp. 211

Spätmittelalterlicher Bau mit gemauerter Freitreppe. Erdgeschoß und erster Stock mit Tonnengewölbe. Ursprüngliche Fensteröffnungen.

Pramol in Perdonig — Bp. 219

Ehemaliger Ansitz, im 16. Jh. erwähnt. Gegen Ende des 16. Jh.s im Besitz der Familie Töpsl.

Kronhof, Kreuzsteinstraße 18 — Bp. 221

Ansitz. Dreigeschossiger Bau mit Eckerker und kleiner Rundbogenloggia. Im Kern spätmittelalterlicher Wohnturm. Steingerahmte Fenster mit Gittern. Im ersten Stock Doppelbogenfenster, gewölbter Gang.
Wirtschaftsgebäude um einen Innenhof. Gewölbte Halle. Stube mit Renaissancegetäfel (Intarsien). Kachelofen, 16. Jh.

Montan, Kreuzsteinstraße 7 — Bp. 224

Ansitz. Ursprünglich freistehender Wehrturm in Sichtmauerwerk mit niederem Palas, 13. Jh. Später erhöht und zusammengebaut. Heutige Form, 16./17. Jh. Mehrere steingerahmte Rechteckfenster, Doppelbogenfenster. Rundbogentor mit spätgotischer Holztüre und Flachschnitzerei.

Zinnenberg, Bergstraße 53 — Bp. 228

Ansitzartiger Bau auf regelmäßigem Grundriß. Doppelbogenfenster. An der Nordseite Wappenmalerei, Anfang 16. Jh. Hoftor mit Zinnennischen (Jahreszahl 1626). Risalite mit Zinnengiebeln, Erkerturm, Freitreppe mit Rundbogenloggia. Wirtschaftsgebäude mit Zinnengiebeln.

Freudenstein mit St.-Andreas-Kapelle **Bpp. 230/1, 230/2, 231, 232**

Burganlage aus dem 13. Jh., im 16. und 17. Jh. erweitert und umgebaut. Zwei Bergfriede mit Palas, Innenhof mit Loggia, über dem Eingang Jahreszahl 1519. Reste von Wandmalereien aus dem beginnenden 16. Jh. 1860 und 1897 Umbauarbeiten (Erhöhung des Osttraktes, Innenausstattung). St.-Andreas-Kapelle: 1519 gebaut, 1532 geweiht. Polygonaler Chorschluß, hölzerner Fassadendachreiter. Netzrippengewölbe, Spitzbogenfenster.
Bannzone: Bp. 580, Gpp. 1551/1, 1552, 2196/1, 2196/2, 2197, 2200, 2202, 2203/1, 2203/2, 2204/1, 2204/2, 2205, 2208, 2209, 2210, 2211, 2213

Reinsberg mit Heiligkreuzkapelle **Bp. 234, 235**

Ansitz. Renaissancebau mit zwei Trakten. Eckerker, Freitreppe mit Rundbogenloggia. In der Hofmauer Rundbogentor mit Wappen und Jahreszahl 1661. Renaissancestube, bez. 1628. Zimmer mit Stuckdecken und Mittelbildern.
Kapelle: 1676–77 erbaut. Zentralbau auf kreuzförmigem Grundriß mit Kuppel und Laterne, Fassadendachreiter mit Pyramide, Vierecktür. Im Chor Tonnengewölbe. Angebaute Heiliggrabkapelle. Stukkaturen und Deckengemälde.

Platzlweg 4 **Bp. 238**

Langgestreckter Bau mit steingerahmten Rechteckfenster. An der Südseite Sonnenuhr. Doppelbogenfenster. Halle mit Tonnengewölbe. Mehrere gewölbte Räume. Stubengetäfel, 1848, im ersten Stock Saal mit Stuckdecke, Raum mit Kassettendecke. Gewölbter Keller.

Platzlweg 9 **Bp. 241**

Zweigeschossiger Bau mit steingerahmten, zum Teil vergitterten Rechteckfenstern. Rundbogiges Rustikaportal, bez. 1653.

Mareit, Platzlweg 10 **Bp. 242**

Ansitz. Bau mit Krüppelwalmdach, mittelalterlicher Baukern. Im 17. Jh. vergrößert und umgestaltet. Hochmittelalterliche Stube, Doppelbogenfenster.
Im Erdgeschoß gewölbte Halle mit Mittelsäule.

Platzlweg 12 **Bp. 243/1**

Gebäude mit ansitzartigem Charakter. Zwei viereckige Eckerker, steingerahmte Fenster, 17. Jh. Treppenaufgang mit Leistendecke.

Platzlweg 15 **Bp. 245**

Einfacher Bau mit schlichter Fassadengestaltung. Für die Gesamtansicht des Ensembles von Bedeutung.

Platzlweg 17 **Bp. 246**

Charakteristischer Hof. Zweigeschossiger Bau mit offenem Bundwerkgiebel.

Weißenheim, Bergstraße 44 **Bp. 248/1**

Ansitz. Im Kern mittelalterlicher Bau, gegen Ende des 16. Jh.s umgebaut. Erker. Freitreppe mit Loggia, Doppelbogenfenster. Steingerahmte Rechteckfenster, zum Teil mit Gittern versehen.

Von Vescovi (Pratzer), Kreuzsteinstraße 3 **Bp. 251**

Ansitz. Hoher Bau mit abgewalmtem Dach. Erkerturm. Gotische Tür- und Fenstergewände. Spitzbogiges Hoftor, ursprünglich Quaderverputz.

Prielhof, Kreuzsteinstraße 12 **Bp. 252**

Langgestreckter Bau, an der Nordseite Zinnengiebel. Steingerahmte Rechteckfenster, Doppelbogenfenster. Rundbogiges Hoftor. 17. Jh.

Kreuzsteinstraße 10 **Bp. 253**

Wohn- und Wirtschaftsgebäude zusammengebaut. Stadel mit Steindach, Stall mit flachem Tonnengewölbe. An der Nordfassade des Wohngebäudes Jahreszahl 1548 mit Handwerkszeichen und 1566 mit Namen Paul Muil. Im ersten Stock kleiner Vorraum mit Kreuzgewölbe, im zweiten Stock einfache Renaissancestube, Türeinfassung mit Pilastern und Tympanon, bez. 1587 Paul Muil. Eingebauter Schrank mit Renaissancemotiven.

St.-Justina-Weg 67 **Bp. 254**

Zweigeschossiger traufständiger Bau. Gemalte Fensterumrahmungen und Ecksteine.

Zinnenberg, St.-Justina-Weg 65 **Bp. 255**

Ansitz. An den Ecken zwei vorspringende Baukörper mit Zinnengiebel. Erkertürmchen, Freitreppe mit zweigeschossiger Rundbogenloggia. In der ersten Hälfte des 17. Jh.s ausgebaut. Eckquaderbemalung, steingerahmte Fenster, vergittert. Renaissancestube mit kassettierter Balkendecke. Gotische Schulterbogentür.

Neuberg, St.-Justina-Weg 63 **Bp. 256/1**

Ansitz. Ursprünglich mittelalterlicher Turm mit späteren Zubauten. Im 17. Jh. in Renaissanceformen verändert. Freitreppe, Loggia, Doppelbogenfenster. Tormauer mit Zinnen. Eingangshalle mit Kreuzgratgewölbe auf Pfeilern. Stube mit Pilastergetäfel und Felderdecke. Raum mit Stuckdecke.

Von Vintschger, St.-Justina-Weg 61 **Bp. 257**

Ansitz. Würfelförmiger Renaissancebau mit symmetrischer Raumeinteilung. Rundbogentor. Doppelbogenfenster. Stube mit Pilastergetäfel, bez. 1597. Im Erdgeschoß gewölbte Ansetz mit Mittelpfeiler. Küche mit Tonnengewölbe, im zweiten Stock Mittelsaal mit Kassettendecke.
Bannzone: Gp. 2175

Schererhof, Paulser Straße 22 **Bp. 261**

Langgezogener, zweigeschossiger Bau mit abgewalmtem Dach. Rundbogentor in Sandsteinrustika mit Wappen, bez. 1668, oberhalb Mauernische mit Marienbild. Im ersten Stock zwei Fenster mit spätgotischer Leibung, im zweiten Stock sämtliche Fenster in Sandsteinrahmung.

Paulser Straße 20 **Bp. 264**

Mittelalterlicher Bau. Dreigeschossig, hohes Steildach. Fenster zum Teil erneuert. Zurückgesetzte Hofmauer mit Flachbogentor.

Links oben: Eppan, Katharinakapelle in Schulthaus
Links unten: Eppan, Kapelle in Aichberg

Rechts oben: Eppan, Mareit
Rechts unten: Eppan, Friedhof in St. Pauls

Eppan, Warth

Eppan, Maria-Himmelfahrts-Kirche in Mariengarten

Eppan, Hasenegg in Unterrain

Paulser Straße 16–18 **Bp. 265**

Dreigeschossiger Bau mit steingerahmten Fenstern, im ersten Stock vergittert. Schwerer Viereckerker auf drei abgetreppten Konsolen. Rundbogentor.

Paulser Straße 15–19 **Bpp. 267/1, 267/2**

Breiter Bau mit Viereckerker auf Volutenkonsolen. Doppelbogenfenster. Rundbogentür, am Scheitel Wappen. In der Hofmauer Rustikator, bez. 1799, und Zinnen. Am Giebel Okuli, an der Hofseite Loggia.

Paulser Straße 12–14 **Bp. 268**

Traufständiger Bau. Rundbogige Haustür mit abgefaster Steinrahmung, daneben Ladenöffnung mit Steinbank. Polygonaler Erker mit steingerahmten Fenstern.

Paulser Straße 6–10 **Bpp. 269, 270**

Dreigeschossiger Bau mit durchgehendem Viereckerker mit Türmchenabschluß. Auf beiden Seiten Hofmauer mit Zinnen und zwei steingerahmten Rundbogentoren. Steingerahmte Fenster, gewölbte Halle. Im ersten Stock gewölbter Mittelsaal, Raum mit profilierter Balkendecke mit Unterzug. Im zweiten Stock Stuckdecke. Sogenanntes Zehenthaus.

Paulser Straße 5 **Bp. 274**

Im ersten Stock zwei Fenster in rechteckiger Sandsteinrahmung mit Rundstäben und Trommeln. Vorspringende Solbänke, an der südlichen drei Wappen in Relief. Um 1500.

Gasthof zum guten Tropfen in St. Pauls **Bp. 275**

Steingerahmte Fenster. Rundbogentor mit Durchfahrt. Doppelbogenfenster in Rosettenrahmung, 17. Jh. Im Erdgeschoß gewölbte Gasträume.

Gasthof Schwarzer Adler in St. Pauls **Bp. 277/1**

Dreigeschossiger Bau. Polygonaler Erker mit Türmchenabschluß. Gekuppelte Rechteckfenster. Gewölbte Durchfahrt.

Paulser Straße 1 **Bp. 278**

Dreigeschossiger Bau mit abgewalmtem Dach. Konkav gebogene Fassade. Steingerahmte Rechteckfenster. Rundbogenportal mit Quadern, am Scheitel Wappenschild.

Platzbauer, Platz 19 **Bpp. 279/1, 279/2**

Unregelmäßiger Bau, im Kern spätgotisch. Rundbogenportal, zwei ehemalige steingerahmte Ladenöffnungen. Auf Konsolen vorspringender Hausteil mit vier Rechteckfenstern, 17. Jh. Vermauerte Rundbogenöffnungen.

St. Luzia mit Friedhof in St. Pauls **Bp. 281, Gp. 2549**

Einheitliche Anlage aus der zweiten Hälfte des 16. Jh.s mit Rundbogenarkaden. Kapelle: Fassadentürmchen mit Pyramidendach, polygonaler Chorschluß, Kreuzgratgewölbe. Renaissanceportal, Spitzbogenfenster. Wandgemälde (Wappen, gemalte Epitaphien), um 1590. Arkadenerweiterung, Ende 19. Jh.

Warth **Bp. 282**

Burganlage aus dem 13. Jh., später mehrmals umgebaut. Bergfried, Torbau, Palas, Innenhof. Quadergerahmtes Spitzbogenportal, Freitreppe. Im Bergfried Raum mit Balkendecke und Quadermalerei mit Zinnenkranz. Fenster mit Seitensitzen, Zierbordüren, 14. Jh. Stubengetäfel von 1613.

Mariengarten mit Maria-Himmelfahrts-Kirche in St. Pauls **Bpp. 283/1, 283/2, 283/3, 717**

Ursprünglich „Bloshof" genannt, in Besitz des Stiftes Wilten. Rundbogentor mit Wappen der Sternbach. Kapelle in romanisierenden Stilformen nach Entwurf von Mungenast erbaut. Rundbogenapsis, Flachdecke.

Pfarrwidum in St. Pauls **Bp. 284**

Dreigeschossiger Bau auf unregelmäßigem Grundriß. Rundbogige Eingangsloggia auf zwei toskanischen Säulen. Im Kern spätgotisches Mauerwerk, im 17. Jh. verändert. Mehrere getäfelte Räume.

Pfarrkirche St. Pauls **Bp. 285**

Dreischiffiger spätgotischer Kirchenbau, in mehreren Etappen errichtet. Polygonaler Chorschluß (1490), dreischiffiges Langhaus mit Pfeilern (16. Jh.), im Chor Netzrippengewölbe, im Langhaus Kreuzrippengewölbe. Seitlicher Fassadenturm mit Zwiebel auf Oktogon. Wandgemälde 16. und 19. Jh.

Mesnerhaus in St. Pauls **Bp. 286**

Langgezogener Baukörper mit Freitreppe an der Ostfassade. Gewölbte Kellerräume. Im zweiten Obergeschoß zwei Räume mit Stuckdecken.

Unterrainer Straße 2–4 **Bp. 290**

Dreigeschossiger Bau mit steingerahmtem Rundbogentor. Zwei dreiseitige Erker, am südlichen Nische mit Kreuzigungsbild. Gemauerter, abgewalmter Giebel. Im ersten Stock gewölbte Küche. Im Keller Balkendecke mit Gabelstütze und Unterzug. Tonnengewölbte Durchfahrt mit Stichkappen.

Unterrainer Straße 10–12 **Bp. 292**

Zweigeschossiger Bau mit Doppelbogenfenstern, Erker und Rundbogentor. Wandgemälde (St. Florian, Sebastian, Wappen der Herren von Franzin), 17. Jh. Gewölbter Saal, Spitzbogentür zu kreuzgratgewölbtem Raum.

Unterrainer Straße 16 **Bp. 294**

Spätmittelalterlicher Bau, im 17. Jh. umgebaut. Fassade mit spätgotischem Viereckerker, rundbogiges Hoftor, doppelgeschossiger Erker. Im Hochparterre und ersten Stock Gang mit Kreuzgratgewölbe. Tonnengewölbte Küche, im ersten Stock Renaissancetüren in Steinrahmungen.

Unterrainer Straße 20 **Bp. 296**

Dreigeschossiger Bau mit steingerahmten Rechteckfenstern. Im ersten Stock zum Teil vergittert. Rundes Treppentürmchen. Flacherker.

Unterrainer Straße 30 **Bp. 298**

Wohn- und Wirtschaftsgebäude, dazwischen Rundbogentor in Steinrahmung. Am Wohnhaus dreiseitiger Erker, am Giebel Okuli.

Unterrainer Straße 32 **Bp. 299**

Hohes Rundbogentor, Doppelbogenfenster, Polygonalerker, 17. Jh..

Unterrainer Straße 17 **Bp. 301**

Zweigeschossiger Bau mit offenem Giebel. Spätgotisches Mauerwerk mit tiefen Fensterleibungen und abgefasten Kanten. Dreiseitiger Erker.

Unterrainer Straße 11–13 **Bp. 303**

Dreigeschossiger Bau mit steingerahmten Fenstern in Rechteck- und Doppelbogenform. Flacherker. Rundbogentor und Rechtecktür in verzierter Rahmung, 17. Jh.

Unterrainer Straße 7–9 **Bp. 304/2**

Traufständiger Bau mit großem Rustikator, am Keilstein leere Wappenkartusche. Gewölbte Durchfahrt, rundbogige, vergitterte Ladenöffnung.

Platz 6–9 in St. Pauls **Bp. 307**

Dreigeschossiger Eckbau, im Kern spätgotisch. Im Erdgeschoß und ersten Stock Halle mit Netzgratgewölbe, zwei Schulterbogentüren. Zweigeschossiger Erker mit Türmchenabschluß, am Fuß Tierfratze. Rundbogentor.

St.-Justina-Weg 2 **Bp. 308**

Dreigeschossiger Bau. Rundbogentor mit abgefasten Kanten. Zwei Fenster in gotischer Steinrahmung erhalten.

Gasshuber in St. Pauls **Bp. 314**

Krüppelwalmdach. Fenster in tiefen Leibungen, zum Teil vergittert. Kleiner Viereckerker auf zwei Holzstützen. Zur Hofmauer Rustikator, am Keilstein Wappen mit Jahreszahl 16... Später erhöht.

Benefiziatenhaus in St. Justina **Bp. 315**

Einfacher Bau mit regelmäßigen Fensterreihen, 17. Jh.

St. Justina **Bp. 316**

Ursprünglich romanischer Bau mit Rundapsis, 1645–49 vergrößert. Turm mit Pyramidendach, dreiseitiger Chorschluß, Kreuzgratgewölbe.
Bannzone: Gpp. 2699, 2700, 2703, 2704, 2705, 2706, 2707, 2708, 2709, 2710, 2711, 2718/1, 2720, 2722, 2723, 2724, 2727, 2730, 2731, 2732.

Missianer Straße 12 **Bp. 318**

Wohnhaus und Stadel mit Hofmauer verbunden. Rundbogentor, Freitreppe. Im Kern spätgotischer Bau, im 17. Jh. verändert.

Ruesen in Missian **Bp. 324**

Einhof aus spätmittelalterlicher Zeit. Gewölbter Keller. Holzstiege mit Söller. Im Obergeschoß tonnengewölbte Küche und Stube mit Bohlenbalkendecke.

Hasenegg in Unterrain **Bp. 327**

Mittelalterlicher Einhof. Zum Teil in Sichtmauerwerk, Keller mit Kreuzgratgewölbe, Freitreppe. Gewölbter Vorraum, Stube mit spätgotischer Balkendecke und Unterzug.

St. Nikolaus in Unterrain **Bp. 330**

Spätgotischer Bau mit geradem Chorschluß, 1512 geweiht. Sternrippengewölbe. Vorhalle und Türmchen mit Spitzhelm, 17. Jh. Spitzbogenportal in profilierter Steinrahmung.

Zollhaus in Unterrain **Bp. 331**

Dreigeschossiger Renaissancebau mit Rustikator: Doppelbogenfenster mit Rosettendekor. Polygonaler Eckerker, 17. Jh.

Hungerhausen in Unterrain **Bp. 332**

Ansitz. Zweigeschossiger Bau mit offenem Giebel und abgewalmtem Dach. Polygonaler Erker mit Fenstergittern. Allianzwappen Jöchl-Rost, Anfang 16. Jh. Spitzbogiges Hoftor.

Oberer Dornhof in Missian **Bp. 340/1**

Ausgedehnte Hofanlage. Im Erdgeschoß gewölbte Räume. Freitreppe, steingerahmte Rechtecktür.

Unterer Dornhof in Missian **Bp. 340/4**

Einfacher Bau mit abgewalmtem Dach.

Hueber in Missian **Bp. 344/1**

Wohnhaus und Stadel mit Hoftorbogen verbunden. Einfache, gut proportionierte Bauten in unmittelbarer Nähe der Kirche. Stadel, bez. 1696.

St. Apollonia in Missian **Bp. 346**

Anstelle des gotischen Baues 1841–1843 in klassizistischen Stilformen errichtet. Turm mit Pyramidendach. Polygonaler Chorschluß (gotisches Mauerwerk), Flachtonnengewölbe. Fassade mit Pilastergliederung und Dreieckgiebel.

Kohlhof in Missian **Bp. 349/1**

Großer Bau. Im Erdgeschoß Kellerräume mit Tonnengewölbe im ersten Stock Mittelsaal mit Kreuzgratgewölbe und sandsteingerahmten Rechtecktüren.

Missianer Straße 15 **Bp. 356/1**

Zweigeschossiger Bau. Hofmauer mit Rundbogentor, an der Fassade Madonnenbild in Stuckrahmen. Erneuerte Fensteröffnungen.

Firmalein in Missian **Bp. 361**

Mittelalterliche Hofanlage, 1912 umgebaut und erhöht. Erkerturm mit Kreuzgratgewölbe eingebaut.

Korb **Bp. 362**

Dreigeschossiger Wohnturm aus dem 13. Jh., 1835 erweitert und umgebaut. Romanische Doppelbogenfenster mit Knospenkapitellen. Am Zubau Zinnengiebel.

Hocheppan mit Katharinenkapelle und Kreidenturm **Bpp. 367,599 Gpp. 3631, 3641/1**

Ausgedehnte Burganlage aus der zweiten Hälfte des 12. Jh.s. Fünfeckiger Bergfried, Reste des Palas, Ringmauer. Umbauten im 16. Jh. Burgkapelle mit bedeutender romanischer Freskenausstattung. An der Ostwand drei Altarnischen, mittlere nach außen vorkragend. Flachdecke. Dachreiter. Altarwand, Langhauswände und nördliche Außenwand mit Fresken versehen, Beginn des 13. Jh.
Kreidenturm: Vorwerk von Hocheppan, 12. Jh. Viereckturm mit Mauerwerk in regelmäßigen Steinlagen, ursprünglich in einem Ringmauerviereck. Schießscharten.

Pillhof (Kreuzweger) in Frangart **Bp. 369**

Ansitz. Regelmäßiger Baukörper mit Nebengebäuden. Spätgotischer Viereckerker auf Kragsteinen. An der Südseite Sonnenuhr, darüber Fresko (Geburt Christi, Herodes und Könige), um 1600. Hofmauer mit Zinnenkranz und Rundbogentor.

Oberer Pillhof in Frangart **Bp. 371**

Großer Weinhof. Im Erdgeschoß Ansetz mit Tramdecke, tiefer Keller mit Tonnengewölbe. Gemauerte Freitreppe, Rundbogentür, bez. 1635. Stube mit Kachelofen und barockem Leistengetäfel.

Muggenpichler in Frangart **Bp. 374**

Weinhof mit Eckerker auf Kragsteinen, Rundbogentor, in jüngster Zeit erhöht.

Pfarrwidum in Frangart **Bp. 379**

Spätgotischer Bau mit gemauerter Freitreppe und Zinnengiebel. Nach Norden jüngerer Anbau. An der Rückseite runder Treppenturm mit Zinnenabschluß, um 1900.

Plankeiner in Frangart **Bp. 383/2**

Steingerahmte Fenster mit schönen Schmiedeeisengittern. Charakteristisches Wirtschaftsgebäude mit großen Flachbogenöffnungen und verbrettertem Giebel. Hausgang mit Kreuzgratgewölbe und steingerahmten Rechtecktüren.

Carneri (Stainhof) in Frangart **Bp. 384**

In der Hofmauer Rustikator, darüber Zinnen mit drei freskengeschmückten Nischen. Stuckmedaillons mit Wappen. Vom Hof aus Freitreppe. Spätgotische Balkendecke mit profilierten Spiegeln und Unterzug. Gewölbter Hausgang und Küche.

Engelmair in Girlan **Bp. 386**

Mittelalterliches Gehöft, von einer Mauer umgeben. Rundbogentor, darüber drei Zinnen mit Nischen. Freitreppe. Doppelbogenfenster in Steinrahmung. Mehrere Rundbogentüren. Kreuzgratgewölbter Hausgang, steingerahmte Türen, Stube mit hohem spätgotischem Wandgetäfel (Balkendecke im Torgglhaus/Bozen).

Gasthof Weißes Rößl in Girlan **Bp. 393**

Steingerahmte Fenster, gemauertes Hoftor, bez. 1658. Im ersten Stock Saal mit Doppelbogenfenster.

Ladurner in Girlan **Bp. 397**

Zweigeschossiger langgestreckter Bau. Viereckerker auf Konsolen, später gestützt. Rundbogentor zum Wirtschaftsgebäude. Im ehemaligen Stall Stichkappengewölbe.

Jesuheimstraße 8–10 in Girlan **Bp. 403/1**

Wohnhaus mit anschließender Hofmauer und Rundbogentor. Freitreppe, steingerahmte Schulterbogentür mit Wappenschild, steingerahmte Spitzbogentür im Innenhof. Gewölbter Hausflur. Spätgotische Balkendecken mit Minuskelinschrift, um 1500. Im 17. Jh. umgebaut. Stadel mit verbrettertem Giebel und Flachbogenfenster.

Pfarrkirche St. Martin in Girlan **Bp. 419**

Anstelle des gotischen Vorgängerbaues 1838 erbaut. Abgesetzter, polygonaler Chorschluß, Turm mit Zwiebelhaube, Flachkuppeln. Klassizistische Fassadengestaltung mit Pilastern und Dreieckgiebel. Deckengemälde (Maria Himmelfahrt, St. Martin und der Bettler, St. Cäcilia) von Christoph Brandstätter (1845).

Platz 7 in Girlan **Bp. 422**

Unregelmäßige Fassadengestaltung mit steingerahmtem Rechteckfenster, polygonalem Eckerker, Rundbogentor in Quaderfassung, 17. Jh.

Schleierbrunnhof in Girlan **Bp. 425**

Hoher Bau mit Krüppelwalmdach, spätmittelalterliches Mauerwerk, gewölbter Hausgang, Stubengetäfel entfernt.

Sebastianstraße 3 in Girlan **Bp. 431/1**

Langgestreckter Bau mit Eckerker auf Steinkonsolen. Freitreppe, steingerahmte Rechtecktür mit Oberlicht. Im Hof Doppelbogenfenster. Küche mit Tonnengewölbe. Gotisches Fenster.

Tschoggelhof, Kapellenweg 4 in Girlan **Bp. 444/1**

Mittelalterlicher Gutshof des Stiftes Sonnenburg, 1181 erwähnt, im 18. Jh. um ein Stockwerk erhöht. Steingerahmte Spitzbogentür, Viereckerkerturm, gewölbte Küche. Spätgotische Bohlenbalkendecke, im zweiten Stock mehrere Räume mit einfachen Stuckdecken, 18./19. Jh. Stadelanbau mit Tonnengewölbe; Reste hochmittelalterlichen Mauerwerks im Stadel.

Breitenberg in Girlan **Bpp. 449/1, 449/2**

Ansitz. Am Herrschaftshaus Freitreppe mit Loggia, Doppelbogenfenster, 17. Jh. Über der Loggia Balkon mit steingerahmter Rechtecktür und Oberlicht. Das ehemalige Wirtschaftsgebäude ausgebaut.

Greifenburg in Girlan **Bp. 453/2**

Ansitz. Einfacher Bau auf regelmäßigem Grundriß. Hofmauer, gemauerter breiter Treppenaufgang. Vom Kellergeschoß ins Erdgeschoß, einfache steingerahmte rechteckige Eingangstür.

Liebenstein (Weißhaus), Montiggler Straße 11 **Bp. 465/1, 465/2**

Ansitz. Regelmäßiger Renaissancebau, 17. Jh. Eckerker, Doppelbogenfenster. Urspünglich Freitreppe. Im Erdgeschoß gewölbte Räume, im ersten Stock Mittelsaal mit bemalter Holzdecke, steingerahmte Rechtecktüren, zwei Zimmer mit bemalten Holzdecken. 1977 eingestürzt.

Rungghof in Girlan **Bp. 471, 472**

Mittelalterlicher Bau, 1524 errichtet von Meister Peter Maurer. Im 17. Jh. umgebaut. Steingerahmte Rechtecktür, rundbogiges Kellertor, gewölbte Ansetz (mit Zwischendecke). Tonnengewölbter Hausgang, im zweiten Stock Raum mit Stuckdecke.

Frischhof in Schreckbichl **Bpp. 481/1, 481/2**

Zwei Wohngebäude, Hofmauer mit Rundbogentor. Im älteren Bau zwei Kellergeschosse mit Tonnengewölbe, im ersten Stock tonnengewölbte Küche, im zweiten Stock Zimmer mit Stuckdecke. Im jüngeren Bau von 1893 großer Keller mit gemauerten Säulen und Gewölben.

Heilig Kreuz in Schreckbichl **Bp. 482**

Einfacher Bau, 1823 errichtet. Turm mit Glockenhaube, steingerahmte Schulterbogentür zwischen zwei Flachbogenfensterchen, darüber Lünette. Rundbogen- und Rechteckfenster. Abgerundeter Chorschluß. Wandmalereien von Albert Stolz.

Oberhabsberger in Montiggl **Bp. 500**

Eingebauter mittelalterlicher Turm in Sichtmauerwerk, 13. Jh. In spätgotischer Zeit erweitert. Gemauerte Rundbogentür.

Kirche zu den Heiligen Drei Königen in Montiggl **Bp. 505**

Spätgotischer Bau. Turm mit Spitzpyramidendach, steingerahmte Spitzbogentür. Polygonaler Chorschluß, Stern- und Netzrippengewölbe, skulptierte Konsolsteine.

Untertissner in Montiggl **Bp. 506**

Mittelalterliche Hofanlage. Rundbogentor, unregelmäßiges Sichtmauerwerk am Wirtschaftsgebäude, gemauerte Rundbogenöffnung. Am Wohnhaus Erkervorbau. Im Saal Steinplattenboden und Balkendecke.

Obertissner in Montiggl **Bpp. 507/1, 507/2, 508**

Mittelalterlicher Weinhof, heutige Form 17. Jh. An der Fassade Sonnenuhr, steingerahmte Rundbogentür, Fenster in Steinrahmung.

St. Valentin mit Valentinskapelle in Berg **Bpp. 510, 511/1, 512**

Ansitz. Hoher Bau mit Krüppelwalmdach und zwei Erkertürmen. Heutige Form 16./17. Jh., erstmals erwähnt 1382. Renaissanceloggia mit Wappenmalereien. Kapelle: Um 1500 erbaut. Hölzerner Fassadendachreiter mit Spitzhelm, polygonaler Chorschluß, Netzrippengewölbe. Empore mit Maßwerkbrüstung auf zwei Rundbögen.

Matschatscher Straße 8 **Bp. 514**

Langgestreckter Bau mit gewölbten Kellerräumen. Sandsteingerahmte Tür am Stiegenaufgang. Wirtschaftsgebäude mit Tonnengewölbe im Erdgeschoß.

Matschatscher Straße 10 **Bp. 515**

Zweigeschossiger Bau mit ansitzartigem Charakter, gekuppelte Rechteckfenster, Sonnenuhr mit Jahreszahl 1672. Im Erdgeschoß abgefaste Rundbogentür und Balkendecke auf Gabelstützen.

Saltner in Gaid **Bp. 530**

Großer Bau, nach Osten Erkerloggia. Zwei Sonnenuhren. Im Westen Anbau, Rundbogeneingang in Sandsteinrahmung.

Mair in Gaid **Bp. 531**

Spätmittelalterlicher Bau. Im Erdgeschoß ehemals offener Durchgang mit Tonnengewölbe, nach Süden Rundbogen aus Quadern. Im Obergeschoß tonnengewölbter Gang.

Vierzehn Nothelfer in Gaid **Bp. 532**

1638 erbaut. Dreiseitiger Chorschluß, Gratgewölbe, Rechtecktür in Steinrahmung. Fassadendachreiter mit Pyramidendach, früher Fassadenglockenmauer.

Tratter in Gaid **Bp. 533**

Zwei symmetrisch angelegte Erkertürmchen. Früher in Besitz des Stiftes Wilten. Im nördlichen Erkerturm Gewölbe mit Resten von Wandmalereien. Rauchküche mit Stichkappengewölbe.

Pfarrkirche zu den Heiligen Vigil und Ulrich mit Pfarrwidum in Perdonig **Bpp. 547, 548**

Pfarrwidum und Kirche zusammengebaut, 1799 errichtet. Gerader Chorschluß mit Kreuzgratgewölbe, im Schiff Flachdecke. Spitzturm.

Maria Rast **Bp. 567**

Bau in romanisierenden Stilformen, 1874 errichtet. Fassadenglockenmauer, Rundbogenapsis, Kreuzgratgewölbe, im Chor Tonnengewölbe. Historisierende Dekorationsmalerei.

Friedhofskapelle in Girlan **Bp. 605/1**

Gotisierender Bau, 1877 errichtet. An der Kapellentür Relief (Abschied Christi). Wandgemälde (Gericht, Sintflut, Turmbau zu Babel, Gesetzesübergabe, Epiphanie, Ölberg, Ecce Homo) von A. Plattner, 1880.

Unterer Pardeniger in Montiggl **Bp. 627**

Gebäudegruppe mit hochmittelalterlichen Bauelementen, teilweise in Sichtmauerwerk. Rundbogentor, Wirtschaftsgebäude mit Krüppelwalmdach mit verbrettertem Giebel.

Pfarrkirche St. Josef in Frangart **Bp. 651**

Im gotisierenden Stil 1894/95 von Johann Huber nach Plänen von Ferdinand Mungenast errichtet. Spitzturm, polygonaler Chorschluß, im Langhaus Gratgewölbe. An der Ostseite Seitenkapelle. Wandgemälde von Albert Stolz, 1936.

Bahnhofstraße 7–8 **Bpp. 682/1, 682/2**

Ehemaliges Grandhotel „Hocheppan“, errichtet 1890 in Formen des späten Historismus: Mittelrisalit, Eckturm, Loggien, Doppelbogenfenster. Im Erdgeschoß gewölbte Halle und Saal mit gußeisernen Stützen. Großzügiges Stiegenhaus. Nach Westen Anbau von 1905 mit Erker und Eckrisalit.

Altenburg **Bp. 736**

Burgruine. Reste einer hochmittelalterlichen Burganlage. Turm zu einem Wohnhaus umgebaut. Vermauerte Rundbogenöffnungen, Mauerwerk in regelmäßigen Steinlagen. Wahrscheinlich ursprünglich die Burg „Eppan".

Unterrainer Straße 19 **Bp. 1565**

Zweigeschossiger Bau mit abgewalmtem Dach. Im Erdgeschoß erneuerte Fensteröffnungen, im ersten Stock profilierte Steinrahmen. Spätmittelalterlicher Baubestand, im 17. Jh. verändert.

Bildstock in St. Michael **auf Gp. 158**

Gemauerter Schaft mit vier Rundbogennischen. Freskenreste, 17. Jh.

Turmruine in der Nähe des Stroblhofes **auf Gp. 1160**

Ca. 10 Meter hohe Südmauer eines Wohnturmes aus dem 13. Jh. Zwei vermauerte Flachbogenfenster.

Festenstein **auf Gp. 1809**

Burgruine. Burganlage in schwer zugänglicher und ausgesetzter Lage, 13. Jh. Tormauer mit Schießscharten, niedriger Bergfried, Palas. Torvorbau und Burghof.

Wegkapelle in Perdonig **auf Gp. 1899/1**

Unterhalb der Kirche an der rechten Straßenseite. Einfacher Kapellenbildstock aus dem beginnenden 19. Jh., gerader Abschluß, Gewölbe.

Fuchsberg **auf Gp. 2906**

Kümmerliche Mauerreste des vermutlichen Stammsitzes der Herren von Fuchs.

Boymont **auf Gp. 3471**

Regelmäßige Burganlage in romanischen Stilformen, erste Hälfte 13. Jh. Zwei Wohntürme, Palas, Ringmauer. Viereckanlage, gekuppelte Rundbogenfenster mit Knospenkapitellen. Kapelle mit Rundapsis.

Ruine „Am hangenden Stein" **auf Gp. 3682**

Mauerreste einer sehr kleinen, hochmittelalterlichen Burganlage auf einem Felsabsatz nordwestlich von Unterrain.

Grumsberg **auf Gp. 4647/1**

Kümmerliche Mauerreste auf einem Hügel an der Ostseite des Warthtales. Mittelalterliche Burg, erwähnt am Ende des 12. Jh.s.

Bildstock in St. Pauls **auf Gp. 6608**

Am Sockel Inschrift und Jahreszahl 1627. Aufsatz mit Rundbogennischen und Reliefs.

Steinsäule in Missian **auf Gp. 6625/1**

An der Kreuzung St. Pauls/Missian. Sandsteinsäule mit Reliefs (Kreuzigung, Kreuztragung) und Inschrift, bez. 1616.

Bildstock an der Straße nach Unterrain **auf Gp. 6637/1**

Gotisierender Kapellenbildstock, rückwärts spätgotischer Bildstock mit Inschrift, bez. 1489, eingemauert.

Katastralgemeinde Feldthurns

St. Andreas in Garn mit Friedhof **Bp. 1, Gp. 50**

Langhausmauern romanisch, polygonaler Chorschluß, Sternrippengewölbe auf Wandpfeilern, 15. Jh.

Kier in Garn **Bp. 15**

Krüppelwalmdach, talseitig zweigeschossiger Erker, Eingangstür mit gotisierenden Schnitzereien, bez. 1865. Labe mit Flachdecke, Küche mit Tonnengewölbe. In der Stube und in der Stubenkammer Täfelung mit Schnitzereien aus der ersten Hälfte des 19. Jh.s.

Troger in Gulln **Bp. 23**

Spätgotisches Wohnhaus mit angebautem Wirtschaftsgebäude. Freitreppe und Söller, spitzbogige Haustür. Gewölbte Labe und Küche. Tiefe Fensterleibungen. Barockes Fassadenfresko von 1732. Stubentäfelung, 19. Jh.

Sebastiankapelle beim Unteregarter in Unterum **Bp. 45**

In der Nordostecke des Wirtschaftsgebäudes eingebaut. Rundbogentür zwischen zwei vergitterten Viereckfensterchen, an der Nordseite Rundbogenfenster. Gerader Abschluß, Tonnengewölbe.

Balgler in Unterum **Bp. 46**

Stube mit spätgotischer Täfelung, Balken ohne Abfasung, Kranzbalken und Ecksteher abgefast, Wandverkleidung in Blockbau, um 1500. Im Eckerker barocke Täfelung, 18. Jh.

Brugger in Unterum **Bp. 51**

Spätgotischer Bau, im Erdgeschoß ursprünglich drei offene Bögen (einer vermauert), darüber Loggia mit Rundbögen. Im Keller abgefaster Steinpfeiler. Gemauerter Aufgang, Spitzbogentüren, tonnengewölbte Labe, gewölbte Küche. Stubentäfelung von 1907 (alte Stube im Bozner Stadtmuseum).

Rainer in Unterum **Bp. 53**

Wohn- und Wirtschaftsgebäude am alten Weg mit einer Mauer verbunden. Am Wohnhaus Barockfresken (Maria, Florian), geschnitzter Bundwerkgiebel mit Söller, bez. 1775. Vorhalle, rundbogige Haustür, durchgehender tonnengewölbter Gang. Stube mit Erker und einfacher Stuckdecke, dahinter tonnengewölbte Rauchküche mit offenem Kamin und Backofen.

Kornkasten beim Zöl in Unterum **Bp. 58**

Gemauerter Getreidespeicher aus spätgotischer Zeit. Im Erdgeschoß Rundbogentor. Freitreppe mit barockem Holzgeländer, im Obergeschoß Rundbogentür.

St. Florian in der Klamm **Bp. 64**

Rechtecktür in Granitrahmung, hölzerner Fassadendachreiter (Pyramide), polygonaler Chorschluß. 1660 errichtet, 1673 geweiht. Im Chor Gratgewölbe, im Langhaus Stichkappengewölbe, Rundbogenfenster.

Fürholzer in Unterum mit Bildstock **Bpp. 67/1, 67/2, 68**

Langgezogener Bau an der Brennerstraße, ehemals Wirtshaus. Mehrere polygonale, flache und zweiseitige Erker. Zum Keller Rundbogentüren. Fassadenfresko (Mariahilf mit Sebastian, Franziskus, Klara, Florian, 18./19. Jh. Im zweiten Stock tief profilierte Kassettendecke, in mehreren Zimmern einfache Stuckdecken.
Bildstock: Satteldach, offener Rundbogen mit zwei Granitsäulen und Eisengitter. Innen Kreuzgratgewölbe, flachbogige Altarnische mit Gitter und Fächergewölbe. Am Giebel Fresko (Mariahilf), verwittert. Schindeldach.

Bachmann in Schrambach **Bp. 75**

Der nördliche Hausteil mittelalterlicher Wohnturm mit Eckquadern aus Granit und zwei steingerahmten Viereckfenstern. Gegen Süden angebaut ein spätgotischer Trakt mit Eckerker auf Kragsteinen und abgefastem Fenster an der Ostseite. Tonnengewölbte Rauchküche.

Platzer in Schrambach **Bp. 76**

Zur Straße hin Viereckerker. Breites Rundbogentor in abgefaster Granitrahmung, vom Hof aus Freitreppe. Rundbogige Haustür mit altem Eisenflügel.

Schrott mit Mühle in Schrambach **Bpp. 83, 86**

Verbretterter Giebel mit Laube, spätgotischer Eckerker, rechteckige Haustür mit geschnitztem Türflügel, bez. 1874. Gratgewölbter Hausgang, Stubentäfelung mit Schuppenpilastern, unter der Decke Eierstab und Zahnschnittfries, im Erker Gewölbe, 17. Jh.
Mühle: Im Erdgeschoß steingerahmte Schulterbogentür, Türflügel, bez. 1651. Im ersten Stock vier Fenster in tiefen Leibungen. Reste einer Barocktäfelung.

St. Peter in Schrambach mit Friedhof **Bp. 93, Gp. 701**

1248 erwähnt, in spätgotischen Bauformen 1504 umgebaut. Spitzturm, im Süden Seitenschiff, polygonaler Chor, Sternrippengewölbe. Schindeldach.

Sullmann in Schrambach **Bp. 94**

Spitzbogige Haustür, Fenster in tiefen Leibungen, in der Stube Barocktäfelung mit Felderdecke und Vierpaßmittelfeld (Christusmonogramm), doppeltem, geschnitztem Ornamentfries und zwei Wandkästchen, 18. Jh.

Vögele in Pedraz **Bp. 96**

Gemauertes Haus mit Bundwerkgiebel, Backofen an der Südfassade, Rundbogeneingang, gewölbter Mittelgang, gemauerter, überwölbter Treppenaufgang.

St. Anton von Padua **Bp. 97**

Einfacher Bau mit Fassadendachreiter und geradem Chorschluß, 1670 von Hieronymus Petzer errichtet. Tonnengewölbe.

Frühmesser **Bp. 100**

Flacherker, barocke Haustür mit Oberlicht und gemaltem Dreieckgiebel. Fassadenfresko (Johannes Nepomuk, Küniglwappen). Gemalte Fensterumrahmungen, vergitterte Fenster, 18. Jh.

Eppan, Englmair in Girlan

Feldthurns, St. Peter in Schrambach

Feldthurns, Bildstock beim Furholzer in Unterum

Feldthurns, Schloß Velthurns

St. Laurentius **Bp. 101**

1302 erwähnt, um 1400 verlängert und eingewölbt. Turm mit Pyramidendach, polygonaler Chor mit Fünfachtelschluß, im Schiff Kreuzrippengewölbe.

Nagele **Bp. 102**

Schmaler, langgezogener Bau mit reich geschnitztem Bundwerkgiebel, 18. Jh. An der Westfassade rundbogige Eingangstür und mehrere Barockfresken.

Pfarrkirche Mariä Himmelfahrt mit Friedhofskapelle und Friedhof **Bpp. 113, 378 Gp. 822**

Spätgotischer Bau, Langhaus 1505 geweiht. 1894–98 nach Plänen von Anton Weber/Wien umgebaut und verlängert. Spitzturm, polygonaler Chorschluß, Sternrippengewölbe. Im Westen Treppentürmchen zur Empore.
Friedhofskapelle: gotisierender Bau von 1894.

Haus Nr. 5 **Bp. 114**

Ehemaliges Nebengebäude des Ansitzes Raffenberg, heute abgetrennt. Rundbogige Kellertür, gemauerte Freitreppe, Fenster in tiefen Leibungen mit Putzrahmen. Im Keller abgefaste Holzstütze.

Raffenberg (Teutenhofer) **Bp. 116**

Ansitz, spätmittelalterlicher Bau mit dreigeschossigem Erker. Über dem Rundbogentor Wappen der Raffenberger und Jahreszahl 1468. Fenster mit Putzrahmen (Dreieckgiebel), rundbogige Kellertüren.

Schloß Velthurns **Bpp. 118/1, 118/2, 119 Gpp. 852/1, 852/2**

Als Sommersitz der Brixner Bischöfe 1578–1587 errichtet. Herrenhaus und Schreiberhaus durch Zinnenmauer verbunden, nach Osten Hirschgarten. Am Rundbogentor Wappen des Bischofs Thomas von Spaur, 1580. Herrenhaus mit zwei polygonalen Erkern, Erdgeschoß mit gewölbter Kapelle. Zimmer mit Kassettendecken, Wandgemälde (Fürstenzimmer) und Öfen. Im Schreiberhaus einfache Täfelungen.
Bannzone: Gpp. 850/1, 851, 852/1, 852/2, 1050/1, 1050/2, 1057, 1058/1, 1058/2, 1058/3, 1058/5, 1059.

Pfarrwidum **Bp. 125**

Flach- und Eckerker, Rundbogentor in Granitrahmung, tonnengewölbter Durchgang. Im ersten Stock Stube mit spätgotischer Balkendecke und jüngerer Wandvertäfelung. Tonnengewölbte Küche. Im Erdgeschoß mehrere gewölbte Räume und Spitzbogentür.

Mulln-Gütl **Bp. 128**

Labe mit Stichkappengewölbe, kreuzgratgewölbter Keller, Stube mit Deckenbalken und reich geschnitzten, umlaufenden Kranzbalken, spätgotisch, um 1500.

St. Georg in Schnauders **Bp. 139**

Spätgotischer Bau aus dem ersten Viertel des 16. Jh.s. Turm mit Satteldach (früher Spitzhelm), dreiseitiger Chorschluß, Sternrippengewölbe im Chor, im Langhaus Netzrippengewölbe.

Ziernfeld **Bpp. 151/1, 151/2, 151/3, 151/4**

Hofmauer mit Torbogen. Am Haus Zinnengiebel und gemauerte Freitreppe, steingerahmte Schulterbogentüren, bez. 1556. Polygonaler Erker mit Zinnen. Putzeckquaderung.

Puntleider **Bp. 185**

Im ersten Stock steingerahmte Spitzbogentüren, Viereckfenster in Granit und vergittert. Durchgehende Labe mit Kreuzgratgewölbe, Tonnengewölbte Rauchküche.

Wöhrerkapelle **Bp. 193**

Barockbau aus dem 18. Jh. mit Dachreiter (Pyramide) und geradem Chorschluß. Fassadenfresko (Engel tragen Mariahilfbild), Rundbogentür, Rundbogenfenster. Altarraum durch Gitter abgeschrankt.

Katastralgemeinde Mittewald

Pfarrkirche St. Martin mit Friedhof **Bp. 1 Gp. 1**

1831 bis 1832 unter Leitung des Kuraten Jakob Prantl erbaut. Spitzturm 1473. Flachtonnen in Chor und Langhaus. Deckengemälde von Josef Renzler, 1832.

St. Isidor am Friedhof **Bp. 2**

Erbaut 1700. Oblonger Bau auf achteckigem Grundriß mit Tonnengewölbe. Wandgemälde (Leben des hl. Isidor), 1708.

Pretz **Bp. 18/1**

Mächtiger Bau mit Krüppelwalmdach, mit geometrischen Formen reich geschmückte Fassade, steingerahmte Vierecktür, darüber Inschrift „Zur Erinnerung an die Gefechte vom 2. April 1797 und vom 15. August 1809". Im Erdgeschoß getäfelte Stube mit Schuppenschnitzwerk, Stuckdecke und Kachelofen. Vor dem Haus steinerner Brunnen und Säule mit Inschrift (Ignaz Pretz 1867).

St. Anna in Sack **Bp. 27**

1512 erbaut, Kapelle mit steingerahmter Vierecktüre, polygonalem Chorschluß, Spitzbogenfenstern und Netzrippengewölbe. Wandgemälde Ende 16. Jh.

Hotel Sachsenklemme **Bp. 29/2**

Steingemauerter Bau in historisierenden Formen, zwei Eckrondelle, Rundbogentür, spitzbogige und rundbogige Fenster, Balkone. Jahreszahl 1892 (über einer steingerahmten Vierecktür). Im Erdgeschoß mehrere Tonnen- und Kreuzgewölbe.

Pfarrkirche zur Heiligen Familie in Oberrau und Friedhof **Bp. 32 Gp. 183**

1721 anstelle der abgebrannten Kirche erbaut. Einschiffiger Saalraum mit Fassadendachreiter (Spitzhelm), Rechteckchor, Kreuzgratgewölbe. An der Fassade stuckgerahmtes Gemälde (hl. Familie), am Triumphbogen Stuckkartuschen mit Allianzwappen.

Lehenhof mit Kapelle und Backofen **Bp. 59**

Wohnhaus mit tonnengewölbter Küche, steingerahmte Schulterbogentür zur Speis, getäfelte Stube mit Felderdecke. Profanierte Kapelle mit polygonalem Chorschluß, Rundbogenfenster und hölzernem Dachreiter, Schindeldach. Gemauerter Backofen mit Satteldach und breitem Tonnengewölbe.

Puntleid mit Kapelle und Drendl **Bp. 61**

Einhof mit geschnitztem Bundwerkgiebel, durchgehende Labe, Stube mit reich geschnitztem Feldergetäfel, Vierpaßmittelfeld; Jahreszahl 1813 am Türrahmen. Im Wirtschaftsgebäude eingebaute hölzerne Drehmaschine (Drendl) mit bemaltem Pochwerk, bez. 1883.

Pfarrkirche zum Heiligsten Herzen Jesu in Franzensfeste mit Friedhof und Kapelle **Bp. 82 Gp. 225/6**

1898–1899 in romanisierenden Bauformen errichtet. Baumeister Josef Huber/Brixen, Entwurf von Franz v. Neumann/Wien. Turm mit Achteckhelm, einschiffiger Raum mit Apsis, Kreuzgratgewölbe in Langhaus und Chor auf flachen Diensten.

Kriegerdenkmal in der Sachsenklemme **auf Gp. 139/1**

Obelisk auf steinernem Unterbau, Inschriften zu Ehren der Tiroler Landesverteidiger von 1809, errichtet 1902, beim Autobahnbau versetzt.

Thalerstöckl **auf Gp. 275**

Gemauerter Bildstock in Halbkreisform. Offene Rundbogennische mit Tonnengewölbe und Stichkappen, 18. bis 19. Jh. Schindeldach.

Katastralgemeinde Neustift II

Franzensfeste mit Kapelle **Bpp. 40/1, 41**

Die Festung wurde 1833 bis 1839 erbaut. Die gotisierende Kapelle, 1845 konsekriert, Entwurf Gedeon v. Rado, Wien. Fassadenrisalit mit spitzbogigem Eingang, Spitzbogenfenster und Rosette, Giebeltürmchen mit achteckigem Abschluß und Kreuzblume.

Kapelle beim Untersalcher **Gp. 16/1**

In Ständerbauweise errichtete Holzkapelle mit Schindeldach, Spitzbogentür mit schmiedeeisernem Gitter, am Giebel die Jahreszahl 1888.

Katastralgemeinde Mauls

Welfenstein mit Mariahilfkapelle **Bpp. 1/1, 1/2**

Aus einer kleinen, bereits verfallenen Anlage des 13. Jh.s zwischen 1893 und 1897 in historisierenden Stilformen umgebaut. 1918 abgebrannt. Inzwischen wiederhergestellt.
Kapelle: Bau mit Vorhalle, 1679 errichtet, 1798 umgestaltet. Freskenreste aus dem 18. Jh.

Gasthof zum blauen Hecht **Bp. 6**

Bau aus dem 17. Jh. Gemauerte doppelarmige Freitreppe mit Rundbogentür, polygonaler Erker, im Erdgeschoß Flacherker und zwei Erker auch im Obergeschoß.

Mühle beim Hieler **Bp. 22**

Kleiner gemauerter Bau, hölzerne Wasserleitung, betriebsfähiges Mühlwerk.

Pfarrkirche St. Oswald mit Friedhofskapelle und Friedhof **Bpp. 29, 30 Gp. 112**

Spätgotischer Spitzturm, Kirche 1827–1829 unter Leitung des Kuraten Prantl neu erbaut. Dreiseitiger Chorschluß, Tonnengewölbe im Chor und Langhaus, zweigeschossige Empore im Westen.
Friedhofskapelle: Rechteckbau mit hohem Tonnengewölbe, Rundbogenfenstern, Vierecktür.

Dorfkrumer **Bp. 33**

Zweigeschossiger Bau mit Giebelbundwerk, bez. 1700; im Erdgeschoß und ersten Stock tonnengewölbte Gänge, Stube 1895 mit Einlegearbeit, Felderdecke, Erker und zwei Wandkästchen, um 1600. Kreuzgewölbte Küche, Zimmer mit Balkendecke.

Kindergarten und Volksschule **Bp. 37**

Spätgotischer Bau, Fassade und Fenster 1967 erneuert. Tonnengewölbter Hausgang, in der ehemaligen Stube spätgotische Bohlenbalkendecke. Ehemalige Küche mit Tonnengewölbe.

Marienkapelle **Bp. 58**

Errichtet 1698. Fassade mit Rechtecktür und -fenster, Vierpaßöffnung, Rundbogenfenster im Langhaus, gerader Chorschluß, Tonnengewölbe mit Stichkappen. Stuckverzierungen. Schindeldach. Hölzerner Dachreiter mit Spitzhelm.

Ehemaliges Zollhaus **Bp. 63**

Holzgiebel, an der Straßenfassade erneuerter Viereckerker, rechteckige Eingangstür mit Oberlichte. Gewölbter Mittelgang mit überwölbtem Treppenaufgang. Raum mit spätgotischer Balkendecke, Raum mit Tonnengewölbe, rundbogiger Kellerzugang.

Wieland **Bp. 65**

Spätgotischer Einhof, Spitzbogentür, verbretterter Giebel, Stube mit geschnitzter Bohlenbalkendecke und Zopfornament an zwei Wänden. Flachgedeckte Labe, spätgotische Holztür mit Eisenbeschlägen.

Gasthof zum Einhorn (Stafler) **Bp. 70**

Breitgelagerter Bau mit Walmdach. Im Erdgeschoß (ursprünglich offene) Halle mit Gewölben. An der Fassade drei Flacherker. Neugotisches Brustgetäfel.

St. Anton in Ritzail **Bp. 160**

1722 von Hans und Maria Steiner errichtet. Polygonal gebrochener Chorschluß, Flachbogentür, Rundbogenfenster, Lünette, Tonne mit Stichkappen. Hölzerner Fassadendachreiter, Schindeldach.

Katastralgemeinde Stilfes

Pfarrkirche zu den Heiligen Peter und Paul mit Friedhof **Bp. 1 Gp. 1**

Turm, Portal und altes Langhaus (jetzt Chor) spätgotisch (1477–1479). Das heutige Langhaus 1840–1843 unter Kurat Prantl erbaut. Hauptportal von 1471 an die neue Fassade versetzt. Flachkuppelgewölbe. Deckengemälde von Christoph Brandstätter, bez. 1844.

Mesnerhäusl **Bp. 2**

Bau aus dem 17. Jh. Mehrere Räume mit Felderdecke. Tonnengewölbte Küche. Ursprünglicher Aufgang mit ausgeschnittenen Brettern.

Bacher **Bp. 9**

Im Erdgeschoß und ersten Stock gewölbte Labe. Ursprünglicher Aufgang, Geländer mit ausgeschnittenen Brettern, 17. Jh.

Öttl **Bp. 18**

Ehemaliges Zollhaus. Turmartiger Bau mit barocken Fassadenmalereien. Gewölbte Labe, tonnengewölbte Küche. Stube mit spätgotischer Balkendecke.

Gratzer **Bpp. 22, 23**

Breite Fassade mit verbrettertem Giebel, Fresken, bez. 1750. Gewölbte Labe, Stube mit profilierter Felderdecke.

Pfarrwidum **Bp. 32**

Ansitzartiger Bau mit Mittelhof, heutige Form 16. Jh. An der Fassade Sonnenuhr von 1584. Erker. Im Innern Holzdecke mit Doppelwappen, 16. Jahrhundert.

Gasthof Wieser **Bp. 33**

In den Gasthof eingebaut der mittelalterliche Turm der Herren von Stilfes, die um 1140 erwähnt werden. Im späteren Anbau Gaststube mit neugotischer Wand- und Deckentäfelung.

Berger **Bp. 57**

Wohnhaus und Stadel im rechten Winkel angebaut, große Anlage des 16. Jh.s. Überwölbte Freitreppe, gewölbter Hausgang. Stube mit spätgotischer Bohlenbalkendecke, tonnengewölbte Küche.

Franzensfeste, St. Anna in Sack und Kriegerdenkmal

Freienfeld, Pfarrkirche Maria Himmelfahrt in Trens

Freienfeld, Dorfkrumer in Mauls

Senftenburg in Elzenbaum **Bp. 96**

Bau mit Zinnengiebel. Mehrere polygonale Fassadenerker. Im Erdgeschoß und ersten Stock breite tonnengewölbte Gänge mit Stichkappen. In ersten Stock tonnengewölbte Rauchküche, Kassettendecke in Renaissanceformen.

Zantturm in Elzenbaum **Bp. 102**

Mittelalterlicher Wohnturm mit regelmäßigen Steinlagen und ausgestrichenen Mörtelfugen. Rundbogenfenster, Fenster mit tiefer Leibung. Stammsitz der Edlen Zant von Elzenbaum.

Gasthof Goldener Löwe in Elzenbaum **Bp. 109/1**

Loggienartiger Vorbau mit flachem Kreuzgewölbe. Gewölbte Labe. Gewölbtes Gastzimmer mit polygonalem Erker und Brusttäfelung, bez. 1920.

Mair in Elzenbaum **Bp. 114**

Spätgotischer Bau, Fassade und Dachstuhl barock. In der Stube Bohlenbalkendecke. Rundbogentür zur tonnengewölbten Küche. Flachgedeckte Labe.

Reifenstein mit St.-Zeno-Kapelle **Bpp. 120/2, 122**
Gpp. 1230, 1231

Burganlage. Im Kern 12. Jh., im 13. und 15. Jh. in die heutige Form gebracht. Vorhof, Ringmauer, Brunnenhof, Palas (gotische Stube, „Grüner Saal"), Wohnturm, Bergfried.
Kapelle: Erwähnt um 1330. In die heutige Form 1660 umgebaut. Fassadendachreiter mit Spitzhelm, Rechtecktür, Rechteckfenster, Oculi. Tonnengewölbe, gerader Chorschluß. Schindeldach.

Thumburg in Elzenbaum **Bp. 123/1**

Mittelalterlicher Wohnturm mit späterem Anbau. Bereits 1230 erwähnt, heutige Form aus dem 15./16. Jh. Fünfgeschossiger Turm mit Flacherker, Zinnengiebel, niedrige Anbauten.

Mariahilfkapelle in Niederried **Bp. 162**

Bau mit Flach- und Rundbogenfenster, polygonaler Chorschluß, im Innern Tonnengewölbe mit Pilastergliederung.

Gorgner in Pfulters **Bp. 191**

Spätmittelalterlicher Einhof, im Erdgeschoß und ersten Stock tonnengewölbte Labe mit Stichkappen, ursprünglicher gemauerter Stiegenaufgang. Im Erdgeschoß zwei weitere gewölbte Räume (Küche, Speis).

Kapelle beim Obergenauder **Bp. 200/1**

Hölzerner Dachreiter, polygonaler Chor, Flachtonne mit Stichkappen, Rundbogenfenster, Rechtecktür, Schindeldach.

Kapelle beim Gasser in Egg **Bp. 230**

Bau in historisierenden Formen, 1857 errichtet. Hölzerner Dachreiter, Rundbogentür, Rundbogenfenster. Kreuzgratgewölbe, gerader Chorschluß. Außen am Giebel Trenser Gnadenbild als Sonnenuhr. Schindeldach.

Kapelle in Möders **Bp. 307**

Bau, bez. 1759, hölzerner Giebeldachreiter, Tonnengewölbe mit Stichkappen, Flachbogentür, Rundbogenfenster, Vierpaßfenster, Schindeldach.

Kapelle beim Droter in Egg **auf Gp. 1619**

Gotisierender Bau mit seitlichen Strebepfeilern und hölzernem Dachreiter. Spitzbogentür, Kreuzgratgewölbe, abgesetzter Altarraum.

Katastralgemeinde Trens

Pfarrkirche Maria Himmelfahrt mit Friedhofskapelle und Friedhof **Bpp. 1, 2**
Gp. 1

Langhaus und polygonaler Chor 1498 errichtet. Gnadenkapelle 1726/27 vom Maurermeister Matthias Ranger angebaut. Barockisierung der Kirche um die Mitte des 18. Jh.s. Freskenausstattung von Adam Mölckh 1753/54.
Friedhofskapelle: Viereckiger Zentralbau mit Pyramidendach und Dachreiter, um 1600. Spitzbogentür, Kreuzgratgewölbe.

Ziel **Bp. 4**

Zweigeschossiger Einhof, Bundwerkgiebel, bez. 1804. Ochsenaugen. Stube mit spätbarocker Täfelung, geschnitztes Zopfmuster, bemaltes Mittelfeld (Auge Gottes mit Engeln).

Gugges **Bp. 6**

Spätmittelalterlicher Bau mit zwei barocken Fassadenerkeranbauten, z. T. mit Bemalung. Bundwerkgiebel. Im Erdgeschoß und ersten Stock gewölbte Gänge, in der Stube gotische Balkendecke. Fenster mit Putzrahmen.

Toninger **Bp. 35**

Spätgotischer Bau, im Erdgeschoß und ersten Stock gewölbte Gänge. Flachbogentür, Eckerker. In beiden Geschossen Stuben mit Bohlenbalkendecken. Reiche Fassadenmalereien aus dem 18. Jh. in Rocaille (Lukas malt die Madonna), gemalte Eckquadern. Haus der Malerfamilie Barat.

Laisner **Bp. 36/1**

Erd- und Obergeschoß gemauert, Bundwerkgiebel. Schmaler, gewölbter Gang, Stube mit spätgotischer Balkendecke. Barockes Wandgetäfel, reichgeschnitzte Tür, bez. 1706.

Sprechenstein **Bpp. 62, 63, 64, 68**
Gpp. 434, 435

Burganlage, um 1240 erbaut, um 1500 umgestaltet. Ringmauer, Palas mit Kapelle, Bergfried mit Nebengebäude. Spitzbogentor mit Marmorrahmung, Wappenschild der Trautson, Wandgemälde, 14. Jh., im ursprünglichen Wohnraum. In der Kapelle Fresken aus dem frühen 16. Jh.

Freienfeld, Gratzer in Stilfes

Freienfeld, Ziel in Trens

Freienfeld, Toniger in Trens

Gais, Friedhofskapelle Gais

Gasthof Lener in Freienfeld **Bp. 72**

Großer Bau mit reich verziertem Bundwerkgiebel, Erker und gemauerter Freitreppe. Stube mit Bohlenbalkendecke, bez. 1425. Oberstube mit Pilastertäfelung, 17. Jh.

Kapelle in Freienfeld **Bp. 75**

1890 von den Geschwistern Johann, Josef, Anna und Kreszenz Plieger errichtet. Oberhalb der Tür barockes Marmorrelief (Pfarrherr). Hölzerner Fassadendachreiter mit Spitzhelm, Rundbogenfenster, Rundbogenapsis, Tonne im Langhaus, Lourdesgrotte, Schindeldach.

Bachsanter in Freienfeld **Bp. 80**

Bau mit abgewalmtem Dach. Tonnengewölbte Labe mit vergittertem Fenster. Tonnengewölbte Küche. Stube mit geschnitzter spätgotischer Bohlenbalkendecke.

St. Valentin in Valgenäun mit Umfriedung **Bp. 85** **Gp. 770**

Achteckiger Spitzturm, polygonaler Chorschluß, Netzrippengewölbe auf Runddiensten, Schulterbogentür zum Turm, Sakristeitüre, 1683. Um 1500 errichtet. Gemauerte Kanzel, um 1600.

Knappe in Valgenäun **Bp. 92**

Einhof. Im Erdgeschoß und ersten Stock tonnengewölbte Hausgänge. Gewölbte Küche, Stube mit barocker Täfelung (einfache Felderdecke).

Inderst in Valgenäun **Bp. 94**

Einhof. Zweigeschossiger Wohntrakt, verbretterter Giebel. Tonnengewölbte Labe, Stube mit spätgotischer Bohlenbalkendecke.

Springer in Partinges mit Mühle **Bpp. 120, 121**

Bau mit offenem Giebel. Schulterbogentür. Spätgotische Balkendecke, Tür mit Eselrücken. Barockes Leistengetäfel, Söller.

Mühle: Holzblockbau mit gemauertem Unterbau und funktionsfähigem Mahlwerk. Legschindeldach.

Kapelle beim Moar in Partinges **Bp. 123**

Hölzerner Dachreiter, polygonaler Chorschluß. Tonnengewölbe mit Stichkappen, Rundbogenfenster. Schindeldach.

Mariahilfkapelle in Niederflans **Bp. 133**

Einfacher Bau, 1669 errichtet. Polygonaler Chorschluß, hölzerner Fassadendachreiter, Rundbogenfenster, -tür, Tonne mit Stichkappen. Schindeldach.

St. Anton in Niederflans **Bp. 151**

Barocker Kapellenbau mit Kreuzgrat- und Tonnengewölbe. Rundbogentür, Lünettenfenster, 17. Jh.

Auffindungskapelle in Trens **Bp. 206**

Schlichter Bau, 1869 errichtet. Satteldach, flachtonnengewölbte Nische.

Bildstock am Weg nach Sprechenstein **auf Gp. 135**

Von den ursprünglichen fünf Bildstöcken nur mehr ein einziger vorhanden. Achteckiger Schaft, rundbogiger Nischenaufsatz. Relief mit Passionsszene, 16. Jh.

Sachsenkapelle **auf Gp. 142/1**

Kleiner, achteckiger Bau mit Rundbogenöffnung. An der Fassade Malerei von 1797 (Erinnerung an die Freiheitskriege). Schindeldach.

Kapellenbildstock in Freienfeld **auf Gp. 541**

Bildstock mit Pyramidendach (Schindeln), zwei flachen und zwei tiefen Rundbogennischen. Malereien aus dem 17. und 18. Jh. (Verkündigung, ein Feld verdorben, Dekorationsmalerei).

Katastralgemeinde Gais

Pfarrkirche St. Johannes Evangelist mit Friedhofskapelle und Friedhof **Bpp. 1/1, 1/2, 1/3**

990 erwähnt. Dreischiffiger romanischer Bau, Ende 12. Jh. Zwei Apsiden im Osten, das Langhausgewölbe spätgotisch. Spitzturm in spätgotischer Zeit erhöht. 1906 bis 1911 historisierend verändert. Deckengemälde von Johann Renzler, 1804. Apsismosaik von J. Rabensteiner, 1907 bis 1911.
Friedhofskapelle: Spätgotischer Bau um 1500, Wandgemälde (Jüngstes Gericht, Erlösung der Armen Seelen), um 1500. Zweistützenraum mit Gratgewölbe auf rechteckigem Grundriß. Steingerahmte Spitzbogentüren.

Renzler **Bp. 7**

Dreigeschossiger Bau mit Krüppelwalm, tonnengewölbte Laben mit Stichkappen. Stube, bez. 1788, mit spätbarocker Täfelung, Decke mit geschnitztem Vierpaßmittelfeld. Wandkästchen mit Jahreszahl 1816.

Klöcker **Bp. 8**

Dreigeschossiger Bau mit verbrettertem Holzgiebel. Gemauerte Freitreppe, steingerahmte Rechtecktür, Labe mit breitem Netzgratgewölbe, Flachbogennische mit Sitzecke. Eselsrückentür zur Speis. An der Eingangsfassade Reste eines Mariahilfbildes und einer Sonnenuhr.

Mair am Anger **Bp. 9/1**

Langgezogener Bau mit breitem Flachbogentor. Labe mit Steinplatten und Flachbogengewölbe, tonnengewölbte Waschküche, Keller mit Spitzbogentür. Oberlabe mit Balkendecke und Steinplatten. Stube mit Leistengetäfel.

Alter Pfarrwidum **Bp. 27/1**

Dreigeschossiger, zum Teil noch romanischer Bau mit Krüppelwalm, ein zweigeschossiger Viereckerker über dem Eingang auf Kragsteinen, ein zweiter übereckgestellt. Im Keller romanisches Mauerwerk mit regelmäßiger Steinlage. Die heutige Baugestalt aus dem 16. Jh. Wandgemälde (Pestheilige Rochus und Sebastian mit Sonnenuhr).

Pitzinger **Bp. 28**

Krüppelwalmdach, traufseitiger Eingang mit steingerahmter Rundbogentür, tonnengewölbte Labe mit Stichkappen, tonnengewölbte Küche, Stube mit Leistengetäfel, bez. 1839. Tonnengewölbte Oberlabe, Seitensitze am Fenster.

Huber im Feld **Bp. 54**

Krüppelwalmdach, Rechtecktür, Labe mit Tonnengewölbe und Stichkappen, tonnengewölbte Küche, gemauerte Treppe im Obergeschoß, Stube mit spätbarocker Vertäfelung, bez. 1785. Leisten mit Rundstab und Vierpaßmittelfeld.

Pfleger **Bp. 75**

1752 durch Alexander Graf Künigl erbaut. Breite Fassade mit geschwungenem Blendgiebel. Steingerahmte Vierecktür, am Fries Jahreszahl 1752. Ochsenaugen. Fassadenfresko (Mariahilf mit Allianzwappen Künigl-Trautson). Im Erdgeschoß Stube mit Leistengetäfel, bez. 1716.

Neuhaus mit Maria-Heimsuchungs-Kapelle **Bpp. 81, 83**

Burganlage 1225 erwähnt. Dreigeschossiger, mit Verwendung älterer Mauerreste völlig erneuerter Palas. Teilweise erneuerte Ringmauer mit Viereckzinnen. Bergfried mit regelmäßigen Steinlagen. Kleiner Zwinger und Halsgraben.
Kapelle: 1601 erbaut. Polygonaler Chorschluß, seitlicher Spitzturm. Gratgewölbe. Über dem Eingang Terracottarelief (Heimsuchung), um 1600.

Ortnerstöckl **Bp. 155**

Abgesetzter, runder Chorschluß, Fassadendachreiter mit Pyramidendach, Rundbogenfenster und Tonnengewölbe. 1871 vergrößert. Schindeldach.

Kapelle beim Oberegger in Lanebach **auf Gp. 891**

Laut Inschrift 1671 von Mathias Egger erbaut. Einfacher Bau mit Dachreiter, Rundbogenfenster und Tonnengewölbe.

Katastralgemeinde Mühlbach

Pfarrkirche zu den Vierzehn Nothelfern mit Friedhof **Bp. 1, Gp. 92**

1517 geweiht. Spätgotischer Bau mit Spitzbogenportal und -fenster. Dreiseitig abschließender Chor, Netzrippengewölbe, Spitzturm. Schindeldach. Fassadenfresken (Nothelfer, Kreuzwegstationen), zweite Hälfte 18. Jh.

Kapelle am Bach **Bp. 19**

Einfacher Bau aus dem 17. Jh. mit hölzernem Fassadendachreiter (Pyramidendach), abgesetztem, gerade abschließendem Altarraum, Tonne und Lünettenfenster.

Kasten beim Unterwanger **Bp. 48**

Zweigeschossiger Kornspeicher mit verbrettertem Holzgiebel. Erhöhter, traufseitiger Eingang zum Obergeschoß mit steingerahmter Rundbogentür. Rechtecktür zum Erdgeschoß. Vier steingerahmte Rechteckfenster.

Kapelle beim Finsterbacher **Bp. 69**

An den Finsterbachhof angebaute Kapelle, um 1720. Eingang durch die Stube, von einer Kammer im Obergeschoß Fensteröffnung in die Kapelle. Tonnengewölbe, Stuckverzierung, rundbogige Altarnische.

Katastralgemeinde Tesselberg

Kehlburg mit Erasmus-Kapelle **Bp. 81**

Ruine. 1151 erwähnt. Auf alten Grundmauern erbauter Zwinger, Rundbogentor, darüber Gußerker und Wappen des Kardinals Christoph von Madrutz. Am Palas

Erker und Turm. Die heutige Gestalt geht auf den Umbau von Hans von Rost im Jahre 1545 zurück. 1944 abgebrannt.
Kapelle: 1552 neu errichtet, 1713 umgebaut. Im Burghof pilastergerahmtes Viereckportal, Tonne über Wandpfeiler, Turm mit Pyramidendach.

Obergatterer **Bp. 91**

Zweigeschossiger Bau mit steilem Satteldach (Schindeln) und verbrettertem Holzgiebel mit Söller. Rundbogentür über Freitreppe an der Talgiebelseite. Tonnengewölbte Labe und Selchküche. Küche mit Kreuzgratgewölbe, Stube mit Barocktäfelung und geschnitztem Vierpaßmittelfeld. Überwölbte Treppe zur tonnengewölbten Oberlabe, Kammer mit Rundbogentür. An der Fassade Sonnenuhr und Jahreszahl 1673.

St. Chrysant und Daria **Bp. 96**

1441 geweiht. Spätgotischer Bau mit Spitzbogenportal, Spitzbogenfenster, Turm mit viereckigem Spitzhelm. Außen Kreuzwegstationen, 18. Jh. Sternrippengewölbe im Chor, Kreuzrippengewölbe im Langhaus. Schindeldach. Am Gewölbe dekorative Rankenmalereien, um 1600.

Katastralgemeinde Uttenheim

Pfarrkirche St. Margareth mit Friedhofskapelle und Friedhof **Bpp. 1/1, 1/2**

Blendfassade mit Pilastergliederung, dreiseitiger Chorschluß, Rechteck- und Lünettenfenster. Doppelzwiebelturm 1774 vollendet. Im Langhaus Tonnenwölbung, im Chor Kreuzgratgewölbe. Deckengemälde von Franz Anton Zeiller, 1774.
Friedhofskapelle: Polygonaler Chorschluß, Vierecktüre, Lünettenfenster und Tonne, 18. Jh.

Widmair **Bp. 2/1**

Einhof mit Vierecktüre, Labe mit Tonne und Stichkappen. Fenster mit Gitterkörben. Tonnengewölbte Oberlabe, Stube mit Leistengetäfel, um 1900. Kornkammer mit gemauerter Rundbogentür. Im Wirtschaftstrakt zwei Rundbogentüren, Stadel in Bundwerk.

Plankensteiner (Wolkenstein) **Bp. 3/1**

1554 als Ansitz der Herren von Plankenstein erwähnt. Haupttrakt und rechtwinklig angeschlossenes Nebengebäude. Dreigeschossiger Bau mit vorkragendem Holzgiebel. Sonnenuhr mit Wappen, Fenster mit Schmiedeeisengittern. Eingang mit tonnengewölbtem Gang, Hausflur mit Kreuzgratgewölbe. Küche mi Kreuzgratgewölbe, Stube mit spätgotischer Bohlenbalkendecke, ausgedehnt Kelleranlage mit mehreren Rundbogentüren.

Stock **Bp. 2**

Im 13. Jahrhundert turmartiger Edelsitz der Herren von Uttenheim. Nach 16 um den westlichen Teil vergrößert und umgestaltet. Steingerahmtes Rundb genportal. Im Erdgeschoß Labe mit Kreuzgratgewölbe und steingerahm Schulterbogentür, bez. 1624. Mehrere Getäfel und Holzdecken, Saal mit Rosettendecke und eingelegtem Wenzlwappen. Im obersten Turmgeschoß Kapelle mit flacher Holzdecke.

Kössler **Bp. 60**

Zweigeschossiger Bau mit verbrettertem Bundwerkgiebel und Söller. An der Giebelfront Sonnenuhr, bez. 1639. Spitzbogentür, Labe mit Kreuzgratgewölbe, Küche mit steingerahmter Rundbogentür und Kreuzgratgewölbe. Stube mit gemauerter Eselsrückentür und spätgotischer Bohlenbalkendecke. Barockes Wandkästchen.

Mareiler **Bp. 71**

Dreigeschossiger Bau mit Krüppelwalm, Giebelgeschoß später vermauert. Eingang mit Spitzbogentür, Labe mit Gratgewölbe, Treppe mit gemauerter Brüstung zur Oberlabe mit Netzgratgewölbe, Küche mit Tonnengewölbe; im Obergeschoß zwei Rundbogentüren und tonnengewölbte Kornkammer.

Edellechen mit Kapelle **Bp. 112**

Gemauertes Untergeschoß, Obergeschoß in Holzblockbau. Spätgotische Stube mit Leistengetäfel, am Türholm die Jahreszahl 1594. Labe und Küche mit Balkendecke. Felsenkeller mit Drendl.
Kapelle: Polygonaler Chorschluß, Dachreiter, Tonnengewölbe. Laut Inschrift 1622 erbaut.

Uttenheim mit Kapelle („Schlößl") **Bpp. 126, 127**

Burgruine; die Edlen von Uttenheim 1140 erwähnt. Reste der Ringmauer, des eingestürzten Palas und des Bergfrieds mit regelmäßigem Mauerwerk und Viereckzinnen.
Kapelle: Romanischer Baubestand, abgesetzte Apsis, im 16. Jh. gotisiert. Aus dieser Zeit das Rippennetz im Schiff. Freskenreste, 13. Jh.

Kapelle beim Pircher am Einsberg **auf Gp. 662**

Unregelmäßiger Bau mit polygonalem Chorschluß und achteckigem Seitentürmchen; im oberen Teil acht rundbogige Schallfenster. Vierecktüre, darüber Halbkreisfenster, Tonnengewölbe, Empore mit gemauerter Brüstung. Schindeldach.

Gais, Mareiler in Uttenheim

Glurns, Gesamtansicht

Gargazon, Kröllturm

Katastralgemeinde Gargazon

Alte Pfarrkirche St. Johannes der Täufer mit Friedhof **Bp. 25**

1337 erwähnt, im 17. Jh. umgebaut. Turm mit Spitzpyramide, polygonaler, abgesetzter Chor, Tonnengewölbe. Fassadenfresko (St. Christoph), 14./15. Jh.

Kröllturm **Bp. 39**

Turmruine aus dem 13. Jh. Am steingerahmten Rundbogentor Wappen der Herren von Trautson. Bruchsteinmauerwerk in regelmäßiger Lagerung.

Neue Pfarrkirche **Bp. 61**

In historisierenden Bauformen von 1899 bis 1902 durch Emilio Paor aus Trient errichtet. Spitzturm, 1928, polygonaler Chor, Rundbogenfenster, Strebepfeiler, an der Westfassade Fensterrose.

Katastralgemeinde Glurns

Frauenkirche **Bp. 1**

Von 1665 bis 1669 errichtet, Turm 1885 von Anton Geppert umgebaut und mit einer Zwiebelhaube versehen. Saalraum mit polygonalem Chorschluß, Wandpfeilern und Tonnenwölbung. Wandgemälde 1906 von J. Haun (Szenen aus dem Marienleben).

Pfarrwidum **Bp. 2**

Nach dem Brand von 1799 wurden das 1534 errichtete Pfarrwidum und das Stadtspital zu einem Bau vereinigt. Polygonaler Eckerker, Fenster mit Putzrahmen, Freitreppe. Im Hausgang Stichkappengewölbe, getäfelte Stuben. Zwei Keller und Holzlege mit Tonnengewölben.

Gasthof Steinbock **Bp. 5**

Viereckiger Fassadenerker, Fenster mit Putzrahmen, Labe mit Tonnengewölbe und Stichkappen. Im Keller Tonnengewölbe. Gastraum mit Tonne und Stichkappen, Oberlabe ebenfalls mit Stichkappengewölbe.

Florastraße 15 **Bp. 6**

Dreigeschossiger Bau, 1910 nach Plänen von J. Wallnöfer historisierend umgebaut. Polygonaler Eckerker, Putzrahmen, Balkone. Im Erdgeschoß rundbogige Eingangstür und rundbogige Geschäftsfenster, über den Rechtecktüren querliegende Ovalfenster.

Malser Straße 4 **Bp. 9**

Bau aus dem 16. Jh., nach Kriegsschäden 1799 erneuert. Zweigeschossiger Flacherker mit Putzrippen verziert. Steingerahmtes Portal, in den niederen Geschossen originale Raumeinteilung mit Wölbungen. Labe und Oberlabe mit Tonnengewölbe und Stichkappen.

Malser Straße 6 **Bp. 10**

Bau aus dem 16. Jh., nach Stadtbrand 1799 erneuert. Polygonaler Fassadenerker, Tonnengewölbe im Erdgeschoß, im ersten Stock Kreuzgratgewölbe in der Labe. Gemauerter Treppenaufgang. Am Giebel zwei kleine Halbkreisfenster.

Malser Straße 8 **Bp. 11**

Tonnengewölbe in der Selchküche im ersten Obergeschoß. Fenster mit hohen Leibungen, Flachbogentür.

Malser Straße 10 **Bp. 12**

Rundbogentor, im ersten Stock Fenster mit hohen Laibungen, im Erdgeschoß Tonnengewölbe.

Malser Straße 12 **Bp. 13**

Tonnengewölbter Hausgang in beiden Geschossen, gewölbtes Zimmer im ersten Obergeschoß.

Schlandersberg, Malser Straße 14 **Bpp. 14/1, 14/2**

Dreigeschossiger Bau, über dem Rundbogenportal dreigeschossiger polygonaler Erker mit Putzrippen. Fenster mit Putzrahmen. Im Hinterhof Loggia mit Rundbögen, zweites Geschoß vermauert. Labe und Oberlabe mit Tonne und Stichkappen, gemauerte Rundbogentüren, gemauerter Treppenaufgang. Im zweiten Stock Putzrippennetzgewölbe auf Wappenschilden, 16. Jh. Fassadengestaltung, um 1800.

Malser Straße 16 **Bp. 15**

Haus an die Stadtmauer angebaut. Tonnengewölbte Selchküchen, zum Keller Rundbogentür.

Stadtmauer, Stadttore und Rondelle **Bpp. 16, 29, 30, 31, 32, 33, 63, 64, 65, 98, 99/1, 111, 113, 118, 122, 123, 142, 148, 149**

Einzige vollständig erhaltene Stadtbefestigung in Tirol. Baubeginn 16. Jh. nach Plänen des Hofmalers Jörg Kölderer, Werkmeister Christoph von Lurago. An den Stadttoren Wappendarstellungen (16. bis 18. Jh.).
Bannzone Stadtmauer: Bpp. 22, 37/1, 49/2, 58, 60, 61, 62, 67/2, 68/1, 68/2, 99/2, 99/3, 101, 104/2, 110, 128, 145, 146, 147/1, 147/2, 150, 152, 184, 185, 186, Gpp. 1/2, 1/3, 6, 12/1, 12/2, 13/1, 15/1, 15/2, 15/3, 16, 17, 18, 19, 29.

Widumplatz 9 **Bp. 23**

Viergeschossiger Bau mit Stützmauern, rundbogiges Eingangstor. Tonnengewölbe mit Stichkappen im Durchgang. Im Erdgeschoß gewölbte Räume. Tonnengewölbe im ersten und zweiten Stock. Ornamentale Fensterumrahmungen.

Gasthaus Post **Bpp. 26/1, 26/2**

Großer Bau des 16. Jh.s. Im ersten Stock Labe mit Stichkappengewölbe, Küche mit Kreuzgratgewölbe, Zimmer mit Stuckdecken, Kachelofen im Empirestil. Keller mit Kreuzgratgewölbe. Kasten mit Gratgewölbe auf Pfeilern, Flachbogenfenster.

Dreifaltigkeitskapelle **Bp. 27**

1535 geweiht. Polygonaler Chorschluß, Fassadenglockenmauer mit zwei Spitzbogenöffnungen, spitzbogige Türen und Fenster. Putzrippengewölbe. Empore auf Säule und zwei Flachbögen.

Im Winkel 6 **Bp. 28**

Einfaches Gebäude neben dem mittleren Rundturm an die Stadtmauer angebaut. Hausgang mit Tonne, Rundbogentüren. Gemauerter Treppenaufgang, Rauchküche mit Tonnengewölbe. Stube mit Feldergetäfel. Beim Stadtbrand 1799 nicht zerstört.

Torwärterhaus beim Schludernser Tor **Bp. 36**

Im Hausgang Gewölbe, Tonne mit Stichkappen.

Florastraße 29 **Bp. 37/2**

Rundbogentor, verbretterter Giebel, im Erdgeschoß Tonnengewölbe. Rundbogentüren, im Norden zweigeschossiger Balkonaufbau.

Rathaus **Bpp. 39/1, 39/2**

Im Erdgeschoß Tonne mit Stichkappen, Kreuzgratgewölbe, im ersten Stock tonnengewölbter Raum mit Stichkappen, Decken mit Stuckrahmen. Fenster mit Putzbekrönungen und Putzrahmen. Am Giebel Oculi.

Florastraße 22 **Bp. 40/1, 40/2, 40/3, 40/4, 40/5**

Haus mit Stützmauern, Labe mit Tonnengewölbe und Stichkappen im ersten Stock, Stichkappengewölbe im Hausgang des zweiten Stockes. Raum mit Kreuzgratgewölbe. Erneuerte Quadermalerei.

Laubengasse 13 **Bp. 41**

Im Keller Tonnengewölbe, gemauerte Freitreppe, Stützmauer.

Laubengasse 19 **Bp. 44**

Tonnengewölbe im Erdgeschoß.

Laubengasse 21 **Bp. 45/1**

Tonnengewölbter Keller mit Stichkappen, gemauerter Treppenaufgang mit Rundbögen. Im ersten Stock Hausgang mit Tonnengewölbe und Stichkappen. Küche mit Tonnengewölbe.

Laubengasse 23 **Bp. 46**

Gemauerte Freitreppe, zum Keller Rundbogentür. Fenster mit hohen Leibungen.

Laubengasse 25 **Bp. 47**

Im Süden vermauertes Rundbogentor. Im Erdgeschoß Hausgang mit Tonnengewölbe und Stichkappen, gemauerter Treppenaufgang. Stichkappengewölbe im Gang im ersten und zweiten Stock.

St.-Pankratius-Gasse 31 **Bp. 48/2**

Abgerundetes Eckhaus. Gemauerte Freitreppe, Keller mit Tonnengewölbe und Stichkappen, im ersten Stock Hausgang mit Stichkappengewölbe, ebenso im zweiten Stock.

St.-Pankratius-Gasse 72 **Bp. 49/1**

Gemauerte Freitreppe, darunter zwei Flachbogennischen. Zwei vermauerte Okuli, Fenster mit tiefen Leibungen. Im Keller Tonnengewölbe.

Laubengasse 36 **Bp. 54**

Fenster mit hohen Leibungen, im Erdgeschoß Tonnengewölbe, Kreuzgratgewölbe im ersten Stock, gemauerter Treppenaufgang.

St.-Pankratius-Gasse 29 **Bp. 57/1**

Rundbogentor, tonnengewölbte Labe im Erdgeschoß, gemauerter Treppenaufgang. Kreuzgratgewölbe und Rundbögen im Keller. Rundbogentür an der Ostseite.

St.-Pankratius-Gasse 20 **Bp. 59**

Gemauerter Hoftorbogen, gewölbter Keller.

St.-Pankratius-Gasse 18 **Bp. 66**

Gemauerte Freitreppe, im Keller Tonnengewölbe, im ersten Stock Hausgang mit Tonnengewölbe und Stichkappen. Zum Hof Rundbogentor.

St.-Pankratius-Gasse 12 **Bp. 67/1**

In einer Kammer Tonnengewölbe.

Stadtmühle **Bpp. 69/1, 70, 182 Gp. 22**

Im 15. Jh. erwähnt, nach 1799 verändert. Polygonaler Erker, Rundbogentür mit gemaltem Wappen, gemauerte Freitreppe. Im Erdgeschoß Tonnengewölbe, Labe im ersten Stock mit Kreuzgratgewölbe.

Laubengasse 34 **Bp. 72**

Kreuzgratgewölbe im ersten Obergeschoß, in der Küche Tonnengewölbe. Am Hinterhaus hölzerne Freitreppe mit zwei Söllern.

Laubengasse 11 **Bp. 74**

Eckhaus. Drei Laubenöffnungen an der Südseite, eine im Osten. Am Giebel drei Oculi. Im Erdgeschoß Tonnengewölbe, Rundbogentür. Gemauerter Treppenaufgang, im ersten Stock Kreuzgratgewölbe, zwei Rundbogentüren, tonnengewölbte Küche. Im zweiten Stock Kreuzgratgewölbe.

Laubengasse 9 **Bp. 75**

Zwei Laubenöffnungen mit Kreuzgratgewölben, im Erdgeschoß Tonnengewölbe, gemauerter Treppenaufgang. Im ersten Stock Hausgang mit Tonnengewölbe und Stichkappen. Am Giebel Oculus. Zwei Keller mit Tonnengewölben.

Laubengasse 7 **Bpp. 76/1, 76/2, 76/3**

Ein Laubenbogen, niedriger, tonnengewölbter Hausgang im Erdgeschoß. Im Obergeschoß Raum mit Tonne und Stichkappen.

Laubengasse 5 **Bp. 77**

Zwei Laubenbogen in unterschiedlicher Höhe. Im ersten und zweiten Obergeschoß tonnengewölbte Küche.

Farbbilder in Reihenfolge:
Bruneck, Schloß Bruneck
Eppan, Gandegg
Graun im Vinschgau, Unsere Liebe Frau in Valiertegg
Innichen, Pfarrkirche St. Michael

AVE MARIA GRATIA PLENA
Du Zuflucht der Sünder!

Links oben: Glurns, Frauenkirche
Rechts oben: Glurns, Schludernser Tor
Links unten: Glurns, Schlandersberg

Glurns, Spatzenturm
Glurns, Laubengasse
Glurns, Stadtplatz 1

Laubengasse 3 **Bpp. 78/1, 78/2, 78/3**

Ehemaliges Ballhaus. Rundbogenöffnung zur Straßenseite, Tonnengewölbe. Fenster mit hohen Leibungen, im Westen vermauerte Rundbogenöffnung, ebenso im Süden (nicht mehr sichtbar).

Florastraße 8 **Bp. 80**

Gewölbe im Erdgeschoß, zwei vermauerte Rundbögen an der Straßenseite. Vermauerte Rundbogenfensterchen mit Gitter.

Laubengasse 1 **Bpp. 81/1, 81/2**

Im Erdgeschoß Tonnengewölbe, gemauerte (neuere) Freitreppe, Balkon mit Aussägebrettern, gerade Tür- und Fensterstürze. Im ersten Stock tonnengewölbte Küche.

Laubengasse 8 **Bp. 83**

Tonnengewölbter Hausgang im Erdgeschoß, Tonnengewölbe im ersten Stock, Rundbogentüren. Rundbogeneingang im Westen vermauert. Im ersten Stock Fenster mit hohen Leibungen.

Laubengasse 10 **Bp. 84**

Schmales, steingerahmtes Rundbogentor, Rundbogenöffnungen an der Laubenseite, hohe Fensterleibungen.

Laubengasse 12 **Bp. 85**

Zwei Laubenbögen, an der Straßenfassade Andreaskreuz und Bindenschild. Zwei unleserliche Wappenschilde.

Laubengasse 14a (Haus des Vogtes) **Bpp. 86/1, 86/2**

Zwei Laubenbögen, Schwalbenschwanzzinnen als Abschluß. Kreuzgratgewölbe im Erdgeschoß, mehrere Tonnengewölbe, steingerahmte Spitzbogentüren. Fenster, 15. Jh., mit hohen Leibungen. Gotisches Flachbogenfenster mit gekehlter Leibung im Erdgeschoß. Zum Nachbarhaus Schwibbögen.

Laubengasse 18 **Bp. 87/1**

Zwei Laubenbögen, im Erdgeschoß Rundbogentür. Gemauerter Treppenaufgang.

Laubengasse 22 **Bp. 88**

Drei Laubenbögen, am Giebel drei Oculi, Gewölbe im Erd- und Obergeschoß. Erker neu. Im Zubau im Hof mittelalterliches Sichtmauerwerk mit Spuren eines Tonnengewölbes.

Ehemaliger Gasthof Schwarzer Adler, Laubengasse 24a **Bp. 90**

Gewölbe im Laubendurchgang (zwei Laubenbögen). Am Giebel zwei Oculi. Gemauerte Treppenaufgänge, im ersten Stock Labe mit Tonnengewölbe und Stichkappen, im zweiten Stock Tonnengewölbe mit Stichkappen. Neugotische Haustür mit Maßwerkornamenten.

Laubengasse 26 **Bp. 91**

An zwei Seiten Laubenöffnungen. Fenster mit hohen Leibungen, im ersten Stock Raum mit Rundbogen.

Laubengasse 30 **Bp. 92**

Zwei Laubenbögen an der Nordseite, einer an der Ostseite. Im ersten Stock Stube mit neuem Brustgetäfel, glasierter Kachelofen.

St.-Pankratius-Gasse 15–17 **Bp. 94**

Fenster mit hohen Leibungen an der Ostseite, Vierteltonne und Rundbogentür im Erdgeschoß. Vermauerte Rundbogentür am Eingang. Holzschleuder.

St.-Pankratius-Gasse 6 **Bp. 96**

Zweigeschossiger Bau, am Südeingang gemauerte Treppe, Vorraum mit Tramdecke, Rundbogentür.

St.-Pankratius-Gasse 6 **Bp. 97**

Gemauerte Freitreppe, Gewölbe im Erdgeschoß und Keller, Rundbogentor zum Keller. Fenster in tiefen Leibungen, Flachbogentür.

Kolbenturm **Bp. 100/1**

Fünfgeschossiger Turm, Rechteckfenster, Balkone, im Dachgeschoß Rundbogenfenster. Gewölbte Eingangshalle, tonnengewölbte Labe und Küche mit Stichkappen, Rundbogentüren im Halbgeschoß. Im 13. Jh. errichtet, im 19. Jh. erneuert.

St.-Pankratius-Gasse 3 **Bp. 103**

Am Giebel Oculi, Labe mit Stichkappengewölbe, im ersten Stock tonnengewölbte Labe mit Stichkappen. Gemauerter Treppenaufgang zum zweiten Stock.

Laubengasse 1 **Bp. 104/1**

Rundbogige Eingangstür, verbretterter Westgiebel. Gewölbe im ersten Obergeschoß (Tonne mit Stichkappen), gemauerter Treppenaufgang mit Steinbrüstung.

Florastraße 31 **Bp. 106**

Geschwungener Fassadengiebel, 1909 unter der Leitung von Lorenz Wallnöfer errichtet. Fenster mit Putzrahmen und Stuckdekor (Sternmuster). Flachbogen- und Rechteckfenster.

Ehemaliges Gerichtshaus, Laubengasse 2 - Florastraße 2 **Bpp. 107, 108**

Bp. 107: Fenster mit hohen Leibungen, Kreuzgratgewölbe im Erdgeschoß. Einbezogener Turm mit mittelalterlichem Mauerwerk.
Bp. 108: Gewölbe in drei Geschossen. Rechteckfenster mit bemaltem Putzrahmen, Eingang mit Karniesbogen, tonnengewölbte Labe mit Stichkappen, gemauerter Treppenaufgang, Flachbogentür. Tonnengewölbte Oberlabe mit Stichkappen.

Stadtplatz 1 **Bp. 109**

Rundbogentür, bemalte Fensterumrahmungen (16. Jh.). Im Keller Tonnengewölbe, gewölbtes Erdgeschoß, im ersten Stock kreuzgratgewölbter Raum. Überwölbter, gemauerter Stiegenaufgang, gemauerte Freitreppe im Westen.

Stadtplatz 3 **Bp. 112**

Zweigeschossiger Bau mit Wandgemälden (Wappen an der Nordseite, heiliger Georg). Reste des gotischen Quaderputzes, Fenster mit hohen Leibungen.

Stadtplatz 5 **Bp. 114**

Rundbogentor, Fenster mit dekorativer Putzrahmung, Fassadenfresko (Madonna), Rundfenster. Fassadengestaltung Anfang 20. Jh. Gewölbter Hausgang.

Gasthof Grüner Baum **Bp. 115**

Viergeschossiger Bau, im Erdgeschoß Tonnengewölbe, Rundbogentüren. Abschluß mit Zinnenmauer und geschwungenem Giebel mit Marienfresko und Rankenmalereien (20. Jh.). Balkone über dem flachbogigen Eingang.

Spatzenturm mit Hofraum **Bpp. 117, 119 Gp. 23**

Gotischer Bau mit Resten eines romanischen Turmes. Im Keller Tonnengewölbe mit Stichkappen, gemauerter Stiegenaufgang. Am Turm Sichtmauerwerk, vermauerte Rundbogenöffnung, am Wohnhaus Flacherker an der Ostseite, Flachbogentür.

Gloria Vallis **Bp. 120**

Turm aus dem 13. Jh. mit gotischem Anbau. An die Stadtmauer angebaut. Im Erdgeschoß des Turmes Sichtmauerwerk, Rundbogentüren, teilweise vermauerte Fensteröffnungen und Tramdecke.

Graf-Trapp-Straße 11 **Bp. 125/1 Gpp. 24, 25**

Gemauerte Freitreppe mit Brüstung, im Keller Flachbogenöffnungen, am vorspringenden Gebäudeteil Laubenöffnung mit Flachbögen und Tonne. Tonnengewölbter Hausgang, Raum mit Kreuzgratgewölbe.

Graf-Trapp-Straße 10 **Bp. 127**

Krüppelwalmdach, im Erdgeschoß Rundbögen mit Tonne, im ersten Stock Labe mit Tonnengewölbe und Stichkappen. Gemauerter Treppenaufgang.

Graf-Trapp-Straße 16 **Bp. 129**

Krüppelwalmdach, gewölbter Treppenaufgang. Stube mit Felderdecke und Leistengetäfel, Ofen, 19. Jh.

Gasthof Krone **Bpp. 130/1, 130/2**

Erker an zwei Fassaden, Eckturm mit alter Kapelle (Spitzbogenfenster, Tonnengewölbe mit Stichkappen, Stuckdekor). Skulptierte Portale, 15. Jh., tonnengewölbte Hausgänge und Zimmer. Im zweiten Stock Kachelofen mit figürlichen Darstellungen, Ende 18. Jh. Viergeschossiger Flacherker an der Platzseite.

Stadtplatz 11 **Bp. 131**

Steingerahmtes Rechteckportal: Pilaster mit Kapitellen, Rauten mit Akanthusblatt, Festons und Delphine, 16. Jh. Labe mit Tonnengewölbe, überwölbter Stiegenaufgang mit Rundbogentür.

Stadtplatz 13 **Bp. 132**

Dreigeschossiger, polygonaler Eckerker mit gekreuzten Graten am Fuß. Im Erdgeschoß Sterngratgewölbe, Tonne mit Stichkappen, im ersten Obergeschoß Tonnengewölbe. Sonnenuhr mit Wappen der Herren von Fröhlich, 16. Jh.

Malser Straße 5 **Bp. 134/1**

Rundbogentor zum nördlichen Mauervorsprung.

Malser Straße 3 **Bp. 135**

Schmales, dreigeschossiges Haus, an die Hofmauer angebaut.

Malser Straße 9 **Bp. 136**

Später an die Zinnenmauer angebaut. Rundbogiges Hoftor. Zur Straße barockes Fresko.

Malser Straße 7 **Bp. 137/1**

Innerhalb der mittelalterlichen Zinnenmauer errichteter zweigeschossiger Bau, im Inneren erneuert.

Silbergasse 4 **Bp. 137/2**

Neubau ins Eck der Zinnenmauer an Stelle eines älteren Baues gestellt. Die alte Mauer original erhalten.

Malser Straße 11 **Bp. 138**

Tonnengewölbe im Erdgeschoß.

Malser Straße 13 **Bp. 139**

Stichkappengewölbe im Erdgeschoß, Rechtecktür, -fenster, Satteldach.

Malser Straße 15 **Bp. 140**

Bau aus dem 16. Jh. mit mittelalterlichem Mauerwerk. Fassaden erneuert. Renaissanceportal, spätgotische Gewölbeformationen im Erd- und ersten Obergeschoß. Mehrere tonnengewölbte Räume im Keller, überwölbte Einfahrt und Eingang. Gewölbte Labe im ersten Stock, Küche mit Tonnengewölbe, tonnengewölbter Raum. Stube mit Felderdecke und Leistengetäfel.

Torwärterhaus, Malser Straße 26 **Bp. 141**

Das Gebäude gehört dem Verteidigungskomplex des 16. Jh.s an. Tonnengewölbe im Erdgeschoß mit Stichkappen, Fenster mit hohen Leibungen, hölzerne Freitreppe an der Nordseite.
Bannzone Malser Straße: Bpp. 7, 8

Silbergasse 8 **Bp. 143**

Tonnengewölbe im Keller, im ersten Obergeschoß gewölbter Hausgang und Speis. Fenster mit hohen Leibungen, Flachbogentür, Madonnenfresko, an der Nordseite gemauerte Freitreppe.

Silbergasse 29 **Bpp. 144/1, 144/2, 144/3, 144/4**

Gemauerte Freitreppe, darunter rundbogiger Zugang zum Keller. Fenster mit hohen Leibungen. Tonne mit Stichkappen im Keller, Rundbogentür in der Labe.

Silbergasse 7–9 **Bpp. 151/1, 151/2**

An der Südseite gemauerte Freitreppe, Keller mit Tonnengewölbe und Stichkappen, rundbogige Durchfahrt mit Tonnengewölbe. Balkone mit Ausschneidearbeiten.

Glurns, rekonstruierter Wehrgang am Malser Tor

Glurns, St. Laurentius

Glurns, Stadtplatz 13

Silbergasse 1 **Bp. 154**

Spätgotischer Baubestand im Erdgeschoß. Erneuerte Quadermalereien an der Fassade. Steingerahmte Rundbogenportale, Steintreppe, Fenster mit hohen Leibungen. Im Hof Rundbogentor. Gemauerter Treppenaufgang, Rundbogentüren mit Ansätzen an der Stichkappenwölbung im ersten Stock. Tonnengewölbte Keller mit Stichkappen.

St.-Johannes-Nepomuk am Friedhof **Bp. 169**

Kapelle von 1742 bis 1747 von Meister Georg Götsch aus Mals erbaut. Zweigeschossiger Bau, in der 1521 erbauten Gruft Kreuzgratgewölbe, in der Kapelle Flachdecke und polygonaler Chorschluß, im Westen erweitert.

Pfarrkirche St. Pankraz mit Friedhof **Bp. 170**
Gpp. 883, 884

1227 erwähnt. Aus dieser Zeit der Kirchturm (Zwiebelhaube auf Oktogon, 1664). Langhaus und polygonaler Chor 1481 errichtet. Netzrippengewölbe, Spitzbogenportal, romanische Bauplastik. Im Innern Fresken, 15. Jh., außen Wandgemälde (Jüngstes Gericht und Passionsszenen), Anfang 16. Jh.

St. Martin mit Umfriedung **Bpp. 171/1, 171/2**

1668 errichtet. Hölzerner Dachreiter mit Spitzhelm, gerader Chorschluß, Flachdecke. Viereck- und Lünettenfenster. Bildet mit der angebauten, zum Teil älteren Einsiedelei eine architektonische Einheit.

St. Jakob beim Söleshof mit Friedhofsbezirk **Bp. 172**
Gpp. 1265, 1267/1, 1267/2

Kirchenruine. Kapelle 1178 erwähnt, Bau 16. Jh. Polygonaler Chorschluß, maßwerkgeschmückte Spitzbogenfenster, Fassadenglockenmauer, Gratgewölbe. 1799 abgebrannt, seitdem verfallen.

St. Laurentius **Gp. 436/3**

Außerhalb der Stadtmauern in den Tawenzwiesen gelegen. Bau in der zweiten Hälfte des 15. Jh.s urkundlich erwähnt. Nur mehr die Grundmauern auf sechseckigem Grundriß erhalten.

Katastralgemeinde Graun

St. Anna **Bp. 134**

1521 geweiht, hölzerner Fassadendachreiter mit Spitzhelm, an der Südseite vermauerte Spitzbogentür, Spitzbogenfenster, Kreuzgratgewölbe; Eingang an der Westseite neu. Außenfresko (St. Georg), 1600.

St. Anton in Spin **Bp. 169**

1836 neu erbaut. Einfache Kapelle mit Fassadenglockenmauer, polygonalem Chorschluß und Tonnengewölbe mit Stichkappen, Türe und Fenster rundbogig. Schindeldach.

Turm der alten Pfarrkirche St. Katharina **Gp. 2132**

1357 geweiht. Vom ursprünglichen Bau ragt nur mehr der Glockenturm aus dem Stausee. Spitzbogige Triforienfenster, Viereckhelm mit Schindeldach.

Katastralgemeinde Langtaufers

Kapelle in Rafein **Bp. 29**

Kleiner barocker Bau mit polygonalem Chorschluß, hölzernem Dachreiter, Tonnengewölbe, Rundbogenfenster.

Kapelle in Kapron **Bp. 80**

1743 durch Joseph Pläs erbaut (Inschrift). Einfacher Bau mit polygonalem Abschluß, Dachreiter, Tonnengewölbe, Rundbogenfenster und -tür. Schindeldach.

Haus Nr. 40 in Kapron **Bp. 107/1**

Anlage mit hölzerner Freitreppe, Rundbogentür zum Keller, Reste von Eckbemalung und Fassadenfresken (Jahreszahl 1659). Gewölbter Gang, Stube mit spätbarocker Täfelung.

Kapelle in Pleif **Bp. 147**

1862 erbaut. Fassadenglockenmauer, polygonaler Chorschluß, Flachbogentür, Lünettenfenster.

Kapelle in Pazin **Bp. 154**

Einfacher Bau mit polygonalem Abschluß, 18. Jh., hölzerner Dachreiter mit Spitzhelm, Tonnengewölbe, Rundbogentür

Pazin **Bp. 158**

Schlichter, massiv gemauerter Bau mit Backofenerker und zwei Rundbögen im Keller. Spätgotische Stube mit 14 abgefasten Balken mit jeweils verschiedenen Verzierungen. Eingebauter Milchkasten, bez. 1763.

Kapelle in Patscheid **Bp. 178**

Einfacher, polygonal abschließender Bau mit hölzernem Dachreiter. Erbaut 1790.

Gschwell mit Kapelle **Bpp. 181, 190, 191**

Wohnhaus mit Schopfwalmdach und Giebelsöller, Rundbogentür. Auf dem abgefasten Türholm ist die Jahreszahl 1658 eingekerbt. Späterer Zubau.

Kapelle: Einfacher Bau mit Fassadenglockenmauer, Tonnengewölbe, Rundbogentür und Okulifenster. Fassadenfresken (Strahlensonne und Herz Jesu). Freskenausstattung auch im Innern (Heilige und Engel). 17. Jh.

Grub **Bp. 202**

Stattlicher, zweigeschossiger Barockbau mit kunstvoll geschnitztem Giebelbundwerk. Reiche Fassadenmalerei (drei Heilige, Eck- und Fensterumrahmungen). Kreuzgratgewölbte Labe mit Stukkaturen und Engelsköpfen, zwei zum Teil später übermalte Barockstuben.

St. Magdalena in Grub (Hinterkirch) **Bp. 213**

Bau aus der ersten Hälfte des 15. Jh.s. Turm mit Achteckhelm, die Kirche barockisiert und 1890 verlängert. Polygonal abschließender Chor, im Schiff Tonnengewölbe mit Stichkappen.
Bannzone: Gp. 857/1

Kapelle in Melag **Bp. 227**

Einfacher Bau mit polygonalem Abschluß, hölzernem Dachreiter mit Spitzhelm, 17. Jh. Die Wandmalereien im Innern wurden übertüncht. Schindeldach.

Kapelle in Perwarg **Bp. 247**

Schlichter Bau mit polygonalem Abschluß, hölzernem Dachreiter, Tonnengewölbe und Lünettenfenstern. 18. Jh.

St. Martin in Pedroß **Bp. 248**

Nach Entwürfen von Paul Huter 1908 bis 1912 in gotisierenden Bauformen errichtet. Offene Vorhalle, Fensterrose. Polygonaler Chorschluß mit Sternrippengewölbe.

Katastralgemeinde Reschen

Haus Nr. 75 **Bp. 35**

Ursprünglich Post- und Schulgebäude. „Pestkammer" von 1620 mit einfachem Getäfel. Tonnengewölbte Rauchküche. Fassadengestaltung stammt aus dem 19. Jh.

Gasthaus Schwarzer Adler **Bp. 46/1**

Wohnhaus mit Freitreppe, Spitzbogentür und steingerahmte Fenster. Gewölbter Hausgang, Küche mit hohem Tonnengewölbe. Stube mit einfacher Feldertäfelung, Nebenraum mit Balkendecke.

Haus Nr. 12 **Bp. 50**

Stattlicher Bau mit Freitreppe, steingerahmte Türen und Fenster. An den Hausecken Reste von Sgraffitomalerei. Tonnengewölbte Labe.

St. Nikolaus in Rojen **Bp. 115**

Langhaus, 13./14. Jh. Chor auf quadratischem Grundriß, um 1400. Hölzerner Dachreiter mit Spitzhelm, im Schiff flache Holzdecke. Im Chor Kreuzgratgewölbe mit Freskenausstattung (Meraner Schule, Anfang 15. Jh.).

Lenehaus in Rojen **Bp. 122**

Stark veränderter Bau, zum Teil Massiv-, zum Teil Holzblockbau. Stube mit Wandbildern in Rocaillerahmen (Kreuzigungsgruppe, Agnes, Notburga, Mariahilf, Florian, Martin), um 1770. An der Fassade Andreaskreuz und Reste von Fenster- und Eckbemalung.

Schlößl am See **Bp. 146**

1904 von Neuwerth in historisierenden Bauformen errichtet. Turm mit Zeltdach, steingerahmte Rundbogenfenster, große Veranda.

Pfarrkirche St. Sebastian **Bp. 230**

Neuromanischer Bau mit abgesetztem, rund abschließendem Chor und spitzem Fassadenturm. Fenster und Türe rundbogig. Die Außenwände verziert durch vertiefte Felder mit Rundbogenfries, die Fassade mit Rosetten. Tonnengewölbe über Wandpfeilern, im Chor Flach- und Halbkuppel. 1470 eine Sebastiankapelle erwähnt, 1662 erweitert und neu geweiht. Der heutige Bau wurde 1861–1863 nach Plänen von Anton Geppert errichtet.

Unsere Liebe Frau in Valiertegg **Bp. 265**

Wallfahrtskirchlein, 1885 in romanisierenden Bauformen errichtet. Fassadendachreiter, runder Chorschluß, Tonnenwölbung.

Katastralgemeinde St. Valentin

Pfarrkirche St. Valentin mit Friedhof **Bp. 1** **Gp. 1**

Nach Plänen des k. k. Hofbauamtes in Wien 1825 bis 1826 an Stelle einer älteren Kirche neu erbaut, der Spitzturm dabei etwas erhöht. Rundabschließender Chor, Ende des 19. Jh.s.
Angebaute Gruftkapelle mit Rundbogenfenster und Tonne.

Hospiz St. Valentin **Bp. 3**

Ältestes Hospiz des Landes, um 1140 von Udalricus de Burgus errichtet. Bau mit regelmäßigem Mauerwerk. Tonnengewölbte Küche mit mächtigem Unterzugsbalken. Stuben mit jüngerem Holzgetäfel. Wandgemälde (Bordüre, Kreuzigung), 16. Jahrhundert.

Lourdeskapelle **Bp. 29**

1890 in gotisierenden Formen durch Anton Stecher errichtet. Am Kreuzgewölbe historistische Dekorationsmalerei.

St. Anton in Padöll **Bp. 75**

1731 von Kristian Plangger erbaut, Kapelle mit polygonalem Chorschluß und Fassadendachreiter.

Haus in Monteplair **Bp. 110**

Bau mit Freitreppe, Jahreszahl 1585 am Andreaskreuz an der Fassade (renov.). Große rundbogige Stadeleinfahrt.

Haus Nr. 9 in Monteplair **Bp. 111**

Giebelständiges Haus mit Freitreppe. 1789 (Jahreszahl über dem Eingang), offener Bundwerkgiebel, Reste von Fassadenmalerei.

St. Josef in Monteplair **Bp. 126**

1705 geweiht. Einfacher Bau mit Fassadendachreiter mit Spitzhelm, polygonalem Chorabschluß. Das tonnengewölbte Vorjoch wurde später angebaut. Schindeldach.

Hotel Post **Bp. 157**

Im Kern gotischer Bau. Stube mit Bohlenbalkendecke und abgefasten Unterzugsbalken. Im zweiten Stock Kammer mit kunstvoll geschnitzten Türrahmen. 1925 nach einem Brand neu aufgebaut mit mehreren Erkern und Erkertürmchen.

Mariahilfkapelle beim Hotel Post **Bp. 158**

Kleiner Bau mit polygonalem Abschluß, 1777 (Jahreszahl an der Fassade). Fassadenglockenmauer, Tonne und gratiges Abschlußgewölbe. Rundbogentür.

Heilige Dreifaltigkeit bei den Fischerhäusern **Bp. 164**

Einfacher Bau aus dem 18. Jh. Fassadendachreiter mit Spitzhelm, rundbogige Tür und Fenster, Tonne mit Stichkappen, abgeschrägter Altarraum. Schindeldach.

Graun im Vinschgau, Kapelle in Raffein

Graun im Vinschgau, Hospiz St. Valentin

Graun im Vinschgau, Grub in Langtaufers

Gsies, Mühle am Finnbach

Katastralgemeinde St. Magdalena

Pfarrkirche St. Magdalena mit Kapelle und Friedhof **Bp. 1 Gp. 1**

1488 geweiht. Spätgotischer Bau mit polygonalem Chorabschluß und Spitzturm. Das Langhaus 1840 um ein Joch verlängert, die Rippen 1960 neu angebracht. Im Chor Sternrippengewölbe, im 1952 angebauten Hauptschiff Kreuzgratgewölbe.
Friedhofskapelle: Bau auf quadratischem Grundriß mit Kreuzgratgewölbe, Mitte 19. Jh.

Außerschmieder **Bp. 11**

Erdgeschmoß gemauert, Obergeschoß zum Teil in Blockbau. Rundbogige Haustür, Mittelflur und Küche mit Tonne und Stichkappen. Stube mit profilierter Felderdecke, ober der Tür Jahreszahl 1573. Im Obergeschoß Kammer mit Felderdecke und sehr breiten Leisten, Mittelfeld mit Jahreszahl 1618, Türholm bez. 1581.

Lafer **Bp. 13**

Gemauertes Erdgeschoß, Haut- und Giebelgeschoß in Blockbau. Steingerahmte Spitzbogentür, durchgehender Mittelflur mit Tonne und Stichkappen, tonnengewölbte Küche. Stube mit einfacher Felderdecke, im Mittelfeld geschnitztes Christusmonogramm. Erdgeschoß und Obergeschoß spätgotisch, der Giebel später erhöht.

Rainer **Bp. 20**

Erdgeschoß gemauert, Obergeschoß und Giebel in Blockbau. Rundbogige Haustür, Fenster mit breiter Leibung und gemalter Umrahmung, Labe mit Tonnengewölbe, Stube mit Felderdecke, bez. 1901.

Mühle am Finnbach **Bp. 24**

Holzblockbau mit Satteldach und geschlossenem Giebel, 19. Jh. Funktionstüchtiges Mahlwerk.

Mühle am Finnbach **Bp. 32**

Holzblockbau mit Satteldach und geschlossenem Giebel, 19. Jh. Funktionstüchtiges Mahlwerk.

Hinterhuber **Bpp. 35, 36**

Paarhof. Wohnhaus mit gemauertem Erdgeschoß, Obergeschoß in Holzblockbau. Schindeldach. Rundbogentür, tonnengewölbte Labe und Küche, Stube mit profilierter Felderdecke, bez. 1852.

Kapelle im Ampfertal **Bp. 49**

Barocker Kapellenbau mit rundem Chorschluß, Dachreiter (Pyramidendach), Rechtecktüre, Lünette. Tonnengewölbe mit Stichkappen. Schindeldach.

Mühle am Finnbach **Bp. 60**

Holzblockbau mit Wasserrad und erhaltenem funktionstüchtigen Mahlwerk, 19. Jh.

Hanser **Bp. 263**

Spätgotischer gemauerter Bau mit geschlossenem Holzgiebel. Labe und Küche mit Tonne und Stichkappen, gemauerte Treppe ins Obergeschoß. Tonnengewölbte Oberlabe, Rundbogentüren zu Kammer und Söller.

Simmerle **Bp. 275**

Gemauertes Erdgeschoß, Obergeschoß und Giebel in Blockbau. Kunstvoll geschnitztes Söllergeländer. Tonnengewölbte Küche, Stube mit barockem Getäfel, Felderdecke mit profilierten Leisten.

Kapelle in Weißberg **auf Gp. 359**

Barocker Kapellenbau mit abgesetztem polygonalen Schluß, hölzerner Dachreiter, Rundbogentür, Tonnengewölbe mit Stichkappen. Altarnische. An der Fassade über dem Lünettenfenster Figurennische.

Katastralgemeinde St. Martin

St.-Anna-Stöckl (Mooswalder Kapelle) **Bp. 133**

Gerader Chorschluß, Giebeldachreiter mit Pyramidendach, Rechtecktür, Rundbogenfenster. Tonne mit Stichkappen, spätbarocke Wandmalereien (Jüngstes Gericht, Heilige), 1873 renoviert.

Keil mit Kasten und Antoniuskapelle **Bp. 144**

Erd- und Hauptgeschoß gemauert, Giebelgeschoß in Holzblockbau. Umlaufender Söller. Gemauerte Spitzbogentür, Hausgang mit Tonne und Stichkappen, Küche und Oberlabe tonnengewölbt. Stube mit barockem Getäfel und Felderdecke, bez. 1638.
Kasten mit verschaltem Holzgiebel, Eingang über gemauertem Podest, Eisentür. Eckbemalung und Tonnengewölbe.
Kapelle: 1660 erbaut. Rechteckiger Bau mit Pyramidendach (Schindeln), Eingang aus Tür und zwei Seitenfenstern kreuzförmig gebildet. Kreuzgratgewölbe.

Specker **Bp. 148**

Erd- und Hauptgeschoß gemauert, Giebelgeschoß in Holzblockbau mit vorkragender, verbretterter Laube. Spitzbogentür, Labe und Küche mit Tonnengewölben und Stichkappen. Rundbogentür zum Balkon, an der Fassade Jahreszahl 1640. Geburtshaus von Pater Joachim Haspinger.

Reier **Bpp. 217/1, 217/2**

Zweigeschossiger Holzblockbau mit Mittelflur. Labe mit Balkendecke, Stube mit abgefasten Unterzugsbalken. Einheitlich erhaltener spätgotischer Blockbau mit Schindeldach.

Kasten beim Hinterkradorfer **Bp. 221/3**

Spätgotischer Holzblockbau mit offenem Giebel und Schindeldach. Rechtecktür, darüber eingekerbt die Jahreszahl 1550.

Gsies, Reier in St. Martin

Gsies, Schießstand

Hafling, St. Katharina in der Scharte

Nothelfer-Kapelle in Oberplanken **Bp. 513**

Spätbarocker Bau aus dem Jahre 1842. Abgesetzte Rundapsis, darüber Türmchen mit Rundfenstern, Welsche Haube mit Laterne. Geschweifte Blendfassade. Tonnengewölbe.

Schenke **Bp. 517**

Erdgeschoß gemauert, Obergeschoß und Giebel in Holzblockbau. Rundbogige Haustür, Mittelflur mit Tonne und Stichkappen. Tonnengewölbte Küche. Stube mit neugotischem Getäfel, im Mittelfeld der Decke Jahreszahl 1910, Kerbschnitzerei.

Maria-Heimsuchungs-Kapelle beim Außermair **Bp. 549**

1829/30 erbaut. Apsis, Turm mit Rundbogenfenstern, Tonnengewölbe. Geschweifter Giebel und Fenster, Skulpturennische an der Fassade.

Pfarrkirche St. Martin mit Friedhof **Bp. 567**
Gp. 3714

Von der gotischen Kirche noch der Spitzturm und der dreiseitig abschließende Chor (heute Sakristei mit Kapelle im Obergeschoß) erhalten. Die heutige Kirche mit Flachkuppelgewölbe 1777 errichtet, Stuckrahmung an den geschweiften Fenstern.

Gasthaus Kahn **Bp. 569/1**

Erd- und Hauptgeschoß gemauert, Giebel mit Laube verbrettert. Schopfwalmdach. Steingerahmte Rundbogentür mit Oberlichte, tonnengewölbte Labe mit Stichkappe. Im Obergeschoß Stube mit Rokokodecke, Mittelfeld mit Christusmonogramm. Rundbogige gemauerte Balkontür. An der Hauptfassade Wandgemälde, St. Nikolaus und Florian.

Kapelle beim Gatterer **Bp. 619**

Einfache Hofkapelle mit rundem Chorschluß, Dachreiter (Pyramidendach). Tonnengewölbe. Schindeldach. Mitte 19. Jh.

Lourdeskapelle beim Mudler **Bp. 622**

Einfacher Bau mit abgesetztem Chor, Dachreiter, Rechtecktür, darüber Lünette. Lourdesgrotte. 19. Jh.

Haspinger-Schießstand **Bp. 625**

Fachwerkbau aus der Jahrhundertwende mit großem Ausstellungsraum, Wandgemälde, Anführer von Anno Neun.

Katastralgemeinde Pichl

Mudler **Bp. 355**

Keller und Erdgeschoß gemauert, Obergeschoß und Giebel in Blockbau mit umlaufenden Söller. An der Fassade Wandmalereien, St. Florian, Sylvester, Unsere Liebe Frau vom Siege zu Paris, 19. Jh. Verzierte Barockstube mit Felderdecke, Christusmonogramm, gotisierende Friesbemalung. In den Fensterleibungen Holzmalereien.

Kapelle in Schindelholz **Bp. 386**

Dachreiter mit Pyramidendach. Vierecktür, Tonne, Reste von Dekorationsmalerei, 17. Jh.

Obergschwendt (Alt-Hintner) **Bp. 418**

Erd- und Hauptgeschoß gemauert, Giebel in Blockbau mit Söller. Traufseitig rechteckige Haustüre, tonnengewölbte Labe mit Stichkappen, Stube mit Leistendecke, über dem abgeschrägtem Türholm Jahreszahl 1581. Oberlabe mit Balkendecke, Rundbogentür zum Söller. Kammer mit Holzgetäfel, bez. 1789.

Pfarrkirche St. Nikolaus mit Friedhofskapelle und Friedhof **Bp. 424**
Gp. 2851

Von der 1472 geweihten Kirche steht noch der Turm. Der heutige Bau in gotisierenden Stilformen um 1879 neu errichtet. Polygonaler Chorschluß, Netzrippengewölbe.
Friedhofskapelle: gotisierender Bau mit Kreuzgratgewölbe, 19. Jh.

Hauser **Bp. 442**

Dreigeschossiger gemauerter Bau mit Spitzbogentüre, Labe, Oberlabe mit Küche und Tonnengewölben und Stichkappen. Stube mit barockem Leistengetäfel. An der Nordseite Balkenkopf mit geschnitzter Jahreszahl 1583 und Malkreuz.

Mutz **Bp. 454**

Dreigeschossiger Bau mit breiter tonnengewölbter Labe und Küche, Rundbogentür zur Speis, Stube mit barockem Leistengetäfel. Ober der Kammertür Jahreszahl 1697. Aus dieser Zeit auch die Ofenbrücke mit abgefasten Säulen. Frei stehendes Backofenhaus.

Florianskapelle in Unterplanken **Bp. 457**

Abgesetzter, polygonaler Chorschluß, Dachreiter, Rundbogenfenster. Tonnengewölbe. 17. Jh. Innenbemalung von Johann Matthias Pescoller, 1912.

Obersiegler **Bp. 472**

Zweigeschossiger Bau mit verbrettertem Futtergiebel. An der Südseite Madonnenfresko. Im Erdgeschoß ehemals rundbogige, heute rechteckige Tür. Labe mit Tonnengewölbe, Stube mit einfacher Schnitzerei (Christusmonogramm), Jahreszahl 1866. Im ersten Stock steingerahmte rundbogige Söllertüre.

Weber **Bp. 485**

Dreigeschossiges Wohnhaus. Erd- und Hauptgeschoß gemauert, Giebelgeschoß in Blockbau. An der Fassade überdachter Balkon auf Holzstreben. Rechtecktür, tonnengewölbte Labe und Küche, rundbogige eisenbeschlagene Holztür, bez. 1750. Überwölbte Treppen zum Keller. Im ersten Stock getäfelte Räume.

Mariahilfkapelle in Durnwald **Bp. 491**

1685 erbaut. Abgesetzter polygonaler Chorschluß, Fächergewölbe, seitlicher Turm. Leicht spitzbogiges Portal mit Jahreszahl 1685 am Scheitel. Schindeldach.

Untersinner mit Kapelle **Bpp. 496/2, 497**

Gemauerter Bau mit Schopfwalmdach, Fassadensöller. Rechtecktür, durchgehende tonnengewölbte Labe. Ober der Haustür Jahreszahl 1705 und Initialen M. A. H. S. Rundbogige Haustür zur tonnengewölbten Speis. Im ersten Stock Stube mit Leistengetäfel und Wandpilastern, bez. 1867.
Kapelle: rechteckiger Bau mit Rechtecktür, darüber Lünettenfenster, rundbogige Seitenfenster. Flachtonne, Lourdesgrotte. Schindeldach.

Herz-Jesu-Kapelle **Bp. 505**

Historisierender Bau aus dem 19. Jh. mit Apsis und Dachreiter, Biforienfenster, Tonnengewölbe.

Lourdeskapelle in Henzing **Bp. 525**

Gotisierender Bau, 1900 errichtet. Spitzbogige Türe und Fenster, hölzerner Dachreiter, im Giebel Rundfenster. Spitzbogentonne. Lourdesgrotte. Schindeldach.

Katastralgemeinde Hafling

Pfarrkirche St. Johannes der Täufer mit Friedhofskapelle und Friedhof **Bp. 29** **Gp. 284**

1291 erwähnt. Aus dieser Zeit die Langhausmauern. Langhaus im 17. Jh. umgebaut, Tonnengewölbe. Polygonaler Chor mit Sternrippengewölbe und Spitzturm spätgotisch.
Friedhofskapelle romanisch oder vorromanisch: Anbau mit Tonnengewölbe und eingemauertem Reliefstein.

St. Katharina in der Scharte **Bp. 37**

1251 geweiht (aus dieser Zeit Teile des flachgedeckten Langhauses). 1452 Neuweihe. Aus dieser Zeit der polygonale Chor und der Turm mit Viereckhelm. Wandgemälde (Kreuzigungsgruppe, Katharinenlegende), 15. Jh.

St. Oswald am Ifinger **Bp. 133**

1447 erwähnt, ein Neubau 1641, die heutige Kapelle 1879 an anderer Stelle errichtet.

Bildstock beim Nußbaumer **auf Gp. 561**

Viereckpfeiler mit vergitterter Nische, vielleicht ehemaliges Sakramentshäuschen, 15. Jh.

Katastralgemeinde Innichberg

Kapelle beim Mehlhof **Bp. 31/2**

Gerader Abschluß, Rundbogentür und Kreuzgratgewölbe. Rechteck- und Flachbogenfenster. Dekorationsmalerei 19. Jh. An der Rückseite verbretterter Giebel, Schindeldach.

Katastralgemeinde Innichen

Stiftskirche zu den Heiligen Candidus und Korbinian mit Friedhof **Bpp. 1/1,1/2**

Dreischiffige romanische Basilika mit Querschiff, Vierungskuppel und drei Apsiden. Nach dem Brand im Jahre 1200 neu aufgebaut, 1284 geweiht. Krypta mit Säulenreihen 1967–1969 rekonstruiert. Fassadenturm 1320–1326 aufgeführt, Vorhalle 1469 hinzugebaut. Nothelferkapelle 1524 geweiht. Südportal mit Steinrelief und Fresken von Michael Pacher. Wandgemälde in der Vierungskuppel (Schöpfungsgeschichte), um 1280.
Bannzone: Bpp. 2, 3, 4, 5, 6, 25, 26/1, 27, 30, 31, 32. Gpp. 2, 3, 5, 21, 22, 26, 27

Stiftsarchiv (Museum) **Bp. 2**

Ehemaliger Kornkasten, im späten 14. Jh. nach Westen erweitert. 1980–1983 als Stiftsmuseum mit Archiv und Bibliothek eingerichtet. Gewölbter Raum, dekorative Fensterumrahmung. Raum mit Felderdecke und Wappenmalerei, Räume mit Balkendecken.

Organistenhaus, Pflegplatz 1 **Bp. 6**

Spätgotischer Bau mit gemauerter, breit abgefaster Spitzbogentür. Schmaler, tonnengewölbter Hausgang mit vergittertem Fenster. Im ersten Stock kreuzgratgewölbter Hausgang. Stube mit Pilastertäfelung und Felderdecke, Balusterfries, 17. Jh.

Rathaus **Bp. 25/1**

Ursprünglich „Der Hof“ genannt, Amtshaus des Freisinger Pflegrichters. Schindelgedecktes Krüppelwalmdach, granitgerahmtes Rechteckportal, im Erdgeschoß gewölbter Raum, im ersten Stock großer Mittelsaal mit Stuckleisten an der Decke.

Kanonikerhaus, Chorherrenstraße 2–3 **Bp. 26/1**

Ursprünglich „Paulusturm“ genannt. Südlicher Hausteil 16. Jh., der nördliche um 1900 angebaut. Rechteckige Haustür, daneben vergittertes Fenster mit hoher Leibung. Zweiseitiger Erker, gewölbte Labe mit Putzgraten. Im Erdgeschoß in der Südostecke gewölbter Raum.

Kanonikerhaus, Chorherrenstraße 1 **Bp. 27**

Im Erdgeschoß ehemalige Küche mit Tonnengewölbe. Im ersten Stock frühgotisches Fresko, um 1350 (Hochzeit zu Kana). Darunter romanischer Lichtschlitz mit ursprünglichem Verputz.

St. Katharina mit Spitalgebäude **Bp. 28/1**

West- und Nordflügel bilden das ursprüngliche Dominikanerinnenkloster, das vom 16. Jh. bis 1833 eine Filiale des Dominikanerinnenklosters von Lienz war. Tonnengewölbe, Balkendecke, hochrechteckige Lichtschlitze, 13. Jh. Kirche 1277 geweiht: romanische Rundapsis, Flachdecke (im 18. Jh. mit Stuckdekorationen versehen). Am Spitalgebäude regelmäßige Fensterreihen, Rundbogentür.

Propsteiwidum mit Vorgarten, Attostraße 5 **Bp. 30**

Gartenmauer mit Tor. Portalvorbau auf Gußsäulen, um 1890. Im Erdgeschoß und ersten Stock breit gewölbte Hausgänge, gewölbte Küche, Erker. Im Obergeschoß stuckierte Türeinfassung, bez. 1685, mit Resten von Wandmalereien. Barockstube mit geschnitztem Fries und Mittelfeld, Kachelöfen.

Kanonikerhaus mit Vorgarten, Attostraße 3 **Bp. 31 Gp. 26**

An der Westseite im Erdgeschoß kreuzgratgewölbter Durchgang, nach Süden Gartenmauer mit Tor. Stein mit Jahreszahl 1609. Kreuzgratgewölbte Labe, überwölbter Stiegenaufgang. Im ersten Stock Stube mit Felderdecke und Pilastergetäfel.

Alte Dechantei, Herzog-Tassilo-Straße 12 **Bp. 36**

Bis ungefähr 1590 Sitz des Dekans, später Kanonikerhaus. Rechtecktür mit vergittertem Oberlicht, barocker Türflügel. Haus mit asymmetrischen Gratgewölben. Gewölbte Küche. Zimmer mit spätbarockem Ofen. Stube mit Barockgetäfel (Felderdecke).

Frankenegg mit Baumgarten, Herzog-Tassilo-Straße 17 **Bp. 45 Gpp. 66, 67**

Spätgotischer Ansitz mit netzgratgewölbter Labe im Erdgeschoß, gewölbte Labe im ersten Stock. Oberlabe mit reichem Stuckdekor (Masken), um 1740. Wappenmalereien, 16. Jh. Über dem rundbogigen Eingang Balkon auf Kragsteinen mit Eisenbrüstung. In der Stube Kassettendecke, Raum mit Stuckdecke.

Mesnerhaus, Herzog-Tassilo-Straße 7 **Bp. 68**

Zweigeschossiger Bau mit abgewalmtem Dach. Balkon. An der Südseite am Giebel Marienrelief in bewegtem Stuckrahmen. Im Erdgeschoß gewölbte Küche, Stiegenaufgang mit barockem Brettergeländer. Im ersten Stock Stube mit Pilastertäfelung und Felderdecke, 17. Jh.

Pfarrkirche St. Michael **Bp. 72**

Unter Benutzung von älteren Bauteilen aus der Romanik und Gotik (Spitzbogenportal an der Südseite) im dritten Viertel des 18. Jh.s von Thomas und Philipp Mair neu erbaut, 1761 geweiht. Romanischer Rundturm mit Zwiebel auf Oktogon, polygonaler Chorschluß, Flachkuppeln mit Fresken von Christoph Anton Mayr, 1766.
Bannzone: Bpp. 97/1, 97/2, 98/1, 98/2, Gpp. 137, 140, 2569/5, 2569/6

Franziskanerkirche St. Leopold mit Kloster und Garten **Bpp. 86, 87 Gpp. 114, 115, 116, 117**

Kirche und Kloster gegen Ende des 17. Jh.s errichtet, Kirche 1697 geweiht. Polygonaler Fassadendachreiter mit Zwiebelhaube, gerader Chorschluß. Seitenkapelle, Tonnenwölbung. Im Kreuzgang Bilderzyklus der Franziskusvita von Frater Lukas Plazer, 1706–1709.

Sextener Straße 5 **Bp. 101**

Im Erdgeschoß kreuzgratgewölbter Gang. Stiegenaufgang mit barockem Brettergeländer. Im ersten Stock asymmetrisches Gewölbe mit Putzgraten. Raum mit Wandgetäfel und Stuckdecke.

Sextener Straße 4 **Bp. 104/1**

Im Kern spätgotischer Baubestand: Im Erdgeschoß Labe mit Kreuzgratgewölbe und Putzrippen, an der Nordseite zwei gewölbte Räume. Im Westen Stiegenhaus, im ersten Stock stichkappengewölbte Labe.

Kössler, Sextener Straße 2 **Bp. 126**

Zweigeschossiger Bau mit Krüppelwalmdach. Rundbogige Haustür, gewölbter Hausgang, tonnengewölbte Küche. Auch im ersten Stock gewölbter Gang. An der Ostfassade Reste zweier gotischer Fenster in Tuffsteinrahmung, schmale Lichtschlitze.

Alte Propstei, Benediktinerstraße 1 **Bp. 136**

Dreigeschossiger Bau mit Krüppelwalmdach. Im Erdgeschoß kreuzgratgewölbte Labe, die beiden Obergeschosse im 18. Jh. barockisiert und mit Stuckdecken versehen. Mittelsäle abgeteilt. An der Westfassade Stein mit lateinischer Inschrift, bez. 1561.

Thurn, Burgweg 2–2a **Bpp. 145, 146**

Ansitz. Dreigeschossiger Bau, bestehend aus drei Häusern. Im südlichen Haus breiter gewölbter Gang mit Stichkappen und Graten. Rechteckige Haustür mit barockem Oberlicht. Schmiedeeisengitter mit Christusmonogramm. Im nördlichen Haus schmaler gewölbter Gang, rechts barocker Türflügel.

Ehemalige St.-Mauritius-Kirche, Burgweg 4 **Bp. 148**

Die 1272 erwähnte Kirche wurde in spätgotischer Zeit umgebaut und unter Joseph II. 1786 profaniert. Polygonaler Chor mit Steingesims noch erhalten, ebenso im Innern Spuren der Gewölbeansätze. Vermauertes Rundfenster.

Heilig-Grab-Kirche und Altöttinger Kapelle **Bp. 172**

Malerische Baugruppe aus dem 17. Jahrhundert, Stiftung des Innichner Bürgers Georg Paprion. Altöttinger Kapelle auf polygonalem Grundriß, Dachreiter und Kuppel, davor Raum mit Flachdecke, Grabkapelle auf oktogonalem Grundriß mit Kuppel und Laterne, Laufgang. Heiliges Grab. Karniesbogenfenster.
Bannzone: Bpp. 239, 293, 303, 785/2, 786, 790, 791

St. Salvator beim Wildbad **Bp. 181**

1591 vom Stiftsdekan Hieronymus Schüssler erbaut. Fassadendachreiter, Schulterbogentür, Rundapsis, Kreuzgratgewölbe. Rund- und Karniesbogenfenster. Dekorationsmalerei, 19. Jh.

Wildbad Innichen **Bp. 182**

Ausgedehnte Anlage, im Kern 19. Jahrhundert mit Erweiterungen des frühen 20. Jh.s. Interessante Architektur am Übergang des Historismus zum Jugendstil. Erker, Erkertürmchen mit Kuppelhaube, Loggia, dekorative Malereien. Hölzerne Fensterrahmen, geschwungener Giebel.

Bildstock bei der Stiftskirche **auf Gp. 2568/4**

Bildstock mit spätgotischen Fresken in Flachnischen. 1897 hierher versetzt, von Alfons Siber restauriert. Schindeldach.

Katastralgemeinde Vierschach

Pfarrkirche St. Magdalena mit Friedhofskapelle und Friedhof **Bp. 29 Gp. 34**

Spätgotischer Bau von Andreas Viertaler über romanischem Vorgängerbau errichtet, 1479 geweiht. Turm mit Pyramidendach, polygonaler Chorschluß, Netzrippengewölbe. Wandmalereien 14.–16. Jh.
Friedhofskapelle an die Kirche angebaut: Sternrippengewölbe, um 1500.

Hoferkirchl **Bp. 61/2**

Rechteckbau mit zwei Rundbogenfenstern an der Südseite, Altarnische, Kreuzgratgewölbe. Kapellentür in gotisierendem Stil erhöht.

Kapelle beim Geiger **Bp. 62/2**

Anstelle einer 1735 erbauten Barockkapelle 1912 in gotisierenden Formen neu errichtet. Fassadendachreiter mit Spitzhelm, Spitzbogentür, Lünettenfenster.

Lourdeskapelle **Bp. 78**

Einfache, ursprünglich offene Kapelle mit Lourdesgrotte, Ende 19. Jh.

Katastralgemeinde Winnebach

Schuster, Silvesterstraße 20 **Bp. 5**

Gemalte Fensterumrahmungen und Eckpilaster in späten Barockformen. Im Erdgeschoß Barockstube mit geschnitzten Ornamenten und marmoriertem Fries. Vierpaßmittelfeld (Christusmonogramm). An der Stiege zum ersten Stock barockes Brettergeländer. Im ersten Stock Stube mit Felderdecke und Pilastergetäfel.

Loretokapelle **Bp. 34**

Einfacher Bau, 1761 über dem zerstörten Vorgängerbau neu errichtet. Glockenmauer, gerader Chorschluß, Tonnengewölbe, Lünettenfenster. Wandgemälde außen (Übertragung des hl. Hauses), 18. Jh.

Links oben: Innichen, Frankenegg
Links unten: Innichen, Wildbad Innichen
Rechts oben: Innichen, St. Silvester auf der Alm
Rechts unten: Jenesien, Pfarrkirche St. Genesius

Pfarrwidum **Bp. 40**

Stattlicher Barockbau, am Giebel Oculi. Im Hausgang Kreuzgratgewölbe, in der Küche Tonnengewölbe. Im ersten Stock kreuzgratgewölbter Gang mit drei originalen Barocktüren. Im östlichen Teil des Ganges drei Stuckmedaillons (Cäsarenköpfe).

Pfarrkirche St. Nikolaus mit Friedhofskapelle und Friedhof **Bpp. 41/1, 41/2 Gp. 315/2**

Spätgotischer Bau, 1507 geweiht, 1821 barockisiert. Spitzturm, Vorhalle, polygonaler Chorschluß, Gewölbe ohne Rippen. In der Vorhalle Wandgemälde (Apostel), zweite Hälfte 16. Jh.
Friedhofskapelle: Gerader Chorschluß, Gratgewölbe, Rechtecktür und -fenster.

Passionskapellen **Bpp. 113, 114, 115, 116**

Vier mit Rundbogenöffnungen versehene Kapellen am Weg zwischen Dorf und Kirche, um 1700 errichtet.

St. Silvester auf der Alm **Bp. 119**

Rundapsis und flachgedecktes Schiff. Im Kern romanischer Bau mit beachtlichen Wandmalereien aus dem dritten Viertel des 15. Jh.s (Werkstatt Leonhards von Brixen).

Katastralgemeinde Flaas

Pfarrkirche St. Sebastian mit Friedhof **Bp. 28 Gp. 302**

Eine Kirche, 1237 erwähnt. Um 1500 Neubau. Davon erhalten der Ostteil des Langhauses mit Kreuzgewölbe, der Chor und der westliche Teil der Sakristei. Turm mit Achteckhelm 1644 errichtet, das Langhaus im 17. Jh. verlängert.

Sommerfrischhaus Stöger und Magdalenenkapelle in Kampidell **Bpp. 40, 41, 42, 43**

Klösterliche Sommerfrische des Augustiner-Chorherrenstiftes Gries. Prälatenhaus: gemauerter Viereckbau, steingerahmte Rechtecktür mit Oberlichte, darüber Stiftswappen mit der Jahreszahl 1596. Daneben Bau mit Walmdach, steingerahmte Rundbogentür, Sonnenuhr.
Kapelle: Gerade abschließender Chor, 1629 errichtet. 1705 umgebaut und vergrößert. Flachdecke mit Gemälde (Himmelfahrt der hl. Magdalena, Krönung Mariä), 1705.

Katastralgemeinde Jenesien

Pfarrkirche St. Genesius mit Friedhof und Kapelle **Bpp. 1, 596 Gp. 1**

Turm 1581–1592 errichtet, 1608 mit achteckigem Spitzhelm abgeschlossen. Kirche 1838/39 neu erbaut. Klassizistischer Eingang. Tonnengewölbe mit Stichkappen, Flachkuppel im Chor. Deckengemälde von Franz Plattner (Te Deum), 1879–1881.

Rathaus **Bp. 3**

Turmartiger Edelsitz, 1421 erwähnt. Spitzbogentür mit breiter Abfasung. Eine zweite Spitzbogentür in profilierter Steinrahmung. Heutige Form Anfang 16. Jh.

Zimmermann **Bp. 21**

Flacherker und Bundwerkgiebel, rundbogige Haustür, Jahreszahl 1672 am Türflügel, tonnengewölbte Küche, Keller mit Flachbogentür. Stube mit spätgotischer Bohlenbalkendecke.

Wieterer **Bp. 23**

Bau mit neuem Bundwerkgiebel. Haustür mit steingerahmtem Spitzbogen (1542). Schulterbogentür zum Keller. Tonnengewölbte Küche und Speis. Stube mit gotischer Bohlenbalkendecke und Unterzugsbalken. Freistehender Backofen mit Satteldach.

Schreiber **Bp. 68**

Gemauerter Bau mit reich bemalter Fassade (Madonna mit Kind, Fabeltiere, Vögel, Rankenwerk). Rechtecktür mit Steingewände. Tonnengewölbte Labe und Küche. Stube mit Bohlenbalkendecke und Unterzugsbalken (1630) mit spätgotischem Schriftband. Kachelofen mit Marienmonogramm und Engel.

Raingütl **Bp. 70/1**

Steingerahmte Spitzbogentür, Labe mit Kreuzgewölbe, Rundbogentür zur Speis, Stube mit spätgotischer Bohlenbalkendecke und Unterzugsbalken, Wände mit Feldergetäfel. Im Keller die Jahreszahl 1735 an der Fensterleibung.

Unter-Trifaller **Bp. 90**

Bau mit zum Teil veränderten Fassaden, tonnengewölbte Labe und Küche, gewölbter Keller, Stube mit abgeschrägter Tür, Bohlenbalkendecke und Unterzugsbalken, bez. 1575. Frei stehender Backofen.

Feigl zu Goldegg **Bp. 118**

Ansitzartiger, bergseitig verbreiterter Turm, einst im Besitz der Herren von Goldegg (12.–15. Jh.). Regelmäßiges Mauerwerk, Flachbogentür zum Keller, Lichtscharten, mächtige Holzschleuder, Bundwerkgiebel.

Mair in Goldegg **Bp. 122/1**

Bau mit wiederverwendeten Buckelquadern an den Ecken. Jahreszahl 1743 über dem Eingang. Spätgotische Stube mit Bohlenbalkendecke, die Deckenbalken reicht verziert, Unterzugsbalken und Wände 1815 bemalt. Tonnengewölbte Küche.

Weifner in Goldegg **Bp. 138**

Der heutige Bau um 1600 in die Grundmauern des Bergfried und Teile der Ringmauer eingebaut. Ebenerdiger Eingang mit Schulterbogentür. Gemauerter Treppenaufgang. Eingang zum Obergeschoß mit rundbogigem Steingewände. Tonnengewölbte Labe und Speis. Stube mit Bohlenbalkendecke und Unterzugsbalken, Wände mit Leistengetäfel.

Pötzl **Bp. 171**

Haupt- und Untergeschoß gemauert, Obergeschoß in Blockbau. Gewölbte Labe, Stube mit Bohlenbalkendecke und Unterzugsbalken. Am Unterzugsbalken die Jahreszahl 1680. Frei stehender Backofen.

Raitstain **Bpp. 194, 195**

Haupt- und Untergeschoß gemauert, Obergeschoß in Blockbau. Haustor mit rundbogigem Steingewände, Küchentür mit Flachbogen. Küche mit hohem Tonnengewölbe. Im Untergeschoß Keller mit Rundbogentür, Eisentür und Tonnengewölbe. Um 1600.

Pfarrkirche St. Nikolaus in Afing mit Friedhof **Bp. 207 Gpp. 1183**

1421 und 1500 Weihen. Aus dieser Zeit Chor und Turm mit Zeltdach. Langhaus 1695 umgebaut, 1912–1914 verlängert und das Seitenschiff angebaut.

St. Valentin in Nobls **Bp. 318**

Romanischer Bau mit abgesetzter Apsis, 1700 mit einer Tonne eingewölbt. Turm mit Viereckhelm, 15. Jh. Spitzbogenportal. Schindeldach. Wandmalereien in der Apsis und an der Fassade, um 1400.

Furggler mit Kapelle in Glaning **Bpp. 340, 341**

Haupt- und Erdgeschoß gemauert, Obergeschoß in Blockbau, Haustür mit rundbogigem Steingewände (1746). Rundbogige Kellertür (1586). Stube mit neugotischem Leistengetäfel.
Kapelle mit Tonnengewölbe, Rechtecktür und Flachbogenfenster, 18. Jh.

Steifler mit Wohnturm **Bpp. 343, 344**

Wohnhaus, im Kern spätgotisch mit angebautem Backofen. Stube mit profilierter Bohlenbalkendecke und Unterzug.
Spätromanischer Wohnturm mit Eckquadern und derbem Mauerwerk, rundbogige Eingangstür über Außentreppe, vermauerte Rundbogentüren im Obergeschoß, steingerahmte Rechteckfenster, Stube mit Bohlentonne, 13./14. Jh.

Schmalz in Glaning **Bp. 356/1**

Unter- und Hauptgeschoß gemauert, Obergeschoß in Blockbau. Steingerahmte Spitzbogentür, am Bogen Wappenrelief (Reber), Tonnengewölbte Labe, Schulterbogentür von der Labe zum Keller, 15. Jh.

Greifenstein **Bp. 357**
Gp. 2667

Burgruine: Stammsitz der 1159 erwähnten Grafen von Greifenstein. Reste der Vorburg, Rundbogentor, schmaler Burghof, Palas, Ringmauer mit Resten von Zinnen.

Alt-Gossmann **Bp. 358**

Neben der Kirche zu den Heiligen Cosmas und Damian. Bau mit Freitreppe, tonnengewölbte Küche; getäfelte Stube. Gewölbter Hausgang, 16. Jh.

St. Cosmas und Damian **Bp. 359**

Vorromanischer Bau, 6./7. Jh. Romanischer Saalraum mit Rundbogenapsis, 1230 geweiht. Aus dieser Zeit die Langhausmauern. Chor und Turm um 1514. Langhaus in spätgotischer Zeit erhöht. Über dem Fassadenfenster die Jahreszahl 1538. Kreuzgratgewölbe 1604.
Seit 1782 dem Verfall preisgegeben, 1985 wiederhergestellt. Wappenmalerei im Chor, 1594. An der Südwand Freskenreste, um 1380 und frühes 16. Jh.

St. Martin in Glaning **Bp. 373**
Gp. 2749/2

1334 erwähnt. 1662 umgebaut (Portal mit Jahreszahl), Tonnengewölbe. 1876–1879 erneuert. Turm mit Spitzhelm.

Links oben: Jenesien, Schreiber
Rechts oben: Kaltern, St. Vigilius in Altenburg
Links unten: Kaltern, St. Rochus in Pfuß
Rechts unten: Kaltern, Kampan

Katastralgemeinde Kaltern

Marienkapelle in Altenburg **Bp. 10**

Gotisierender Kapellenbau mit Spitzbogenportal, Fassadenglockenmauer, Spitzbogenfenstern und Gratgewölbe. Dreiseitiger Chorschluß. Um 1860 errichtet. An der Fassade Bildsäule aus dem 16. Jh. eingemauert.

St. Vigil in Altenburg **Bp. 12**

Spätgotischer Bau, 1497 eingewölbt. Polygonalchor, Netzrippengewölbe, Spitzbogenportal. Seitlicher Fassadenturm mit Spitzhelm. Am Turm Fresken: St. Christoph, 14. Jh.; Volto Santo mit Heiligen, Anfang 15. Jh.

Wieshof in Altenburg **Bpp. 17/1, 17/2**

An der Nordwestseite Turmunterbau (erneuert). Ummauerter Garten mit Einfahrt. Rundbogentür im Erdgeschoß, gewölbte Räume. Im ersten Stock gewölbter Mittelsaal mit Doppelbogenfenster, neueres Stubengetäfel.

St. Nikolaus mit Glockenturm und Kirchhof **Bpp. 86, 790 Gpp. 510, 537/2**

Um 1300 erbaut (Blendarkaden an der Westseite), zu Beginn des 16. Jh.s erhöht und eingewölbt (Polygonalchor, Netzrippengewölbe). Spitzturm mit gemauertem Helm. Im Chor und im Langhaus Gewölbefresken von Bartlmä Dill Riemenschneider 1529, 1536. Der frei stehende Glockenturm mit Spitzhelm wurde nach Entwürfen von Josef von Stadl um 1880 errichtet.

Brunnenstraße 8–9 **Bpp. 101, 102, 103**

Unregelmäßige Gebäudegruppe: kurze Freitreppe, Rechtecktür in profilierter Steinrahmung, am Sturz Wappenstein mit Initialen N. T. und Jahreszahl 1605. An der Südseite spätgotischer polygonaler Erker, im Hof unterwölbte Freitreppe. Rundbogiges Stadeltor.

St. Rochus in Pfuß **Bp. 106**

Um 1516 errichtet, im 17. Jh. Turm mit Spitzhelm angebaut. Polygonaler Chorschluß, Rechteckfenster in Diamantquaderrahmung. Am Gewölbe Renaissancedekorationen, an den Wänden Reste von Secco-Malereien. Wandgemälde außen: St. Christoph, 1519, Strahlenkranzmadonna und Stigmatisation, 17. Jh.

Mühlburg in Pfuß **Bpp. 118, 119, 120/1, 120/2, 121/1, 121/2, 121/3, 584 Gpp. 713/1, 713/2**

Ansitz in Renaissanceformen, von Silvestro del Gallo 1589 erbaut. Überdachte, gemauerte Freitreppe und zweigeschossiger Loggia, Hausgänge mit Kreuzgratgewölben und Rosettenschlußsteinen. Geschlossener Hof mit zwei Rundbogentoren und Ecktürmchen. Zinnenmauer. Gewölbte Kellerräume.
Bannzone: Gpp. 709, 711/1, 711/2, 712/1, 712/2.

St. Anton Abt **Bp. 174**

Turmunterbau und Langhaus 13. Jh., im 17. Jh. umgebaut; Polygonalchor mit Sternrippengewölbe Mitte 15. Jh.. Freskenausstattung im Chor um 1470 (Bozner Schule), im Langhaus Freskenreste (Abendmahl), 14. Jh. und Assistenzfiguren einer Kreuzigung, um 1530. Außen St. Christoph, um 1470, St. Anton, 16. Jh.

Giovanelli mit Nebengebäude und Garten **Bpp. 178, 179, 180 Gpp. 802, 805**

Anstelle eines älteren Ansitzes um 1853 errichtet, 1906 nach Plänen von Oberbaurat Redlich in historisierenden Formen umgebaut. Gebäudegruppe mit Erker, Treppentürmchen und Kapelle, durch einen Loggiengang mit dem Haupthaus verbunden. Im Innern Räume mit Kassettendecken und gemalten Wandtapeten. In der Kapelle byzantinisierende Wandgemälde von Ignaz Stolz, um 1906.
Bannzone: Gpp. 803, 804/1, 806/1, 807/2.

Lahnbauerweg 3 **Bpp. 184, 188/1, 188/2, 188/3**

Gebäudegruppe. Vom Hof aus Freitreppe mit steingerahmter Spitzbogentür, an einem Türsturz Jahreszahl 1497 mit Christusmonogramm. Stube mit Balkendecke, Ofen, 18. Jh. Spätmittelalterlicher Kern, im 17. Jh. umgebaut.

Krumbachweg 16 **Bpp. 195/1, 195/2**

Ehemaliges Bauernhaus. An den Straßenfassaden Doppelbogen- und Viereckfenster. Kreuzgratgewölbter Hausgang, Stube mit Wandtäfelung, steingerahmte Rechtecktüren. In einem Zimmer Barockofen, 18. Jh. Bau im 19. Jh. um ein Geschoß erhöht. In den Kellerräumen Balkendecken.

Krumbachweg 9 **Bp. 204**

An der Straßenseite Flacherker, ein steingerahmtes Rechteckfenster, Rundbogentor. An der Südostecke Stützmauer, rundbogiges Hoftor.

Katharinaweg 1 **Bp. 205/2**

Rundbogiges Hoftor, im Kern Bau aus dem 17. Jh., in der Folgezeit verändert.

Katharinaweg 2 **Bp. 206**

Steingerahmtes Rundbogentor, am Haus rundbogige Durchfahrt, am Dachansatz Oculifenster, im Erdgeschoß vermauerter Rundbogen. 17. Jh. Gewölbte Kellerräume, gewölbte Rauchküche.

Katharinaweg 3 **Bp. 207**

Stadeltor mit Jahreszahl 1677, Initialen I. V., F. A., darüber Flachbogentür in Putzrahmung, steingerahmte Rechteckfenster. Am Hoftor Jahreszahl 1793, Initialen I. A., am Haus Jahreszahl 1786. Steingerahmte Rechtecktür, hölzerne Freitreppe, zwei gekuppelte Rechteckfenster, 17. Jh.

Krumbachweg 10 **Bp. 208**

Stark gebogene Fassade. Flachbogig unterwölbter Erker auf Kragsteinen, an der Brüstung Malereien, Dolorosa, Ecce-Homo, Antonius von Padua, 1737. Fenster in Steinrahmung. Im ersten Stock spätgotisches Stubengetäfel, im Erker Kreuzgratgewölbe, gewölbte Küche und Kellerräume.

Major-von-Morandell-Platz 8–9 **Bp. 214**

Dreigeschossiger Bau mit geschnitztem Bundwerkgiebel (Marien- und Christusmonogramm) und vorgezogenen Dachstreben. Gemauerte Freitreppe, in

Kaltern, Goldgasse 15

Kaltern, Rathaus und Pfarrkirche

Kaltern, Tonvin

der Mittelachse Viereckttür- und Doppelbogenfenster, an den Seiten Eckerker, 17. Jh. Im ersten Stock kleiner tonnengewölbter Raum, steingerahmte Türen, an einer Jahreszahl 1686 und Initialen L. G.

Ebenheim, Major-von-Morandell-Platz 24 **Bp. 215/1**

Regelmäßiger dreigeschossiger Renaissancebau, 1588 von Silvestro del Gallo umgebaut, später verändert. An der Fassade Fresko (Immakulata) zwischen zwei Doppelbogenfenstern. Fenster in Steinrahmung, gewölbte Keller, Raum mit Kreuzgratgewölbe. Im ersten Stock kreuzgratgewölbter Hausgang, steingerahmte Rechtecktüren, Stube mit Leistengetäfel und Empireofen.

Strengen 3–5 **Bpp. 217, 218, 22**

Anwesen aus mehreren Gebäuden bestehend, die sich in der ursprünglichen einstöckigen Form mit offenem Dachstuhl erhalten haben, 17. Jh. Doppelbogenfenster, mehrere Rechteckfenster in Steinrahmung, gewölbte Räume. Zum Keller Rundbogentür.

Strengen 7–8 **Bp. 223**

Großer Bau auf unregelmäßigem Grundriß. Steingerahmte Türen und Fenster, um 1600. Gewölbte Durchfahrt, im ersten Stock gewölbte Küche, Stube mit barocker Täfelung, mehrere barocke Stuckdecken. Außenliegender Backofen.

Kampan mit Park **Bpp. 225, 226 Gp. 893**

1268 erbaut, der Westtrakt zu Beginn des 16. Jh.s errichtet. Stubengetäfel mit Felderdecke, Sitznischen, Wandkästchen, Spruchbänder in Flachschnitzerei, bez. 1514. Mehrere spätgotische Türen. Der Südosttrakt ab 1580 von Silvestro del Gallo erbaut. Mittelhof mit zweigeschossigen Loggiengängen, zwei Säle mit Balkendecken, Wand- und Deckengemälde (Schlachtenbilder). Nordtrakt um 1800 erbaut (Kapelle, Saal).

Preyhof, Preyweg 8 **Bp. 231**

Am dreigeschossigen Wohngebäude abgetreppter Schwalbenschwanzzinnengiebel. Gemauerte Freitreppe, steingerahmte Tür- und Fenstereinfassungen, im 17. Jh. Wirtschaftsgebäude angebaut. Rundbogiges Hoftor mit Wappenstein.

St. Katharina in Mitterdorf **Bp. 244**

Unter Verwendung älteren Mauerwerks zu Beginn des 15. Jh.s umgebaut, 1519 eingewölbt. Spitzturm mit gemauertem Helm, Polygonchor, Netzrippengewölbe, Spitzbogentür. Im Chor Fresko (Marientod) um 1400, freskierte Seitenaltaraufbauten 1414 (Agneslegende) und 1519.

Preyweg 5–7 **Bpp. 246/1, 246/2**

An der Südseite Freitreppe und Flachbogenloggia. Erker mit vorspringender Sohlbank, an den Konsolen zwei Wappenfresken. Wandgemälde (St. Christoph mit Wappen von Österreich und Tirol), Anfang 16. Jh. Oculifenster.

Unterwinkel 19 **Bpp. 248/1, 248/2, 248/3**

Gebäudegruppe in harmonischen Renaissanceformen. Eckerker auf Kragsteinen, viereckiger Turm mit gewölbter Durchfahrt mit Jahreszahl 1685 über dem steingerahmten Rechteckfenster. Am Rundbogentor Jahreszahl 1665 und Initialen L. P. am Wappenkeilstein. Steingerahmte Viereckfenster, Doppelbogenfenster. Im Innern Stuckdecken.

Unterwinkel 18 **Bp. 249**

Regelmäßiges, dreigeschossiges Gebäude mit Rundbogentor. Spätgotischer Erkerfuß aus Sandsteinquadern mit Steinmetzzeichen, am Fuß ehemals Wappen, Anfang 16. Jh. Fassadengestaltung 18. Jh.

Unterwinkel 17 **Bp. 251**

Bau aus dem 17. Jh. mit konkav gebogener Fassade. Breiter Stuckrahmen mit eingesetztem Maria-Hilf-Bild, steingerahmte Rechtecktür mit Oberlichte, im ersten Stock steingerahmte Fenster. Rundbogiges Hoftor, Fassadengestaltung 18. Jh.

Salegg mit Park **Bpp. 252, 254 Gp. 929**

Weitläufige Anlage, der älteste Teil um 1600 errichtet, in der ersten Hälfte des 19. Jh.s umgebaut. Rundbogentor mit Rustikarahmung (Jahreszahl 1604). Im Nordtrakt Doppelbogenfenster, Zimmer mit Pilastergetäfel und Rosettendecke (Jahreszahl 1611), Stubengetäfel mit Jahreszahl 1737 (aus Ulten). Südtrakt 1900–1902 in historisierenden Stilformen nach Plänen von Architekt Weber erbaut; Imitation lokaler Renaissanceformen.

Unterwinkel 16 **Bp. 255**

Steingerahmte Fenster und Türen, zum Hof Rundbogentor, 17. Jh. Balkon mit schweren Steinkonsolen mit Eisenbrüstung. Freskennische (Marienkrönung), 18. Jh. Oculifenster.

Mühlenweg 11–13 **Bpp. 261, 262, 264/1**

Langgezogene, zweigeschossige Gebäudegruppe mit ursprünglichem Baubestand aus dem 17. Jh. Steingerahmte Rechteckfenster (mehrere gekuppelt), tonnengewölbte Küche, Türen in Steinrahmung. Zum Hof Rundbogentor mit Jahreszahl 1652.

Mühlenweg 1 **Bp. 266**

Älterer Baubestand im 17. Jh. umgebaut, im 19. Jh. z. T. verändert. Gewölbte Kellerräume, zwei tonnengewölbte Küchen, Räume mit Stuckdecken. Sandsteingefaßte Rechtecktüren.

Villa Di Pauli mit Nebengebäude und Park **Bp. 267/3 Gp. 965/2**

Villenbau in neuklassizistischen Stilformen 1873 errichtet. An der Hauptfassade zum Park Mittelrisalit und zweigeschossige Monumentalloggia. Im Erdgeschoß gewölbter Gang, Treppenanlage, im ersten Stock Herrschaftsräume.

Unterwinkel 8 **Bp. 268**

Behäbiger Bau mit Krüppelwalmdach, Wohntrakt mit Wirtschaftsgebäude vereinigt. Fenster in regelmäßiger Reihung, am Ostgiebel Rundbogenfenster, zum Stadel Rundbogentor.

Unterwinkel 9 **Bp. 269**

Bau mit vorspringender Fassade. Freitreppe, vergittertes Doppelbogenfenster. Älterer Baubestand im 17. Jh. umgebaut, später erhöht. Rundbogiges Hoftor, vermauerte spätgotische Fensteröffnung. Im Hausgang Kreuzgratgewölbe, tonnengewölbte Küche. Gewölbte Kellerräume.

Unterwinkel 4 **Bp. 276**

Rundbogentor, darüber eingemauerte Wappenkartusche der Grafen Enzenberg. Ursprünglich zweigeschossiger Bau aus dem 17. Jh. Doppelbogenfenster. Im Erdgeschoß gewölbte Räume. Im ersten Stock kreuzgratgewölbter Hausgang mit steingerahmten Türen, gewölbte Küche, Stube mit Renaissancetäfelung, 17. Jh.

Tertiarkloster mit Kirche zur Unbefleckten Empfängnis und Garten **Bpp. 285, 286/1 Gp. 825**

Klostergebäude mit Baukern aus dem 17. Jh., im 19. Jh. erhöht und umgebaut. An der Nordfassade Doppelbogenfenster, über dem Eingang Fresko, Verehrung der Kreuzreliquie, 18. Jh. Kirche 1734 erbaut. Fassadenturm mit Zwiebelhaube, gerade abschließender Chor, Tonnengewölbe, Flachbogenfenster.

Pflegstadel, Rottenburgerplatz 4 **Bp. 291**

Mächtiger, zweigeschossiger Bau mit unterwölbter Auffahrt. Rundbogentor. Unter Verwendung von mittelalterlichem Mauerwerk im 17. Jh. umgebaut. Vergitterte Rechteckfenster, im Erdgeschoß steingerahmt, Ochsenaugen. Kreuzgratgewölbe auf Pfeilern.

Franziskanerkloster mit Kirche St. Claudia **Bpp. 294, 295/1**

Klostergebäude über der mittelalterlichen Burganlage der Rottenburger 1642/43 erbaut, 1721 im Westteil verändert. Kirche 1642 errichtet, 1722 Betchor angebaut, 1896 Vorhalle mit Lourdeskapelle. Tonnengewölbe mit Stichkappen, Flachbogenfenster. Renaissanceportal mit Jahreszahl 1643 und Flachrelief, Stigmatisation des hl. Franziskus. Im Kreuzgang Antoniusvita von M. Pussjäger, 1721.

Goldgasse 23 **Bpp. 301/1, 301/5, 301/7**

Regelmäßiger Renaissancebau mit steingerahmtem Portal mit Wappen. Zwei Doppelbogenfenster, gekuppelte Reckteckfenster. Im Erdgeschoß gewölbte Räume, im ersten Stock Renaissancestube, 1617, im zweiten Stock Pilastertäfelung mit Intarsien (1637), Kachelofen. Fenster mit Bützenscheiben.

Goldgasse 19 **Bp. 302**

Symmetrisch angelegter Bau in Sichtmauerwerk mit steingerahmten Fenstern (im Erdgeschoß vergittert). Am Rustikaportal Wappen mit Jahreszahl 1635. Große Mittelsäle mit regelmäßiger Raumanordnung, z. T. mit Stuckdecken (18. Jh.), steingerahmte Türen, Triforienfenster. Tonnengewölbte Kellerräume mit Rundbogentüren (heute abgeteilt).

Goldgasse 21 **Bp. 303**

Dreigeschossiger Renaissancebau, 17. Jh. Fassade mit mehrteiligen Fenstern in Steinfassung, Rundbogenportal mit Monogramm am Keilstein. Gemauertes Treppenhaus, steingerahmte Rechtecktüren, Felderdecken in den Mittelsälen, im zweiten Stock zwei getäfelte Zimmer. Mehrere Barocköfen. Keller mit Balkendecken, Rundbögen auf Pfeilern, Rundbogentür.

Goldgasse 17 **Bp. 309**

Langgestreckte dreigeschossige Fassade mit steingerahmten, vergitterten Fenstern und zwei Rustikatoren. Mittelsäle mit seitlichen Zimmern, Stuckdecken und mehrere Barocköfen. Bau aus dem 17. Jh., im 18. Jh. umgestaltet.

Goldgasse 15 **Bpp. 310/1, 310/2**

Dreigeschossige Fassade mit zweigeschossigem, polygonalem Erker und Resten einer spätgotischen geometrischen Fassadenmalerei. Rustikaportal. Tonnengewölbte Durchfahrt zum Hof. Erkerzimmer mit Stuckdecke, steingerahmte Rechteckfenster.

Goldgasse 13 **Bp. 311**

Viergeschossiger schmaler Bau mit zweigeschossigem Fassadenerker. Rustikaportal, steingerahmte Rechteckfenster.

Goldgasse 11 **Bp. 312/1**

Dreigeschossiges Herrenhaus mit acht zu fünf Fensterachsen. Fassadengestaltung aus dem 19. Jh. An den Fensterparapeten historistische Dekorationsmalerei mit Grotesken. Unterschiedliche Fensterrahmungen in den drei Geschossen. Rundbogenportal, Lichthaube.

Windegg **Bp. 314**

Ansitz in klassizistischen Stilformen, 1817 anstelle eines mittelalterlichen Turmes errichtet. Garteneingang mit Flammenvasen. Dreigeschossiger, klar gegliederter Bau mit Mezzaningeschoß, Rechteckportal mit Attika, Geschoßbänderung. Im Hauptsaal gemalte Säulenarchitektur mit Götterstatuen, weiteres Zimmer mit gemaltem Götterhain. Empireöfen. Gartenpavillon.

Goldgasse 7 **Bp. 317**

Dreigeschossiger Giebelbau mit Viereckerker auf Kragsteinen und Halbsäulen. Im ersten Stock Spitzbogentür in Steinfassung, Saal mit Netzgratgewölbe, Anfang 16. Jh. Im 17. Jh. umgebaut und erhöht. Am Giebel Oculi. Im Erdgeschoß Rundbogentür.

Goldgasse 10 **Bp. 318**

Dreigeschossiger Bau mit regelmäßiger Fassadengliederung. Tonnengewölbte Eingangshalle, im ersten Stock kreuzgratgewölbter Hausgang mit Doppelbogenfenster und steingerahmten Rechtecktüren, an der Hofseite Freitreppe und Rundbogenloggia auf Säulen, 17. Jh. Raum mit Stuckdecke. Das zweite Stockwerk wurde um 1800 aufgesetzt, Mittelsaal mit Flachdecke, steingerahmte Rechtecktüren mit Oberlichte. Am Zubau Rundbogentor mit Bildnischen.

Goldgasse 8 **Bp. 319**

Rustikaportal mit Wappenkeilstein (Leis), bez. 1680. Stiegenhaus an der Rückseite, ursprünglich zwei Doppelbogenfenster in jedem Stockwerk. Im ersten Stock Erkerzimmer mit profilierter Felderdecke, Barockofen. Steingerahmte Rechteckfenster. Mehrere gewölbte Küchen. Im zweiten Stock Tramdecke mit Unterzug.

Goldgasse 6 **Bp. 320**

Viergeschossiger Bau mit Viereckerker auf drei Konsolen. Im ersten und zweiten Stock kreuzgratgewölbter Saal mit Doppelbogenfenstern zum Hof. Raum mit Felderdecke, 17. Jh. Steingerahmte Fenster, über dem Rundbogentor Doppelbogenfenster.

Gasthof Weißes Rößl **Bp. 323**

Viergeschossiger Bau mit einem viereckigen Eck- und zwei polygonalen Fassadenerkern. 1586 von Silvestro del Gallo erbaut. Doppelbogenfenster, gewölbte Räume. 1899 erhöht. Geschmiedetes Wirtshausschild mit Hauszeichen, 18. Jh. Fresko, Tod des hl. Franz Xaver, 18. Jh. Wappenschild in Putzrahmen.

Hauptplatz 10 **Bp. 324**

Dreigeschossiger Bau mit mehrteiligen, steingefaßten Fenstern. Gewölbter Mittelsaal im ersten Stock, im zweiten Stock Saal mit Flachdecke, zwei Zimmer mit Stuckdecken, 17. Jh. Über dem Rechteckeingang Doppelbogenfenster.

Hauptplatz 9 **Bp. 325**

Dreigeschossiger Renaissancebau mit regelmäßiger Fassadengliederung, mittelalterlicher Baukern. Rechteck- und zwei Doppelbogenfenster in Steinrahmung. Vorraum, tonnengewölbter Hausgang mit Schulterbogentür, um 1600. Maria-Hilf-Bild, die Heiligen Laurentius und Florian. Stube mit spätgotischem Getäfel und vier Unterzugsbalken.

Volksschule **Bp. 326**

In Formen des Münchner Jugendstils nach Plänen der Arch. Wilhelm Anton Linke und Hugo Rütter 1908 errichtet. Sockel aus Porphyrquadern, Riefenputz, an der Nordseite Reliefschmuck (St. Aloisius), Erkervorbau, Mansarddach mit Laterne. Stiegenhaus mit Eisengeländer.

Hauptplatz 7 **Bp. 331/2**

Der dreigeschossige Bau aus dem 17. Jh. wurde durch Erkerabriß weitgehend verändert. Steingerahmte Rechteckfenster. Vorraum mit Netzgratgewölbe auf Steinkonsolen, Rest eines Deckenfreskos. Im Erdgeschoß Gewölbe.

Andreas-Hofer-Straße 34 **Bp. 335**

Eckhaus mit zwei Laubenbögen, 1587 von Silvestro del Gallo umgebaut. Rustikaportal mit Wappenkartusche am Keilstein. Im ersten Stock seitlicher Hausgang mit Kreuzgratgewölbe auf Steinkonsolen, Doppelbogenfenster mit Seitensitzen. Im zweiten Stock Saal mit hoher Balkendecke. Ochsenaugen.

Rathaus **Bp. 336**

1852 an der Stelle des alten Rathauses von Baumeister Georg Gamon in Bozen errichtet. Fassade mit strenger vertikaler Gliederung, Portikus mit drei Flachbogenöffnungen, Balkon mit Schmiedeeisenbrüstung von Johann Leemann. Steingerahmte Rechteckfenster. Im Innern 1981–1983 umgebaut.

Pflegerhaus **Bp. 337**

Dreigeschossiger Bau mit spätmittelalterlichem Kern. Im Innern steingerahmte Spitzbogentüren, Balkendecke, an der Straßenfassade spätgotisches Rechteckfenster. Kellergewölbe 1693 von Domenikus Tonvini de Maleto errichtet, Jahreszahl an einem Pfeiler. An der Nordfassade Wappenmalerei (Österreich, Tirol). Gekuppelte Rechteckfenster.

Goldgasse 3 **Bpp. 338/1, 338/2**

Spätgotischer Baukern. Rustikaportal, tonnengewölbte Durchfahrt, tonnengewölbter Hausgang im ersten Stock, Spitzbogentüren. Im 17. Jh. Fenster erneuert, an der Rückseite Saal mit Doppelbogenfenstern dazugebaut.

Goldgasse 5 **Bp. 339**

Renaissancefassade mit gekuppelten Fenstern. Im ersten Stock kreuzgratgewölbter Saal, an einer Gewölbekonsole und an einem Türsturz Storchenwappen, bez. 1607. Zur Straße und zum Hof Doppelbogenfenster mit Seitensitzen. Steingerahmte Rechteckfenster.

Pfarrwidum **Bp. 340/1**

Einfacher, langgezogener Bau aus dem 17. Jh., an den Eingangstüren Jahreszahl 1643, Ende des 18. Jh.s umgebaut, 1852 Baumannwohnung und Fahnenhaus dazugebaut. Im Keller Gewölbe, an der Kirchhofseite spätgotische Konsol- und Schlußsteine eingemauert.

Pfarrkirche Maria Himmelfahrt mit Turm **Bpp. 341/1, 342**

Spätgotischer Turm mit gemauertem Spitzhelm und Maßwerkbrüstung, romanischer Unterbau. Kirche 1791 nach Plänen von Matthäus Wachter über zwei Vorgängerbauten errichtet. Klassizistischer Saalraum mit gerade abschließendem Chor mit Flachkuppel, Tonnengewölbe mit Stichkappen auf Wandpfeilern im Langhaus, Rechteck- und Karniesbogenfenster. Deckengemälde von Josef Schöpf, 1792 (Maria Himmelfahrt, Martyrium des heiligen Vigilius). Vor dem Turm dreitorige Triumphpforte mit Kreuzigungsgruppe, 18. Jh.

Spital mit Heilig-Geist-Kapelle **Bp. 343**

Mittelalterlicher Baukern aus dem 15. Jh., im 17. Jh. umgebaut, 1840 erweitert und erhöht. An der Fassade reich skulptiertes Rundbogenportal, 17. Jh., und Fresko (Marienkrönung mit Heiligen), 18. Jh. Doppelbogenfenster im gewölbten Mittelsaal. Spitalskapelle in den Bau einbezogen; abgesetzter, gerade abschließender Chor mit Kreuzgratgewölbe, im Langhaus Tonne mit Stichkappen, 1840 neu errichtet.

Andreas-Hofer-Straße 13 **Bp. 346**

Spätgotischer Baukern. Rundbogenportal, darüber Wappenschild. Im Hausgang Kreuzgratgewölbe auf Steinkonsolen mit Wappenschildchen, am Türsturz Jahreszahl 1511. Raum mit reich profilierter Balkendecke, am Unterzug Messingknöpfe und Flachschnitzerei. Tonnengewölbte Küche, im Erdgeschoß ehemalige gewölbte Schmiede.

Gasthof Goldener Stern **Bp. 348**

Viergeschossiger Bau. Weit vorkragendes Dach, Fassadenerker, zwei Rustikaportale mit leeren Wappenkartuschen. Im zweiten Stock Doppelbogenfenster, Viereckerker.

Gasthof Turm **Bp. 350/1**

Spitzbogiges Hoftor in Quaderrahmung mit zwei Wappen, um 1400. Gewölbter Vorraum, im ersten Stock großer Mittelsaal mit rautenförmiger Felderdecke,

Links oben: Kaltern, Buol
Rechts oben: Kaltern, Oberplanitz
Links unten: Kaltern, Heilig Kreuz am Kalvarienberg

Triforienfenster, um 1600. Raum mit reicher Stuckdecke (Auge Gottes), um 1800. Gekuppelte Rechteckfenster, Rundbogentür. Im Erdgeschoß Kreuzgratgewölbe.

Andreas-Hofer-Straße 20 **Bp. 355**

Einfacher Renaissancebau aus dem 17. Jh. Durch den Ladeneinbau in die Hofmauer stark beeinträchtigt. Nach Süden Rundbogenloggia auf Säulen (z. T. vermauert), mehrere steingerahmte Rechteckfenster. An der Straßenseite Rundbogentür.

Andreas-Hofer-Straße 18 **Bp. 358**

Doppelgeschossiger Mittelerker. Breite Einfahrt zum Hof, teils gewölbt. Keller mit Tonnengewölbe. Im ersten und zweiten Obergeschoß je ein gewölbter Raum.

M.-v.-Buol-Platz 4 **Bp. 373**

Viergeschossiger Bau, 17. Jh. Zweigeschossiger Fassadenerker, Rustikator, steingerahmte Rechteckfenster, im ersten Stock vergittert. Drei verschieden gestaltete Doppelbogenfenster in der Mittelachse. Im Innern mehrere Balken- und Stuckdecken.

Reich am Platz, M.-v.-Buol-Platz 3 **Bp. 374**

In der Hofmauer Rustikaportal mit Wappen. Am Haus Freitreppe, im ersten Stock Loggia mit einer Steinbalustrade, Fassadenerkertürmchen mit Jahreszahl 1596, wohl von Luca d'Allio erbaut. Steingerahmte Rechteckfenster, gewölbter Hausgang, Räume mit Kassettendecken, Zimmer mit Stuckdecken aus dem 19. Jh.

Tonvin **Bp. 375**

Ansitz. Dreigeschossiger Bau mit drei Erkertürmen, Rundbogenportal mit Wappen, 1696 errichtet. Im ersten Stock Saal mit Flachdecke und Stuckfeldern, Kampf Davids mit Goliath, Kamin, marmorierte Türeinfassungen. Zwei Stuben mit profilierten Kassettendecken mit Ovalfeldern und Barocköfen. Zwei weitere Räume mit schönen Stuckdecken (Jahreszeiten, Fruchtkränze), 18. Jh. Gewölbte Antoniuskapelle mit übermalten Fresken (Antoniusleben), um 1720.

Bühel 1–2 **Bpp. 376, 377, 378, 379, 380, 381**

Mehrere Bauten um einen malerischen Hof gruppiert. Die ältesten Gebäudeteile stammen aus dem beginnenden 16. Jh., Freitreppe und Flachbogentür mit Wappenstein; die restlichen Bauten wurden im 17. Jh. aufgeführt und in der Folgezeit teilweise verändert.

Buol mit Nebengebäuden **Bpp. 400, 401, 402/2, 403**

Ansitz. Zweiflügelige Anlage mit mittelalterlichem Baukern, im 17. Jh. umgebaut, im 18. Jh. erweitert. Zur Straße reich verziertes Rundbogenportal mit barockem Türflügel, darüber Flacherker. Gewölbter Mittelsaal, zum Hof zweigeschossige Loggia. Unterwölbter Gang über die Gasse zum runden Treppenturm. Am Nebengebäude auf Bp. 402/2 gotisches Fenster in Steinrahmung mit Fensterkreuz, Sohlbank auf skulptierten Konsolen.

Weißenfels **Bp. 413**

Viergeschossiger Bau mit regelmäßig gegliederter Fassade. Rundbogenportal in Rustikarahmung mit Wappen der Enzenberg, 1678. Doppelbogenfenster, Mittelsäle im ersten Stock mit Kreuzgratgewölbe, gewölbte Küche mit Ausgußstein, steingerahmte Türen. Zimmer mit Felderdecken. An der Nordseite Balkon mit Schmiedeeisengitter, 18. Jh.

M.-v.-Buol-Platz 2, 2A **Bpp. 418, 419/2**

An den beiden Hausecken zweigeschossige Viereckerker, zwei Rustikatore mit Wappen und Jahreszahl 1595. Rechteckfenster in Steinrahmung, mehrere gewölbte Räume. Im Stock Saal mit Flachdecke, Türen in Steinrahmung.

Gungano 5 **Bp. 426**

Das ursprünglich dreigeschossige Gebäude wurde später um ein weiteres Stockwerk erhöht. Rustikaportal mit Wappen der Leis und Jahreszahl 1604, darüber Allianzwappen, 1706. Erkertürmchen und Doppelbogenfenster an der Fassade. Saal mit Kreuzgratgewölbe auf Steinkonsolen im ersten Stock.

Pflegangerweg 5–8 **Bpp. 433, 435/1**

An der Fassade gemauerte Freitreppe und Fresko, Tod des heiligen Franz Xaver, 18. Jahrhundert. Zum Innenhof Rundbogentor. Keller mit Tonnengewölbe, steingerahmte Fenster, 17. Jahrhundert. Teilweise mit dem Ansitz auf Bp. 434 zusammengebaut.

Tafonatti **Bp. 434**

In einem Hof gelegener Ansitz. Im ersten Stock Täfelung mit Pilastergliederung, am Türsturz Jahreszahl 1645. Im zweiten Stock mehrere Zimmer mit reichen Stuckdecken. Rechteckfenster in Steinrahmung.

Oberplanitz in Oberplanitzing **Bp. 436**

Ansitz in regelmäßigen Bauformen. Rundbogentor in Rustikarahmung mit leerem Wappenschild. Eckerker mit stuckierten Masken. Bau aus der zweiten Hälfte des 17. Jh.s. Im ersten Stock Erkerzimmer mit Stuckdecke, Lorbeerkranz, Ofen um 1800. Kreuzgratgewölbter Mittelsaal, im oberen Stuckdecke, steingerahmte Türen. Zum Keller spätgotische Spitzbogentür mit späterer Jahreszahl 1684.

Oberplanitzing 61 **Bpp. 437/1, 437/2**

Regelmäßiger Viereckbau, außen unverputzt, mit steingerahmten Rechteckfenstern, an der Westseite Dopelbogenfenster. Ende 16. Jh. Im ersten Stock spätgotische Balkendecke mit Unterzug, kreuzgratgewölbter Hausgang, Zimmer mit barocker Stuckdecke, Zimmer mit Felderdecke.

Oberplanitzing 60 **Bp. 439/1**

Dreigeschossiger Bau mit turmartigem Anbau an der Nordseite. Rundbogentor. Am Viereckturm steingerahmte Rechteckfenster.

Oberplanitzing 57 **Bpp. 442/1, 442/2**

Zweigeschossiger Bau mit Stadel. Rechtecktür, ein Fenster in Steinrahmung, die restlichen erneuert. Mittelsaal mit steingefaßten Türen, stichkappengewölbte Küche, getäfelte Stube.

Oberplanitzing 56 **Bp. 443**

Langgestreckte Fassade mit Freitreppe, Rechtecktür und -fenster in profilierter Steinfassung. An der Durchfahrt zum Hof Rustikaportal mit Wappenkartusche, 17. Jahrhundert.

St. Johannes der Täufer in Oberplanitzing **Bp. 444**

In der heutigen Form 1584 erbaut, in der Mitte des 19. Jh.s verlängert. Polygonalchor mit Sternrippengewölbe, Langhaus mit Tonne und Stichkappen, Rundbogenfenster, Rundbogenportal. Spitzturm (ursprünglich gemauerter Helm). Wandgemälde am Chor außen (Verehrung des Allerheiligsten), 18. Jh.

Andergassen in Oberplanitzing **Bpp. 447/1, 447/2, 447/3, 447/4, 447/5, 447/6, 447/7, 447/8**

Ansitz mit Nebengebäuden, 17. Jh. Am Hoftor Allianzwappen des Jakob Andergassen und der Rosina Klingerin, 1671. Mittelalterlicher Baukern (Spitzbogentür). Turmanbau, Türen und Fenster in Steinrahmung. Gemauerte Freitreppe, als Türflügel dienen renaissancehafte Altarflügel. Im Innern großteils erneuert. Am Stadel Florianfresko (1728).

Oberplanitzing 47 **Bpp. 448/1, 449**

Ursprünglich zweigeschossiger Bau, steingerahmte Fenster. An der Ostwand Fresko (Anna Selbdritt, hll. Christoph und Jakob), Mitte 16. Jh. An der Südseite Doppelbogenfenster.

Oberplanitzing 18 **Bp. 453/1**

Haus mit Stadel. Mittelalterlicher Baukern, im 16. Jh. vergrößert und später um ein Geschoß erhöht. Viereckerker auf Steinkonsolen. Im Erdgeschoß gotische Fensteröffnungen, im ersten Stock steingerahmte Rechteckfenster. Zum Hof Rundbogentor.

Oberplanitzing 16 **Bp. 455/1**

Dreigeschossiger Bau. An der Westwand des Anbaues ein stark zerstörtes Fresko, heilige Ursula mit Gefährten, um 1520. Hoftor mit Jahreszahl 1645 und Initialen G. P. Erkerbau, am Giebel Oculi. Im ersten Stock Rundbogentür. Nach Süden Vorbau mit steingerahmten Rechteckfenstern.

Oberplanitzing 13 **Bp. 456/1**

Dreigeschossiger Bau. Steingerahmte Fenster, z. T. erneuert, 17. Jh. Rundbogentor im Erdgeschoß, im Hof Rechtecktür, Freitreppe, gewölbter Hausgang. Gekuppelte Rechteckfenster. Im zweiten Stock Stuckdecken, barocker Kachelofen, barockes Stubengetäfel.

Oberplanitzing 10–11 **Bpp. 458/1, 458/4**

Langgezogenes, zweigeschossiges Gebäude mit Stadel. Leicht konkav gebogene Fassade mit steingefaßten Fenstern. Rustikator mit gewölbter Durchfahrt, darüber Doppelbogenfenster. Zimmer mit Stuckdecke, mehrere Kassettendekken, gewölbte Küche. Gewölbte Kellerräume.

Oberplanitzing 8 **Bp. 459/1**

Dreigeschossiger Bau mit Eckerkertürmchen an der Südseite. Am Hoftor Jahreszahl 1656. An der Haustür Jahreszahl 1688. An der Westfassade Fresko (Maria zwischen Heiligen), Anfang 16. Jh. An der Hofseite Gang mit Rundbogenöffnungen, Doppelbogenfenster.

Tschiderer mit Nebengebäuden in Unterplanitzing **Bpp. 461/1, 461/2, 462, 464, 465, 466**

Ansitz. Charakteristische Gebäudegruppe, in der heutigen Form wesentlich ins 17. Jh. zurückgehend. Bau mit Zinnengiebeln, daneben Bau mit Viereckerkern, steingerahmte Viereckfenster. Rundbogentor, gewölbte Keller.

Unterplanitzing 31 **Bp. 468**

Zweigeschossiger Bau, über der steingerahmten Rechtecktür mit Jahreszahl 1657 und Initialen SP Doppelbogenfenster. An der Straßenseite Erker auf Kragsteinen, steingerahmte Rechteckfenster. Gewölbte Küche, Empireofen, um 1800.

Unterplanitzing 30 **Bpp. 469, 470**

Steingerahmtes Rundbogentor, im Hof Rundbögen auf Pfeilern, im Keller Tramdecke. Vorraum und Küche gewölbt. Zur Straßenseite Erker, Fenster in Steinrahmung.

Unterplanitzing 29 **Bpp. 471/1, 471/2, 471/3**

Flacherker auf Kragsteinen, dahinter mittelalterliches Turmgebäude mit steingerahmtem Viereckfenster an der Südseite, nach Osten Rundbogenöffnung.

Unterplanitzing 28 **Bpp. 472/1, 472/2**

An der Hofseite Tonnengewölbe, Säulchen einer ehemaligen Fensteröffnung im ersten Stock eingemauert.

Unterplanitzing 27 **Bpp. 472/3, 472/4**

Zum Innenhof Rundbogentor mit Wappen am Scheitel, an der Südwestecke Erkerturm, an der Hofseite steingerahmte Rechtecktür.

Widum in Unterplanitzing **Bp. 473**

Einfacher Bau mit regelmäßigen Fensterreihen, bildet mit der nahegelegenen Kirche als Ensemble eine Einheit. Östlicher Gebäudeteil mit steingerahmten Fenstern, 17. Jh. Um 1800 aufgestockt und nach Westen erweitert. Erkervorbau. Im Innern einfache Stuckdecken. Steingerahmte Rechtecktür mit kurzer Freitreppe.

St. Leonhard in Unterplanitzing **Bp. 474**

Spätromanische Rundkapelle mit Kuppel, 14. Jahrhundert, Rundbogentür, 17. Jh., Okuli 1902. Kleine Altarnische mit gotischem Dreipaßfenster, Wandgemälde um 1380 (Epiphanie, Verkündigung, Volto Santo, Nothelferreihe). Kirche mit Polygonchor, um 1429, Fassadendachreiter mit Spitzhelm, um 1880, Netzrippengewölbe Anfang 16. Jh. Seccomalereien, 16. Jh., Dekorationsmalereien am Gewölbe, 1889.
Bannzone: Gp. 1654/2.

Heilig Kreuz am Kalvarienberg mit Kapellen — **Bpp. 478, 479/2, 479/3, 479/4, 479/5, 479/6, 479/7, 479/8, 479/9**

Barocker Zentralbau auf kreuzförmigem Grundriß, 1720–23 errichtet. Kuppel mit Laterne, in den Kreuzarmen Tonnengewölbe, Türmchen mit Zwiebelhaube. Polygonaler Chorschluß mit Gratgewölbe, Rechteckportal, Lünettenfenster. Deckengemälde von Paul Troger und Matthias Pussjäger. Kalvarienbergkapellen: acht Kapellen in verschiedenen Formen um 1720 errichtet, 1768 z. T. mit Grottenwerk versehen. Pilaster- bzw. säulengerahmte Rundbogenöffnungen, Kapellennischen mit Gewölben, mehrere Blendgiebel. Schmiedeeisengitter.
Bannzone: Bp. 479/1, Gpp. 1914, 1915.

Battistihof — **Bpp. 483, 484, 485, 486**

Großer Einhof. Haustür in rechteckiger Sandsteinrahmung, bez. 1605. Keller mit Gewölben auf zwei gemauerten Pfeilern. Im Obergeschoß Hausgang mit z. T. steingerahmten Türen. Barocke Fenstergitter.

Friedhof — **Bpp. 493, 600, 894 Gp. 2905**

Regelmäßige neuklassizistische Anlage, um 1850. An vier Seiten gewölbte Arkaden. In der Mitte des Ostflügels Kapelle, heute Durchgang. Kriegerdenkmal und Grabkapelle der Familie von Giovanelli.

Ringberg am See — **Bp. 497**

Ansitz. Symmetrisch angelegter Bau mit Erkertürmchen, um 1621 erbaut. Mehrere Doppelbogenfenster, im ersten Stock gewölbter Mittelsaal, im Erdgeschoß gewölbte Kellerräume. Im zweiten Stock Saal mit Flachdecke.
Bannzone: Gpp. 4013, 4017, 4018, 4019, 4020, 4021.

Ehrenhausen (Manicor) am See — **Bp. 498**

Ansitz mit Kapelle, 1608 erbaut. Rundbogentor in Rustika, steingerahmte, teilweise gekuppelte Viereckfenster. Gewölbter Saal im Erdgeschoß, Stube mit Felderdecke. Kapelle mit Stuckdecke, 18. Jh..
Bannzone: Gpp. 3990, 3994, 3997, 3999, 4002/1, 4034, 4036, 4044, 4047/2, 4047/3, 4050.

Kaltenburg am See — **Bp. 499**

Ansitz, von einer Zinnenmauer umgeben. Um 1610 errichtet. Rundbogentor in Rustikarahmung, Rechtecktür mit Oberlichte, Doppelbogenfenster. Steingerahmte Rechteckfenster mit Gittern, Kachelofen, 17. Jh.

Remichhof am See — **Bp. 503**

Offener Bundwerkgiebel mit Marienmonogramm. Gemauerte Freitreppe, im Erdgeschoß gewölbte Räume, Rundbogentüren. Gewölbte Ställe mit Mittelpfeilern, im ersten Stock mehrere Räume mit Gewölben. Treppe zum zweiten Stock auf Konsolsteinen.
Bannzone: Gpp. 4075/1, 4075/2, 4079/1, 4079/2, 4080, 4081/3, 4081/4, 4083, 4084.

Seehof — **Bp. 508**

Behäbiger, steingemauerter Bau mit Walmdach. Freitreppe, tonnengewölbte Küche. Sandsteingerahmte Fenster und Kellertür, Keller mit Tonnengewölbe, 17. Jh.

Greifenburg am See — **Bp. 516**

Dreigeschossiger Renaissancebau mit regelmäßiger Fensteranordnung, erste Hälfte 17. Jh. Rechteckfenster in Steinrahmung, im Erdgeschoß vergittert. Zwei Doppelbogenfenster, rundbogiges Hoftor mit Wappenschild, Rundbogentür am Wirtschaftsgebäude. Gemauerte Freitreppe, Rechtecktür mit Oberlichte. Tonnengewölbte Kellerräume auf Pfeilern, Ende 17. Jh.
Bannzone: Siehe Bp. 525.

St. Josef am See Nr. 11 — **Bp. 518**

Im Erdgeschoß Kreuzgewölbe auf Mittelpfeiler, tonnengewölbter Keller. Im ersten Stock Saal mit Stichkappengewölbe, gewölbte Küche, Stube mit Renaissancetäfelung und Kachelofen. Im zweiten Stock Doppelbogenfenster, ein Raum mit Stuckdecke.

St. Josef am See — **Bp. 525**

1749 geweiht. Abgesetzter, gerade abschließender Chor, Spitztürmchen, Marmorportal mit Dreieckgiebel, Lünettenfenster. Kreuzgratgewölbe. Sakristeierweiterung Anfang 19. Jh.
Bannzone: Gpp. 4137, 4140, 4154, 4156, 4168/1, 4178, 4181, 4182, 4190.

Altenburg — **Gp. 130**

Grundmauern von Schloß Altenburg auf einem bereits vorgeschichtlich besiedelten Hügel. Mittelalterliche Burganlage.

St. Georg in Oberplanitzing — **auf Gp. 1450**

Kirchenruine. Reste des spätgotischen Turmes (Südmauer) und spärliche Grundmauern erhalten. Kirche unter Joseph II. profaniert, seitdem verfallen.
Bannzone: Gpp. 1449/2, 1451/2.

St. Peter in Altenburg* — **auf Gp. 4209/2**

Kirchenruine. Mauerwerk einer frühchristlichen Basilika auf annähernd quadratischem Grundriß mit später erhöhter Ostseite. Rundbogenapsis mit Glockenmauer, Hauptschiff mit mehreren Anräumen. Wannenbecken.

* Kulturgut von gesamtstaatlichem Interesse, von der Landeszuständigkeit ausgenommen.

Kaltern, Greifenburg am See

Karneid, Schloß Karneid

Karneid, Bildstock beim Ebenhof

Katastralgemeinde Karneid

Pfarrkirche zu den Heiligen Peter und Paul in Steinegg mit Friedhof — **Bp. 1, Gp. 1**

1322 erwähnt. Aus dieser Zeit der Unterteil des Turmes (Spitzhelm). Langhaus mit Kreuzrippengewölbe und Spitzbogenfenster, Mitte 15. Jh. Polygonaler Chor mit Tonne und Rundbogenfenstern, 1664. Deckengemälde von Carl Henrici, um 1795.

Kapelle und Bildstock zum Weißen Bild — **Bp. 33**

Abgesetzter Altarraum und hölzerner Fassadendachreiter, Rundbogenfenster und Tonnengewölbe über Pilaster. 1797 erbaut.
Daneben Bildsäule mit viereckigem Schaft, bez. 1523, und Aufsatz, bez. 1746.

Mariahilfkirche in Kardaun mit Friedhof — **Bp. 99**

Einfacher Bau mit Chordachreiter und Rundbogenportal, neuromanisch, um 1700 erbaut.

Karneid — **Bp. 122**

Burg, um 1300 im Besitze der Herren von Völs. Fünfeckiger Palas, freistehender Wohnturm, fünfgeschossiger Bergfried mit vorgelegter Kapelle, Wandgemälde. Die beiden Tortürme im 16. Jh. umgebaut. Aus dieser Zeit auch die Einwölbung der Kapelle, die Erhöhung des Bergfrieds und der restlichen Bauteile. Ende des 19. Jh.s durch Ferdinand von Miller erneuert.
Bannzone: Gpp. 925/1, 927/1, 927/2, 927/3, 927/8, 934/5, 936/1, 936/2, 937/1, 940, 941, 942, 943, 944/1.

Heiligkreuzkapelle beim Bischof — **Bp. 123**

Kleiner historisierender Bau des 19. Jh.s mit Rundbogentür, abgesetzter Apsis, Rundbogenfenster und Tonnengewölbe.

Pfarrkirche St. Veit in Karneid mit Friedhof — **Bp. 129, Gp. 1020**

Eine Kirche, 1375 erwähnt. Der untere Teil des Turmes romanisch, das obere Geschoß mit gemauertem Achteckhelm spätgotisch. Langhaus und polygonaler Chor Ende 15. Jh. Portal mit Jahreszahl 1489 an der Friedhofskapelle wiederverwendet. Im Chor Sternrippengewölbe, im Langhaus Kreuzrippengewölbe. Historistische Dekorationsmalerei.

Vorderstrobl — **Bpp. 135/1, 135/2**

Unregelmäßiger Bau mit mittelalterlichem Kern. Im Erdgeschoß Mauerwerk mit ausgestrichenen Mörtelfugen. Zum Keller Rundbogentür, Küche mit Rundbogentür und Tonnengewölbe. Rundbogenfenster. Einfache Stube mit Felderdecke und Leistengetäfel.

Kapelle beim Grödner — **Bp. 189/1**

Tonnengewölbe, 1850 an einen Bildstock angebaut.

Kapelle beim Zipperle — **Bp. 215**

Abgesetzter Altarraum, hölzerner Fassadendachreiter, Tonnengewölbe, Lünettenfenster, 1836 erbaut. Schindeldach.

Ölbergkapelle (Veltunkirchl) — **Bp. 223**

Hölzerner Fassadendachreiter, Lünettenfenster, Tonnengewölbe und Empore. Erbaut 1833 als Standpunkt bei Kreuzgängen von Anton Pichler, Sturm zu Gummer.

Pfarrkirche St. Valentin in Gummer mit Friedhof — **Bp. 246, Gp. 2490**

Im 14. Jh. erwähnt, davon sind wohl noch die Langhausmauern und das Portal (mit einfacher Hohlkehle und stumpfem Spitzbogen) erhalten. Um 1520 ein Umbau, dem Chor (Sterngewölbe) und Turm angehören, der aber – nach den späten Maßwerkformen zu schließen – erst um die Mitte des 16. Jh.s vollendet wurde (1549?). Das Langhaus wurde im 18. Jh. umgebaut, 1891/92 erhöht und neu geweiht. 1988–1990 wurde es nach Plänen von Arch. Helmut Maurer erweitert.

Pitschider Kirchl — **Bp. 471**

Rundbogenfenster und Rundbogentür, Fassadendachreiter. Deckenfresko (Dreifaltigkeit, Arma Christi), 17./18. Jh.

Heilig-Grab-Kapelle beim Untersoler — **Bp. 607**

Hölzerner Dachreiter, Tonnengewölbe, erhöhter Dachraum mit Kreuzgratgewölbe. Über der Tür Jahreszahl 1687 A. I.

Schloßhotel Blumau — **Bp. 732**

Ehemals Villa Clara, 1903 in historisierenden Formen errichteter Bau mit Eckerkern, Innenschmuck und Rundbogenfenstern.

Kasererbild — **Bp. 747**

Waldkapelle mit hölzernem Dachreiter, Rundbogentür, Rundbogenfenster, Kreuzgewölbe. 1871 errichtet, der Dachreiter 1874 hinzugefügt.

Steinegg — **Gpp. 221/10, 221/11**

Burgruine. Die Herren von Steinegg im 13. Jh. erwähnt. Ruine eines viereckigen Wohnbaues mit Resten der Ringmauer.

Bildstock beim Ebenhof — **auf Gp. 650**

Einfacher Schaft und Aufsatz mit vier Rundbogennischen, Pyramidendach mit Schindeln. Fresken (Kreuzigung, St. Christoph, Maria und hl. Bischof, Evangelistensymbole), 1510.

Kapelle beim Bauer in Aicha — **auf Gp. 4313/3**

Historisierender Bau mit abgesetztem Altarraum, Spitzbogentür, Rechteckfenster, Spitzbogengewölbe. 19. Jh.

Katastralgemeinde Freiberg

Heiligkreuz **Bp. 23**

Einfacher Saalraum mit Chorturm (Spitzhelm mit Schindeldach), 1824 errichtet, 1854 verlängert, tonnengewölbtes Langhaus.

Katastralgemeinde Galsaun

Kasten **Bpp. 3/1, 4**

Unregelmäßige Gebäudegruppe, ursprünglich Getreidekasten von Hochgalsaun. Kapelle mit Giebeldachreiter (Zwiebelhaube); diese verbindet eine überdachte Holzbrücke mit dem Wohnhaus. Labe mit Kreuzgratgewölbe, Kapellenportal spätgotisch.

Mair **Bp. 24**

Spätmittelalterlicher Hof mit verbrettertem Bundwerkgiebel und gewölbten Räumen. An der Fassade reiche Sgraffitoverzierung, vor Jahren durch einen Spritzputz verdeckt.

Großhueb **Bp. 27/1**

Einhof mit verbrettertem Bundwerkgiebel und weit vorkragendem Dach. Gemauerte Freitreppe, spitzbogige Haustür (16. Jh.), Fenster mit Putzrahmungen.

Hochgalsaun **auf Gp. 507/1**

Burgruine, spärliche Überreste der 1262 erstmals erwähnten Burg Hochgalsaun (Bergfried).

Katastralgemeinde Jufal

Mitterjufal **Bp. 41**

Spätmittelalterlicher Bau, tonnengewölbte Küche, Stube mit Felderdecke, bez. GM 1752. Zuhaus (sog. Kapelle) mit ursprünglich zwei Rundbogenfenstern, Türflügel und Putztafel, bez. 1750.

Jufal **Bpp. 46, 47, 48, 49**

Burgruine, Anlage um die Mitte des 13. Jh.s erbaut. Getreidekasten mit Keller im Untergeschoß, gewölbte Küche, Stube mit Feldergetäfel (18.–19. Jh.), Palas mit Resten von Malereien von Bartlmä Dill Riemenschneider, 1547 (Türeinfassungen, Cäsarenköpfe).

Katastralgemeinde Kastelbell

St. Anton in Spineid **Bp. 9**

Kapellenbau aus dem 17. Jh., Fassadenglockenmauer, polygonaler Chorschluß, Kreuzgratgewölbe.

Alte Pfarrkirche St. Andreas in Marein **Bp. 16**

Erbaut um 1400, der Turm aus dem 17. Jh. (achteckiger Spitzhelm), Sternrippengewölbe im gerade abschließenden Chor, im Langhaus Tonnengewölbe mit Stichkappen (18. Jh.), Portal und Fenstermaßwerk um 1400.

Stiegengut in Marein **Bp. 30**

Spätmittelalterlicher Bau mit vorkragendem Dach auf zwei geschnitzten Streben über der ausgesparten Südwestecke. Freitreppe, innen gewölbter Aufgang, tonnengewölbte Küche, Fenster mit Putzrahmungen.

Gözen **Bp. 63**

Große Hofanlage aus dem 16. Jh. Im Kellergeschoß zwei Flachbogentüren. Im ersten Stock rundbogige Haustür, an der Südseite Fenster in tiefen Leibungen, Bundwerkgiebel mit geschnitzten Firststreben.

Oberwirt **Bp. 68**

Im Kern mittelalterlicher Baubestand, in der heutigen Form geht der Bau in das 18. Jh. zurück. Polygonaler Eckerker, geschnitzter Bundwerkgiebel.

Kastelbell* **Bpp. 70, 71, 73, 75**

Burganlage, Palas, Zwinger und Vorburg 13./14. Jh., Kapelle 1317 mit geradem Chorschluß (tonnengewölbt), Zubauten im 16. Jh., Treppenanlagen mit Loggiengängen. Wappenrelief 1557. Anfang 17. Jh. Erweiterungen im Norden.
* Kulturgut von gesamtstaatlichem Interesse, von der Landeszuständigkeit ausgenommen.

Montalban **Gp. 400/2**

Burgruine, ausgedehnte Mauerreste von Bergfried, Palas, Ringmauer; Kapelle und Zwinger aus der Mitte des 13. Jh.s. 1317 zerstört.

Katastralgemeinde Tomberg

Marienkapelle beim Ebenhof **Bp. 133**

1772 erbaut, Kartusche am Scheitel der Westseite, Tonnengewölbe, abgesetzter, halbrund abschließender Chor, darüber Laterne mit drei Rechteckfensterchen, Stuckgesims.

Katastralgemeinde Trumsberg

St.-Josefs-Kapelle **auf Gp. 568**

Gemauerter Bau mit abgesetzter Apsis, außen polygonal, innen rund. Im Innern Tonnengewölbe. 1924 erbaut.

Katastralgemeinde Tschars

Pfarrkirche St. Martin mit Friedhofskapelle und Friedhof **Bpp. 1, 2 Gp. 1**

Spätgotischer Bau aus der ersten Hälfte des 16. Jh.s. Turm mit Oktogon und Zwiebelhaube. Wandpfeilerbau mit Tonnengewölbe und Stichkappen, polygonal gebrochener Chor. Bei der Barockisierung im 18. Jh. wurden die Gewölberippen entfernt. An der Fassade Wandmalereien in drei Schichten, 14. Jh.; am Gewölbe Malereien, drittes Viertel 18. Jh.
St. Michael am Friedhof: Kleiner Bau, in der heutigen Form aus dem 18. Jh. Seitlicher Fassadendachreiter, Flachtonnen, polygonaler Chorschluß.

Gaßlehen **Bp. 5**

Spätmittelalterlicher Bau mit gemauerter Freitreppe und steingerahmter Spitzbogentür. An den Fenstern und ober der Tür dekorative Malereien. Bundwerkgiebel, Holzsöller über dem Eingang.

Klosterhaus **Bp. 6**

Regelmäßiger Renaissancebau mit rundbogigem Hoftor in Marmorrahmung (bez. 1612). Nach Erkervorbau auf zwei toskanischen Säulen mit barockem Fresko (Der hl. Bernhard empfängt die Ordensregel, Sonnenuhr). Tür mit Sternmotiv.

Hechbauer **Bp. 7**

Mittelalterlicher Bau, Bundwerkgiebel mit Söller, kurzer gewölbter Gang, getäfelte Stube mit zwei Unterzügen, an der Nordwand ausgespartes Fresko (Kreuzigung), Ende 14. Jh.

Pfarrwidum **Bp. 18**

Spätmittelalterlicher Bau, am Scheitel eines Spitzbogenportals im Erdgeschoß Jahreszahl 1492. Gewölbte Kellerräume und Gänge (erster Stock). In einem Raum Reste von Wandmalereien, in einem anderen Biedermeier-Kachelofen.

Kellergut **Bp. 26**

Fassade mit tiefen Fensterleibungen und gemalten Fensterumrahmungen, Malereien, bez. 1723, auch an der Westseite Reste von Fassadenmalereien (Heilige Familie), im Keller Kreuzgratgewölbe, gewölbter Hausgang, Barockstube.

Mesnerhaus **Bp. 32**

Rundbogentür in abgefaster Marmorrahmung. Daneben schmales Fenster mit Steingewände und Dreieckgiebel, darin Reliefkopf.

Kartheingut **Bp. 33**

Spätmittelalterlicher Bau mit Freitreppe, gewölbtem Gang und marmorgerahmter Spitzbogentür zur tonnengewölbten Küche. Ober der Tür Wappenstein von 1723. Stubentäfelung 1855.

Obermair mit Mühle **Bpp. 59, 63/1**

Spitzbogiges Hoftor in Marmorrahmung, Freitreppe, spitzbogige Haustür. Stubentäfelung und die beiden Bundwerkgiebel stammen aus dem 18. Jh.
Mühle: Kleiner Bau mit steingerahmter Spitzbogentür, daneben schmales Rechteckfenster, Türflügel, bez. 1741.

Amtshaus **Bp. 62/2**

Gemauerte Freitreppe mit Spitzbogentür, Bundwerkgiebel. Gewölbter Gang, in der Südwestecke große Stube mit Renaissancetäfelung (zweite Hälfte des 16. Jh.s).

Niedermair **Bp. 64**

Großer spätmittelalterlicher Hof (in sehr schlechtem Zustand). Erneuerte Freitreppe, an der Südecke polygonaler Erker. Türrahmung aus Stein mit Schulterbogen, ausgeschnittene Söllerbrüstungen.

Valtinshueb **Bp. 71**

Runder Hoftorbogen, Wohnhaus mit gemauerter Freitreppe, zwei Fassadenfresken erhalten (Hl. Martin, Mariahilf), geschnitzter offener Bundwerkgiebel. Stubentäfelungen 1697 und 1797 mit Decken aus dem 16. Jh. (späte Gotik). Tonnengewölbte Küche und Speis. Bohlenüberdeckter Torggelkeller, Dekorationsmalerei am Söllerausgang, 17. Jh.

Tschantschafron **Bp. 115**

Mittelalterlicher Hof, 1315 erwähnt, mit mehreren Anbauten. Tonnengewölbte Küche, Stube mit spätgotischer Balkendecke.

Kastelbell-Tschars, Schloß Juval

Kastelbell-Tschars, Hechbauer in Tschars

Kastelbell-Tschars, Klosterhaus in Tschars

Kastelruth, Kofelkapellen

Katastralgemeinde Kastelruth

Pfarrkirche zu den Heiligen Peter und Paul mit Turm und Friedhof **Bpp. 1, 34 Gp. 67**

Freistehender Turm nach dem Brand von 1753 errichtet, Zwiebelhaube auf Oktogon, am Portal Fresko von Eduard Burgauner, im Erdgeschoß Marienkapelle. Dreischiffiger klassizistischer Kirchenbau 1846–49 nach Entwurf von Josef Schmid errichtet. Gerader Chorschluß, Wandpfeilerraum, Tonnengewölbe. Wand- und Deckengemälde von Jonas Ranter und Eduard Burgauner, 1894–99.

Oberpray mit Wirtschaftsgebäude **Bpp. 3,4**

Ansitz mit Zinnengiebel, am Giebel Oculi, steingerahmte Spitzbogentür und polygonaler Fassadenerker. Halle mit Netzgratgewölbe. Barocke Stubentäfelung. Stadel mit Bundwerkgiebel.

Schoberstein mit Wirtschaftsgebäude **Bpp. 6/1, 6/2**

Mittelalterlicher Bau, später erhöht. Im Erdgeschoß steingerahmte Schulterbogentür, Stadel mit Strohdach.

Unterpray **Bp. 7**

Ansitz mit zwei Eck- und zwei Fassadenerkern. Bergseitig später erweitert. Überdachter Treppenaufgang, im ersten Stock steingerahmte Schulterbogentür mit Wappen am Sturz. Stube mit Renaissancetäfelung und Schuppenpilaster, gewölbte Rauchküche. Über dem rundbogigen Hoftor Fresko (Mariahilf, Antonius, Josef). Sonnenuhr.

Gasthof Goldenes Rössl **Bpp. 14/1, 14/2**

Mittelalterlicher Bau aus dem 15. Jh., Flacherker an der Straßenseite. Im Hausgang steingerahmte Spitzbogentür und Schulterbogentür. Erneuerte Fassadenbemalung, Fresko, Stuckdecken.

Frühmesserhaus **Bp. 19**

Spätgotischer Eckerker auf Kragsteinen mit Turmabschluß. Rundbogige Haustür in Steinrahmung mit altem Türflügel. Barockes Fassadenfresko (Mariahilf), bez. 1754.

Plunerschneider **Bp. 30/1**

Zinnengiebel, Flacherker, im Erdgeschoß Rundbogentür und gewölbter Hausgang. Die oberen Geschosse erneuert.

Rathaus **Bp. 33**

Ehemals Ansitz Krausegg. Rundbogiges Rustikaportal mit Diamantquaderung, zwei rundbogige Straßendurchfahrten. Darüber Flacherker auf Kragsteinen. Rückwärts zwei Eckerker mit Türmchenabschluß auf Kragsteinen. Räume mit Kassettendecken, barocker Ofen mit Kraus-Wappen. Zwischen 1603 und 1607 errichtet.

Kofelgasse 6 **Bp. 35/1**

Zweigeschossiger traufständiger Bau mit Fassadenerker und steingerahmter Rechtecktür. Tonnengewölbter Hausgang, 16. Jh.

Gasthof Turm **Bpp. 36/1, 36/3**

Dreigeschossiger traufständiger Bau mit steingefaßtem Spitzbogentor, darüber barockes Marienfresko. Im Erdgeschoß Ofen aus dem 18. Jh., im ersten Stock Stubengetäfel, 17. Jh.

Fischerhaus **Bp. 39**

Verbretterter Giebel mit Söller, gemauerte Freitreppe, Rundbogentür, darüber Maria-Hilf-Bild. Alter Türflügel mit Andreaskreuz. Fassadenerker mit barocken Fresken (Michael, Florian, Barbara), bemalte Eckquaderung. Gewölbte Küche, Stube mit Leistengetäfel.

Plattenstraße 8 **Bp. 44**

Im Keller die mittelalterlichen Mauern des Turmes Ödenberg erhalten, später nach Osten und Westen zum heutigen Haus erweitert. Steingerahmte Rechtecktür, getäfelte Stube. Fassadenfresko, um 1900.

St. Anton am Kofel mit Kalvarienbergkapellen **Bpp. 66, 1795 Gpp. 1, 2**

Zweigeschossiger Kapellenbau, Ende des 17. Jh.s in den ehemaligen Bergfried der mittelalterlichen Burg Kastelruth eingebaut. Steingerahmte Schulterbogentür, darüber Skulpturennischen, obere Kapelle mit reichen Stukkaturen und Klostergewölbe. Vermauerte Rundbogentür an der Nordseite, Buckelquadern. Schindeldach.
Kalvarienbergkapellen: Grabkapelle und sechs kleinere Kapellen, die ab 1675 von Georg von Kraus am ehemaligen Burghügel errichtet wurden. Kapellen mit Wandgemälden (Passion) versehen.

Lafay **Bp. 78**

Ansitz mit Zinnengiebel und polygonalem Fassadenerker in der Mittelachse. Steingerahmte Schulterbogentür, Fenster mit Korbgittern. Im Erdgeschoß und ersten Stock gewölbte Mittelgänge.

Schulmeister **Bpp. 86/1, 86/2, 86/3**

Zwischen Wohnhaus und Stadel Hofmauer mit zwei Freskennischen. Am Wohnhaus kurze Freitreppe, steingerahmte Rechtecktür mit Wappen am Sturz und Jahreszahl 1615. Gewölbter Hausgang mit Inschrift und Jahreszahl 1617 an der steingerahmten Kammertür.

St. Anna in Ploj **Bp. 99**

Schlichter Kapellenbau aus der ersten Hälfte des 18. Jh.s. Abgesetzter, gerade abschließender Chor mit Türmchen (Pyramide), Rechtecktür, Skulpturennische, Kreuzgratgewölbe und Lünettenfenster. Schindeldach.
Bannzone: Gpp. 316/2, 316/3, 317/1, 323/2, 324/1, 325/1, 325/3, 325/4, 325/5, 327/1.

Greilenstein **Bp. 126**

Im Haus eingebaut ein Turm aus dem 13. Jh. mit Rundbogentür. Spätgotische Anbauten: Freitreppe, gewölbter Hausgang, spätgotisches Stubengetäfel.

Kastelruth, Lafay

Kiens, Schloß Ehrenburg

Kastelruth, Spitzegg

Kastelruth, Villa Felseck

Ladinser **Bp. 134**

Nach dem Brand von 1848 neu aufgebaut. Fassadenfresko (Mariahilf, Josef, Florian), gemauerte Freitreppe, steingerahmte Rechtecktür. Kreuzgratgewölbter Hausgang, tonnengewölbte Rauchküche. Stubentäfelung 1849. Schindeldach.

Schgaguler **Bp. 145**

Mittelalterlicher Bau mit späterer Erweiterung. Gemauerte Freitreppe, steingerahmte Spitzbogentür, durchgehender Hausgang. Stube mit geschnitzter spätgotischer Täfelung.

Lafogler **Bp. 155**

Spitzbogige Haustür in Steinfassung, alter Türflügel. Gewölbter Gang, gewölbte Küche mit Backofen. Stube mit spätgotischer Balkendecke.

Ritsch **Bp. 168**

Mittelalterlicher Bohlenständerbau, nur die Küche gemauert und eingewölbt. Im Keller Stütze mit abgefasten Kanten, im Gang rundbogige Kammertür. Stube mit leicht gewölbter Balkendecke.

Panider **Bp. 182**

Spätgotischer Mauerbau, an einer Tür Jahreszahl 1503. Im Erdgeschoß und ersten Stock gewölbte durchgehende Mittelgänge. Mehrere gewölbte Räume.

St. Michael **Bp. 188**

1353 erwähnt, Turm mit Spitzpyramide und Langhausmauer romanisch, polygonaler Chor mit Netzrippengewölbe, um 1500, im Langhaus Tonnengewölbe aus dem 17. Jh. Vorhalle auf gotischen Steinpfeilern. Über dem Portal Freskenreste, 15. Jh.

Unterstufles **Bp. 193**

Fassadenfresken (St. Florian, Kreuzigung), 18. Jh. Freitreppe, spitzbogige Haustür in Steinrahmung, kreuzgratgewölbter Hausgang und tonnengewölbte Rauchküche mit Backofen. Türen in Steinrahmung.

St. Nikolaus in Tisens **Bp. 222**

1353 erwähnt, in der heutigen Form spätgotischer Kirchenbau aus dem 16. Jh. Spitzturm (Helm 1886), Polygonalchor, Netzrippengewölbe. Christophorusfresko, 15. Jh., 1791 übermalt.

St. Magdalena in Tagusens **Bp. 264**

Turm und Schiffsmauern aus der ersten Hälfte des 14. Jh.s, Fassade um 1500. Innenraumgestaltung 1687 und 1725. Gerader Chorschluß, barocke Decke mit Malereien von Johann Matthias Peschler, 1914. Schindeldach.

Col de Seura (Obergoll) **Bp. 314**

Gemalte Fensterrahmungen und Eckquader. Rundbogige Haustür, Fassadenfresken (St. Florian, Kreuzigung). Tonnengewölbte Rauchküche mit Backofen, Stube mit profilierter Leistendecke und geschnitzter Bordüre mit Jahreszahl 1717.

Innerpitschuel **Bp. 332**

Hausgang mit steingerahmten Türen. In der Stube beachtliche Renaissancetäfelung mit geschnitztem Mittelfeld.

Spitzegg **Bp. 335**

Mittelalterlicher Holzbau, nur talseitiger Sockel und Küche gemauert und eingewölbt. Originale Raumaufteilung. Stube mit tonnengewölbter Balkendecke. Rundbogentüren.

Pfarrwidum Pufels **Bp. 357**

Haustür in rechteckiger Steinrahmung, am Sturz 1699 CB, darüber Mariahilffresko in Blumenkranz von Jakob Jenewein. Stube und Stubenkammer mit barocken Täfelungen, bez. 1700.

St. Leonhard in Pufels mit Friedhofskapelle und Friedhof **Bpp. 360, 387 Gp. 3176**

Turm romanisch, Kirche 1555 und 1740 vergrößert und umgebaut. Spitzhelm auf Oktogon (früher Zwiebel), dreiseitiger Chorschluß, Tonnengewölbe mit Stichkappen, Rundbogenfenster. Kirchenerweiterung 1845 und 1855. Fresken (Kreuzweg), von Jakob Jennewein, um 1750.
Friedhofskapelle: Schlichter Bau aus dem 18. Jh. mit Rundbogentür zwischen zwei rechteckigen Fensteröffnungen. Schindeldach.

Obere, mittlere und untere Mühle am Pufler Bach **Bpp. 371, 372, 373**

Gemauerte Bauten mit funktionsfähigen Mühlen und Stampfen.

Unterreschon **Bp. 397/1**

Mittelalterlicher Holzbau, nur Kellergeschoß und Küche gemauert. Zwei Rundbogentüren. Im Westen freistehender Kammeranbau, mit Gang verbunden. Stubentäfelung mit Pilastergliederung und geschnitzten Deckenleisten, 18. Jh.

Marienkapelle auf der Seiser Alm **Bp. 457/1**

Schlichter Bau in gotisierenden Formen, 1857 von Karl von Zallinger errichtet.

Valentör **Bp. 543/1**

Hof mit Fassadenfresken (gemalte Fensterrahmungen, Eckpilaster, St. Georg, zwei österreichische Grenadiere, Bauer, Maurer und Zimmermann), 1822. Seltenes Beispiel eines einheitlichen Fassadenschmuckes aus der frühen Biedermeierzeit.

Ploner **Bp. 563/1**

Gemalte Eckquader und Fensterrahmung. An der Hauptfassade Wandgemälde (Kreuzigung, Lebensrad, Sonnenuhr). Steingerahmte Rechtecktür mit kleinerem Oberlicht, am Sturz Christusmonogramm und Jahreszahl 1697. Darüber Mariahilfbild im Stuckrahmen. Gewölbter Hausgang.

Pseier **Bp. 564**

Spätmittelalterlicher Hof. Steingerahmte Spitzbogentür. Fassadenfresken (Christophorus, Maria mit Kind. Wappen). Tonnengewölbter Hausgang mit steingerahmten Türen. Stube mit geschnitzten Balken, um 1500.

St. Valentin **Bp. 572**

Turm und Langhausmauern romanisch, polygonaler Chor und Gewölbe spätgotisch. Turm mit Zwiebelhaube auf Oktogon (1811), Vorhalle auf gemauerten Pfeilern mit Satteldach. Fresken im Langhaus 14.–16. Jh., ebenso an der Süd- und Westfassade in drei Schichten.

Mariahilfkirche in Seis **Bp. 614**

Bau 1657 geweiht. Spitzturm mit romanisierenden Schallfenstern, Rechtecktür, Lünetten- und Flachbogenfenster. Tonnengewölbe mit Stichkappen. Deckengemälde von Johann Burgauner, 1849.

Ziuger Stadl **Bp. 634**

Unterbau gemauert, Aufbau in Holzkonstruktion, erbaut 1829. Steildach mit Strohdeckung.

St. Vigil **Bp. 679**

Spätgotischer Bau, Ende 15. Jh. Spitzturm, polygonaler Chorschluß, Netzrippengewölbe auf Konsolköpfen.

Mühle beim Malenger **Bp. 685**

Gemauerter Bau mit funktionsfähiger Mühle.

Kampedeller **Bp. 693**

Giebel mit Söller, zum Keller steingerahmte Rundbogentür, Freitreppe, steingerahmte Schulterbogentür, gewölbte Küche. Stube mit geschnitzter Balkendecke, am Unterzug Jahreszahl 1543; barockes Leistengetäfel. Verandavorbau (1957).

St. Oswald **Bp. 716**

Turm (Zwiebelhaube auf Oktogon) und Langhausmauern romanisch, polygonaler Chor, um 1400, mit Fächergewölbe auf Konsolköpfen, im Langhaus Netzrippengewölbe um 1520. Empore auf Säule mit Jahreszahl 1521. Im Chor Wandmalereien, um 1450.

Sattler **Bp. 723**

Rundbogige Haustür in Steinfassung, gewölbter Hausgang, Ende 16. Jh.

Kapelle beim Flösser **Bp. 737**

Kleiner Bau mit Satteldach und Glockenmauer, 18. oder 19. Jh.

Pflegerstadel **Bp. 747**

Wirtschaftsgebäude mit steilem Strohdach, unmittelbar vor der Ringmauer der Burgruine Aichach.

Villa Felseck **Bp. 1561**

Wohnhaus des Malers Eduard Burgauner, 1904 erbaut. Erkertürmchen, reiche Fassadenbemalung von Burgauner in neubarocken und Jugendstilformen.

Pfarrkirche Seis **Bp. 1804**

Baubeginn 1937 nach Plänen von Arch. Marius Amonn. Hallenraum mit aufgebogener Holzdecke, Rundapsis, seitlicher Turm.

Hauenstein **auf Gp. 5987**

Burgruine der gegen Ende des 12. Jh.s entstandenen Anlage. Turm mit Palas, Wohntrakt, Vorwerk mit Eckturm. Wohnsitz Oswalds von Wolkenstein.

Salegg **auf Gp. 6002/5**

Mauerreste der Burg aus dem Ende des 12. Jh.s. Reste einer Palasmauer mit später angebauten Ecktürmen.

Aichach **auf Gpp. 6524, 6525**

Torturm und Teile der Ringmauer der 1234 erstmals erwähnten Burg. Ringmauer mit Schwalbenschwanzzinnen, am Turm Rundbogentor, darüber Rundbogentür zum Wehrgang; später erhöht.

Törggele-Brücke **auf Gp. 7089/2**

Stützenfreie Holzbrücke mit Schindeldach, an einem Balken Jahreszahl 1804.

Katastralgemeinde Ehrenburg

Ehrenburg **Bp. 1**

Große Schloßanlage: Mittelalterlicher Gebäudeteil mit unregelmäßigen Räumen. Aus romanischer Zeit hat sich noch ein Biforienfenster mit Säulen erhalten. Innenhof mit Arkaden und Loggiengängen, 16. Jh. Festsaal mit Freskenausstattung von 1732. Stubentäfelung Ende 17. Jh. mit Felderdecke und Pilastergliederung. Kapelle mit Gratgewölbe.
Bannzone: Gpp. 7/1, 8/1, 31, 32.

Pfarrwidum **Bp. 2**

Um 1732 erbaut, Rustikapilaster und Fensterumrahmungen. Zweigeschossiger Saal mit zwei Kaminen, Portal von Säulen gerahmt mit Altane.

Pfarrkirche Maria Himmelfahrt mit Magdalenenkapelle und Friedhof **Bpp. 3/1, 3/2, 175 Gpp. 7/2, 7/3**

Wandpfeilerraum mit Tonnengewölbe um 1700, gerader Chorschluß, Freskenausstattung von Josef Adam Mölckh, 1755. Gruftkapelle mit flach gedecktem Vorraum und flachem Kreuzgratgewölbe.
Magdalenenkapelle: 1742 erbaut, Rundapsis, Kreuzgratgewölbe. Rechtecktür. Wandgemälde 18. Jh. (Einsiedlerszenen, Himmelfahrt der Maria Magdalena).
Bannzone: Gpp. 1, 2/1, 3, 4, 5, 6.

Gasthof Burger **Bp. 6/1**

Steingerahmte Haustür mit Oberlichte, Tonnengewölbe in Labe und Küche. Stuben mit Barocktäfelungen.

Mairhof **Bp. 36**

Großes Gehöft mit Küniglwappen über dem Eingang. Kassettendecke im Erdgeschoß und gewölbte Küche im Obergeschoß. Im Keller Gewölbe.

Kornkasten beim Huber am Getzenberg **Bp. 42/1**

Gemauerter Kasten mit Rundbogen, Jahreszahl 1672.

Ebner-Zuhäusl am Getzenberg **Bp. 47**

Gemauerte Rauchküche, das übrige Gebäude im Blockbau errichtet. Gotische Balkendecke. Im Obergeschoß Tür mit Eselsrückenholm.

Brand mit Kapelle in Kienberg **Bp. 55**

Hof mit barocker Bemalung, am Eingang gewölbte Küche, Stube mit gotischer Balkendecke. Obergeschoß im Blockbau mit umlaufendem Söller. Kapelle mit hölzernem Dachreiter.

Plattner in Kienberg **Bp. 57**

Halbkreisförmig gesetzte Steinstufen am Eingang, hohe spitztonnengewölbte Küche am Eingang, Stube mit gotischer Balkendecke, seitlich abgerundet.

Bildstock **auf Gp. 7/1**

Bildstock auf viereckigem Schaft, Fresken aus der ersten Hälfte des 16. Jh.s (Passionsszenen). Schindeldach.

Katastralgemeinde Getzenberg

Einsiedelei beim Getzenberger **Bp. 12/2**

Von Hans Piffrader 1751 gegründet, Betraum mit Altarnische, Tonnengewölbe, Rechteck- und Rundbogenfensterchen, Rundbogentüren. Einsiedlerbehausung angebaut, Satteldach.

Katastralgemeinde Hofern

Kornkasten beim Hittaler **Bp. 3**

Kasten mit steingerahmtem Rundbogeneingang, gotische Fensterleibungen mit Putzfatschen.

St. Martin **Bp. 24**

Polygonaler Chor und Spitzturm 1473 errichtet, im Chor Sternrippengewölbe, im Langhaus Netzrippengewölbe. Steingerahmte Spitzbogentür.

Kapelle beim Briggler **Bp. 36**

Einfache Kapelle mit eingezogener, dreiseitig abschließender Apsis, Tonnengewölbe. Über der Tür die Jahreszahl 1882.

Katastralgemeinde Kiens

Pfarrkirche zu den Heiligen Peter und Paul mit Friedhofskapelle und Friedhof **Bp. 1 Gp. 1**

Spätgotischer Fassadenturm, Kirche 1835 bis 1838 neu errichtet. Dreiseitiger Chorschluß, Wandpfeilerraum mit Flachkuppeln, Thermenfenstern und Rundbogenfenstern. Freskenausstattung von Josef Renzler.
Friedhofskapelle: Steingerahmte Rundbogentür, angebaute Lourdesgrotte, Schindeldach.

Mühle im Oberdorf **Bp. 10**

Mühle mit funktionstüchtigem Mahlwerk, verbretterter Giebel, Wandmalereien (Johannes Nepomuk, Florian).

Grünbacher **Bp. 11**

Labe mit Tonne und Stichkappen, Gratgewölbe in der Oberlabe. Reich geschnitzte Stubentäfelung mit Jahreszahl 1795, Pilastergliederung, Öfen im Zopfstil.

Pfleghaus **Bp. 23/1**

Granitgerahmte Schulterbogentür, Ober- und Unterlabe mit Netzgratgewölbe, Stubentäfelung mit Jahreszahl 1667.

Kiens, St. Ulrich in Ilstern
Links oben: Bäckenhäusl
Links unten: Klausen, Mesnerturm

Pfarrwidum **Bp. 24/1**

Barockbau, Mittellaben mit Stuckdecken, Stubentäfelung, originale Türen, Ofen bez. 1794.

Hinteregger **Bp. 40/1**

Barocke Stubentäfelung mit reich geschnitztem Mittelfeld, Rocailledekor und Felderdecke.

Gerichtshaus **Bp. 41/1**

Gemauerte Außentreppe mit Granitsäulen, tonnengewölbter Eingang und Küche. Innen Steintreppe ebenfalls mit Granitsäule. An einer Schulterbogentür Jahreszahl 1659.

Bäckenhäusl **Bp. 74**

Eckerker, Labe mit Tonne und Putzgraten, Wandmalereien (Schutzmantelmadonna, Krönung Mariens, Florian). Stube mit Felderdecke und Vierpaßmittelfeld. Saal mit Stuckdecke.

Kapelle beim Kaltenhauser **Bp. 89**

Hölzerner Dachreiter, Rechteck- und Lünettenfenster, abgesetzter Chor mit Tonne, Schindeldach.

Kapelle beim Gerstl **auf Gp. 82**

Um 1800 erbaut, abgesetzter Chor mit abgerundetem Abschluß, Flachbogenfenster, Rechtecktür, Lünette. Schindeldach.

Katastralgemeinde St. Sigmund

Loacher **Bp. 1**

Spätgotischer Bau mit barocken Freskenresten. Tonnengewölbte Küche, gezimmerte Kammern, Tür mit Eselsrückenholm.

Unsere Liebe Frau im Stöckl **Bp. 2**

Um 1680 errichtet, 1765 erweitert. Kuppelbau, gerader Chorschluß, Kreuzgratgewölbe, Türmchen mit Zwiebelhaube auf Oktogon. Deckengemälde von Josef Anton Zoller, 1766 (Evangelisten, Esther, Tugenden).
Bannzone: Gpp. 51/1, 52, 56/1, 61/1, 126, 127.

Hanslmoar und Stöckl in Gruben **Bpp. 4, 5**

Kellergeschoß mit gotischer Mittelsäule und Bohlenbalkendecke, zwei steingerahmte Spitzbogentüren, barocke Stubentäfelung. Bildstock mit offener Rundbogennische, 1736 errichtet.

Neuhaus mit Backofen **Bpp. 17/1, 17/2**

Granitgerahmter Eingang mit Jahreszahl 1842, tonnengewölbte Küche und barocke Stubentäfelung mit Mittelfeld (Löwen mit Weberschiffchen), freistehender Backofen mit offenem Giebel, Tonne.

Pfarrkirche St. Sigmund mit Friedhof **Bp. 22**
Gp. 183

Spitzturm 1469 errichtet, Kirche um 1489 von Valentin Winkler vollendet. Polygonaler Chorschluß, Netzrippengewölbe. Seitenkapelle im Norden mit Sternrippengewölbe 1513 erbaut. Fresken im Stil der Donauschule (Christophorus, Pietà).
Bannzone: Gpp. 176, 179, 181.

Pitterle **Bp. 34**

Barockbau, bez. 1794. Tonnengewölbte Küche und Labe mit Stichkappen, Stubentäfelung mit Vierpaßmittelfeld, Stübele mit Leistengetäfel.

Brunner **Bp. 36**

Tonnengewölbte Labe, mehrere getäfelte Stuben, eine bez. 1868. Gemauerter Treppenaufgang, tonnengewölbte Küche, Oberlabe mit Balkendecke.

Kahler **Bp. 42/1**

Granitgerahmte Schulterbogentür, tonnengewölbte Unter- und Oberlabe und Küche. Gemauerter Treppenaufgang. Steingerahmte Rechtecktüren im Erdgeschoß. Barocke Stubentäfelungen.

Kapelle beim Rastpichler **Bpp. 47/1, 47/2**

1802 erbaut. Hölzerner Dachreiter, steingerahmte Rechtecktür, Rechteckfenster, Lünette, Tonnengewölbe. Deckengemälde von Josef Renzler.

St. Ulrich in Ilstern **Bp. 73**

Von Meister Valentin Winkler 1491 erbaut. Spitzturm, dreiseitiger Chorschluß, Netzrippengewölbe im Chor, im Langhaus Sternrippengewölbe.

Katastralgemeinde Klausen

Rathaus **Bp. 2/1**

Ehemaliges Spital, Verbindungsgang über die Straße zur Apostelkirche. Im Hof flachbogig unterwölbter Treppenaufgang.

Romstraße 1 **Bp. 3**

Zinnengiebel, flach vorkragender Erker mit Satteldach. Zwei steingerahmte Rundbogentore.

Romstraße 1 **Bp. 4**

An der Fassade zwei Erkeranbauten. Hausgang mit Gratgewölbe, im ersten Stock gewölbte Halle.

Romstraße 3 **Bp. 5**

Rundbogentor in abgefaster Steinrahmung. Breiter Viereckerker. Zinnengiebel. An der Rückseite überdachter Vorbau, Balkon mit durchbrochener Ziegelbrüstung, Doppelbogenfenster. Halle mit Kreuzgratgewölben auf Mittelpfeiler, Rundbogentüren.

Benefiziatenhaus, Romstraße 4 **Bp. 6**

Im Erdgeschoß gewölbte Halle, zwei steingerahmte Schulterbogentüren mit Wappenschildchen am Sturz, 16. Jh. Stiegenhaus 18. Jh.

Romstraße 5 **Bp. 7**

Polygonaler Erker. Im Keller Mauerwerk mit regelmäßigen Steinlagen, 13. Jh. Sterngratgewölbte Halle, Rundbogenfenster, 16. Jh. Gemauerte Treppenaufgänge, gemauerte Schulterbogentüren. Im ersten Stock Stuckdecken, 17. Jh.

Romstraße 20 **Bp. 23**

Schmales Stadthaus mit abgefaster Spitzbogentür.

Stadtpfarrkirche St. Andreas mit Friedhofskapelle **Bpp. 31, 33**

1482/83 durch Benedikt Weibhauser erbaut. Chorweihe 1494. Spitzturm, polygonaler Chorturm, Netzrippengewölbe. Unter der Empore Schlingrippengewölbe auf Pfeilern (16. Jh.). Am Westportal Relief (St. Andreas) von Meister Andrä in Bozen, um 1479.
Kapelle zur Schmerzhaften Gottesmutter: Zweigeschossiger Bau mit Dachreiter (Pyramide), 15. Jh. Gemauerte Freitreppe, darunter gewölbte Gruft mit Steinsäulen.

Mesnerturm **Bp. 34**

Ehemaliger Brückenturm. Eckquadern. An der Ostseite sichtbare Türöffnung, darüber zwei Schlüsselscharten, 15. Jh. Walmdach, steingerahmte Rechtecktür mit Oberlicht.

Romstraße 26 **Bp. 35**

Viereckiger Eckerker mit polygonalem Aufsatz, Fruchtgehänge und Engelsköpfe in Stuck. An der Nodseite zwei viereckige Erker. Lichthaus mit Haube, Schulterbogentür mit Jahreszahl 1562. Saal mit Kassettendecke.

Gasthaus zum Bären, Romstraße 27 **Bp. 36**

Zwei polygonale Erker. Im Innern Lichtschacht mit Treppenhaus und gemauerten Brüstungen. Wirtshausschild um 1800.

Romstraße 28 **Bp. 37**

Treppenaufgang mit gemauerten Brüstungen. Abgefaste Spitzbogentür in Steinrahmung. Im ersten Stock getäfelte Stube mit spätgotischer Balkendecke.

Romstraße 29 **Bp. 38**

An der Fassade zweigeschossiger Erkervorbau über drei Fensterachsen. Im Erdgeschoß flache Decke, im ersten Stock gewölbter Hausflur, gemauerter Treppenaufgang.

Romstraße 32 **Bp. 40**

Schmaler Bau auf unregelmäßigem Grundriß. Rundbogig gemauerte Haustür. Im ersten Stock Erker, an der Nordwestseite unterwölbte Vorkragung.

Altes Spital, Romstraße 34 **Bp. 44**

Rundbogentor in abgefaster Steinrahmung, darüber Wandgemälde (Rochus und Sebastian) in Stuckrahmung, 18. Jh. Zwei vermauerte Spitzbogenlauben mit viereckigem Pfeiler.

Gasthaus zur Post, Romstraße 41 **Bpp. 51/1, 51/2**

Bau aus dem 16. Jh., 1907 umgebaut. Im ersten Stock drei runde Loggienbögen zum Garten. Stube mit Pilastergetäfel um 1800.

Gasthaus zum Hirschen, Romstraße 45 **Bp. 63**

Barocke Fassadenmalerei (Immakulata mit Heiligen), am Erker (Schutzengel, Mariahilf, Michael), 18. Jh. Im ersten Stock Raum mit spätgotischer Balkendecke und einfachem Wandgetäfel.

Romstraße 62 **Bp. 86**

Schmaler Bau am malerischen Aufgang nach Säben. Zwei gemauerte Rundbogentüren. Fenster in tiefen Leibungen, 16. Jh.

Romstraße 64 **Bp. 88**

Im Kellergeschoß mit Haus auf Bp. 86 zusammengebaut.

Alte Schmiede, Romstraße 57–58 **Bpp. 89,90**

Polygonaler Eckerker, im ersten Stock verjüngt. Im Süden ein zweiter Erker. Rundbogentür. Schmiedeaufschrift von 1747.

Romstraße 59 **Bp. 96**

Ehemals Gasthaus zum Rößl. Ein Eck- und zwei polygonale Fassadenerker. Weit vorkragendes Dach.

Romstraße 64 **Bp. 98**

Polygonaler Erker. Großer Lichthof mit Galerie über Kragsteinen, flachbogig unterwölbt. An der Brüstung Passionsszenen, 18. Jh.

Romstraße 65 **Bp. 99**

Im Hinterhaus Lichthaube mit abgeteilter Tonnenwölbung, 16. Jh.

Gasthaus zur Rose, Romstraße 66 **Bp. 100**

Polygonaler Erker. Im ersten Stock Lichthaube mit Treppengalerie, 16. Jh. Zum Keller Rundbogentür, Mauerwerk in regelmäßigen Steinlagen. Stuben mit Felderdecke und Leistengetäfel.

Romstraße 67 **Bp. 101**

Treppenaufgang mit Holzgeländer. Unter der tonnengewölbten Lichthaube zwei große Fensteröffnungen. Im ersten und zweiten Stock gewölbte Vorplätze, 16. Jh.

Romstraße 68 **Bp. 102**

Polygonaler Erker, Rundbogentür, der Ausgang mit Gratgewölbe. Lichthaube mit offenen Rundbögen, 16. Jh.

Gasthof Weißes Kreuz, Romstraße 69 **Bp. 103**

Zinnengiebel. Zwei Erkeranbauten. Zwei Treppenaufgänge mit Lichthaube. Im Hinterhaus Galerien mit Ziegelbrüstung. Gastraum mit Felderdecke und Leistengetäfel, im zweiten Stock Renaissancestube, um 1600.

Branzoll **Bpp. 105/1, 105/2, 105/3**

Burganlage aus dem 13. Jh., 1671 abgebrannt, 1911/12 wieder aufgebaut. Mittelalterliche Bausubstanz hat sich noch im Bergfried erhalten. Der Wohntrakt wurde auf den Grundmauern der alten Burg in historisierenden Formen errichtet.

Romstraße 71 **Bp. 106**

Spitzbogige Haustür in Steinrahmung. Stiegenhaus mit stark erneuerter Lichthaube. Zwei steingerahmte Schulterbogentüren.

Romstraße 72 **Bp. 107**

Im Treppenhaus Lichthaube, Holzgeländer und gemauerte Brüstung. Tür mit Eselsrückenholm, 16. Jh.

Romstraße 73 **Bp. 108**

Zwei Lichthauben. Im ersten und zweiten Stock steingerahmte Schulterbogentüren.

Romstraße 74 **Bp. 109**

Ehemaliger Gasthof zum Mondschein. Viereckerker, zwei Lichthauben mit Tonnenwölbung. Im ersten und zweiten Stock Hausgang mit Kreuzgratgewölbe. Gotisches Stubengetäfel, Flachschnitzereien, Ende 15. Jh. Spitzbogentüren.

Romstraße 75 **Bp. 110**

Im Erdgeschoß gewölbte Halle, gemauerter Stiegenaufgang mit Holzgeländer. Im ersten Stock Vorplatz, 16. Jh.

Romstraße 76 **Bp. 111**

Gewölbter Hausgang. Geräumiger Lichthof mit unterwölbten Treppen und untermauerten Brüstungen (Lichthauben entfernt).

Romstraße 77 **Bp. 112**

Im Keller Mauerwerk mit regelmäßigen Steinlagen. Hausgang mit Balkendecke. Im ersten Stock gotisches Stubengetäfel mit Balkendecke, spätes 15. Jh.; am Unterzugsbalken Flachschnitzerei.

Altes Rathaus, Romstraße 78 **Bp. 113**

Barocke Fassadengestaltung. Tür und Fenster mit Putzrahmen und Volutengiebeln, 18. Jh.

Romstraße 80 **Bp. 115**

Im Erdgeschoß Hausgang mit Netzrippengewölbe, schildchenförmige Schlußsteine. Gemauerter Treppenaufgang, 16. Jh.

Romstraße 81 **Bp. 116**

Schmale Spitzbogentür in abgefaster Steinrahmung. Zweigeschossiger Viereckerker, um 1500.

Romstraße 83 **Bp. 120**

Ehemals Gasthaus Lamm, steingerahmtes Rundbogentor. Viereckerker im ersten Stock. Torhalle mit Gratgewölbe. Im ersten Stock Saal mit Felderdecke. Im zweiten Stock Galerie auf Kragsteinen mit durchbrochener Ziegelbrüstung.

Romstraße 84 **Bp. 121**

Rundbogentor in abgefaster Steinrahmung. Darüber Wappenstein des Klosters Neustift und Jahreszahl 1544. Polygonaler zweigeschossiger Erker. Gewölbte Torhalle. Ehemaliges Gasthaus zum Schlüssel.

Romstraße 85 **Bp. 122**

Ehemaliges Brixnerisches Zollgebäude. Über der Rundbogentür Wappenstein des Bischofs Melchior von Meckau, 1499. An der Fassade gemalte Wappen der Brixner Bischöfe vom 16. bis 18. Jh. Viereckerker.

Apostelkirche **Bp. 124**

Spätgotischer Bau aus der zweiten Hälfte des 15. Jh.s. Polygonaler Dachreiter mit Spitzhelm. Polygonaler Chorschluß, Sternrippengewölbe.

Brennerstraße 87 **Bp. 125/1**

Wohnhaus mit (ausgebautem) Stadel. An der Fassade Viereckerker zwischen zwei zweiseitigen Erkern. Im Erdgeschoß tonnengewölbte Räume. Flachbogentür, gemauerter Treppenaufgang, innen Spitzbogentür.

Klausen, ehemaliger Gasthof Mondschein

Klausen, Rathaus und Apostelkirche

Klausen, Seebegg

Klausen, Säben

Klausen, Hohes Haus in Gufidaun

Klausen, Pfarrkirche St. Valentin in Verdings

Katastralgemeinde Frag

Johannser **Bp. 4**

Ehemaliger Edelsitz. Erker mit Sonnenuhr, steingerahmte Spitzbogentür, darüber Madonnenbild. Ehemals gewölbte gotische Stube, heute im Volkskunstmuseum Innsbruck.

Ansheim **Bp. 10**

Ehemaliger Ansitz mit zwei polygonalen Erkern. 1345 erstmals erwähnt, um 1900 erneuert.

Kapuzinerkloster, Kirche St. Felix von Cantalicio und Loretokapelle* **Bpp. 14, 15, 17**

Hölzerner Dachreiter, gerader Chorschluß, an der Nordseite Seitenkapelle. Tonnenwölbung. 1699–1701 erbaut. Über dem Portal Plastik des Kirchenpatrons und Wappen der Stifterin.
Nachbildung der Casa santa in Loreto. Dachreiter mit Spitzhelm, gerader Chorschluß, Tonnengewölbe. Vorplatz mit Kreuzwegkapellen.
Bannzone: Gpp. 143, 144, 145, 146, 153/1, 155/1, 155/2, 156/1, 156/2, 156/3, 167/5, 169/1, 169/2, 169/3
*Kulturgut von gesamtstaatlichem Interesse, von der Landeszuständigkeit ausgenommen.

Haus Nr. 14 **Bp. 19**

Hoher Bau mit gebrochener Fassade. Drei polygonale Erker über zwei Geschosse. Im ersten Stock gewölbter Hausgang, Stube mit Balkendecke, 16. Jh. Balken mit profiliertem Spiegel.

Mairheim **Bp. 26/1**

Ehemaliger Ansitz. Drei polygonale Erker, Eckturm mit Pyramidendach. Im ersten Stock Gang mit Kreuzgratgewölben und schildchenförmigen Schlußsteinen, 16. Jh.

Rechegg mit Bildstock **Bp. 34**

Zwei halbrunde Ecktürme, an der Ostseite viereckige Erker. Wappenstein des Kaspar Rech, 1547. Raum mit Brustgetäfel und bemalten Tapeten, 18. Jh. Beim Aufgang zum Haus spätgotischer Bildstock.

Heiligkreuz **Bp. 36**

Chortürmchen auf oktogonalem Grundriß mit Zwiebelhaube. Dreiseitig gebogene Fassade mit steingerahmter Rechtecktür und -fenstern. Oculus, Fenster mit Karniesbogen, geschwungener Giebel, 18. Jh.

Fragburg **Bp. 37**

Ehemaliger Ansitz. Steingerahmte Rundbogentür. Im Norden und Süden Zinnengiebel mit Walmdach. Tonnengewölbter Hausgang, symmetrisch angeordnete Seitenräume, 16. Jh.

Menhir beim Mair in Ums **auf Gp. 41**

Prähistorisches Steindenkmal.

Katastralgemeinde Gries

Griesbruck **Bp. 1**

Ansitz. Herrschaftlicher, dreigeschossiger Barockbau. 1680 umgebaut und zum Edelsitz erhoben. Zinnenmauer mit Torhaus, Rundbogenportal, Balkone. Stukkierte Räume mit Freskenausstattung (Himmelfahrt Mariens). Im ersten Stock Hausgang mit Gratgewölbe, im zweiten Stock Flachdecke.

Pfarrwidum (Bärburg) **Bp. 6**

Ehemaliger Ansitz Bärburg. Fassade mit Stuckrahmen über den Fenstern, 18. Jh. Polygonaler Erker über dem Eingang. Nepomukskulptur, 18. Jh.

Seebegg **Bp. 13**

Dreigeschossiger Barockbau mit drei Flügeln mit Mezzanin, erste Hälfte 18. Jh. Horizontale Putzstreifenunterteilung, regelmäßige Fensterreihung, Rundbogenportal. Räume mit Stuckverzierung und Deckenbildern.

Villa Köster mit Nebengebäude und Park **Bpp. 28, 29 Gpp. 121/1, 121/2, 121/3, 122, 123**

Über den Mauerresten eines älteren Bauernhofes (im Erdgeschoß sichtbar) vom Maler Alexander Köster in Jugendstilformen errichteter Villenbau aus dem ersten Jahrzehnt des 20. Jh.s. Fassade mit Erker, Riefenputz und Stuckdekor. Originale Raumeinteilung mit hervorragender Ausstattung (Türen, Täfelungen). Im Nebengebäude ehemaliges Maleratelier. Künstlerisch gestalteter Landschaftspark.

Neidegg **Bp. 35/2**

Ehemaliger Edelsitz. Abgetreppter Zinnengiebel, polygonaler Erker mit Relief (Engel mit Spruchband), Spitzbogentür. Halle mit Felderdecke, 16. Jh.

Anger **Bpp. 36,37**

Burganlage, um 1300 errichtet, im 16. Jh. erweitert und umgebaut. Freitreppe, Doppelbogenfenster. Saal mit Netzgratgewölbe, gemauerte Treppe mit durchbrochener Ziegelbrüstung.

Katastralgemeinde Gufidaun

Pfarrkirche St. Martin mit Friedhofskapelle und Friedhof **Bp. 1, 2 Gp. 1**

Bereits 1280 erwähnt. Zu den ältesten Bauteilen zählen zwei Seitenkapellen, um 1300 bzw. 1400. Kirchenbau 15. Jh. Polygonaler Chorschluß, Sternrippengewölbe. Freskenausstattung 15. Jh.
Friedhofskapelle: Einfacher barocker Kapellenbau, 18. Jh. Ehemals Friedhofskapelle, jetzt Lourdeskapelle.

Summersberg **Bpp. 3, 5**

Burganlage aus dem 13. Jh., im 16. Jh. umgebaut. Zwei Zwinger, Vorburg mit Viereckturm, neuer Wohntrakt. Im Burghof Rundturm mit hölzernem Aufsatz. Palas mit Freitreppe, Viereckfenster, Triforienfenster. Mehrere Balkendecken.

Benefiziatenhaus **Bp. 8**

Spätgotischer Eckerker, innen mit kleinem Kreuzgratgewölbe. Küche mit Tonnengewölbe, vorkragender Backofen. Zwischen Erker und Backofen jüngerer Kammeranbau.

Turmwirt **Bp. 9**

Steildach mit abgewalmtem Giebel. An der Fassade Erker, Wandgemälde (Verehrung der Dreifaltigkeit, Johannes Nepomuk). Im ersten Stock mit Renaissancetäfelung von 1680, Ofen mit glasierten Kacheln, bez. 1678 und 1680.

Koburg **Bp. 29**

Ansitz, 16. Jh. Hausgänge mit Netzgratgewölben und Rankenmalereien, Wappen und Jagdszenen, gemalte Wandteppiche. Rundbogentüren.

Hulz **Bp. 45**

Gewölbter Hausgang, Küche mit Tonnengewölbe. Zwei Erkeranbauten, unter einem Wappenstein Relief mit zwei Schlangen. Zweite Hälfte 16. Jh.

St. Theobald in Bad Froi **Bp. 78**

Romanisierender Bau, 1908/09 nach Entwürfen von Linus Madile errichtet. Vorhalle auf vier Säulen, Tonnengewölbe, Rundbogenfenster.

Bildstock **auf Gp. 270/1**

Viereckiger Schaft, Nischenaufsatz, Pyramidendach. Um 1500. Freskobemalung (Epiphanie, Kreuztragung, Kreuzigung, Heilige). 1975 hierher versetzt.

Katastralgemeinde Latzfons

St. Sebastian in Klausen* **Bp. 1**

Ehemalige Spitalkirche, 1208 und 1213 geweiht. Zentralbau, auf dreizehneckigem Grundriß. Krypta, Kuppelgewölbe, Spitzbogenfenster. Mehrere romanische Rundbogenfensterchen mit dekorativer Bemalung.
*Kulturgut von gesamtstaatlichem Interesse, von der Landeszuständigkeit ausgenommen.

Heiligkreuz auf Säben **Bp. 17**

Hochmittelalterlicher Bau (ursprünglich dreischiffig) aus dem 13. Jh. auf frühmittelalterlicher Vorgängerkirche. Polygonaler Chorschluß, 17. Jh. Saalraum mit Flachdecke. Wandgemälde 1679 (Passio Christi). Grab des heiligen Ingenuin.

Benediktinerinnenstift Säben mit Kirche Maria Opferung **Bpp. 18, 19, 20**

Gegen Ende des 17. Jh.s aus den Ruinen der mittelalterlichen bischöflichen Burg wieder aufgebaut, um 1890 vergrößert und umgebaut. Am ehemaligen Palas romanische Doppelbogenfenster.
Kirche: Von Giovanni Battista Delai an der Stelle des ehemaligen Palas errichteter Kirchenbau, 1688 geweiht. Gerader Chorschluß, Tonnengewölbe. Turm mit Glockenhaube. An der Fassade Skulpturennischen und Palladiomotiv.

Liebfrauenkirche mit Marienkapelle auf Säben **Bp. 21**

Barockbau auf oktogonalem Grundriß, zwischen 1652 und 1658 von Giacomo Delai auf älterem Vorgängerbau errichtet. Turm mit Glockenhaube. Gerader Chorschluß, Kuppel mit Laterne, Freskenausstattung von Stephan Kessler (Marienleben). Stukkaturen. Im Süden angebaut Marienkapelle mit Rundapsis und Kreuzgratgewölbe. Romanischer Baubestand, gotisches Gewölbe. Frühmittelalterliches Taufbecken.

Torturm und Ringmauer von Säben **Bp. 22**

Viereckiger Mauerturm, an der Innenseite ursprünglich offen. Mit der Ringmauer (Schwalbenschwanzzinnen) aus dem 13. oder 14. Jh. stammend.

St. Katharina in Viers **Bp. 35**

1720 durch die Herren von Troier errichtet. Türmchen, gerader Chorschluß, Tonnengewölbe. Rechtecktür zwischen zwei Fenstern.

St. Valentin in Verdings mit Friedhofskapelle und Friedhof **Bpp. 38, 309 Gp. 482**

1202 erwähnt. Im 14. Jh. umgebaut. Chorturmkirche, Turm mit Krüppelwalmdach, Chor mit Kreuzrippengewölbe, ebenso im Schiff. Freskenausstattung 15. Jh. (Chor und nördliche Seitenschiffswand bemalt).
Friedhofskapelle: Mittelalterlicher Viereckbau mit Rundapsis, im 17. Jh. umgebaut. Tonnengewölbe, Bauernmalerei (Höllenrachen, Sensenmann, Lebensrad, Jüngstes Gericht, Dreifaltigkeit).

Hintner in Verdings **Bp. 44**

Langgestreckter Einhof mit Krüppelwalmdach. Im Hausgang und in der Küche Tonnengewölbe. Ursprüngliche Fensteröffnungen in tiefen Leibungen, ober einem Fenster Jahreszahl 1610.

Telfner in Verdings **Bp. 57**

Spätgotischer Bau, im 18. Jh. barockisiert. Fassadenmalerei. Durchgehender gewölbter Hausgang, gewölbte Küche. In der Stube geschnitzte und bemalte Barocktäfelung (im Mittelfeld Marienkrönung).

St. Peter im Wald **Bp. 98**

Mittelalterlicher Bau, 1373 erwähnt. Fassadenglockenmauer, Rundbogenapsis, Flachdecke. Romanisches Mauerwerk. Wandgemälde 17.–18. Jh.

Mair im Dorf **Bp. 101/1**

Polygonaler Erker mit Mariahilfbild und zwei Wappen. Fenster und Eckbemalung. Gewölbter Aufgang, 16. Jh. Fassadensöller. Am bergseitigen Giebel Oculifenster.

Klausen, Frauenkirche Säben

Kuens, Backofen beim Luitprantgut

Kurtatsch, Gasthaus Rose

Kurtatsch, Gasthaus Schwarzer Adler

Unsere Liebe Frau im Dorf **Bp. 102**

Romanischer Baukern. Rundbogentür, Fassadenglockenmauer, Rundapsis. 1879 wieder hergestellt. Historische Dekorationsmalerei.

Pfarrkirche St. Jakob mit Friedhof **Bp. 113 Gp. 1151**

1153 erwähnt. Turm (Satteldach) aus dem 14. Jh., Sternrippengewölbe um 1523. 1857 verlängert. Gotisierende Fassadengestaltung.

Heiligkreuz auf Ritzlar **Bp. 157**

Anstelle einer älteren Kapelle 1867–1869 in einfachen Formen erbaut.

Garnstein **Bp. 182**

Burganlage aus dem ausgehenden 12. Jh., seit dem 16. Jh. verfallen, um 1880 in historisierenden Formen wieder aufgebaut. Zwei Türme, Palas mit Doppelbogenfenstern, Balkone auf Kragsteinen, Zinnenmauer.

Marienkapelle in Pardell **Bp. 207**

Einfacher Bau, um 1700 errichtet. Gerader Chorschluß, Lünettenfenster, Flachbogentür.

Kapelle zur Schmerzhaften in Runggalten **Bp. 251**

Barockkapelle beim Nöckel. Satteldach mit Schindeln, Flachbogentür, Lünettenfenster. Am Giebel Oculus. 18. Jh.

Katastralgemeinde Kuens

Pfarrkirche zu den Heiligen Mauritius und Korbinian mit Friedhof **Bp. 1 Gp. 1**

1191 erwähnt. Polygonaler Chor mit Netzrippengewölbe, 15. Jh. Im Langhaus Spitztonne mit Stichkappen, 1615/16. Langhausgewölbe Mitte 19. Jh. verlängert. Gotischer Turm mit neuem Helm (1908). An der Südfassade Freskenzyklus, Ende 14. Jh.

Backofen beim Luitprantgut **Bp. 11/2**

Freistehendes Backhaus mit vorkragendem Rundbogeneingang.

Mair mit Mühle und Nebenhaus **Bpp. 34, 35/2, 35/3**

Die ursprüngliche Eingangstür bez. 1531. Freitreppe, Giebellaube, gewölbter Kellergang. Gemauerte Mühle mit Rundbogentür. Nebenhaus mit Rundbogentor, Verbindungsgang, Mariahilffresko.

Tschaupp **Bp. 36/2**

Rundbogentür, tonnengewölbte Labe und Küche. Stube mit Feldergetäfel, bez. 1837. Am Giebelbalken Jahreszahl 1781.

Katastralgemeinde Kurtatsch

Strehlburg mit Kapelle und Nebengebäuden **Bpp. 1, 2**

Ansitz, Benefiziatenhaus und zwei Wirtschaftsgebäude um einen weiträumigen Hof angelegt. Herrenhaus: im Erdgeschoß durchgehend gewölbter Keller. Im ersten und zweiten Stock Mittelsäle mit steingerahmten Rechtecktüren, im ersten Stock flach gewölbt. An der Nordseite Freitreppe zum ersten Stock. Zimmer mit Stuckdecke. In der Südostecke Viereckturm. Benefiziatenhaus: im Erdgeschoß Rundbogentür zu den ehemaligen Stallungen. Gewölbe auf abgefasten Viereckpfeilern. Wappenfresken 1664, Sonnenuhr 1741. Kapelle: rundbogig abschließender Chor mit Tonnengewölbe, Kreuzgratgewölbe, Flachbogenfenster.
Bannzone: Gp. 91

Ortenburg **Bpp. 4/1, 4/2, 6**

Herrenhaus und Wirtschaftsgebäude mit einer Zinnenmauer verbunden. Am Rundbogentor Keilstein mit Christus- und Marienmonogramm, Jahreszahl 1636. Im Erdgeschoß Rundbogenöffnungen, Gewölbe. Am Eingang steingerahmte Rechtecktür. In der Stube Balkendecke mit Unterzug, Erker. Gewölbter Vorraum. Raum mit Kassettendecke und Brustgetäfel.

Alte Mühle **Bp. 13**

Zweigeschossiger Bau, ursprünglich Schmiede und Mühle. Im Erdgeschoß Rundbogenöffnungen, Spitzbogentür. Am Giebel Inschrift: 1767 renoviert. Fassadenfresken (Schmerzhafte, Roßbeschlagung), 19. Jh. Vor dem Haus steinerner Pestbildstock mit Jahreszahl 1652. Im Erdgeschoß steingerahmte Spitzbogentür.

Staffelfeld **Bpp. 21/1, 21/2, 21/3, 21/4**

Ansitz mit mehreren Wirtschaftsgebäuden um einen Hof gruppiert. Auf spätgotischer Grundlage im 17. Jh. errichtet, 1708 nach Süden erweitert, 1904 im Innern umgestaltet. Spitzbogentür, gewölbte Ansetz auf Pfeilern, im ersten Stock Rundbogenportal mit Jahreszahl 1676 und Wappen der Indermaur. An der Fassade gotische Quadermalerei.

Gasthaus Rose **Bp. 23**

Viergeschossiger Bau mit spätmittelalterlichem Kern. Keller mit Tonnengewölbe. Im ersten Stock gotisches Stubengetäfel mit Balkendecke und Wandverkleidung. In der Gaststube Renaissancetäfelung mit Pilastergliederung und Majolikaofen. Fresken in Stuckrahmen (Madonna mit Heiligen), im Treppenhaus (Maria vom guten Rat), 17. Jh.

Pfarrkirche St. Vigil mit Fahnenkasten **Bpp. 24, 25**

Turm mit Spitzpyramide, 13. Jh. Polygonaler Chorschluß mit Sternrippengewölbe, 15. Jh. Langhausgewölbe (Netzrippen), Anfang 16. Jh. Fassadengestaltung im gotisierenden Stil, um 1900 (Verlängerung des Langhauses um zwei Joche).
Bannzone: Bpp. 26, 27, 28, 29, 30, 31/1, 31/2

Gasthaus Schwarzer Adler **Bp. 31/2**

Dreigeschossiger Bau mit offenem Dachstuhl. In der Nordecke ältester Baubestand: Kellerfenster mit steinernem Fensterkreuz, darüber gotische Stube mit Balkendecke, gewölbte Küche. Heutige Form 17. Jh., mehrere Räume mit Täfelungen, Stuckdecken und Empireöfen. Rundbogentor, Fassadenfresko (St. Florian), doppelarmige Freitreppe.

Alter Widum **Bpp. 34, 35, 36**

Langgezogene Gebäudegruppe aus drei Hauseinheiten bestehend. Spätgotischer Baubestand, im 17. Jh. umgebaut. Zwei gotische (Schulterbogen, Spitzbogen) und eine Renaissancetür, Erker und Balkon an der Fassade. Auf Bp. 34 ist der gotische Baukern noch gut erhalten geblieben: Balkendecke mit profiliertem Unterzug, Tür mit Eselsrückenholm. Gewölbte Räume, im ersten Stock Hausgang mit Stuckdecke, Empireofen. Gewölbter Keller auf vier Steinsäulen.

Botenhaus **Bp. 41**

Ehemaliges Gefängnis. Mehrere Zellen in ihrer ursprünglichen Form erhalten (tonnengewölbt). Steingerahmte Rechtecktüren, an einem Türsturz Jahreszahl 1578. An die Küche Backofen angebaut.
Bannzone: Bpp. 42, 43/1

Ehemaliges Landgericht **Bp. 52/1**

Dreigeschossiger Renaissancebau mit drei zu vier Fensterachsen und regelmäßige Raumeinteilung. Hofmauer mit Rustikaportal. In der ehemaligen Kanzlei Empireofen mit Doppeladler. Im Keller Rundbogen, bez. 1637. Türen und Fenster in Steinrahmung, Doppelbogenfenster.

Obergasse 26–28 **Bpp. 53/1, 53/4**

Spätmittelalterlicher Bau. Im ersten Stock Stube mit profilierter Balkendecke und Spitzbogentür. Ursprünglich Rundbogen-, heute Viereckfenster. Sohlbänke des ursprünglichen Fensters mit zwei spätgotischen Wappen erhalten. Kreuzgratgewölbter Vorraum, übertünchte Freskenreste.

Obergasse 16–18 **Bp. 59**

Zum Hof Torbogen. Gemauerter Treppenaufgang mit zwei Rundbögen, Vorraum mit reicher Stuckdecke mit Eierstabmotiv. In der Stube Kassettendecke mit stark profilierten Feldern, 17. Jh. Fenster teilweise in Steinrahmung mit Gittern. Im vorderen Hausteil Tür, bez. 1907. Reste einer Leistendecke, Küche mit Stichkappengewölbe. Gewölbter Keller auf Viereckpfeilern.

Freienfeld mit Nebengebäuden **Bpp. 61, 62, 65, 68, 69, 72, 75**

Östlicher Gebäudeteil aus dem frühen 16. Jh. (am Fenstergitter Jahreszahl 1527). 1609 westliche Gebäudehälfte mit gewölbten Kellern im Erdgeschoß dazugebaut. Im Erdgeschoß im Erkeranbau ursprünglich offene Loggia, Trinkstube mit Renaissancemalereien, bez. 1547 (Pyramus und Thisbe, Urteil des Paris, Jagdszenen, Malerporträt, Rankenmalereien). Im ersten Stock Doppelbogenfenster, mehrere Fensterkörbe. Umfassungsmauer mit Schwalbenschwanzzinnen. Mehrere Räume mit Kassettendecken, steingerahmte gotische Schulterbogentür am Eingang.

Links oben: Kurtatsch, Ortenburg
Rechts oben: Kurtatsch, Marienkapelle in Entiklar
Links unten: Kurtinig, Franz-Harpf-Straße 7
Rechts unten: Laas, Marienkapelle beim Untertrög in Allitz

Eberle **Bp. 81**

In der ursprünglichen Form erhaltener mittelalterlicher Bau. Am Hoftor Jahreszahl 1708. Schmaler Treppenaufgang, Saal mit Balkendecke und gotischen Türrahmen, an einem Sturz zwei bemalte Wappenschilde, Anfang 16. Jh. Wandmalereien (Dekorationsfriese mit Scheinarchitektur, Herrscherporträts in Tondi, Rankenfries, figürliche Szenen), Ende 16. Jh.
Bannzone: Gpp. 2, 4/1

Obergasse 25–27 **Bp. 87**

Hoftor in Diamantquaderrahmung, 17. Jh. Spätgotischer Baukern mit überdachtem Treppenaufgang, gewölbtem Vorplatz, spitzbogiger Haustür. Viereckerker auf Konsolen, Schulterbogentür.

Friedhofskapelle und Friedhof **Bp. 97**

Einfacher Kapellenbau, 1842 errichtet. Abgesetzte Rundapsis, Kreuzgratgewölbe mit Gurten. Steingerahmte Rechtecktür, -fenster, Lünettenfenster, am Dreieckgiebel Rundfenster.

Marienkapelle in Entiklar **Bp. 117**

Dreiseitiger Chorschluß mit Türmchen (Pyramidendach), Gratgewölbe. Rechtecktür und Lünettenfenster. Im Süden Sakristeianbau.

Tiefenthaler in Entiklar **Bp. 131**

Ansitz. Im Südtrakt mittelalterlicher Turm mit Spitzbogentüren (Sitz des Burghauptmannes). Historisierend umgestaltet und mit Zinnenkranz versehen: Rundbogentore, Triforienöffnungen mit Spitzbögen. Fassadenmalerei. Hauskapelle in gotisierenden Stilformen mit Kreuzrippengewölbe und historistischer Dekorationsmalerei.

Voldersberg in Penon **Bpp. 136/1, 136/2**

Ansitz, mittelalterlicher Bau, im 17. Jh. umgestaltet. Im ersten Stock leicht gewölbte gotische Stube mit geschnitzten Balken. Am Kamin Jahreszahl 1620. Zur Küche Durchreiche, Wandkästchen. Im Erker Kreuzgratgewölbe. Reste einer Renaissancetäfelung, Hausgang mit Kreuzgratgewölbe.

Pfarrkirche St. Nikolaus in Penon **Bp. 140**

Baukern aus dem 14. Jh.: Rundbogenapsis mit gotischem Dreipaßfenster, Turm mit Spitzpyramide. Langhaus mit Tonnengewölbe auf Pilastern, 17. Jh. Im 19. Jh. nach Westen verlängert, dabei das Seitenschiff angebaut. Romanisierende Fassadengestaltung.

Marienkapelle beim Sulzhof **Bp. 157**

Einfacher Bau aus dem 17. Jh. Hölzerner Dachreiter mit Pyramide, gerader Chorschluß, Kreuzgratgewölbe, Stuckgesims, steingerahmte Rechtecktür, -fenster, Lünetten. An der Fassade Wappenmalerei.

Nußegg **Bp. 201**

Ansitz. Im Kern spätgotischer Bau (Spitzbogentür), im 16. Jh. umgestaltet. Wohnhaus und Wirtschaftsgebäude zusammengebaut. Am Wohnhaus Ochsenaugen, Putzfatschengliederung, Fenster in Steinrahmung. Gewölbte Ansetz. Im ersten Stock Tuffgewölbe mit Rippen, im zweiten Stock profilierte Felderdecke mit Wandkästchen. Steingerahmte Rechtecktür mit Rautenmuster.

Rain 19–21 **Bpp. 205, 206, 207, 208, 210, 211, 214**

Anlage mit eingeschlossenem Hof und Wirtschaftsgebäude. Spätgotischer Baukern: Spitzbogentür im Saal, Schulterbogentür. Balkendecke mit schwerem Unterzug im Obergeschoß. Im 17. Jh. vergrößert und umgebaut: Steingerahmte Rechtecktüren. Eingangshalle mit profilierter Holzdecke und Resten von Dekorationsmalereien. Rundbogiges Eingangstor, Söller auf Konsolen mit Steinbrüstung.

Nußdorf **Bp. 216/1**

Ansitz. Zinnenmauer, Rundbogenportal mit Diamantquaderung und Wappenkartusche, bez. 1609. Herrschaftsgebäude mit Turm. Im rückwärtigen Teil ungewöhnlich breit gewölbter Mittelsaal mit Mörtelrippen. Fenster in Steinrahmung, Doppelbogenfenster. Am Turm Oculiöffnungen.

Altlehen **Bp. 218**

Ansitz. Stammsitz der Familie Anich. Torturm mit Wappen aus dem 14. Jh., Zinnenmauer. Rundbogentüren. Neben dem Tor ehemalige Jakobskapelle. Steingerahmte Fenster mit Seitensitzen, Spitzbogentür.

Pfarrwidum mit Kapelle zu den Heiligen Simon und Juda in Graun **Bp. 262**

Im Kern mittelalterlicher Bau, im 17. Jh. umgebaut. Freitreppe mit Loggia, steingerahmte Rechtecktür. An der Fassade Mariahilfbild. Über dem Eingang Wappenmalereien, 17. Jh.

Pfarrkirche St. Georg in Graun **Bp. 268**

Turm mit Spitzpyramide, 13. Jh. Kirchenbau aus dem 14. Jh. Polygonaler Chorschluß mit Sternrippengewölbe, im Langhaus Netzrippengewölbe (zu Beginn des 16. Jh.s eingewölbt). Am Turm Christophorusfresko, Ende 14. Jh. An der südlichen Langhauswand Freskenreste, 16. Jh.

Fennhals mit Kapelle **Bpp. 296/1, 296/3 Gp. 2627**

Ansitz: Renaissancebau, später verändert. In einem Zimmer Wandmalereien aus dem ausgehenden 16. Jh. (Urteil des Paris). Hausgang mit Balkendecke, am Eingang Schulterbogentür. Küche mit Tonnengewölbe, gewölbter Stall.
Kapelle: Um 1600 erbaut, hölzerner Fassadendachreiter, dreiseitiger Chorschluß, Gratgewölbe, Rundbogenfenster, Schindeldach.

Mariahilfkapelle in Oberfennberg **Bp. 307**

Bau aus dem 17. Jh. Turm mit Spitzpyramide, abgesetzter, gerade abschließender Chor, steingerahmte Rechtecktür, -fenster, Lünettenfenster. Kreuzgratgewölbe.

St. Josef in Rungg **Bp. 336**

1901/02 in romanisierenden Stilformen errichtet. Rundbogenapsis, Spitzturm 1908. Kreuzgratgewölbe, Rundbogentür, -fenster.

Riechs **auf Gp. 1828**

Burgruine. Mauerreste einer mittelalterlichen Burganlage in der Nähe des Ansitzes Tiefenthaler in Entiklar.

Katastralgemeinde Kurtinig

Pfarrkirche St. Martin **Bp. 1/2**

Turm mit Pyramidendach; polygonaler Chor, um 1400, Langhaus 1474 eingewölbt, 1899 um zwei Joche verlängert und regotisiert (Fassade neu gestaltet). Im Chor Fächerrippengewölbe, Langhaus mit Kreuzrippengewölbe und runden Schlußsteinen mit Brustbildern.

Gasthof Teutschhaus **Bpp. 7/1, 7/2**

Giebelständiger Bau mit steingerahmtem Rundbogentor. Im ersten Stock befand sich eine getäfelte Stube, um 1500 (jetzt Dietenheim, Volkskundemuseum). Rückwärts gewölbter ehemaliger Stall, darüber großer Stadel.

Goetheplatz 1 **Bp. 13**

Spätgotischer Bau. An der Südwestecke viereckiger Erker mit Spuren von Sgraffitoverzierung. Rundbogentor, Halle mit Balkendecke, tonnengewölbter Hausgang, Räume mit Balkendecken. Im ersten Stock gotisches Stubengetäfel, im Zimmer ebenfalls gotische Holzdecke.

Danteplatz 4 **Bp. 19**

Rundbogentor, ursprünglich mit Durchfahrt zum Hof, heute abgeteilt. Im ersten Stock gewölbter Saal mit Doppelbogenfenster, bez. 1567.

Goetheplatz 4 **Bp. 26**

Mittelalterlicher Bau auf unregelmäßigem Grundriß. Kleine, z. T. steingerahmte Viereckfenster, im nördlichen Teil mit alter Putzrahmung und Anderlan-Wappen. Zwei Kellerräume mit Tonnengewölben.

Goetheplatz 5 **Bp. 23**

Schmaler, dreigeschossiger Bau mit imitierten Eckquadern in Putz, 17. Jh.

Franz-Harpf-Straße 2 **Bpp. 28/1, 28/2**

Herrschafts- und Wirtschaftsgebäude mit einer Zinnenmauer verbunden. Steingerahmtes Rundbogentor, am Stadel verblaßtes Fassadenfresko (St. Florian). Am Wohnhaus doppelgeschossiger Erker, rückwärts Freitreppe und Doppelbogenfenster.

Franz-Harpf-Straße 9 **Bp. 35**

Großer Bau in beherrschender Lage am Ende des Straßenzuges. Gemauerte Freitreppe unter weit vorkragendem Dach, steingerahmte Rechtecktür, Stube mit bemalter Wandvertäfelung und Stuckdecke (Marmorimitation), um 1800.

Franz-Harpf-Straße 7 **Bp. 36/1**

Giebelständiger Bau mit steingerahmtem Rundbogentor, bez. 1541. Im ersten Stock gewölbter Saal mit zwei vergitterten Doppelbogenfenstern und Renaissancekamin mit Rosettenverzierung. Gewölbte Kellerräume, am rundbogigen Kellertor Jahreszahl 1563.

Katastralgemeinde Alitz

Kapelle beim Unterburger **Bp. 6/3**

Einfacher Kapellenbau mit Rundapsis, Rundbogentür und -fenster. Dachreiter, gewölbter Innenraum, Schindeldach.

Marienkapelle beim Unterträg **Bp. 24**

1752 errichtet. Hölzerner Fassadendachreiter mit Pyramidendach. Polygonaler Chorschluß, Tonnengewölbe, Rechteckfenster. Dekorationsmalereien im Chor. Schindeldach.

Mitterträg **Bpp. 35, 38, 39**

Bundwerkgiebel, gewölbte Küche, im Erdgeschoß bemalte Stube mit Inschrift (Alois Stark und Katharina Blaas, Schablonenmalerei 1869), Backofenerker. Legschindeldach.

St. Moritz **Bp. 45**

Hölzerner Dachreiter (Spitzhelm), polygonaler Chorschluß, Tonnengewölbe mit Stichkappen. Spitzbogenfenster, Freskenreste an der Westseite. Schindeldach. 17. Jh.

Kirchhöfe **Bpp. 46, 47, 49**

Zwei zusammengebaute Höfe, am unteren Giebelbundwerk (1665), am oberen Wandgemälde (Madonna, Elisabeth, Bindenschild), 16. Jh.

Katastralgemeinde Eyrs

Plawenngut **Bp. 1**

Bau mit polygonalem Eckerker, im Hausgang Fenster mit Seitensitzen. Renaissancestube mit Schuppenpilastern und Felderdecke (frühes 17. Jh.). In einer Kammer Balken mit Inschrift. Fassadenfresken (zwei Landsknechte mit Becher und Lanze).

St. Remigius **Bp. 17**

1852 anstelle einer früheren Kirche erbaut. Einfacher Bau mit Fassadenturm, Flachkuppeln im Langhaus, Tonnengewölbe mit Stichkappen im gerade abschließenden Chor.

Voglsang **Bp. 19**

Früher Widum, kunstvolle Stubentäfelung, 1763 vom Kurat Michael Waldner eingebaut. Im Mittelfeld der Decke Ölbild (Dreifaltigkeit), zierliche Nischen und Wandkästchen.

Maroden **Bp. 40**

Bemalte Hausecken und Fensterrahmungen. Tonnengewölbte Aufgänge im Erdgeschoß und ersten Stock, Fenster mit Seitensitzen im ersten Stock. Stube mit Feldergetäfel, 16. Jh.

Gasthof Lamm **Bp. 71/2**

1471 erwähnt, 1773 abgebrannt. Zwei polygonale Fassadenerker, hölzerne Hermenpilaster als Trennstäbe. Wandgemälde (Johannes Nepomuk).

Eyrsburg (Moosburg) **Bp. 92**

Viereckturm mit Schwalbenschwanzzinnen und hochgelegenem Rundbogeneingang, steingerahmtes Fenster. Wandgemälde: Wappen des deutschen Königtums (König Maximilian) und vier kleine Tartschen (Bindenschild, Österreich-Burgund, Tirol), Jahreszahl 1497.

Katastralgemeinde Laas

Pfarrkirche St. Johannes der Täufer mit Friedhofskapelle und Friedhof **Bpp. 1, 319 Gp. 77**

Apsis und Ostfassade mit Bauplastik aus dem 12. Jh., 1758/59 abgerissen, 1973 rekonstruiert. Turm, 13. Jh., mit gemauertem Pyramidendach. Das Langhaus 1849 errichtet. Tonnengewölbe.
Friedhofskapelle: 1895–1897 erbaut. Abgesetzte Apsis, rundbogige Tür und Fenster.

Unterloretz, Dr.-Franz-Tappeiner-Gasse 7 **Bp. 27**

Dreigeschossiger Bau mit polygonalem Erker im Erdgeschoß. Selchküche mit Backofen und gemauertem Waschkessel. Stube und Kammer getäfelt, ein gemauerter Ofen. Zwei Keller und großer Stall mit Kreuzgewölbe.

Umer, Dr.-Franz-Tappeiner-Gasse 9 **Bp. 28**

Zweigeschossiger Bau, Erker im Erdgeschoß und gemauerte Freitreppe mit Marmor. Rundbogentür. Ostseitig tonnengewölbte Labe, teilweise gewölbter Keller. Stube und Kammern mit einfacher Wandtäfelung. Großer Stall mit Kreuzgewölbe.

Telser **Bp. 30**

Bau mit schönem Giebelbundwerk und bemalten Fensterumrahmungen. Geschnitzte Dachstreben. Gemaltes Fenster.

Hauptplatz 12–14 **Bp. 35**

Dreigeschossiger gotischer Bau mit Spitzbogentür und gewölbtem Hausgang. Wirtschaftsgebäude in Sichtmauerwerk mit Flachbogenöffnungen.

Gasthaus Krone **Bp. 38/1**

Spätgotischer, viergeschossiger Bau mit tonnengewölbtem Hausgang. Keller und Küche gewölbt. Wirtshausschild.

Links oben: Laas, Eyrsburg (Moosburg) in Eyrs
Rechts oben: Laas, St. Sisinius
Links unten: Laas, Tschenglsberg
Rechts unten: Lajen, Zehenter

Hauptplatz 8 **Bp. 39**

Stark veränderter Bau mit spätmittelalterlichem Mauerwerk und gewölbtem Durchgang zum Dorfplatz. Wirtschaftsgebäude in Sichtmauerwerk mit Flachbogenöffnungen.

Vinschgaustraße 23 **Bp. 86**

Zweigeschossiger, stark veränderter Bau. Über der Haustür Wappen der Familie Kaufmann, Steinrelief bez. 1688.

Gerbergasse 8 **Bp. 97**

Bau mit steingerahmtem Tor, Hausgang und Küche gewölbt. Getäfelte Stube.

Vinschgaustraße 43 **Bp. 105**

Unregelmäßiger Bau mit schmaler Front und polygonalem Erker. An der Fassade Wappen mit Davidstern und Jahreszahl 1657. Tonnengewölbter Keller, gewölbte Küche, mehrere Rundbogentüren. Gemauerter Stadel mit Flachbogenöffnungen.

Tinzlhaus mit Wirtschaftsgebäude **Bpp. 117, 118/1, 119**

Bau mit zwei in Sichtmauerwerk errichteten Wirtschaftsgebäuden mit Flachbogenfenstern.

Vinschgaustraße 47 **Bp. 128/1**

Dreigeschossiger Bau mit Eckerker und gewölbtem Hausgang. Außennischen mit Fresken (Sebastian, Schmerzensmutter), 17./18. Jh. Über dem breiten Rundbogentor St. Florian, verblaßt.

St. Marx **Bp. 146**

Erbaut im 12./13. Jh. Apsis und zwei vermauerte Rundbogenfenster, Rundbogenportal, Sichtmauerwerk. 1880 profaniert.

St. Ulrich beim Lazarushof **Bp. 189**

Einfache Kapelle mit polygonalem Chorschluß.

St. Martin **Bp. 199**

1323 erwähnt. Der heutige Bau mit polygonalem Chorschluß, 17. Jh. Glockenmauer, Lünettenfenster. Rundbogentür. Schindeldach.

Kapelle in Parnetz **Bp. 204/1**

Kleiner Bau mit Gewölbe und Dachreiter.

St. Sisinius **Bp. 218**

Erst 1323 erwähnt, Bauzeit wesentlich früher. Chorturm mit gemauertem Viereckhelm, 11./12. Jh., Saalraum mit Flachdecke. Marmorgerahmte Flachbogentür, 16. Jh. Bau 1972 wiederhergestellt. An der Südmauer Reste eines Freskos (Wappen), 16. Jh.
Bannzone: Gpp. 2230/2, 2238, 2239, 2240, 2241, 2243/2, 2303/2, 2304/2, 2305/2, 2311/2, 2313/2, 2314, 2315, 2316, 2317, 2318, 2319, 2320/2, 2474/2, 2475/2, 3829, 3830/1.

Maria Heimsuchung in Alitz **Bp. 238**

Einfacher Bau mit Westturm (Pyramidendach), Spitzbogentür und Gratgewölbe, 17. Jh. Außenfresko (Sebastiansmarter). Schindeldach.

St. Nikolaus **Bp. 241**

1390 erwähnt, im 16. Jh. umgebaut und eingewölbt. 1786 profaniert. 1986/87 restauriert. Fassadenglockenmauer, polygonaler Chorschluß mit Spitzbogenfenster. Wandgemälde: St. Christoph, in der Außennische St. Martin, 16. Jh. Bei Grabungen nördlich der Apsis Spuren eines älteren Baues mit Fragmenten eines Marienfreskos mit heiligem Nikolaus, frühes 15. Jh.

Unsere Liebe Frau in Lourdes **Bp. 250**

Wallfahrtskirche, 1895 von Pfarrer Ortner nach Plänen von Josef von Stadl in romanisierenden Bauformen errichtet. Runder Turm, polygonaler, gewölbter Chor, im Schiff Flachdecke. Rundbogenfenster, Vorhalle.

Josefshaus **Bp. 278**

Als Kinder- und Arbeiterheim 1907–1909 durch Pfarrer Malpaga in barockisierendem Stil erbaut. Am Eingang Marmorrelief (Maria mit Christkind). Zwei polygonale Eckerker, marmorgerahmte Spitzbogentür, mehrere Rundbogenfenster im Erdgeschoß.

Katastralgemeinde Tanas

Rein **Bp. 15**

Spätgotischer Bau, zwei Geschosse gemauert, Bundwerkgiebel, Stube mit vier Unterzugsbalken und Schablonenmalerei (Traubenmotive). Fenster in tiefen Leibungen.

Platt **Bp. 18**

Spätgotischer Bau mit doppelarmiger Freitreppe, gewölbter Küche, Stube mit Unterzugsbalken; im Obergeschoß Türen mit Eselsrücken.

Röder **Bp. 19/1**

Spätgotischer Bau mit verbrettertem Bundwerkgiebel, tonnengewölbter Hausgang und gewölbte Küche. Im Obergeschoß Stube mit Jahreszahl 1596. Rundbogentor. Gemalte Eckquaderung.

St. Anna im Dorf **Bp. 20**

Um 1700 errichtet. Hölzerner Fassadendachreiter mit Pyramide, polygonaler Chorschluß. Spitzbogentür, hölzerne Freitreppe zur Empore. Rundbogenfenster, Tonnengewölbe mit Stichkappen, Stuckrippen. Schindeldach.

Gasthaus Glöggl **Bpp. 28, 29**

Mehrfach veränderter Bau aus dem 16./17. Jh., dreigeschossig, tonnengewölbter Hauseingang, gewölbte Küche, Stube mit Bohlenbalkendecke, Fries in Flachschnitzerei, bemalte Türen. Gemauerte Freitreppe, Rundbogentür, Eckquaderung.

Links oben: Laas, Platt in Tannas
Links unten: Lajen, Mairhofer in Lajen
Rechts oben: Lajen, Bildstock in Albions

Unterfrinig mit Kapelle **Bpp. 49, 50, 51, 52/1, 52/2, 52/3, 52/4**

Spätgotischer Bau mit bemalter Fassade, Jahreszahl 1576, Stube mit Unterzugsbalken, Eingang und Küche gewölbt.
Kapelle profaniert.
Spätgotischer, gemauerter Zubau. Stube mit Unterzugsbalken.

St. Peter **Bp. 55**

1769 in der Nähe einer spätgotischen Kirche, deren Ruine noch vorhanden ist, erbaut. Fassadendachreiter mit Zwiebelhelm, polygonaler Chorabschluß, Tonnengewölbe mit Stichkappen.

Galministein **Bpp. 56/1, 56/2, 56/3, 56/4, 56/5, 56/6**

Bemalte Außenfassade mit Andreaskreuz, gewölbte Küche und Labe mit großen Pflastersteinen. Stube mit Jahreszahl 1599.

Gsal **Bpp. 57, 58/2**

Spätgotischer gemauerter Bau mit Fassadenmalereien (St. Petrus, Sonnenuhr). Tonnengewölbte Küche, Eingang mit Netzgewölbe, Stube mit Bohlenbalkendecke.

Obertelser **Bpp. 63, 64/1, 64/2, 65**

Spätgotischer Bau, Eingang und Küche gewölbt. Stube mit drei Unterzugsbalken und abgeschrägter Tür. Bemalte Fensterrahmen. Stadel in Rundholzblockbau mit kunstvollem Bundwerkgiebel.

Herz-Jesu-Pfarrkirche mit Friedhof **Bp. 68 Gp. 61/2**

1897 errichtet, im romanisierenden Stil entworfen und ausgeführt von J. Stecher, Maurermeister in Prad. Polygonaler Chorschluß, Turm mit Spitzhelm, Rundbogenfenster.

Katastralgemeinde Tschengls

Pfarrkirche Mariä Geburt mit Friedhofskapelle und Friedhof **Bpp. 1, 2 Gp. 11**

Um 1499 errichtet. Spätgotischer Bau mit Netzrippengewölbe und polygonalem Chorschluß. Nach einem Brand erhielt der Turm 1890 einen neuen Achteckhelm. Seitenkapelle mit achteckiger Kuppel und Laterne 1696 angebaut. Stukkaturen. St. Michael am Friedhof: 1330 geweiht. Bau mit Spitzbogenfenstern, Rundbogentür und Kreuzgratgewölbe, 14. Jh.

Perlingerhaus **Bpp. 14/1, 14/2**

Angeblich Sitz der Edlen von Perlingen. Talseitig erkerartige Vorkragung über zwei Flachbögen, bergseitig turmartiger Vorsprung. Überwölbter Eingang, 16. Jh.

Tschenglsburg **Bp. 22**

Edelsitz aus dem 14. Jh. Ringmauer und Wohntrakt mit Schwalbenschwanzzinnen; über dem quadergefaßten Rundbogentor Wappen der Lichtenstein. Ein großer und ein kleiner Viereckturm. Im Erdgeschoß Stube mit Balkendecke.

Stoan **Bp. 34**

Dreigeschossiger Bau mit Rundbogeneingang, polygonale Fassadenerker und Fassade mit schlichten Fensterrahmungen.

Oberhof **Bp. 82**

Alter Widum. Bau mit polygonalem Fassadenerker, im Erdgeschoß und ersten Stock Hausgang mit Tonnengewölbe, im zweiten Stock Flur mit barockem Stuckdekor. In der Küche eingemauerter Durchzugsbalken.

Riglgut **Bp. 83**

Dreigeschossiger Bau mit Bundwerkgiebel und Eckerker, darunter Wandmalerei (Marienbild, Gebet), 18. Jahrhundert.

St. Ottilia **Bp. 91**

1681 durch Kaspar Perlinger errichtet. Dreiseitiger Chorschluß, Spitzbogentür, Rundbogenfenster, Tonnengewölbe. Fassadendachreiter später aufgesetzt. Brandopferplatz der jüngeren Eisenzeit.

Tschenglsberg **Bp. 97**

Ruine, Stammsitz der 1192 erwähnten Herren von Tschengls. Ringmauer größtenteils erhalten, runder Bergfried mit regelmäßigen Steinlagen und quadergefaßter Rundbogentür im zweiten Geschoß.

Katastralgemeinde Lajen

Fonteklaus mit Rochuskapelle **Bpp. 40, 41**

1317 als Hof erwähnt, später Sommersitz der Herren von Jenner. Walmdach, gemauerte Freitreppe, mehrere gewölbte Räume, Felderdecken.
Kapelle 1724 geweiht. Dachreiter mit Pyramide, Rechtecktür, Lünettenfenster, Kreuzgratgewölbe.

Mair zu Tassis **Bp. 42/2**

Bau mit Viereckerker und Balkendecke in der Stube, Anfang 16. Jh. Spätere Inschrift 1617.

Lusenegg **Bp. 46**

Ansitz, 1288 erwähnt, heutige Form um 1500. Umfriedungsmauer mit Rest eines Eckrondells. Abgetreppter Zinnengiebel, polygonaler Fassadenerker, Fenster mit Gitterkörben, steingerahmte Schulterbogentür mit Fresko (Marienkrönung). Gewölbter Hausgang, Renaissancestube mit Kassettendecke, spätgotische Stube, Ende 15. Jh. Im Hausgang durchbrochene Ziegelbrüstung, Kassettendecke.

Tommele in Albions **Bp. 80**

Spitzbogige Kellertür in breit abgefaster Granitrahmung, hölzerne Freitreppe, um 1500 errichtet. Barockstube mit Felderdecke, 1746 bzw. bez. 1751.

Huber in Albions **Bp. 92**

Am Nordgiebel verblichene Fresken (St. Florian). Labe mit Stichkappengewölbe, tonnengewölbte Rauchküche, Stube, 19. Jh., mit geschnitztem Zopfornament und Vierpaßmittelfeld an der Felderdecke. Keller mit Tonnengewölbe.

St. Nikolaus in Albions mit Friedhof **Bp. 93**
Gp. 1227

Turmunterbau und Langhausmauern romanisch. Die Kirche in der zweiten Hälfte des 15. Jh.s spätgotisch umgebaut. Spitzturm, polygonaler Chorschluß mit Netzrippengewölbe, Langhaus mit Netzrippengewölbe, Vorhalle mit Spitzbogenöffnung. Christophorusfresko außen, bez. 1496.

Hofer in Albions **Bp. 97**

Einstöckiger Bau auf schmalem, langgezogenem Grundriß. An der Ostseite dreiseitiger Erker. Tonnengewölbte Rauchküche, Stube mit Felderdecke. Im Erdgeschoß teilweise vermauerte Rundbogenöffnung und spitzbogige Kellertür. Backofenanbau.

Ischgl in Albions **Bp. 102/1**

Hofmauer zwischen Haus und Nebengebäude. Freitreppe mit gemauerter Brüstung, im ersten Stock steingerahmte Spitzbogentür. Stube mit spätgotischer Balkendecke und barocker Wandvertäfelung.

Penn in Albions **Bp. 103**

Gemauertes Spitzbogentor in der Hofmauer zwischen Haus und Stadel. Hölzerne Freitreppe im ersten Stock, zwei steingerahmte Spitzbogentüren, Stube mit Leistengetäfel. Reste von Eckquadermalerei.

St. Johannes der Täufer in Freins **Bp. 119**

1239 geweiht. In spätgotischer Zeit verlängert und 1727 barock umgebaut. Turm mit Pyramide, Vorhalle mit Pultdach, steingerahmte Schulterbogentür, polygonaler Chorschluß, Spitztonne. Wandgemälde in der Vorhalle, bez. 1727.

Zehenter in Lajen **Bp. 133**

Hofmauer mit steingerahmtem Rundbogentor. Im ersten Stock kreuzgratgewölbter Vorraum mit zwei steingerahmten Spitzbogentüren. In der Stube spätgotische Täfelung, bez. 1537. Stubentür mit gemauertem Kielbogen.

Mair in Lajen **Bp. 134/1**

Hofmauer mit steingerahmtem Tor, gemauerte Freitreppe mit Loggia im ersten Stock, geräumige spätgotische Stube. Am Giebel querliegende Ochsenaugen.

Hohenhaus in Lajen **Bp. 135**

Schmaler und hoher Bau. Steingerahmte Schulterbogentür, Labe mit Kreuzgratgewölbe. Türflügel mit Rautenmuster. Im Erdgeschoß gewölbter Raum. Im ersten Stock Stubengetäfel, tonnengewölbte Rauchküche.

Maurer in Lajen **Bp. 137**

Dreigeschossiger Bau, Rundbogentür, gemalte Eckpilaster und Fensterumrahmungen. An der Hauptfassade Fresken (Heilige Familie, Kosmas und Damian), 18. Jh. Am Giebel Oculi.

Schreiber in Lajen **Bp. 138**

Wohnhaus mit gemauertem Aufgang. Labe mit Balkendecke, gemauerte Treppe zum zweiten Stock, Kammer mit Felderdecke und Wandpilaster, 18. Jh.

Kapelle Maria Einsiedeln mit Bildstock **Bp. 139**

Abgesetzter, gerade abschließender Chor, hölzerner Dachreiter mit Zwiebelhaube. Rechtecktür zwischen zwei Fenstern. Tonnengewölbe mit neugotischer Ornamentmalerei. Erste Hälfte 18. Jh. An der Fassade Skulpturennische. Schindeldach.
Bildstock: viereckiger Schaft, am Tabernakelaufsatz Nischen mit Fresken, Pyramidendach. 17. Jh.

Frühmesserhaus in Lajen **Bp. 146**

Zweigeschossiger Bau, steingerahmte, rundbogige Haustür. Unter der Stiege Inschrift mit Jahreszahl 1674. Im ersten Stock Stube mit spätgotischer Balkendecke aus der ersten Hälfte des 16. Jh.s.

Pfarrkirche St. Laurentius mit Friedhof **Bp. 149**
Gp. 2532

Romanischer Turm mit Oktogon und Zwiebelhaube. Kirche nach Entwurf des Wiener Hofbaurates 1838–1845 errichtet. Wandpfeilerraum mit Kuppelgewölben, klassizistischer Vorbau, Freskenausstattung von Josef Arnold, 1844.

Unsere Liebe Frau in Lajen **Bp. 154**

Spätgotischer Bau, 1482 geweiht. Polygonaler Chorschluß, Netzrippengewölbe; Turm mit Kuppelhaube, 17. Jh. Radfenster mit Maßwerk, am Fassadengiebel Fresko (Maria unter Säulenbaldachin). Im Innern Wandgemälde (Verkündigung), 17. Jh. Neugotische Dekorationsmalerei.

Gasthaus Krone in Lajen Bp. 155

Steingerahmte, spitzbogige Haustür, im ersten und zweiten Stock tonnengewölbter Gang mit Stichkappen. Getäfelte Wirtsstube mit Felderdecke. An der Südseite Jahreszahl 1576.

Gasthaus Sonne in Lajen Bp. 159

Im ersten Stock Loggia, zu der ursprünglich eine Freitreppe führte. Eckerker. Gewölbter Flur und getäfelte Stube. Tür mit Wandpilastern, 17. Jh.

Mairhofer in Lajen Bp. 161/2

Spätgotischer Ansitz mit zwei Flügelanbauten im Süden, zwei Doppelbogenfenster, gemauerter Treppenaufgang, Rundbogentür, Korbgitter an den Fenstern, angebauter Backofen. Im Norden Skulpturennischen. Gemauerte Kielbogentür zur Stube, Wandmalereien, 16. Jh., Balkendecke, Pilastergetäfel. Stuckdecken im zweiten Stock.

Tschutscher in Lajen Bp. 163

Drei polygonale Erker, spitzbogiges Kellertor, darüber Mariahilffresko. Labe mit Rundbogentüren in Steinrahmung und Balkendecke. Stube mit Felderdecke. Am Giebel Oculi.

Krenmair in Lajen Bp. 175/3

Ansitzartiger Bau mit hohem Walmdach. An der Nordseite steingerahmte Schulterbogentür, am Sturz Jahreszahl 1572. Im zweiten Stock befanden sich ursprünglich zwei Säle mit Stuckdecken aus dem 18. Jh. (in mehrere Räume unterteilt).

Kirche zu den Heiligen Jakob und Valentin in Tschöfas Bp. 192

Spätgotischer Bau, 1465 geweiht. Turm mit Spitzhelm, polygonaler Chorschluß, Sternrippengewölbe, Rechteckfenster. Schindeldach.

St. Bartholomäus in Tanürz Bp. 206

Im Kern romanischer Bau, 1437 erstmals erwähnt. Turm mit Rundbogenschallfenstern und Pyramidendach. Gerader Chorschluß, flache Holzdecke. Schindeldach.

Prantschur in St. Peter Bp. 224

Paarhof, durch spätere Zubauten bergseitig verbunden. Gemalte Eckquadern und Fensterrahmungen. Im Obergeschoß gewölbte Labe, Rußküche mit Tonnengewölbe, Stube und Stubenkammer mit barocker Täfelung. Strohgedeckter Stadel.

Pfarrkirche St. Peter mit Friedhofskapelle und Friedhof Bpp. 228, 229 Gp. 3944

Barockbau, 1764 errichtet. Dreiseitiger Chorschluß, Tonnengewölbe auf Wandpfeilern und Pilastern. Turm mit Zwiebelhaube. Rundbogenfenster.
Friedhofskapelle Unsere Liebe Frau: Steingerahmte Rundbogentür zwischen zwei Spitzbogenfenstern. Im Inneren Gratgewölbe, 16. Jh., Schindeldach.

Rabans mit Maria-Schnee-Kapelle in St. Peter Bpp. 245, 246

Im Kern mittelalterlicher Bau, Südfassade mit spätgotischem Viereckerker auf Steinkonsolen. Nordfassade mit zwei Doppelbogenfenstern in bäuerlichem Renaissancestil, Jahreszahl 1791. Stubentäfelung 1891.
Maria-Schnee-Kapelle: Bau 17. Jh. Seitliches Türmchen mit Pyramide, gerader Abschluß, Kreuzgratgewölbe.

Rafreid in St. Peter Bp. 273

Im Westen breiter Söller mit gemauerter Brüstung. Rundbogige Haustür, kurze Mittellabe. Küche mit Tonnengewölbe, Stube mit Leistentäfelung und Mittelstück an der Felderdecke. Talseitig rundbogiger Kellereingang, im Keller Jahreszahl 1578.

Untertschutscher in Ried Bp. 294

Spitzbogiges Hoftor in Steinrahmung, am Scheitel Wappenschild mit Pflug und Rebmesser. Steingerahmte Schulterbogentür mit Pflug und Rebmesser am Sturz. Labe zum Teil tonnengewölbt. Tonnengewölbte Küche, Rundbogentür in Steinrahmung, Stube mit Leistentäfelung. Am bergseitigen Giebel Mariahilffresko in reichem Blumenrahmen. Im Stadel vier abgefaste Holzstützen.

Kofler in Ried Bp. 321

Laut Inschrift am bergseitigen Giebel 1693 errichtet, 1852 vergrößert und 1862 verbessert. Labe mit Balkendecke, tonnengewölbte Rauchküche mit Backofenausbau. Stube mit Leistentäfelung und späterem Viereckerker.

Oberbuchfelder in Ried Bp. 333

Spätgotischer Bau. Spitzbogige Haustür in Steinrahmung, durchgehende Labe mit Stichkappengewölbe. Mehrere spätgotische Türen. Tonnengewölbte Küche, Stube mit spätgotischer Balkendecke. Steingerahmte Rundbogentüren zum Keller.

Zoi in Ried Bp. 336

Steingerahmte, spitzbogige Haustür, Labe mit Stichkappengewölbe. Tonnengewölbe in der Küche und Backofen, 1981 zerstört. Stube mit Leistengetäfel und zweiseitigem Erker. Fenster in tiefen Leibungen mit weißer Putzrahmung.

Innervogelweider in Ried Bpp. 337

Vermutlich Geburtshaus des Walther von der Vogelweide. An der Nordfassade barockes Fresko und Gedenktafel über dem Eingang. An der Ostfassade Dekormalerei an einem Fenster. Quadermalerei an den Ecken, Backofen, Schindeldach.

St. Katharina im Lajener Ried Bp. 342

Spätgotischer Bau, Turm mit Pyramide, polygonaler Chor, im Langhaus Tonnengewölbe, 17. Jh. Fresken der Brixner Schule, 15. Jh. Schindeldach.

Oberfinser in Ried Bp. 343

Tiefe Fensterleibungen, steingerahmte Schulterbogentüren, rundbogige Haustür. Lichtschlitze in Steinrahmung. Östlich ursprünglich freistehender Kasten. Später mit dem Wohnhaus verbunden. Im Erdgeschoß offener Rundbogen, spätgotischer Stadel mit steingerahmten Türen und Fenstern.

Lajen, Kapelle Maria Einsiedeln

Lana, Spital

Lana, Schaller

Lana, Goldegg

Brugger in Waidbruck **Bp. 348**

Ansitzartiger Bau mit viereckigem Turm, der in eine Achtecklaterne übergeht. Im 17. Jh. in die heutige Form gebracht. Ursprünglich befanden sich am Turm Loggienbögen (zugemauert).

Unterfinser in Ried **Bp. 356**

Gemauerte Freitreppe, spitzbogige Haustür in abgefaster Steinrahmung, kurze Mittellabe. Küche mit Tonnengewölbe, Stubentür mit gemauertem Eselsrücken, in der Stube spätgotische Balkendecke.

Außervelgschlir in Ried **Bp. 359**

Spitzbogige, steingerahmte Haustür, Labe ursprünglich gewölbt, heute flachgedeckt. Steingerahmte Rundbogentür zur hohen gewölbten Küche. Stubentür mit Eselsrücken. In der Stube späterer Kammereinbau und Leistentäfelung. Im Obergeschoß gotische Stube mit Balkendecke, Wände in Blockbau.

Gasser in Ried **Bp. 360**

Spätgotische Hofanlage, spitzbogige steingerahmte Haustür, gewölbte Labe. Aufgang ins Obergeschoß mit durchbrochener, gemauerter Ziegelbrüstung. Gewölbte Labenkammer. Stube mit Balkendecke und Wandvertäfelung mit Jahreszahl 1537. Stubentür mit gemauertem Kielbogen.

Unterbuchfelder in Ried **Bp. 361**

Gemauerte Freitreppe, steingerahmte Schulterbogentür mit Wappenschild am Sturz zwischen zwei Trauben, Inschrift: Josef Puechfelder und Jahreszahl 1503. Darüber Rundmedaillon mit Wappen, Inschrift und Jahreszahl 1558, renoviert 1804. Gewölbte Labe, steingerahmte Spitzbogentür zur tonnengewölbten Rauchküche. In der Stubenkammer Felderdecke.

Buchner in Ried **Bp. 362**

An der Ostseite Söller, spitzbogige Haustür. In der Stube Barocktäfelung von 1751. Zum Keller Rundbogentor, im Keller Jahreszahl 1570 an einer Rundbogentür, Tramdecke.

Kapelle beim Gschloier **auf Gp. 795**

Kleiner Bau, Rundbogentür, seitliche Fenster mit Gitter. Innenraum mit Kreuzgratgewölbe.

Bildstock im Lajener Ried **auf Gp. 4556/2**

Viereckiger Schaft aus Sandsteinquadern. Tabernakelaufsatz mit vier Rundbogennischen. Fresken der Brixner Schule von 1479.

Bildstock in Albions **auf Gp. 5032**

Hoher Schaft mit abgefasten Kanten. Kapitell mit Reliefblättern. An der Sockelplatte Inschrift und Jahreszahl 1503. In den Nischen vier spätgotische Gemälde, die teilweise übermalt sind.

Katastralgemeinde Lana

St. Vigil am Joch **Bp. 1**

Langhausmauern romanisch, hoher polygonaler Chor mit Sternrippengewölbe, um 1500, Tonnengewölbe im Langhaus, 17. Jh. Turm mit Satteldach, Spitzbogentür, -fenster. Sichtmauerwerk. Freskenreste (Apostelreihe), Ende 14. Jh.

St. Oswald in Pawigl **Bp. 42**

An Stelle einer romanischen Kirche (im 17. Jh. umgebaut) neu erbaut und 1877 geweiht. Dreiseitiger Chorschluß, Kreuzgratgewölbe, Rundbogenfenster. Flachbogentür mit gekehlter Steinrahmung.

Ansitz Grießenstein mit Magdalenenkapelle **Bpp. 61/1, 62**

Dreigeschossiger Bau, an der Ostfassade ursprünglich Zinnengiebel. Gemalte Sonnenuhr an der Südseite. Im Erdgeschoß Schulterbogentür, 16. Jh. Darüber Wappen in vertieftem Feld. Gewölbter Vorraum. Keller mit Spitzbögen.
Kapelle:
Steingerahmte Rechtecktür, darüber Marienbild in Stuckrahmen. Am Tonnengewölbe Wappen in Stuckrahmen, bez. 1695. Polygonaler Chorschluß, Fassadendachreiter mit Glockenhaube. Rechteckfenster.

Oberbrunn **Bp. 63**

An der Südfassade im zweiten Stock drei gemalte Fensterrahmen mit Pilaster, dazwischen Fresken (Madonna mit Antonius von Padua, Sebastian und Rochus), zweite Hälfte 18. Jh. Offener Bundwerkgiebel, bergseitig Freitreppe.

Schaller **Bp. 76**

Durchgehender Fassadenerker und seitlicher Viereckturm mit verbrettertem Giebel und Satteldach. Ehemals gewölbte Halle mit Tramdecke auf Rundpfeilern. Zwei getäfelte Stuben, davon eine am Eselsrückenholm, bez. 1540. Die zweite mit Felderdecke und Zahnschnittfries, Kachelofen.

Braunsberg mit Blasiuskapelle **Bpp. 96, 97**

Kleine Burganlage aus dem 13. Jh. Ringmauer, Wohnbau, Wohnturm und Kapelle. Am Wohnbau vermauerte Schwalbenschwanzzinnen. Gemauerte Freitreppe im Hof, Holzsöller. Stube mit gewölbter Balkendecke, 14. Jh., Sonnenuhren.
Burgkapelle mit breiter, abgetreppter Fassadenglockenmauer, der polygonale Chor im 15. Jh. angebaut. Im Schiff Kreuzgratgewölbe, Rechteckfenster. Spitzbogenportal mit gemalter Diamantquaderung, Fresken an der Außenwand, 17. Jh.
Bannzone: Gpp. 499/3, 500, 501, 505, 507/4

Gagers mit Magnuskapelle **Bpp. 99, 100**

Ehemaliger Gutshof des Stiftes Füssen, erwähnt 1277. Verbretterter Giebel, zwei Eckerker, steingerahmte Spitzbogentür. Im ersten Stock Vorplatz, Eckzimmer mit Felderdecke (17. Jh.) und Empireofen. Bemalte Türen.
Kapelle: Dreikonchenanlage mit zentraler Kuppel und Laterne. Anstelle eines älteren Baues 1703 nach Plänen von Johann Georg Fischer aus Füssen errichtet. Kuppel auf gebündelten Pilastern aufruhend. Rundbogen- und Lünettenfenster. Fresken 18. Jh.

Koflegg mit Zuhaus **Bpp. 104, 105**

Am Haupthaus Freitreppe mit Spitzbogentür und Viereckerker. Steingerahmte, vergitterte Fenster. Zuhaus mit Dreieckgiebel und Oculifenster, regelmäßige Fassade, bez. 1646. Steingerahmte Rechteckfenster, Rundbogentür.

Gartscheid **Bp. 122/1**

Ansitz, regelmäßiger Baukörper, im Erdgeschoß steingerahmte Spitzbogentür, bez. 1546. Tonnengewölbte Halle mit Stichkappen, im zweiten Stock Flachbogentüren. Barockportal mit Wappenkartusche und Putti. Zimmer mit geschnitzter Kassettendecke, 18. Jh. Fenster in Steinrahmung, Ochsenaugen im Dachgeschoß.

Kapuzinerkloster mit Kirche zu den Heiligen Joachim und Anna **Bpp. 125, 127**

Typischer Kapuzinerbau, geweiht 1697. Gerade abschließender Chor, Tonnengewölbe, im Norden Seitenkapelle. Außen umlaufende Arkaden und Lourdesgrotte, 1867 bzw. 1913.

Föhrner **Bp. 134**

Steingerahmtes Rundbogentor mit Diamantquaderung, am Keilstein Wappen und Jahreszahl 1609, darüber zwei Biforienfenster. Sonnenuhr mit Marienbild. Tonnengewölbte Halle, alter Stiegenaufgang.

Gasthof Schwarzer Adler **Bp. 144**

Im Erdgeschoß durchgehende Halle mit Sterngratgewölbe, im ersten Stock Saal mit Sterngratgewölbe, erste Hälfte 16. Jh. Steingerahmte Türen. Saal mit Tonne und Putzgraten.

Gasthof Weißes Kreuz **Bp. 160**

Krüppelwalmdach, steingerahmte Triforienfenster. Im Erdgeschoß zwei tonnengewölbte Gaststuben, in einer Wandtäfelung, bez. 1908, geschuppte Pilaster, geschnitztes Weinblattfries, Rundsäulen mit Köpfen als Kapitelle. Mehrere Kellerräume mit Balkendecken und Tonnengewölben.

Thaler **Bp. 177**

Gemauerter Hoftorbogen, Viereckerker, sehr schöne Fenstergitter. Die Fassade reich bemalt, um 1700. Rechteckfenster mit Dreieckgiebel und gemalten Putti.

Rosengarten mit Park **Bpp. 183/1, 183/2**
Gpp. 743, 744, 745/1

Ansitz, bez. 1645 (Wappen ober Portal). Im Erdgeschoß gewölbte Halle, im ersten Stock Mittelsaal mit Stuckdecke. Mehrere Räume mit Kassetten- und Stuckdecken, steingerahmte Rechtecktüren.

St. Johannes Nepomuk **Bp. 199**

Kirche 1652 geweiht. Gerader Chorschluß, Dachreiter, Tonnengewölbe mit Stichkappen. Fassade mit Rechtecktür, Rechteckfenster mit Dreieckgiebeln, Bildfelder, Pilasterrahmung.

St. Agatha auf der Wiese **Bp. 233**

1306 erstmals erwähnt, um 1400 neu geweiht. Seitliches Türmchen mit Spitzhelm, Spitzbogenportal mit Marmorfassung von 1637 an der Südseite. Polygonaler Chorschluß, Tonne mit Stichkappen im Langhaus, im Chor Gratgewölbe (17. Jh.). Triumphbogenfresken, 16. Jh. (Jüngstes Gericht).

Spital mit Martinskapelle **Bpp. 237, 238/1**

Im Erdgeschoß und ersten Stock durchgehender Gang mit Tonne und Putzgraten, steingerahmte Türen, erste Hälfte 16. Jh. Doppelbogenfenster. Rückwärts Turm mit Satteldach, Wandmalerei im dritten Stock, bez. 1563 (Dekorationen, Wappen, Namensschilder).
Kapelle: Historisierende Bauformen, 1852/53 errichtet. Polygonaler Chorschluß, Kreuzgratgewölbe, Spitzbogenfenster, Fassadendachreiter mit Pyramidendach.

Gilman **Bp. 241/1**

Hofmauer, Steintreppe, steingerahmte Fenster, an der Südwestecke Viereckerker auf Steinkonsolen. Zwei Räume mit einfachen Stuckdecken, 17. Jh.

Unterampoßegg **Bp. 242**

Ansitz, zweigeschossiger Fassadenerker, großes Rundbogentor, gewölbte Durchfahrt, steingerahmte Rechtecktür mit geschnitztem Empireflügel. Hofseitig im ersten Stock Doppelbogenfenster, um 1600.

Oberampoßegg **Bp. 244**

Ansitz, gemauerte Freitreppe mit steingerahmter Rechtecktür im ersten Stock, gewölbter Vorraum. Zwei getäfelte Stuben, 17. Jh., eine mit Felderdecke, die andere mit Brustgetäfel.

Deutschordenskonvent mit Heiligkreuzkapelle **Bp. 246**

Erbaut 1856/57 am ehemaligen Meierhof des Klosters Weingarten, umgebaut 1911–14 von Anton Pardatscher in Meran im neubarocken Stil. Pilastergliederung, Rundbogenfenster, Lichttürmchen mit Zwiebelhaube. Im Inneren Gewölbe, geräumiges Stiegenhaus.
Heiligkreuzkapelle: 1856/57 in gotisierenden Bauformen errichtet.

Goldegg **Bpp. 259/1, 259/2**

Ansitz, Turm in Sichtmauerwerk, 13. Jh., Wohntrakt mit regelmäßigen Mittelsälen, 17. Jh. Toreinfahrt mit Zinnen, gemauerte Freitreppe im Hof, Schulterbogentür in Steinrahmung, Zubau eines Erkers.
Bannzone: Gpp. 1594, 1596.

Angerheim **Bp. 260/1**

Ansitz, Eckerker auf Steinkonsolen, Nordfassade mit Fußgängerpassage. Im ersten Stock getäfelte Stube mit Balkendecke und Unterzug, Ende 16. Jh., im Erker Gratgewölbe. Im zweiten Stock Kassettendecke, 17. Jh.

Zurglburg **Bp. 262**

Ansitz, regelmäßiger Baukörper mit vier Eckerkertürmchen. Im zweiten Stock Mittelsaal und Seitenräume mit reichen Stuckdecken, Ende 17. Jh.

Steinhauser **Bp. 272**

An der Fassade Sonnenuhr mit Bindenschild und zwei Wappen. Steingerahmte Rechtecktür, am Sturz Wappen und Initialen I. W. und Jahreszahl 1627. Im Erdgeschoß und ersten Stock gewölbte Räume.

St. Peter **Bp. 328**

1305 erwähnt, Chor und Turm aus dem 15. Jh., Langhaus 1680/81 umgebaut. Tonnengewölbe mit Stichkappen, im Chor Gratgewölbe, polygonaler Abschluß, Wandpfeilerraum. Steingerahmte Rechtecktür, -fenster. Fassadenfresko (Verehrung des Altarsakramentes), 18. Jh.
Bannzone: Gpp. 1573/1, 1573/3, 1573/4

Krogner **Bpp. 332/1, 332/3**

Zinnengiebel, im Erdgeschoß Spitzbogentür in Steinrahmung, darüber Doppelbogenfenster mit Gitter, 16. Jh. Zweiteiliger Erker, an der Straßenseite steingerahmte Rechtecktür. Biforienfenster mit Fenstergitter.

Kelz **Bp. 334**

Vom Hof aus Freitreppe mit steingerahmter Rechtecktür, im ersten Stock, Sonnenuhr mit zwei Wappen, bez. 1619. Großer Viereckerker auf Steinkonsolen. An der Westfassade verblichene Malerei, um 1900.

Alter Widum mit Annakapelle **Bpp. 351, 352**

Anlage um Mittelhof, breites Rundbogentor in Quaderrahmung. Im Hof Spitzbogenarkaden. Straßenseitig barocke Fassadenmalerei. In zwei Räumen Stuckdecken, 18. Jh. Fenster in Steinrahmung. Im Hof Brunnen. Profane Wandmalerei aus der ersten Hälfte des 15. Jh.s.
Kapelle: In der Mitte des 15. Jh.s an einen hochmittelalterlichen Raum dreiseitig abschließender Chor angebaut. Fassadendachreiter mit Spitzhelm, 1745 Anbau des Altarraumes. Rippengewölbe im Schiff, im gerade abschließenden Chor Stuckdekor (Kreuzgratgewölbe), Flachbogenfenster.

St. Margareth **Bp. 379**

1215 von Friedrich II. dem Deutschen Orden geschenkt. Saalraum mit wertvollen Wandmalereien an der Ostseite (frühes 13. Jh.), 1896 historisierend renoviert. Drei Apsiden im Osten, im Schiff Triforienfenster, Flachdecke. Fassadendachreiter mit Pyramidendach, Spitzbogentür.

St. Georg **Bp. 382**

Hölzerner Vorgängerbau, 8./9. Jh. (romanischer Saalraum mit drei Apsiden). Kirche 1265 erwähnt. Gerader, abgesetzter Chor, Türmchen mit Spitzhelm, Rundbogentür. An der Westseite Freskenreste (Georg, Kreuzigung, Christophorus), Ende 14. Jh.
Bannzone: Gpp. 2259, 2261/1, 2261/2, 2262, 2263, 2264, 2265/1, 2265/2, 2266/1, 2267/1, 2267/2, 2269/1, 2270/2, 2271/1

Bach- und Gerngut **Bp. 392/1**

Hofmauer mit Rundbogentor. Freitreppe und gemauerter Söller. Flur mit Kreuzgratgewölbe. Nach Norden Doppelbogenfenster mit sehr schönen Fensterkörben. Getäfelte Stube mit Felderdecke, 17. Jh. Gewölbte Rauchküche, gewölbter Keller.

Alte Pfarrkirche Mariä Himmelfahrt mit Turm, Friedhofskapelle und Friedhof **Bpp. 408, 409, 410 Gp. 2305**

1492 geweihter spätgotischer Bau mit polygonalem Chor, Spitzturm, Netzrippengewölbe. Im Langhaus umlaufende Galerie mit Maßwerkbrüstung. Vorhalle mit Kreuzgratgewölbe und Arkaden, 16. Jh.

Lana, St. Peter

Lana, Alter Widum mit Annakapelle

Lana, Aichholz in Völlan

St. Michael am Friedhof: Spätgotischer Bau, Neuweihe 1785. Polygonaler Chorschluß, steingerahmtes Spitzbogenportal, im Schiff Kreuzgratgewölbe. Rokokofresko (Engelskonzert).
Heiligkreuzkapelle: Am Nordende der Arkaden abgeschlossene Kapelle, 16. Jh. Familiengruft der Grafen Brandis. Arkaden mit Stichkappengewölbe und Putzrippen.

Larchgut **Bp. 415**

Turm um 1300, angebaut ein spätgotischer Wohntrakt mit offener Halle im Erdgeschoß, Tramdecke auf Schwibbögen, bez. 1531. Gewölbter Gang im ersten Stock. Spitzbogenportal in Sandstein mit Jahreszahl 1530. Im zweiten Stock Saal mit Stuckdecke.

Gößlheim **Bp. 420**

Turm um 1300, quadergerahmtes Rundbogentor, unter dem Dach vorkragende Flachbögen auf Konsolen. An der Nordseite im zweiten Stock steingerahmtes Portal mit Annenberger Wappen (zerstört).

Kappler **Bp. 431**

Im Erdgeschoß steingerahmte Schulterbogentür, gewölbter Vorraum. Im ersten Stock spätgotische Fenster, heute zugemauert. Im zweiten Stock Vorraum mit Tramdecke und Doppelbogenfenster. Gewölbte Küche.

St. Ulrich **Bp. 432**

Ehemalige Kirche, 1285 erwähnt, unter Josef II. geschlossen, 1889 in ein Wohnhaus umgewandelt. Polygonaler Chorschluß, Unterbau des Fassadendachreiters noch erhalten. Ober dem ehemaligen Portal Fresko (Schweißtuch der Veronika).

Brandis **Bpp. 439, 442**

Ruinen der aus dem ersten Drittel des 13. Jh.s stammenden Burg. Bergfried, Palas, Ringmauer, Kapelle. Am Bergfrit Rundbogenfenster mit Knospenkapitellen, in der Mauerdicke Wendeltreppe, Wohntrakt und Vorzwinger, 15. Jh. 1615 Nothelferkapelle geweiht.
Neubrandis: Ansitz, am Beginn des vorigen Jh.s errichtetes Herrschaftshaus mit neuromanischer Kapelle zu den Vierzehn Nothelfern. 1853 errichtet.

Leonburg **Bp. 450**

Burganlage mit zwei dreigeschossigen Türmen und angebauten Wohntrakten vom Beginn des 13. Jh.s, Ringmauer. 1450 Wohntrakt erneuert. Spitzbogentüre, Viereckerker, Zinnengiebel. Südturm mit Rundbogeneingang im zweiten Stock.

Heiligkreuz in Lanegg **Bp. 595**

Neubarocker Kirchenbau, 1911 nach Plänen von Arch. Birkenstaedt errichtet. Kuppeldach, Fenster mit Karniesbögen, Tonnengewölbe, abgesetzte Apsis.

Totenrastkapelle **Bp. 768**

Gemauerter Kapellenbau mit eingezogenem, geradem Chorabschluß, Fassade mit Eckrisaliten und Dreieckgiebeln. Rundbogiger Eingang in tonnengewölbtem Kapellenraum, 19. Jh.

Katastralgemeinde Völlan

Pfarrkirche St. Severin mit Friedhof **Bp. 1 Gp. 1**

Spitzturm 15. Jh., Kirche um 1760 erbaut, 1957/58 verlängert. Chor der gotischen Kirche im Turmuntergeschoß mit Sternrippengewölbe. Im Schiff Tonnengewölbe, abgesetzte Apsis, Flachbogenfenster. Im Erdgeschoß des Turmes Wandgemälde, Ende 15. Jh., an der Außenseite Christophorusfresko.

Pfarrwidum **Bp. 16**

An der Hauptfassade Barockmalereien (Pastor bonus, Petrus, Magdalena in Rocaillerahmen, darüber Gnadenbild von Genazzano), bez. 1769.

Aichholz **Bp. 20/1**

Ansitz, zweigeschossiger Bau, steingerahmte Rechtecktür, Fenstergitter, auf der Höhe des ersten Stockes Fresken, im zweiten Stock Doppelbogenfenster, um 1600. Am Giebel Oculi. Reste von Eckquadermalereien, Fensterumrahmungen. Im ersten Obergeschoß kreuzgratgewölbter Gang. Stube mit Felderdecke, im zweiten Obergeschoß Barockstube mit Ofen.

Maienburg **Bp. 33**

Burganlage, 1241 erwähnt. Spitzbogentor in Quaderfassung, Palas mit Eckbukkelquadern und regelmäßigem Mauerwerk. Bergfried mit Lichtschlitzen und Zinnen, Rundbogentüren. Burgkapelle verfallen, Reste von Wandmalereien, 15./16. Jh.
Bannzone: Gpp. 175, 179, 180, 182, 183, 184

Kapelle im Weinreichhof **Bp. 36**

Neuromanische Kapelle, 1887 von Josef Wieser, Probst von Bozen, errichtet.

Nagele **Bpp. 39/1, 39/2, 39/3, 40**

Dreigeschossiger Bau mit Straßendurchfahrt zwischen Wohn- und Wirtschaftsgebäude. Bundwerkgiebel. Freitreppe mit rundbogiger Haustür, an der Ostseite Fresko (Marienkrönung mit den Heiligen Sebastian und Florian), um 1800. Gemalte Fensterumrahmungen.

St. Magdalena in Oberlehen **Bp. 56**

1705 von Karl Felix von Hausmann errichtet. Rechtecktür, -fenster, Dachreiter mit Pyramide. An der Westwand Fresko (Petrus, Pastor bonus, Magdalena).

Mair am Turm **Bp. 63**

Doppelläufige Freitreppe mit steingerahmter Rundbogentür, Bundwerkgiebel. Spätgotisches Viereckfenster mit abgefaster Steinrahmung, an der Westseite im ersten Stock romanische Rundbogentür in Stein (vermauert). Baubestand 13.–16. Jh.

Kobald **Bp. 70/1**

Reste von gemalten Eckquadern und Fensterumrahmungen, 17. Jh. Turmartiger Vorbau mit Pyramidendach.

Hofer Bp. 76

Gemauerte Freitreppe mit flachbogiger Haustür. Durchgehender gewölbter Gang, nach Westen Biforienfenster mit Rosette und Jahreszahl 1626, Initialen W. R. und Gitter.

Runst Bp. 88

Doppelarmige, gemauerte Freitreppe, steingerahmte Rundbogentür, darüber gerader Sturz. Geschnitzter Renaissancetürflügel mit Schuppenkonsolen. Im ersten und zweiten Stock kreuzgratgewölbte Gänge. Am Dachstuhl die Jahreszahl 1611. Unter dem verbretterten Bundwerkgiebel Zinnenreihe.

Helmstorf mit Heiligkreuzkapelle Bp. 93

Ansitz, Turm aus dem 13. Jahrhundert mit Satteldach, im 16. Jh. umgebaut und vergrößert. Spitzbogige Haustür mit Quaderrahmung, Bau mit dekorativen Wandmalereien, 1564. Über dem Toreingang Kapelle: Seitlicher, gemauerter Dachreiter mit Pyramidendach, Flachtonne auf gemalten Pilastern. Im Altarraum Kreuzgratgewölbe, Rechteckfenster.

Werrenberg auf Gp. 587

Burgruine, Mauerreste einer kleinen Burg, 1280 erstmals erwähnt. Teil der Ringmauer und Nordmauer des Turmes erhalten.

Katastralgemeinde Goldrain

Pfarrkirche St. Luzius in Tiss **Bp. 1**

Spätgotische Kirche, 1491 erbaut. Turm mit Pyramidendach, polygonaler Chorschluß, Sternrippengewölbe, im Langhaus Netzrippengewölbe. Wandgemälde um 1600 im Innern, außen St. Christoph, bez. 1503. Pietà und Kreuzigungsgruppe, 16. Jh.

Kofl **Bp. 6**

Gemauerte Freitreppe, Rechtecktür mit kleinem Oberlicht, darüber Relief eines Engelkopfes und Pietà. Gewölbter Gang. Stube mit Leistentäfelung, bez. 1792. Barockes Fassadenfresko. Verbretterter Giebel mit Söller, 18. Jh.

Goldrain **Bp. 12**
Gpp. 416/1, 417

Große Renaissanceanlage, bestehend aus zwei Trakten, verbunden durch einen Loggienhof, Kapelle und Ringmauer mit vier Ecktürmen. In der zweiten Hälfte des 16. Jh.s aus einem älteren Bau in die heutige Form gebracht. Hofportal mit Diamantquaderung und Wappen, Renaissancestuben, Flach- und Eckerker. Umfassungsmauer mit Rundbogentor, Anfang 17. Jh.
Kapelle mit polygonalem Chorschluß und Tonnengewölbe, geschwungene Glockenmauer.

Untermoosburg **Bp. 62/1**

Ansitz. Im ersten Stock Stube aus dem 15. Jh. mit dreifach aufgebogener Balkendecke. In einer Kammer mit Renaissancedecke Wandgemälde (Christophorus, Evangelistensymbole), um 1400. Fensterumrahmungen in Sgraffitotechnik. Tonnengewölbter Keller. Torggelkeller mit Sichtmauerwerk, Labe mit Balkendecke. Mehrere frühbarocke Stubengetäfel.

Schanzen mit Annakapelle **Bpp. 69/1, 70**

Ansitz. Regelmäßiger Viereckbau mit Zinnen, gemauerte, doppelläufige Freitreppe, spitzbogige Haustür. Bereits 1156 erwähnt, in der heutigen Form aus dem beginnenden 16. Jh. Aus dieser Zeit stammt auch der gemauerte Kasten mit Flachbogentür im Erdgeschoß und das große Wirtschaftsgebäude.
St. Anna: Spätgotischer Bau, an der Türrahmung Jahreszahl 1511. Fassadendachreiter mit Spitzpyramide, polygonaler Chorschluß, Kreuzgratgewölbe. Schindeldach.

Obermoosburg **Bp. 71**

Ansitz auf unregelmäßigem Grundriß mit Zinnengiebel. Seitlich Turm mit gewölbter Durchfahrt. Wandgemälde, Wappen und Jahreszahl 1587. Steingerahmte Rechteckfenster.

St. Anton im Weinberg **auf Gp. 197/1**

Kümmerliche Mauerreste einer romanischen Kirche mit Apsis, die unter Josef II. geschlossen und profaniert wurde.

Katastralgemeinde Latsch

Pfarrkirche zu den Heiligen Peter und Paul mit Friedhofskapelle und Friedhof **Bp. 6, 7**
Gp. 17

Langhausmauern und Turm (jetzt Spitzhelm, früher niedriger Achteckhelm) romanisch, polygonaler Chor mit Netzrippengewölbe um 1500, dreischiffiges Langhaus mit Gratgewölbe
Friedhofskapelle: Zweigeschossiger Bau aus dem beginnenden 16. Jh. Rundbogentür in Marmorleibung, Gruftraum mit Gratgewölbe, flachgedecktes Obergeschoß.

Spital mit Heilig-Geist-Kapelle und Friedhof **Bpp. 21, 22**
Gp. 31

Bauanlage mit spätmittelalterlichem Mauerwerk. Im Westtrakt Raum mit schönem Netzgratgewölbe. Im Erdgeschoß Rundbogenportal, mehrere gewölbte Räume in Keller und Erdgeschoß.
Spitalkirche: Langhaus in der heutigen Form 1517–1521, polygonaler Chor, um 1470. Fassadendachreiter mit Pyramide, skulptiertes Südportal, Netzrippengewölbe. Freskenausstattung von Adrian Mair, um 1600.

Unser Liebe Frau auf dem Bichl **Bp. 28**

Unterbau des Turmes um 1300 (Spitzpyramide), Langhaus 1450 begonnen, Seitenkapelle um 1680 mit Kuppel und Laterne. Polygonaler Chorschluß mit Stichkappengewölbe, Langhaus mit Flachkuppel. Fenster mit Karniesbögen.

Kugelgasse 3 **Bp. 35**

Hofmauer mit rundem Torbogen, am Scheitel Wappenstein der Herren von Annenberg. Im Hof Nischenbildstock mit barocker Kreuzigungsgruppe. Barocke Haustür mit Oberlichte, Gang und Küche mit Tonnengewölbe.

Herrengasse 8 **Bp. 49**

Einhof. Gang mit Balkendecke, tonnengewölbte Küche, Stube mit Leistentäfelung. Legschindeldach.

Burg Latsch mit Nebentrakten **Bpp. 68, 69, 71/1,**
71/2, 72/1, 72/2, 72/3

Mittelalterlicher Turm aus der zweiten Hälfte des 13. Jh.s mit Marienkapelle (1472 geweiht). Der Wohntrakt ziemlich erneuert. Spitzbogenfenster, Gratgewölbe. In der Kapelle spätgotische Wandmalereien.

Grafenhaus **Bp. 73**

Großer Bau mit abgewalmtem Dach, am Giebel Oculi und Vierpaßöffnung. Im Kern mittelalterliche Bausubstanz. Seitlich Türmchen mit rundbogiger Durchfahrt.

Mühlrain mit Annakapelle **Bpp. 79/2, 383**

Ansitz. Viereckbau aus der zweiten Hälfte des 16. Jahrhundert. Die Fassaden mit reicher Stuck- und Freskendekoration (Heilige, Maskerons, Girlandenfries) um 1700 in die heutige Form gebracht. Polygonale Eckerker mit Zwiebelhauben.
Kapelle: Barocke Kapelle um 1700 erbaut. Fassade als Altarprospekt gestaltet: Säulenbündel flankieren rundbogiges Tor (Altarblatt). Giebelaufsatz mit rah-

Latsch, Spitalkirche

Latsch, Burg Latsch

Latsch, Gaßmair in Morter

Latsch, Siglgut in Tarsch

menden Säulen und Gebälk. Oblonger Raum mit rundbogigem Chorschluß und Kuppel, Wandnischen mit Muschelbesatz.

St. Nikolaus **Bp. 88**

Romanische Chorturmkirche (Turm mit Spitzpyramide), 13. Jh. Tonnengewölbe 17. Jh. Freskenreste 13./15. Jh.

Kartein **Bp. 94**

Verbretterter Bundwerkgiebel, Rundbogentür. Gewölbter Gang auf rechtwinkeligem Grundriß. Küche mit Tonnengewölbe, Stube mit profilierter Leistendecke und späterem Erkeranbau.

Matill **Bp. 99/1**

Hofmauer mit rundem Torbogen. Bau mit Fassadenfresko und Sonnenuhr, barocke Fenstergitter. Im Kern mittelalterlicher Baubestand. Rundbogeneingang.

Hofgasse 12 **Bp. 111/1**

Bau auf unregelmäßigem Grundriß. Im Erdgeschoß gewölbte Halle, im ersten Stock Flachdecke. In der Südostecke Stube mit geschnitzter Balkendecke und profiliertem Unterzug, um 1550.

Zafigweg 4 **Bp. 115**

Wohnhaus aus dem 13./14. Jahrhundert. Große, rundbogige Einfahrt. Mehrere kleine Fenster in Steinrahmung. Zur Küche Schulterbogentür, Stube mit Leistendecke. Verbretterter Giebel, Holzschleuder, Legschindeldach.

Kapelle zur Schmerzhaften Muttergottes an der Brücke **Bp. 172**

Bau mit Vorhalle und Kuppel, 1713 errichtet. Laterne mit Zwiebelhaube, Fassade mit Karniesbogenfenster und Skulpturennischen.

Katastralgemeinde Morter

Pitschen **Bp. 8**

Länglicher Bau mit steingerahmter Rechtecktür, überdachter Eingang mit Säule. Kreuzgratgewölbter Gang, getäfelte Stube (16. Jh.). Vor dem Haus barocker Bildstock mit Nepomukstatue. Verandavorbau mit Aussägearbeiten.

St. Vigil **Bp. 24**

Romanischer Bau mit Dreikonchenchor, 1080 geweiht. Glockenmauer, Spitzbogenportal, Rundbogenfensterchen, Flachdecke. Fassadenfresko, um 1400.

Gaßmair **Bp. 67**

Zweigeschossiger Bau, Fenster mit tiefen Leibungen und weißen Fatschen, an der Südfassade drei gekuppelte Fenster, eingeritztes Andreaskreuz mit Jahreszahlen 1577, 1683. Barockstube mit Felderdecke, bez. 1699.

Pfarrkirche St. Dionysius mit Friedhofskapelle und Friedhof **Bpp. 91, 92 Gp. 132**

Spätgotischer Bau, 1479 geweiht. Turm mit Pyramidendach, polygonaler Chorschluß, Netzrippengewölbe. Im Langhaus und Chor Wandmalereien von 1604 bis 1609 von Adrian Mair.
Friedhofskapelle: Spätgotischer Bau aus dem beginnenden 16. Jh. Hohes Pyramidendach, Kreuzgratgewölbe.

Fricken **Bp. 98/4**

Einhof mit Marienbild in Vierpaßfeld und Stuckrahmen an der Hauptfassade. Verbretterter Bundwerkgiebel, bez. 1708. Gewölbte Küche (heute unterteilt), Stube mit Leistentäfelung.

Ober- und Untermontani mit Stefanskapelle* **Bpp. 146, 147 Gpp. 987/3, 987/4**

Ruine Obermontani: Anlage mit doppeltem, kurzem Torzwinger, Wohnturm anstelle des Bergfrieds und Palas (im 16. Jahrhundert erhöht) mit Arkaden. 1228 von Graf Albert von Tirol erbaut, bis 1837 bewohnt, heute vollständig verfallen.
Ruine Untermontani: Kleine Anlage mit Zugbrücke, kleinem Zwinger, Bergfried und Palas. Frühe Baugeschichte unbekannt, stammt wahrscheinlich aus dem 12. Jahrhundert.
Kapelle: Romanischer Bau, in Spätgotik erneuert, 1487 neu geweiht. Abgesetzter, gerade abschließender Chor, Fassadenglockenmauer, steingefaßtes Rundbogenportal, Fenster mit Spitzbogennischen. Schiff mit flacher Holzdecke, fünf Medaillons mit Gemälden.
* Kulturgut von gesamtstaatlichem Interesse, von der Landeszuständigkeit ausgenommen.

Farbbilder in Reihenfolge:
Kiens, Unsere Liebe Frau im Stöckl
Klausen, Liebfrauenkirche auf Säben
Laas, Mitterrög
Latsch, Schanzen

Katastralgemeinde St. Martin am Vorberg

St. Martin **Bp. 1**

Bau aus dem 17. Jh. mit geradem Chorschluß, Türmchen mit Pyramide, Spitzbogentür, Tonnengewölbe. Im Innern ursprüngliche Höhle mit alter Kapelle (Spitzbogen). Flachbogenfenster.

St. Sebastian in Platz **Bp. 40**

Kapelle, 1605 geweiht. Fassadenglockenmauer, polygonaler Chor, Tonnengewölbe. Schindeldach.

Annenberg **Bpp. 49, 51**

Burganlage aus der zweiten Hälfte des 13. Jh.s. Im 16. Jh. umgebaut. Später verfallen, um 1900 wieder restauriert.
Kapelle: 1516, Fassadendachreiter mit Satteldach, polygonaler Chorschluß, Spitzbogenportal, Netzrippengewölbe. Schindeldach.

Katastralgemeinde Tarsch

Pfarrkirche St. Michael mit Friedhofskapelle und Friedhof **Bp. 1 Gp. 1**

Romanischer Bau, 1522 umgebaut, 1685 der Chor hinzugefügt. Schindeldach. Gerader Chorschluß mit Kreuzgratgewölbe, im Langhaus Netzrippengewölbe. Turm mit gemauerter Pyramide.
Friedhofskapelle: Bau mit Netzgratgewölbe aus dem 16. Jahrhundert. Marmorgerahmte Eselsrückentür, Rechteckfenster.

Pfitscher (Pfriemengütl) **Bp. 9**

Doppelarmige Freitreppe, gewölbter Hausgang, tonnengewölbte Küche mit angebautem Backofen. Stube mit spätgotischem Türstock. Verbretterter Giebel, zum Keller Flachbogentür.

Neuhaus **Bp. 42**

Mittelalterlicher Bau mit Viereckerker auf Kragsteinen, über der rundbogigen Haustür Wappenstein der Hendl mit Inschrift, bez. 1557. Stube mit Leistentäfelung. Küche mit hohem Tonnengewölbe.

Siglgut **Bp. 50/1**

Spätmittelalterlicher Bau mit gemauerter Freitreppe, Viereckerker mit Dekorationsmalerei im Erdgeschoß. Rundbogige Vorhalle, gemauerter Treppenaufgang, rundbogige Haustür.

Gasthof zum Riesen **Bp. 59**

Polygonaler Erker, barocke Fassadenmalerei (ein Riese, der den Erker im zweiten Stock trägt), 17. Jh. Halle mit Balkendecke, Fenster mit Seitensitzen. Getäfelte Stube.

St. Karpophorus **Bp. 70**

Romanischer Bau, Turm mit gemauerter Pyramide, gerade abschließender Chor mit Kreuzgratgewölbe. Flachdecke. 1214 dem Deutschen Orden geschenkt, 1744 umgebaut, 1901–1906 erneuert.

Knofl **Bp. 89/1**

Bau mit rundbogiger Einfahrt und Erkeranbau. Tonnengewölbte Küche, Stube mit spätgotischer Balkendecke aus dem beginnenden 16. Jh. Stubentür mit polygonalem Holm. Fenster mit Putzfatschen.

Oberes Plattgut **Bp. 99**

Einhof, der südwestliche Teil vorspringend. Geschnitzter Bundwerkgiebel. Spätmittelalterlicher Baubestand, gewölbte Räume. Rundbogentür, darüber Söller.

Angerer **Bp. 124**

Wohn- und Wirtschaftsgebäude zusammengebaut. Großer Stadel mit Rundbogentor und Auffahrt mit mittelalterlichem Mauerwerk.

St.-Medardus-Hof **Bp. 147**

Verbretterter Giebel, ursprüngliche Fenster mit hoher Leibung. Spitzbogige Haustür in weißer Marmorrahmung, am Scheitel Malteserwappen. Im Gang Gratgewölbe, um 1500.

St. Medardus **Bp. 148**

Romanischer Bau mit seitlichem Fassadenturm (Pyramide gemauert), Rundapsis und Flachdecke, 1218 den Johannitern geschenkt. Am Triumphbogen Freskenreste (Mäanderfries, Köpfe), erstes Viertel 13. Jh.s, An der Nordwand Kreuzigung, 13. Jh.

Katastralgemeinde Laurein

Pfarrkirche St. Veit mit Friedhof **Bp. 1/1**
Gp. 1

Um 1500 erwähnt. Spitzbogenfenster, Netzrippengewölbe, polygonal abschließender Chor. Langhaus vor 1900 nach Westen verlängert. Spitzturm.

Ausserer **Bpp. 78, 84, 85, 86**

Ausgedehnte Anlage mit überdachtem Hofraum. Keller mit gemauertem Pfeiler und ausladenden Bögen. Hohes Tonnengewölbe. Im ersten Stock Labe mit Tonnengewölbe. Dachgeschoß in Bundwerk. Wandgemälde an der Hausfassade (Kreuzigung, St. Christophorus, bez. 1647). Am Wirtschaftsgebäude die Jahreszahl 1711.

Brössen **Bpp. 131, 132**

Turmartiger Bau mit offenem Giebel. Labe mit Tonnengewölbe, tonnengewölbter Keller, eingebauter Backofen. Stube mit Leistengetäfel.
Daneben Bau mit breiter, tonnengewölbter Labe, gewölbte Kammer, kleine Stube mit Felderdecke und Einlegearbeiten (Mittelfeld mit Jahreszahl 1880). Zubau mit tonnengewölbter Schmiede und Waschküche. An der Fassade Mariahilffresko (19. Jh.).

Mühle beim Platter **Bp. 207**

Gemauertes Untergeschoß, Obergeschoß in Bundwerk. Mahlwerk und Stampfe mit Wasserrad. Das Dach erstreckt sich über den alten Weg nach Laurein.

Obermittern **Bp. 209**

Durchgehende Labe mit Tonnengewölbe. Küche mit hohem Tonnengewölbe und Stichkappen, Backofenerker. Stube mit Leistengetäfel. 16./17. Jh.

Untermittern **Bp. 212**

Rundbogentür, Labe und Küche mit Tonnengewölbe. Der Backofen ragt von der Küche in die Labe. Stube mit Leistengetäfel, eingebauter Milchkasten, bez. 1853.

Marienkapelle beim Platter **Bp. 297**

Erbaut 1908. Lourdeskapelle mit Tuffsteingrotte. Spitzbogentür, Spitzbogenfenster und Spitztonne.

Links oben: Laurein, Brössenhof
Links unten: Leifers, St. Peter am Kofel
Rechts oben: Lüsen, Pfarrkirche St. Georg
Rechts unten: Lüsen, Koch mit Wirtschaftsgebäude

Katastralgemeinde Leifers

Pfarrkirche zu den Heiligen Anton Abt und Nikolaus **Bp. 1**

Turm mit Spitzpyramide, 13. Jh. Kirche nach Plänen von Baumeister Gamon 1852/53 in historisierenden Stilformen erbaut. Gerader Chorschluß, Tonnengewölbe mit Stichkappen auf Wandpfeilern, Rundbogenfenster mit Maßwerk, pilastergerahmtes Rundbogenportal.

Gasthaus zur Pfleg **Bpp. 13/1, 13/2**

Mittelalterliche Umfassungsmauer, Kellerräume teilweise gewölbt, teilweise mit Balkendecken versehen. Mauerwerk mit regelmäßigen Steinlagen, 13. Jh. Die oberen Stockwerke zu Beginn des 20. Jh.s erneuert: Eckerker, Freitreppe.

Burger mit Bildstock **Bp. 25/1 Gp. 1582**

Unregelmäßige Fassadengestaltung. Mächtiger Viereckerker auf Steinkonsolen, gewölbter Vorplatz und Aufgang. Im ersten Stock durchgehend gewölbter Hausgang, 16. Jh. Fenster mit Gitterkörben, Küche mit Tonnengewölbe. Großer Nischenbildstock in schlichten Formen an der Straße.

Damiano-Chiesa-Straße 18–20 **Bp. 39/1**

An der Südseite im Erdgeschoß zwei Bogenöffnungen, eine zum Teil vermauert. An der Nordseite rundbogige Eingangstür, Freitreppe. Reste von gemalten Eckquadern und Fensterrahmungen im Putz.

Gasthof Großhaus **Bp. 42/1**

Zweistöckiger Renaissancebau, nach Süden und Osten spätere Anbauten. Rustikator mit Jahreszahl 1598, zwei Doppelbogenfenster. Im Erdgeschoß und zweiten Stock gewölbte Hausgänge. An der Hofseite Freitreppe mit Loggia, steingerahmte Rechtecktür.

Rennerhof **Bp. 75**

Turmartiges Wohnhaus mit angebautem Wirtschaftsgebäude. An der Südfassade Sonnenuhr, Anfang 16. Jh. Im Wirtschaftsgebäude dreischiffiger, gewölbter Stall mit Steinpfeilern.

St. Jakob **Bp. 80**

Turm mit Spitzpyramide und Langhaus, 13. Jh. Polygonaler Chor mit Sternrippengewölbe, erste Hälfte 16. Jh. (am Triumphbogen Jahreszahl 1542). Wandmalereien am Triumphbogen von 1484. Über dem Gewölbe Freskenreste, Ende 14. Jh., Bozner Malschule.
Bannzone: Gpp. 865/1, 865/2, 865/3, 866/2, 891, 892/1, 892/2, 893, 899.

Stallerhof **Bp. 96/2**

Von Arch. Marius Amonn zu Beginn des 20. Jh.s entworfen. Wand- und Deckengemälde von Rudolf Stolz und Morandell.

Pfarrkirche zum seligen Heinrich von Bozen in Seit **Bp. 106**

1853 erbaut. Türmchen mit Pyramidendach, gerade abschließender, abgesetzter Chor.

St. Peter am Kofel **Bp. 151**

Romanische Kapelle der ehemaligen Burg Lichtenstein, 12. Jh. Fassadenglokkenmauer, Rundbogenapsis, Tonnengewölbe. Rundbogenfensterchen. Eisentürflügel.

Köhlmühle **Bp. 183**

Gemauerte Mühle, bez. 1868. An der Außenseite angebaute Feuerstelle, innen selten erhaltene Gerstendrendel.

Turm an der Tinzlleiten **auf Gp. 1039**

Ruine eines ehemaligen Wachturmes.

Lichtenstein **Gpp. 1504, 1505**

Burgruine. Kümmerliche Mauerreste und zwei Zisternen östlich der Kirche St. Peter. 1189 erwähnt, 1278 zerstört.

Katastralgemeinde Lüsen

Niedrist mit Marienkapelle **Bp. 7**

Bau mit hölzernem Obergeschoß und Giebel, gemauerte Freitreppe, tonnengewölbte Labe, Küche und Kammer. Im Keller Schartenfenster und Zackendorn. Kapelle mit Rundbogentür, darüber Lünettenfenster, Vierpaßöffnung am Giebel. Zwei rundbogige Seitenfenster, Tonnengewölbe, polygonal abschließender Chor. Am Triumphbogen Jahreszahl 1812.

Marienkapelle beim Kreuzploner **Bp. 15**

Kleiner Bau in gotisierenden Formen. Rundbogentür, darüber Lünette, je ein Spitzbogenfenster an den Seiten. Innenraum mit Tonnengewölbe.

Kapelle und Kasten beim Villpederer **Bpp. 24, 25**

Kapelle mit übereck gestellter Sakristei, Seitentürmchen mit Pyramidendach, Rundbogentür und Rundbogenfenster, Tonnengewölbe mit Stichkappen, polygonaler Chorabschluß. Schindeldach. Gemauerter Kasten mit verbrettertem Giebel, rundbogiger Eingang zur Hausschmiede. Darüber Vorratskammer mit Balkendecke. Im obersten Geschoß Küche mit offenem Herd und Backofen. Wohnraum mit Stuckdecke und Vierpaßmittelfeld mit Fresko (Krönung Mariä). Fenster mit Putzrahmen.

Gasser **Bp. 65**

Gemauertes Erdgeschoß, Obergeschoß in Bundwerk und Bretterverschalung. Tonnengewölbte Labe mit Stichkappen, tonnengewölbte Küche mit gemauertem Backofen und Flachbogenfenster, Kammer mit Eselsrückentürholm. Stube mit Felderdecke und Leistengetäfel.

Plaseller **Bpp. 84/1, 84/2**

Vorbau mit Schopfwalmdach. Drei Geschosse gemauert, Giebelgeschoß mit Giebellaube, vorkragend und verbrettert. Polygonaler Fassadenerker, bez. 1753. Wandmalerei (Heiliger Florian) und Inschrift. Labe mit Tonnengewölbe und Stichkappen, Stube mit Felderdecke und Leistengetäfel, bez. 1852. Dreigeschossiger Zubau mit vorkragendem, verschaltem Giebelgeschoß.

Mair (Oberküchenmair) **Bp. 97**

Bischöflicher Küchenmairhof. Ausgedehnte Anlage mit Eckturm, Wirtschaftsgebäude und Hofraum. Wohnhaus mit zweigeschossigem, polygonalem Erker, offene Vorhalle, spitzbogiger Eingang, Labe mit Tonnengewölbe und Stichkappen, Rundbogentür zur tonnengewölbten Küche. Freitreppe. Stube mit einfacher Felderdecke. Keller mit gemauertem Pfeiler, Tonnengewölbe. Im Wirtschaftsgebäude große Brotkammer, Holzdecke und zahlreiche Luftöffnungen. Im Untergeschoß Rundbogentür und tonnengewölbter Kellergang.
Rechteckiger, zweigeschossiger Turm mit Dreieckerker. Angebauter Backofen mit Pultdach, hohes Vorgewölbe und Jahreszahl 1681.
An der nördlichen Umfriedungsmauer Bildstock mit Tonnennische, Wandmalereien (Christus beim Abendmahl, Florian, Johannes Nepomuk), Ende 19. Jh.

St. Kilian **Bp. 98**

Um 1400 erbaut, 1683 erneuert. Vorhalle mit Kreuzgratgewölbe, hölzerner Dachreiter, Rundbogentür, Wandpfeilerraum, Spitztonnengewölbe, polygonaler Chorschluß.

Pfarrkirche St. Georg mit Friedhof **Bp. 99 Gp. 124**

1502 geweiht, am Turm die Jahreszahl 1472. Von 1772 bis 1775 erweitert und barockisiert. Nach dem Brand von 1921 wiederhergestellt, verlängert und erhöht. Dreiseitiger Chorschluß, Spitztonne mit Stichkappen.

Koch mit Wirtschaftsgebäude **Bp. 113**

1921 vom Dorfbrand verschonter Bau mit verschaltem Holzgiebel, rundbogiger Eingang über Freitreppe. Labe mit Kreuzgratgewölbe, Küche mit Tonnengewölbe, Rundbogentür zum Keller, Stube (1790) mit Leistengetäfel. Wirtschaftsgebäude aus dem Jahr 1604.

Maurer **Bp. 131**

Verbretteres Obergeschoß und Giebel. Spitzbogentür, an der Bergseite Spuren des alten Quaderverputzes. Labe mit Kreuzgratgewölbe, überwölbte Treppe zum Obergeschoß. Flachbogige Küchentür, Stube mit Leistengetäfel. Im Keller tonnengewölbte Räume mit Schwibbögen.

Pardeller **Bp. 132**

Verbretterter Giebel, zweigeschossiger Erker an der Talseite, Eingang über gemauerter Freitreppe, steingerahmte Rundbogentür. Wandmalerei 1713 (St. Leonhard, Sebastian, Petrus und Paulus, Gnadenstuhl mit Maria und Johannes der Täufer). Tonnengewölbte Labe mit Stichkappen, Stube mit einfachem Leistengetäfel und Felderdecke. Wappen der Pardeller.

Obermühler **Bp. 166**

Gemauerter Bau mit zum Teil vorkragendem Obergeschoß und umlaufendem Söller. Obergeschoß in Blockbau. Eingang über Freitreppe. Spitzbogige Haustür mit Steingewände. Labe mit Flachdecke, tonnengewölbte Küche. Stube mit Leistengetäfel.

Pardellermühle **Bp. 169**

Gemauerter Bau mit offenem Bundwerkgiebel. Tür mit Eselsrückenholm, darauf die Jahreszahlen 1758, 1786 und die Initialen H. V. + G. P. Ober der Türe Putzschild in Dreipaßform. Zwei Fenster mit Putzrahmung (zwei Fenster vermauert). Funktionsfähiges Mahlwerk und rechtwinkelig gebogene, hölzerne Schußrinne.

Säge am Kaserbach **Bp. 170**

Funktionsfähiges Sägewerk. Unterbau in Mauerwerk, Aufbau in Holzkonstruktion mit Gatter und Muselwagen. An einer Stütze Inschrift: F x H ieziger Mairhofer 1843.

St. Nikolaus in Petschied **Bp. 230**

Spätgotischer Bau mit Spitzbogentür, Netzrippengewölbe und polygonaler Chorschluß. 1692 verlängert. Außenfresko (St. Christoph), um 1460.

Laseider **Bp. 258**

Gemauerter Bau am Steilhang, verbretterter Giebel mit Söller, tonnengewölbte Labe mit Stichkappen, rundbogige Türen zu Stube und Küche. Küche mit Tonnengewölbe. Stube mit Feldergetäfel, Vierpaßmittelfeld (Auge Gottes).

Keller mit Balkendecke und gemauertem Bogen. An der Talseite Malerei (Arma Christi, Sebastian, Florian, Mariahilf). 18. Jh.

Marienkapelle beim Huber in Flitt **Bp. 328**

Erbaut 1913. Historisierender Bau mit Spitzbogentür, Spitzbogenfenster, hölzerner Dachreiter, gerade abschließender Chor. Schindeldach.

Maria-Schnee-Kapelle beim Kompatscher in Flitt **auf Gp. 1811**

Bau mit hölzernem Dachreiter, Rechtecktüre und -fenster, gerader Chorschluß, heute profaniert.

Katastralgemeinde Burgeis

St. Michael **Bp. 1**

Zur Pestzeit verlobter Kirchenbau, um 1650 errichtet. Übereck gestellter Fassadendachreiter mit Kuppelhaube, polygonaler Chorschluß, Tonne mit Stichkappen.

Haus Nr. 98 **Bp. 14**

Gemauerte Freitreppe, rundbogige Haustür, tonnengewölbter Flur mit Stichkappen, Rundbogentüren, tonnengewölbte Küche. Stube mit Leistengetäfel und profilierten Unterzugsbalken, Zahnschnittfries am Türholm, um 1600. Verbretterter Giebel.

Haus Nr. 70 **Bp. 25**

Dreigeschossiger Bau mit Fenster in tiefen Leibungen, geschnitzte Fensterstöcke, gemalte Rahmungen (18. Jh.). Breites Flachbogentor mit Putzrustika, darüber vergittertes Fenster.

Haus Nr. 66 **Bp. 29**

Bau auf unregelmäßigem Grundriß. Gemauerter Treppenvorplatz, an der Fassade Marienfresko in Rocaillerahmung, kleines Fenster mit geschnitztem Stock. In der Stube einfache Balkendecke. Flachbogentor zum Keller.

Haus Nr. 62 **Bp. 34**

Gemauerte Freitreppe. Im ersten Stock kreuzgratgewölbter Hausgang. Spätgotische Stube mit Balkendecke, eine Seitenwand maßwerkvertäfelt, die andere mit Leistengetäfel. Flachbogentüren.

Haus Nr. 46 **Bp. 59**

Rundbogige Haustür, im Erdgeschoß große Halle mit Kreuzgratgewölbe. Im ersten Stock Stube mit Felderdecke, bez. 1615. Im zweiten Stock Mittelsaal und Erkerstube mit Pilastergetäfel und Kassettendecke, bez. 1694. Eckerker, am Giebel Oculi und Vierpaßöffnung.

Haus Nr. 72 **Bp. 62**

Schmaler Bau auf unregelmäßigem Grundriß mit abgerundeter Hausecke. Zwei Fassadenfresken (Madonna überreicht Antonius das Jesukind, Josef, Johannes Nepomuk). Im ersten Stock tonnengewölbter Vorraum, Küche mit Gewölbe, Stube mit Leistengetäfel. Obergeschoß in Kantholzblockbau.

Haus Nr. 73 **Bp. 66**

Fassadenfresken (Christus in der Rast, Mariahilf), eines bez. 1664. Im Erdgeschoß tonnengewölbter Flur, gemauerter Treppenaufgang, Stube mit geschnitzter Balkendecke. Im ersten Stock Stube mit Renaissancetäfelung mit profilierter Felderdecke, geschnitztem Türrahmen und Wandkästchen mit Schuppenpilastern, 17. Jh.

Haus Nr. 29 **Bp. 94**

Dreigeschossiger Bau mit polygonalem Fassadenerker. Seitlich angebauter mittelalterlicher Turm. Im Erdgeschoß und ersten Stock gewölbte Hausgänge, im ersten und zweiten Stock getäfelte Stube, im zweiten Stock Renaissancestube mit Schuppenpilastern und Kassettendecke, 17. Jh.

Haus Nr. 17 **Bp. 113**

An der Ostfassade Marienfresko in Rocaillerahmen. Im ersten Stock tonnengewölbter Flur mit Stichkappen, Seitensitze am Fenster. Stube mit spätgotischer Balkendecke und einfachem Wandkästchen, Empireofen. Im gewölbten Gang des zweiten Stockes Barockmalereien (vier lateinische Kirchenväter in Rocaillerahmen).

Pfarrwidum **Bp. 120**

Großer mittelalterlicher Bau, der in der heutigen Form auf das 16. Jh. zurückgeht. Im Erdgeschoß und ersten Stock spätgotisches Gratgewölbe, in einem Raum Holzdecke aus dem 16. Jh.

Pfarrkirche Maria Empfängnis mit Friedhofskapelle St. Michael und Friedhof **Bpp. 121, 122 Gp. 82**

Polygonaler Chor in romanisch-gotischem Mischstil aus der ersten Hälfte des 14. Jh.s. Spitzturm und Langhaus 15. Jh. Netzrippengewölbe. Im Vorjoch Tonnengewölbe.

Fürstenburg **Bp. 139**

Burganlage unter Bischof Konrad von Chur (1272–1282) errichtet (Zinnenmauer, Bergfried). Im 16. Jh. ausgebaut und umgestaltet (Loggien, Stube mit Kassettendecke, Kapelle mit polygonalem Schluß und Kreuzgratgewölbe, Wandmalereien).
Bannzone: Gpp. 178/1, 179/1, 179/2, 180/1, 180/2, 181/1, 181/2, 182, 184/1, 184/2.

St. Nikolaus **Bp. 140**

Chorturmkirche, 1199 geweiht. Turm mit Spitzpyramide, Apsis, Altarraum mit Tonnenwölbung, im Schiff geschnitzte Flachdecke mit Unterzug. Fresken um 1200 (Majestas Domini mit Evangelistensymbolen, Opfer Abels).

St. Martin in Zerz **Bp. 146**

Anstelle einer älteren Kirche zu Beginn des 18. Jh.s errichtet und 1715 geweiht. Fassadendachreiter, Flachbogentür, Tonnengewölbe.

Heiligkreuz in Pillesait **Bp. 168**

Anstelle der älteren St.-Zeno-Kirche (1131) 1699 errichtet. Hölzerner Dachreiter, gerade abschließender, abgesetzter Chor, Tonnen- und Gratgewölbe. Vierpaßfenster. Schindeldach.

Bildstock am Weg nach Marienberg **auf Gp. 162**

Gemauerter Pfeiler mit Rundbogennische und Satteldach. Am Sockel Blattwerkkartusche mit Jahreszahl 1690.

Martinskapelle (Rundkapelle) **auf Gp. 353**

Kleiner Zentralbau auf oktogonalem Grundriß aus dem 17. Jh. Rundbogentür, Flachbogenfenster, Schindeldach.

Katastralgemeinde Laatsch

Frühmeßwidum **Bpp. 1/1, 1/2**

Wohn- und Wirtschaftsgebäude zusammengebaut. Im Keller des Wohngebäudes Mittelsäule mit Unterzugsbalken, im ersten Stock Stube, 17. Jh. Fassadenbemalung aus dem 18. Jh. Das Wirtschaftsgebäude zeigt reich verzierten Bundwerkgiebel, 18. Jh.

Alte Friedhofskapelle **Bp. 6**

Zweigeschossiger Kapellenbau (zeitweise als Schulhaus verwendet). Krüppelwalmdach, im Erdgeschoß Rundbogentür. Polygonaler Chorschluß, Flachdecke, Flachbogenfenster.

Pfarrkirche St. Luzius **Bp. 7**

Historisierender Bau, 1907–1909 nach Plänen von Huter errichtet. Spitzturm, abgesetzter Chor mit Rundapsis, Kreuzrippengewölbe.

Haus Nr. 6–7 **Bp. 12/1**

Hofmauer mit Zinnen und Rundbogentor. An der Fassade Fenster in tiefen Leibungen und Konsolfries. Fresken, Marienkrönung in Flachnische um 1700. Im ersten und zweiten Stock gewölbte Hausgänge und getäfelte Stube.

Haus Nr. 8 **Bp. 14**

Zwischen Wohnhaus und Wirtschaftsgebäude zwei Rundbogentore. An der Südwestecke des Wohnhauses polygonaler Erker mit Ornamenten. An einem Fenster Jahreszahl 1581. Tonnengewölbter Hausgang mit Stichkappen im Obergeschoß, Fresko (Simon von Cyrene hilft Jesus das Kreuz tragen). Gemauerter Treppenaufgang.

Kapelle **auf Bp. 19**

An ein Wohnhaus angebauter einfacher Kapellenbau aus dem 19. Jh.

Mesnerhaus **Bp. 20**

Einfacher Bau mit mehreren interessanten Fassadenfresken aus dem 18. Jh. (Dreifaltigkeit, Verkündigung, Fensterimitation, Helena, Immaculata, Notburga).

Pfarrwidum **Bp. 22**

Fassadenvorsprung und polygonaler Eckerker. Fensterrahmungen in Sgraffito. Sonnenuhr mit Wappenschild der Trapp. Im ersten und zweiten Stock Hausgänge mit Netzgratgewölbe. Im zweiten Stock zwei getäfelte Stuben mit Felderdecke. Kamine 1575 bez.

Annaburg **Bpp. 29, 30 Gp. 1336**

Ruine. Reste einer mittelalterlichen Dorfburg, Umfassungsmauer mit steingerahmtem Rundbogentor. Teilweise ausgestrichene Mörtelfugen. 13. Jh.

Wolf **Bp. 37**

Alter Turm mit unverputztem Mauerwerk, zum Teil noch die ursprünglichen kleinen Vierecköffnungen erhalten. Ausgestrichene Mörtelfugen. Um 1300 erbaut.

Haus Nr. 88 **Bp. 68**

Alter Turm mit unverputztem Mauerwerk, heute ein Haus eingebaut. Ausgestrichene Mörtelfugen, um 1300 errichtet.

St. Leonhard **Bp. 94**

Zweigeschossiger Bau 1408 errichtet, 1499 ausgebrannt, 1515 Neuweihe. Gewölbte Durchfahrt, Turm mit Pyramidendach, gerader Chorschluß, zweischiffige Anlage, Kreuzrippengewölbe. Fresken 15.–17. Jh.

Schlosserhof **Bp. 103**

Gemauerte Freitreppe mit Rundbogentor, gemalte Eckquadern und Fensterumrahmungen. Gewölbter Hausgang. Stube mit Felderdecke. An der Südfassade Fenster mit gemaltem Rahmen und Jahreszahl 1582.

St. Cäsarius in Flutsch **Bp. 123**

Anstelle einer älteren Kirche um 1519 erbaut. Turm mit Pyramidendach, polygonaler Chorschluß, Netzgratgewölbe. Wandgemälde im Chor (Ölberg, Kreuzigung, Auferstehung), bez. 1569.

St. Cosmas und Damian **Bp. 124**

Zweigeschossiger Bau. Untergeschoß als Kapelle in Verwendung. Rundbogige Tür und Fenster, Tonnengewölbe. Obergeschoß als Abstellraum benutzt.

Turm der alten Pfarrkirche **Bp. 134**

Romanischer Turm mit gekuppelten Rundbogenfenstern aus dem 13. Jh. Pyramidendach.

Katastralgemeinde Mals

Gasthof Edelweiß, Gen.-J.-Verdroß-Straße 14 **Bp. 3**

Turm aus dem 13. Jh. mit Eckquadern und ausgestrichenen Mörtelfugen. Flacherker auf Kragsteinen, nach Süden spätgotischer Trakt angebaut. Zwei getäfelte Stuben, eine mit profilierten Balken und spätgotischer Flachschnitzerei. Steingerahmte Spitzbogentür.

Malsegg, Gen.-J.-Verdroß-Straße 16 A **Bp. 5**

Ansitz. Im Erdgeschoß gewölbte Halle mit gemauertem Treppenaufgang. Im ersten und zweiten Stock breiter Mittelgang mit dem Netzgratgewölbe über schildchenförmigen Konsolen, im zweiten Stock die Rippen abgeschlagen, 16. Jh. Erkeranbau.

Gen.-J.-Verdroß-Straße 26 **Bp. 14/1**

Langgezogener Bau mit regelmäßigen Fensterachsen und zentralem Hauptportal. Rechts davon ehemalige Apotheke mit Gewölbe. Tonnengewölbter Durchgang zum Hof. Im Obergeschoß Stube mit Empiretäfelung.

Mals, Pfarrkirche St. Luzius und Pfarrwidum in Laatsch
Links oben: Mals, Burgeis, Haus Nr. 46
Links unten: Mals, Frühmeßwidum in Laatsch

Gasthof Einhorn, Hauptplatz 4 A **Bp. 46**

Zweiarmige Freitreppe, gewölbter Hausgang. Stube mit Pilastergliederung und Felderdecke, bemaltes Mittelfeld, um 1800. Eckerker mit erneuerter Fensterumrahmung.

Dr.-H.-Flora-Straße 2 A–B **Bp. 48**

Fassadengestaltung von 1823. Kreuzgratgewölbter Hausflur mit gemauertem Treppenaufgang, abgekantete Hausecke, über dem Eingang Oculus. Putzfatschengliederung an der Fassade.

Gasthof Lamm, Dr.-H.-Flora-Straße 4 **Bp. 49/1**

Dreigeschossiger Bau mit tiefen Fensterleibungen. Gemauerter, gewölbter Treppenaufgang. Im ersten Stock gewölbter Hausgang, getäfelte Stube mit Felderdecke und geschwungenem Mittelfeld. Balkonbrüstung und Wirtshausschild um 1900.

Vierzehn Nothelfer (Dreifaltigkeitskirche) Dr.-H.-Florastraße 4 **Bp. 61**

Zentralbau 1719–1720 errichtet. Dachreiter mit Zwiebelhaube, abgesetzter, gerade abschließender Chor (Kreuzgratgewölbe).

Dr.-H.-Flora-Straße 41 **Bp. 69**

Große Hofanlage. Zwischen Wohn- und Wirtschaftsgebäude Zinnenmauer mit rundbogigem Hoftor. Gemauerte Freitreppe, geschnitzter Bundwerkgiebel, polygonaler Erker mit Netzgratbrüstung. Stube mit Felderdecke. Putzschild mit Jahreszahl 1588. Zimmer mit Balkendecke.

Lichtenegg, Hauptplatz 5 A **Bp. 83/1**

Ansitz. Erneuerte Fassadenmalerei. Über dem Eingangstor Marmorrelief (St. Florian), 1799. Im Erdgeschoß, ersten und zweiten Stock große Mittelsäle mit Netzgratgewölben, 16. Jh. Am Giebel Oculi.

Hauptplatz 1 **Bp. 88/1**

Steingerahmtes Rechteckportal, darüber Balkon mit ausgebauchter Eisenbrüstung. Zwei neuere Fassadenfresken und ein alter Freskenrest. Wappenrelief in weißem Marmor (1660).

Gen.-J.-Verdroß-Straße 45 A–B **Bp. 91/1**

Dreigeschossiger Bau. Über dem Tor Wappenrelief, Lorbeerkranz und Inschrift (Fredericus Söll von Eichberg und Trostthurn). Zinnenmauer. An der Westseite des ehemaligen Stadels Fresko (Pietà mit Engel), bez. 1602.

Droßturm, Gen.-H.-Verdroß-Straße 43 **Bp. 91/2**

Reste einer Burganlage aus dem 13. Jh. 1903 teilweise abgetragen und in ein Wohnhaus umfunktioniert. Schmale Lichtschlitze, regelmäßig gelagertes Sichtmauerwerk.

Volksschule, Schulgasse 3 **Bp. 100/1**

Großer Bau, nach Osten vorgelegtes Treppenhaus (an Erker angebaut), im Erdgeschoß tonnengewölbte Torhalle auf Steinsäule. Steingerahmte Rechtecktür, im Erdgeschoß, ersten und zweiten Stock breite gewölbte Mittelgänge. Zum Hof Rundbogentor mit Zinnengiebel.

Kapuzinerkloster und -kirche Bahnhofstraße 10 **Bpp. 104, 105**

1697 gegründet, 1699 geweiht. Abgesetzter, gerade abschließender Chor, Dachreiter, Tonnengewölbe, Seitenkapelle.

Pfarrwidum, Spitalstraße 2 A **Bp. 109/1**

Großer Bau mit Krüppelwalmdach, der in der heutigen Form auf das frühe 19. Jh. zurückgeht. Eck- und Geschoßgliederung durch weiße Putzbänder.

Pfarrkirche Maria Himmelfahrt mit Friedhofskapelle St. Michael und Friedhof **Bpp. 110, 111 Gp. 237**

Spätgotischer Bau zu Beginn des 19. Jh.s klassizistisch umgebaut und mit einem Tonnengewölbe versehen. 1835 verlängert. Polygonaler Chorschluß, Spitzturm (1531).
St. Michael am Friedhof: Zweigeschossiger Bau 1509 bzw. 1516 geweiht. Polygonaler Chorschluß, Netzrippengewölbe, über dem Portal Fresko (Verkündigung), 16. Jh.

Haus Spitalstraße 5 **Bpp. 113, 114, 115**

Langgezogener, zweigeschossiger Bau. Gemauerter Torbogen, zwei Aufsätze aus Marmor, Kelch und Hostie am Scheitel. Freitreppe, Mariahilffresko in einer Mauernische. Nach Süden Wirtschaftsgebäude mit mittelalterlichem Mauerwerk.

St. Johann **Bp. 116**

Romanische Kirche mit Glockenturm (Pyramidendach) 13. Jh., nach dem Brand von 1799 zu einem Wohnhaus umfunktioniert. Spitzbogenportal, Oculifenster.

Pardellesweg 8 **Bp. 120**

Dreigeschossiger Bau mit gemalten Eckquadern, Fenster- und Türrahmen. Rundbogige Haustür mit altem Türflügel und gemauerter Treppenbrüstung. Fassadenfresko (Heilige Sippe). Am Giebel Oculi. 18. Jh.

Fröhlichsburg mit Hofraum **Bp. 134 Gpp. 122/1, 122/2, 124, 127**

Ruine. Hoher Rundturm, Bergfried einer Burg aus dem 13. Jh. Wenig später durch Palas- und Zwingeranbau erweitert.

Fröhlichgasse 11 **Bp. 135**

Steingerahmte Spitzbogentür mit abgefaster Kante. Im Erdgeschoß gewölbter Gang, alter Treppenaufgang. Im ersten Stock gewölbter Hausgang mit kleinem Viereckfenster in Steinrahmung. Stube mit Leistengetäfel.

Fröhlichgasse 9 **Bpp. 136, 137**

Altertümliche Baugruppe in unmittelbarer Nähe der Fröhlichsburg. Rundbogige Straßendurchfahrt.

Gerbergasse 12 **Bp. 143**

Dreigeschossiger Bau mit konvex gebogener Fassade. Nach Süden Zinnenmauer. Im Erdgeschoß breites Rundbogentor, gewölbte Durchfahrt zum ehema-

Links oben: Mals, Pardellesweg 8
Links unten: Mals, St. Martin mit Greilhof
Rechts oben: Mals, St. Benedikt
Rechts unten: Mals, St. Martin in Obermatsch

ligen Stadel. Im ersten Stock gewölbter Vorraum, an der Stiege Balustergeländer.

St. Martin **Bp. 154**

Romanische Kirche mit Glockenturm (Pyramidendach), im 16. Jh. nach Osten und Westen verlängert. Polygonaler Chorschluß, Kreuzgratgewölbe, Rundbogenfenster, Spitzbogenportal.

St. Benedikt **Bp. 166**

Karolingischer Bau mit drei Altarnischen im Osten. Bedeutende Wandmalereien aus dem 9. Jh. (Szenen aus dem Leben des heiligen Paulus, Gregorslegende, Altarwandgestaltung). Flachdecke. Turm mit Pyramidendach.
Bannzone: Gpp. 83/1, 83/2, 84, 85, 86, 87, 88, 89, 1226/2, 1226/3, 1227/2, 1228, 1229/2, 1230/2, 1373/2.

St. Josef in Ulten **Bp. 206**

Einfacher Bau 1719 errichtet. Polygonaler, abgesetzter Chor, Gratgewölbe, Spitzbogenfenster, Fassadendachreiter mit Pyramidendach.

Greilhof mit Anger, Spitalstraße 12 **Bp. 149 Gpp. 114, 115**

Ehemaliges Stamserhaus mit Fassadenfresken (Wappen, Immaculata), gemalte Fensterrahmungen. Im Erdgeschoß und ersten Stock gewölbte Hausgänge und Küche. Getäfelte Stube von 1680. Geschnitzter Bundwerkgiebel.

Katastralgemeinde Matsch

Martinskapelle **Bp. 74**

Einfacher Kapellenbau vor einem Wohnhaus. Gemauerte Spitzbogentür, darüber Skulpturennische, Tonnengewölbe, Flachbogenfenster. Satteldach. 17. Jh.

Gemeindeturm **auf Bp. 84**

Sogenannter Gemeindeturm, ursprünglich zu einer abgebrochenen Kirche gehörig. Romanisches Mauerwerk aus dem 13. Jh., Pyramidendach (Schindeln), rundbogige Schallfenster.

Pfarrwidum **Bp. 94**

Großer Bau am Steilhang, im Keller Reste eines mittelalterlichen Turmes. Die Obergeschosse wurden im letzten Jahrhundert umgebaut; einfache Täfelung aus dem 19. Jh. An der Fassade Heiligenbild.

Jägerhaus beim Glies **Bp. 164**

Untergeschoß gemauert, Aufsatz in Holzkonstruktion mit Vollwalmdach aus Schindeln. Um 1900 als Jagd- und Sommerfrischhaus errichtet.

Pfarrkirche St. Florin mit Friedhof **Bp. 110 Gp. 471**

Romanischer Turm mit Zwiebelhaube, spätgotischer Kirchenbau 1521 geweiht, 1799 umgestaltet. Polygonaler Chorschluß, im Schiff Tonne mit Stichkappen, Rundbogenfenster.

St. Martin in Obermatsch **Bp. 111**

Im Kirchenschiff der ehemals zweigeschossigen Burgkapelle noch romanische Bausubstanz. Der polygonale Chor mit Gratgewölbe 1655 angebaut. Im Schiff Kassettendecke 1648, Spitzbogenfenster, hölzerner Fassadendachreiter.

Unsere Liebe Frau in Kurtatsch **Bp. 130**

Bau aus dem 17. Jh. mit Fassadenglockenmauer und polygonalem Chorschluß. Tonne mit Stichkappen und Stuckrippen, Flachbogenfenster.

St. Florin **Bp. 142**

An Stelle einer älteren Kapelle 1853 erbaut. Romanisierender Baustil. Hölzerner Fassadendachreiter, Tonnengewölbe mit Stichkappen, polygonaler Chorschluß, Rundbogenfenster.

Kapelle beim Thanei **Bp. 144/1**

Einfacher Kapellenbau aus dem 18. Jh.

Josefskapelle **Bp. 169**

Bau aus der zweiten Hälfte des 19. Jh.

Unter- und Obermatsch **auf Gp. 366**

Burgruinen. Obermatsch: Kleine Anlage aus der zweiten Hälfte des 11. Jh.s. Reste des unteren Bergfrieds haben sich noch erhalten. Untermatsch: Nach der Tradition etwas später erbaut als Obermatsch. Spärliche Mauerreste mit einem künstlichen Halsgraben, Anbau mit Fenster und Seitensitzen.

Kapelle beim Glies **auf Gp. 2169**

Schlichter Bau, 1804 errichtet.

Katastralgemeinde Planeil

Haus Nr. 8 **Bp. 22**

An der Fassade Marienfresko (Immaculata), 18. Jh., übertünchtes Wappen. Im ersten Stock Stube mit Bohlenwänden und Balkendecke. Verbretterter Bundwerkgiebel.

Haus Nr. 2 **Bp. 30**

Rundbogentür mit breit abgefaster Steinrahmung. Stube mit wertvoller Renaissancetäfelung, um 1600.

Mals, St. Veit am Tartscher Bühel
Links oben: Mals, Klosterkirche Marienberg
Links unten: Mals, Tartsch, Haus Nr. 14

Haus Nr. 36–37 **Bp. 31**

Sogenanntes Spital. Fassaden mit Resten von Sgraffitodekorationen. Rundbogige Haustür, gewölbter Flur, tonnengewölbte Küche. Zwei Stuben mit einfachen Leistentäfelungen.

St. Nikolaus **Bp. 42**

Anstelle einer älteren Kirche von Maurermeister Josef Lanz in Mals erbaut und 1873 geweiht. Turm mit Zwiebelhaube auf Oktogon, polygonaler, abgesetzter Chor.

Katastralgemeinde Plawenn

Maria Heimsuchung **Bp. 1**

Kleiner Bau, von den Herren von Plawenn errichtet und 1631 geweiht. Hölzerner Fassadendachreiter, polygonaler Chorschluß, Tonnengewölbe. Spitzbogenfenster.

Plawenn **Bp. 6**

Freisitz. Giebel mit Schwalbenschwanzzinnen und polygonalem Eckturm, im Kern mittelalterlicher Wohnturm, heutige Form 16. und 17. Jh. Fenster mit hohen Leibungen, am Giebel Oculi, über dem Eingangstor Marmortondo mit dem Wappen der Herren von Plawenn und Jahreszahl 1582.

Plawenner Alm **Bp. 24**

Für Südtirol nunmehr seltenes Beispiel einer rätoromanischen Alm mit „Gängel", offenem Viehpferch und Erdraum mit vertiefter Feuerstelle. Einschließlich des architektonisch interessanten „Schweinestalles" an der Eingangsseite alles noch in sehr gutem Zustand.

Katastralgemeinde Schleis

Pfarrkirche St. Laurentius mit **Bpp. 1, 2**
Friedhofskapelle und Friedhof **Gp. 3**

Romanischer Baukern, 1691 nach einer Vergrößerung neu geweiht. Turm mit Pyramidendach, abgesetzter, gerade abschließender Chor, Kreuzgratgewölbe auf Pilastern.
Friedhofskapelle: Flachgedeckter Raum mit überdachtem Treppenaufgang.

Haus Nr. 5 **Bp. 8**

Fassadenfresken (Michael, Heilige Familie, Josef) bez. 1765, Josef Theni. Kurze Freitreppe, Rechtecktür mit altem Türflügel.

Haus Nr. 4 **Bpp. 10/1, 10/2**

Reste von gemalten Eckquadern und Fensterrahmungen. Unter dem Giebel Jahreszahl 1648. Gemauerte Freitreppe vom Hof aus, gewölbte Loggia mit zwei Rundbögen auf einer Steinsäule. Stube mit profilierter Kassettendecke. Fenster mit hohen Leibungen.

St. Anton **Bp. 19**

Von Leopold Verklayer auf eigenem Grund erbaut. 1682 geweiht. Polygonaler Chorschluß, Tonnengewölbe. Dachreiter mit Spitzpyramide, steingerahmtes Rundbogenportal, Rundbogenfenster.

Haus Nr. 39–40 **Bp. 36/1**

Gemauerte Freitreppe mit hervorkragendem Podest auf Holzkonsolen. An der Fassade Jahreszahl 1576. Zwei Fensterstöcke mit geschnitztem Konsolfries, Fenster mit hohen Leibungen. Im ersten Stock Stube mit profilierter Balkendecke.

Haus Nr. 26 **Bp. 63**

Bereits 1292 als Gerichtshaus von Kloster Marienberg erwähnt. Erneuerte Fassadenfresken (Wappen von Marienberg, Sebastian und Johannes der Täufer), bez. 1659. Fensterrahmungen um 1770. Rundbogentür, im ersten Stock gewölbter Hausgang. Geschnitzte Stubentäfelung 1934.

Katastralgemeinde Schlinig

Marienberg **Bpp. 1, 2, 3**

Mächtiger Baukomplex mit Stiftskirche, Krypta (Freskenausstattung 12. Jh.), mehreren Kapellen, Kloster- und Wirtschaftsgebäuden. Die Kernanlage um 1150 errichtet (Krypta, dreischiffige Basilika mit geradem Chorschluß, Turm, Konventgebäude). Im 15. und 16. Jh. umgebaut und vergrößert. Im 17. Jh. Stiftskirche und Konventsgebäude in die heutige Form gebracht. Fürstenzimmer im 18. Jh. erneuert.

St. Stephan **Bp. 6**

Vorromanischer hoher Sakralbau mit abgesetztem, gerade abschließendem Chor mit Tonnengewölbe, Fassadenglockenmauer, Schiff mit Flachdecke und hölzernem umlaufenden Emporengang. Mehrere originale Rundbogenfenster. Im Chor Freskenreste um 1490. Am Eingang Schulterbogentür.

Marienkapelle in Prämajur **Bp. 27**

1909 in historisierenden Bauformen errichtet. Polygonaler Schluß, Tonnengewölbe, Dachreiter. Im Innern Schablonenmalerei aus der Erbauungszeit.

Pfarrkirche St. Anton Abt **Bp. 49**

Im 15. Jh. errichtet. Fassadenturm mit Zwiebelhaube auf Oktogon 1775 hinzugebaut. Polygonalchor mit Netzgratgewölbe, Langhaus mit Tonne und Putzgraten, Spitzbogenfenster.

Kastellatz **auf Gp. 69**

Burgruine. Kümmerliche Mauerreste auf einem bereits in vorgeschichtlicher Zeit besiedelten Hügel ober dem Kloster Marienberg. Nach der Klosterchronik wurde die Burganlage noch im 12. Jh. von Ulrich, dem Stifter von Marienberg, geschleift.

Katastralgemeinde Tartsch

Alter Widum, Haus Nr. 23 **Bp. 7**

An der Fassade gemalte Fensterrahmungen und Fresko (Guter Hirte) um 1770. An der Rückseite Fresko (Immaculata).

Haus Nr. 25 **Bp. 16**

Gemauerte Freitreppe, Rundbogentür. Fresko mit drei Heiligen um 1520. Im Keller und im ersten Stock gewölbte Gänge. Steingerahmte Spitzbogentür zur gewölbten Küche. Stube mit profilierter Felderdecke.

Pfarrkirche St. Andreas mit Friedhof **Bp. 32 Gp. 38**

Turm (Spitzpyramide) und Langhausmauern romanisch, polygonaler Chor um 1527 angebaut, Netzrippengewölbe. An der nördlichen Außenwand Fresken um 1520.

Haus Nr. 33 **Bp. 36**

Zweiarmige Freitreppe. Fassadenfresken (Kreuzigung, Apostel, Anna Selbdritt, Sebastian). Neben der Haustür Andreaskreuz. Gewölbter Hausgang, getäfelte Stube, gewölbte Küche.

Nebengebäude von Haus Nr. 32 **Bp. 41/1**

Eingeschossiger Bau, an der Ostseite zwei kleine Flachbogenfenster, an der Nordseite Rundbogentür und kleine Viereckfenster. Breites und hohes Gewölbe mit Stichkappen, um 1600.

Haus Nr. 13 **Bp. 43**

Im Erdgeschoß gewölbter Gang, gewölbte Küche und Stube mit Bohlenwänden. Gemauerter Treppenaufgang. Im ersten Stock Stube mit Renaissancetäfelung, bez. 1630 mit Kassettendecke und kannelierten Pilastern.

Josefkapelle **Bp. 47**

Einfacher Bau mit Fassadendachreiter, polygonaler Abschluß, stukkiertes Gratgewölbe, 17. Jh. Rundbogentür, Schindeldach.

Haus Nr. 6 **Bp. 60**

Fassade mit Sgraffitoverzierungen im Engadiner Stil. Flachbogentür. An einem Putzschild Jahreszahl 1599.

Haus Nr. 14 **Bp. 71**

An der Ostfassade Fresko (Marienkrönung zwischen St. Oswald und Petrus), um 1520. Im Erdgeschoß, ersten und zweiten Stock gewölbte Gänge mit Fresken, bez. 1647. Im zweiten Stock Renaissancestube, bez. 1685. Eine weitere Renaissancestube rückwärts im ersten Stock. Gewölbte Rauchküche.

St. Veit am Bichl **Bp. 74**

Hochmittelalterlicher Bau des 11. oder 12. Jh.s mit Umfriedungsmauer. Turm mit Pyramidendach, Apsis, geschnitzte spätgotische Flachdecke, Spitzbogentür, -fenster. In der Apsis Reste von Wandmalereien, Ende 12. Jh., im Langhaus Vituslegende, 16. Jh. Hölzerne Empore.

Kapelle beim Lechtl **Bp. 92**

Schlichter Mauerbau mit Schindeldach. Im Inneren Tonnengewölbe.

Katastralgemeinde Margreid

Pfarrwidum **Bp. 1/2**

Symmetrisch angelegter Renaissancebau 1617–1627 errichtet. Freitreppe mit Eisenbrüstung, rundbogige Haustür in Steinrahmung, darüber Doppelbogenfenster, Fenster in Steinrahmung. Fassadenfresko (Mariahilf mit Engeln in Blumenkranz), 17. Jh.

Pfarrkirche St. Gertraud mit Turm und Friedhof **Bpp. 5, 7/1**

Turm mit Spitzhelm 14.–15. Jh. Kirche mit geradem Chorschluß, 17. Jh. Kreuzgratgewölbe im Chor, Tonnen- und Kuppelgewölbe im Langhaus mit kurzen Querarmen. Fassade mit Skulpturennische und Serliana.

Pfarrgasse 16 **Bpp. 9/1, 9/2, 9/3**

Langgezogener Bau mit Innenhof und Rundbogenportal. Im Kern gotischer Baubestand. Westtrakt heute Stadel, Fenster mit Seitensitzen und Reste von Dekorationsmalerei, 15. Jh. Das im 17. Jh. vergrößerte und umgebaute Gebäude befand sich später im Besitz der Grafen Thun (vgl. Wappenfresko an der Fassade).

Pfarrgasse 12–14 **Bpp. 10/1, 10/2, 10/3, 11/1**

An Bp. 9/1 angebaut, mit dem es früher eine Einheit bildete. Heutige Form 17. Jh. Rundbogentor, Doppelbogenfenster. Gewölbte Halle, gemauerter Treppenaufgang.

Rathaus **Bp. 12/1**

Langgezogener Bau mit Rundbogenportalen und steingerahmten Rechteckfenstern, im ersten Stock Schmiedeeisengitter, 17. Jh. In der Stube Renaissancetäfelung mit Felderdecke und Schuppenpilastern.

Hirschprunn mit Nebengebäuden und Park **Bpp. 15, 16 Gp. 3/1, 4**

Ansitz. Dreigeschossiger Bau aus der zweiten Hälfte des 17. Jh.s mit Rundbogenportal in Diamantquaderfassung, Fenster mit Rustikarahmung, Balkon auf Kragsteinen mit gebauchtem Gitter. Fassadenfresko (Pietà), Ochsenaugen. Mehrere geschnitzte Holzdecken, Saal mit Stuckdecke und Fresken von G. Alberti, 1680. Kachelofen, bez. 1681.

Marienkapelle **Bp. 28**

Barocker Zentralbau auf oktogonalem Grundriß mit Laterne, 1699 errichtet. Abgesetzter, gerader Chorschluß. Steingerahmtes Rechteckportal, Flachbogenfenster.

Brunner **Bp. 31**

Ansitz. Regelmäßiger Renaissancebau mit zentral angelegtem Rundbogenportal. Steingerahmte Rechteckfenster, im ersten Stock reichgearbeitete Schmiedeeisengitter. Mittelsäule, im zweiten Obergeschoß Decke mit Ölbild in Stuckrahmen (St. Michael mit Personifikationen der sieben Hauptsünden).

Salvadori mit Garten **Bpp. 33/1, 33/3, 34, 38/1 Gp. 33/1**

Ansitz. In der Straßenmauer zwei Rundbogentore in Rustikarahmung mit Fennerwappen, bez. 1632 bzw. 1673. Auf Bp. 33/1 gotische Balkendecke, Unterzug mit Flachschnitzereien, gewölbte Räume. In den Obergeschossen Stuckdecken. Eckerker. Ebenfalls auf Bp. 34 ein älterer Baukern, der im 17. Jh. umgebaut wurde: Polygonaler Erker, Rundbogentor, gewölbte Räume, Erkerzimmer mit Felderdecke.

St.-Gertraud-Platz 4 **Bp. 49/1**

Schmaler, dreigeschossiger Bau aus dem ausgehenden 17. Jh. mit älterem Baubestand. Ebenerdig gewölbte Räume. Im ersten Stock Raum mit Felderdecke, Fenster mit Rustikarahmung und Kugelaufsatz.

Josef-Alberti-Straße 13 **Bp. 51**

Stadel mit weit vorkragendem Dach, gewölbter Stall. Nördlich vorspringendes Wohnhaus mit Freitreppe und offenem Vorraum. Im Erdgeschoß gewölbte Keller. Im zweiten Stock einfache (erneuerte) Stuckdecke, 17. Jh. Steingerahmte Rechteckfenster.

Königsegg **Bpp. 52/1, 52/2**

Ansitz, Renaissancebau mit Freitreppe und Rundbogenloggia, darüber Erkeraufsatz, aus der zweiten Hälfte des 16. Jh.s. Gewölbter Hausgang, Rechteckfenster in Steinrahmung.

Stetten **Bp. 59/1**

Ansitz. Hofmauer mit Rustikaportal, der Ansitz im 19. Jh. umgebaut. 1962 wurden im zweiten und dritten Stock gotische Dekorationsmalereien aufgedeckt (Blendarkaden mit herunterhängenden Wandteppichen und imitiertem Pelzbesatz), 14. Jh.

Josef-Alberti-Straße 21 **Bp. 63**

Schmaler, in die Tiefe gezogener Bau. Fassadengestaltung 17. Jh., Fresko in geschwungenem Stuckrahmen (Heilige Familie). Vermauerte Ochsenaugen mit Porträts bemalt. Stube mit einfacher Balkendecke.

Katastralgemeinde Unterfennberg

Auf der Hofstatt mit Bartholomäuskapelle **Bpp. 5/1, 6, 7**

Herrenhaus: einfacher quadratischer Bau mit durchgehendem Mittelgang, dient als Sommersitz. Südlich davon Kapelle angebaut: Gerader Chorschluß, Flachdecke, Lünettenfenster, 1756 errichtet.

Kellerhof mit Annakapelle **Bpp. 14, 15**

Mittelalterliche Hofanlage mit großem Wirtschaftsgebäude, das teilweise zu Wohnzwecken ausgebaut wurde.
Kapelle angebaut: Polygonaler Chorschluß, hölzerner Dachreiter, Tonnengewölbe, Lünettenfenster.

Mals, Schleis, Haus Nr. 4

Margreid, St. Leonhard in Unterfennberg

Margreid, Hirschbrunn

Martell, Rotund

Hof unterm Berg **Bpp. 19, 20**

Mittelalterlicher Bau, im 13. Jh. erwähnt. An der Längsseite Rundbogentor in Steinfassung. Daneben Sichtmauerwerk mit ausgestrichenen Mörtelfugen. Fenster teilweise in Steinrahmung, Spitzbogentür, teilweise gewölbter Gang, Marmortreppe.

Pfarrkirche St. Leonhard mit Friedhof **Bp. 21**
Gp. 126

Turm mit Spitzpyramide, abgesetzte Rundapsis, 14. Jh., erste Hälfte. Kreuzrippengewölbe im Seitenschiff 15. Jh. Tonnengewölbe im Langhaus 17. Jh. Freskenreste am Triumphbogen und in der Apsis in zwei Schichten, um 1370 und 1420.

Gasthaus Zur Kirche **Bp. 26**

Spätgotischer Bau, im 17. Jh. verändert. Im Innern Holztür mit Eselsrückenholm, eine Rechtecktür mit Jahreszahl 1677 am Sturz. An der Fassade Fenster in Steinrahmung, Rundbogenöffnungen.

Pfarrwidum **Bp. 27**

Eingeschossiger Bau mit Freitreppe aus dem 17. Jh. An der steingerahmten Rechtecktür Jahrzahl 1619. Backofenanbau.

Hasler **Bpp. 31, 32, 33**

Spätmittelalterlicher Bau mit Krüppelwalmdach (Schindeln), 16. Jh. Stützmauern, kleine Vierecköffnungen, im ersten Stock teilweise in Steinrahmung. Sichtmauerwerk. Im Erdgeschoß mehrere gewölbte Räume.

Lindenhof **Bp. 38, 39**

Mittelalterlicher Bau mit tonnengewölbtem Hausgang. Fresko mit Allianzwappen und Sonnenuhr. Gemauerte Freitreppe, darunter überwölbter Zugang zum Keller mit steingerahmter Schulterbogentür.

Benefiziatenhaus **Bp. 40**

Einfacher Bau aus dem 17. Jh. mit vorkragendem Viereckerker mit Bemalungen (Auge Gottes, Marien- und Christusmonogramm). Tonnengewölbter Hausgang, bemalte Holzdecke mit Rosetten, 16. Jh. Getäfelte Zimmer.

Maria Schnee in Putzwald **Bp. 42**

Kapellenbau aus dem ausgehenden 17. Jh. mit abgesetztem, gerade abschließendem Chor, steingerahmtem Rundbogenportal, Lünettenfenster, hölzernem Dachreiter mit Pyramide und Kreuzgratgewölbe auf dem umlaufenden Gesims.

Katastralgemeinde Marling

Lahner — Bp. 120

Zweigeschossiger Bau, an der Südostecke Türmchen mit Pyramidendach. Spitzbogige Haustür in Steinrahmung, tonnengewölbter Gang, gewölbte Küche, 16. Jh. Am Giebel Oculi.

Goien — Bpp. 124/1, 124/2, 124/3

Ursprünglich Maierhof, 1619 vom Karthäuserkloster in Schnals erworben und herrschaftlich ausgebaut. Am Hofeingang zwei Nischenbildstöcke, Erker mit Fresken an den Brüstungen, Fassadenfresko (Immaculata mit Anna, Joachim und Dreifaltigkeit) 18. Jh. Stube mit Felderdecke, mehrere Räume mit Stuckdekken. In der Ansetz Gewölbe auf Pfeilern.

Schickenburg mit Antoniuskapelle — Bp. 126, 127

Ansitz. Steingerahmte Rundbogentür, gewölbter Gang, zwei Eckerker. Am Giebel Oculi. Einfache Kapelle aus der zweiten Hälfte des 17. Jh.s: hölzerner Dachreiter, Rechtecktür, Rundbogenfenster.

Pfarrkirche Mariä Himmelfahrt mit Friedhof — Bp. 195, Gp. 197

Gotisierender Bau 1898 bis 1899 nach Plänen des Wiener Architekten Anton Weber errichtet. Polygonaler Chor, Turm mit romanischem Unterbau und Satteldach, der gotische Kirchenbau als Sakristei und Seitenkapelle in Verwendung.

Manhart — Bp. 219

Bau aus dem 16. Jh. um die Mitte des 18. Jh.s der zweite Stock aufgebaut und mit wertvollen Rokokostuckdecken ausgestattet. Ornamentale Schmuckmotive mit Garten- und Jagdszenen in den Feldern. Tonnengewölbte Küche, Rundbogeneingang, am Giebel Oculi.

Alter Widum — Bp. 220

Langgestreckter Bau mit späterem Kreuzgiebel. Fassade mit zwei Erkern und zwei gemalten Wappen (Stift Gries). Im Erdgeschoß Halle mit Gratgewölbe 16. Jh., im ersten Stock großer Saal mit reicher Stuckdecke und steingerahmten Türen. Barocker Ofen.

Glanz — Bp. 238

Renaissancebau mit steingerahmter Haustür, Eckerker, durchgehendem tonnengewölbten Gang und Stubengetäfel von 1581 im Erdgeschoß. Im ersten Stock reichgeschnitzte Stubentäfelung.

St. Felix — Bp. 253

Quellenheiligtum. Romanische Langhausmauern, polygonaler Chor mit Sternrippengewölbe um 1500. Fassadendachreiter mit Pyramidendach. Langhaus mit Tonne und Putzgraten, Spitzbogenfenster.

St. Martin beim Eggerhof — Bp. 294

Kleine Kapelle mit abgesetztem Altarraum und hölzernem Dachreiter aus dem 19. Jh. Schindeldach.

Katastralgemeinde Martell

Pfarrkirche St. Walburg mit Friedhofskapelle und Friedhof — **Bpp. 1, 2 Gp. 1**

Die romanische Kirche um 1615 verlängert, das alte Schiff als Chor verwendet. Gerader Chorschluß mit Kreuzgratgewölbe, im Langhaus Tonne mit Pilastern, Hauptportal, bez. 1889. Freskenausstattung von Josef Adam Mölckh, 1757. Friedhofskapelle: 1894 in romanisierenden Bauformen errichtet, Rundbogentür und -fenster, Flachdecke.

Unterwalda — **Bpp. 12/1, 12/2, 14**

Bau aus dem 16./17. Jh. Freitreppe, Rundbogentür zum vorkragenden Kastenanbau und zur tonnengewölbten Küche. Stube mit Feldertäfelung, im Mittelfeld Mariahilfbild, bez. 1860. Außen Fresko (Flucht nach Ägypten), bez. 1866.

Rotund mit Kapelle zu den Vierzehn Nothelfern — **Bpp. 49, 50**

Ensemble von Wohn- und Wirtschaftsgebäuden, z. T. Kantholz-, z. T. Rundholzblockbauten. Stube 1878 neu bemalt und verziert. Gewölbte Küche. Das heutige Wohnhaus 18. Jh., die Wirtschaftsgebäude zum Teil älter.
Kapelle: Erbaut 1707 von Eustachius Walder. Polygonaler Chorschluß, Tonnengewölbe, Lünettenfenster. Fassadenglockenmauer. Rechtecktür.

Dreikönigskapelle im Gasthaus Salt — **Bp. 134/1**

Um die Jahrhundertwende errichtet. Hauskapelle mit Tonnengewölbe und Rundbogenfenster.

Soireith — **Bp. 247**

Im Kern spätgotischer Bau mit steingepflastertem Hauseingang. Vorratkasten bez. 1603. Stube mit Feldertäfelung, 1831 neu bemalt, zwei Vierpaßfelder. Gewölbte Küche. Dachstuhl 1869 errichtet.

Oberhof — **Bpp. 255, 256/1, 256/3**

Reichgegliedertes Ensemble, Kern aus dem 16./17. Jh., aus verschiedenen Holzblockbauten zusammengesetzt. Im Untergeschoß Stube mit gemaltem Heiligen Geist und Unterzugsbalken, bez. 1795. Tonnengewölbte Küche. Im Obergeschoß Einzelkammern und Schlafkasten in Kantholzblockbau. Stadel aus Rundholz.

Greit — **Bp. 290**

Aus mehreren Baublöcken zusammengesetzte Anlage aus dem 16./17. Jh. Erd- und Obergeschoß in Schrotblockbau, gemauerte, tonnengewölbte Küche. Stube mit Feldertäfelung aus dem 18. Jh.

Marienkapelle in der Schmölz — **Bp. 316**

In den achtziger Jahren des 19. Jh.s in gotisierenden Bauformen errichtet.

St. Martin in Steinwand — **Bp. 321/2**

Um 1870 erbaut. Runder Chorschluß, seitliches Türmchen, Flachdecke.

Katastralgemeinde Gratsch

St. Magdalena **Bp. 28**

Mittelalterlicher Baukern, im 17. Jh. umgebaut. Turm mit Spitzpyramide, polygonaler Chorschluß, Tonnengewölbe auf Pilastern. Vorhallenanbau 1895.

Katastralgemeinde Meran

Pfarrkirche St. Nikolaus **Bp. 1**

Spätgotische dreischiffige Hallenkirche, 1465 geweiht, einschiffiger, polygonal abschließender Chor, 1367 geweiht. Turm mit Galeriebrüstung und oktogonalem Aufsatz mit Welscher Haube (14.–17. Jh.). Im Chor Kreuzrippengewölbe und Achtzwölftelschluß, im Langhaus Netzrippengewölbe (Ende 15. Jh.). An der Südseite zwei skulptierte Portale mit Figurenbesatz. Christophorusfresko, 15. Jh. In der Turmhalle Fresken, Anfang 15. Jh.

St. Barbara **Bp. 2**

Zweigeschossiger Zentralbau auf oktogonalem Grundriß, 1423 Baubeginn. 1450 Weihe. Dachreiter mit Spitzhelm. In der Kapelle Sternrippengewölbe, in der Gruft Sterngratgewölbe auf Granitsäulen. An der Fassade Christophorusfresko, Mitte 15. Jh.

Lauben 6–12 **Bp. 6**

Im ersten und zweiten Stock gekuppelte Rechteckfenster, die unteren in Steinrahmung mit Rosettendekor. Im Lichthof unterwölbte Treppen, Fresko (Florian, Agatha), 18. Jh.

Lauben 16–20 **Bp. 11**

Zweigeschossiger Erker. Hohes, breitabgefastes Rundbogentor. Im Lichthof spätgotische Maßwerkbrüstung aus Sandstein, angeblich aus der Pfarrkirche (Kommunionbank).

Lauben 30–34 **Bp. 13/2**

Hoher tonnengewölbter Lichthof. Im ersten Stock steingerahmte Rechtecktür mit Oberlicht und Rosettenverzierung. Treppe mit Holzbalustergeländer.

Lauben 36–44 **Bp. 14/1**

Zwei Laubenbögen. Spitzbogentor, Lichthof mit offenem Dach. Unterwölbte Treppen. Stiegengeländer mit ausgeschnittenen Brettern.

Lauben 64–70 **Bp. 17**

Drei Laubenbögen. Regelmäßige Fassadengestaltung mit Mittelerker zwischen zwei Fensterachsen. Im ersten Stock spätgotische Balkendecke mit schwerem Unterzug, 16. Jh.

Lauben 78–84 **Bp. 21/2**

Fassadengestaltung der Jahrhundertwende mit reichem Jugendstildekor. Fünfgeschossiger Bau mit drei Fensterachsen. Im Erdgeschoß breiter Korbbogen, seitlich je ein Wappen. Im Hausgang Wandmalerei mit Wappen und Spitzbögen.

Lauben 100–108 **Bp. 24**

Vier hohe Laubenbögen. Spitzbogentor, tonnengewölbter Lichthof. Tür- und Fensterrahmungen in Stein mit Rosettenverzierung. Gewölbte Durchfahrt zum Hinterhof.

Lauben 110–120 **Bp. 25**

Steingerahmtes Rundbogentor. Im Lichthof gemalte Fensterumrahmungen mit Jahreszahl 1780. Über dem Eingang zum Hinterhaus Marmorrelief (Kaiser Leopold I).

Landesfürstliche Burg **Bp. 43**

Um 1475 durch Erzherzog Sigmund in spätgotischen Stilformen umgebaut. Im Erdgeschoß Spitzbogentür, gewölbte Räume. Im ersten Stock Holzgalerie, Rankenmalereien. Räume mit Balken- und Felderdecken, Spitzbogentüren. Spätgotischer Kachelofen mit Wappenschilden. Kapellenerker mit Gratgewölbe, Wandgemälde (15. Jh., gegen Ende des 16. Jh.s von Raber erneuert). Im zweiten Stock getäfelte Räume.
Bannzone: Bpp. 37, 42/2, 1098
Gpp. 226/1, 226/3, 227/1, 227/4, 228/1, 232/2.

Lauben 218–234 **Bp. 47**

Vierachsige Fassade, unter dem Dach Oculiöffnungen. Eckquaderung, Fensterrahmen in Putz. Im Erdgeschoß gewölbte Räume, im Licht unterwölbte Treppen.

Lauben 248–252 **Bp. 52**

Rundbogentor mit geschnitztem Türflügel. Lichthof mit Rundbogenloggien und Schmiedeeisengeländer, um 1840 in die heutige Form gebracht.

Lauben 274–280 **Bp. 58**

Dreigeschossiger Bau mit Flachbogenlaube. Fassade mit gemalten Fensterrahmungen, Immakulatafresko, 19. Jh. Geburtshaus des Germanisten J. V. Zingerle.

Gasthof zum Grafen von Meran **Bpp. 71/1, 71/2, 71/3, 72, 696**
Rennweg 78–82

Zwei Rustikaportale, über einem Doppelwappen und Marmormedaillon (Immakulata) von Gregor Schwenzengast. Gewölbter Hausgang. In der Stube Gußeisenofen mit Wappen und Inschrift, bez. 1729.

Rennweg 104–122 **Bp. 73**

Zweigeschossiger Viereckerker zwischen Rundbogenloggien mit Säulen. Darüber ausschwingender Balkon mit gemauerter Brüstung und Eisengitter. Beachtenswerter Jugendstildekor (Bäume, Vögel, Wappen). Aufsatz mit Dreieckgiebel. Rechteck-, Rund- und Flachbogenfenster.

Rennweg 122–126 **Bp. 77**

Krüppelwalmdach, hohe Lichthaube. Steingerahmte Rechtecktür mit vergittertem Oberlicht und geschnitztem Türflügel. Um 1787 erbaut, ehemals fürstbischöflich churisches Seminar.

Spatzenturm, Verdistraße 14 **Bp. 80/3**

Spätmittelalterlicher Turmbau mit Spitzbogenfries, im vorigen Jahrhundert um ein Stockwerk erhöht.

Vinschger Tor **Bp. 81**

Ehemaliges Stadttor mit Rundbogendurchfahrt. Gemalte Wappen von Österreich, Tirol und Meran, bez. 1589.

Kapuzinerkloster mit Kirche St. Maximilian **Bpp. 82/1, 82/2, 83**

1616 Grundsteinlegung, 1617 Kirchweihe. 1711/12 vergrößert. Dachreiter, gerader Chorschluß, Tonnengewölbe mit Stichkappen. Im Norden Seitenkapelle. An der Südseite Mönchchor. Rechteckfenster. Vorhalle mit Rundbogenöffnungen.

Rennweg 111–151 **Bp. 84/2**

Viergeschossiges Zinshaus, 1912 erbaut. Polygonaler Eckerker mit Zwiebelkuppel. Ostfassade mit Rundbogenportal, polygonaler Erker, geschwungener Giebel. Reicher Jugendstildekor. Im Erdgeschoß flache Rundbogenöffnungen, rundbogige Durchfahrt mit Stuckkartusche. Fenster mit Putzrahmen.

Ehemaliges Klarissenkloster mit Kirche **Bpp. 90, 91/1, 91/2, 95**

Reste von Kirche und Kreuzgang des um 1310 gegründeten Frauenklosters. Marienkirche im 14. Jh. erbaut, im 15. Jh. verändert, nach 1782 in ein Wohnhaus umgebaut. Netzrippengewölbe, zwei Kreuzgänge mit teilweise vermauerten Spitzbogenfenstern und Kreuzgratgewölbe. Freskenreste, Anfang 15. Jh. (Meraner Malschule).

Amtsgebäude **Bp. 106**

Mächtiger Bau in gotisierenden Stilformen 1902–1904 nach Plänen von Ferstls in Wien errichtet.

Stadtgymnasium **Bpp. 112, 113, 114, 1364**

Langgezogener Bau in schlichten klassizistischen Stilformen. An der Südostecke polygonaler Erkerturm mit Spitzdach, bez. 1884. Am Mittelrisalit Rustika im Erdgeschoß, Fenster mit Giebelaufsätzen. Rundbogeneingänge. Baukern 1728–1732 errichtet.

Passerpromenade 62–76 **Bp. 122/2**

Viergeschossiger Bau mit zwei seitlichen Risaliten, im Erdgeschoß Rustikabänderung. Ober dem Eingang zweigeschossiger Erker, gegen Osten Flacherker mit Zwiebelkuppel. Pflanzen und Blattwerk in Jugendstilformen.

Kurhaus **Bp. 127**

Der alte Trakt in gründerzeitlichen Stilformen nach Entwurf von Förster 1873 von J. Czerni aufgeführt. Der neue Trakt von Peter Delugan 1912–1914 nach Plänen von Architekt Ohmann/Wien erbaut. Klassizistische und Jugendstilformen. Konvex gebogener Mittelrisalit mit Säulen und Balkonen, Jahreszahl 1914. Eingangshalle mit Flachkuppel, im Festsaal Spiegelgewölbe und Galerien. Lichtkuppel mit Skulpturen (tanzende Mädchen).

Rennweg 46–54 **Bp. 143**

Viergeschossiges Eckhaus Rennweg – Lauben, dessen bewegte Fassadengestaltung mit Riefenputz, Erkern, Loggien und Türmchen typische Elemente des späten Historismus aufweist. Barockisierendes Portal, darüber Balkon und Fresko. Im Stiegenhaus Farbfenster aus der Erbauungszeit, 1913 errichtet.

Lauben 343–359 **Bp. 145/1**

Vier Laubenbögen, schmaler Viereckerker mit Satteldach. Rundbogentor. Lichthof mit offenem Dach und unterwölbte Treppen mit ausgeschnittenem Holzgeländer. Gewölbte Küche, Raum mit spätgotischer Balkendecke mit zwei Unterzügen. Im Zimmer Stuckleisten, Biedermeierofen.

Lauben 313–317 **Bp. 152/1**

Vier Laubenbögen. Im Lichthof originale Treppenanlage. Im ersten Stock steingerahmte Spitzbogentür. Im Hinterhof tonnengewölbter Gang, quadergerahmtes Rundbogenportal.

Lauben 261–277 **Bp. 155/1**

Drei Laubenbögen. Viergeschossiger Bau mit Krüppelwalmdach, Flachbogentor, Treppenanlage aus der Erbauungszeit. An der Rückseite tonnengewölbter Hausgang.

Lauben 225–229 **Bp. 157/1**

Zwei Laubenbögen. Rundbogentor, daneben spätgotisches Fresko (drei Fische, Spruchband), 15. Jh. Lichthof mit offenem Dach und unterwölbtem Gang. Putzeckquadern.

Lauben 221–223 **Bp. 158**

Zweigeschossiger Bau mit drei Fensterachsen. Viereckerker. Fenster mit barocken Steinrahmen.

Lauben 203–211 **Bp. 169/2**

Zwei Laubenbögen. Zweigeschossiger Erker, Rundbogentor. Lichthof mit offenem Dach und unterwölbten Treppen. Im zweiten Stock steingerahmte Rechtecktür mit Oberlicht, am Sturz zwei kleine Wappenschilde.

Lauben 181–195 **Bp. 173**

Drei Laubenbögen. Zweigeschossiger Erker, Rundbogentor. Lichthof mit offenem Dach. Schmale unterwölbte Treppe mit Balustergeländer. Im ersten Stock steingerahmte Rechtecktür mit Oberlicht, tonnengewölbter Gang.

Sparkassenstraße 19–29 **Bp. 176**

Historisierender Bau mit bemerkenswertem Fassadenschmuck in klassizistischen Stilformen (Fenstergiebel, Kartuschen). 1887 von Arch. Karl Moeser erbaut (Jahreszahl an der Ostfassade). Balkone auf Kragsteinen, Flacherker, im Süden Rundbogenlauben.

Sparkassenstraße 20–28 **Bpp. 179, 180**

In historistischen Stilformen 1879 erbaut (Jahreszahl im Stiegenhaus). Mittelgiebel mit Türmchenaufsatz, zwei Dreieckgiebel an der Seite. Zwei Flacherker, unter dem Dach Konsolfries, Eckquaderung. Stiegenhaus mit ellipsenförmigem

Meran, Evangelische Christuskirche
Links oben: Marling, St. Felix
Links unten: Meran, Pfarrwidum in Untermais

Aufgang. Im Erdgeschoß Rundbogenöffnungen, Fenster mit variierenden Giebelformen.

Lauben 163–165 **Bp. 183**

Steingerahmtes Flachbogentor mit Allianzwappen der Familie Haller. Hoher Viereckerker mit Rundbogengiebel zwischen zwei Fenstern. Stuckornamente.

Lauben 157–161 **Bp. 184**

Zwei Laubenbögen, vierachsig. Enge Treppenanlage mit Holzgeländer.

Lauben 119–125 **Bp. 192**

Breite Flachbogenlaube, Straßenfassade stark erneuert. Im Hinterhaus seltene Treppenanlage mit vier größeren und kleineren Rundbogenöffnungen.

Lauben 111–117 **Bp. 193/1**

Dreiachsige Fassade mit barocken Fensterumrahmungen in Stuck.

Lauben 69–75 **Bp. 198/1**

Zweigeschossiger Viereckerker, barocke Fensterumrahmungen. Lichthof mit gemauerten Brüstungen und Kassettendecke, um 1600.

Lauben 61–67 **Bp. 199**

Im ersten Stock Erker. Rundbogentor, kreuzgratgewölbte Durchfahrt. Lichthof mit offenem Dach. Unterwölbte Verbindungsgänge, gemauerte Brüstung.

Lauben 41–55 **Bp. 203**

Vier Laubenbögen. Im ersten Stock flacher polygonaler Erker. Rundbogentor, gewölbte Durchfahrt, originaler Stiegenaufgang. Lichthof mit offenem Dach. Tonnengewölbter Hausgang.

Leonardo-da-Vinci-Straße 5 **Bp. 219**

Mittelalterlicher Baukern. Erkerartig vorspringender Hausteil mit Barockfresken (Florian, Johannes Nepomuk, Marienkrönung, Inschrift). Flacherker auf Kragsteinen mit Balkon.

Bozner Tor **Bp. 220**

Ehemaliges Stadttor mit Durchbogendurchfahrt. Reliefstein mit dem Wappen von Österreich, Tirol und Meran, Ende 15. Jh. Viereckfenster.

Leonardo-da-Vinci-Straße 1 **Bp.221**

Westlich an das Bozner Tor angebaut. Freitreppe, spätgotisches Viereckfenster mit vorspringender Sohlbank. Rechteckfenster in Putzrahmen, Terrassenvorbau.

Institut der Englischen Fräulein mit Herz-Jesu-Kirche **Bpp. 236, 237, 238/1**

Ehemals Ansitz Hohensaal, aus zwei um 1542 erbauten Hauseinheiten bestehend. Marmorgerahmtes Viereckportal mit Jahreszahl 1542, Doppelbogenfenster (Jahreszahl 1595). Zimmer mit Gratgewölbe und Wolkensteinschem Stammbaum, bez. 1588.

Herz-Jesu-Kirche: Romanisierender Bau, 1903/04 nach Plänen von Ferdinand Mungenast errichtet. Rundbogenapsis, Doppelbogenfenster. Im Schiff Flachdecke. In der Apsis Mosaik (Heilige) von Josef Pfefferle aus Zirl, 1905.

Kalmünz mit Garten **Bp. 248**
Gpp. 73, 74

Ansitz. Zu Beginn des 17. Jh.s umgebaut. Treppenturm mit Allianzwappen von 1720, zwei polygonale Eckerker mit Oculi. Rundbogentor mit Zinnenbesatz. Fenster mit Ohrenrahmung. Im zweiten Stock Saal mit Gratgewölbe, im dritten Stock Felderdecke im Treppenhaus, im Saal Stuckdecke, 17. Jh.

Hotel Esplanade mit Garten **Bpp. 252/1, 252/2, 253, 255/2**
Gpp. 75

Viergeschossiger Bau mit beachtlicher Fassade in historistischen Stilformen, 1830 errichtet, nach 1848 vergrößert. 1864 das alte Pfarrwidum mit dreiteiligem Viereckfenster und gotischem Reliefstein dazugekauft. Fensterparapete mit Stuckkartuschen, Steinbalkone, geschwungene Dachhäuschen. Im Erdgeschoß Rustikabänderung. Mehrere Räume mit Stuckdecken und Öfen aus der Erbauungszeit.

Leonardo-da-Vinci-Straße 26 **Bp. 256**

Gotisierende Fassadengestaltung mit zwei spitzbogigen Laubenöffnungen, Fenster und Erker in Natursteinrahmung, Jahreszahl 1906. An der Fassade Mosaik (St. Josef als Gesellenpatron).

Pfarrplatz 21–23 **Bpp. 260/1, 261, 262, 263**

Aus mehreren Hauseinheiten bestehend. An der Nordfassade Wandgemälde aus dem 18. Jh. Im Hauptgebäude Keller mit Balkendecken und Stützpfeilern. Im Erdgeschoß gewölbte Räume. Geräumiger Treppenaufgang mit Oberlicht, Stiegengeländer in Holz, bez. 1865 Wandbild (St. Christophorus) 17. Jh.

Pfarrplatz 13–14 **Bp. 265**

Dreigeschossiger Bau mit Krüppelwalmdach. Freitreppe mit Schmiedeeisengeländer, steingerahmte Rundbogentür. An den Fenstern Empirestukkaturen.

Hallergasse 2–8 **Bp. 267**

Viereckerker. Doppelbogenfenster in verzierter Steinrahmung. An der Nordseite Mariahilffresko in breitem Blattrahmen.

Hallergasse 3–9 **Bp. 295/2**

Zweigeschossiger Bau, anstelle eines Wirtschaftsgebäudes nach Plänen von Maurermeister Josef Pederiva und Architekt Karl Möser 1873 errichtet. Qualitätsvolle neuklassizistische Fassade mit symmetrischer Gliederung. Im Inneren ursprüngliche Raumeinteilung.

Villa Rathgeb, Steinachplatz 7–8 **Bp. 279**

In historistischen Stilformen kurz nach 1869 erbaut. Terrasse mit Steinbalustrade, am Hauseck Löwe mit Wappenkartusche. Nach Osten zwei Rundbogennischen mit weiblichen Skulpturen. Riefenputz.

Pfarrplatz 7 **Bp. 296**

Viergeschossiger Bau mit Rechteckportal, darüber Marmorwappen in Blattkranz. Unter dem Dach Zahnschnittfries. Ehemals Stadtsitz der Grafen Fuchs.

Passeirer Gasse 2–4 **Bp. 297**

Dreigeschossiger Bau mit Freitreppe, weit vorkragendes Dach. Rundbogige Kellertür. Im ersten Stock polygonaler Erker mit verzierten Feldern und Engeln aus Stuck, 17. Jh.

Santer Klause **Bpp. 304, 305**

Mittelalterlicher Bau mit Verbindungsbogen über die Passeirer Gasse zum Hohen Haus. Gebäudeteil auf Bp. 304 1913 durch Arch. A. Erlebach umgebaut.

Hohes Haus, Passeirer Gasse 47–49 **Bpp. 306/2, 306/3**

An den Schmalseiten hohe Spitzgiebel mit Schwalbenschwanzzinnen. Steingerahmte Spitzbogentür mit Jahreszahl 1530. Hohlkehle. Kurze Freitreppe. Darüber zwei steingerahmte Schulterbogenfenster. Viereckerker auf Kragsteinen mit vertieften Parapetfeldern, darüber Balkon mit Eisenbrüstung. Wappenfresken.

Passeirer Tor **Bp. 307**

Hoher Torturm mit Eckquadern und weißer Fugenzeichnung. An der Außenseite Spitzbogentor, darüber Klauensteine. An der Stadtseite, ursprünglich offen, später vermauert.

Pulverturm **Bp. 308**

Bergfried der mittelalterlichen Burg Ortenstein, 1327 erwähnt. Rundbogiger Hocheinstieg in Quaderrahmung, Lichtschlitze. Wenige Zinnen.

Pfarrwidum, Passeirer Gasse 1–7 **Bp. 311**

Langgezogener viergeschossiger Bau. Im westlichen Teil Stuckrahmen an den Fenstern, Rundbogentor mit Hausmadonna von Gregor Schwenzengast, Anfang 18. Jh. Über der Straße Schwibbögen.

Steinachheim mit Garten **Bp. 312**
Gpp. 145, 206

Ansitz. Stadtpalais um 1675 von Karl Delai für die Freiherren Mamming erbaut. Rundbogentor in Rustikarahmung, Balkone. Am Dach Kragsteinkranz. Im ersten Stock drei Räume mit Kassetten. Im zweiten Stock Türen mit Stuckdekorationen, Saal mit Deckenbild (Bachus und Flora) in Stuckrahmung, Musenbilder. Mehrere Räume mit Stuckdecken, Zimmer mit Stuckdecke und Darstellung der Edelsitze der Mamming und der vier Jahreszeiten.

Kapelle beim Toblhof **Bp. 325**

Einfacher Kapellenbau aus dem 18. Jh. Rechtecktür zwischen zwei Fenstern.

St. Leonhard **Bp. 328/2**

Spätgotischer Bau, 1465 geweiht, 1878 erhöht und neu eingewölbt. Polygonaler Chorschluß, Dachreiter mit Spitzhelm. Seitenkapelle 1694 angebaut. Rippengewölbe.

Hotel Bellevue **Bp. 363/1**

Langgezogener dreigeschossiger Bau mit stumpfwinklig gebrochener Fassade. An der Knickstelle Eingang auf Säulen-Erkertürmchen mit Steildach. Klassizistischer Fassadenschmuck, am Dachansatz Konsolfries, zierliche Dachhäuschen. 1882 von Musch und Lun erbaut.

Freiheitsstraße 137–139 **Bp. 364**

Zwei Eckrisalite mit geschwungenen Giebeln, schlichter Fassadenschmuck. 1883 von Karl Moser erbaut, später erhöht. Balkone auf Kragsteinen.

Carduccistraße 22–26 **Bp. 366**

An der Ost- und Westseite Vorschußgiebel mit Türmchenaufsatz, im Westen polygonaler Erkervorbau. Balkone auf verzierten Konsolen, an der Nordostecke vorgelegtes Stiegenhaus mit Pyramidendach. Im Erdgeschoß Rustikabänderung. 1883 von Musch und Lun erbaut.

Evangelische Christuskirche **Bp. 381**

Gotisierender Bau 1883–1885 nach Plänen von Architekt Vollmer in Berlin errichtet. Fassadenturm mit Spitzhelm, Vorhalle, gerader abschließender abgesetzter Chor. Langhausaußenwände mit Kreuzgiebeln und Spitzbogenfenstern.

Brennerhof, Freiheitsstraße 123 **Bpp. 383/1, 383/2**

Langgestreckter dreigeschossiger Bau in klassizistischen Stilformen 1885 von Baumeister Tobias Brenner als Zinshaus errichtet. Gegen Osten drei Risalite, dazwischen Balkone in beiden Geschossen. Über dem Eingang Skulpturennische.

Freiheitsstraße 192 **Bp. 390**

Viergeschossiger Bau mit zwei Eckrisaliten, dazwischen Balkone mit Balustraden und Gittern. Unter dem Dach Konsolfries. Durchgehende horizontale Bänderung, im Erdgeschoß Rustika.

Passerschlößl, Zenobergstraße 5 **Bp. 412**

Klassizistische Villa mit Eckerker, geschwungener Giebel und Treppenturm mit Pyramidendach. Ober der Haustür Jahreszahl 1880. Vermauerte Loggia mit Steinbalustrade, darunter Rundbogenarkaden. 1878 von Arch. Karl Moeser errichtet.

Otto-Huber-Straße 1 **Bp. 414**

Viergeschossige Villa mit Eckerker, Treppenturm und später verglasten Balkonen an der Südseite. Von Cölestin Recla 1888 erbaut. Balkone auf Säulen, Eck- und Fensterrahmungen, am Dachansatz Konsolfries.

Carduccistraße 20 **Bp. 421**

Neuklassizistische Fassadengestaltung mit Rustikasockel, Lisenengliederung, zwei Fenster mit Dreieckgiebeln auf Konsolen im ersten Stock. Mansardendach, eine Dachgaube mit Dreieckgiebel. Monumentale Fensterbekrönungen.

Freiheitsstraße 186 **Bp. 423**

Dreigeschossiger Villenbau mit Mittelrisalit an der Südseite, geschwungene Balkone mit Balustraden und Eisengittern. Dachaufbau mit Dreieckgiebel. Im

Erdgeschoß Rustika, Eckquaderung. 1888 in klassizistischen Stilformen errichtet (Jahreszahl unter einem Balkon).

Villa Nadine, Carduccistraße 43 **Bp. 431**

Viergeschossige Villa in neuklassizistischen Formen, 1890 von Cölestin Recla erbaut. Polygonaler Eckerker, Treppenturm mit Pyramidendach, Balkone auf Säulen. Im Osten letztes Geschoß zu Terrasse ausgebildet mit Balustrade. Im Erdgeschoß Rustikabänderung.

Wandelhalle an der Passerpromenade **Bp. 434**

An drei Seiten offene Gußeisenkonstruktion mit mehreren Risaliten, darüber verzierte Segmentgiebel. An der Rückwand Malereien von Lenhart, Demetz und Complojer (Landschaften Südtirols). In der Mitte Ehrenhalle mit fünf Büsten.

Hotel Augusta, Otto-Huber-Straße 2 **Bp. 444/1**

Viergeschossiger Bau mit reicher klassizistischer Fassadengestaltung. 1894 von Peter Delugan als Wohnhaus errichtet. Im Süden Balkone auf Pilastern und Säulen. In zwei Geschossen Rustikabänderung, in den oberen korinthische Pilasterordnung. Fenstergiebel.

Kieserhaus, Freiheitsstraße 129–131 **Bp. 445**

Viergeschossiger Bau mit neuklassizistischer Fassadengestaltung. Im Süden und Norden zwei Eck- und ein Mittelrisalit, im Süden mehrere Balkone mit Säulen. 1893 von Ing. Hans Kieser erbaut.

Villa Venosta, Otto-Huber-Straße 3–5 **Bp. 446**

Viergeschossiger Bau in historisierenden Stilformen, 1893 von Baumeister Cölestin Recla errichtet. Konsolfries, Eckerker mit Giebelhaube, Eckrisalit mit geschwungenem Giebel. An der Südseite Balkone mit Balustraden auf Säulen. Freitreppe zum Treppenturm.

Villa Ortler, Carduccistraße 28 **Bp. 447**

An der Südseite Eckrisalite, im zweiten Stock Fenster mit gesprengtem Segmentgiebel. Dachaufbauten mit Muschelgiebeln. Balkone in allen Geschossen mit Balustergeländer. 1893 von Cölestin Recla erbaut.

Hotel Savoy, Reschenstraße 1 **Bp. 450**

Viergeschossiger Hotelbau in neuklassizistischen Formen. Zwei Eckerker mit Steildach, Balkone mit Eisengittern, am Dachansatz Zahnschnittfries. Freitreppe zum Eckturm, im Erdgeschoß Streifenbänderung. 1895 von Peter Delugan errichtet.

Pension Westend **Bp. 451**

Besonders reich gestalteter Bau in historisierenden Stilformen 1896 von Peter Delugan errichtet. Mittelrisalit mit Segmentgiebel und Doppelbogenfenster, Freitreppe, Balkone mit Vasenaufsätzen.

Villa Anna, Carduccistraße 83 **Bp. 458**

Neuklassizistischer Bau mit Rustikasockel, Eckquaderung, Dachaufbauten mit Dreieckgiebeln und Balkonen an der Südseite. 1897 von Musch und Lun errichtet (Jahreszahl im Stiegenhaus).

Freiheitsstraße 155 **Bp. 460**

Ehemals Hotel Kaiserhof später Hotel Excelsior. Viergeschossiger, Anlage mit stumpfwinklig gebrochener Fassade. Am Knick Hauseingang unter Viereckerker auf zwei Atlanten. 1895 von Peter Delugan in neuklassizistischen Stilformen errichtet.

Villa Habsburg **Bp. 464**

Dreigeschossiger neuklassizistischer Villenbau mit Rustikasockel, Mittelrisalit mit gesprengtem Giebel und Dachaufbau. Viereckerker mit Steildach. An der Südostseite Balkonrücksprünge.

Villa Wartburg **Bp. 465**

Viergeschossiger Bau, Eckrisalit mit Dreieckgiebel, polygonaler Eckerker, dazwischen Balkone. An der Südseite Balkonaufbauten mit Eisenbrüstungen. Freitreppe mit Treppenturm. Neuklassizistische Fassadengestaltung, Ende 19. Jh.

Hotel Windsor, Reschenstraße 2–4 **Bp. 466**

Viergeschossiger Bau in neuklassizistischen Stilformen, 1885 von Cölestin Recla errichtet. An der Südseite zwei Risalite, mehrere Balkonanbauten. Am Dachansatz Zahnschnittfries. Eckquaderung, Fenstergiebel.

Villa New York, Reschenstraße 6 **Bp. 467**

Neuklassizistischer Bau, 1896 von Cölestin Recla errichtet, zwei seitliche Balkonreihen auf Pfeilern bzw. Säulen (an der Südseite). Im Treppenhaus Eisenbrüstung. Rustiziertes Erdgeschoß, horizontale Rustikabänderung.

Evangelisches Pfarrhaus, Carduccistraße 31 **Bp. 468**

Dreigeschossiger, neuklassizistischer Bau mit Mittelrisalit, Eckerker und Treppenturm. Rauhputz, gekoppelte Fenster. 1896 von Baumeister Cölestin Recla errichtet.

Villa Auffinger, Freiheitsstraße 141–149 **Bp. 478**

Dreigeschossiger neuklassizistischer Bau mit Lisenengliederung, Fenster- und Balkontüren mit Dreieckgiebeln. Am Dachansatz Konsolfries. 1898 von Musch und Lun errichtet.

Stadttheater **Bp. 490**

Bau auf kreuzförmigem Grundriß, entworfen von Martin Dülfer/München, ausgeführt von Peter Delugan 1899. Portalvorbau auf Pfeilern, darüber Balkon. Jugendstildekor.

Speckbacherstraße 11–13 **Bp. 492, 493**

Dreigeschossiger Bau, an der Südseite zwei Eck- und ein Mittelrisalit mit Dreieckgiebeln. An den Risaliten je vier Balkone mit Konsolen auf Eisenbrüstung. Im Erdgeschoß Rustikasockel, an der Nordseite Mittelrisalit mit Dreieckgiebel. 1900 von Peter Delugan errichtet.

Villa Ekkehard, Speckbacherstraße 7 **Bp. 494**

Dreigeschossiger gotisierender Villenbau unter Verwendung von zahlreichen Werkstücken in Sichtmauerwerk 1901 von und für Peter Delugan errichtet.

Balkone mit Maßwerkbrüstung, an der Nordseite Mittelrisalit mit Spitzbogentür. Im Terrazzoboden der Eingangshalle Jahreszahl 1902 und Initialen P. D. Am Treppenhaus Spitzbogenfenster mit Farbgläsern, Spitzgiebel.

Villa Musch, XXX.-April-Straße 4 **Bp. 495**

Dreigeschossiger Bau mit polygonalem Eckerker, Mittelrisalit mit geschwungenem Giebel, Balkone auf Konsolen. Am Giebel und oberen Fenstern Jugendstildekor, im Treppenhaus Eisenbrüstung. 1901 von Musch und Lun errichtet.

Kurmittelhaus **Bp. 529/1**

Dreigeschossiger Bau mit Mansarddach und Kuppel, halbrunder Vorbau auf Säulen, darüber Terrasse. 1907 nach Plänen des Münchner Architekten Max Langheinrich erbaut.

Hotel Emma **Bp. 531**

Ausgedehnter Hotelkomplex in Jugendstilformen, 1908 von Musch und Lun erbaut. Eckbetonung durch polygonalen Erkerturm, anschließend geschwungene Giebelaufbauten mit Stuckdekor. Riefenputz, zahlreiche Balkonvor- und Balkonrücksprünge. Lichthaube.

Villa Marchetti mit Glashaus und Garten, Galileistraße 50 **Bp. 552 Gpp. 237/1, 237/3**

Viergeschossiger Bau, errichtet 1911 nach Plänen von Arch. Hans Hoffmann. Zwei Eckerker mit Zwiebelhauben, Mittelrisalut, Stuckdekor und Riefenputz. Haustür unter dreibogiger Loggia. Hausgang mit Scheingewölbe. Glashaus in späthistorischen Formen.

Galileistraße 62 **Bp. 575**

Ursprünglich Villa Posch, 1912/13 nach Plänen des Innsbrucker Baumeisters Anton Fritz erbaut. Regelmäßige Fassadengestaltung mit zwei Loggien, zwei Erker, die türmchenartig ins Dachgeschoß vorspringen. Mittelportal. An den Fassaden und im Eingangsraum Jugendstildekor.

Trambahnremise **Bp. 1136**

Hallenbau mit ostseitig angebautem Verwaltungsgebäude. Klassisch gegliederte Jugendstilfassaden mit charakteristischem Wechsel von Glatt- und Rauhputz.
Remise: Stahlfachwerk auf gußeisernen Säulen. An der Südfassade noch vier originale Segmentbogenfenster erhalten.

Mariensäule am Sandplatz **auf Gp. 404/1**

Zur Erinnerung an die Errettung aus Kriegsnot 1706 errichtet. Immakulataskulptur auf Säule, am hohen Sockel Wappenschilde, Inschriften.

Steinerner Steg **auf Gp. 420**

Flachgewölbte Bogenbrücke über die Passer aus dem 15. oder 16. Jh. Gegen Ende des 19. Jh.s verbreitert.

Postbrücke **auf Gp. 439**

Flachbogenbrücke aus Eisenbeton in Jugendstilformen, erbaut 1909. Balustrade zum Teil aus Kunststein, zum Teil aus Schmiedeeisen mit florealen Schmuckelementen.

Katastralgemeinde Mais

Pflanzenstein **Bpp. 5/1, 5/2**

Ansitz. Renaissancebau, um 1565 von den Boymont-Payrsberg in die heutige Form gebracht. Rundbogiges Hoftor, mehrere Doppelbogenfenster. Flacherker auf Kragsteinen, Eckerker, Balkon. Dekorative Fassadenmalerei. Saal mit Kreuzgratgewölbe und Wandgemälden, bez. 1565. Gewölbte Treppe. Im Erdgeschoß tonnengewölbte Kapelle auf zwei Mittelpfeilern.

Planta **Bp. 11**

Burganlage. Bergfried und anschließender Wohntrakt mit mittelalterlichen Baukernen, Vier Eckrondelle und Ringmauer, 16. Jh. Am Bergfried Spitzbogentür, drei zweiseitige Erker, steingerahmte Rechteckfenster. Im Innern Saal mit Balkendecke mit spätgotischen Rankenmalereien und Jagdszenen. An den Hoffassaden drei Reliefsteine mit Wappentieren, 13. Jh.

Rundegg **Bpp. 25/1, 25/2, 25/3, 25/4, 25/5**

Turm aus dem 13. oder 14. Jh. Um 1600 umgebaut. Vorbau mit Erkerturm, steingerahmtes Rechteckfenster, Rundbogentor, Hofmauer mit Zinnenkranz. Halle mit Kreuzgratgewölbe auf Mittelpfeiler, im Turm Tonnengewölbe, zwei Zimmer mit Felderdecken, Ochsenaugen.

Rottenstein **Bp. 26**

Ansitz. Ursprünglich einfacher Bau mit Viereckturm, um 1850 umgebaut. Zwei Ecktürme mit Doppelbogen- und gekuppelten Rechteckfenstern.

Rosenstein **Bp. 27**

Ansitz. Um 1600 durch Gregor Rolandin errichtet oder umgebaut, im 19. Jh. umgestaltet. Zwei Vierecktürme, Fenster teilweise in Steinrahmung, zur Straße polygonaler Erker, Rundbogenöffnungen mit Balkonen. Am Zubau Zinnengiebel.

Weyer (Leis) **Bp. 28/1**

Ansitz. Freitreppe und Türmchen. Im zweiten Stock Mittelsaal mit stuckgerahmten Bildfeldern, 17. Jh. Raum mit Stuckdecke, 18. Jh.

Rolandin **Bp. 34/1**

Ansitz. Als Hütterhof bereits Ende des 15. Jh.s erwähnt. Um 1700 durch die Herren von Rolandin zum Edelsitz erhoben. Giebel mit Zinnenbesatz.

Pfarrwidum in Obermais **Bp. 38**

Historisierender Bau mit Zinnengiebeln und Viereckerker über dem Eingang, entworfen von Arch. Anton Pardatscher, 1913 errichtet. Im Erdgeschoß Fenstergitter, im ersten Stock Rundbogenfenster.

Pfarrkirche St. Georg in Obermais **Bp. 39**

Spätgotischer Bau 1490 geweiht, 1764 barockisiert (Gewölberippen entfernt). Nördliche Seitenkapelle 1620 angebaut, 1914 verlängert, südliches Seitenschiff dazugebaut. Turm mit Spitzhelm, polygonaler Chorschluß. Gewölbemalereien von Josef Wengenmayr, 1764. An der südlichen Außenwand Heiligenreihe,

Anfang 15. Jh., über der Sakristeitür Kreuzigungsgruppe, um 1400. Im Chor Fresko 1988 aufgedeckt (Verkündigung im Hortus conclusus), um 1500.
Bannzone: Bp. 40/2, Gp. 328.

Winkel **Bp. 42/2**

Ansitz. Fünfgeschossiger Bau mit mittelalterlichem Kern, um 1615 umgebaut. Ringmauer mit Eckrondellen, Treppenturm mit Oktogon, Kuppelhaube und Laterne, Balkon auf Kragsteinen, zum Keller Rundbogentüren, über dem Rechteckeingang Wappenkartusche der Rosenberg. Fenstergitter. Mehrere getäfelte Räume, 17. Jh.

Knillenberg **Bp. 43/1**

Ansitz. Spätrenaissancebau, erste Hälfte 17. Jh. Zwei Ecktürme mit Kuppeldach und Laterne, an der Straßenseite Viereckerker. Räume mit Gratgewölben, Kassettendecken, Wandgemälde und Stuckdecken aus dem 17. und 18. Jh. In der Kapelle Deckenfresko von Josef Wengenmayr, oktogonale Flachkuppel. Mittelalterlicher Wohnturm mit Freitreppe und Zinnenkranz.

Raiffeisenkasse Obermais **Bpp. 52, 52/2, 53/1**

Dreigeschossiger neuklassizistischer Bau, an der Nordostecke Risalit mit Pyramidendach hinter geschwungenen Aufsätzen mit Muschelgiebeln. An der Hinterseite Balkonreihe mit Aussägearbeiten über vier Geschosse.

Erlach **Bpp. 56/1, 56/2**

Ansitz. Einfacher Edelsitz mit steingerahmtem Rundbogenportal, um 1875 historisierend umgebaut.

Reichenbach **Bpp. 58/1, 58/2**

Ansitz. Mittelalterlicher Baukern, 13. Jh.; im 16. Jh. umgebaut, in der zweiten Hälfte des 19. Jh.s erneuert. Turm mit Zinnenkranz, mehrere Erker, Söllerausbauten, Sichtmauerwerk.

Altes Rathaus in Obermais **Bp. 63**

Dreigeschossiger Bau, in historisierenden Stilformen errichtet. Drei Spitzgiebel, am mittleren Dachreiter mit ausgezogener Zwiebelkuppel, unter dem Dach Konsolfries, Balkone auf schweren Konsolen. Über dem Portal Flacherker.

Villa Monte Maia, Winkelweg 35–37 **Bp. 66/3**

Villenbau mit gotisierenden Stilelementen, Risalit mit Zinnengiebel, übereck gestellter Erker, Flach- und Spitzbogenfenster. Am Dachansatz Zierfries. 1879 nach Plänen von Josef Irschara erbaut.

Rubein **Bp. 71**

Burganlage. Mittelalterlicher Wohnturm (13. Jh.), Palas um 1530 umgestaltet (Jahreszahl 1533 an einem Türsturz). Freitreppe mit Rundbogenloggia, Wandmalereien von Bartlmä Dill Riemenschneider, 1540 mit reformatorischen Themenkreisen (Taufe, Abendmahl, Ostern). Nach 1880 Loggia erweitert, Umbauarbeiten im Palas (Holzdecken).
St.-Sebastian-Kapelle: Kapellenerker 1484, Floriansfresko, um 1500; Reste eines Sebastiansbildes, 17. Jh. Deckenfresken von J. Wengenmayr (Sebastian als Fürbitter, Johannes Nepomuk), 18. Jh. Empore mit gotisierendem Maßwerk, 1887.
Bannzone: Bp. 474
Gpp. 447/1, 447/3, 447/4, 476, 477, 480, 481/1.

Dorfmeister in Obermais **Bp. 72**

Rundbogiges Hoftor, turmartiger Anbau und doppelläufige Freitreppe. 1190 erwähnt, seit dem 14. Jh. Sitz des Dorfmeisters.

Haisrainer in Obermais **Bp. 84**

Gemauerte Freitreppe, Loggia, Spitzbogentür, tonnengewölbte Labe mit Putzgraten. Barockes Stubengetäfel mit Felderdecke und Vierpaßmittelfeld. Mehrmals umgebaut, im Kern mittelalterliches Mauerwerk, im Keller Gewölbe in Sichtmauerwerk, tonnengewölbter Kellergang.

Pienzenau **Bp. 85/3**

Ansitz. Herrschaftlicher Bau in einer ausgedehnten Parkanlage. Um die Jahrhundertwende umgestaltet. Abgetreppter Giebel, Viereckturm mit Zinnenkranz, mehrere Holzbalkone, Doppelbogenfenster.

Rametz **Bp. 96**

Burganlage. Spätmittelalterlicher Westtrakt. Im Hochparterre spätgotische Stube. Im ersten Stock Renaissancestube, bez. 1596. Fassadengestaltung zweite Hälfte 19. Jh. mit Schwalbenschwanzzinnenkranz, Torrisalit, Viereckturm mit Zinnen. Am Wohntrakt Ecktürmchen, Doppelsitzbogenfenster, Mittelrisalit an der Parkseite, am Verbindungsbau zum Viereckturm Holzveranda.

Labers **Bp. 98**

Burganlage aus dem 13. Jh., 1885/86 von Musch und Lun zu einem Beherbergungsbetrieb umgebaut. Turm auf rechteckigem Grundriß mit hohem Walmdach, hölzerner Eckerker mit Spitzdach, regelmäßige Fensterreihen, mehrere Zubauten. Kapelle.

Einsiedelei in der Naif mit Kapelle **Bpp. 101, 102**

Kapelle mit Rundbogenfenstern, Fassadendachreiter mit Pyramidendach, Flachtonnengewölbe, rundbogiger Chorschluß. Jugendstilausmalung um 1900 (Anbetung der Könige und Hirten, Verkündigung, Heimsuchung, Dekorationsmalerei). Fassadenfresko, 17. Jh. Ehemalige Einsiedelei angebaut. Gemauerte Freitreppe.

St. Valentin **Bp. 120**

Spätromanisches Langhaus, spätgotischer polygonaler Chor mit Sternrippengewölbe, Tonnengewölbe im Langhaus 1608. Fassadengestaltung mit Skulpturennischen in romanisierenden Stilformen, um 1860. Deckengemälde von Leopold Puellacher, 1826 (Aribo wird durch die Fürbitte des heiligen Valentin gerettet, Valentin predigt den Heiden, Valentin als Fürbitter).

Ansitz St. Valentin **Bp. 121**

Bereits im 13. Jh. erwähnt, im 16. Jh. umgebaut. Turm auf rechteckigem Grundriß, mehrere Holzdecken mit dekorativen Malereien.

Trautmannsdorf mit Kapelle **Bp. 124, 125**

Burganlage. Unter dem Namen Neuberg 1327 erwähnt. Nach 1847 in historisierenden Formen umgebaut. Vorburg mit Schießscharten und Pechnasen, im

Herrenhaus Eingangshalle auf Achteckpfeilern, im ersten Stock Felderdecke, Fries mit biblischen Szenen, bez. 1565. Kriegerofen, 17. Jh. Barockofen mit biblischen Szenen, Rokokoofen.
Kapelle: Gotisierender Bau, 1853 erneuert. Polygonaler Chorschluß, mit Verwendung gotischer Werkstücke der ehemaligen Katharinenkirche.

Villa Seppi, Winkelweg 30 **Bp. 162/6**

Neuklassizistische Villa („Villa Lina") mit rundem Eckerker und Treppenturm mit Pyramidendach, Balkon. 1896–1897 von Tobias Brenner umgebaut. Fenster mit Dreieckgiebel, an den Parapeten Girlanden. Am Dachansatz Konsolfries. An den Windfahnen Jahreszahl 1897 und Initialen F. M.

Romstraße 89–93 **Bp. 173/1**

Fassade mit Barockfresken (zwei Heilige, Inschrift), 18. Jh. Im Erdgeschoß mehrere gewölbte Räume.

Posch **Bp. 174/1**

Dreigeschossiger Bau mit Krüppelwalmdach. Barocke Fassadenfresken in geschwungenem Rahmen (Madonna mit Heiligen). Flachbogen- und Rundbogentor in Steinfassung.

Maria Trost mit Friedhofskapelle **Bpp. 177/2, 179**

Hochmittelalterlicher Saalraum, polygonaler Chor, 1342 geweiht. 1624 Langhaus erhöht und mit Tonnengewölbe versehen. 1824 Vorhallenbau mit Rundbogenöffnungen und Flachdecke. Freskenausstattung im Langhaus, Ende 12. Jh. (Passion, Jüngstes Gericht, Marientod und Begräbnis, Verkündigung), im Chor und an der südlichen Außenwand letztes Viertel 14. Jh., am Gewölbe Barockgemälde von J. A. Puellacher (Mariä Himmelfahrt, Anbetung des Altarsakramentes), 1780. Turm ursprünglich mit Pyramidendach (Oktogonaufsatz 1884).
Friedhofskapelle: Bau mit Gratgewölbe und Stuckdekor, über dem Rundbogeneingang Fresko (Arme Seelen) 18. Jh.

Villa Lindenburg, Grabmayrstraße 9 **Bp. 182/2**

Langgezogene neuklassizistische Villa, 1876 nach Entwürfen von Karl Moeser erbaut. An den Hauptachsen Risalite mit geschwungenen Giebeln und Mansardendächern. Über dem Eingangsportal Rundbogenfenster. Horizontale Putzbänderung, zweiarmige Freitreppe zum Garten.

Pension Pitscheider, Winkelweg 4 **Bp. 182/10, 3220**

Ehemals Villa Hellbrunn. Neuklassizistischer Bau, die Rundbogenloggien 1914 von Baumeister Johann Pittoni errichtet. 1928 von Musch und Lun zur Pension umgebaut.

Maur **Bp. 184**

Ansitz. Zwei Eckerker und Eckturm. An der Nordfassade Wappenstein mit Jahreszahl 1676.

Spitalkirche zum Heiligen Geist **Bp. 188/4**

Dreischiffige Hallenkirche mit zehneckigem Umgangschor, Sternrippengewölbe auf Pfeilern, 1483 vollendet. Portal mit Stifterfiguren und Gnadenstuhl, 1438 datiert. Fresken: Im Chor Dreifaltigkeit, an der südlichen Außenwand Kreuzigung, ebenso in der Sakristei Kreuzigung und Schmerzensmann Mitte 15. Jh.

Tiergarten **Bpp. 193/1, 193/2, 193/3, 193/4**

Ansitz. Der Edelsitz soll aus dem Tiergarten der Grafen von Tirol hervorgegangen sein. Im 19. Jh. umgebaut.

Tierburg **Bp. 194/1**

Ansitz. Rundbogiges Hoftor in Rustikarahmung, Sonnenuhr mit gemaltem Dreieckgiebel vor der Haustür. Im zweiten Stock Saal mit Kamin und drei Räume mit reichen Stuckdecken, Mitte 18. Jh.

Villa Oberkofler, Petrarcastraße 1 **Bp. 197/5**

Eleganter Bau mit Gesimsgliederung und genutetem Verputz, an der Südseite vorspringende Loggia zu je fünf Rundbögen über alle drei Geschosse mit Steinbalustrade. Im Norden vorgelegtes Treppenhaus.

Pfarrwidum in Untermais **Bp. 199/2**

Herrschaftlicher Bau mit regelmäßiger Fassade. Großer Saal mit Fresken von Josef Wengenmayr, um 1780 (Glorie des heiligen Valentin). Kapelle mit Flachdecken, Stukkaturen und Deckenmalerei (Bernhard von Clairvaux), um 1770. Mehrere Räume mit Stuckdecken.

Pfarrkirche St. Vigil mit Friedhofskapelle in Untermais **Bp. 215**

Unterteil des Turmes romanisch (13. Jh.), polygonaler Chor mit Sternrippengewölbe 1401 geweiht. 1936 Langhaus abgebrochen, nach Plänen von Clemens Holzmeister ein Neubau aufgeführt. Gerade abschließender Altarraum, seitlich Sängerempore, Holzdecke. Altarfresken von Rudolf Stolz 1936 bis 1938 (Kreuzigung, Abendmahl, Madonna). Im Chor Freskenreste, erste Hälfte 15. Jh.
Friedhofskapelle: Gotisierender Bau, 1884 geweiht. Polygonales Chorschluß, Rippengewölbe.

Alter Pfarrwidum in Untermais **Bp. 216/1**

Ehemaliger Ansitz Angerheim. Asymmetrische Fassadengestaltung mit Viereckerkerturm, steingerahmte Rechteckfenster mit Gitterkörben.

Dorfmeister in Untermais **Bp. 221/2**

An den Suppanturm angebauter mittelalterlicher Hof. Spitzbogentür in gekehlter Rahmung mit Wappen, um 1500.

Suppanturm **Bp. 225**

Wohnturm aus dem ausgehenden 13. Jh., zum Teil ausgestrichene Mörtelfiguren.
Bannzone: Bpp. 221/2, Gpp. 1380, 1381, 1382/1.

Neuhauser **Bp. 226**

Paarhof von einer Zinnenmauer mit Rundbogentor verbunden. Nördlich Wirtschaftsgebäude, teilweise ausgebaut. Südlich Wohngebäude, im Westen Rundbogentor und zwei vergitterte Fenster, im Norden Rechtecktür und zwei spätgotische Fenster in Granitrahmung. Im Erdgeschoß gewölbter Raum.

Romstraße 214 **Bp. 241/1**

Ehemaliges Gasthaus Krone. Durchgehender Mittelerker mit Türmchenabschluß, an den Parapeten kassettierte Felder. Gewölbte Küche. Ehemalige Wirtsstube mit spätgotischer Balkendecke und Unterzug. Im Erdgeschoß Rundbogentür. Kleine Stube mit Balkendecke.

Katzenstein **Bp. 308**

Burganlage. 1258 als Stammsitz der Herren von Katzenstein erwähnt. Bergfried, angebauter Palas, Kapelle, kleiner Zwinger. Im 19. Jh. vollständig erneuert. Am Rundbogentor Renaissancebuckelquadern und Jahreszahl 1553. In der Kapelle Kreuzgratgewölbe.

Gofer mit Kapelle, Labersstraße 16 **Bpp. 314/1, 315**

Rundbogige Eingangstür, durchgehender gewölbter Hausgang, getäfelte Stube mit Jahreszahl 1891.
Kapelle: Barockbau mit rundbogig abschließendem Chor. Rundbogentor, barocker Türflügel, darüber die Jahreszahl 1760. Kreuzgratgewölbe, Rundbogenfenster.

Fragsburg **Bp. 320, 321**

Burganlage, um die Mitte des 14. Jh.s errichtet. Vorburg, Zwinger, Viereckturm, Palas im 15. und 16. Jh. erweitert, Pechnasenkranz. An der Hofseite zweigeschossige Loggia, mehrere Spitzbogentüren, gotische Balkendecke, mehrere Renaissancegetäfel, 16. Jh. Turmzimmer mit Kassettendecke, 17. Jh. Zweigeschossige Burgkapelle, 1376 geweiht.

Händler, Schennastraße 50 **Bp. 334**

Tonnengewölbter Hausgang, Küche mit Tonnengewölbe. Stube mit Leistendecke, geschnitzte Kapitelle in gotisierenden Formen. Über der Tür gotische Minuskelinschrift: Conrad. Vos. Kellner. zu Tirol. Anno Domini MCCCCXII.

Villa Danica **Bp. 356**

Dreigeschossiger Villenbau in historisierenden Bauformen. 1882 errichtet, 1892–1893 von Musch und Lun vergrößert und umgebaut. Polygonaler Erkerturm, an der Nordseite Risalit mit geschwungenem Giebel mit Muschelabschluß. Um die Ecke geführter Balkon auf Gußeisenstützen.

Villa Johannes, St.-Georgen-Straße 22 **Bp. 365**

Neuklassizistischer Bau mit zwei wuchtigen Eckrisaliten mit Palladiomotiven, dazwischen überdachter Balkon auf Pfeilern bzw. Gußeisenstützen. 1853 von Musch und Lun errichtet.

Hotel Bavaria, Kirchsteig 15–17 **Bp. 387**

Viergeschossiger Bau mit Balkonen zwischen zwei Eckrisaliten. 1914 von Musch und Lun in die heutige Form gebracht. Am Mittelrisalit Jugendstildekor.

Villa Berghalde mit Park **Bp. 403**
Gp. 288/1

Bau aus dem ausgehenden 19. Jh. (ab 1887) in historisierenden Stilformen. Im Hochparterre zwei Stuckdecken, Kassettendecke.

Pension Alhambra, Fluggigasse 34 **Bp. 410**

Gotisierender Bau mit Ziegelverkleidung mit drei Spitzgiebeln, Eckerker mit Pyramidendach, Portalvorbau auf zwei Pilastern. Fenster mit Flachbogen- und Spitzgiebelaufsätzen. Terrassenzubau.

Villa Thornton, Winkelweg 20–24 **Bp. 412/1**

Neuklassizistischer Villenbau mit Eckrisaliten und schwerem Konsolfries. 1886 von Karl Moeser errichtet. Balkone auf gußeisernen Säulen. An der Ostseite Treppenvorbau von C. Recla 1892.

Villa Reifferscheidt, Schafferstraße 54 **Bp. 417**

Neuklassizistische Villa mit Eckrisalit und polygonalem Erkerturm mit Kegeldach. 1888 bereits bestehend, später um ein Stockwerk erhöht. Fenster mit Dreieck- und Segmentgiebel. Balkon auf Eisenstützen. Freitreppe.

Hotel Ifinger, Fluggigasse 36 **Bp. 432**

Neuklassizistischer Bau, Eckrisalit mit Konsolfries und Pyramidendach, zwei Giebel mit neubarocken Elementen. 1886 von Tobias Brenner erbaut. Viereckturm mit Pyramidendach, im Westen Mittelrisalit mit Panoramafenster im Hochparterre. Balkonreihen.

Christomannosstraße 18 mit Garten **Bp. 433**
Gpp. 490

Villa mit Krüppelwalmdach, vorgelagerter Veranda, dekorativen Holzbalkonen. Vorbau für den Treppenaufgang. In mehreren Räumen Stuckdecken in neubarocken Formen (mythologische Szenen). Sämtliche Glastüren und Fenster mit geätzten Scheiben.

Villa Eden mit Park **Bp. 434**
Gp. 488

Dreigeschossiger Bau mit vorspringendem Mittelrisalit und reicher Fassadengliederung. An der Gartenfassade Seitenrisalite und Terrassenvorbau. Speisesaal mit Holzdecke und Wandvertäfelung, Türeinfassungen in historisierenden Formen. Im Treppenhaus Marmorstiege.

Winkelweg 39–41 **Bp. 435**

Neuklassizistische Villa mit kräftig gegliedertem Mittelrisalit, dessen geschwungener Aufsatz über das Mansardendach vorspringt. Im Erdgeschoß Fenster mit Blendbalustraden. An der Ostseite zwei Eckrisalite, dazwischen Balkone auf Gußeisenstützen.

Praderhof, Ifingerstraße 6 **Bp. 437**

In einem Park gelegener dreigeschossiger Bau mit historisierenden Stilelementen. Erbaut 1887 von Cölestin Recla. Ecktürme, Treppenturm, an der Westseite Dreieckgiebel mit Spitzbogenfenster.

Villa Stoddard, Grabmayrstraße 11–13 **Bp. 451**

Neuklassizistischer Villenanbau in einer ausgedehnten Gartenanlage. Freitreppe und Balkone mit Steinbalustraden, Eckrisalite mit Pyramidendächern. Überdachte Terrasse mit Dekorationsmalereien, Ende 19. Jh.

Links oben: Meran, St. Barbara
Links unten: Meran, Naifkapelle
Rechts oben: Meran, Haisrainer in Obermais
Rechts unten: Mölten, Ursch

Links oben: Meran, Russich-orthodoxe Nikolauskapelle
Links unten: Meran, Plankenstein
Rechts oben: Mölten, Burkhart
Rechts unten: Montan, Pinzoner Straße 13

Grabmayrstraße 10 **Bp. 512**

Neuklassizistischer Bau mit Freitreppe, später verglaste Balkone und Eckerker mit Spitzdach. Erbaut 1892 von Tobias Brenner. Am Eingang Pilaster, reiche Stuckverzierung. An der Südseite Verandarisalit mit Treppenanlage zum Park.

Villa Imperial, Dantestraße 51–53 **Bp. 519**

Viergeschossiger Bau in neuklassizistischen Formen. Eckrisalite, dazwischen Balkone. Freitreppe mit Steinbalustrade. 1892 von Musch und Lun erbaut.

Villa Sonnegg, Innerhoferstraße 16 **Bp. 522**

Zweiflügelige Villa mit viereckigem Erkervorbau und rundem Treppenturm mit Kegeldach. Holzbalkone, am Giebel Allianzwappen. Erbaut 1893 von Musch und Lun.

Villa Maffei, Schafferstraße 28 **Bp. 524**

Dreigeschossiger Villenbau in historisierenden Stilformen errichtet. Polygonaler Erkerturm mit Zwiebelhaube, Eckrisalit mit geschwungenem Giebel. 1912 geringfügig durch Peter Delugan verändert. Stuckierte Fensterbekrönungen.

Villa Helvetia, Schafferstraße 17 **Bp. 538**

Neuklassizistische Villa mit Mittelrisalit, Konsolfries, Balkon mit Steinbalustrade. Rustizierter Sockel. Fenster mit Pilasterrahmung.

Villa Schäffler, Winkelweg 43–43A **Bp. 549**

Villa in historisierenden Stilformen, 1895 von Tobias Brenner erbaut. Eckrisalit mit geschwungenem Giebelaufsatz, Doppelbogenfenster und Kartusche mit Jahreszahl 1895. Balkone auf Kragsteinen, Eckquaderung.

Villa San Marco, Innerhoferstraße 1 **Bp. 551**

Zweigeschossiger Bau im sogenannten Schweizer oder Heimatstil. 1895 nach Plänen von Alexander Graf errichtet. An der Westseite Risalit mit Krüppelwalmdach, Obergeschoß in Fachwerkbau. Eckerker. Im Süden Risalit mit Holzbalkonen.

Isenburg, Winkelweg 1 **Bp. 555**

In einem Park gelegener dreigeschossiger Bau, Eckturm mit Pyramidendach, Mittelrisalit mit Treppengiebel (Jahreszahl 1895), polygonaler Eckerker. 1894 von Musch und Lun erbaut, 1912 von Hofele verändert.

Kirchsteig 3–7 **Bp. 556/1, 811**

Viergeschossiger Bau in historisierenden Stilformen, 1894 von Musch und Lun errichtet, 1900 nach Westen erweitert durch Maurermeister P. Gilmozzi. Eckerker, im ersten Stockwerk Fenstergiebel mit Muschelbesatz, an der Westseite Mittelrisalit mit Dreieckgiebel, Balkonaufbauten.

St.-Georgen-Straße 26–28 **Bp. 563**

Villa in historisierenden Bauformen errichtet. Dachausbildung im sogenannten Schweizer Stil. Eingangsloggia auf Säulen an der Nordseite, Treppenhaus mit gekuppeltem Fenster. Viereckerker mit Wappenrelief, im Westen Risalit. Gotisierendes Viereckfenster, darüber Doppelbogenfenster.

Zarenbrunn mit russisch-orthodoxer Kirche St. Nikolaus **Bpp. 567, 568, 569**

Ehemals Villa Moskau und Borodine, im Heimatstil bzw. neuklassizistischen Stilformen von Tobias Brenner 1895 errichtet. Balkone mit Aussägearbeiten, vorkragender Giebel, Viereckerker. Auf Bp. 568 Freitreppe mit Loggia, Verandavorbauten, Balkone.
Kapelle: Rechteckiger Saalraum mit rundbogigen Fensteröffnungen und Flachdecke. Oktogonales Türmchen mit Zwiebelkuppel. Gegen Ende des 19. Jh.s erbaut und mit Dekorationen versehen.

Villa Ruth, Grabmayrstraße 12 **Bp. 584**

Neuklassizistische Villa mit zwei Eckrisaliten an der Südseite und Dachaufsatz, 1897 von Peter Delugan erbaut. An der Nordseite Treppenhaus, Stiegengeländer mit Spiraldekor. Im Erdgeschoß einfache Stuckdecken.

Schafferstraße **Bp. 585**

Villa mit Viereckturm an der Nordwestecke, an der Südseite Kreuzgiebel in Holzkonstruktion. Im Erdgeschoß horizontale Bänderung, Eckquaderung. Ende 19. Jh.

Villa Freiberg, Dantestraße 57–59 **Bp. 590**

Viergeschossiger Bau in schlichten neuklassizistischen Formen mit vorgelegtem Treppenturm. 1897 von Hans Buch erbaut. (Jahreszahl an der Windfahne). An der Südseite Balkone auf Konsolen.

Villa Arminius, Maiastraße 10 **Bp. 601**

Reich gegliederter neuklassizistischer Bau mit Treppenturm, Risaliten, Erker und Giebeln. An zwei Geschossen Rustikabänderung. 1897 nach Plänen von Peter Delugan errichtet.

Villa Burgund, Manzonistraße 43 **Bp. 609/1**

Dreigeschossiger Bau in neubarocken Stilformen, 1896 nach Entwürfen von Heinrich Fricke errichtet. Ecklisenen, Mittelrisalit mit Segmentgiebel, über dem Portalvorbau Balkone auf Säulen mit Blattkapitellen, Steinbalustraden. An der Westseite betontes Mittelfenster.

Synagoge **Bp. 660**

Langgestreckter Bau mit Treppenhaus im Westen und vorspringendem Altarraum im Osten. Innen flache Holzdecke, Emporen aus Holz, zum Altarraum Schmiedeeisengitter. Erbaut 1900/1901.

Ultenhof, Winkelweg 71 **Bp. 668**

Viergeschossiger Bau mit Sichtmauerwerk verkleidet, unter Verwendung historisierender Stilformen 1899 von Musch und Lun errichtet. An der Südseite Risalit mit Treppengiebel, Erkerturm mit Loggia auf Säulen, Portalvorbau auf Säulen. Im Erdgeschoß vergitterte Fenster. Kreuzgratgewölbter Vorraum. Mehrere Holzdecken, Räume mit Stuckdecken.

Villa Erhard, Winkelweg 69 **Bp. 673**

Dreigeschossiger Bau in hauptsächlich neubarocken Stilformen um 1900 von Musch und Lun nach Plänen von Emanuel Seidel errichtet. Turmartiger Vorbau mit Kuppeldach, an der Südseite halbrunder Treppenturm. Im Osten Loggien.

Winkelweg 56 **Bp. 674**

Historisierender Villenbau. Halbrunder Treppenturm mit Kegeldach, turmartiger Risalit mit Pyramidendach und übereck gestellter Erker. Sockel in Sichtmauerwerk, ausgesägte Balkonbrüstung. 1900 von Musch und Lun errichtet.

St.-Valentin-Straße 53 **Bp. 676**

Neuklassizistischer Villenbau mit Verandavorbau. Risalite mit Dreieckgiebeln und Eckpilastern, Rechteckportal mit Jugendstildekor.

Villa Lohengrin, Tobias-Brenner-Straße 28 **Bp. 735**

Dachausbildung und Balkone im Schweizer Stil. Runder Treppenturm mit Kegeldach. Ursprünglich Villa Brenner, von Tobias Brenner 1905 errichtet. Verandazubau.

Palace-Hotel **Bp. 760**

Viergeschossiger Hotelbau in neuklassizistischen Stilformen mit zwei Eck- und einem Mittelrisalit. 1905 von Peter Delugan errichtet. Mittelrisalit mit Riesensäulen, an den Flügeln Pilastergliederung. Im Erdgeschoß Rundbogenöffnungen, am Dachansatz Balustrade.

Altes Rathaus in Untermais, Matteottistraße 38–44 **Bp. 774**

Dreigeschossiger Bau in historisierenden Stilformen, 1906 nach Plänen von Tobias Brenner errichtet. Im Erdgeschoß steingerahmte Rundbogenöffnungen, an der Nordseite Mittelrisalit mit Treppengiebel. Rundbogentor, darüber drei Rechteckfenster mit Jahreszahl 1906. Loggienerker auf Konsolen. An der Ostfassade Risalit, Doppelbogenfenster.

Fluggigasse 2–4 **Bp. 789**

Dreigeschossiger Bau mit Sichtmauerwerk verkleidet, vorwiegend in gotisierenden Stilformen, von Josef Mattmann 1906 erbaut. Turm mit vorkragendem Zinnenkranz.

Plankenstein **Bpp. 797, 798, 799, 800, 801, 802, 803**

Monumentales Wohn- und Geschäftshaus in Form einer Dreiflügelanlage. Flachbogenlauben, darüber durchgehende Balkone, geschwungener Giebel und Eckturm. 1906–1907 nach Plänen von Peter Delugan erbaut.

Villa Mimosa, Tobias-Brenner-Straße 32 **Bp. 804**

Natursteinverkleideter Bau in historisierenden Stilformen, 1908 von Peter Delugan errichtet. Zinnengiebel, Treppenturm mit Glockentürmchen, Balkone auf Rundsäulen.

Salgart mit Garten **Bp. 806 Gp. 1241/1**

Wohnhaus und ehemalige Stallungen um den Innenhof mit Brunnen angeordnet. Turm mit Walmdach. An der Gartenfassade vorspringender dreiseitiger Mittelrisalit. Stube mit Wandvertäfelung, mehrere Raumdecken mit Stuckleisten, Treppenaufgang mit Holzgeländer. Um 1900 erbaut.

Villa Wiesenburg mit Garten **Bp. 835 Gp. 369/2**

Villa aus mehreren Baukörpern bestehend, teilweise mit Zinnenabschluß. Eckerkerturm, granitgerahmte Fenster, Freitreppe. Portalvorhalle mit Kreuzgratgewölbe und Malereien (Mädchen mit Ernteprodukten). Im Innern originale Raumeinteilung, Gang und Saal mit Stuckdecken, 1909–1911 von P. Gilmozzi erbaut.

Villa Freischütz mit Garten, Briamigasse 7 **Bp. 845 Gp. 144**

Dreigeschossiger Bau mit Mansardwalmdach. Außentreppe zum Eingang ins erste Obergeschoß, zwei erkerartige Vorbauten an der Südseite. Eckquaderung. Über der Eingangstür Wandbild (St. Hubertus), Doppelbogenfenster. Im Innern ursprüngliche Raumeinteilung. 1910 nach Plänen von Christian Städler von Firma Mattmann erbaut.

Villa Linda, Schafferstraße 24 **Bp. 865**

Dreigeschossiger Bau in schlichten Jugendstilformen, 1910 nach Plänen von Peter Delugan errichtet. Zwischen Treppenhausvorbau und Viereckerker zwei Balkone. Polygonaler Flacherker. Geschwungener Giebelaufsatz.

Stifterhof **Bp. 913**

Beachtlicher Bau in historisierenden Formen 1911 nach Plänen von Architekt Adalbert Erlebach errichtet. Turm, steingerahmtes Rundbogentor, gewölbte Gänge mit dekorativen Malereien. Zweigeschossige Halle. Zwei Renaissanceöfen.

Villa Hochrain, Dantestraße 47 **Bp. 970**

Dreigeschossiger Bau mit Treppengiebel, turmartiger Risalit mit Pyramidendach und rundem Ecktürmchen mit Kegeldach. An der Turmfahne Jahreszahl 1914. In der Südwestecke halbrunde Loggia.

Katastralgemeinde Mölten

Pfarrkirche Maria Himmelfahrt mit Friedhofskapelle St. Anna und Friedhof **Bpp. 1, 2 Gp. 1**

Drei Langhausjoche und unterer Teil des Turmes 13. Jh. Spitzbogenfenster und Sterngewölbe im Langhaus, polygonaler Chor und Turmaufstockung um 1500. Spitzhelm des Turmes und Verlängerung des Langhauses 1651 (Tonne mit Stichkappen). Fassade 19. Jh. Im Langhaus Freskenreste, Ende 14. Jh.
St. Anna am Friedhof: Bau aus der zweiten Hälfte des 16. Jh.s mit Spitzbogenportal und Gratgewölbe, Rundbogenfenster, Glockenreiter. Fragment eines Totentanzes. Schindeldach.

Pfarrwidum **Bp. 7**

Bau aus dem 17. Jh., 1988 erneuert. Tonnengewölbter Hausgang, an der Freitreppe sind Reste gotischer Maßwerkfenster (aus der Pfarrkirche) eingelassen.

Haus 41/A **Bp. 34**

Stark veränderter Bau des 19. Jh.s. Kunstvoll geschnitzte neugotische Stube mit Inschriften, von Alfons Gurschner, bez. 1890. Veranda mit Aussägearbeiten (Drachen am Giebel).

Genspann **Bp. 45**

Spätgotischer Bau. Stube mit einfacher Bohlenbalkendecke. Rundbogentür, kurze Labe mit Balkendecke. 15./16. Jh.

Parlifl **Bp. 89/1**

Spätgotische Stube mit Bohlenbalkendecke und mächtigem Unterzugsbalken, Wandtäfelung mit profilierten Leisten.

St. Ulrich in Gschleier **Bp. 134**

Bau aus dem 13. Jh. mit Glockenmauer, Apsis und Spitztonne. Spitzbogenportal, Rechteckfenster. Die Nordwand 1914 erneuert. Schindeldach.

St. Valentin in Schlaneid **Bp. 202**

Um 1500 errichtet, um 1700 verlängert und mit Kreuzgratgewölbe versehen. Spitzbogenportal, Flachbogenfenster, hölzerner Dachreiter. Schindeldach.

Ursch mit Backofen und Bildstock **Bpp. 213, 214**

Spätgotischer Bau, Stube mit Bohlenbalkendecke und drei Unterzugsbalken, Wandtäfelung mit profilierten Leisten. Rundbogentür. Einfacher Bildstock mit Tonnennische.
Frei stehender Backofen mit Satteldach.

Hilber **Bp. 217/1**

Schulterbogentür mit Steingewände, rundbogige Küchentür. Spätgotische Stube mit Balkendecke und Unterzugsbalken (1548).

St. Georg in Versein **Bp. 231**

Im 13. Jh. errichtet. Gerader Chorschluß mit Sichtmauerwerk, Spitzbogentür, Flachbogenfenster, hölzerner Fassadendachreiter. An der Chorwand Fresken (Apostelfiguren), um 1600.

Kugler **Bp. 251**

Anlage des 16. Jh.s, Obergeschoß im 18. Jh. aufgesetzt. Labe und Selchküche mit Tonnengewölbe. Stube mit Bohlenbalkendecke und Unterzugsbalken. Jüngere Wandtäfelung mit profilierten Leisten. An der Hausfassade Mariahilfbild, bez. 1903.

Kirche zu den Heiligen Silvester und Blasius in Verschneid mit Friedhof **Bp. 264 Gp. 2032**

Romanisches Langhaus, polygonaler Chor und Turm mit Spitzhelm um 1500. Im Schiff Kreuzgratgewölbe. Die Fassade nach dem Brand von 1620 neu errichtet. An der Südwand Fresko, 1621. Renaissanceportal.

Eder **Bp. 288**

Gotischer Kern, Aufstockung um 1600. Haustür mit breitem spitzbogigen Steingewände mit aufgemalter Jahreszahl 1602. Keller mit gemauerter Rundbogentür. Schulterbogentür. Angebauter Backofen.

Gschnofer mit Backofen **Bpp. 290/1, 265**

Herrschaftliches Haus in Renaissancestil, 17. Jh. Zweigeschossiger Bau mit Giebel in Bundwerk. Ecklabe mit Kreuzgewölbe. Zwei Biforienfenster an der Talgiebelseite. Türen und Fenster mit rechteckigen Steingewänden. Gemauerter Backofen.

Backhaus beim Gasser **Bp. 293**

Großes frei stehendes Backhaus mit Satteldach und Tonnengewölbe vor dem Ofen. Steingerahmte Ofenöffnung.

Burkhart und Neuhaus in Verschneid **Bpp. 299, 300**

Mächtiger zweigeschossiger Bau, Spitzbogentor. Gotischer Kern mit Küche, tonnengewölbter Labe, Stube mit Bohlenbalkendecke und später eingezogenem Unterzugsbalken. Drei Türen mit spitzbogigem Steingewände. Obergeschoß 16. Jh., darin Fenster mit Steingewände und Bemalung. Doppelbogenfenster.
Neuhaus: Ursprünglich Zuhaus zum Burkharthof, Haustür mit spitzbogigem Steingewände, Schlußstein mit Wappenschild der Hafner und Jahreszahl 1524. Tür zur Stubenkammer mit spitzbogigem Steingewände. Fenster des Hauptgeschosses mit abgefasten Steingewänden. Rundbogentür zur Küche.

St. Jakob auf Langfenn **Bp. 344**

Um 1300 erwähnt. Im 16. Jh. erhöht, Turm mit Spitzhelm, polygonaler Chor bez. 1510 mit Freskenresten, Spitzbogentür, im Chor Kreuzrippengewölbe, im Schiff Flachdecke.

Katastralgemeinde Montan

Pfarrkirche St. Bartholomäus **Bpp. 1/1, 1/2**

Turm mit Pyramidendach aus dem 13. Jh., spätgotischer polygonaler Chor, Langhaus im historisierenden Stil, 1875–1881 errichtet. Fassade romanisierend gestaltet. Im Langhaus Kreuzgratgewölbe, Seitenkapellen. Im Chor Wandgemälde von Johann Baptist Oberkofler (Tiroler Heilige), 1943.

Pfarrwidum **Bp. 2/1**

Bau mit viereckigem Erker. Im Erdgeschloß gewölbte Räume, getäfelte Stube im ersten Stock. Wandgemälde an der Fassade (Pietà).

Enn **Bp. 4/1**

Burg aus dem 12. Jh. (Bergfried, Palas, Ringmauer). Zu Beginn des 16. Jh.s vergrößert (Torzwinger, Tortrakt, Kapelle, Palas erneuert), um 1880 restauriert (erhöht, Burghofgestaltung). Im Palas erster Stock Stube mit Eckerker und spätgotischem Getäfel, frühes 16. Jh.
Bannzone: Gpp. 158, 159, 160, 161, 162, 168/1, 168/2, 1525/3, 1526/1, 1526/2, 1527, 1528, 1529, 1530, 1536/1, 1536/2, 1536/3, 1536/4, 1538, 1579/1, 1579/2, 1579/3.

Oberberger **Bp. 19/2**

Weinhof mit Krüppelwalmdach, an der Westseite Doppelbogenfenster. Mächtiger Bau aus dem 16. Jh. mit gewölbten Hausgängen, Saal mit Balkendecke, Schulterbogenfenster. Mehrere Jahreszahlen aus dem 16. und 17. Jh.

Varesco **Bp. 21**

Von außen einfacher Bau. Gewölbter Hausgang, spätgotische Stube mit Bohlenbalkendecke und erneuerter Wandvertäfelung aus dem 16. Jh.

Amplatz **Bp. 24/1**

Spitzbogige Haustür, steingerahmtes Fenster mit Jahreszahl 1565. In der Stube spätgotische Balkendecke.

Hilber **Bp. 25**

Gemauerte Freitreppe, tonnengewölbter Hausgang. Spätgotische Stube, Tür mit Eselsrückenholm, am Sturz Jahreszahl 1558.

Gasthof zum Goldenen Löwen **Bp. 28**

Dreigeschossiger Bau, im Erdgeschoß ursprünglich Rundbogenöffnungen. Gewölbter Hausgang mit dekorativen Malereien aus dem 17. Jh. im vorderen Gangteil. Ehemalige Stube mit alter Balkendecke, gewölbte Küche.

Kirchplatz 14–15 **Bp. 29**

Dreigeschossiger Bau mit steingerahmter Schulterbogentür im Norden. Im ersten Stock Stube mit Täfelung aus dem Jahre 1583. Im zweiten Stock großer Raum mit Stuckdecke. Gewölbter Keller.

Gasthaus zur Rose **Bp. 30/1**

Dreigeschossiger Bau aus dem 16. Jh. mit polygonalem Erker, steingerahmtem Rundbogentor. Im ersten Stock gewölbter Hausgang, Biforienfenster.

Schulgasse 3 **Bp. 36**

Kleiner Bau mit Erker auf gotischem Stützbalken. Im Erdgeschoß Rundbogentür und tonnengewölbter Keller. Im ersten Stock Stube mit Balkendecke und späterem Leistengetäfel, bez. 1579, Ecksteher. Raum mit Tonnengewölbe.

Pinzoner Straße 13 **Bp. 41**

Spätgotischer Baukern, im 17. Jh. umgestaltet. Besonders wertvolle Stube, Decke mit geschnitzten Balken, Seitenwände aus stehenden Bohlen mit Spitzbogenabschluß aus dem 15. Jh. Doppelbogenfenster mit Steinsäule, steingerahmte Rundbogentore mit Jahreszahl 1536. Spitzbogentür mit Steinmetzzeichen.

Sagmeisterhaus **Bp. 46**

Hoher Bau, an der Ostfassade spitzbogige Haustür, drei polygonale Erker, im ersten Stock Mittellabe mit Kreuzgratgewölbe. Im Norden Rundbogentor in Sandsteinrahmung. Im ersten Halbgeschoß Kreuzgratgewölbe mit steingerahmter Spitzbogentür. Keller mit Tonnengewölben.

Unterer Weißensteiner **Bpp. 52/1, 52/2**

Spätgotischer Bau mit Eckerker auf Konsolen. Freitreppe, steingerahmte Eselsrückentür. Mehrere Jahreszahlen aus dem 16. Jh. Im 17. Jh. umgestaltet: drei offene Doppelbogenfenster, Hoftor, bez. 1691.

Oberer Weißensteiner **Bp. 53**

Zweigeschossiger Bau mit kurzer Freitreppe im Osten, steingerahmte Rechtecktür und -fenster. Stube mit tief profilierter Leistendecke und Brustgetäfel aus dem 17. Jh. Am Giebel Rundbogenöffnungen und Oculi.

Feldsaltner **Bp. 54**

Ober der rechteckigen Haustür Jahreszahl 1765. Im Erdgeschoß tonnengewölbte Räume (Küche, Stube). Zur Straße hin Fenster mit Gittern und eingemeißelten Sinnzeichen.

Rainer **Bp. 56**

Ehemals gewölbter Straßendurchgang, im Durchgang zwei steingerahmte Rundbogentore. Stadel mit steingerahmtem Fenster, gewölbte Keller.

Kaserer **Bp. 57/2**

Abgefaste Rundbogentür in Steinrahmung, gewölbte Räume im Erdgeschoß, Stube mit spätgotischer Bohlenbalkendecke.

Tombl **Bp. 59**

An der steingerahmten Haustür mit Kielbogenabschluß Jahreszahl 1549. Gewölbter Hausflur, getäfelte Stube mit Leistendecke und Wandpilaster, Wandkästchen. Seitlicher Erker, steingerahmte Schulterbogentür.

Montan, Hilber in Montan

Moos in Passeier, Josefskapelle in Hütt

Montan, Oberberger

Montan, Oberer Weißensteiner

Hofkeller **Bp. 60**

Zweigeschossiger Bau mit steingerahmten zum Teil vergitterten Fenstern. Polygonaler Erker, Rechtecktür mit Jahreszahl 1583 am Sturz. Getäfelte Stube.

Gregori **Bp. 61**

Zweigeschossiger Bau mit regelmäßiger Fassadengestaltung, spitzbogige Haustür, getäfelte Stube.

Tschaup **Bp. 62**

Dreigeschossiger Bau mit konvex gebogener Fassade, Rundbogentür in Steinquaderrahmung, gewölbter Hausflur. Im ersten Stock Fassade mit spätgotischem Getäfel, im zweiten Stock Stube mit Barocktäfelung. Steingerahmte Rechteckfenster.

Jansen **Bp. 64**

Renaissancebau. Ober der steingerahmten Haustür Wandmalerei (Gnadenbild von Loreto), darüber Doppelbogenfenster mit Rosettenornament. Getäfelte Stube. Am Giebel Oculi und Karniesbogenöffnungen.

Hans-Klocker-Gasse 8 in Pinzon **Bp. 77**

Äußerlich einfacher Bau, Stube mit kassettierter Decke in späten Renaissanceformen.

Hans-Klocker-Gasse 1 in Pinzon **Bpp. 82, 89**

Großer ansitzartiger Bau mit steingerahmten Rechteckfenstern, Rundbogentor und Doppelbogenfenstern.

Hans-Klocker-Gasse 4 in Pinzon **Bp. 83/1**

An der Nordseite steingerahmtes Fenster mit Hausmarke und Jahreszahl 1558. Spätgotisches Stubengetäfel mit Jahreszahl 1554.

Hans-Klocker-Gasse 2 in Pinzon **Bp. 84**

Nach Norden viereckiger Erker mit vergittertem Fenster, gewölbte Räume, spätgotische Stube mit Jahreszahl 1555 und Eselsrückentürholm.

Lindenhöfl in Pinzon **Bp. 85**

Viereckerker auf gemauertem Pfeiler, offener Bundwerkgiebel nach Süden im Erdgeschoß drei Bogenöffnungen. Freitreppe, gewölbter Vorplatz, Stubengetäfel mit Jahreszahl 1541 an der spätgotischen Balkendecke. Tonnengewölbter Gang und Küche, steingerahmte Schulterbogentür.

Hilber in Pinzon **Bp. 86**

Weinhof mit gewölbtem Kellergeschoß. Im ersten Stock Stube mit Renaissancetäfelung. Schulterbogentür und zwei vergitterte Fenster in Sandsteinrahmung.

St. Stefan mit Friedhof in Pinzon **Bpp. 91/1, 91/2, 261**

Turmunterbau und Langhausmauern romanisch, hoher polygonaler Chor, Anfang 15. Jh. Netzrippengewölbe. Fresken an der Westwand, 15. Jh. Loretokapelle 1720 im Norden angebaut: gerader Chorschluß, Tonnengewölbe, Rechtecktür. Fassadenfresken drittes Viertel 15. Jh. (Christophorus, Schutzmantelbild, in der Nische St. Stephan, Schmerzensmann, hl. Dorothea, Engel, Wolfgang, Lamm Gottes).

Grünwein in Pinzon **Bp. 93**

Bau mit steingerahmten Viereck- und Doppelbogenfenstern mit Gitterkörben. Im Osten kurze Freitreppe, tonnengewölbter Flur, Saal mit Putzrippen und Wappenschilden. Mehrere Jahreszahlen aus dem 16. Jh. Dreigeschossiger Erker mit Pultdach.

Saltnerhäuschen in Pinzon **Bp. 94**

Zweigeschossiger Bau in Türmchenform mit je einer Fensterachse. Gemalte Eckquaderung, Rechtecktür, -fenster. Biberschwanzdach.

Rainer in Glen **Bp. 97**

Stattliche Hofanlage, im Kellergeschoß und ersten Obergeschoß mehrere Räume mit Tonnengewölben und Stichkappen.

St. Kosmas und Damian in Glen **Bp. 120**

Einfache Kapelle an einem Ansitz angebaut. Glockenmauer, Tonnengewölbe, Rechtecktür, -fenster, 17. Jh.

Maria Schnee in Gschnon **Bp. 156**

Sommerfrischkloster der Kapuziner von Neumarkt mit einfacher Kapelle, 1632 errichtet. Hölzerner Dachreiter, gerader Chorschluß, Tonnengewölbe. Hinter dem Altar Mönchschor.

Rothenhof mit Loretokapelle in Kalditsch **Bpp. 172, 173**

Gut erhaltene Hofanlage mit Feuer- und Futterhaus. An einem Türstock Jahreszahl 1557. Spätgotisches Stubengetäfel. Rundbogentor, verbretterter Giebel. Kapelle: Einfacher Rechteckbau mit Glockenmauer. Steingerahmte Rechtecktür, daürber Bildnische. 17. Jh.

Veitner in Kalditsch **Bp. 184**

Keller mit Tonnengewölbe und Stichkappen. Stube mit spätgotischer Balkendecke, dreifach kanneliert.

Piebl in Kalditsch **Bp. 170**

Hofmauer mit Rundbogentür, bez. 1683. Mittellabe mit Tonnengewölbe. Stube mit Holztäfelung, bez. 1680; tonnengewölbte Küche. Mehrere Kellerräume mit Tonnengewölbe. Gewölbter Stall mit Mittelsäule.

Katastralgemeinde Moos

Pfarrkirche Maria Himmelfahrt mit Friedhof **Bp. 1**

Hauptschiff mit schmälerem Seitenschiff im Norden, durch Bögen auf toskanischen Säulen getrennt. Hoher Spitzturm, erste Hälfte 17. Jh. Dreiseitiger Chorschluß, Tonnengewölbe mit Stukkaturen, Seitenschiff mit Kreuzgratgewölbe, Rundbogenfenster, Rundbogentür. An der Fassade Wandgemälde (Marienkrönung, Wolfgang, Nikolaus), erste Hälfte 18. Jh.

Platter **Bp. 20**

Freitreppe zu erhöhtem Eingang. Barockstube mit geschnitztem Unterzug und Eckerker. Gewölbte Küche. Am First INRI-Zeichen und Jahreszahl 1761. Steingemauerter Kasten an der Talseite.

Egger in Stuls **Bp. 40/1**

Untermauerter Holzblockbau mit kunstvoll gezimmertem Giebelbundwerk. Darin Monogramm Mariä. Über der Haustür Jahreszahl 1823. Stube mit Unterzugsbalken und Inschrift, geschnitzte Fenster- und Türrahmen, gewölbte Küche. Angebauter Backofen, mit Steinplatten gedeckt. Am Eingang Schalensteine. Hauskapelle angebaut.

St. Josef in Stuls mit Friedhof **Bp. 52**

1785 errichteter einfacher Langhausbau mit geradem Chorschluß, Flachtonne auf Doppelpilastern, Rundbogenfenster, Deckenmalereien von Josef Mair, 1787.

Larch in Stuls **Bp. 68**

Auf einem Felsenvorsprung errichteter, untermauerter Holzblockbau. Eingang zum Teil in den Felsen geschlagen. Stube mit Inschrift „Da geh ich aus oder ein. Da kam der Tod und wartet mein". Gewölbte Küche.

Kasten beim Goster in Pill **Bp. 122/2**

Pfostenspeicher, der als Schlaf- und Getreidekasten diente. Holzblockbau, 18. Jh.

Beibacher mit Kasten und Lodenwalche in Pill **Bpp. 154, 255**

Spätgotischer Holzblockbau, ober der Söllertür mit Eselsrückenholm die Jahreszahl 1561.
Kasten: Holzblockbau bez. 1625.
Lodenwalche mit Gerststampfe, Holzblockbau bez. 1868.

Kranewitthäusl **Bp. 166**

Spätgotischer, quadratischer Holzblockbau, am Türschloß die Jahreszahl 1575. Stube mit Unterzugsbalken, gewölbte Küche mit offener Herdstelle, Türe mit Eselsrückenholm, Schiebefenster.

Heiligkreuzkapelle in der Au **Bp. 244**

Einfacher Bau mit polygonalem Chorschluß, erste Hälfte 19. Jh.

Antoniuskapelle (Schindelkasten) in Stuls **Bp. 262**

1903 in gotisierenden Stilformen errichteter Bau mit Dachreiter.

Kornkasten beim Moserwirt **Bp. 286**

Gotischer Getreidespeicher mit Freitreppe, Rundbogenfenster, Eisentür, am Giebel die Jahreszahl 1772. Am Gesims kreuzförmige Luftlöcher.

Katastralgemeinde Platt

Kirche St. Ursula mit Friedhofskapelle und Friedhof **Bp. 1, 2 Gp. 18**

1480 geweiht, 1863 abgebrannt und nach Plänen des Ingenieurs Stern neu errichtet, wobei Schiff und Turm romanisierend umgebaut wurden. Am Turm noch die Jahreszahl 1470. Polygonaler Chorschluß, Rundbogenfenster.
Friedhofskapelle: einfacher Bau, erstes Viertel 19. Jh., gerader Abschluß.

Pfarrwidum **Bp. 3/1**

Ursprünglich dreigeschossiger Bau mit spätmittelalterlichem Kern, im 19. Jh. erhöht. Im Erdgeschoß und ersten Obergeschoß durchgehende Gänge, in einem Raum neugotische Täfelung.

Kornkasten in Pfelders **Bp. 205**

Kornkasten in Holzblockbauweise mit gemauertem Untergeschoß. Hölzerne Außentreppe, im Obergeschoß Tür mit Eselsrücken und Jahreszahl 160..

Mariahilfkirche mit Friedhof in Pfelders **Bp. 208**

Einfacher Bau aus dem Jahre 1745. Spitzturm.

Kornkasten in Lazins **Bp. 221**

Pfostenspeicher, diente als Getreide- und Schlafkasten. Eingang über Steintreppe. Holzblockbau mit eingekerbtem Kreuz über dem Eingang. Lichtschlitze, Legschindeldach.

St. Korbinian in Ulfas **Bp. 293**

Einfacher Bau aus dem Jahre 1903. Kreuzgratgewölbe.

Josefskapelle in Hütt **Bp. 303**

1882 errichteter Bau mit geradem Chorschluß, angebautem Spitztürmchen mit hölzerner Glockenstube. Zugespitzte Holzdecke mit Leistentäfelung. Spitzbogenportal, Türe mit Flachschnitzerei (St. Josef) von 1911. Spitzbogige Fenster.

Katastralgemeinde Rabenstein

Loch mit Kornkasten **Bp. 10**

Bau mit hölzernem Obergeschoß. Gewölbte Küche, Stube mit Friesleiste und Unterzug, Tür mit Eselsrückenholm, Keller mit Lichtschacht.
Kasten: Holzblockbau, am Türsturz die Jahreszahl 1784.

Herz-Jesu-Pfarrkirche mit Friedhof **Bp. 142**
Gp. 69

Gotisierender Bau mit polygonalem Chorschluß und seitlichem Spitzturm. Nach Entwürfen von J. von Schmitz 1889 anstelle der alten, von einer Lawine zerstörten Kirche errichtet. 1892 geweiht.

Katastralgemeinde Meransen

Kapelle beim Pichler **Bp. 22**

Gerader Abschluß, Tonnengewölbe, Rundbogentür. Schindeldach.

Bacher **Bp. 35**

Hof mit Fassadenmalereien (Ölberg, Schutzmantelmadonna). Tonnengewölbte Küche, barockes Stubengetäfel mit Mittelfeld (Auge Gottes), Labe mit Tramdecke.

Gasslermühle **Bp. 49**

In Kantholzblockbau errichtete Mühle, teilweise gemauerter Sockel.

Kornkasten beim Gumpold **Bp. 50**

Vollständig erhaltener Kornkasten samt Schloß und Truhen. Gemauerter Sockel. Obergeschoß in Kantholzblockbau und verbrettert, zum Teil vorkragend.

Oberpranter **Bp. 87**

Verbretterte Giebellaube, Eingang mit abgefastem Granitgewände, tonnengewölbte Laben. In der Stube gotische Balkendecke. Kammer mit Leistengetäfel und Felderdecke. Gewölbte Keller.

Pfarrkirche St. Jakob mit Friedhof **Bp. 94**
Gp. 785

Kirche im 13. Jh. erwähnt, Ende des 15. Jh.s umgebaut. Fassadenturm mit Pyramidendach, Kirche von Josef Abenthung errichtet, 1780 geweiht. Gerader Chorschluß, Flachkuppeln, Fenster mit Karniesbögen. Freskenausstattung von Johann Mitterwurzer, 1776. Gruftkapelle mit Kreuzgratgewölbe auf sechs Pfeilern errichtet.

Felderer **Bp. 120**

Um 1680 errichtete Sommerresidenz der Enzenberg. Getäfelte und bemalte Stuben mit Wappenreihen, Felderdecke, Flachbogentüren. Spätrenaissancestube mit Schuppenpilastern. Labe mit Tenne und Stichkappen, über der Haustür Wappenstein der Enzenberg.

Katastralgemeinde Mühlbach

Mariahilfkapelle **Bp. 1**

Bau aus dem 18. Jh. mit Mariahilfbild. Abgesetzter, gerader Chorschluß, Dachreiter, Lünettenfenster, Kuppel- und Kreuzgratgewölbe. Vor dem Altarraum Schmiedeeisengitter.

Pfarrkirche St. Helena mit Friedhofskapelle und Friedhof **Bpp. 70, 71**
Gpp. 101, 125

Ursprünglicher Bau aus dem 13. Jh. Turm spätgotisch, Seitenschiff im 17. Jh. angebaut. Im gerade abschließenden Chor Kreuzrippengewölbe, im Langhaus Netzrippengewölbe. Freskenreste aus dem 15. Jh. von Friedrich Pacher und Hans, Christoph und Erasmus von Bruneck. Kirchenerweiterung 1977 geweiht.

St. Florian am Friedhof: Zweigeschossige Anlage aus dem ausgehenden 15. Jh. Fassadendachreiter, polygonaler Chorschluß, Spitzbogenfenster. Zur Gruft Schulterbogentür. Zur Kapelle gemauerte Freitreppe mit Spitzbogenportal. Wandgemälde 15./16. Jh.

Ehemaliges Gerichtshaus **Bp. 2**

Stattliches Gebäude mit Gewölben im Innern: Keller mit Stichkappengewölbe, im Erdgeschoß, gewölbter Hausgang, kreuzgratgewölbte Anräume, im ersten Stock gewölbter Gang, Küche mit Tonnengewölbe. Überwölbte Treppenaufgänge. Polygonaler Erker an der Nordwestseite. Oculi.

Gasthof Weißes Lamm **Bp. 15**

In der Eingangshalle breites Netzgratgewölbe, Gaststube mit spätbarocker Täfelung.

Weißenhaus **Bp. 16/1**

Tonnengewölbte Mittelgänge, Steintreppe mit polygonaler abgefaster Granitsäule im ersten Stock. Keller mit Kreuzgratgewölben.

Schenk **Bp. 18**

Tonnengewölbte Mittelgänge, Steintreppe mit Säule im ersten Stock, Lichtschacht, tonnengewölbte Küche.

Bachmühle **Bp. 21**

Wohnhaus mit spitzbogigem Eingang, tonnengewölbte Mittellabe, Keller und Küche. Barockes Stubengetäfel mit Jahreszahl 1873. Kleinere Stube mit Spitzbogentür und Leistengetäfel. Wirtschaftsgebäude mit gewölbtem Stall.

Freienthurn mit Garten **Bpp. 32/1, 32/2**
Gp. 117/1

Mittelalterlicher Wohnturm, um 1269 von Friedrich von Rodank erbaut, in der Mitte des 16. Jh.s erweitert. Westtrakt mit zweigeschossiger Loggia mit Rundbögen auf Säulen, Zimmer mit Kassettendecken aus dem 17. Jh. Kapelle mit Gratgewölbe. Saal mit Stuckdecke, steingerahmtes Rundbogenportal mit Madonnenrelief. Garten mit Umfassungsmauer des alten Marktes Mühlbach.

Büchsenmeisterhaus (Kandelburg) **Bp. 40**
Gp. 81/1

Gegen Ende des 17. Jh.s umgebaut. Drei Erker, große Mittelsäle mit Stuckdekken, Stube mit Nebenraum mit Felderdecken und zweizonigem Getäfel. Im Stiegenhaus durchbrochene Ziegelbrüstung.

Pfarrwidum **Bp. 69**

Rundbogeneingang mit Mariahilfbild, gemauerte Steintreppe, abgefaste Türeinfassung. Flacherker, am Giebel Oculi, Keller mit Tonnengewölbe und Stichkappen, in den Laben Netzgratgewölbe.

Stöcklvater-Kapelle **Bp. 123/2**

Kapelle mit Fassadendachreiter (Pyramide), polygonaler Chorschluß, Tonnengewölbe. Rechtecktür, Lünette, Schindeldach.

Straßhof **Bp. 126**

Edelsitz aus dem 16. Jh. Tonnengewölbte Mittelgänge, Eckerkerturm, Stube mit barocker Täfelung um 1800. Stiegenaufgang mit Renaissanceornamentik.

Mühlbacher Klause **Bpp. 146, 147**

Ruine. 1269 von Konrad von Rodank erbaute Straßensperre mit Ringmauern und zwei Eckrondellen. Zwei Tordurchfahrten. Schießscharten. 1477 von Erzherzog Sigmund ausgebaut. 1472 Kapellenweihe. Seit 1809 Ruine.

Bildstock bei der Mühlbacher Klause **auf Gp. 744**

Viereckiger Schaft auf verstärktem Sockel mit Fresken, Ende 15. Jh. (Madonna, Helena, Jungfrauen von Meransen).

Rienzbrücke **auf Gp. 837/1**

Unter der Amtszeit des Kanzlers Metternich erbaute Steinbrücke, 1840 datiert.

Katastralgemeinde Spinges

Pfarrkirche St. Rupert mit Friedhof **Bp. 1**
Gp. 1

Um 1450 umgebaute Kirche mit Fassadenspitzturm. Abgesetzter polygonaler Chorschluß, Spitztonne mit Stichkappen (ohne Rippen), Schulterbogentür, Rundbogenfenster. Freskenausstattung von Johann M. J. Mitterwurzer, 1780.

Heilig-Grab-Kapelle **Bp. 2**

Um 1685 vom Jerusalempilger Georg Stocker erbaut. Hölzerner Dachreiter, Türmchen mit Zwiebel, Lünettenfenster. Im Innern gemauerte Kapelle mit Säulenvorbau, Heiliges Grab mit Blendbögen auf Säulen, Umgang mit hölzernem Pultdach.

Stark **Bp. 17**

Hof mit mittelalterlichem Wohnturm, Fensteröffnungen in Granitfassung, zwei Kragsteine aus Granit. Gotische Balkendecke in der Stube, Wandtäfelung mit Jahreszahl 1714. Tonnengewölbte Küche, Rundbogentüren. Gemauerter Treppenaufgang, Labe mit Balkendecke.

Schweiger mit Mühle **Bpp. 31, 32**

Mächtiger Hof mit gemauerter Freitreppe, tonnengewölbte Küche, zwei Stuben mit Getäfel. Rundbogentüren, Labe mit Tramdecke. Funktionstüchtige Mühle mit vollständiger Einrichtung.

Ölbergkapelle **Bp. 74**

1866 erbaute Kapelle mit hölzernem Dachreiter und Tonnengewölbe, dreiseitiger Chorschluß, Lünettenfenster. Schindeldach.

Junker-Stöckl **Bp. 77**

Kapelle mit hohem Kreuzgratgewölbe, Spitzbogenfenster. Vor dem Eingang Opferstock mit Jahreszahl 1859 und Initialen J.K.J.

Gedenkstein **auf Gpp. 39/1, 40**

Zum Gedenken an den Sieg vom 2. April 1797 der Tiroler über die Franzosen 1882 auf Granitsockel Kreuz errichtet.

Katastralgemeinde Vals

Masl **Bp. 25**

Einhof mit Verkündigungsbild an der Fassade, Spitzbogeneingang, Stube mit Felderdecke, Rundbogentür zur tonnengewölbten Küche.

Pfarrkirche St. Andreas und Friedhof **Bp. 44**
Gp. 1

Turm Ende 15. Jh., die Kirche 1889 in gotisierenden Stilformen von Josef Huber neu errichtet. Polygonaler Chorschluß, Kreuzrippengewölbe, im Chor Netzrippengewölbe. Freskenausstattung im Chor von Johann Matthias Pescoller, 1904 im Chor.

Stadel und Kornkasten beim Zinggerle **Bp. 47**

Kornspeicher und großer Stadl in typischer Kantholzblockbauweise auf gemauertem Unterbau. Offener Giebel, Ecksöller, hölzerne Freitreppe.

Untergatterer **Bp. 53**

Einheitlich gotische gezimmerte Holzkonstruktion auf gemauertem Unterbau. Türen mit Eselsrücken, originales Türblatt.

Pichler **Bp. 74**

Einhof mit vorkragendem Überbau auf abgefasten Holzsäulen. Reste einer gotischen Stube.

Badwirt-Mühle **Bp. 141**

Vollständig erhaltene Mühle in Kantholzblockbau samt Einrichtung. Verbretterter Giebel.

Ölbergkapelle **Bp. 146**

Fassadendachreiter, dreiseitiger Chorschluß, Kreuzgratgewölbe, Flachbogentür, Lünettenfenster, um 1890.

Mariahilfkapelle auf der Fane-Alm **Bp. 150**

Um 1890 von Hochw. Franz Masl und Helena Masl errichtet. Hölzerner Fassadendachreiter, dreiseitiger Chorschluß, Rechtecktür, Lünette, Schindeldach.

Links oben: Mühlbach, Stöcklvater-Kapelle
Links unten: Moos in Passeier, Kasten in Lazins
Rechts oben: Mühlbach, Schwaiger in Spinges
Rechts unten: Mühlbach, Felderer in Meransen

Mühlwald, Pfarrkirche St. Gertraud
Links oben: Mühlbach, Stadl und Kornkasten beim Zinggerle
Mitte links: Mühlwald, Gabriel
Links unten: Nals, Schulhaus

Katastralgemeinde Lappach

Pfarrkirche St. Agnes und Friedhof **Bp. 40 Gp. 201**

Spitzturm spätgotisch, Chor der spätgotischen Kirche in der Sakristei (1480). Kirche 1812–1815 errichtet. Gerader Chorschluß, Rundbogenfenster und Tonnengewölbe. Wandgemälde von Josef Renzler.

Katastralgemeinde Mühlwald

Pfarrkirche St. Gertraud mit Friedhof und Friedhofskapelle **Bpp. 1, 291, Gp. 24**

Spitzturm spätgotisch, Kirche 1831–1834 in den Formen des ausklingenden Barockstils von Jakob Prantl erbaut. Fassade mit Pilastergliederung und Dreieckgiebel, im Schiff Flachkuppel auf Wandpfeilern, dreiseitiger Chorschluß, Lünettenfenster: Freskenausstattung von Heinrich Kluibenschädl, 1893.

Gabriel **Bp. 16**

Gemauerter Bau mit Eck- und Fensterbemalung, am Türsturz Jahreszahl 1790, harmonische Fassade mit verbrettertem Holzgiebel, umlaufender Söller.

Mariahilfkapelle in Außermühlen **Bp. 46**

Am steingerahmten Rechteckportal Jahreszahl 1699, Fassadendachreiter mit Spitzhelm, Fenster mit Karniesbögen, Schindeldach. Im polygonalen Chor Putzgratgewölbe, im Langhaus Tonne mit Stichkappen (18. Jh.).

Holzer **Bp. 117**

In seiner Vollständigkeit selten gut erhaltener Haufenhof mit Pfostenspeicher in Holzblockbau, Wirtschaftsgebäude und Zuhaus. Rundbogentür, barockisierende Stube und Fresko (St. Florian). Labe mit Balkendecke.

Mariahilfkapelle beim Feichter **Bp. 169**

Gemauerte Kapelle mit eingezogener, rund abschließender Apsis. Innen Tonnengewölbe mit Gesims. Schindeldach. Johann Hopfgartner-Feichter ließ die Kapelle 1856 errichten.

Mair zu Niederweg mit Kapelle **Bp. 194 Gp. 1195/1**

Gemauerter Bau mit Außenfresko (Pietà), tonnengewölbte Labe und Küche mit Stichkappen, gewölbter Kellergang, Stube mit geschnitztem Vierpaßmittelfeld, Kammer im Obergeschoß, bez. 1783. Kapelle mit Rundbogentür, Kreuzgratgewölbe, am Eingang Jahreszahl 1720. Spitzbogige Fensterleibung.

Forer mit Kapelle **Bp. 256 Gp. 1317**

Holzblockbau mit gotischem Kornspeicher, Stube mit Bohlenbalkendecke, tonnengewölbte Küche, Backofenhaus. Einfache Kapelle mit Rechtecktür, Lünetten- und Rundbogenfenster.

Innerwegermühle und Stampfe **Bpp. 269, 270**

Holzblockbau mit funktionsfähigem Mahlwerk, Stampfe in Blockbau mit Wasserrad.

Außerwegermühle **Bp. 271**

Funktionsfähige Mühle in Holzblockbau.

Wassermann mit Zuhaus, Mühle, Kapelle und Hilge **Bpp. 275, 276, 286, 380**

Musterhaft erhaltenes Ensemble und bedeutendes Beispiel bäuerlicher Holzbauweise. Wohnhaus mit Spitzbogentür, tonnengewölbte, Küche, Stube bez. 1766. Funktionsfähige Mühle in Holzblockbau mit Jahreszahl 1720 am Türholm. Kapelle 1923 erbaut, Rundbogentür, Flachtonne. Pfostenspeicher.

Auermühle **Bp. 299**

Mühle mit funktionsfähigem Mahlwerk in Holzblockbau.

Forermühle **Bp. 304**

Intakt erhaltene Mühle in Holzblockbau mit funktionsfähigem Mahlwerk.

Lanermühle und Stampfe **Bpp. 306, 307**

Volkskundlich bedeutende Denkmale bäuerlicher Technik in Holzblockbau.

Mühle **Bp. 310**

Mühle mit Wasserrad und funktionsfähigem Mahlwerk in Holzblockbau.

Mariahilfkapelle beim Brugger **Bp. 237**

Einfacher Bau mit hölzernem Dachreiter (Zwiebelhaube), runder Chorschluß, Kreuzgratgewölbe mit Rankenmalerei 1843 errichtet. Schindeldach.

Mariahilfkapelle beim Oberwenger **Gp. 276**

Polygonaler Chorschluß, Tonnengewölbe mit Fresko (Maria Verkündigung). Fenster mit Karniesbögen.

Katastralgemeinde Nals

Vigiliushof **Bp. 2**

Spätmittelalterlicher Bau mit großem Spitzbogentor. In unmittelbarer Nähe standen bis nach dem Zweiten Weltkrieg die Reste der ehemaligen St.-Vigilius-Kirche. Konkav gebogene Fassade, teilweise vergitterte Fenster.

Grieser **Bp. 4**

Gemauerte Freitreppe, Fenster mit Putzrahmen, gewölbte Kellerräume. Gemauerter Aufgang vom Keller in den ersten Stock. In der Stube spätgotische Balkendecke, gewölbte Küche, 16. Jh. Reichgeschnitzter offener Bundwerkgiebel aus dem 18. Jh.

Rosengarten **Bp. 10**

Schmaler langgezogener Bau mit zwei Erkertürmchen im Südosten. Im ersten Stock gewölbte Küche, im zweiten Stock Reste von Stuckdecken. An der Fassade zwei Doppelbogenfenster.

Schönhaus **Bp. 26**

Ansitz. Erkertürmchen, Freitreppe mit ehemals offener Flachbogenloggia. Im dritten Geschoß des Treppenturmes und des Erkertürmchens dekorative Renaissancemalereien aus der zweiten Hälfte des 16. Jh.s. Oculifenster. Fassadenfresko (Mariahilf mit Heiligen), Mitte 18. Jh.

Alter Widum **Bp. 59/1**

Zweigeschossiger Renaissancebau mit steingerahmten Doppelbogen- und Rechteckfenstern. Um 1600. Rundbogendurchgang zum Keller.

Schwanburg **Bp. 66**

Renaissanceanlage mit mittelalterlichem Baukern. 1560–1575 errichtet. Freitreppe, Loggien, Erkeranbauten, Viereckturm, Rondell. Räume mit bemalten Kassettendecken. Kapelle mit polygonalem Chorschluß und Tonnengewölbe.

Kirchhof (Mandler) **Bpp. 71/1, 71/2, 71/3**

Krüppelwalmdach. Steingerahmtes Rundbogenportal in Rustikarahmung, regelmäßige Raumeinteilung. Im ersten Stock zwei Doppelbogenfenster. Um 1600.

Pfarrkirche St. Ulrich mit Friedhof **Bp. 73**
Gp. 831

Turm mit Zwiebelhaube und Laterne auf romanischem Unterbau. Kirche 1810–1814 erbaut. Flachbogig abschließender, abgesetzter Chor mit Flachkuppel, Wandpfeilerraum mit Tonnengewölbe, Flach- und Karniesbogenfenster. Freskenausstattung von Josef Schelski, 1814.

Gasser (Hiesegger) **Bpp. 79/1, 79/2**

Bau mit spätgotischen und Renaissanceelementen. Steingerahmte Rechtecktür, darüber Wappenkartusche, steingerahmte Fenster, kreuzgratgewölbte Eingangshalle im Erdgeschoß und ersten Stock, Doppelbogenfenster. Gewölbter Keller, Stadel mit Steildach und Fresken von 1837 (Georg, Martin), verbretterte Gieb[illegible]

Großpunten **Bp. 88/1**

Einhof. Am bergseitigen Stadel Rundbogentor und Bundwerkgiebel. Wohnhaus mit teilweise steingerahmten vergitterten Fenstern. Gegen Südosten überdachte Freitreppe und Doppelbogenfenster, 17. Jh.

Schulhaus **Bp. 114**

Würfelförmiger Bau in freien Jugendstilformen, 1910 nach Plänen von Arch. Walter Norden aus Bozen errichtet. Flachbogenerker, Freitreppe mit Rundbogenlauben, im Erdgeschoß Rustikaquaderung. Dachgauben.

Herz-Jesu-Kirche in Sirmian **Bp. 303**

Romanisierender Bau, 1843 errichtet. Rundapsis, Türmchen mit Pyramidendach (1857), Kreuzgratgewölbe, Flachbogenfenster.

Payrsberg **Bp. 305**

Burganlage aus der ersten Hälfte des 13. Jh.s. Bergfried mit Zinnengiebel und Rundbogenöffnungen, Palas verfallen, spätgotische Kapelle mit polygonalem Chor, Glockentürmchen, 17. Jh. Um 1560 Torbau angebaut (Wappen am Rundbogenportal).

St. Apollonia in Obersirmian **Bp. 310**

Romanischer Bau, im 17. Jh. eingewölbt. Rundapsis, im Chor Gratgewölbe, im Langhaus Tonnengewölbe. Vorhalle. Wandmalereien aus dem 17. Jh. übertüncht.

Turm beim Rainer **Bp. 312**

Dreigeschossiger kleiner Bau aus dem 16. Jh.

Katastralgemeinde Naturns

Pfarrwidum **Bpp. 1/1, 1/2**

Spätmittelalterlicher Bau mit Umfassungsmauer und Zinnengiebel. Am Giebel Spitzbogenöffnung, Fenster mit hoher Leibung.

Gasthof Goldene Rose **Bp. 3/2**

Gemauerte Freitreppe, steingerahmte Schulterbogentür mit Oberlichte, darüber Renaissancedoppelbogenfenster. Wirtshausschild 18. Jh.

Gasthof zum Adler **Bp. 13/3**

Freitreppe mit steingerahmter Spitzbogentür, Eckerker, polygonaler Fassadenerker. Geschnitzter Bundwerkgiebel, bez. 1717. Fresko (Heilige Familie), 18. Jh.; Reste von Eckbemalungen.

Dorfmair **Bpp. 25/1, 25/2**

Kurze doppelläufige Freitreppe mit marmorgerahmter Spitzbogentür. Im Dachgeschoß Doppelbogenfenster, an der Fassade Kruzifix. Hofmauer mit pilastergerahmtem Tor. Stadel mit geschnitztem Bundwerkgiebel. Fenster im 19. Jh. erneuert.

Gasthof Weißes Rößl **Bp. 26/1**

Spätgotischer Viereckerker auf Kragsteinen. Fassadenfresko von Simon Ybertrachter 1751 (Maria vom Siege). Geschnitztes Giebelbundwerk, bez. 1728. Freitreppe und erneuerte Rundbogentür.

St. Prokulus **Bp. 44**

Saalraum mit trapezförmigem Altarraum. Ostturm mit gemauerter Pyramide, 12. Jh.Bedeutende frühmittelalterliche Wandmalereien. Um 1400 Kirche erhöht (Freskenausstattung der Meraner Malerschule).

Hochnaturns **Bpp. 51, 54/1, 54/2**

Burganlage Anfang 13. Jh. errichtet, zugehöriges Bauernhaus. Bergfried mit Schwalbenschwanzzinnen, Palas mit Rondellvorbau, Doppelbogenfenster.

St. Ursula auf dem Berge **Bp. 55**

Im Keller Reste einer mittelalterlichen Kirche, die 1892 zu einem Wohnhaus umgebaut wurde. Chor mit Tonnengewölbe, gerader Ostabschluß, Freskenreste am Triumphbogen.

Latschraun **Bpp. 67, 68**

An der Talseite drei Stuben mit Schnitzornamenten 1862, Vierpaßmittelfeld mit Dreifaltigkeit. Gute kunsthandwerkliche Arbeit. Nebengebäude mit Mühle und Schmiede.

Pirch **Bp. 112**

Holzblockbau, ober der Schlafkammer Jahreszahl 1716. Barocke Stube mit Feldergetäfel, Reste von Bemalungen, im Mittelfeld Auge Gottes. Backofenerker und Getreidekasten.

Schnatz **Bp. 118**

Holzblockbau, später in Mauerwerk erweitert. Barockstube mit Feldergetäfel, bez. 1739. Am Wirtschaftsgebäude Sonnenuhr von 1723. Getäfelte Kammer mit Unterzugsbalken, bez. 1698.

Grueb **Bp. 120**

Gemauerter Bau mit Freitreppe, an der Fassade Jahreszahl 1747. Stube mit Feldergetäfel, Küche mit Tonnengewölbe. Gemauerter Kasten mit Sgraffitoschmuck an den Ecken, Rundbogentüren.

Patleid mit Mühle und Kornkasten **Bpp. 137, 303**

Gemauertes Feuerhaus mit Tonnengewölbe, Holzblockbau. Speis mit Kreuzgratgewölbe, Rundbogentüren, im Dachgeschoß Eselsrückentüren. Stube mit Leistengetäfel und bemalten Türen, bez. 1882.
Kasten: Holzblockbau auf gemauertem Unterbau, verbretterter Giebel mit Jahreszahl 157.. am Türholm.
Mühle: Verbretterter Giebel, Sichtmauerwerk, funktionstüchtiges Mahlwerk. Rechteckfenster.

Mauerbam **Bpp. 150/1, 150/2**

Bau aus dem 16. Jh., später erweitert. Hausgang mit Balkendecke, Stube mit verkleidetem Unterzugsbalken und Leistengetäfel. Kammertäfelung 1857. Am Dachstuhl Jahreszahl 156.., neuerer Dachstuhl, 1804, mit Schlangenköpfen.

Landbichl **Bp. 155**

Mittelalterlicher Wohnturm, später zu einem Bauernhaus erweitert. Außen Wandmalereien (Kreuzigung, Antonius, Pietà, Sebastian) 16./17. Jh. In der Stube Renaissancegetäfel von 1633.

Martschein **Bp. 156/1**

An das Haus angebaut mittelalterlicher Wohnturm aus dem 14. Jh. Im Obergeschoß Rundbogentür über Freitreppe erreichbar. Sichtmauerwerk.

Pfarrkirche St. Zeno **Bp. 166/1**

Turmunterbau romanisch, Abschluß mit Zwiebelhaube auf Oktogon. Spätgotischer Kirchenbau 1474/75 errichtet. Polygonaler Chor mit Gewölbe ohne Rippen, zweischiffiges Langhaus mit Netzrippengewölbe. Wandgemälde 13. bis 18. Jh.

Steg **Bp. 199**

Im Erdgeschoß und ersten Stock durchgehender tonnengewölbter Gang mit Stichkappen. Stube mit spätgotischer Wandvertäfelung, am Unterzug Andreaskreuz, die Deckenbalken später verkleidet. An der Außenwand Stein mit der Jahreszahl 1689.

Hauptstraße 123 **Bp. 203**

Seltene Fassadengestaltung in Biedermeierformen von 1837. Geschoßgliederung, Eckquader- und Fenstereinfassungen im Dachgeschoß mit Putzfatschen. Rechtecktür, darüber zwei Balkone mit Baluster- bzw. mit ausgesägten Brettergeländern. Sonnenuhr. Geburtshaus des Barockmalers Simon Ybertrachter.

Niedermair in Tschirland **Bp. 204**

Spitzbogige Haustür, im ersten und zweiten Stock gewölbter Hausgang. Ehemalige Hauskapelle mit Malereien, bez. 1763. In der Nordostecke Stube mit Erker und spätgotischer Balkendecke. Am Giebel Biforienfenster mit Spitzbögen.

Obermair in Tschirland **Bp. 205**

Spitzbogige Haustür, darüber Barockfenster (Madonna zwischen Petrus und Paulus). Große spätgotische Stube mit Viereckerker und flacher Balkendecke, am Türsturz Jahreszahl 1744. Küche mit Tonnengewölbe, Fenster mit Eisengittern. Am Nebengebäude hervorragende Sgraffitodekoration von 1550.

Forst in Tschirland **Bp. 213**

Im Kern mittelalterlicher Turm. Durchgehender gewölbter Gang. Tonnengewölbte Küche und Raum mit Sterngratgewölbe, 16. Jh.

Eisenlechen in Tschirland **Bp. 227**

Ursprünglich gemauerte, heute hölzerne Freitreppe. Spitzbogige Haustür. Durchgehender tonnengewölbter Gang. Stube mit Leistengetäfel und Jahreszahl 1782, gewölbter Erker. Tonnengewölbte Küche.

St. Oswald in Tschirland **Bp. 230**

1433 erwähnt, im 17. und 18. Jh. umgestaltet. Spitzturm, abgesetzter polygonaler Chor mit Gratgewölbe, Langhaus mit Flachdecke, Deckengemälde von Simon Ybertrachter, 1749. Außen Kreuzwegstationen, Mitte 18. Jh.

Lautenschlager in Tschirland **Bp. 233**

Eingeschossiger Mauerbau mit tonnengewölbter Küche und Backofen. Stube mit kreuzgratgewölbtem Viereckerker.

Füller in Tschirland **Bp. 238**

Bau mit flachbogiger Haustür und Putztafel mit Jahreszahl 1598. Tonnengewölbter Gang, Küche mit Tonnengewölbe und angebautem Backofen. Stube mit Felderdecke, im Mittelfeld Krönung Mariens, 18. Jh. Spitzbogentür zur tonnengewölbten Kammer. Wirtschaftsgebäude mit reich verziertem offenen Bundwerkgiebel.

Dornsberg (Tarantsberg) **Bp. 251**

Burganlage aus der ersten Hälfte des 13. Jh.s. Vorburg, Graben, Palas mit Kapelle, Bergfried; Innenhof mit Loggien und Wappenfresken aus dem 16. Jh., Innenraumgestaltung mit Kassettendecken. Reste mittelalterlicher Wandmalereien (13. Jh.)

Elektro-Zentrale Schnalstal **Bp. 380/1**

1910/11 von Musch und Lun errichtet. „Mittelschiff" mit seitlich abgesetzten Gewerbestockwerken (Lager, Archiv) und flankierenden Turmbauten (Wohnung, Verwaltung, Werkstätten). Sichtmauerwerk und Fachwerküberbau.

St.-Anna-Kapelle beim Platzgummer **auf Gp. 3099**

Um 1550 errichtet. Polygonaler abgesetzter Chor, Fassadenglockenmauer, Rechteckfenster, Flachbogentür, Tonnengewölbe.

Katastralgemeinde Staben

Unsere Liebe Frau in Staben **Bp. 11**

Romanischer Baukern, zu Beginn des 16. und in der ersten Hälfte des 17. Jh.s umgestaltet. Ostturm mit Pyramidendach, Rundapsis, Spitzbogenportal, Kreuzgratgewölbe.

St. Lorenzen **Bp. 62**

Mittelalterliche Kirchenruine mit älterem Langhaus und jüngerem, wohl spätgotischem polygonalen Chor.

Katastralgemeinde Tabland

St. Nikolaus **Bp. 1**

Langhausmauern und Turm romanisch, polygonaler Chor 1493 geweiht. Netzrippengewölbe. Langhaus mit Tonnengewölbe und Flachbogenfenstern.

Marienkapelle beim Knöttl **Bp. 62**

Kleiner Kapellenbau 1799 von Sebastian Kaserer und Anna Platzgummer erbaut. Abgesetzter Chor, Tonnengewölbe auf Pilastern, Rundbogentür.

Links oben: Naturns, Gasthof zum Adler
Links unten: Naturns, St. Oswald in Tschirland
Rechts oben: Naturns, Dornsberg (Tarantsberg)
Rechts unten: Natz-Schabs, Ölbergkapelle in Schabs

Katastralgemeinde Aicha

St. Nikolaus mit Friedhofskapelle und Friedhof **Bp. 1**
Gp. 1

Spitzturm und Chor um 1403. Langhaus 16. Jh. im Stil der spätesten Gotik mit Spitzbogentür, Netzrippengewölbe, Spitzbogenfenster. Im Chor Wandgemälde aus der Werkstatt Leonhards von Brixen, um 1464.
Friedhofskapelle: Einfacher Bau mit Kreuzgratgewölbe, Viereck- und Halbkreisfenster, 17. Jh.

Peintner **Bp. 7**

Viergeschossiger Einhof, Eingang über gemauerter Freitreppe, Labe mit Tonnengewölbe und Stichkappen. Mehrere Flachbogentüren, Spitzbogentür zur tonnengewölbten Küche, gewölbter Gang zur Speis. Stube mit spätbarockem Leistengetäfel, bemaltem Vierpaßmittelfeld (Krönung Mariä, 1733). Im zweiten Stock Kammer mit Eselsrückentür und Kreuzgratgewölbe. Keller mit Balkendecke und gemauerter Mittelsäule mit drei Schwibbögen. An der Taltraufenseite Fenster und Flachbogen und breiter Leibung. Rundbogentor zum Wirtschaftsgebäude.

Hintermair **Bp. 12**

Einhof. Traufseitiger Eingang über gemauerter Freitreppe, Haustür mit spitzbogigem Steingewände, Labe mit Kreuzgratgewölbe. Türen in der Labe mit schmalen Spitzbögen. Barocke Stubentäfelung mit geschnitztem Mittelfeld. Tonnengewölbte Küche. Ausgedehnte Kelleranlage mit großem Rundbogentor, Balkendecke, gemauerte Mittelsäule mit zwei Schwibbögen.

Weingartner **Bp. 14**

Verbretterter Bundwerkgiebel, Eingang über gemauerter Freitreppe, Spitzbogentür, Labe mit Kreuzgratgewölbe, breite tonnengewölbte Labe mit Stichkappen, Rundbogentüren. Tonnengewölbe in der Küche, ausgedehnte Kelleranlage mit gemauerter Mittelsäule. Angebauter Backofen mit Pultdach.

Vordersteurer mit ehemaligem Torggelhaus **Bp. 25**

Spätgotischer Bau, später erhöht. An der Taltraufenseite Viereckerker auf Kragsteinen, darunter Laube mit gemauerter Säule und zwei Rundbögen. Labe mit Kreuzgratgewölbe, Dachbogentüren, gewölbter Treppenaufgang zum Obergeschoß, spitzbogige Balkontür. An der Labe spitzbogig überwölbte Treppe zum Keller, rundbogige Kellertür.
Torgglhaus: Reste eines mittelalterlichen Turmes, Spitzbogentür mit Steingewände, Viereckfür mit Granitgewände, Initialen P. I. F. und Jahreszahl 1565. Überwölbte Kellertreppe, Keller mit Tonne.

Hintersteurer **Bp. 28**

Spätgotischer Bau mit hölzerner Freitreppe, später erhöht, Labe mit Tonnengewölbe und Stichkappen, Flachbogennische. Stube mit Bohlenbalkendecke. Küche mit Tonne. Im Obergeschoß tonnengewölbte Kammer. Keller mit Rundbogentor im Erdgeschoß, gemauerte Mittelsäule mit Schwibbögen und Balkendecke. An den Außenfassaden Spuren gotischen Quaderverputzes.

Katastralgemeinde Natz

Pfarrkirche zu den Heiligen Philipp und Jakob mit Friedhof **Bp. 1**
Gp. 144/1

Eine Kirchweihe 1208 erwähnt, Turm um 1400, Kuppelhaube modern. Die Kirche um 1500, am Portal Wappen von 1674. Polygonaler Chorschluß, Netzrippengewölbe, Halbkreisfenster im Langhaus, Spitzbogenfenster. 1988 nach Westen erweitert. Im Chor Wandgemälde um 1480.

Raspe **Bp. 4**

Einhof mit breiter Fassade, Bundwerkgiebel mit Söller. Fassadenfenster mit breiter Leibung. Rundbogige Haustür. An der hinteren Giebelseite drei Fensterchen mit ursprünglicher Leibung sowie Oculi im geschlossenen Giebel. An der Westseite Putzschild mit der Jahreszahl 1593. Tonnengewölbte Labe, Küche und Stube. Gemauerte Treppe zum Obergeschoß. Tonnengewölbter Stall und Rundbogentor zum Stadl.

Huber **Bp. 15**

Zweigeschossiger Einhof mit verbrettertem Bundwerkgiebel und Söller. Rundbogentor zum Stadel (Labe mit Tonnengewölbe und Stichkappen, Küche mit Tonne und Backofen, Stube mit Leistengetäfel. Zum Obergeschoß gemauerte Treppe, tonnengewölbte Oberlabe. Keller mit Tonne und Stichkappen, zwei Schwibbögen.

Liendl mit Kornkasten **Bpp. 19/1, 19/2**

Einhof mit Bundwerkgiebel und Söller. Eingang mit steingerahmter Spitzbogentür, darüber Putzschild mit Hauswappen (Pflug) und Marienfresko. Rundbogentür zur tonnengewölbten Küche, tonnengewölbte Speis, Stube mit Felderdecke und Vierpaßmittelfeld. Keller mit Kreuzgewölbe, tonnengewölbter Stall.
Kasten: Turmartiger Bau mit offenem Giebel, ausgestrichene Mörtelfugen, steingerahmte Spitzbogentür, Mauerwerk 1 m Durchmesser. Im Innern von einer hölzernen Mittelsäule getragene Getreidekästen.

St. Magdalena in Viums **Bp. 62**

1281 erwähnt. Der heutige Bau um 1500 errichtet. Polygonaler Chorschluß, Netzrippengewölbe. Turm 17. Jh. mit Pyramidendach. Wandgemälde. Außen um 1500, an der Fassade (Madonna) 1677.
Bannzone: Gp. 367

Huber **Bp. 65**

Dreigeschossiger Bau mit turmartigem Vorbau und vorkragendem Holzgiebel. Gemauerte Freitreppe mit steingerahmter Schulterbogentür, darüber Wappen mit Jahreszahl 1675. Eisentür. Im Obergeschoß kreuzgratgewölbter Raum. Tonnengewölbte Labe und Küche im Wohnhaus, Rundbogentür, überwölbte Treppe zum Obergeschoß, Stube mit Felderdecke und Vierpaßmittelfeld. Im dritten Stock Kammer mit Tonne. Gewölbter Kellergang. An der Hintertür Freitreppe mit Podest.

Kapelle beim Flötscher **Bp. 68**

Satteldach, abgerundeter Chorschluß, Rundbogentür, zwei Halbkreisfenster und Tonnengewölbe.

Links oben: Natz-Schabs, St. Magdalena in Viums
Links unten: Natz-Schabs, Raspe
Rechts oben: Neumarkt, Pfarrkirche St. Nikolaus
Rechts unten: Neumarkt, altes Volksschulgebäude

Elektrizitätswerk und Rienzwerke **Bpp. 70/71**

Technischer Bau in historisierenden Formen aus der Jahrhundertwende mit Kuppeltürmchen, reich gegliederter Fassade mit Nischen, Balkonen und Erkern.

Rundler Mühle in Viums **Bp. 72**

Bau in Sichtmauerwerk mit Satteldach, im Innern zwei funktionstüchtige Mahlwerke. 19./20. Jh.

Kapelle beim Rundl **Bp. 76**

Satteldach, rundbogig abschließender Chor, Rundbogentür, zwei Flachbogenfenster, am Giebel Halbkreisfenster, Rund- und Vierpaßöffnungen. Kreuzgratgewölbe, im Chor Tonne mit Stichkappen.

Katastralgemeinde Raas

St. Ägidius mit Kapellen und Friedhof **Bpp. 1/1, 1/2, 1/3 Gp. 432**

Spätgotischer Bau mit polygonalem Chorschluß und Spitzturm, Ende 15. Jh. Heiliggrab- und Lourdeskapelle. Im Chor Netzrippengewölbe, im Langhaus Sternrippen. Spitzbogenfenster. Vorhalle mit Kreuzgewölbe auf Säulen. Schulterbogentür. Wandgemälde von Johann Pescoller, um 1930. 1988/89 nach Westen erweitert.

Tauber **Bp. 16/1**

Einhof mit Freitreppe und Rundbogentür. Fenster mit breiter Leibung. Backofenerker. Tonnengewölbte Labe mit Stichkappen, tonnengewölbte Küche. Überwölbte Treppe zum Keller. Stube mit Felderdecke und geschnitztem Vierpaßmittelfeld (Herz). Rundbogentor zum Keller.

Backofen beim Bühler **Bp. 20**

An der ursprünglichen Hofmauer angebauter Backofen mit Pultdach und hohem Vorgewölbe.

Backofen beim Kaser **Bp. 21**

Frei stehendes Backofenhaus mit Satteldach und breitem Vorgewölbe.

Trinner **Bp. 23**

Einhof mit geschlossenem Holzgiebel. Labe mit Tonne und Kreuzgratgewölbe. Rundbogentüren zur tonnengewölbten Küche und Stube. Keller mit Tonne. Spuren der barocken Fenster- und Eckbemalung.

Ratzötz **Bpp. 24/1, 24/2**

Einhof mit verbrettertem Giebel, spitzbogige Haustür, angebauter Backofen mit Pultdach, tonnengewölbte Labe mit Stichkappen, mehrere Rundbogentüren. Im Obergeschoß Kammer mit Tonne. Gewölbter Gang zum tonnengewölbten Keller, tonnengewölbter Stall.

Kofler **Bp. 26**

Einhof mit Umfassungsmauer, hölzerne Freitreppe mit rundbogiger Haustür, tonnengewölbte Labe, Stube mit Leistengetäfel. Rundbogenöffnung zum Wirtschaftsgebäude. An der Eingangsseite zwei kleine vergitterte Fenster mit breiter Leibung. Spitzbogentür mit Steingewände zum Keller.

Bacher **Bp. 29**

Dreigeschossiger Bau mit gut erhaltener gotischer Bausubstanz. Zweiseitiger Fassadenerker, steingerahmte Spitzbogentür, Stube mit Rundbogentür und Bohlenbalkendecke. Ausgedehnte Kelleranlage mit mehreren Tonnen. Spitzbogentür mit Steingewände.

Katastralgemeinde Schabs

Pfarrkirche St. Margareth mit Friedhofskapelle und Friedhof **Bp. 1 Gp. 1**

Erwähnt 1330. Der spätgotische Bau mit Spitzturm um 1500 errichtet. Portal mit Wappen von 1681. Aus dieser Zeit die Gruft und die Seitenkapelle. Das Innere Ende 18. Jh. barockisiert: Wandpfeilerraum mit Tonne und Stichkappen. In der Seitenkapelle Fresken von Egid Schor 1697, im Langhaus von Johann Mitterwurzer, Ende 18. Jh. Über dem Portal Kreuztragung von Friedrich Pacher, Ende 15. Jh.

Keller **BP. 12**

Einhof mit geschlossenem Giebel, im Erdgeschoß Rundbogentor zum gewölbten Kellergang, zwei tonnengewölbte Kellerräume. Eingang über Freitreppe, tonnengewölbte Labe mit Stichkappen, zwei Rundbogentüren, Küche mit Tonne, Stube mit Leistengetäfel. An der Taltraufenseite neuere Wandmalerei (Madonna) in einem vermauerten Fenster.

Bildstock an der Straße nach Franzensfeste **Bp. 53**

Maueraufsatz mit Flachbogennische und Satteldach, 16. Jh., erste Hälfte.

Ölbergkapelle **auf Gp. 497/1**

Kapelle mit hohem Giebeldachreiter mit Doppelzwiebel, vorgeblendeter, geschwungener Giebel, ober der flachbogigen Tür Wandmalerei (Dolorosa). Tür und Fenster mit bewegter Stuckverzierung umrahmt, musizierende Engel auf Konsolen flankieren die Tür. 19. Jh.

Katastralgemeinde Laag

Klösterle **Bp. 1 Gp. 36**

Pilgerhospiz aus dem 12. Jh. mit Umbauten aus dem 16. Jh. Hufeisenförmig um einen Innenhof angelegt. Gemauerte Freitreppe, kleine Rundbogenfenster, Rechteckfenster in Steinrahmung. Freskenreste aus dem 15. Jh., mehrere Holzdecken aus dem 17. Jh.

St. Florian **Bp. 4**

1189 erwähnt. Teile des 1954 erhöhten Langhauses mit eingemauerter Fassadenglockenmauer noch aus dem 12. Jh. Hoher Chor mit gegliederter Apsis, 13. Jh. Verbretterter Dachstuhl im Schiff, im Chor Sternrippengewölbe, 15. Jh. Freskenreste um 1200.
Bannzone: Bp. 126, Gpp. 40/1, 40/2, 52/1, 54/1, 56/1, 59/1, 59/2.

Freiheitsplatz 1 **Bp. 5**

Mächtiger Bau mit abgewalmtem Dach. Gemauerte Freitreppe. Im Erdgeschoß Ladeneinbauten.

Gfriller Straße 1 **Bp. 6/3**

Giebelständiger Bau mit Eckerker, steingerahmte vergitterte Fenster, Rundbogentore, Mittelsaal mit Stichkappengewölbe, am Treppenaufgang Rundbögen. Im Giebel Oculi. Um 1600.

Freiheitsplatz 3–5 **Bpp 8/5, 8/10**

Im Kern mittelalterlicher Bau an der Ostseite des kleinen Platzes. Im 17. Jh. umgestaltet. Rundbogenfenster. Oculi am Giebel.

Gfriller Straße 21 **Bp. 12**

Im Erdgeschoß zwei Rechteckfenster in verzierter spätgotischer Sandsteinfassung, gewölbte Räume, mehrere Balkendecken. Im ersten Stock breites Gewölbe. Mittelalterlicher Baukern, im 17. Jh. umgestaltet. Steingerahmtes abgefastes Rundbogentor.

Alte Pfarrkirche St. Lorenz **Bp. 13**

Spätgotischer Bau 1532 geweiht. Turm mit Spitzbogenfenster und Viereckhelm, polygonaler Chorschluß, Netzrippengewölbe. Spitzbogenportal in profilierter Steinrahmung.

Katastralgemeinde Neumarkt

Gallushof, Romstraße 1 **Bp. 2**

Ehemalige St.-Gallus-Kirche mit Spital. Mittelalterlicher Bau, später verändert. Drei Spitzbogenfenster in Quaderleibung, an der Straßenfront Freskenschichten (Gnadenstuhl, Kreuzigung), 14./15. Jh. Tonnengewölbe mit Stichkappen, zum Garten Spitzbogentür.

Pfarrkirche St. Nikolaus mit Friedhof **Bpp. 3, 4 Gp. 7**

Turm und Langhausmauern romanisch, Chor Anfang 15. Jh. von Meister Konrad errichtet, Sternrippengewölbe im Langhaus, um 1500. Zwei Seitenschiffe mit Kreuzgratgewölben und gotisierenden Diensten, Empore 19. Jh. Fresken am Turm um 1400, Fassadenfresko (St. Nikolaus), Mitte 18. Jh. Wandgemälde im südlichen Seitenschiff um 1500, im Langhaus 1938 von Anton Sebastian Fasal.

Andreas-Hofer-Straße 45–47 **Bp. 5**

Dreigeschossiges Wohnhaus am südlichen Laubenanfang. Im Erdgeschoß alte Schmiede mit Kreuzgratgewölbe, Tonnengewölbe mit Stichkappen. Offenes Stiegenhaus, Stube mit Leistengetäfel. Zum Platz Vordach.

Andreas-Hofer-Straße 41 **Bpp. 10/1, 10/2**

Dreigeschossiges Laubenhaus, Rundbogentür in Rustikarahmung, Keller mit Stichkappengewölbe, tonnengewölbte Hofdurchfahrt. Im ersten Stock Schulterbogentür zu tonnengewölbter Rauchküche. Raum mit einfacher Stuckdecke. Im zweiten Stock Rundbogentüren.

Andreas-Hofer-Straße 37 **Bp. 16**

Laubenhaus. Rundbogentor, offener Lichthof. Im Erdgeschoß spätgotischer Sandsteinpfeiler. Zur Gartenseite ehemaliger Stall mit Gewölben.

Andreas-Hofer-Straße 19–21 **Bpp. 21, 22, 23**

Dreigeschossiges Laubenhaus, drei Laubenöffnungen. Rundbogentor, Durchfahrt mit Tonnengewölbe. Stiegenaufgang durch Rundbogen, im ersten Stock steingerahmte Rechtecktür, im zweiten Stock Kachelofen mit Empiredekor, Jahreszahl 1835 und Initialen P. C.

Andreas-Hofer-Straße 13 **Bp. 29**

Viergeschossiges Laubenhaus mit spitzbogiger Haustür in abgefaster Steinrahmung. Im Erdgeschoß Schulterbogentür. Erneuertes Stiegenhaus.

Andreas-Hofer-Straße **Bp. 43**

Laubenhaus mit gewölbter Durchfahrt und gemauertem Aufgang ins Obergeschoß. Im ersten und zweiten Stock gewölbte Räume.

Andreas-Hofer-Straße 3–5 **Bp. 44**

Doppelhaus mit Laubengang. Im Erdgeschoß und im ersten Stock gewölbte Räume, im ersten Stock an der Straßenseite in jedem Haus eine getäfelte Stube, die westliche mit Renaissancepilastern und Felderdecke, 17. Jh.

Lauben 19 **Bp. 48**

Laubenhaus mit Rundbogenportal, am Keilstein Jahreszahl 1598. Im ersten Stock Fragmente eines Freskos (um 1500).

Lauben 17 **Bp. 49**

Dreigeschossiges Laubenhaus mit dreiseitigem Erker. Im Kern mittelalterlicher Baubestand, im 17. Jh. umgestaltet. Offenes Treppenhaus mit Lichthaube. Im ersten Stock gewölbter Saal mit Rechtecktüren. Zweiarmige Treppe zum zweiten Stock mit Emporenöffnungen. Steinbrüstung mit Spitz- und Rundbogenöffnungen.

Lauben 13–15 **Bp. 50**

Zwei Rundbogenlauben auf Sandsteinpfeiler. Steingerahmte Fenster in Renaissanceformen, an der Fassade zwei dreiseitige Erkeranbauten.

Lauben 11 **Bp. 51**

Am Rundbogentor Wappen, Erkeranbau. Im ersten Stock Decke mit Stuckrahmen, ehemalige Wirtsstube (Täfelung und gotische Balkendecke, Unterzug mit Zopfmotiv). Im zweiten Stock Rauchküche mit Herd, Stube mit Balkendecke ohne Unterzug.

Lauben 3 **Bpp. 52/1, 52/2**

Viereckerker auf Steinpfeiler, unterwölbter Söller auf Konsolen. Rundbogentor, gewölbte Durchfahrt zum Hof. Rechteckfenster und Türen in Steinrahmung. Im ersten Stock Raum mit Stuckdecke und Täfelung.

Lauben 1 **Bpp. 56, 58**

Dreigeschossiger Bau, der westliche Teil vorspringend. Spitzbogige Laubenöffnung und Haustür in Quaderfassung. Hohe, gewölbte Durchfahrt. Im zweiten Stock des Hinterhauses Wandmalereien mit Putten und Dekorationen, Madonnenbild, um 1540.

Bozner Straße 31 **Bpp. 63/1, 63/2**

Dreigeschossiger Bau, 17. Jh. Steingerahmte Fenster und Balkontüren, im Erdgeschoß Geschäftseinbau.

Fleimstaler Straße 43 **Bpp. 64/1, 64/2**

Mittelalterlicher Baukern, im 17. Jh. umgestaltet. Dreigeschossig, konvexgebogene Nordfront mit Ecktürmchen, Mezzaningeschoß; Fenster in Steinrahmung, im ersten Stock Doppelbogenfenster, im Erdgeschoß vergitterte Rechteckfenster, betonte Eckquaderung.

Fleimstaler Straße 41–43 **Bp. 66**

Hofanlage mit mittelalterlichem Baubestand. Inschriftstein bez. 1468. Anlage im 17. Jh. umgebaut, im ersten Stock dreiseitiger Erker (1639), im zweiten Stock Eckerker mit Biforien.

Fleimstaler Straße 35, 37, 39 **Bp. 67**

Langgezogener, zweigeschossiger Bau. Mittelalterlicher Kern, im 17. Jh. verändert. Gemauerte Freitreppe, Rundbogentor in abgefaster Quaderrahmung. An der Südseite rundbogiger Durchgang.

Palais Longo **Bp. 68**

Regelmäßige Fassadengestaltung, 17. Jh. Im Stiegenhaus und Saal im ersten Stock Stuckdekorationen und Deckengemälde (Titanenkampf, Götterszenen, vier Elemente und Jahreszeiten). Im Seitenzimmer bemalte Tapeten (biblische Szenen, Landschaften).

Fleimstaler Straße 28 **Bp. 76**

Langgezogener zweigeschossiger Bau mit Rustikaportal, Wappenstein, bez. 1597. Freitreppe mit Rundbogenloggia auf Säulen an der Hofseite, im ersten Stock flachgedeckter Saal, Räume mit Stuckleisten an der Decke.

Kapuzinerkloster und Kirche zu den Vierzehn Nothelfern **Bpp. 78/1, 79**

1618–1620 erbaut. Saalraum mit Tonnengewölbe, gerader Chorschluß, rechts Seitenkapelle. Renaissanceportal mit rosettengeschmückten Pilastern.

Rathaus **Bpp. 80/1, 80/3**

Dreigeschossiger Barockbau mit neun Fensterachsen. Im Erdgeschoß gewölbte Halle, an der Nordseite im Hof zweigeschossige Loggia (teilweise verglast und vermauert), Halle mit Stichkappengewölbe, steingerahmte Türen und Tore. Im zweiten Stock Stuckdecken.

Fleimstaler Straße 34 **Bp. 84**

Auf mittelalterlichem Bestand errichteter regelmäßiger Renaissancebau mit Freitreppe. Portal in rotweißer Marmorrahmung, am Sturz Recordinwappen. Zwei Doppelbogenfenster. Im Erdgeschoß Gewölbe, Spitzbogentür mit tiefer Hohlkehle.

Hotel Post **Bp. 87/1**

Ausgedehnte Anlage, aus mehreren Hauseinheiten bestehend. Zur Hauptstraße moderner Vorbau, im Haupthaus turmartiger Teil, mit Bp. 84 zusammengebaut. An der Nordseite mittelalterlicher Trakt mit Schulterbogentür, Wappenschild am Sturz, steingerahmtes Fenster mit Wappen der Arco, zwei gewölbte Räume.

Lauben 4 **Bp. 93**

Dreigeschossiger Bau mit Viereckerker auf Pfeiler und zwei gotischen Fenstern. Rundbogentür, tonnengewölbter Gang mit Stichkappen. Im zweiten Obergeschoß barocke Täfelung mit profilierten Leisten und zwei steingerahmte Rechtecktüren.

Lauben 8 **Bp. 100**

Zweigeschossiges Laubenhaus mit drei Achsen, imitierter Eckquaderung, steingerahmten Fenstern und vermauerten Oculi. Im ersten Obergeschoß runder Erker auf viereckigem Pfeiler. Zwei rundbogige Laubenöffnungen. Rustikator, am Keilstein Wappen mit Jahreszahl 1599 und Initialen F. M. An den Längsseiten Doppelbogenfenster in beiden Geschossen.

Ehemaliges Gerichtsgebäude, Lauben 12 **Bpp. 101/1, 101/2, 101/3**

Dreigeschossiges Barockpalais mit zehn Fensterachsen, zwei Mittelsäle mit regelmäßig angelegten Anräumen, Stuck- und einfache Felderdecken. An der Fassade Wappenmalerei und Inschrift. Im ersten Obergeschoß erhöhter Saal, reiche Stuckdecke, Türen und Kamine in roter Marmorrahmung. Kachelofen mit Empiredekor.

Altes Schulhaus **Bp. 102**

Dreigeschossiges Laubenhaus, steingefaßte Rundbogentür, am Scheitel Wappen von Neumarkt zwischen zwei Rosetten. Imitierte Eckquaderung. Tonnengewölbter Aufgang zum ersten Obergeschoß.

Alter Pfarrwidum, Lauben 20–22 **Bp. 103**

Dreigeschossiges Laubenhaus mit Flacherker. Rundbogentor, am Keilstein Wappenschild mit Jahreszahl 1583. Im Erdgeschoß Gewölbe, in beiden

Links oben: Neumarkt, Griesfeld
Links unten: Neumarkt, Palais Longo
Rechts oben: Niederdorf, Weißes Haus
Rechts unten: Neumarkt, Unsere Liebe Frau in Vill

Geschossen Vorplätze, Netzgratgewölbe, Rundbögen auf Säulen mit steinerner Brüstung. Zur Gasse Biforienfenster mit Seitensitzen. Im ersten Obergeschoß bemalte Holzdecke mit Wappenschilden und Köpfen, Anfang 16. Jh. Mehrere Renaissancetäfelungen

Lauben 26 **Bp. 105**

Dreigeschossiger Bau. Mittelalterlicher Kern, im 17. Jh. umgestaltet. Fünffach gekuppelte Fenster in Steinrahmung, Treppenhaus mit hoher Lichthaube. Im Dachgeschoß vermauerte Oculi, Hausflur mit Spitzbogen, gemauerte Treppenanlage.

Lauben 30–32 **Bp. 106**

Dreigeschossiger Bau mit gebogener Fassadenfront. Rundbogentor, am Scheitel Wappenschild. Hausflur mit Tonnengewölbe. Gemauerter Treppenaufgang. Im ersten Stock gotische Balkendecke.

Lauben 36 **Bp. 107**

Schmaler Bau mit vorspringender Laube und Viereckerker auf Konsolen. Oculifenster. Rechteckige Haustür in Steinrahmung, am Wappenschild Jahreszahl 1560 und Initialen P. G.

Andreas-Hofer-Straße 2 **Bp. 114**

Laubenhaus mit Flacherker, tonnengewölbte Durchfahrt mit Stichkappen. Im ersten Stock Schulterbogentür mit Eisentürflügel, Verbindungsgang auf Steinkonsolen.

Andreas-Hofer-Straße 4 **Bp. 120**

Ehemaliger Gasthof Schwarzer Adler. Dreigeschossiges Laubenhaus mit rundbogigem Rustikator zur überwölbten Durchfahrt. Im ersten Stock Saal mit flachem Gewölbe, in der ehemaligen Wirtsstube gotische Balkendecke mit Unterzug und umlaufender Flachschnitzerei. Tonnengewölbte Küche. Im zweiten Stock Flachdecke mit Stuckrahmen, 17. Jh.

Andreas-Hofer-Straße 10 **Bp. 123**

Dreiseitiger Erker im ersten Stock, gewölbte Kellerräume. Im ersten Stock Saal mit Netzgratgewölbe, offener Lichthof. Holzbalkone zum Hinterhaus, dort Erdgeschoß (ehemaliger Stall) mit Gewölbe auf drei Steinpfeilern.

Andreas-Hofer-Straße 12 **Bp. 125**

Drei Rundbogenlauben, gewölbter Durchgang. Im Vorraum des ersten und zweiten Stockes barocke Stuckdecken, zum Hof Doppelbogenfenster.

Andreas-Hofer-Straße 14 **Bpp. 130/1, 130/2**

Dreigeschossiges Laubenhaus mit Rundbogentor in Steinrahmung, am Keilstein Wappenschild und Jahreszahl 1600. Tonnengewölbte Durchfahrt mit Stichkappen (heute Gastlokal). Zum Hof tonnengewölbter Gang mit Stichkappen. Fensterrahmungen und Eckquadern in Putz.

Andreas-Hofer-Straße 22 **Bp. 135/1**

Dreigeschossiges Laubenhaus mit Erker auf verzierten Steinkonsolen. Im ersten und zweiten Stock Vorplätze mit steinerner, flachbogig unterwölbter Brüstung, Verbindungsgänge zum Hinterhaus auf Kragsteinen.

Andreas-Hofer-Straße 24 **Bp. 136**

Dreigeschossiges Laubenhaus, mittelalterlicher Baukern. Im ersten Stock durchgehender großer Vorplatz bis zum Dach. Spitzbogentür in abgefaster Steinrahmung.

Andreas-Hofer-Straße 34 **Bp. 154**

Dreigeschossiger Bau, Rundbogentor zur gewölbten Durchfahrt. Im ersten Stock gewölbter Vorplatz mit Säule, tonnengewölbte Selchküche.

Andreas-Hofer-Straße 40 **Bp. 161**

Laubenhaus mit Viereckerker auf Konsolsteinen, Rustikaportal mit Keilstein und Wappenschild, bez. 1597. Rundbogige Durchfahrt. Gewölbereste im ersten Stock.

Andreas-Hofer-Straße 43 **Bpp. 162, 163**

Ehemaliges Ballhaus. An der rückwärtigen Fassade hohes Rundbogentor, Lagerraum heute abgeteilt. Dachstuhl auf mächtigen Rundpfeilern aufruhend. Zur Andreas-Hofer-Straße Fassade durch späteren Zubau des Hauses auf Bp. 162 verändert.

Andreas-Hofer-Straße 46 **Bp. 164/1**

Ehemaliger Engelwirt. Rundbogenportal, im Erdgeschoß Gewölbe, im ersten Stock Mittelsaal mit Stuckdecke (durch Zwischenwände abgeteilt).

Fleimstaler Straße 14 **Bp. 172**

Zweigeschossiger Bau mit marmorgerahmter Rundbogentür, darüber Wappenkartusche.

Griesfeld **Bp. 176**

Dreigeschossiger Renaissancebau mit symmetrischer Fassadengestaltung, 1646 errichtet. Rundbogenportal, zwei Doppelbogenfenster, Rechteckfenster. Mittelsäle mit Stichkappen, mehrere Räume mit Kassettendecken. Im zweiten Stock Kapelle. Flachtonne auf Pilastern, Stuckdekoration, Deckengemälde (Marienleben, Heilige), 17. Jh.

St. Michael in Mazon **Bp. 181**

Romanischer Bau (Turm mit gemauertem Viereckhelm), im 17. Jh. vergrößert. Gerade abschließender Chor mit Tonnengewölbe, im Langhaus und in der Seitenkapelle Kreuzgratgewölbe. An der Nordseite Schulterbogentür, 16. Jh. Außen Wandmalereien (St. Christoph, weibliche Heilige), 14. Jh.

Unterer Ingram in Mazon **Bp. 183**

Dreigeschossiger Renaissancebau mit zwei zu drei Fensterachsen, an der Nord- und Südseite je zwei Doppelbogenfenster. Zur Straße hin Rechtecktür in Steinrahmung, am Sturz Jahreszahl 1642. Rechteckfenster in Steinfassung.

Hofstätter in Mazon **Bp. 184**

Zweigeschossiger Bau mit Eckerker auf Kragsteinen. Steingerahmte Rechteckfenster. An der Südseite Doppelbogenfenster (nur mehr ein Bogen erhalten). Mittelalterlicher Baukern, im 17. Jh. umgestaltet.

Kohler in Mazon **Bp. 186**

Hoher, dreigeschossiger Bau mit Eckerker auf Kragsteinen, unregelmäßige Fassadengestaltung an der Nordseite. Mittelalterlicher Baubestand, im 17. Jh. verändert. Gemauerte Freitreppe mit steingerahmter Rundbogentür.

Trattmann in Mazon **Bp. 187**

An den Kohlerhof angebaut. Teilweise erneuerter mittelalterlicher Bau. Zwei rundbogige Hoftore, weit vorkragendes Dach.

Glenweg 14 **Bp. 200/2**

Mittelalterlicher Baubestand mit spätgotischer Haustür mit Schulterbogen, Fenster mit Sgraffitorahmung, bez. 1544.

Körber in Vill **Bp. 217**

Dreigeschossiger, langgezogener Bau mit sechs Achsen, Eckerker, die einheitliche Fassade teilweise dem Wirtschaftsgebäude vorgeblendet. Fenster und Türen mit Putzrahmen.

Mesnerhaus in Vill **Bp. 218**

Bau mit regelmäßiger Fassadengestaltung. Gewölbter Hausgang, in der Stube einfache Täfelung aus dem 17. Jh.

Altes Mesnerhaus in Vill **Bp. 219**

Spätmittelalterlicher Baubestand mit gotischen Tür- und Fenstergewänden. Spitzbogenportal mit Wappen am Scheitel, Fenster mit hoher Leibung, Viereckfenster in abgefaster Steinrahmung. Rundbogeneingang zum Keller, Tonnengewölbe, Rundbögen.

Unsere Liebe Frau in Vill **Bp 220**
Gpp. 583, 584, 624

Dreischiffiges Hallenlanghaus mit Stern- bzw. Netzrippengewölbe (1461–1518). Abgesetzter Polygonalchor mit Sternrippengewölbe, von Meister Konrad 1412 begonnen. Westturm mit Viereckhelm, Sandsteinkanzel und Sakramentshäuschen. Im Chor Sediliennische, skulptierte Gewölbeanfänger. Im Langhaus Wandgemälde von Conrad Waider, 1504; gemalte Epitaphe, 1569. An der südlichen Außenwand Fragment, Pietà, Anfang 16. Jh.

Schloßhof in Vill **Bp. 222**

Großes Wohn- und Wirtschaftsgebäude, im Erdgeschoß gewölbte Räume, über dem Torbogen Jahreszahl 1752.

Viller Schlößl **Bp. 223**

Dreigeschossiger Bau, an der Ostseite Erkervorbau. Im 17. Jh. errichtet, im 18. Jh. umgebaut. Im Keller und Erdgeschoß mehrere gewölbte Räume, Rechtecktür mit Oberlichte, Fenster mit Putzbekrönungen. Im zweiten Stock Türeinfassungen in Stuck, mehrere Räume mit Stuckdecken; im Erdgeschoß ehemaliger Kapellenraum mit Stuckdecke (Muschelornament).

Klosterhof in Vill **Bp. 228**

Heutige Form 17. Jh. Zweigeschossiger Bau mit Rundbogentoren, steingerahmte Rechteckfenster, im ersten Stock teilweise mit barocken Bekrönungen. Balkon mit geschwungener Brüstung auf Kragsteinen. Über dem rechteckigen Eingang Wandgemälde in bewegtem Stuckrahmen.

Plattenhof in Vill **Bp. 229**

Viergeschossig, Rundbogenportal mit Keilstein und Wappen, zwei Biforienfenster, Oculi, Fenster mit Gitterkörben in Steinrahmung, an der Ostseite Biforien und Oculi. Im Erdgeschoß vermauerter Rundbogen zum Keller, im ersten Stock Gewölbe.

St. Leonhard beim Leitgeb in Gfrill **Bp. 258**

Einfacher Kapellenbau aus dem 17. Jh. mit rundbogigem Chorschluß, Rechtecktür und steilem Satteldach mit Schindeln.

Alte Volksschule **Bp. 303**

Schulgebäude 1908 nach Plänen von Arch. Wilhelm Anton Linke im Münchner Jugendstil errichtet. Riefenputz, Stuckdekorationen.

Caldiff **Gp. 386/1**

Burgruine. Im 12. Jh. erbaut (Palas, Bering), im 13. Jh. erweitert. Aus dem 16. Jh. Wohntrakt mit ebenerdiger Kapelle, darüber Saal. Reste von dekorativen Wandmalereien um 1300 und aus dem 16. Jh.

Katastralgemeinde Niederdorf

Hanslbäck **Bp. 18**

Steingerahmtes Fenster neben dem Rechtecktor, darüber Wandmalereien (St. Antonius, Immaculata, Florian). Stube mit gotischer Bohlenbalkendecke und geschnitztem Unterzugsbalken. Im Obergeschoß Flur mit Tonnengewölbe. Kleine Stube mit Felderdecke, im Mittelfeld Stern und Jahreszahl 1772.

Romstraße 79 **Bp. 39**

Steingerahmtes Spitzbogenportal, Stube mit spätgotischer Balkendecke, im Erdgeschoß eine steingerahmte Spitzbogentür, die restliche Innenraumgestaltung neu. Im Obergeschoß durchgehender Gang mit Balkendecke.

Romstraße 77 **Bp. 40**

Rundbogenportal, steingerahmtes Fenster mit breiter Fase, Stube mit spätgotischer Bohlenbalkendecke.

Ehemaliges Gerichtshaus **Bp. 63**

Bau zum Teil stark verändert. Spitzbogenportal, Fassadenfresken (Wilder Mann, Wappen von Görz und Tirol), 16. Jh. Zinnengiebel. Im ersten Stock Stube mit reich geschnitzter Balkendecke und Minuskelinschrift: „pisces perdices fures et meretrices purgant de zista nummos bene quattuor ista", 15. Jh.

Ehemaliges Kurz'sches Benefiziatenhaus **Bp. 68**

Zweigeschossiger Bau mit Fassadengemälde (Marienkrönung mit Stifter), um 1700. Steingerahmte Rechtecktür, im Erdgeschoß gewölbter, im Obergeschoß gratgewölbter Flur, zwei Räume mit Pilastertäfelung, bez. 1638.

Hotel Ebner **Bp. 69/1**

Gegen Westen an das ehemalige Kurz'sche Benefiziatenhaus im 19. Jh. angebautes Hotel, dreigeschossig, mit Flachbogentor. Gewölbter Flur, Holzbalkone und Dach mit farbig glasierten Ziegeln und Dachhäuschen.

Spital und Kirche zur Heiligen Dreifaltigkeit **Bpp. 70, 71/1**

Die Kapelle des 1456 gestifteten Spitals Mitte 17. Jh. erweitert und 1655 neu geweiht. Vorhalle mit Kreuzgratgewölbe, abgesetzter polygonaler Chor, Fassadentürmchen. Im Langhaus Tonnengewölbe, im Chor Netzrippengewölbe. Chorfresken Brixner Meister, 1473.
Im Spitalgebäude, das im Süden an die Kirche angebaut wurde, tonnengewölbter Flur.

Haus Wassermann **Bp. 75**

Stattlicher Bau, im ersten Stock Flur mit Gratgewölbe. In den Wohnräumen Holzdecken mit Band- und Rankenornamenten und Stuckdecken. An den Türen des Eckzimmers Intarsien. Im zweiten Stock spätbarocker Hausgang, getäfelte Biedermeierzimmer, neugotischer Kachelofen. Raum mit Kassettendecke (17. Jh.), Raum mit Rokokowandbemalung (1770), bemalter Kachelofen (sieben Tugenden).

Rathaus **Bp. 83**

Ehemaliges Zollgebäude. Anfang 19. Jh. umgebaut. Loggia mit drei ionischen Säulen und Dreieckgiebel. Tonnengewölbter Gang im Erdgeschoß mit Stuckgraten, im Obergeschoß Flur und Zimmer mit Tonnengewölbe.

Weißes Haus, Dantestraße 38 **Bp. 106**

Krüppelwalmdach und steingerahmtes Spitzbogentor. An der Fassade Wappenstein, rundbogig gemauerte Nebentür. Fenster mit geschmiedetem Eisengitter, am Giebel Oculi.

Pfarrkirche St. Stephan mit Friedhofskapelle St. Anna und Friedhof **Bpp. 148, 149 Gp. 260**

1791 von Kreisingenieur Johann Franz von Pernwerth nach klassizistischen Vorbildern entworfen. Um 1799 geweiht. Stukkaturen von Georg Singer, Wandgemälde von Jakob Altmutter 1796/97. Wandpfeilerraum mit Flachkuppel, rundbogiger Chorschluß, Thermenfenster.
St. Anna am Friedhof: Um 1500 erbaut. Zweigeschossige Kapelle mit zwei Spitzbogenportalen und polygonalem Chorschluß. Dachreiter. Wandgemälde von Simon von Taisten 1503 (Kreuztragung) an der Fassade. Im Chor Sternrippengewölbe, im Langhaus Netzrippengewölbe.

St. Johannes Nepomuk in Bad Maistatt **Bp. 175**

1732 erbaut. Dachreiter mit Laterne 1841. Abgesetzter, gerade abschließender Chor, Flachdecke über umlaufendem Gebälk. Steingerahmte Rechtecktür, Rechteckfenster. Schindeldach.

St. Maria Magdalena in Moos **Bp. 179**

1491 von Meister Sigmund von Stegen erbaut. Abgesetzter dreiseitiger Chorschluß, Spitzturm. Steingerahmtes Spitzbogenportal, Netzrippengewölbe. Chorgemälde von Simon von Taisten um 1492. Schindeldach.

Kapelle am Eggerberg **Bp. 192**

Abgesetzter runder Chorschluß, Dachreiter mit Laterne. Tonnengewölbe mit Gemälden (Erzengel Michael, 1832). Rundbogenfenster, Schindeldach.

Kapelle beim Thaler **Bp. 198**

1768 erbaut. Abgesetzter Chor, Fassadendachreiter mit Pyramidenhelm, Kreuzgratgewölbe, Rechtecktür und Rundbogenfenster.

Kapelle beim Obersinner **auf Gp. 1240**

Einfacher Bau, den heiligen Florian und Sebastian geweiht. Schulterbogentür, rechteckige Oberlichte, Rundbogenfenster, Tonnengewölbe. 18. Jh.

Gruberstöckl **auf Gp. 1370**

Um 1760 errichtet. Abgesetzter Chor, Dachreiter, Rechtecktür.

Niederdorf, St. Magdalena in Moos
Rechts oben: Olang, Festner in Geiselsberg
Rechts unten: Olang, Johanneskapelle beim Pueland

Katastralgemeinde Olang

Pfarrkirche zu den Heiligen Petrus und Agnes mit Friedhofskapelle und Friedhof in Niederolang **Bpp. 1, 2 Gp. 1**

Der gotische Spitzturm trägt die Jahreszahl 1464. Die frühbarocke Kirche wurde 1710–1712 erbaut. Tonnengewölbe mit Stichkappen, gehäufte Pilastergliederung, Rechteck- und Lünettenfenster. In einer Nische Fresko (Verkündigung), Anfang 15. Jh.
St. Michael am Friedhof: Doppelgeschossiger Bau des 15. Jh.s, im 18. Jh. umgestaltet. Polygonaler Chorschluß, Glockenmauer und Tonne mit Stichkappen, Wandpfeiler. An der Tür die Jahreszahl 1725. In der Gruft Tonnengewölbe.

Pfarrwidum in Niederolang **Bpp. 3, 4 Gpp. 2/1, 2/2**

Um 1730 Anbau eines rechtwinkeligen Flügels. Steingerahmtes Rechtecktor mit Jahreszahl 1844. Im Innenhof laubenartiger Bogengang auf Pfeilern und Säulen. Rechtecktür mit Inschrift: 17 L. V. K. P. 56. Stuckdecken in den Zimmern, Eingang mit Steintreppe.

Nassenweger **Bp. 51**

Im Kern spätmittelalterlicher Bau, 1837 umgebaut und erweitert. Tonnengewölbte Küche und Speis. Getäfelte Stube, Oberlabe und zwei Zimmer mit einfacher Stuckdecke.

Mariahilfkapelle in Bad Schartl **Bp. 64**

Einfacher Bau mit polygonalem Chorschluß, Fassadenglockenmauer, Rechtecktür, Lünettenfenster, Stichkappengewölbe, 18. Jh.

Oberhof mit Kapelle **Bpp. 72/2, 73**

Gemauerter Bau mit Krüppelwalmdach. Rechtecktür, durchgehende, tonnengewölbte Labe mit Stichkappen, tonnengewölbte Küche und Kammer, große Stube mit Bohlenbalkendecke (16.–17. Jh.), tonnengewölbte Oberlabe, im Obergeschoß Kammer mit Felderdecke und Vierpaßmittelfeld, gewölbte Kornkammer. Kapelle: Kleiner Bau mit abgesetztem, polygonalem Chor, steilem Satteldach, steingerahmter Rechtecktür, darüber Lünettenfenster, im Giebel Wandmalerei (Kreuzigung). Innen Tonnengewölbe, bez. 1747.

Festner **Bp. 74/1**

Krüppelwalmdach, Rechtecktür, durchgehende tonnengewölbte Labe, spitztonnengewölbte Küche. Stube mit spätgotischer Bohlenbalkendecke. Im Obergeschoß kleine steingerahmte Fenster mit breiter Fase.

Bergfaller **Bp. 82**

Spätmittelalterlicher Bau mit Krüppelwalmdach, tonnengewölbter Labe, Küche mit Spitzgewölbe, Stube mit spätgotischer Bohlenbalkendecke und geschnitzten Balken. Kornkammer mit Tonnengewölbe und Stichkappen.

Pfarrwidum in Geiselsberg **Bp. 108**

Kleiner, einheitlich erhaltener Bau mit Krüppelwalmdach. In mehreren Räumen kunstvolle Stuckdecken.

Pfarrkirche St. Wolfgang in Geiselsberg mit Umfriedung **Bp. 110 Gp. 752/2**

1484 geweiht. Am Spitzturm die Jahreszahl 1502. Spitzbogenportal und -fenster. Die Kirche später barockisiert, um 1900 regotisiert und mit neuen Gewölberippen versehen. Aus dieser Zeit stammt auch der Kapellenzubau. Wandgemälde außen (St. Christoph) von Simon von Taisten 1498 (in einer Flachbogennische St. Wolfgang, Maria mit Kind, Leonhard, Sebastian, Anna Selbdritt und Nikolaus, davor Pilger).

Oberegg **Bp. 115**

Erdgeschoß gemauert, Obergeschoß und Giebel in Bundwerk, Krüppelwalmdach. An der Taltraufenseite rundbogig gemauerte Haustür, Küche mit Tonnengewölbe und Stichkappen, spätgotische Stube mit Balkendecke, bez. 1608.

Niederegg **Bp. 117**

Unter- und Hauptgeschoß gemauert, Obergeschoß in Bundwerk, Giebel verbrettert. Krüppelwalmdach. Durchgehende Labe, Speisgadentür mit gemauertem Rundbogengewände. Stube mit gotischer Bohlenbalkendecke.

Gruns **Bp. 143**

Unter- und Hauptgeschoß gemauert, Obergeschoß in Bundwerk, zum Teil 1932 gemauert. Giebel verbrettert. Große steingerahmte Rundbogentür mit breiter Fase. Durchgehende tonnengewölbte Labe, tonnengewölbte Küche mit offenem Herd. Stube getäfelt (Ende 18. Jh.). Über der Hintertür Jahreszahl 1724.

St. Theobald in Bad Bergfall **Bp. 153**

Barocker Kapellenbau, 18. Jh. Hölzerner Fassadenreiter mit Pyramidendach, gemalte (erneuerte) Eckeinfassung. Abgesetzter, gerade abschließender Chor, Flachtonnen. Rechtecktür, Lünetten- und Viereckfenster. Schindeldach.

St. Ägidius in Mitterolang **Bp. 177**

1404 geweiht, Spitzturm, dreiseitiger Chorschluß, im 18. Jh. barockisiert. Gewölbefresken (St. Ägidius, Antonius, Florian), Ende 18. Jh., über der Orgelempore Fresko (Johannes auf Patmos), um 1500.

Preindlerkapelle in Niederolang **Bp. 256**

Kleiner Bau mit abgewalmtem Giebeldach. Zwei Rundbogenöffnungen mit Trennungssäule, Kreuzgratgewölbe, 17. Jh. Wandgemälde, bez. 1665.

Unterbründl **Bp. 270/1**

Krüppelwalmdach, durchgehende Labe mit Kreuzgratgewölbe. Stube mit gotischer Bohlenbalkendecke, zum Teil Balken mit halbrundem Querschnitt und herzförmig geschnitzten Balkenenden. Fünf Balken mit rechteckigem Querschnitt, mit Kerbschnitt verziert.

Tharer-(Baumgartner-)Stöckl in Mitterolang **Bp. 281**

Viereckbau mit flachem Pyramidendach, Kreuzgratgewölbe, Rundbogenfenster, 18. Jh. Wandgemälde 1977 (Erschießung Peter Sigmairs) von Siegfried Pörnbacher.

Pörnbach **Bp. 314**

Krüppelwalmdach, Flachbogentür, darüber Wandmalerei (St. Florian, Heilige Familie). Durchgehende tonnengewölbte Labe, tonnengewölbte Küche. Oberlabe mit flacher Stuckdecke. Angebauter Kornspeicher mit Eisentüre und steingerahmten Fenstern.

Friedhofskapelle und Friedhof in Oberolang **Bp. 319 Gp. 3620**

Außerhalb des Dorfes gelegener Friedhof mit Kapelle: polygonaler Chorschluß, Turm mit Rundbogenfenster, Absatzdach, Tonnengewölbe, 18. Jh. Gewölbefresken von J. M. Peskoller (Werke der Barmherzigkeit), 1919.

Pfarrkirche Maria Himmelfahrt in Oberolang **Bp. 364**

1472 erbaut, nach einer Barockisierung 1899/1900 regotisiert. Netzrippèngewölbe, polygonaler Chorschluß. Wandgemälde von Jonas Ranter.

Gasserhaus **Bp. 368**

An der Fassade Fresko (St. Christoph mit Spuren einer Inschrift), Anfang 16. Jh., innen tonnengewölbte Labe und Rundbogentür.

Kapelle beim Innermitterer **Bp. 454**

Kleiner Bau mit polygonalem Abschluß, Rundbogentür, Oculus und Kreuzgratgewölbe, 18. Jh. Schindeldach.

Bildstock in Niederolang (Wieserstöckl) **Gp. 324**

Giebeldach und offene Flachbogennische, darin Pietà, an den Seiten Malereien des 17. Jh.s (die hll. Nikolaus, Johannes, Petrus, Veronika, Name Gottes in Strahlen).

Bildstock in Mitterolang **Gp. 2048/4**

Giebeldach, hufeisenförmig gewölbter Bogen. Spuren älterer Bemalung, 17. Jh.

Spitziges Stöckl **Gp. 2429/2**

Viereckiger Mauerpfeiler über breitem Sockel, vorkragende Flachbögen an allen vier Seiten. Hohes Pyramidendach. Wandgemälde um 1460 (Kreuzigung, Ölberg, Kreuztragung, Epiphanie).

Tharerdenkmal **Gp. 2550**

Standbild des Tharerwirtes Peter Sigmair. Neben ihm kniet der Vater, an dessen Stelle sich Peter Sigmair den Franzosen stellte und 1809 erschossen wurde. Sandstein, signiert Josef Piffrader, 1909.

Kapelle beim Kofler **Gp. 3164**

Kleiner Bau mit Rechtecktüre, Tonnengewölbe mit Stichkappen, hölzerner Glockenträger, rundbogiger Chorschluß und Rundbogenfenster.

Johanneskapelle beim Pueland **Gp. 3331**

1722 errichtet, polygonaler Abschluß, Dachreiter mit Spitzdach, geschweifte Fensterbögen. Innen Tonnen- und Gratgewölbe mit Stichkappen. Am Gewölbe Malerei (Enthauptung Johannes d. T.), um 1827.

Katastralgemeinde Partschins

Hochhueb **Bp. 29**

Neben der Haustür eingemauerter römischer Grabstein aus weißem Marmor für Quintus Eutropius Marcus, gestiftet von seinem Vater Marcus Ulpius Primogenius.

Stachelburg **Bpp. 35, 36, 37**

Dorfburg aus dem 13. Jh. Turm in Sichtmauerwerk, Hoftor mit Wappenkartusche, Barockportal, Fenster mit Eisengittern. Umfassungsmauer mit Zinnen. Nebenbau mit Flacherker auf Kragsteinen.

Montelbon **Bpp. 45, 46, 47**

Mächtiger Bau mit Fassadenfresko (Maria Hilf) und rundbogiger Durchfahrt. Rückwärts ein Stück mittelalterlicher Ringmauer mit Rundbogentor.

Pfarrkirche zu den Heiligen Peter und Paul mit Friedhof **Bp. 68** **Gp. 105**

Spätgotischer Bau 1502 errichtet. Turm mit Zwiebelhaube auf Oktogon (1649), polygonaler Chorschluß, Netzrippengewölbe auf Wandpfeilern, Seitenschiff. Gruft mit Kreuzgratgewölbe auf Pfeilern. Wandgemälde (Votivbild), 16. Jh., zweite Hälfte.

Spauregg **Bp. 75**

Ansitz. Herrschaftlicher Bau mit Viereck- und Rundturm, Zunächst zu Beginn des 16. Jh.s, dann 1876 umgebaut.
Bannzone: Gpp. 94/1, 95, 97/1, 97/2, 98, 99.

Gaudententurm **Bpp. 81, 82/1, 83**

Mittelalterlicher Turm, dessen heutige Form auf das 17. Jh. zurückgeht. Dreigeschossiger Viereckerker, Ochsenaugen. Räume mit Leistengetäfel. Nebengebäude mit Krüppelwalmdach, tiefen Fensterleibungen, gemalten Eck- und Fenstereinfassungen.

Mairhof **Bp. 86, 87**

An den Schmalseiten des Wohnhauses Zinnengiebel. Spitzbogige Hoftore, im Erdgeschoß und ersten Stock tonnengewölbte Gänge mit Putzgraten. Stube mit Kassettendecke, Fenster in Steinrahmung, 16. Jh. Stadel mit vorgezogenen Giebelmauern und Rundbogentoren, Fenster und Steinsturz.

St. Helena auf der Töll **Bp. 108**

Spätgotischer Bau, 1457 geweiht. Türmchen mit Pyramide und der gerade abgesetzte Chor mit Tonne 17. Jh. Im Langhaus Netzrippengewölbe.

Hanswirt in Rabland **Bp. 226**

Großer Bau mit gemauerter Freitreppe. Im ersten Stock Wandgemälde (Belagerung einer Burg), 16. Jh. Im Erdgeschoß gewölbte Räume. Verbretterter Bundwerkgiebel

St. Jakob in Rabland **Bp. 228**

Spätgotischer Kirchenbau um 1513 errichtet. Fassadentürmchen mit Pyramide, polygonaler Chorschluß, Gewölbe 1891 regotisiert. Wandgemälde: Sonnenuhr mit Wappen, 16. Jh.

Mairhof in Rabland **Bpp. 239, 240**

Bauernhaus mit Freitreppe und Spitzbogentür, 16. Jh. Daran angebaut das Herrenhaus mit Kapellenerker im ersten Stock, offene Loggia im zweiten Stock, 17. Jh.

Links oben: Olang, Gruns in Geiselsberg
Links unten: Partschins, Pfarrkirche St. Peter und St. Paul
Rechts oben: Percha, Lerchkapelle
Rechts unten: Percha, Leitl in Wielenberg

Katastralgemeinde Percha

Pfarrkirche St. Kassian **Bp. 1**

Spätgotischer Bau 1525, Turm mit achteckigem Spitzhelm, Netzrippengewölbe in Langhaus und Chor. Wandgemälde außen (St. Christoph) und im Chor (Maria mit Christkind, Evangelistensymbole und Wappen), um 1525.

Gasthof Engelberger **Bp. 20**

Ansitzartiger, mehrfach veränderter Bau mit Rechtecktür (am Türsturz Initialen W. u. G. 1880), breite tonnengewölbte Querlabe, tonnengewölbte Kellertreppe und gewölbter Keller mit zwei Rundbogentüren. Im Keller Jahreszahl 1639 (am Balken über einer Nische).

Dreifaltigkeitskapelle in Niederwielenbach **Bp. 52**

Einfacher Bau mit Dachreiter (Spitzhelm), dreiseitigem Chorschluß, Tonnengewölbe mit Graten, Viereckfenster. Wandgemälde im Chor (Schutzmantelmadonna, Pietà, Erzengel, Verkündigung), am Chorbogen (Apostel, Jahreszahl 1707, 1807 übermalt) und an der Fassade (Kreuzigung).

Wirtshof in Unterwielenbach **Bpp. 53/2, 53/3**

Steingerahmte Rechtecktür, darüber Fresko, 18. Jh. (Pietà). Hausgang mit Stuckdecke, Stube mit Felderdecke und Vierpaßmittelfeld, im Türsturz Jahreszahl 1790. Im Obergeschoß Saal und Oberlabe mit Stuckdecken. Stadel von 1680 mit Eselsrückentür, steingerahmte Fenster und Türen.

Moar in Oberwielenbach **Bp. 82/1**

Krüppelwalmdach, steingerahmte Rechtecktür (Jahreszahl 1813 am Türsturz), Labe mit Tonnengewölbe und Putzrippen, gewölbte Treppe zum Obergeschoß mit gemauerter Rundsäule, Stube mit einfacher Felderdecke. Am Wirtschaftsgebäude Putzschild mit Jahreszahl 1739.

St. Jakob in Nasen **Bp. 89**

Spätgotischer Bau mit polygonalem Chor, Netzrippengewölbe und Spitzturm; Rechteckfenster im Langhaus, Lünette im Westen 18. Jh. Wandgemälde: außen St. Christoph (Simon von Taisten). Hinter dem Altar Kreuzigungsgruppe.

Huber **Bp. 102**

Erdgeschoß gemauert, Obergeschoß und Giebel verbrettert. Rechtecktür, rechts daneben Vorbau mit Wandmalerei, tonnengewölbte Labe, quadratische Küche mit Tonne und Stichkappen. Stube mit einfacher Felderdecke. Frei stehendes Backofenhaus, darüber profanierte Kapelle, 19. bis 20. Jh.

Leitl in Wielenberg **Bp. 117**

Zweigeschossiger Bau mit Schopfwalm, steingerahmte Spitzbogentür, darüber Jahreszahl 1752. Labe mit Tonne und Stichkappen, Wandmalerei (St. Florian und Leonhard). Treppe zum Obergeschoß mit gemauerter Brüstung. Stube mit Felderdecke und geschnitztem Vierpaßmittelfeld.

St. Johannes der Täufer in Wielenberg **Bp. 120**

Im 11. Jh. erwähnt. Aus dieser Zeit die Langhausmauern. Chor spätgotisch, Tonnengewölbe 17. Jh., Turmabschluß (Satteldach mit Zinnen) modern.

Moarleiten in Wielenberg **Bp. 124**

Einhof mit gemauertem Erdgeschoß, Obergeschoß und Giebel in Bundwerk und verschalt. Schopfwalm, Rundbogentür über kurzer Freitreppe, darüber Putzschild mit Jahreszahl 1679 und Initialen CT–PM. Labe mit Kreuzgewölbe, Stube mit profilierter Felderdecke, auf der Stubentür die Jahreszahl 1681 gemalt. Am Türsturz zum Stall die Jahreszahl 1757.

Höller in Platten **Bp. 130**

Langgezogener, schmaler Bau mit gemauertem Erdgeschoß, Obergeschoß und Giebel in Bundwerk und verbrettert. Durchgehender Söller an der Taltraufenseite. Rechtecktür, an der Fassade Fresko (St. Florian). Stube mit Felderdecke und geschnitztem Vierpaßmittelfeld mit Jahreszahl 1815. Tonnengewölbte Küche. Eselsrückentür zum Söller, am Türholm die Jahreszahl 1677.

Peintner **Bp. 133**

Erdgeschoß gemauert, Obergeschoß und Giebel in Bundwerk. Umlaufender Söller. Labe mit Balkendecke, Backofen in der Speis, in der Stube Bohlenbalkendecke. Im Obergeschoß Kammern mit einfacher Täfelung; Kornkasten mit Speicherkästen.

Lerchkapelle **Bp. 150**

1673 erbaut. Einfacher Bau mit steilem Satteldach, hölzerner Giebeldachreiter, steingerahmte Schulterbogentür. Im Chor Netzgewölbe mit dekorativen Wandmalereien, am Chorbogen Apostel. Schindeldach.

Unterwolfsgruber **Bp. 155**

Schopfwalm, gemauerte Rundbogentür. Tonnengewölbte Küche, Barockstube mit sehr breiten und kunstvoll profilierten Leisten an der Felderdecke, flachbogige Stubentür. An einem Stein am Eingang die Jahreszahl 17.. (unleserlich).

Mariahilfkapelle beim Edenhofer **zu Bp. 156**

1870 geweiht. Einfacher Bau mit hölzernem Dachreiter (Spitzhelm), abgesetzte Apsis mit Tonne, Rechtecktür und geschweifter Fensterbogen. Am Giebel Verputzband mit Marienmonogramm.

Kornkasten beim Oberwolfsgruber **zu Bp. 157**

Zweigeschossiger Speicherbau, Erdgeschoß gemauert, Obergeschoß in Bundwerk mit umlaufendem Söller. Steingerahmte Rechtecktür, an der Südseite die Jahreszahl 1738. Schindeldach.

Gasthaus Moar in Oberwielenbach **Bp. 166/1**

Mehrfach veränderter Bau, Freitreppe und Rechtecktür, darüber Mariahilfbild. Tonnengewölbte Labe mit Estrich. Im Obergeschoß tonnengewölbter Gang und Stube, Barockvertäfelung, Schiebefenster. Im Gang Türen, bez. 1682. Küche mit Tonnengewölbe, rundbogige Eisentür zum Keller.

Links oben: Percha, Hilge beim Lanz in Oberwielenbach
Links unten: Pfalzen, St. Johann in Hasenried mit Brunnenkapelle
Rechts oben: Pfalzen, Hilber
Rechts unten: Pfalzen, Sichelburg

Gasser in Oberwielenbach **Bp. 173**

Kleiner Bau mit gemauertem Erdgeschoß und hölzernem Giebelgeschoß. Steiles Satteldach und Giebellaube. Rechtecktür, tonnengewölbte Küche, zwei Stuben mit einfachem Holzgetäfel, Fenster mit breiter Leibung.

Pfarrkirche St. Nikolaus in Oberwielenbach mit Kapelle und Friedhof **Bpp. 177, 178 Gp 1671**

Spätgotischer Bau (1523), Spitzturm, Spitzbogenportal und polygonaler Chorschluß. Im Chor Schlingrippengewölbe. Wandgemälde außen (St. Christoph), 15. Jh.

Lourdeskapelle: Tonnengewölbe mit Stichkappen, Gewölbefresko (St. Michael), 18. Jh. Lourdesgrotte.

Thalermühle in Oberwielenbach **Bp. 208**

Holzblockbau mit verbrettertem Giebel. Funktionsfähiges Mahlwerk, das Wasser wird über die entsprechenden Holzrinnen zum Wasserrad geführt. Die Mühle ist von außen mit einem beheizbaren Ofen versehen.

Hilge beim Lanz in Oberwielenbach **auf Gp. 1740**

Am Hang eingelegter Pfostenbau mit Satteldach. „Dörre“ mit geschlossenem Giebel. Die Dörre nach allen Seiten offen, das Heu zu trocknen. Ursprünglich mit Schindeln gedeckt.

Katastralgemeinde Greinwalden

Kapelle beim Hauser **Bp. 1**

Rechteckbau mit hölzernem Dachreiter, Rundbogentür, Tonnengewölbe. Hölzernes Speisgitter, bez. 1773.

Kaiser **Bp. 14**

Einhof, Rundbogentür, Labe mit Steinplattenboden, Tonnengewölbe mit Stichkappen. Küche mit Tonnengewölbe.

Kapelle beim Innerhuber **Bp. 20**

Rundapsis, hölzerner Dachreiter, über der Eingangstür Jahreszahl 1702. Kreuzgratgewölbe mit Marienkrönung im Mittelstück. Malereien an den Seitenwänden und in der Apsis (Ölberg, Abschied Christi von seiner Mutter, St. Sebastian, Rochus).

Kapelle beim Unterkehrer **Bp. 25**

Einfacher Holzbau, verputzt, mit hölzernem Dachreiter (Pyramidendach). Flachtonne, unter der Tünche Reste von Wandmalereien (Marienkrönung, Apostel).

Kapelle beim Kofler am Kofl **Bp. 29**

Satteldach mit Schindeln, Rundapsis. Über dem Eingang Jahreszahl 1729. Kreuzgratgewölbe mit Marienkrönung im Mittelstück. Dekorative Weinranken am Gewölbe.

Katastralgemeinde Issing

St. Nikolaus **Bp. 1**

Polygonaler Chorschluß, seitlicher Spitzturm. Tonne mit Stichkappen, Wandpfeiler. Um 1519 umgebaut, im 18. Jh. verändert. Fenster teilweise abgerundet.

Rantner **Bp. 6/1**

Tonnengewölbte Küche mit Stichkappe, Unterlabe mit Tonnengewölbe und Stichkappen, Oberlabe mit Kreuzgratgewölbe, Rundbogentüren, gemauerter Treppenaufgang, Kammern mit Tramdecken.

Müller in Mühlen **Bp. 38**

Malerischer Einhof. Gemauerter Unterbau mit Ornament- und Eckquadermalereien. Oberbau in Blockbau, bez. 1601. Umlaufender Söller. Eingangstür in Granitrahmung mit Jahreszahl 1779. Keller mit Tonnengewölbe, in der Labe Rundbogentür, Stube mit Leistengetäfel, barocke Holztür mit Jahreszahl 178..

Baumann **Bp. 47**

Stattlicher Bau mit Eckerker und Treppen. Ehemals zwei Einzelbauten. Am Sturz der Eingangstür Jahreszahl 1875. Unter- und Oberlabe in beiden Bauteilen kreuzgratgewölbt, ehemalige Küche mit Tonnengewölbe. Mehrere getäfelte Stuben, eine mit Jahreszahl 1818. In der Kegelbahn Malereien (Bauern bei der Arbeit und beim Kegelspiel) von S. Schweigkofler, 1926.

Schöneck **Bpp. 57, 58**

Burg mit Zwinger, Ringmauer, Bergfried und Reste des Palas im ehemaligen Wirtschaftsgebäude. Am Bergfried Rundbogenöffnungen, 13. Jh., sechs Geschosse, im unteren Teil Buckelquadern, quadergerahmte Rundbogentür, Fenster mit Seitensitzen.

St. Johann in Hasenried mit Brunnenkapelle **Bpp. 74, 75**

Spätgotischer Bau mit polygonalem Chorschluß und Spitzturm. 1346 erstmals erwähnt, um 1500 errichtet. Rundbogentüren in Steinrahmung, Netzrippengewölbe in Langhaus und Chor, Halbkreisfenster, 17. Jh. Am Gewölbe spätgotische Dekorationsmalereien. Schindeldach.
Brunnenkapelle: Bau mit polygonalem Chorschluß, 1716 errichtet. Spitzbogentür, Tonnengewölbe. Anstelle des Altares Grotte mit Brunnen; als Heilquelle verehrt.

Haselrieder **Bp. 76**

An der Fassade Fresken (St. Martin, Florian, Valentin). Eckquadermalerei. Labe mit Kreuzgratgewölbe, tonnengewölbter gemauerter Treppenaufgang ins Obergeschoß.

Aichner Stöckl **Bp. 95**

Gemauerter Bau mit Rundapsis, Tonnengewölbe, Rundbogentür, Schindeldach. Um 1700.

Martinskapelle beim Unterniederhäuserer **Bp. 117**

Satteldach, Rundbogenfenster, Rechtecktür, Tonnengewölbe. 17. Jh. Schindeldach.

Stöckl und Kornkasten beim Huber am Georgenberg **Bpp. 122, 123**

Satteldach, Rechtecktür, Rundbogenfenster, über der Tür Lünette. Gemauerter Getreidespeicher mit steingerahmter Rundbogentür, verbretterter Giebel, bez. 1696. Die Korntruhen mit Jahreszahl 1815. Putzschild mit Christusmonogramm.

Tanzer Stöckl **Gp. 1670**

Einfacher Kapellenbildstock mit Satteldach und rundbogiger Öffnung an der Westseite. Auf dem Weg von Issing nach Pfalzen.

Katastralgemeinde Pfalzen

Pfarrkirche St. Cyriakus mit Friedhofskapelle und Friedhof **Bp. 1, Gp. 1**

Polygonal abschließender gotischer Chor, seitlich spätgotischer Spitzturm. An der Fassade geschwungener Giebel und Riesenpilaster. Im Langhaus und Chor Tonnengewölbe und Stichkappen. 1851 errichtet. Freskenausstattung von Kristian Holzinger, 185.. Friedhofskapelle mit rundbogig abschließendem Chor, Rundbogentür und Rundbogenfenster, Gratgewölbe, 17. Jh.

Luttach (Pischele) mit Garten **Bp. 2 Gpp. 4, 5**

Stattlicher Bau mit hohem Walmdach, viereckiger Eckturm mit Umfassungsmauer. Eckquaderung, Putzfatschen an den Fenstern. Mehrere Räume mit Leistengetäfel, 17. Jh.

Schöpfer mit Kornkasten und Backofen **Bpp. 5, 6, 7**

An der Fassade Fresken (Mariahilf, Florian, Jakobus, Wappen). Steingerahmte Eingangstür, Labe mit Kreuzgratgewölbe und gemauertem Treppenaufgang, Stube mit Leistengetäfel, Holztüren mit geschnitzten Füllungen. Gemauerter Kornkasten mit Rundbogentüren und -fenstern in tiefen Leibungen. Über der Tür Jahreszahl 1734. Gemauerter Backofen mit Satteldach.

Höllensteiner **Bp. 13**

Küche und Gaden mit Tonnengewölbe. In der Labe Rund- und Spitzbogentür. Stube mit Barockvertäfelung und geschnitzten Türeinfassungen, bez. 1791.

Hilber **Bp. 20**

Steingerahmte Eingangstür mit Jahreszahl 1755. An der Ostseite Fresko (Marienkrönung, St. Anton, Valentin, Florian und Wappen des Anton Huber). Küche mit Tonnengewölbe, Stube mit barockem Getäfel und Vierpaßmittelfeld.

Lackner **Bp. 21**

Einhof mit angebautem Kornkasten. Labe mit Tonnengewölbe, Spitzbogentür zum Keller, gemauerter Treppenaufgang. Im Obergeschoß steingerahmte Rundbogentüren. Kornkasten mit granitgefaßtem Fenster und Tür, bez. 1875.

Kornkasten beim Unterhauser **Bp. 26**

Gemauerter gotischer Bau mit steingefaßter Rundbogentür.

Pfarrwidum mit Kapelle **Bpp. 31, 32/1**

Stützmauern an der Nordseite, steinerner Treppenaufgang zur Eingangstür. Rundbogige und spitzbogige Tür in den Keller. Fenster mit abgefaster Steinrahmung. Im Keller Gewölbe und Mauerwerk mit regelmäßigen Steinlagen und ausgestrichenen Mörtelfugen, 13. Jh. Überdachter Gang zum Friedhof. Einst Sommersitz der Grafen von Görz.

Kornkasten beim Gasser **Bp. 41/2**

Gemauerte Freitreppe zur steingerahmten Rundbogentür, verbretterter Giebel, Eckquaderung.

Tischler **Bp. 42**

Malerisches Haus mit Holzsöller und verbrettertem Giebel. Um die Fenster Rahmenmalerei. Rundbogeneingang mit geschnitzter Holztür.

Mairambach **Bp. 50**

Labe mit Kreuzgratgewölbe, im Keller Tonne. Gemauerter Kornkasten mit Spitzbogentür und verbrettertem Giebel.

Sichelburg **Bp. 54**

Bau mit Erkerturm und Polygonalerker. An der Südfassade und an der Tormauer Wappen mit Jahreszahl 1667. Labe mit Kreuzgratgewölbe, getäfelte Stuben, Öfen um 1600.

Rainer **Bp. 57**

Einhof, Rundbogeneingang, Labe mit Kreuzgratgewölbe, Küche mit Tonne. In der Stube Getäfel mit Leistendecke und Bohlenwänden.

Pramstaller **Bp. 68**

Einhof, an der Fassade Sonnenuhr mit Jahreszahl 1615. Spitzbogentür. Labe mit unregelmäßigem Steinplattenboden und Spitzbogengewölbe.

Maurer **Bp. 72**

Steingerahmte Rundbogentür, Labe und Küche mit Tonnengewölbe, gemauerter Treppenaufgang. In der Oberlabe Tonnengewölbe mit Stichkappen und Putzrippen. Oberstube mit Felderdecke und Mittelfeld (Heiliger Geist), Flachbogentüren.

Teifental **Bp. 75**

Einhof, steingerahmter Spitzbogeneingang, in der Unterlabe Tonnengewölbe mit Stichkappen. Gemauerter Aufgang mit gewundener Steintreppe.

Bachstöckl **Bp. 94**

Rechteckbau mit offenem Rundbogeneingang. Tonnengewölbe. Satteldach.

Elzenbaumer **Bp. 98**

Steingerahmter Spitzbogeneingang, Labe und ehemalige Küche mit Tonnengewölbe. Stube mit Leistengetäfel, bez. 1883. Kornkasten mit steingerahmten Rundbogentüren, Kreuzgratgewölbe im Untergeschoß.

St. Valentin **Bp. 105**

Polygonaler Chorschluß, seitlicher Spitzturm, Spitzbogenportal und Spitzbogenfenster. Sternrippengewölbe in Langhaus und Chor, Chor und Turm 16. Jh. Im Innern Wandmalereien von Friedrich Pacher (zehn Gebote), außen Heilige, um 1434.

Stöckl beim Hilber **auf Gp. 34/3**

Rundbogennische mit Satteldach.

Peststöckl an der Straße nach St. Valentin **auf Gp. 674**

Bildstock mit spitzem Schindeldach, in den Flachbogennischen des Aufsatzes spätgotische Fresken von Simon von Taisten, um 1500 (Passionsszenen).

Mariahilfkapelle beim Rohrer **auf Gp. 983**

Rechteckbau mit Satteldach, Kreuzgratgewölbe, über der Tür Jahreszahl 1685, außen 1660. Gewölbemalerei (Evangelisten, Ranken).

Pfatten, Turm der St.-Jakobs-Kirche
Links oben: Pfalzen, Kornkasten beim Huber am Georgenberg
Links unten: Pfitsch, Pfarrkirche St. Nikolaus in Außerpfitsch

Katastralgemeinde Pfatten

Klughammer **Bpp. 15/3, 15/4**

Renaissancebau auf älterer Grundlage mit ansitzartigem Charakter. Zwei Doppelbogenfenster, im ersten Stock gewölbter Saal mit steingerahmten Türen. Rundbogiger Eingang, tonnengewölbte Küche.
Bannzone: Bpp. 15/2, 15/6, Gpp. 305/1, 305/5, 305/9, 305/11.

Turm der St.-Jakobs-Kirche **Bp. 30**

Turm der abgebrochenen St.-Jakobs-Kirche aus dem 13. Jh. Zwei- und dreifach gekuppelte romanische Rundbogenfenster, z. T. vermauert. Wohnhaus angebaut.

Schloß in Pfatten **Bpp. 35/2, 35/3, 37**

Bau mittelaterlichen Ursprungs, im 19. Jh. vollständig erneuert. Mehrgeschossiger Bau mit Rechteckfenstern. Im Erdgeschoß Durchgang zum Kirchplatz.

Pfarrkirche St. Magdalena **Bp. 38**

Schlichter Kirchenbau aus dem 17. Jh. 1839 nach Plänen von Vigilio Dell'Antonio vergrößert, an den Palazzo Ferrari angebaut. Polygonaler Chorschluß, Kreuzgratgewölbe. An der Fassade Lisenengliederung, steingerahmtes Rechteckportal. Turm mit Pyramidendach.

Leuchtenburg **Gp. 286**

Burgruine. Mittelalterliche Burganlage, um 1200 errichtet. Reste des Palas mit Zinnenmauer, Fenster mit Seitensitzen, Wandmalereien, 15. Jh. Nach Norden und Süden Zwinger angebaut.

Laimburg **Gp. 337/1**

Burgruine. Ausgedehnte, aber stark verfallene Burganlage, in der ersten Hälfte des 13. Jh.s erbaut. Reste des Zwingers, der Wohntrakte und eine Mauerwand des Bergfrieds mit Sockelquadern haben sich erhalten.

Katastralgemeinde Pfitsch

Pfarrkirche St. Nikolaus mit Friedhof in Außerpfitsch (Kematen) **Bp. 1 Gpp. 1, 44**

Gotischer Chor 1468 errichtet, in umgekehrter Richtung in Verwendung. Um 1804 Langhaus erbaut, Spitzturm 14. Jh. Im Langhaus Tonnengewölbe mit Stichkappen (1861). Deckengemälde nach Franz Altmutter.

Kircher in Kematen **Bp. 4**

Einhof aus großen, schwach verputzten Granitsteinen. Gewölbte Küche mit Stichkappen, Stube mit Leistentäfelung, bez. 1869. Im Obergeschoß gewölbte Labe mit Stichkappen und steingerahmte Schulterbogentür. Stube mit spätgotischer Balkendecke. Im Stadelbereich gemauerte Kammer mit Spitzbogentür und Kreuzgratgewölbe.

Volgger in Kematen **Bp. 10/1**

Einhof. Ursprünglich mit alten Fensterrahmungen in weißen Putzfatschen. Gewölbte Labe und Küche. Stube mit Getäfel, bez. 1870, Wandkästchen mit gotisierendem Schnitzwerk.

Alter Pfarrwidum in Kematen **Bp. 14**

Barockfassade mit rot eingefärbten Eckumrahmungen. Mehrere barocke Fresken (Nikolaus, Jakobus d. Ä., Maria vom Siege) und Sonnenuhr. Geschnitzter Bundwerkgiebel. Labe teilweise gewölbt, tonnengewölbte Küche. Stube mit Felderdecke, weitere Stube mit Getäfel, um 1900.

Galler in Kematen **Bp. 41**

Einhof mit tonnengewölbter Küche mit Stichkappen. Stube mit Leistengetäfel, bez. 1827, Vierpaßmittelfeld (Christusmonogramm).

Sebastianskapelle in Fussendraß **Bp. 60**

Kapelle mit Fassadendachreiter (Pyramide, runder Chorschluß, Tonnengewölbe mit Stichkappen. Im Schiff Wandgemälde (Ölberg), Rechteckfenster, Lünette, Schindeldach. 18. Jh.

Thommann **Bp. 119**

Mächtiger Hof mit Spitzbogenportal. Fenster im Barock verändert. Fassadenfresko (Trenser Gnadenbild). Gewölbte Mittellabe, spätgotische Balkendecke in der Stube, Tür mit Eselsrückenholm, barockes Wandgetäfel. Tonnengewölbte Küche, gewölbte Oberlabe mit Rundbogentür auf Balkon. Gotische Türen mit originalem Schloß. Weitere Stube mit Leistengetäfel und Unterzugsbalken.

Graf **Bp. 153**

Einhof mit kleinen Fenstern und eingefärbelten Putzfatschen. Fassadenfresken. Gewölbte Laben, Küche mit gemauertem offenen Herd. Kammer mit Unterzug.

Jörgenhanshaus **Bp. 164/1**

Einhof. Tonnengewölbte Labe und Küche, Stube mit Leistengetäfel und geschnitztem Mittelfeld. Tür mit Eselsrückenholm. An das Haus angebaut gotischer Kornkasten mit originalem Schloß. Daneben sogenanntes Geschirrhäusl, Fensterschlitze im gemauerten Unterbau, Obergeschoß in Blockbau.

Barter mit Zuhaus und Kapelle **Bpp. 165, 166, 324**

Einhof mit gotischem Baukern. Gewölbter Hausgang, tonnengewölbte Küche, getäfelte Stube. Steingerahmte Türen. Fassade mit originalen barocken Putzfatschen.
Zuhaus mit gemauertem Unterbau und Blockbau im Obergeschoß, originaler Baubestand des 18. Jh.s.
Kapelle mit Tonnengewölbe, um 1871 errichtet.

Oberberger **Bp. 194**

Bundwerkgiebel 19. Jh. Stubengetäfel aus der Mitte des 19. Jh.s. Spätmittelalterlicher Kornkasten mit gemauertem Unterbau, Obergeschoß in Blockbau. Gotisches Schloß mit Schloßkasten aus Holz.

Unterberger **Bp. 199**

Hof mit putzgerahmten Fenstern, gewölbte Laben, Stube mit einfachem Getäfel. Kornkasten in Blockbau mit Eselsrückenholm.

Alter Pfarrwidum in Innerpfitsch **Bp. 221**

Biedermeierhaus im bäuerlichen Stil mit mehreren getäfelten Räumen und Studierzimmer zum Teil mit barocken Beschlägen an den Türen.

Pfarrkirche St. Jakob in Innerpfitsch **Bp. 226 Gp. 1382**

1821–1824 von Jakob Prantl erbaut. Turm mit Kuppelhaube und Laterne, dreiseitig abschließender Chor, Tonnengewölbe, Rundbogenfenster. Deckengemälde von Josef Renzler, 1823.

St. Jakob in Innerpfitsch **Bp. 230 Gp. 1395**

Spitzturm 14. Jh., gotischer Kirchenbau mit 1789 eingezogenem Gewölbe (Tonne mit Stichkappen), Chor 1817 mit Tonnengewölbe hinzugebaut. Rechteckfenster. Deckengemälde 1789.

Blasig **Bp. 264**

Einhof mit abgefastem Rundbogenportal (ursprünglich Spitzbogen). Gewölbte Labe, Küche und Speis. Mehrere steingerahmte Spitzbogentüren.

Oberholz **Bp. 281**

Paarhof mit barocker Fassadengestaltung. Gewölbte Mittellabe mit steingerahmter Tür. Gewölbte Küche. Mehrere spätgotische Türleibungen. Stube mit Leistengetäfel im Erdgeschoß und im ersten Stock.

Unterholz **Bp. 283**

Spätgotischer Bau mit mächtigen Eckquadern, barocke Fassadengestaltung. Steingerahmtes Portal zu gewölbtem Gang, Stube mit spätgotischer Balkendecke und barocker Wandvertäfelung. Im oberen Stockwerk gewölbte Labe, mehrere steingerahmte Türen. Kornkasten 17. Jh.

Kapelle in Unterholz **Bp. 285**

Spätbarocker Bau von 1817 mit Tonnengewölbe und halbrundem Chorschluß. Rundbogentür, -fenster. Schindeldach.

Vituskapelle in Stein (Fenner-Parter-Kapelle) **Bp. 299/1**

Tonnengewölbter Bau mit Fassadendachreiter (Pyramide), 1735 erbaut. Dekkenfresko (St. Michael). Rundbogenfenster. Schindeldach.

Kapelle beim Dax **Bp. 401**

Schlanker Holzbau mit Bretterverkleidung, 18. Jh. Satteldach.

Eisendle-Kapelle **Bp. 406**

Kapelle 1914 errichtet. Dreiseitiger Chorschluß, Putzfatschen, Holzdecke, Rechteckfenster, -tür. Satteldach.

Katastralgemeinde Wiesen

Pfarrkirche Heilig Kreuz in Wiesen mit Mariahilfkapelle und Friedhofskapelle mit Friedhof **Bpp. 1, 2, 3 Gp. 22**

1514 errichtet, 1830 barockisiert. Turm mit Pyramide, polygonaler Chorschluß, Maßwerkfenster, Gratgewölbe (ohne Rippen). Freskenausstattung von Josef Renzler.
Maria-Hilf-Kapelle am Friedhof: Tonnengewölbter Raum mit Fassadendachreiter, 1623 errichtet, 1714 eingeweiht.
Friedhofskapelle: 1887 erbaut. Wandgemälde außen (Christus als Weltenrichter mit Maria und Johannes dem Täufer, neugotische Dekoration); innen (Mariä Verkündigung und Mariä Himmelfahrt) von Hugo Atzwanger, 1920.

Knoll in Wiesen **Bp. 6/1**

Kleiner Einhof in barocken Bauformen mit Bundwerkgiebel. Im Erdgeschoß zwei Erker. Gewölbte Küche und getäfelte Stube.

Tratter in Wiesen **Bp. 8**

Mächtiger Einhof mit erneuertem Außenputz. Gewölbter Gang und Keller, auch Oberlabe gewölbt. Getäfelte Stube, 17. Jh. In gotisierenden Formen geschnitzte Wandschränke (19. Jh.).

Öhler in Wiesen **Bp. 13**

Barocker Bau mit Rundbogentor, tonnengewölbte Küche und Speis. Stube mit Kassettendecke um 1700, Wandvertäfelung um 1900.

Gschließer in Wiesen **Bp. 18**

Paarhof. Am Wohnhaus weiße Putzfatschen in bewegten Formen. An den Fassaden Gemälde (Madonna della seggiola nach Raffael). Querliegende Ovalfenster am Giebel. Schindeldach.

Kachler in Wiesen **Bp. 28**

Einhof mit Bundwerkgiebel, gewölbter Gang, tonnengewölbte Küche und Keller. Stube mit barockem Getäfel, Zimmer mit Stuckdecke und bemaltem Mittelfeld (Auge Gottes).

Lodner in Wiesen **Bp. 37**

Einhof mit Eckquaderung und Fensterfatschen. Stube mit barockem Getäfel und bemaltem Mittelstück. Einfache getäfelte Kammern.

Turner in Wiesen **Bp. 42**

Adelsturm aus dem 13./14. Jh. mit 1,4 m Mauerdichte. Ausgeprägte Eckquadern und Hocheinstieg, Rundbogentor mit Marmorrahmung. Satteldach mit Schindeln. Kleiner barocker Anbau.

Pfarrwidum in Wiesen **Bp. 50**

Dreigeschossiger Bau mit zweigeschossigem polygonalen Erker. Parterre und erster Stock um 1600 mit Renaissancetüren, der zweite Stock vor 1800 mit spätbarocken Türen und stuckierten Zimmern. Verandavorbau. Am Firstbalken Jahreszahl 1785.

Schloß Moos **Bp. 55/1**

Herrschaftliches, wehrhaftes Gebäude mit eingebautem Turm (13. Jh.), Umbauten 16. Jh. Polygonaler Erker, Fenster in Steinrahmung, Eingang mit Spitzbogentür, Renaissancetäfelungen, Gänge mit Felderdecken. Kapelle mit Spitzbogenfenstern.

Farbbilder in Reihenfolge:
Mals, Marienberg
Margreid, Hirschprunn
Marling, Manhart
Meran, Maria Trost

Wiesenheim **Bp. 58**

Dreigeschossiger Bau mit niedrigem Dreieckgiebel und übereck gestelltem Erkerturm mit Satteldach. Mittelalterlicher Baukern, um 1600 umgebaut. Am Giebel Vierpaßöffnungen. In Labe und Küche Tonnengewölbe. Kleine getäfelte Stube, 17. Jh. Räume mit Balkendecken.

Saxl in Wiesen **Bp. 59**

Mächtiger Einhof in barocken Bauformen, verbretterter Bundwerkgiebel. Gewölbte Labe, große gewölbte Küche und Speis. Zwei getäfelte Stuben aus dem 18. Jh.

Heilig-Grab-Kapelle bei Schloß Moos **Bp. 63**

Kuppelgedecktes Oktogon mit Laterne und Dachreiter, um 1680 erbaut. Steingerahmte Rechtecktür, Rechteck- und Ovalfenster. Schindeldach.

St. Johannes der Täufer in Flains **Bp. 66**

Netzrippengewölbe, polygonaler, abgesetzter Chor und seitlicher Turm mit Pyramidendach. Mitte 16. Jh. erbaut. Wandgemälde aus dem 17. Jh. (Gottvater, Pietà, Nothelfer).

Radl in Flains **Bp. 71/1**

Breitgelagerter Einhof mit bemalten Eckquadern. Rundbogentor und tonnengewölbter Gang. Stube 1847 bemalt. Tonnengewölbte Küche. Im oberen Stock spätgotische Türeinfassung. Kammer mit Schiebefenstern.

Blasegger in Flains **Bp. 75**

Einhof mit barocken Putzfatschen und aufgesetztem Blockbau. Giebel mit Söller. Labe mit Balkenunterzug. Gotische Balkendecke in der Stube und gewölbte Küche.

Pichler in Flains **Bp. 79**

Paarhof. Barocke Fassadengestaltung mit bewegten Putzfatschen. Gotische Balkendecke in der Stube mit barocken Wandschränken. Oberlabe gewölbt. Eingebauter Kornkasten mit eisenbeschlagenem Fenster.

Strobl in Flains

Einhof mit bewegten barocken Putzfatschen an den Fenstern. Geschlossener Bundwerkgiebel mit Schlangenköpfen, beschrifteter Giebelkranz von 1858.

Wölfl in Flains **Bp. 83**

Fassade mit bewegten Putzfatschen. Steingerahmtes Spitzbogenportal, gewölbte Labe und steingerahmte Treppe und gewölbte Oberlabe. Gewölbter Keller.

Heidenschaft in Flains **Bp. 93**

Ansitz mit Volutengiebel und dreigeschossigem Erker. Rundbogentor in abgefaster Steinrahmung, Halle mit Gratgewölbe, Laben mit Gratgewölben 16.–18. Jh.

Hoach in Schmuders **Bp. 107**

Einhof mit verbrettertem Giebel, Fenster in tiefen Leibungen. Bemalte Stube, bez. 1804. Gewölbte Rauchküche.

Marienkapelle in Schmuders **Bp. 112**

Um 1850 errichtet. Tonnengewölbter Raum mit halbrunder Apsis. Rundbogenfenster.

Flexer in Wiesen **Bp. 124/1**

Villenartiger hoher Bau aus der Gründerzeit mit hohen schmalen Fenstern. Im Parterre älterer Baukern mit breitem gewölbten Gang, Rundbogentor und tonnengewölbter Küche. Stube mit gotischer Balkendecke, Wandgetäfel mit bemalten Schranktüren und Wandbildern, 19. Jh.

Ralser in Afens **Bpp. 136, 137**

Einhof. Spätbarocker Bau mit originalen Fenstern, gewölbte Labe und Küche, Stubentäfelung 1795. Gemauerter Treppenaufgang. Steingemauerter Kornkasten.

Schutzengelkapelle in Afens **Bp. 139**

Barocker Kapellenbau mit Fassadendachreiter (Pyramide), um 1730 erbaut. Dreiseitiger Chorschluß, Tonnengewölbe auf Pilastern. Rundbogenfenster. Schindeldach.

Penzlkirchl in Tulfer **Bp. 177**

Barockkapelle mit Rundapsis, hölzerner Dachreiter.

Mair in Tulfer **Bp. 180**

Einhof mit Bundwerkgiebel, bez. 1706. Rundbogige Mitteltür, weiße Putzfatschen an den Fenstern. Gewölbte Labe, barockes Stubengetäfel (bemalt).

Micheler in Tulfer **Bp. 194**

Einhof mit kleinen vergitterten Fenstern, barocke Fassadenformen, geschnitzter Bundwerkgiebel. Getäfelte Stube mit bemalter Tür und Wandschränken, bez. 1847.

Tummeler in Tulfer **Bp. 197**

Einhof mit barockem Putz und reichgeschnitztem Bundwerkgiebel, bez. 1719. Gewölbte Küche, im oberen Stock spätgotische Tür mit großen Steinquadern, Räume in Blockbau.

Marienkapelle in Tulfer **Bp. 198**

Kapellenbau in barocken Stilformen, um 1675 errichtet. Fassadendachreiter, Tonnengewölbe auf Pilastern, Rundbogentür, -fenster.

Häusler in Tulfer **Bp. 199**

Einhof. Stall und Scheune in Blockbau. Verbretterter Giebel, kleine Fensteröffnungen. Ein Teil des Hauses barockzeitlicher Anbau. Tonnengewölbte Küche, Keller mit Unterzugsbalken und Drendl. Sehr schöne Holztüren.

Weber in Tulfer **Bpp. 204/1, 204/2**

Paarhof. Weiße Putzfatschen in bewegten Formen an der Fassade. Bundwerkgiebel mit Inschrift, 19. Jh. Tonnengewölbter Gang, steingerahmte Schulterbogentür. Zwei getäfelte Stuben, eine davon noch aus dem 16. Jh. (Jahreszahl 1572).

Katastralgemeinde Plaus

Pfarrkirche St. Ulrich mit Friedhof **Bp. 5**
Gp. 18/2

Romanischer Turm, 12. Jh., Kirche Anfang 15. Jh. Gewölbe im Chor aus dem 16. Jh. Im Langhaus Kreuzgratgewölbe. Portal und Fenster 19. Jh. An der Friedhofsmauer Totentanzdarstellung, 20. Jh. (stark verdorben), von Maler Gamper aus Naturns.

Links oben: Pfitsch, alter Pfarrwidum in Kematen
Links unten: Pfitsch, Pfarrkirche St. Jakob in Innerpfitsch
Rechts oben: Pfitsch, Unterberger
Rechts unten: Prad am Stilfser Joch, Hauptstr. 20

Katastralgemeinde Lichtenberg

Pfarrkirche zur Heiligen Dreifaltigkeit mit Friedhof **Bp. 1 Gp. 87**

Romanischer Baubestand des 13. Jh.s noch als Gruft erhalten: Saalraum mit Apsis, Tonnengewölbe, Freskenschmuck um 1460. Neue Kirche um 1580 erbaut: polygonal abschließender Chor, Kreuzgratgewölbe. Renaissanceportal mit ungewöhnlich hohem Dreieckgiebel. Turm (13. Jh.) mit Rundbogenfriesen.

Grafenhaus **Bp. 6**

Herrschaftliches Gebäude 17.–18. Jh. mit Walmdach, marmorgerahmte Haustür und Fenster, kreuzgratgewölbter Gang, großer Saal zum Teil noch getäfelt; Marmortreppe.

Gasthof Weißes Rößl **Bp. 27**

Gotische Stube mit Balkendecke, gewölbter Hausflur; an der Fassade Marmorbildstock, Marmorstiege, Majolikaofen.

St. Christina **Bp. 60**

Kapellenbau um 1575 mit leicht vorkragendem Fassadendachreiter (Spitzhelm), dreiseitig geschlossenem Chor, Gratgewölbe im Langhaus auf Pfeilern. Wandgemälde. Schindeldach.

Blassegg **Bp. 63**

Gotische Stube mit drei Unterzugsbalken, tonnengewölbte Küche. Dachreiter mit Eßglöckchen (1898).

Wallnöf **Bp. 67**

Tonnengewölbte Küche und Labe (16.–17. Jh.), Stubengetäfel, Eckbemalung, Fassadenmalereien.

Außerpazin **Bp. 74**

Erdgeschoß gemauert, Stubengetäfel, bez. 1529. Rundbogentür, gemalte Fensterumrahmungen.

Lerch **Bp. 91**

Verputzter Kantholzblockbau mit mächtiger Stützmauer, vorkragende Balkenköpfe, Stube mit Unterzugsbalken (17.–18. Jh.), bemalte Tür mit Jahreszahl 1875.

Josefskapelle bei Wallnöf **Bp. 100**

Kapellenbau 1880. Polygonaler Chorschluß.

Lichtenberg **Gp. 740**

Burgruine, Anlage im 13. Jh. begonnen, in den folgenden Jahrhunderten weiter ausgebaut. Erhalten haben sich noch Teile der Ringmauern mit Zinnenbesatz, die Frontseite des Palais und ein Eckrondell. Fresken 1912 und 1940 abgenommen.

Katastralgemeinde Prad

St. Johann mit Friedhof **Bp. 1 Gp. 754**

Saalraum des 13. Jh.s mit angrenzender Apsis, seitlicher Turm (12. Jh.) mit gemauertem Viereckhelm. Im Schiff Balkendecke, Vorhalle mit gemauerter Treppe zur Empore im Westen. Freskenausstattung um 1420, Fragmente aus dem späten 13. Jh.

St.-Johannes-Gasse 21 **Bp. 3**

Erneuerter Barockbau. An der Fassade Fresko mit Johannes dem Täufer, Inschrift: Oh St. Johann dies Haus bewahr vor Feuer-, Brunst- und Wassergefahr, 1756, z. T. restauriert.

St.-Johannes-Gasse 19 **Bp. 6**

Bau mit tonnengewölbtem Hausgang und Rauchküche im Obergeschoß. Bemalte Hausecken und Fensterrahmungen, an der Fassade gemalte Kartuschen mit Initialen CM 1749. Bemalte Kastentür 1839 im Hausgang.

Silbergasse 18 **Bp. 21/1**

Mittelalterliches Wohnhaus mit mächtigen Holzschleudern, Eck- und Fensterbemalungen, gemauerte Freitreppe, tonnengewölbter Durchgang zum Keller, Fensterrahmen mit Sgraffitobemalung.

Hauptstraße 20 **Bp. 28**

Einhof. An der Fassade verblaßtes Fresko (St. Georg und Ritterheiliger). Im ersten Obergeschoß Stubengetäfel mit bemaltem Mittelfeld, im Obergeschoß Barocktäfelungen. Tonnengewölbter Hausgang. Eckbemalung 1749. Inschrift an der Südseite: Dorothea Sprengerin sein Hausfrau 1749. Holzsöller, gemauerte Freitreppe, Wirtschaftsgebäude angebaut.

Hauptstraße 35 **Bp. 34**

Tonnengewölbter Durchgang mit drei Bögen, tonnengewölbter Labe und Küche; getäfelte Stube. Wirtschaftsgebäude links neben der rundbogigen Eingangstür.

Silbergasse 17 **Bp. 70**

Erneuerter mittelalterlicher Bau, am Zubau Wandmalereien. Fresken (Andreaskreuz, Sonnenuhr), bez. 1734.

Silbergasse 23–25 **Bp. 86**

Mittelalterlicher Baubestand, tonnengewölbter Hausgang, Reste von Sgraffitomalereien in der Fassade, Stubengetäfel.

Silbergasse 37 **Bp. 96/2**

Tonnengewölbter Hausgang, rundbogige Haustür, zwei barocke Stubentäfelungen, Türen- und Fensterrahmen geschnitzt und im Obergeschoß mit Löwenköpfen verziert, im Mittelfeld Marienbild (17. Jh.), barocke Haustür (zweite Hälfte 18. Jh.).

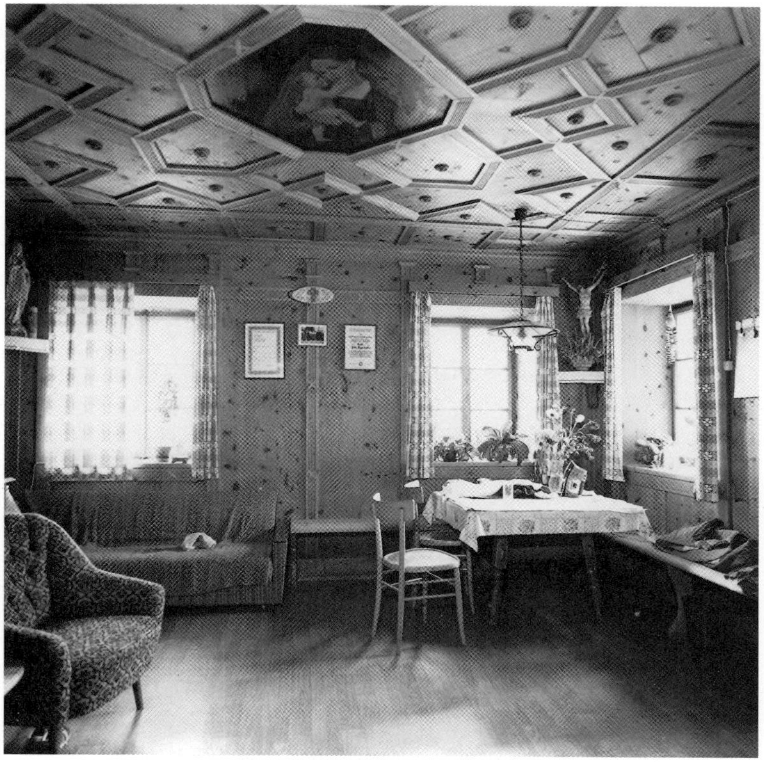

Links oben: Plaus, Pfarrkirche St. Ulrich
Links unten: Prad am Stilfser Joch, alte Pfarrkirche St. Georg in Agums
Rechts oben: Prags, Schachen
Rechts unten: Prad am Stilfser Joch, Burgruine Lichtenberg

Silbergasse 41 **Bp. 103**

Bau aus dem 17. Jh., tonnengewölbter Hausgang, Stube mit Leistentäfelung.

Silbergasse 43 **Bp. 108/1**

Hausgang mit Tonne und Stichkappen, Felderdecke, bez. 1778. An der Fassade Reste eines Andreaskreuzes mit Wappenschilden, 16. Jh..

Silbergasse 49 **Bp. 109**

Flacherker an der Straßenseite, tonnengewölbter Hausgang. Am Hauseck Totenrasttafel (frühes 19. Jh.).

Haus in Agums Nr. 32 **Bp. 140**

Tonnengewölbter Hausflur, zwei Stubentäfelungen mit Gemälden und Einlegearbeiten. An der Stubendecke im Erdgeschoß geschnitztes Wappen der Eva von Freundsberg (17. Jh.). Fenster- und Eckbemalung.

Alte Pfarrkirche St. Georg mit Friedhofskapelle und Friedhof **Bpp. 164, 165 Gp. 2374**

Bau um 1500, Turm mit Achteckhelm, Langhaus und polygonal gebrochener Chor mit Netzrippengewölbe. An das Presbyterium 1705 Kapelle angebaut, Wandpfeilerbau, Tonne mit Stichkappen und Stukkaturen. 1971 Kirchendachbrand, dabei Kapellendecke eingestürzt.
Friedhofskapelle: Polygonaler Chorschluß, Gratgewölbe über Pilastern, 17. Jh.

Mitterhof **Bp. 169**

Bau mit tonnengewölbter Küche und zwei Backofenerkern.

Patzlaid **Bp. 172**

Hausgang und Küche mit Kreuzgratgewölben, tonnengewölbte Rauchküche. Stube mit Feldergetäfel.

Moos **Bpp. 192, 193**

Bau aus dem 15. Jh., Rundbogentür an der Giebelseite. Stube mit abgeschrägter Tür, Feldergetäfel und geschnitztem Unterzugsbalken.

Maur **Bp. 194**

Dekorative Eck- und Fensterbemalung, Holzschleudern, im Erdgeschoß Lichtschlitze.
Gemauerter Getreidekasten mit erhöhter Rundbogentür (15.–16. Jh.).

Drögg **Bpp. 203/1, 203/2**

Im Kern gotischer Bau mit gewölbter Küche mit Spitzbogentür, barockes Stubengetäfel: im Mittelfeld eingelegtes Wappen der Anna Chuni.

Thial **Bp. 208**

Reste von Wandmalereien, bez. 1652. Im zweiten Stock eingeritzte Jahreszahl 1669. Tonnengewölbte Küche mit Backofen und Gang. Hauskapelle (1765).

Villa Irene mit Wirtschaftsgebäude und Garten **Bp. 305 Gp. 3205**

Villa in späthistoristischen Formen, erbaut um 1900: doppelgeschossige Loggia auf je zwei Säulen, Erker, Eckerker mit Türmchenabschluß. Am Erker Malereien mit Jagdszenen. Großes Wirtschaftsgebäude in Sichtmauerwerk. Der Garten mit Pfosten und Gitterzaun aus der Bauzeit.

Katastralgemeinde Prags

Erlöserkirche in Außerprags **Bp. 1**

Anstelle einer 1690 errichteten Kapelle neu erbaut und 1735 geweiht. Polygonaler, abgesetzter Chor, Turm mit Laternenhaube, Tonnengewölbe. Freskenausstattung von Hans Pescoller, 1936.

Kapelle in Plung **Bp. 54**

Barockbau aus dem 18. Jh. mit abgesetztem, gerade abschließendem Chor, Fassadendachreiter und Rechtecktür. Im Innern Tonne mit Stichkappen, Stuckdekor. Fassadenfresko (Madonna, St. Josef, Johannes Nepomuk).

Kapelle in Hofstatt **Bp. 78**

1708 erbaut; abgesetzter, gerade abschließender Altarraum. Tonnengewölbe.

Kapelle in Maxbach, Untergasse **Bp. 97**

Abgesetzter, gerade abschließender Altarraum, Rundbogentür, zwei Rundbogenfenster, Fassadenglockenmauer. Tonnengewölbe im Altarraum, Kreuzgratgewölbe im Schiff. Stuckdekor.

Kapelle beim Hansler **Bp. 103**

Abgesetzter, gerade abschließender Chor, hölzerner Dachreiter, Flachbogentür. Im Chor Tonne, im Schiff Kuppelgewölbe auf Doppelpilastern. Fenster mit Karniesbögen.

Hansler **Bp. 107/1**

Im Erdgeschoß tonnengewölbte Mittellabe, Küche und zwei Nebenräume mit Tonnen- und Kreuzgratgewölbe. Stuben mit barockem Leistengetäfel und Vierpaßmittelfeld. Gemauerter Treppenaufgang ins Obergeschoß, gewölbte Oberlabe.

Stauder **Bp. 109**

Im Erdgeschoß Mittellabe mit Tonnengewölbe und Stichkappen. Einfaches Stubengetäfel mit Pilastergliederung, Mittelfeld mit Marienmonogramm.

Schachen **Bp. 137**

Um 1913 errichteter Bau. Obergeschoß in Kantholzblockbau, Eckerker. An den Fassaden mehrere Heilige in Sgraffitotechnik. Zwei Stubentäfelungen aus der Schweiz in hervorragender kunsthandwerklicher Ausfertigung.

Messner **Bp. 150**

Rundbogeneingang, Fassadengestaltung mit Fresko des heiligen Florian und Fensterumrahmungen, bez. 1818. Küche und Speis mit Tonnengewölbe. Barocke Stubentäfelung mit geschnitztem Mittelfeld.
Kornkasten mit Rundbogentür und originalen Fensterleibungen.

Pfarrwidum **Bp. 154**

Zweigeschossiger Barockbau mit regelmäßiger Raumeinteilung und Mittellaben. Im Obergeschoß in der Labe und in einem Zimmer Stuckdecken. Getäfelte Stube mit eingelassenen Bildern. Holzveranda. Am Giebel Vierpaßöffnungen.

Pfarrkirche St. Veit mit Friedhof **Bp. 157**
Gp. 2108/1

Langhausmauern und Unterbau des Turmes aus dem 14. Jh. Polygonaler Chor und Langhausgewölbe um 1500. Turmabschluß 1636 (Achteckhelm). Netzrippengewölbe, Seitenkapelle mit Gratgewölbe.

Thomaser **Bp. 164**

Gemauerter Unterbau mit tonnengewölbter Labe und Stichkappen und gemauertem Aufgang ins Obergeschoß. Eine Stube mit Leistengetäfel, an einer Seite älteres Getäfel, bez. 1699.
Kornkasten mit Rundbogentür und steingerahmter Fensterrahmung.

St. Theobald in Bad Altprags **Bp. 193/5**

Kapellenbau aus dem 17. Jh., um 1800 vergrößert. Dachreiter, geräumiger Altarraum mit Flachkuppel. Schiff mit Flachkuppel. Spitzbogenfenster. Rundbogenfenster. Freskenausstattung erste Hälfte des 19. Jh.s.

Hotel Pragser Wildsee mit Marienkapelle **Bpp. 254, 264**

Hotelanlage in der Art der Schweizer Alpenhotels 1897–1898 nach Plänen von Otto Schmid aus Wien errichtet. Später gegen Westen erweitert. Sichtmauerwerk, Balkone.
Marienkapelle: 1904 nach Plänen von Otto Schmid ausgeführt. Hölzerner Fassadendachreiter, abgesetzte Rundapsis, im Schiff flache Holzdecke.

Kapelle in der Säge **Bp. 297**

Fassadendachreiter mit Pyramidendach, gerade abschließender Chor, Rechtecktür. Flachtonne, Schindeldach.

Kapelle auf der Plätzwiese **Bp. 381**

Dachreiter mit Pyramide, zwei Flachbogenfenster, Tonnengewölbe. Ende 19. Jh.

Mooserstöckl **Gp. 1569**

Fassadenfresko (St. Florian). Im Innern Tonnengewölbe, am Chorbogen Marienkrönung von 1816. Fenster mit Karniesbögen.

Katastralgemeinde Prettau

Heilig Geist **Bp. 1**

Kirche um 1455 erbaut, im 16. Jh. vergrößert und das Langhaus eingewölbt. Polygonaler Chorschluß mit Sterngewölbe, im Langhaus Netzrippengewölbe auf Konsolköpfen. Vermauertes Spitzbogenportal im Süden. Empore mit gemauerter Treppe und Spitzturm im Westen. Wandgemälde im Chor, 15. Jh.; im Langhaus um 1600.

Keil **Bp. 20**

Haus in Holzblockbau mit spätgotischer Stube, originalen Fenstern und tonnengewölbter Küche, um 1500 errichtet.

Großbachmühle **Bp. 41**

Mühle und Stampfe in einfachem Holzblockbau, bez. 1705.

Brugger **Bp. 51**

Mauerbau aus spätgotischer Zeit mit gewölbter Labe im Erdgeschoß im ersten Stock, gewölbte Küche, mehrere originale Türen.

Schmelzofen **Bp. 56/2**

Ruine des ehemaligen Schmelzofens, für die Bergwerksgeschichte von Prettau von Bedeutung. Kamin in Sichtmauerwerk.

Nothdurft **Bp. 58/2**

Spätmittelalterlicher Bau mit gemauertem Erdgeschoß und Obergeschoß in Holzkantblockbau. Ober der rückseitigen Söllertür im ersten Stock Jahreszahl 1554. Spitzbogige Haustür. Ecksöller. Schindeldach.

Antoniusstöckl **Bp. 59**

Fassadenglockenmauer, gerader, abgesetzter Chor, Rechtecktür, Halbkreisfenster, Tonne mit Stichkappen. Altarraum durch Holzgitter abgeschrankt. Um 1700.

Neuhaus **Bp. 60/2**

Knappenhaus mit Mittellabe und zwei tonnengewölbten Küchen. Stube mit gotischer Balkendecke, am mittleren Balken geschnitzte Rosetten. Im Inneren Rundbogentüren. Oberlabe mit Steinplattenboden. Schindeldach.

Verweserhaus **Bp. 62**

An der Fassade Wappen der Tannenberg und Sternbach, bez. 1696. Mittellabe mit Kreuzgratgewölbe. Stube mit frühbarocker Felderdecke und Mittelfeld, grüner Kachelofen. Oberlabe mit Felderdecke und bemalten Türen.

Pfarrkirche St. Valentin mit Friedhof **Bp. 85**
Gp. 341

Spätgotischer Kirchenbau, 1489 errichtet, später nach Westen verlängert. Dreiseitiger Chorschluß, Schlingrippengewölbe, im Zubau Tonne mit Stichkappen. Spitzbogenfenster teilweise mit Maßwerk.

Alter Widum **Bp. 89**

Eckerker, Rundbogentür, Fenster mit originalen Leibungen. In der Stube Barocktäfelung. Schindeldach.

Niederwieser **Bp. 107**

Gemauertes Erdgeschoß mit Mittellabe und tonnengewölbter Küche, Obergeschoß in Blockbau. An einer Kammertür Jahreszahl 1625. Oberstube mit bemalter Leistendecke.

Gebauer **Bp. 118**

Fassadenfresko, heiliger Johannes Nepomuk, 18. Jh. Hausgang, Küche und Stiegenaufgang gewölbt. Barockstube mit qualitätsvoller Ausmalung.

Innerbichler mit Kapelle und Kornkasten **Bp. 123**
Gpp. 528, 532

Rundbogentür, gewölbte Küche, Labe mit Bohlenbalkendecke. Stube mit Leistengetäfel, bez. 1612. Fenster mit tiefen Leibungen.
Kapelle Maria Heimsuchung: Rundbogentür, Lünettenfenster, hölzerner Dachreiter mit Spitzhelm, Kreuzgratgewölbe (Szenen aus dem Marienleben), 18. Jh. Schindeldach.
Gotischer Kornkasten mit gemauertem Unterbau, als Mühle verwendet. Obergeschoß in Blockbau, Söller, gemalte Eckquadern.

Steger **Bp. 124**

Giebel in Blockbau, Fassadenmalereien (St. Georg, Martin), bez. 1618. In den Fensterleibungen Rankenornamente. Hausgang und Küche tonnengewölbt. Stube mit gotischer Balkendecke, Türrahmen, bez. 1848, Georg Steger. Gemalte Oberstube mit bemaltem Mittelfeld, Friesleiste mit Bibelsprüchen, bez. 1821.

Holznermühle **Bp. 166**

Spätgotische Mühle in Blockbauweise. Tür mit Eselsrückenholm und Schlüsselführung.

Bachermühle **Bp. 167**

Stockmühle in Blockbauweise.

Auermühle **Bp. 180**

Spätgotische Mühle, seit der Bachverbauung ohne Wasser. Gut erhalten (wird elektrisch betrieben).

Links oben: Prettau, Kapelle beim Innerbichler
Links unten: Prags, Hotel Pragser Wildsee
Rechts oben: Rasen-Antholz, Hauser in Oberrasen
Rechts unten: Prettau, Verweserhaus

Katastralgemeinde Proveis

Pfarrkirche St. Nikolaus mit Kirchplatz und Friedhof **Bp. 1/2 Gpp. 3, 4**

Gotisierender Bau nach dem Entwurf Josef von Stadls 1870–1876 errichtet. Spitzturm 1543. Chor mit Fünfachtelschluß, Langhaus mit Kreuzrippengewölbe auf Diensten. Zweibahnige Spitzbogenfenster. Wandgemälde von Albrecht von Felsburg, Spör und Kluibenschädl.

Pfarrwidum **Bp. 2**

Bau mit gemauerter Freitreppe, Eingang mit Rundbogentür, unter der Treppe gewölbter Kellergang und Rundbogentür. Labe mit Kreuzgratgewölbe. Im Obergeschoß mehrere Zimmer mit Holzvertäfelungen, um 1900. Gemauerter Verbindungsgang zur Kirche.

Untergampen (Mittelfaiden) **Bp. 4**

Eingang über Freitreppe. An der Fassade Fresko, bez. 1873 und 1809. Im Erdgeschoß tonnengewölbte Labe. Im Vorhof Durchgang mit zwei gemauerten Bögen, gemauerte Rundsäule. Keller mit Tonne auf Pfeilern. Stube mit Leistengetäfel, Kachelofen, bez. 1809 mit Darstellung einer Kirche und Blumenmotiven.

Unterpichl **Bp. 20**

Gemauerter spätgotischer Bau. Labe mit Kreuzgratgewölbe, gemauerte Konsolen. Zwei tonnengewölbte Küchen mit Stichkappen, talseitig Backofenerker. Stube mit Leistengetäfel.

Oberweger **Bp. 30**

Zweigeschossiger Bau mit Giebelbundwerk. Südwestecke abgerundet. Im Erdgeschoß späterer Türausbruch zur tonnengewölbten Küche. Im ersten Stock tonnengewölbte Diele, in der Ecke Kaminhut. Stube mit Felderdecke und Zahnschnittfries. Hohe tonnengewölbte Küche mit eingebautem Backofen, bez. 1844. Gewölbte Speis. Stadeleinfahrt, bez. 1728.

Baumann **Bp. 32**

Giebel in Bundwerk. Hohe hölzerne Außentreppe. Labe und Küche mit Tonnengewölbe und Stichkappen. Stube mit Felderdecke und Zahnschnittfries. Mariahilfbild an der Fassade übermalt. An der Straße Bildstock („Kierl Bild"). Pyramidendach, Rundbogennische mit Fresko (Gott Vater), 1887. Gesims an den beiden Pilastern marmoriert.

Wölfl **Bp. 39, 40**

Verbretterter Giebel. Im Vorhof zwei Rundbögen. Eingang über gemauerter Freitreppe. Labe mit Kreuzgewölbe, Küche mit Tonnengewölbe und Stichkappen. Stube mit Felderdecke, im Mittelfeld Jahreszahl 1820. Kachelofen mit Wappen. Rundbogentür im Erdgeschoß, tonnengewölbter Keller. Reste eines Marienfreskos an der Fassade.

Mühle und Stampfe **Bp. 128/2**

Gemauerter Bau mit schindelgedecktem Satteldach, offener Bundwerkgiebel. Funktionstüchtige Stampfe mit Holzstößel und Mahlwerk mit Wasserrad. Rechts vom Eingang in einen Stein eingemeißelt Initialen G. C. 1791.

Margarethenkapelle beim Unterweger **Bp. 139**

Einfacher Bau mit gemauertem Fassadendachreiter, Spitzbogentür, zugespitzter Triumphbogen, zwei Rundbogenfenster, hölzerne Flachdecke. In den Boden eingelassen Grabstein des Kuraten Nicolaus Bergher. Anfang 17. Jh.

Lourdeskapelle **Bp. 141**

Historisierender Bau mit Rundbogentür, Rund- und Halbkreisfenster, Lourdesgrotte. 19. Jh.

Sägewerk **Gp. 427**

Mächtiges Sägewerk in Holzblockbau, Holzsäulen tragen die Dachkonstruktion. Schindelgedecktes Dach, Sägemeisterhäuschen. Wasserantrieb erhalten.

Katastralgemeinde Antholz

Pfarrkirche St. Georg mit Friedhofskapelle und Friedhof in Mittertal **Bp. 1, 2 Gp. 1**

Eine Pfarrei 1220 erwähnt. Spitzturm spätgotisch, die spätbarocke Kirche unter Leitung Jakob Santers 1794 erbaut. Polygonaler Chor mit Flachkuppel, Tonne mit Stichkappen im Langhaus, Lünettenfenster, Rechteckfenster, an der Fassade Pilastergliederung. Im Chor Deckengemälde von Johann Renzler um 1795. Friedhofskapelle: Kapelle mit polygonalem Chorschluß und Kreuzgratgewölbe, 1715 erbaut. Rechteckfenster, Rechtecktür, Schindeldach.

Pfarrwidum in Mittertal **Bp. 3/1**

Steingerahmte Rechtecktür, bez. 1778. In verschiedenen Zimmern und Korridoren Stuckrahmungen, in einem Zimmer Fresko, 18. Jh.

Keller beim Bruggerwirt in Mittertal **Bp. 4/1**

Freistehender Bau mit Schopfwalmdach, an der Fassade zwei runde Luftlöcher und große Rechtecktür. Quaderbemalung an den Ecken und Rankenornamente im Putz. An der Fassade Jahreszahl 1762.

Kramer **Bp. 53**

Zweigeschossiger Bau, Obergeschoß zum Teil in Blockbau. Verbretterter Giebel, Rechtecktüre, Labe mit Balkendecke, tonnengewölbte Küche, Stube mit Felderdecke und Leistengetäfel, am Türsturz Jahreszahl 1665.

Bruggerwirt **Bp. 59/1**

Steingerahmte Rechtecktür mit Freitreppe. Stube mit Leistengetäfel und Vierpaßmittelfeld, an den Wänden Ölmalereien der Zwölf Apostel, bez. 1835. Die ursprüngliche barocke Fassadenmalerei nicht mehr vorhanden.

Zuhaus beim Wegerwirt **Bp. 70/1**

Krüppelwalmdach, verbretterter, vorkragender Giebel, gemauertes Keller- und Obergeschoß. Freitreppe, Rundbogentür, darüber die Jahreszahl 1696. Innen alter Wirtsraum mit Wandmalereien von 1732, Ständebilder (Tod, Wirtin, Advokat, Bauer, Soldat, Geistlicher, Papst und Kaiser, Inschrift).

Gruberkapelle **Bp. 94**

Polygonaler Chorschluß, laut Inschrift 1872 erbaut, Dachreiter mit Pyramide, Tonnengewölbe. Rechtecktür, Lünettenfenster.

Innersießlkapelle **Bp. 118**

Polygonaler Chorschluß, hölzerner Dachreiter. Tonnengewölbe und Chornische. Laut Inschrift 1820 erbaut und 1886 restauriert. Schindeldach.

Meizgerkapelle **Bp. 135**

Kleiner Bau mit polygonalem Abschluß, Dachreiter und Tonnengewölbe. Inschrift: 1816 I.U.P. Schindeldach.

Kaltenhauserkapelle **Bp. 147**

Rechteckbau mit Dachreiter, laut Inschrift 1736 erbaut, 1913 renoviert. Rechtecktür, Lünette, am Giebel Oculus. Flachdecke mit Medaillon (Evangelisten), am Giebel Wandmalerei (Kreuzigungsgruppe, St. Erasmus und Nikolaus), 18. Jh.

Pfarrkirche St. Walburg mit Friedhof und Kirchplatz in Niedertal **Bp. 163 Gpp. 946/3, 949**

Der heutige Bau aus dem 15. Jh., 1907 nach Entwürfen Josef Schmids restauriert, 1954 nach Plänen von Erich Pattis verlängert. Turm mit achteckigem Spitzhelm. Spitzbogiges Tuffsteinportal. Im polygonalen Chor und im Langhaus Sternrippengewölbe.

Obermair **Bp. 197**

Zweigeschossiger Bau mit Schopfwalmdach und verbrettertem Holzgiebel. Rechtecktür, tonnengewölbte Labe und Küche mit Stichkappen, Rundbogentür zur Speis. Fenster mit gemalten Umrahmungen. An der Fassade zwischen den Fenstern Wandmalereien (Mariahilf, Antonius, Franziskus).

Kapelle in Bad Salomonsbrunn **Bp. 201**

Hölzerner Dachreiter, flachrunder Chorschluß, geschweifte Fenster. Zwei flache Kreuzgratjoche mit Stuckrahmen, Pilastergliederung. 18. Jh. Schindeldach.

Josefskapelle in Obertal **Bp. 235**

Laut Inschrift 1815 von Jakob Passler erbaut. Polygonaler Chorschluß. Ostturm mit Pyramidenstumpfdach. Im Innern Wandmalereien von Josef Renzler, 1835. Rechteckfenster, Rechteckportal, darüber Lünette. Schindeldach.

Antenhofer mit Backofen und Mühle in Obertal **Bp. 243**

Erdgeschoß gemauert, Obergeschoß mit umlaufendem Söller und Giebel in Holz. Schopfwalmdach. Rechtecktüre, Labe mit Balkendecke, tonnengewölbte Küche. Stube mit Felderdecke und geschnitztem Mittelfeld. An der Eingangsseite Wandmalerei (St. Josef, Mariahilf).
Freistehender Backofen mit Satteldach und Tonne. Mühle in Blockbau mit Wasserrad, Bretterdach und verschaltem Giebel.

Katastralgemeinde Niederrasen

Leiser **Bp. 8**

Zweigeschossiger Bau mit Schopfwalmdach, Reste alter Fassadenbemalung, Rechtecktür, Labe mit Tonne und Stichkappen, tonnengewölbte Küche, gewölbter Kellergang und Keller. Im Obergeschoß tonnengewölbte Labe und Küche.

Grafenhaus mit Schreiberhaus **Bpp. 22, 23/1, 23/4**

Ansitz der Grafen von Welsberg. Wohnhaus 18. Jh. Umfassungsmauer mit Rundbogentor, umlaufendes Zahngesims, Korbgitter, am Nebenhaus steingerahmte Spitzbogentüre, Jahreszahl 1693.

Garber **Bp. 25**

Einhof mit abgewalmtem Dach und verbrettertem Giebel. Rechtecktür, tonnengewölbte Labe. Angebaute gewölbte Kornkammer. Tonnengewölbte Küche. Stube mit Pilastertäfelung, geschnitztem Wandkästchen, Vierpaßmittelfeld, bez. 1822. Wandmalereien an der Fassade (Mariahilf, St. Florian, Johannes Nepomuk), 18. Jh.

Pfarrwidum **Bp. 31**

Ehemals Gerichtshaus von Alt-Rasen, 16. Jh. Im 17. Jh. umgebaut und erhöht. Im Erdgeschoß Stube mit Balkendecke, bez. 1521. Im Obergeschoß gemalte Türfüllungen und Intarsien, 18. Jh.

Lienharter und Joggiler **Bp. 37**

Geteilter Hof. Zweigeschossiger Bau mit Schopfwalmdach und verbrettertem Holzgiebel. Rechtecktüre, Labe mit Kreuzgratgewölbe, tonnengewölbte Küche, Stube mit Wandgetäfel. Fenster mit breiter Leibung und Eisengitter an der Berggiebelseite.

Pfarrkirche St. Johannes Evangelist mit Bildstock und Friedhof **Bpp. 38, 227 Gp. 1**

Am Spitzturm Jahreszahl 1586. Die heutige Kirche 1822 von Alois Mutschlechner erbaut. Abgesetzter Chor, Wandpfeilerraum, Tonnengewölbe mit Stichkappen, Fenster mit Karniesbögen. An der Fassade Rundbogentor, Statuennischen und Pilastergliederung, geschweifter Giebel.

Baumgartnerwirt **Bp. 40/1**

Steingerahmte Spitzbogentür an der Traufenseite, tonnengewölbter Flur mit Stichkappen, überwölbte Kellertreppe. Spätgotische Stube mit Bohlenbalkendecke, eingekerbte Inschrift (Maria...). Keller mit gemauerter Mittelsäule und Schwibbögen. Oberlabe mit Spitztonne, obere Stube mit neugotischem Getäfel, bez. 1931.

Antoniuskapelle **Bp. 62**

1698 erbaut. Polygonaler Chorschluß, Dachreiter mit Laternenkuppelhaube. Tonnengewölbe. Vor dem Altarraum Schmiedeeisengitter. Schindeldach.

Galler an der Linde **Bp. 66**

Ansitz, gemauerter Treppenaufgang mit Loggia, steingerahmte Spitzbogentür, Korbgitter, Sonnenuhr. In den Gängen Gratgewölbe. Mehrere spitzbogige Türen, in drei Räumen Balkendecken, 16. Jh. Im Erdgeschoß gewölbte Küche und Speis, im ersten Stock tonnengewölbte Kammer. An der Nordseite verbretterter Giebel.
Bannzone: Bpp. 65, 67, 70, 79
Gpp. 608, 609, 610/1, 610/2, 611/1, 611/2.

Aberle **Bp. 75**

Flachbogentüre, tonnengewölbte Labe, Küche und Selchküche mit Tonnen, Stübele mit barockem Feldergetäfel, übermalte Tür mit Jahreszahl 1855.

Peterer **Bp. 77**

Großer Bau mit abgewalmtem Dach und drei Fassadenfresken. Labe und Küche mit Tonnengewölbe. Im Erdgeschoß und ersten Stock drei Räume mit barocker Täfelung.

Marienkapelle zu Neunhäusern **Bp. 85**

Einfacher Bau mit Rechtecktür, darüber Lünette, Tonnengewölbe und Rundnische, 18. Jh.

Schillerkapelle **Bp. 96**

Hölzerner Dachreiter mit Pyramide, Rundbogentür und Rundbogenfenster, polygonaler Abschluß, Kreuzgratgewölbe. 18. Jh.

Imbergkapelle **Bp. 201**

Verbretterter Bundwerkgiebel, Rechtecktür, darüber Wandmalerei (Auge Gottes und Spruch). Flachdecke mit Fresko (Auferstehung). An der Tür die Jahreszahl 1822.

Kapelle beim Unterrauth **auf Gp. 649**

Bildstock mit steilem Satteldach (Schindeln), vermauerte Rundbogenöffnung, Kreuzgewölbe mit Rankenmalerei. Spätgotisch.

Kapelle beim Mair am Ried **auf Gp. 912**

Satteldach mit Schindeln, Rechtecktür, darüber Halbkreisfenster, an der Seite Rundbogenfenster. Tonnengewölbe und Apsis. Ober der Tür die Jahreszahl 1847.

Pfaffingkapelle **auf Gp. 1216**

Satteldach, Rechtecktür und Rechteckfenster, Tonnengewölbe, runder Abschluß, 18. Jh. Am Giebel Oculus.

Oberstallerkapelle **auf Gp. 2153**

Rechteckbau mit Satteldach, von zwei Rechteckfenstern flankierte Tür, an den Seiten abgeschrägte Flachdecke aus Brettern. Grabinschrift von 1845. Schindeldach.

Altrasen **auf Gp. 2195**

Burgruine, Stammsitz der Herren von Rasen, im 12. Jh. erwähnt. Seit dem 17. Jh. dem Verfall preisgegeben. Vom ursprünglichen Bestand nur die Reste des Viereckturms. Die Reste der Ringmauer und des Turmhofs 16. Jh.

Joggilerstöckl (Raderstöckl) **auf Gp. 2256/2**

Rechteckbau mit Satteldach (Schindeln), Offener Rundbogeneingang mit Seitensitzen, Kreuzgratgewölbe mit Rankenmalerei. Wandgemälde (Rochus, Sebastian, Verkündigung, Kreuzigung), frühes 17. Jh. Altarnische mit Schmiedeeisengitter abgeschrankt.

Katastralgemeinde Oberrasen

Hauser **Bp. 1**

Hofmauer mit Rundbogentor. Dreigeschossiger Bau mit Krüppelwalmdach. Treppenaufgang mit Kreuzgratgewölbe, Rundbogentüre, hohe Fensterleibun-

Links oben: Rasen-Antholz, Zuhaus beim Wegerwirt
Links unten: Proveis, Pfarrkirche St. Nikolaus
Rechts oben: Rasen-Antholz, Joggila-Stöckl in Niederrasen
Rechts unten: Rasen-Antholz, Josefskapelle in Obertal

gen. Im Obergeschoß dreiseitiger Erker mit Eisengitter. Korbfenster. Küche und Selchküche mit Tonne, steingerahmte Spitzbogentür zur Querlabe, Stube im Obergeschoß mit Felderdecke, im Mittelfeld Intarsien (Jahreszahl 1667, Christusmonogramm).

Burgfrieden **Bp. 120**

Zweigeschossiger Bau mit traufseitiger Rechtecktüre, tonnengewölbte Küche, Barockstube mit geschnitztem Mittelfeld. Fenster mit breiter Leibung, Reste von Eckbemalung.

Heufler **Bp. 170**

Ansitz um 1580 erbaut. Viergeschossiger Bau mit Eckerkern, Walmdach und dreiseitigem Erker. Im Erdgeschoß tonnengewölbter Flur. Im ersten Stock Stuckdecken. Renaissancestube mit Intarsien, reiche Kassettendecke, Kachelofen. Fenster mit Gitterkörben.

Storfer **Bp. 181**

Erneuerter zweigeschossiger Bau mit tonnengewölbter Labe, im Obergeschoß Stube mit Neurenaissancedekor, 1865 datiert.

Schmieder **Bpp. 193, 194**

Zweigeschossiger Bau mit Schopfwalmdach und verbrettertem Giebel mit Söller. Rechtecktüre, durchgehende Labe mit Kreuzgratgewölbe. Im Obergeschoß zweiseitige Erker. An der Fassade die Jahreszahl 1548.

Josefskapelle beim Burgfrieden **Bp. 246**

Satteldach, mit Schindeln verkleideter Spitzturm mit sechseckigem Helm, Rundbogenfenster, polygonaler Chor mit Tonne. Wandmalereien: Im Chor St. Isidor, im Langhaus Verkündigung und Heimsuchung (Kopie nach Leonardo), 1924 erbaut.

Wirtherkapelle **Bp. 258**

Bau mit Spitzbogeneingang, Kreuzgratgewölbe, Altarnische mit Steinkonsolen. Fresken (Leonhard, Florian, Silvester, Heilige Familie, Flucht nach Ägypten), 17. Jh.

Neurasen **auf Gpp. 1146/1, 1146/2**

Burgruine. Von den Herren von Rasen um 1200 erbaut. Regelmäßige Anlage mit viereckigem Bergfried, Reste von Ringmauer und Palas.

Katastralgemeinde Jaufental

St. Josef in Gasteig **Bp. 1**

Um 1739 erbaut. Fassadendachreiter mit Spitzhelm, dreiseitiger Chorschluß, Tonnengewölbe mit Stichkappen auf Pilastern. Stuckdekorationen an der Decke, Rundbogenfenster, Spitzbogentür.

Alte Volksschule in Gasteig **Bp. 7/1**

Ehemaliges Gasthaus, 1909 errichtet. Balkonvorbauten und kleine Farbglasscheiben aus der Erbauungszeit. Wirtsstube mit Felderdecke, geschnitzten Wappen und Inschriften in neugotischem Stil.

Maria Heimsuchung in Rust (Einsiedel) **Bp. 41**

Barocker Kapellenbau aus der zweiten Hälfte des 18. Jh.s, hölzerner Dachreiter, gerader Chorschluß, Tonnengewölbe mit Deckengemälden (Mariengeburt, Verkündigung, Rokokokartuschen). Rundbogen- und Lünettenfenster.

St. Anton in Außertal **Bp. 105**

Barocker Kapellenbau, 1716 errichtet. Fassadendachreiter mit Pyramide, polygonaler Chorschluß, Tonnengewölbe mit Stichkappen auf Pilastern, Stuckdekorationen. Rundbogenfenster, Schindeldach.

Brunnenkapelle **Bp. 106**

Der Antoniuskapelle gegenüber. Dreiseitiger Abschluß, Rundbogenöffnung. Christus als Brunnenfigur, 17. Jh. Schindeldach.

Pfarrkirche St. Ursula mit Friedhof **Bp. 147 Gp. 1148/2**

Spätgotischer Umbau 1516, dreiseitiger Chorschluß, seitlicher Spitzturm. Im Chor Sternrippengewölbe, im Langhaus Netzrippengewölbe. Spitzbogenportal. Wandgemälde (Feiertagschristus), Ende 14. Jh.

Katastralgemeinde Mareit

Pfarrkirche St. Pankraz mit Friedhofskapelle, Friedhof und Grabkapelle der Freiherren von Sternbach **Bpp. 1/1, 1/2, 179 Gpp. 5, 6**

Langhaus mit Tonnengewölbe auf Pilastern, 1687 von Gallus Apeller errichtet, rundbogig abschließender Chor 1695. Spitzturm. Rundbogenportal mit Dreieckgiebel, Skulpturennische. Deckengemälde (Martyrium des hl. Pankraz, Apostel) von Franz Altmutter, 1811.
Friedhofskapelle: Rechteckbau, 1751 errichtet, über der Tür Giebelrisalit, Rechteckfenster, Schindeldach.
Grabkapelle: Gotisierender Bau mit polygonalem Schluß, Spitzbogentür, -fenster, Strebepfeiler. 19. Jh.

Pfarrwidum **Bp. 2/1**

Langgezogener Bau, Turmanbau mit Zinnengiebel (1913), am Spitzbogenportal aus weißem Marmor und am polygonalen Erker Jahreszahl 1709. Verbretterter Giebel.

Wolfsthurn mit Park **Bpp. 12/1, 206, 225, 226, 227**

Schloßanlage. Mittelalterlicher Baukern im Südturm erhalten. Barocke Schloßanlage mit Herrschaftsgebäude mit doppelter Front, um 1730 errichtet. Torbau mit Mittelrisalit, am Herrschaftsgebäude Seitenrisalite. Im zweiten Stock Zimmer mit Stuckdecken, um 1735, gemalte Gobelins (Jagdszenen), Saal mit Pilastergliederung und Stuckdecke.
Mariahilfkapelle: Gerader Chorschluß mit Laterne, Tonnengewölbe mit Stichkappen, Stukkaturen. Decken- und Wandgemälde von Matthäus Günther (St. Wolfgang, Johannes Nepomuk; Maria Tempelgang, Heimsuchung, Geburt Christi, in der Kuppel Immaculata), 1738.
Bannzone: Bpp. 13/1, 13/2
Gpp. 46, 47/1, 47/2, 48, 49, 50, 51, 54/1, 60, 62, 73, 74/2, 66, 67, 69, 70, 72, 76, 1471, 1472, 1480/2.

Kornkasten beim Wurzer **Bp. 36/2**

Zweigeschossiger Holzblockbau mit offenem Giebel, Trockensöller.

Kornkasten beim Paulheis I **Bp. 37**

Einstöckiger Holzblockbau mit Trockensöller, im Erdgeschoß Flachbogentür, darüber Rechtecktür. Legschindeldach.

Pfitscher **Bp. 43/1**

Spätgotischer Bau mit kreuzgratgewölbter Labe, Spitzbogenportal aus weißem Marmor, steingerahmte Türen. Stube mit Bohlenbalkendecke. Barocke Fassadenfresken (St. Florian, Johannes Nepomuk, Mariahilf), 18. Jh. Giebelsöller.

Gratznhäusl **Bp. 81**

Von Grund auf aus Rundhölzern erbaut. Gemauertes Feuerhaus mit Gewölbe. Stube mit leicht gewölbter gotischer Balkendecke. 15./16. Jh.

Kornkasten beim Paulheis II **Bp. 89/2**

Holzblockbau auf Pfosten mit Nolpenstiege und spätgotischer Sperrvorrichtung. Umlaufender Söller.

Melcher **Bp. 94**

Leicht gewölbte spätgotische Stube mit abgefasten Bohlenbalken, Kachelofen.

Christlkapelle **Bp. 122**

Barockbau aus der zweiten Hälfte des 18. Jh.s, Fassadendachreiter mit Glokkenhaube und Laterne, gerader Chorschluß mit Nische, darüber Laterne. Tonnengewölbe mit Stichkappen, Rundbogentür, Rundbogenfenster. Deckengemälde (Mariä Himmelfahrt mit Heiligen, Anna, Joachim, Elisabeth, Zacharias), 18. Jh., zweite Hälfte, von Josef Anton Zoller.

Bildstock vor dem Dorf **auf Gp. 27/2**

Viereckiger abgefaster Schaft, Aufsatz mit viereckiger Nische und Sattelabschluß. Steinmetzwappen, am Giebel Jahreszahl 1537.

Stricknerkapelle **auf Gp. 457**

Rechteckbau mit Flachbogentür, um 1900 errichtet. Tonnengewölbe, Satteldach mit Schindeln.

Kapelle beim Hochstranses **auf Gp. 1448**

Um 1880 erbaut. Hölzerner Giebeldachreiter mit Spitzpyramide, gerader Abschluß, Spitztonnengewölbe, Rundbogentür, Spitzbogenfenster, Oculus. Schindeldach.

Bildstock jenseits des Mareiter Baches **auf Gp. 1535**

Bildsäule mit Pyramidendach, Spitzbogennische mit Fresken (Heilige, Kreuzigung, Evangelistensymbole, Verehrung des Altarsakramentes), Anfang 16. Jh.

Katastralgemeinde Ratschings

Kapelle in der Stange **Bp. 14**

Rechteckbau aus dem beginnenden 18. Jh., hölzerner Dachreiter mit Pyramide, Kreuzgratgewölbe. Über der Rundbogentür Vierpaßfeld, Rundbogenfenster. Am Gewölbe Stuckdekorationen. Schindeldach.

Keim **Bp. 20**

Rundbogentor, Fassadenerker, bergseitig Mauerwerk mit Lichtscharten. Tonnengewölbte Labe und Oberlabe, zum Balkon Rundbogentür. Steintreppe ins Obergeschoß.

Reifenegg **Bp. 23**

Burgruine am Eingang ins Ratschingser Tal, um 1200 errichtet. Ecksteine mit Buckelquadern, Hocheinstieg mit Schulterbogentür, im Tympanon Marmorwappen der Trautson. Im Innern mehrere Rundbogentüren.

Kapelle in Schönau **Bp. 28**

Spätgotischer Bau aus dem beginnenden 16. Jh. Fassadendachreiter mit Spitzhelm, dreiseitiger Chorschluß. Spitzbogenportal aus weißem Marmor, Gratgewölbe, Spitzbogenfenster.

Stern **Bp. 29**

Tonnengewölbte Labe mit Stichkappen, Rundbogentür. Verbretterter Bundwerkgiebel. Bemalte Fensterumrahmungen, Stube mit Brustgetäfel. An die Kapelle in Schönau angebaut.

St. Anton in Kalch **Bp. 71**

Kapelle 1820 errichtet. Fassadendachreiter mit Spitzhelm, steingerahmte Spitzbogentür, Tonnengewölbe mit Stichkappen. Polygonaler Chorschluß, Rundbogenfenster.

Kalcherwirt **Bp. 72**

Verbretterter Bundwerkgiebel, tonnengewölbte Labe mit Stichkappen, gewölbte Oberlabe und Kammer. Stube mit gotischer Balkendecke, an einzelnen Balken dekorative Flachschnitzerei. An der Fassade spätgotisches Fresko (Anna Selbdritt, Florian, Andreas), um 1500.

Jaufenstegkapelle **Bp. 83/1**

Gotisierender Bau mit Triumphbogeninschrift, bez. 1891. Dreiseitiger Chorschluß mit Spitztonne, Spitzbogentür, -fenster, Fassadendachreiter mit Spitzhelm. Schindeldach.

Sprenger **Bp. 88**

Verbretterter Bundwerkgiebel, Söller, durchgehende tonnengewölbte Labe mit Stichkappen. Tonnengewölbe Oberlabe, Küche mit Kreuzgratgewölbe. Stube mit Leistengetäfel und Felderdecke, barockes Wandkästchen. Kreuzgratgewölbter Keller mit Rundbogentür, überwölbter Treppenaufgang.

Kapelle beim Volgger in Pardaun **Bp. 106**

Kapelle 1825 errichtet. Dreiseitiger Chorschluß, Rundbogentür, -fenster, Tonnengewölbe mit Stichkappen. Schindeldach.

Gorgeler **Bp. 128**

Verbretterter Giebel. Barocke Fassadengestaltung mit Fensterumrahmungen. Tonnengewölbte Labe und Küche mit Stichkappen, Stube mit Leistengetäfel. Hölzerner Treppenaufgang. Kasten mit Bohlenwänden.

Pfarrkirche St. Andreas mit Friedhof **Bp. 142**
Gp. 1133

Kirche 1339 erwähnt. Turm mit Zwiebelhaube auf Oktogon 1710, Kirche 1752 erbaut (gotischer Mauerbestand). Rundbogiger Chorschluß, Tonnengewölbe mit Stichkappen. Rundbogentür in weißer Marmorrahmung. Malereien am Chorgewölbe und an den Seitenaltären von Josef Adam Mölckh (St. Andreas mit Brotvermehrung), 1753. Deckenbild im Schiff von Rafael Thaler, 1902.

Kornkasten beim Abraham **Bp. 149**

Holzblockbau auf Pfosten, einer der zwei noch im Tal erhaltenen Getreidespeicher dieser Art. Offener Giebel.

Kapelle beim Larch **Bp. 179**

Barocker Kapellenbau aus der ersten Hälfe des 18. Jh.s, Hölzerner Fassadendachreiter (Pyramide), gerader Chorschluß, Kreuzgratgewölbe. Rundbogentür, -fenster, Skulpturennischen. Schindeldach.

Kapelle in Flading **Bp. 192**

Um 1745 erbaut. Polygonaler Chorschluß, Tonnengewölbe mit Stichkappen. Hölzerner Dachreiter mit Pyramide. Rundbogenfenster, -tür. Schindeldach.

Maria Heimsuchung am Jaufenpaß **Bp. 239**

Kapellenbau um 1660 errichtet. Giebeldachreiter mit Pyramide, Rundbogenapsis mit Pultdach, Kreuzgratgewölbe. Rundbogentür, Flachbogenfenster.

Ratschings, Pfarrkirche St. Ursula in Jaufental
Links oben: Ratschings, Burgruine Reifenegg
Links unten: Ratschings, Pfarrwidum Mareit

Links oben: Ratschings, ehemaliges Gasthaus zum Steinbock in Ridnaun
Links unten: Ratschings, Kapelle beim Blössner in Telfs
Rechts oben: Ratschings, Kornkasten beim Abram in Ratschings
Rechts unten: Ratschings, St. Lorenz in Maiern

Eller-Stöckl in Kalch **Bp. 311**

1912 anstelle einer früheren Kapelle errichtet. Gerade abschließender, abgesetzter Chor mit Rundfenster, Spitzbogentür, -fenster. Holzgitter vor dem Altarraum.

Bildstock beim Marxer **auf Gp. 695/3**

Gemauerter Bildstock mit Rundbogennische, Nischengitter. Freskenreste (Heilige), 18. Jh.

Kapelle beim Plattner **auf Gp. 1521**

Um 1870 erbaut. Hölzerner Dachreiter, Spitzbogentür, Tonnengewölbe. Schindeldach.

Katastralgemeinde Ridnaun

Mühle beim Hofer **Bp. 46**

Holzblockbau mit schindelgedecktem Satteldach und funktionsfähigem Mahlwerk.

St. Lorenz in Maiern **Bp. 47**

1390 erwähnt, 1482 umgebaut. Hölzerner Dachreiter mit Achteckhelm, Spitzbogentür, Vordach auf gemauerten Säulen. Im polygonalen Chor Sternrippengewölbe, im Langhaus Kreuzrippengewölbe. Gemauerte Kanzelbrüstung. Flachbogenfenster, Schindeldach.

Kornkasten beim Wieser **Bp. 49**

Getreidespeicher in Holzblockbauweise mit vorkragendem Söller und Eselsrückentürholm.

Kornkasten beim Mart **Bp. 87**

Zweigeschossiger Getreidespeicher mit zwei Eselsrückentüren, Kantholzblockbau mit vorkragenden Söllern, Legschindeldach.

Kornkasten und Backofen beim Bartler **Bpp. 94, 158**

Zweigeschossiger Holzblockbau mit Eselsrückentür, abgefaste Balken, vorkragende Söller. Legschindeldach. Frei stehender Backofen mit Tonnengewölbe und Pultdach.

Kapelle beim Bartler **Bp. 95**

Barocker Kapellenbau mit Fassadentürmchen (Kuppelhaube mit Laterne), 17. Jh. Abgesetzter, gerade abschließender Chor. Tonnengewölbe mit Stichkappen. Deckengemälde (Isidor, Notburga, Josef, guter Hirte), bez. 1784.

Pfarrkirche St. Josef mit Friedhof **Bp. 98**
Gp. 1748

Flachkuppelbau auf kreuzförmigem Grundriß, 1764 errichtet. Turm mit hölzerner Glockenhaube und Laterne, rundbogiger Chorschluß, Quertonnen. Freskenausstattung von Josef Haller, bez. 1766 (Apostelkommunion, St. Josef als Fürbitter, Tempelaustreibung).

Pfarrwidum **Bp. 99**

Um 1764 erbaut. Krüppelwalmdach, Flachbogentür. Regelmäßige Fensterreihen, gemalte Fensterumrahmungen.

Ehemaliges Gasthaus zum Steinbock **Bp. 105**

Marmorgerahmte Spitzbogentür, am Scheitel Wappen (Hufeisen, Nagel) und Jahreszahl 1515. Tonnengewölbte Labe und Küche, steingerahmte Schulterbogentür im Erdgeschoß. Im Obergeschoß tonnengewölbter Hausgang mit Stichkappen, gemauerter Treppenaufgang. Keller mit Tonnengewölbe. Stube mit Felderdecke. Am Giebel Oculiöffnungen.

Knappe (Knappenhäusl) **Bp. 117**

Handwerkerhaus in Holzblockbauweise mit gemauerter Rauchküche. Umlaufender Söller, Stube mit Unterzug und Bretterdecke.

Angerkapelle **Bp. 120**

Kapelle mit Rundapsis, hölzerner Dachreiter mit Pyramide, Rechtecktür, Tonnengewölbe. Rundbogig abschließender Chor, vor dem Altarraum Gitter, bez. 1911.

St. Magdalena **Bp. 124**

Spätgotischer Bau, um 1480 errichtet. Polygonaler Chorschluß, seitlicher Spitzturm, Vorhalle. Spitzbogenportal aus weißem Marmor, Sternrippengewölbe mit spätgotischen Dekorationsmalereien.
Bannzone: Gpp. 1879/1, 1880, 1884, 1885, 1886, 1887, 1890, 1891, 1897, 1907 Bp. 123.

Drossnhäusl **Bp. 125**

Spätgotischer Holzblockbau mit ursprünglichen Fensteröffnungen. Obergeschoß in Rundholzbau, offener Giebel. Dachstuhl 1840 erhöht.

Kapelle beim Stauden **Bp. 157**

Einfacher Kapellenbau mit polygonalem Chorschluß, Altarnische mit Tonnengewölbe, Flachdecke. Rundbogentür, Rechteckfenster. Schindeldach.

Maria-Schnee-Kapelle im Becherhaus **Bp. 213**

In dem auf 3195 m Meereshöhe gelegenen Becherhaus wurde 1911 ein einfacher Raum zur Kapelle umgestaltet. Höchstgelegene Kapelle Südtirols. Stoffbespannte Wände, Emporen.

Kapellen im Bergwerk **Bp. 230**
Gp. 1045/1

Einfacher Rechteckbau mit Satteldach und hölzernem Glockenträger. Bildstockmäßige Holzkapelle mit Rundbogenöffnung und hölzerner Spitztonne. Holzgitter am Eingang.

Backofen beim Plun **auf Gp. 24**

Backofen mit Tonnengewölbe und Pultdach.

Backofen beim Tembler **auf Gp. 2026**

Frei stehender gemauerter Backofen mit Tonnengewölbe und vorkragendem Pultdach.

Katastralgemeinde Telfes

Pfarrkirche St. Veit in Obertelfes mit Friedhof **Bp. 1**

Spätgotischer Bau, 1522 errichtet, 1824 entgotisiert. Turm mit Zwiebelhaube auf Oktogon, um 1700. Spitzbogenportal mit Wappenstein und Jahreszahl 1522. Tonnengewölbe mit Stichkappen, dreiseitig abschließender Chor, Rundbogenfenster. Freskenausstattung Leopold Puellacher 1826 (St. Veit, Apostelbüste).

Frei mit Hauskapelle **Bp. 13**

Obergeschoß in Holzblockbau mit Giebelsöller, tonnengewölbte Küche. Stube, anschließend Hauskapelle, Weihwasserstein, bez. 1723. Tonnengewölbter Keller. Fenster mit Putzrahmen und Jahreszahl 1785.

Saxl mit Hauskapelle **Bpp. 31/1, 31/2**

Über der Rechtecktür mit kleinem Oberlicht polygonaler Erker. Zwei steingerahmte Schulterbogentüren im Hausgang, tonnengewölbte Küche. Fassadenfresken (Sebastian, Florian, Franziskus und Antonius), 17. Jh. Gemalte Fensterumrahmungen. Angebaute Hauskapelle mit Altarnische, Kreuzgratgewölbe und Spitzbogenfenstern.

Wildner **Bp. 45**

1661 erbaut. Polygonaler Erker, Fassadenfresken (Heilige Familie, St. Georg, Martin), bez. 1698. Küche mit Tonnengewölbe, am Firstbaum Malkreuz.

Goberle **Bp. 49**

Polygonaler Erker, Fassadenfresken (St. Franziskus, Antonius, Georg, Sebastian, Florian), 17. Jh. Küche mit Tonnengewölbe, Spätrenaissancestube, bez. 1692. Gemalte Eckquaderung und Fensterumrahmungen.

Platzer **Bp. 65**

Bau aus dem 16. Jh. mit tonnengewölbter Küche. Über der Eingangstür spätgotische Maßwerkfragmente aus der St.-Nikolaus-Kirche. Stubentäfelung aus dem 19. Jh.

Kapelle beim Blössner **Bp. 76**

Einfacher Bau, im Innern bemalte Stukkaturen und Fresken. Derbe Arbeit, um 1700.

Pfarrkirche St. Nikolaus in Untertelfes mit Friedhof **Bp. 66**

1357 erwähnt, spätgotischer Bau mit dreiseitigem Chorschluß, Turm mit Zwiebelhaube auf Oktogon (1708). Gewölbe 1831 entgotisiert (Spitzbogengewölbe mit Stichkappen). Spitzbogentür, Rundbogenfenster.

Katastralgemeinde Riffian

Wetzlgut (Thurn) Bp. 16

1369 erwähnt. Spätbarocke Fassadenmalerei (Eckquader, Fensterumrahmungen, Vögel, Christus und Marienmonogramm, St. Urban), Jahreszahl 1777 und Initialen I. T. Offener Bundwerkgiebel.

Oberwirt Bp. 25/1

Zwei rundbogige Erdgeschoßeingänge, steingerahmte Türeinfassung, erkerartige Mauervorkragungen an der Talgiebelseite. Giebelsöller, steingerahmte Renaissancetür mit Oberlichte.

Pfarrwidum Bp. 36

1770 erbaut. Gang und Zimmer mit Stuckdecken, Spätbarockofen, gewölbte Selchküche.

Mesnerhaus Bpp. 39, 40

An die Friedhofsmauer angebaut. Steingerahmte Fenster und Schulterbogentüren. Stube mit Feldergetäfel und Schuppenpilastern, gewölbte Küche.

Pfarrkirche zur Schmerzhaften Muttergottes mit Friedhofskapelle und Friedhof Bp. 41 Gp. 242

Am Turm die Jahrzahl 1446. Zwischen 1668 und 1673 errichtete Franz De Lai den kreuzförmigen Bau unter Verwendung der alten gotischen Kirche. Im Langhaus Flachkuppel, im gerade abschließenden Chor Kreuzgratgewölbe. Fassade mit Skulpturennischen. Kuppelfresko (Maria Himmelfahrt) von Josef Strickner, 1777.
Unsere Liebe Frau am Friedhof: Zweigeschossiger, viereckiger Bau mit Pyramidendach, um 1400. Gruft mit Tonnengewölbe, in der Kapelle Kreuzrippengewölbe. Wandgemälde des Meisters Wenzlaus (1415).

Rössl Bp. 42

Eckerker, Mariahilffresko, steingerahmte Rundbogenfenster mit Eckritzen im Hausgang.

Merzngut Bp. 61

Bau mit gemalten Fensterumrahmungen, verbretterter Bundwerkgiebel.

St. Johannes Nepomuk in Vernuer Bp. 125

1743 erbaut, 1841 und 1904 renoviert und neu eingewölbt. Hölzernes Türmchen, dreiseitiger Chorschluß, Tonnengewölbe mit Stichkappen, Rundbogenfenster. Schindeldach.

Katastralgemeinde Ritten I

St. Anton von Padua in Klobenstein **Bp. 1**

1672/73 errichtet, 1767 vergrößert. Abgesetzter Chor, Kreuzgrat- und Tonnengewölbe. Blendfassade mit Skulpturennischen, rechteckiges Portal.

Windegg in Klobenstein **Bp. 3**

Zweigeschossiger Bau mit Walmdach, Rundbogentür, Gang mit Kreuzgratgewölbe und Sandsteinplatten. Tonnengewölbte Küche, im ersten Stock Vorraum mit Felderdecke und Kachelofen, Ende 18. Jh. Zimmer mit Brusttäfelung mit Zahnschnittfries, Kachelofen und Felderdecke. Zimmer mit grünem Empire-Ofen.

Rosenegg in Klobenstein **Bp. 4**

Eingeschossiger Bau mit Walmdach, 1908 nach Plänen Emanuel von Seidels umgebaut. Nach Süden Loggienvorbau auf vier toskanischen Säulen mit Dreieckgiebeln. Darunter verglaste Rundbogenöffnung. Fenster mit Putzrahmen. Eingangshalle mit Flachtonnengewölbe und Stichkappen, Brusttäfelung und Ofen. Salon mit Rundkachelofen und Stuckdecke.

Hochegg in Klobenstein **Bp. 5/1**

Regelmäßiger Bau, in zwei Zimmern dekorative Wandmalereien mit Rocaille und Blattzweigen. 18. Jh.

Schwarzegg in Klobenstein **Bp. 6**

Zweigeschossiger Bau mit Walmdach. Steingerahmtes Fenster mit Blumenornament am Sturz. Im ersten Stock durchgehender Saal mit Sandsteinplatten und Felderdecke. Gegen Osten Biforienfenster in Steinrahmung. Räume mit Felderdecken.

Pachegg in Klobenstein **Bp. 14**

Zweigeschossiger Bau mit Walmdach. Rundbogentür, Gang mit Sandsteinplatten. Im Erdgeschoß Raum mit Stuckdecke. Im ersten Geschoß Gang mit Stuckleisten, links Raum mit Lorbeerstuck an der Decke. Zwei Räume mit einfachen Stuckdecken. Salon mit Stuckdecke, Raum mit Stuckdecke und neugotisch geschnitzter Fensterrahmung.

Liebegg in Klobenstein **Bp. 15**

Regelmäßiger Bau mit Walmdach. Rundbogentür, Gang mit Sandsteinplatten. Tonnengewölbte Küche mit Stichplatten, im Nebenraum offener Herd mit gemauertem Mantel. Im ersten Stock Biedermeiersalon mit ovalem Stucklorbeerkranz an der Decke. Raum mit bewegter Stuckdecke.

Bodenegg in Klobenstein **Bp. 17**

Langgezogener Bau mit Walmdach, 1585. Im Süden Flacherker von 1920 mit Fresko von A. Stolz (Maria vom guten Rat). Darüber Holzbalkon, ebenso zwei Balkone an der Ostseite. Salon mit gemauertem Ofen, Biedermeierzimmer mit rundem Kachelofen.

Tennegg in Klobenstein **Bp. 20**

Würfelförmiger Bau, typisches Rittner Sommerfrischhaus, 18. Jh. Im Erdgeschoß mehrere Holzbalkendecken, im ersten Stock Räume mit Stuckverzierungen.

Mages in Klobenstein **Bp. 21**

Erneuerter Bau. Nach Osten ehemaliger Salon mit Stuckdecke mit Lorbeerkranz, um 1800. Überwölbter Aufgang zum ersten Stock. Nach Osten kleiner Raum mit Stuckdecke. Viergeschossige Holzveranda.

Decorona in Klobenstein **Bp. 23**

Zweigeschossiger Bau mit steilem Satteldach. Im ersten Stock Gang mit Sandsteinplatten und Stuckkehle. Salon, Stuckdecken mit Lorbeerkranz, davor Holzveranda. Zwei symmetrische Seitenräume mit Stuckkehle. Im Erdgeschoß Räume mit Holzdecke und getäfelte Stube.

Felsegg in Klobenstein **Bp. 25/1**

Zweigeschossiger Bau mit Walmdach, im Erdgeschoß Rundbogentür, Gang mit Sandsteinplatten, Renaissancestube mit profilierter Felderdecke. Türrahmen mit gesprengtem Dreieckgiebel, Jahreszahl 1663. Salon mit bewegter Stuckdecke.

Rössler in Klobenstein **Bp. 34**

1320 erwähnt, einst Dingstätte des Gerichtes Ritten. Rundbogentür zu Keller. Gemauerte Freitreppe, Rundbogeneingang, darüber Fresken (St. Florian, Schmerzensreiche, bez. 1680). Labe mit Kreuzgewölbe, Rundbogentür zur Küche. Barockstube mit Feldergetäfel und bemalten Türen. Im Keller Holzstütze und Tramdecken.

Reibegg in Klobenstein **Bp. 42**

Zweigeschossiger Bau mit Walmdach. Getäfelte Stube und Räume mit Stuckdecken.

Schönegg mit Park in Klobenstein **Bpp. 43, 44, 1096**
Gpp. 144, 149/2, 221/1, 221/2, 222/1, 234, 235, 236, 237

Regelmäßige Anlage mit zwei symmetrischen Glorietten. Steingerahmte Rundbogentür, Gang mit Sandsteinplatten. In der Südwestecke Renaissancestube. Ober der Tür Jahreszahl 1646. Felderdecke mit tief profilierten Leisten. Majolikaofen auf Löwenfüßen. Raum mit Stucklorbeerkranz an der Decke und Empirekachelofen.

Weißegg in Klobenstein **Bp. 45**

Zweigeschossiger Bau mit Walmdach. Nach Osten späterer Zubau, am östlichen Ende des Platzes Gloriette. Im ersten Stock Mittelsaal mit Stuckleisten an der Kehle der Decke. Zwei Räume mit bewegter Stuckleiste an der Decke.

Neidegg in Klobenstein **Bp. 48**

Im ersten Stock spätgotische Balkendecke, am Unterzugbalken Flachschnitzerei, Anfang 16. Jh. Im zweiten Stock einfache Sommerfrischräume.

Links oben: Riffian, Friedhofskapelle
Links unten: Ritten, Arz und Krautschneider in Maria Himmelfahrt
Rechts oben: Ritten, Rosenegg in Klobenstein
Rechts unten: Ritten, St. Nikolaus in Mittelberg

Gasthof Amtmann in Lengmoos **Bpp. 52, 53**

Walmdach, durchgehender Gang, getäfelte Stube. Ofen von 1759 mit Wappen und Landschaftsmotiven. Stuckdecken.

Gasthof Spögler in Lengmoos **Bp. 54**

Steingerahmte Tür mit gesprengtem Dreieckgiebel, Rosettenornament und Chronogramm (1785). Vom ursprünglichen Bau nur mehr die Außenmauern erhalten.

Joggum in Klobenstein **Bp. 66**

Bau später um ein Geschoß erhöht. Stube mit Bohlenbalkendecke, tonnengewölbte Küche mit Stichkappe, steingerahmtes Kellerfenster mit Eisengitter.

Walzer in Klobenstein **Bp. 73**

Verbretterter Giebel, Eßglöckchen, Fassadenfresko (hl. Florian). Stube mit Brustgetäfel und Dreifaltigkeitsfresko an der Decke (1892 renoviert). Keller mit tonnengewölbtem Gang mit Stichkappen, Rundbogentür.

Gasthaus Schwarzer Adler in Atzwang **Bp. 74**

Stattlicher Bau mit Krüppelwalmdach, 16. Jh. Breite Front mit Dachreiter, polygonaler Fassadenerker, Schmiedeeisengitter an den Fenstern. Steingerahmte Spitzbogentür, Hausgänge mit Kreuzgratgewölbe. Stube mit Felderdecke (1819, 1874), Majolikaofen.

Pfarrkirche St. Josef in Atzwang **Bp. 76**

1654 erbaut, hölzerner Fassadendachreiter, Rechtecktür mit Jahreszahl 54. Empore um 1800 eingezogen. Rundbogenfenster, Tonnengewölbe.

Hochatzwang **Bp. 81**

Ansitz mit Walmdach, um 1550 erbaut. Steingerahmte Haustür. Im ersten Stock durchgehender Gang mit Sterngratgewölbe und Erker. An den Fenstern Schmiedeeisengitter.

Oberatzwang **Bp. 86**

Breite Fassade mit zwei doppelgeschossigen Erkern und Schmiedeeisengittern an den Fenstern. Im Erdgeschoß steingerahmte Viereckfenster, bez. 1901. Küche mit Tonnengewölbe, Rundbogentor zum Keller. Bewölbte Steintreppe zum Obergeschoß. Fassadenfresken 1687 (Krönung Mariä) erneuert, hl. Florian 1948.

Steidacher in Antlas **Bp. 96/2**

Freitreppe und Rundbogentür, Labe mit Kreuzgratgewölbe, Küche mit Rundbogentür, Tür zur Speis mit Eselsrückenholm. Jahreszahl 1637 an der Küchentür. Kammer mit Kreuzgewölbe. Stube mit Leistengetäfel (1894). Gewölbter Kellergang, gemauerter Pfeiler und Schwibbögen.

Huber in Antlas **Bp. 99**

Eckbemalung, tonnengewölbte Labe und Küche, zwei Rundbogentüren, Stube mit Felderdecke, Vierpaßmittelfeld und Flachschnitzerei (1875). Fassadenfresko (Herz Jesu, Herz Mariä) von J. Dantone 1906.

Zuner in Antlas **Bp. 102**

Verbretterter Bundwerkgiebel und Laube, steingerahmte Spitzbogentür und Viereckfenster, breite Fassade mit Fresken, bez. 1730 (Sebastian, Georg, Maria, Martin, Florian, Mariahilf). An der Eingangsseite Fresken (Christus am Kreuz und Magdalena). Stube mit barockem Leistengetäfel. Keller mit gemauerten Flachbögen.

St. Andreas in Antlas **Bp. 103**

In der zweiten Hälfte des 14. Jh.s erbaut. Zwei steingerahmte Spitzbogentüren, dreiseitig abschließender Chor, Turm mit Viereckhelm. Am Triumphbogen Jahreszahl 1592. Kreuzgratgewölbe.

Waidacher in Antlas **Bp. 104**

Gemauerter Bau mit Bundwerkgiebel. Eingang über gemauerter Freitreppe, steingerahmte Viereckfenster, Rundbogentür zur Speis, Stube mit Feldergetäfel. Keller mit Schwibbögen und Rundbogentür. Im Hof funktionsfähiger Ziggelbrunnen (Ziehbrunnen).

Gasthof Schwaiger in Lengstein **Bp. 125**

Bau, 16. Jh., mit Rundbogeneingang in tiefer Tornische. Im Erdgeschoß steingerahmte Viereckfenster, Gaststube mit Stuckdecke. Gang mit Sandsteinplattenboden, Tonnengewölbe. Im Obergeschoß steingerahmte Spitzbogentür. An der Fassade Wappen der Mair in der Sulz mit Jahreszahl 1755.

Pfarrkirche St. Ottilia in Lengstein **Bp. 129**
mit Friedhofskapelle und Friedhof **Gp. 977**

1177 erwähnt. Turm, Chor, zwei Langhausjoche und nördlicher Querarm, 1400–1467. 1876 um südlichen Querarm und zwei Langhausjoche erweitert und die Fassade neu gestaltet. Kreuzrippengewölbe.

Pfarrwidum in Lengstein **Bp. 130**

Gemauerter Barockbau mit Walmdach. Im Innern verändert. Einfache Räume.

Gasthof Kircher in Lengstein **Bp. 133**

Gemauerter Bau mit Freitreppe, Reste von Wandmalereien am rundbogigen Eingang (Wappen mit Inschriften, St. Sebastian, Immaculata, 1630). Kleiner Keller mit Rundbogentür und Stichkappengewölbe.

Mair in der Sulz in Lengstein **Bp. 145**

Gemauerter Bau mit Freitreppe und steingerahmter Rundbogentür, darüber Wandmalereien (Mariahilf, St. Florian, Krönung Mariä). Labe mit Kreuzgratgewölbe und Sandsteinplattenboden. Steingerahmte Spitzbogentür zur Backstube mit gemauertem Backofen, Küche mit Rundbogentür, Stube mit Bohlenbalkendecke.

Braun in Lengstein **Bp. 146**

Gemauerter Bau mit Krüppelwalmdach und offenem Bundwerkgiebel. Gemauerte Freitreppe, steingerahmte spitzbogige Haustür, rundbogiges Kellertor. Küche mit hohem Tonnengewölbe, Rundbogentür und gemauertem Backofen. Stube mit Leistengetäfel (1842). Im Keller Schulterbogentür.

Penzl mit Kapelle in Rotwand **Bpp. 148, 149, 980**

Unteres Haus: Zum Teil umgebaut, im Untergeschoß mittelalterliche Mauerteile, an der Bergseite viereckiger, stark ummauerter Raum, Tür mit spitzbogigem Steingewände, daneben Keller mit hölzerner Mittelsäule und Bohlenbalkendecke.
Vorratskammer mit Tonne und Stichkappen, Tür mit spitzbogigem Steingewände. Tonnengewölbte Selchkammer mit Spitzbogentür.
Oberes Haus: Freitreppe, steingerahmte Rundbogentür, rundbogige Kellertür. Spitzbogige Labe, Speis mit Tonne und Stichkappen. Stube mit Stuckdecke und Erker.
Kapelle: Auf der angebauten Sakristei hölzernes Glockentürmchen. Rundbogentür, Rundbogenfenster, Tonne. An der Fassade Jahreszahl 1817 und Fresko (Kreuzigungsgruppe).

St. Verena in Rotwand **Bp. 166**

1256 erwähnt. Turm mit Pyramidendach, um 1400. Die heutige Kirche mit Benützung älterer Mauern im 17. Jh. neu errichtet. Gerader Chorschluß, Tonnengewölbe, viereckige Türen und Fenster in Steinrahmung. Sakristeitüre spitzbogig.

Frümml in Rotwand **Bp. 176**

Talseitig offener Giebel (Dachstuhl 1923). Wandmalereien an der Talgiebelseite (Mariahilf, St. Michael, Florian, Kruzifix, Maria Magdalena). Inschrifttafel mit Jahreszahl 1754, Initialen R. E., M. R. S., L. G.
Rundbogige Haustür, drei Rundbogentüren im Keller. Rundbogentüren zur Küche und Backstube. Fenster des Hauptgeschoßes mit abgeschrägten Leibungen und Putzstreifenrahmen. Stube mit Bohlenbalkendecke und spätgotischer Flachschnitzerei. Küche mit Spitztonne und Stichkappe.

Wolfrainer in Mittelberg **Bp. 214**

Erneuerter Bau mit gemauerter Freitreppe. Stube mit Bohlenbalkendecke und Unterzug, die Endstücke des Balkens ausgeschnitten mit Voluten (1561). Bohlenwände zum Teil noch erhalten.

Maria Saal **Bp. 251**

Im 17. Jh. erbaut. 1719 vergrößert. Bau mit geradem Chorschluß, Tonnengewölbe, im Langhaus Kreuzgratgewölbe. Am Triumphbogen Fresko von Dejaco, 1924 (Maria unter dem Regenschirm).

St. Nikolaus in Mittelberg mit Umfriedung **Bp. 256 Gp. 2183**

Turm romanisch, um 1400 umgebaut. Zwiebelhelm auf Oktogon, 18. Jh. Dreiseitig abschließender Chor, Kreuzrippen- und Fächergewölbe. Chorausmalung um 1450 (Brixner Meister), an der südlichen Außenwand St. Nikolaus und Christophorus, 15. Jh.

Vöst in Mittelberg **Bp. 265/1**

Krüppelwalmdach, rundbogige Haustür, Labe mit Tonnengewölbe und Stichkappen, Küche mit Rundbogentür und Tonnengewölbe. Stube mit neuerem Leistengetäfel. Im Dachraum Saal mit Balkendecke und kassettierten Balken. Zwei rundbogige Kammertüren. Erker 1775. Gewölbter Kellergang.

Deutschordenskommende in Lengmoos **Bp. 306**

Durch einen Verbindungsgang mit der Kirche verbunden. Hoftor 1652, Kommendentor 1740. Im ersten Stock Vorraumdecke mit Stuckverzierung, vier Komturzimmer mit Leinwandgobelins und reichen Stuckdecken, erste Hälfte des 18. Jh.s, Öfen aus dem 17. Jh.

Pfarrkirche Maria Himmelfahrt mit Friedhofskapelle und Friedhof in Lengmoos **Bpp. 308, 309 Gp. 2625**

1211 eine Kirche erwähnt, Turm, Langhausmauern und Rundbogenportal mit Knospenkapitellen aus dieser Zeit. Chor um 1400, Langhausgewölbe 1514 (Netzrippengewölbe). Im Langhaus Freskenreste, 14. Jh.
Zweigeschossige Friedhofskapelle 15. Jh., polygonaler Chorschluß. Spitzbogenfenster, Flachbogentüren.

Unterkematen **Bp. 327**

Barockbau mit Erker und Fenster in Putzrahmen. Über der Tür Inschrift H. M. V. K.; S. V. N. M.; E. M. St. M. 1756. Stube mit profiliertem Leistengetäfel, Vierpaßmittelfeld mit Marienkrönung.

Heiligkreuz in Kematen **Bp. 328**

Gotisierender Bau, 1896 geweiht. Seitlicher Dachreiter, polygonaler Chorschluß, Rippengewölbe.

Prackwieser in Gebrak **Bp. 340**

Rechts von der Labe liegender Hausteil abgebrochen. In der Mauer noch ein spitzbogiges Türgewände. Untergeschoßeingang mit rundbogigem Steingewände. Küche mit Tonnengewölbe und Spitzbogentür. Stube mit Bohlenbalkendecke, Unterzugbalken fehlt.

Ronacher in Gebrak **Bp. 342**

Hofanlage mit Eingang über Steintreppe. Tonnengewölbte Labe mit rundbogiger Hintertür zum Söller. Küche und Speis mit Tonnengewölbe. Kammer mit Schulterbogentür. Stube mit gotischer Bohlenbalkendecke, breite Deckenbalken ohne Abfasung.

Lobis in Gebrak **Bpp. 344/1, 344/2**

Freitreppe, steingerahmter Schulterbogen, tonnengewölbte Labe, Stube mit Feldergetäfel (1877, Inschrift: Georg Rotensteiner – Marie Öhler). Keller mit Holzsäule und gemauertem Rundbogen. Frei stehendes Backofenhaus mit gewölbter Vorlabe und angebauter Waschküche.

Villa Amonn in Oberbozen **Bp. 358**

Nach Plänen von Marius Amonn 1902–1907 in neubarocken und Jugendstilformen errichtet. Außentreppe und Vorlabe mit Sgraffito von Stolz. Stube mit zeitgenössischen Ornamenten, Salon mit ursprünglichen Tapeten.

Sommerfrischhaus und Kapelle Maria Schnee in Oberbozen **Bpp. 359, 360**

Stube mit Leistengetäfel (1894), Küche mit offenem Herd und Kaminhaube. Zimmer mit einfachen Balkendecken.
Kapelle: an das Haus angebaut mit achteckigem Türmchen und Flachtonne. Am Chorbogen Jahreszahl 1727

Villa Kinsele in Oberbozen **Bp. 361**

Sommerfrischhaus mit regelmäßiger Raumeinteilung, Stube mit Holzgetäfel aus der Jahrhundertwende. Im Obergeschoß bemalte Decke mit Heiligen (Andreas, Maria, Anna). Rankenverzierung.

Haus Braitenberg in Maria Himmelfahrt **Bp. 371**

Zweigeschossiges Sommerfrischhaus mit Walmdach. Im Erdgeschoß und ersten Stock durchgehender Mittelsaal. Reichbemalte Holzdecken mit Heiligen, in einem Raum Chronogramm 1710.

Haus Zallinger mit Magdalenenkapelle in Maria Himmelfahrt **Bpp. 372, 373**

Bau mit gemalter Türrahmung, zwei Löwen und Wappen Zallinger-Thurn. Im Gang und in einem Raum bemalte Balkendecken mit Medaillons und Lorbeerkranz. Im ersten Stock Raum mit Brusttäfelung, kannelierte Pilaster und Zahnschnittfries, profilierte Felderdecke mit Rundstab. Bunter Majolikaofen, 17. Jh. Kapelle 1640 erbaut. Saalraum mit geradem Abschluß und bemalter Balkendecke. Flachbogenfenster, Türmchen mit Spitzfenster.

Haus Amonn mit Gloriette in Maria Himmelfahrt **Bpp. 376, 1279**

Zweigeschossiger Bau mit auf drei Seiten umlaufendem Balkon im ersten Stock. Im Erdgeschoß große, reichgeschnitzte neugotische Stube, Balkendecke auf zwei Unterzügen. Daneben Raum mit bemalter Balkendecke, darauf fünf Medaillons. Im ersten Stock Raum mit bemalter Holzdecke (vier Jahreszeiten). In einem anderen Raum Jagdszenen und Wappen Mairl-Menz.
Gloriette: Zweigeschossiger Bau auf achteckigem Grundriß mit Kegeldach. Um 1930 nach Plänen von Marius Amonn errichtet.

Schießstand in Maria Himmelfahrt **Bpp. 378, 379**

Achteckiger, eingeschossiger Bau, 1777 errichtet.

Haus Arz in Maria Himmelfahrt **Bp. 382**

Zweigeschossiger Bau mit Krüppelwalmdach. Im Erdgeschoß und ersten Stock breiter Mittelgang mit Sandsteinplatten, bemalte Balkendecken, auf Korbbogen aufliegend. Im Erdgeschoß reichgeschnitzte neugotische Stube mit Balkendecke (1906). Fünf mit floralen Motiven und Heiligentondi bemalte Decken. 18. Jh.

Haus Krautschneider in Maria Himmelfahrt **Bp. 383**

Zweigeschossiger Bau mit Walmdach. Nach Osten Vorbau, Ende 19. Jh. Im ersten Stock in der Diele bemalte Decke mit Rosetten, in einem Zimmer freigelegte Deckenmalerei mit Ranken, 18. Jh.

Benefiziaten- und Schulhaus in Maria Himmelfahrt **Bpp. 384/1, 384/2**

Ehemaliges Sommerfrischhaus der Herren von Eberschlager, 18. Jh. Zu Beginn des 20. Jh.s ein Teil als Schulhaus umgebaut.

Pfarrwidum in Maria Himmelfahrt **Bp. 386**

Zweigeschossiger Bau mit Krüppelwalmdach, Eckerker im Erdgeschoß.

Pfarrkirche Maria Himmelfahrt in Oberbozen **Bp. 387**

1668 erbaut, 1791–1795 vergrößert. Türmchen mit welscher Haube. Gerade abschließender Chor, Wandpfeilerraum, Tonnengewölbe. Im Chor Flachkuppel.
Bannzone: Bpp. 394, 397
Gpp. 3293, 3294/1, 3296/1, 3310/2, 3313, 3314, 3315/2, 3316/1, 3316/2, 3321/1, 3322, 3325/3, 3325/4.

Haus Mackowitz in Maria Himmelfahrt **Bp. 388**

Dreigeschossiger Bau mit Krüppelwalmdach, außen Immaculata-Fresko und Sonnenuhr, 18. Jh. Regelmäßige Raumeinteilung, in einem Raum bemalte Balkendecke, bez. 1713.

Haus Oberbozen 4 **Bp. 389**

Rundbogentür. In mehreren Räumen bemalte Holzdecken. Ofen aus dem 17. Jh.

Haus Hepperger in Maria Himmelfahrt **Bp. 390**

Zweigeschossiges Sommerfrischhaus mit Walmdach und Holzbalkon an der Nordseite. 18. Jh..

Haus Toggenburg in Maria Himmelfahrt **Bp. 394**

Bau mit Mansardendach und durchgehendem Gang mit bemalter Balkendecke. In drei Zimmern Wandmalereien, Ende 18. Jh. Freimaurerloge mit Symbolmalereien.

Haus Toggenburg mit Kapelle Maria Einsiedeln in Maria Himmelfahrt **Bpp. 395, 396**

Im Haus bemalte Balkendecken. Kapelle um 1700. Abgesetzter Chor mit geradem Abschluß und Tonne, im Langhaus Kuppelgewölbe.

Haus Merl in Maria Himmelfahrt **Bp. 398/1**

Zweigeschossiger Bau mit Krüppelwalmdach. Gang mit je zwei Seitenräumen. In drei Zimmern bemalte Holzdecken (florale Motive und Heiligenmedaillons).

Haus Menz mit Gloriette in Maria Himmelfahrt **Bp. 402**

Ursprünglich Ortnerhof, 1702 abgebrannt, anschließend von der Familie Menz in die heutige Form gebracht. Gloriette von 1804: zweiarmige Freitreppe, achteckiger Pavillon mit Pyramidendach auf Säulen, darunter Durchfahrt. Grabdenkmal von 1818 (Ädikula mit Dreieckgiebel, Relief).

Angler in Maria Himmelfahrt **Bp. 403/1**

Dreigeschossiger Bau, im Erdgeschoß gewölbter Gang, spätgotische Stube (Jahreszahl 1584, am Unterzug Christusmonogramm in stilisierter Dornenkrone). Später nach Osten erweitert, am dadurch entstandenen weiteren Unterzug Jahreszahl 1712 und gleiches Monogramm. Im ersten Stock Sommerfrischräume.

St. Georg und Jakob in Oberbozen **Bp. 414**

1289 erwähnt. Langhausmauern und Apsis aus dieser Zeit. Spitzturm um 1400. Langhausgewölbe (Tonne), Türe und Fenster 17. Jh. (1625 am Turm). Steingerahmte Schulterbogentür am Eingang. Apsisausmalung Ende 13. Jh., geringe

Ritten, Menz-Gloriette in Maria Himmelfahrt
Links oben: Ritten, Amonn in Maria Himmelfahrt
Links unten: Ritten, Gageser in Wangen

Ritten, St. Georg und St. Jakob in Oberbozen
Rechts oben: Ritten, Toggenburg in Maria Himmelfahrt
Mitte rechts: Ritten, Rotenstein in Signat
Rechts unten: Ritten, Mitterstieler in Eschenbach

Reste der gotischen Ausmalung, Ende 14. Jh.
Bannzone: Gpp. 3439, 3443/2, 3451, 3452, 3456, 3457, 3469/4.

Gadner in Oberbozen **Bp. 417**

Stark veränderter Bau mit spätgotischer Stube, Bohlenbalkendecke mit Unterzug, Unterzug stark abgefast, Endstücke in flacher Volute ausgeschnitten. Über der Tür Jahreszahl 1559 eingelegt. Türflügel von 1825. Kellergang mit Rundbogen.

Plattner in Wolfsgruben **Bp. 438**

Spätmittelalterlicher Hof, weitgehend im Originalzustand erhalten. Einhof mit strohgedecktem Satteldach. Freitreppe, Rundbogentür in Steinrahmung; gewölbte Labe, in der Milchkammer steingefaßtes Fenster. Um 1500 in die heutige Form gebracht.

St. Josef in Wolfsgruben **Bp. 441**

1726 erbaut. Zwiebeltürmchen, gerade abschließender Altarraum, Tonnen- und Gratgewölbe. Viereckige Türen und Fenster.

Kasten und Backofen beim Thurner in Signat **Bp. 446**

Backofen mit gewölbter Vorlaube, anschließend kleiner gemauerter Getreidekasten mit Schartenfenstern. Über dem Mauerwerk ein Bundwerkobergeschoß, über dem Backofen frei herübergebaut mit zwei Holzstützen.

Bühler in Signat **Bp. 448**

Schopfwalmdach. Breite Labe mit Steinpflaster. Rundbogige Küchentür, Backofenfenster an der Eingangsseite. Stube mit Bohlenbalkendecke und Unterzug mit Hohlkehle, Unterseite mit Flechtbandornament, 16. Jh. Wandvertäfelung neu.

Baumgartner in Signat **Bp. 450**

Schopfwalmdach, rundbogiger Eingang, hölzerne Freitreppe ins Obergeschoß. Tonnengewölbte Labe mit Stichkappen, Kammertür mit Schulterbogen und Steingewände, Rundbogentür zur Speis. Stube mit Feldergetäfel, 17./18. Jh. Rundbogige Kellertüren. Regelmäßige Steinlagen und sorgfältig gelegte Mauerecken, vermutlich Reste eines turmartigen mittelalterlichen Baues. Schwibbögen.

Rotenstein in Signat **Bp. 457**

Im Zuge der Sanierung zum Teil veränderter Bau, tonnengewölbte Labe mit Stichkappen, rundbogige Küchentür, spitzbogige Kammertür. Backstube mit Backofen. Stube mit Bohlenbalkendecke. Unterzugbalken. Kranzbalken mit Hohlkehle. 16. Jh..

St. Martin in Signat **Bp. 459**

Mit Benützung eines 1551 erwähnten Baues 1772 errichtet und 1868 verlängert. Turm mit Pyramidendach. Gerade abschließender Chor, Rund- und Flachbogenfenster, Tonnengewölbe.

Burgstaller mit Bildstock in Signat **Bpp. 465, 780**

Außentreppe und Vorlaube, gewölbte Labe, Küche mit Rundbogentür und Tonne. Stube mit Bohlenbalkendecke und Unterzug. Wandvertäfelung mit abgefasten Eckpfosten. Brotkammer mit Eselsrückentür. Keller mit Rundbogentüren. Bildstock mit Tonne und Satteldach, Flachbogennische an der Rückseite.

Kleinstein mit Kapelle in Signat **Bp. 468**

Stark veränderter Bau mit ummauertem Hofraum, Torbogen und steingerahmte Schartenfenster in der Hofmauer. In der Stube barocke Felderdecke mit achtekkigem Mittelstück. Sechs bemalte Felder (Evangelisten, Dreifaltigkeit, Maria Verkündigung, Christi Geburt).
Kapelle: Steingerahmte Schulterbogentür, zwei steingerahmte Viereckfenster. Fresken um 1750 (Szenen aus dem Marienleben).

Plattner auf Platten **Bp. 482**

Einstöckiger Bau mit verbrettertem Giebel und Laube. Rundbogentür zum Keller. Eingang mit steingerahmter Schulterbogentür, tonnengewölbte Labe mit Sandsteinplatten. Steingerahmte Spitzbogentür zur Kammer. Tonnengewölbte Küche, Stube mit Feldergetäfel.

Ebner in Unterplatten mit Annakapelle **Bpp. 489, 291 (K. G. Zwölfmalgreien)**

Weinhof mit Krüppelwalm, Ansitz. Nach Osten späterer Kammeranbau. Freitreppe, überdachte Vorlaube. Rundbogige Haustür, Ecklabe. Barockstube mit Felderdecke und achteckigem Mittelfeld (1731). Kapelle 1794 erbaut, Dachreiter mit Zwiebelhelm, Wandgemälde (Evangelisten, Wappen des Erbauers Georg Tutzer), 1794.

Rieler in Unterplatten **Bp. 492**

Gemauerter Bau mit Freitreppe, steingerahmte spitzbogige Haustür, tonnengewölbte Küche. An der Bergseite Bildstock mit Fresken (Kreuzigungsgruppe, Gottvater, St. Urban). Reste von Eck- und Fensterbemalung.

Gstrein in Unterplatten **Bp. 500**

Freitreppe, Stube mit spätgotischem Unterzugbalken, Inschrift mit Jahreszahl 1533. Die restliche Vertäfelung aus jüngerer Zeit.

Sulzner in Eschenbach **Bp. 515**

Steingerahmte Spitzbogentür (1650), Labe mit Tonne und Stichkappen, steingerahmte Rundbogentür zur tonnengewölbten Küche. Spätgotische Stube mit Bohlenbalkendecke und Unterzugbalken.

St. Sebastian auf der Weit in Unterinn **Bp. 517**

Ursprünglich romanischer Bau (um 1300), 1637 umgebaut und erweitert. Chor mit Spitztonne und Rippen, Apsis; im Langhaus Tonnengewölbe.

Unterstieler in Eschenbach **Bp. 518**

Krüppelwalmdach. Eingangstür mit Oberlichte (Jahreszahl 1900). Barockstube mit Felderdecke und bemaltem Mittelstück (Krönung Mariä). Tür mit gesprengtem Dreieckgiebel und eingeschnittener Jahreszahl 1748, Christusmonogramm, Marienmonogramm. Rundbogentor zum Keller.

Mitterstieler in Eschenbach **Bpp. 520, 520/2**

Krüppelwalmdach. Freitreppe, steingerahmte Schulterbogentür, Erker, Jahreszahl 1578 über Fenster mit bemalter Umrahmung. An der Taltraufenseite Eingang mit steingerahmter Rundbogentür. Stube mit spätgotischer Bohlenbalkendecke, Unterzug mit Flachschnitzerei.

Schmied am Stein in Eschenbach **Bp. 526**

Ursprünglich zweigeschossiger Bau, nach 1945 aufgestockt. Im Erdgeschoß große Schmiede mit zwei Essen, ober der kleineren Stein mit der Jahreszahl 1801 und Initialen I. S. An der Fassade neueres Floriansfresko. Freitreppe, Erker, Stube mit Leistendecke.

Forstner in Eschenbach **Bp. 527**

Gemauerter spätgotischer Einhof mit offenem Giebel und strohgedeckten Satteldach. Im Erdgeschoß Stall und Keller. Hölzerne Freitreppe, steingerahmte Spitzbogentür. Küche mit offenem Herd und Balkendecke. Stube mit Felderdecke, an den Wänden Leistengetäfel (Holm mit Jahreszahl 1589).
Kasten mit angebautem Backofen unter strohgedecktem Satteldach.

Oberstieler in Eschenbach **Bp. 532**

Gemauerte Freitreppe, unter der Treppe Rundbogentor zum durchgehenden Folt. Ursprünglich auch an der südlichen Traufenseite offen. Rundbogige Haustür, Labe mit Tonnengewölbe, Stube mit spätgotischer Bohlenbalkendecke, Unterzug mit Zopfmuster, Anfang 19. Jh. Fenster mit Putzfatschen, Backofenerker.

Landmann **Bp. 549**

Spätgotischer Bau mit Krüppelwalmdach. Steingerahmte Schulterbogentür, große Küche mit Tonnengewölbe und Sandsteinplatten. Stube mit Feldergetäfel. An der Eingangsseite Backofen.

Egger in Unterinn **Bp. 577**

Spätgotischer Bau mit gemauerter Freitreppe, Erker, Rundbogentür (Steingewände). Labe mit Kreuzgratgewölbe, rundbogige Küchentür, Stube mit Brustgetäfel von 1870. Durchgehender Folt, Rundbogentor zum Keller, Backofenerker.

Mair im Dorf in Unterinn **Bp. 581**

Eingang in den Kellergang, von diesem über Holztreppe in die Labe. Haustür mit spitzbogigem Steingewände. Küche mit Tonnengewölbe, Stube mit Leistengetäfel (1830), Ofen mit bemalten Kacheln (1686), Bogenfeld mit Engeln. In der Stube im 18. Jh. Flacherker angebaut. Kammertür mit rundbogigem Steingewände. An einem Balken in der Labe Jahreszahl 1720. Rundbogige Kellertüren, Labenfenster mit Sitznische.

Kohl in Unterinn **Bp. 594**

Krüppelwalmdach, an der bergseitigen Giebelseite steingerahmte rundbogige Haustür. Im tiefer gelegenen Hausteil Stube mit spätgotischer Bohlenbalkendecke, Unterzug mit geschnitzten Konsolstücken.

Pfarrkirche St. Luzia in Unterinn mit Friedhofskapelle und Friedhof **Bpp. 597, 1028 Gp. 5641**

Langhaus romanisch (1211), Chor spätgotisch (1502). 1724–1728 barockisiert, 1884–1887 im romanisierenden Stil umgebaut. Gerader Chorschluß. An der Friedhofsmauer Lichtsäule, um 1400. Viereckschaft, Lichthäuschen mit Viereckfenstern.
Friedhofskapelle: Fassadendachreiter, polygonaler Chorschluß, Tonnengewölbe, Viereckttür, Rundbogenfenster.

Mesnergut in Unterinn **Bp. 600**

Spätgotischer dreigeschossiger Bau mit hölzerner Freitreppe. Rundbogige Kellertür, im Obergeschoß Küche mit offenem, gemauertem Herd. Im Keller regelmäßige Steinlagen. Tonnengewölbter Gang.

Pfarrwidum (Spornegg) in Unterinn **Bp. 605**

Ehemaliger Edelsitz Spornegg. Rundbogentor zum Keller, steingerahmtes Spitzbogentor.

Bühler in Unterinn **Bp. 607/1**

Zweigeschossiger Bau, Eingang mit spitzbogigem Steingewände, Labe mit Kreuzgratgewölbe, Hintertür mit steingerahmtem Schulterbogen. Das alte Haus durch Aufstockung im 17. Jh. vergrößert. Stube mit Bohlenbalkendecke und reich geschnitztem Unterzugbalken (Inschrift: Maria Hilif Jörig Püchler, links davon Christusmonogramm, rechts die Zahlen 157.).

Großackerer **Bp. 629/1**

Gemauerte Freitreppe, steingerahmte Haustür mit Schulterbogen. Tonnengewölbte Labe. An der Südseite rundbogige Haustür mit Steinrahmung (am Scheitel eingeritztes Hufeisen und Schlüssel). Im Keller ursprünglich durchgehender, heute abgeteilter Folt.

Feirum in Gasters **Bp. 637/1**

Krüppelwalmdach. An der Nordseite doppelarmige, gemauerte Freitreppe, Rechtecktür, gewölbte Labe. In der Südwestecke Stube mit spätgotischer Bohlenbalkendecke. Unterzugbalken geschnitzt.

Forstner in Gasters **Bp. 638/1**

Rechteckige, steingerahmte Schulterbogentür, Labe mit Kreuzgratgewölbe, an der Talseite Fenster mit Seitensitzen. Stube mit Leistentäfelung und Unterzugbalken.

Niederstätter in Siffian **Bp. 691/1**

Gemauerte Freitreppe, steingerahmte Rundbogentür, tonnengewölbte Labe mit Sandsteinplatten, Stube mit Bohlenbalkendecke und geschnitztem Unterzugbalken. Unter der Freitreppe gewölbter Kellergang mit Rundbogentür, im Keller Rundbogentüren.

St. Peter in Siffian **Bp. 695**

1389 erwähnt. Turm mit Spitzhelm 15. Jh. Langhauswölbung 1673, Tonnengewölbe mit Stichkappen, gerader abgesetzter Chor. Flachbogenfenster. Wandgemälde von Josef Ginner, um 1760.

Bauhof in Siffian **Bp. 696**

Eingeschossiger Bau mit Krüppelwalmdach. An der Nordseite gemauerte Freitreppe, steingerahmte spitzbogige Haustür. Kreuzgratgewölbter Gang, der

Links oben: Ritten, Holer in Siffian
Links unten: Ritten, Mair im Dorf in Unterinn
Rechts oben: Ritten, Maria Heimsuchung und Widum in Gißmann
Rechts unten: Ritten, Runkelstein

südliche Teil als Küche abgetrennt. Stube mit reich profiliertem Unterzug, Felderdecke und Balkendecke. Rauchküche mit Tonnengewölbe. Mehrere spätgotische Tür- und Fensterrahmen in Stein.

Holer in Siffian **Bp. 697**

Zweigeschossiger gemauerter ehemaliger Getreidekasten. Im Erdgeschoß Rundbogentür, hölzerne Freitreppe mit Söller, spitzbogige Eingangstür (eingemeißeltes Rebmesser). Steingerahmtes Fenster mit gotischer Inschrift und Dekorationen.

Mair in Siffian **Bp. 700**

Dreigeschossiger Bau, mehrfach verändert. Gemauerte Außentreppe, Labe mit Tonnengewölbe und Stichkappen. Im Untergeschoß durchgehender gewölbter Kellergang. Unter der Stubenkammer Keller mit Tonnengewölbe, an einer Wand Jahreszahl 1630 und Initialen C. M., Wappen der Mair, Jahreszahl 1630, Kreuzigungsgruppe. Küche mit Tonnengewölbe.

Köhl in Siffian mit Bildstock **Bpp. 701, 723**

Zweiarmige Außentreppe. Stube mit einfachem Leistengetäfel und Unterzugbalken. In der Stubenkammer älterer Unterzugbalken mit schöner Schnitzerei (eingeschnittenes Schriftband: A. D. 1489). An der Unterseite der beiden Endstücke je ein eingeschnittener männlicher Kopf.
Geburtshaus von Peter Mair, Wirt an der Mahr.

Staffler in Siffian **Bp. 704**

Dreigeschossiger Bau mit Giebellaube, Labe mit Kreuzgewölbe, Küche mit Tonnengewölbe, reich verzierte Barockstube. Fenster mit Gitterkörben.

Schrof in Siffian **Bp. 706**

Eingeschossiger Bau mit gemauerter Freitreppe, Rundbogentür, am Türflügel Jahreszahl 1578. Labe mit Stichkappengewölbe, steingerahmte spitzbogige Labentür, Stube mit Bohlenbalkendecke und geschnitztem Unterzugbalken.

Burger in Siffian **Bp. 709/1**

Steingerahmte spitzbogige Haustür, im Bogen gemeißelter Buckel. Stube mit einfachem Leistengetäfel. In der Labe Tür mit Schulterbogen.

Mariahilfkapelle in Bad Sieß **Bp. 934**

Historisierender Bau, Ende 19. Jh. Spitzbogentür, -fenster, Spitztonne, gerader Chorschluß, hölzerner Dachreiter über Sakristei mit Pyramidendach.

Bildstock in Mittelberg **Bp. 942**

Hohes Spitzdach, vier Flachbogennischen, Freskenreste bez. 1627.

Kapelle beim Törggele in Atzwang **Bp. 990**

Kapelle mit Rundbogentür, Fassadenglockenmauer, Gratgewölbe.

Gebäude der Rittner Bahn **Bpp. 1127/1, 1129, 1130, 1132, 1133, 1134**

Bahnlinie mit Stationsgebäuden von Himmelfahrt bis Klobenstein 1907 eröffnet. Projektant Josef Riehl. Stationsgebäude: Langgezogenes Gebäude mit steilen Dachflächen, Wartehallen mit großen Aussichtsflächen. Wartehäuschen Himmelfahrt: Holzhütte auf gemauerter Basis. Remisen teilweise ergänzt.

Larchegg in Klobenstein **Bp. 1223**

Zweigeschossiger Bau mit Walmdach, 1912/13 nach Plänen von Marius Amonn errichtet. Nach Westen großer Vorplatz, am Ende Pavillon mit Fresken von Rudolf Stolz. An der Westseite im Erdgeschoß Flachbogenloggia, darüber Holzbalkon. Gewölbter Gang, getäfelte Stube mit Felderdecke, Salon mit Stuckdecke, im zweiten Stock Erker. Geschwungener Giebelaufsatz am Dach.

Zwingenstein **auf Gp. 5117/1**

Burgruine. Spärliche Mauerreste der im 13. Jh. erwähnten Burg der Trentiner Ministerialen von Zwingenstein. Nachdem sie 1275 von Meinhard I. zerstört worden war, verfiel sie nach einem neuerlichen Wiederaufbau nach dem Erlöschen der Zwingenstein 1536.

Stein am Ritten **auf Gp. 6706/1**

Burgruine. Verfallene Burganlage, Reste der Vorburg mit Tormauer und des Wohnhauses erhalten. Erwähnt seit dem beginnenden 13. Jh.

Rammlbildstock (Plattnerstöckl) **Bp. 4800/1**

Bildstock mit Rundbogennische, 19. Jh.

Katastralgemeinde Ritten II

Schweigkofler in Gißmann **Bp. 2**

Bau mit abgewalmtem Dach und Freitreppe. Gewölbte Labe, tonnengewölbte Küche, Stube von 1876 reich verziert mit Friesleiste und bemaltem Mittelfeld. Eckbemalung.

Maria Heimsuchung mit Umfriedung **Bp. 3, Gp. 21**

Bau 1749 errichtet. Gerader Chorschluß, Kreuzgratgewölbe. Turm mit Viereckhelm. Später angefügte, rundbogig geöffnete Seitenkapelle. Schindeldach.

Widum in Gißmann **Bp. 4**

Krüppelwalmdach. Unter den Fenstern des getäfelten Speisezimmers sechs Gemälde (die Beschäftigungen eines Expositus darstellend), 18. Jh.

Katastralgemeinde Wangen

St. Leonhard in Oberinn mit Lourdeskapelle und Friedhof **Bpp. 1, 311 Gp. 2**

Turm mit Viereckhelm 13./14. Jh. Polygonaler Chor mit Netzrippengewölbe 15. Jh. Netzrippengewölbe im Langhaus 16. Jh. Die nördliche Langhauswand im 19. Jh. erneuert, dabei Sakristei hinzugefügt. Leonhardskette. Lourdeskapelle: einfacher Bau an der Friedhofsmauer.

Pfarrwidum in Oberinn **Bp. 2**

Barockbau aus dem 18. Jh. Im Erdgeschoß Stube mit übermalter Täfelung, im Obergeschoß Mittelgang mit Sandsteinplattenboden, barocken Türfüllungen und Stuckdecke in einem Zimmer.

Villa Delug in Oberinn **Bp. 20**

1903 vom kaiserlichen Leibarzt Delug erbaut. Balkonvorbauten in Holz, Eingangstür in Porphyrrahmung mit Jahreszahl 1903 und Initialen HD. Geräumiges Treppenhaus mit Holzstiegen.

Burger in Oberinn **Bp. 40**

Bau mit abgewalmtem Dach, hölzerne Freitreppe an der Taltraufenseite, darunter gewölbter Kellergang. Gewölbte Labe, spitzbogige Kammertür. Stube mit gotischer Bohlenbalkendecke, die Endstücke des Unterzugbalkens mit eingeschnitzten Wappen. Im Keller drei gemauerte Schwibbögen.

Obertreidner in Oberinn **Bp. 53**

Obergeschoß in Holzbau mit verlängertem Vordach an der Eingangseite. Krüppelwalmdach. Labe und Küche mit Tonnengewölbe. Stube mit spätgotischer Bohlenbalkendecke und Unterzug. Die Wandtäfelung später übermalt.

Gasser zu Lerch **Bp. 63**

Bau mit abgewalmtem Dach und gemauerter Freitreppe. Spitzbogige, steingerahmte Haustür. Tonnengewölbte Labe, vergittertes Labenfenster mit gekehlter Leibung. Tonnengewölbte Speis und Küche. Stube mit Empiretäfelung, bez. 1854. Im Untergeschoß Stube mit Felderdecke, bez. 1692. Gewölbter Kellergang.

Tschafaun in Wangen **Bp. 71**

Nach einem Brand 1891 unter Verwendung der alten Mauern wieder aufgebaut. Neugotische Stube mit reichem Schnitzwerk, bez. 1883.

Oberleirer in Wangen **Bp. 95/1**

Labe und Küche mit Tonnengewölbe, steingerahmtes Kammerfenster, Stube mit gotischer Bohlenbalkendecke und Unterzugbalken mit Schnitzwerk. Stubentäfelung 1819 bemalt. Im Keller drei gemauerte Schwibbögen.

St. Vigilius im Dorf **Bp. 100**

1518 erwähnt, 1529 umgebaut, 1594 Neuweihe. Spätgotischer Bau mit Rundbogentür, Spitzbogenfenster und Sternrippengewölbe.

Pfarrkirche St. Peter in Wangen mit Friedhof **Bp. 104 Gp. 987**

Die Mauern des Hauptschiffes 13./14. Jh. Frühgotisches Spitzbogenportal, im 16. Jh. eingewölbt. In der alten Sakristei Nische mit der Jahreszahl 1429. Seitenschiff 1581 angebaut. An der Südseite die Jahreszahl 1606. Die Rippen im 18. Jh. im polygonalen Chor entfernt.

St. Johann am Kofl **Bp. 116**

1444 erwähnt, die heutige Kirche 1529 geweiht. Auf einer Konsole im Schiff die Jahreszahl 1519. Polygonaler Chorschluß, Türmchen mit Spitzhelm und Netzrippengewölbe.

Gageser in Wangen **Bp. 126**

Innenraumgestaltung neu. Außenmauern und Folt spätgotisch. Stube mit Bohlenbalkendecke ohne Unterzug, 16. Jh.

Untermigl in Wangen **Bp. 153**

Zum Teil veränderter Bau mit spätgotischer Bohlenbalkendecke in der Stube. Unterzugbalken, bez. 1616. Kammer mit Eselsrückentür.

Wangen-Bellermont **Bp. 165**

Kühne Burganlage, 1235 erwähnt, 1277 zerstört, um 1500 wieder hergestellt. Vorburg mit hochgelegenem Tor, Bergfried (davon ursprünglich nur der Unterbau mit gebuckelten Eckquadern). Regelmäßig angelegter Palas.

Runkelstein **Bp. 182**

Um 1237 erbaut. Vorburg mit Rundbogentor und Zinnenmauer. Zwei Palasse, Hof mit offenen Hallen, Kapelle mit Apsis. Sommerhaus mit offener Halle und Holzsöller. Ende 14. Jh. Wandgemälde: Bilderzyklus im Palas um 1390, im Sommerhaus um 1400.
Bannzone: Gpp. 1621/2, 1624/2.

Aichner in Wangen **Bp. 233**

Gemauertes Untergeschoß, Giebel in Holzbau mit Söller, Rundbogentür zum Keller. Ursprünglich gotische Stube mit Bohlenbalkendecke, die Balken mit herzförmig geschnitzten Mittelstücken. Heute im Dachstuhl eingebaut. Die rundbogige Stubentür als Kammertür im Dachgeschoß verwendet.

Kapelle zu den Heiligen Vitus und Ottilia in Oberinn **Bp. 279**

Einfacher Barockbau mit abgesetztem, gerade abschließendem Chor. Hölzerner Giebeldachreiter, 1756 errichtet.

Ried **Bp. 307**

Die Herren von Ried in der ersten Hälfte des 13. Jh.s erwähnt. Kleine Burg im Talferbett. Ursprünglich frei stehender Bergfried, die übrige Burg mit Zwinger und Kapelle später angebaut.

Katastralgemeinde Rodeneck

Rodenegg — Bpp. 1, 2 / Gpp. 1, 2

Burganlage um 1140 erbaut. Ausgedehnte Anlage mit Vorburg, Wohnturm (Bauinschrift 1531), Palas und Kapelle mit Spuren romanischer Fresken. Im Wohnturm Freskenzyklus aus dem beginnenden 13. Jh. Die heutige Burgkapelle 1582 geweiht, Wandgemälde. Im Südtrakt mehrere Leistendecken und Wandmalereien (Wappen, Landschaften), 16./17. Jh.

Pfarrkirche Maria Himmelfahrt mit Friedhofskapelle, Friedhof und Wolkensteinscher Familiengruft — Bpp. 4, 5, 226 / Gp. 145

Dreischiffiger spätgotischer Bau, um 1500. Spitzturm. Am Seitenportal die Jahreszahl 1498. 1794/95 wurde die Kirche nach Westen verlängert und dabei der Rippen beraubt.
Friedhofskapelle: Um 1697 errichtet. Polygonaler Chorschluß, Tonne und Gratnetzgewölbe, steingerahmte Rechtecktür. Am Türsturz Inschrift und Jahreszahl CWPR 1697.

Bildstock beim Mair zu Vill — Bp. 19

Am Eingang zum ehemaligen bischöflichen Küchenmairhof. Offene Rundbogennischen mit Altarsockel. Fresken (letztes Abendmahl, Evangelisten, am Gewölbe Gott Vater mit Heiligem Geist), frühes 19. Jh.

Pfarrwidum in Vill mit Blasiuskapelle — Bpp. 27/1, 28

Ansitzartiger dreigeschossiger Bau mit zweigeschossigem Eckerker. Darauf zwei Sonnenuhren und Wappen. Im Innern mehrere gewölbte Räume, im zweiten Stock Stuckdecken mit geschwungenen Mittelfeldern. An der Gartenmauer Stein mit Jahreszahl 1688.
Kapelle 1325 erwähnt. Romanischer Bau mit abgesetzter Apsis, die in den Pfarrhof hineingebaut ist. Flache Felderdecke und hölzerner Dachreiter mit Spitzhelm, 16. Jh. Rundbogenfenster. In der Apsis und am Triumphbogen Wandmalereien (Engel, Verkündigung), bez. 1676.

Bildstock bei der Pfarrkirche — Bp. 32

Rundbogennische mit Altarsockel, Satteldach. In der Nische Fresken (Krönung Mariä, in Kartuschen Notburga, Florian, Franziskus und Rocaille) um 1770.

Haiden — Bp. 36

Spätgotischer Bau mit zwei gemauerten Geschossen und hölzernem Dachgeschoß mit Zwiebelsöller. Jahreszahl 1863 am Giebel. Labe mit Tonne und Rundbogentür. Küche mit Spitzbogentür und Tonne. An der Taltraufenseite Fresko (Wappen). Rundbogentor mit gewölbter Durchfahrt. Zwei Rundbogentüren mit Steingewände zum Keller. Dort Balkendecke und gemauerter Pfeiler mit zwei Spitzbögen.

Kapelle beim Planatscher — Bp. 37

Einfacher Bau mit Satteldach, flachbogiger Chorschluß, Rundbogentür, darüber Halbkreisfenster, zwei Rundbogenfenster, Tonnengewölbe, bez. 1882.

St. Paul — Bp. 44

Spätgotischer Bau mit polygonalem Chorschluß mit Sternrippengewölbe, 16. Jh. Später um ein Joch verlängert (Kreuzgratgewölbe).

Liener mit Backofen — Bpp. 48, 49

Zweigeschossiger spätgotischer Bau mit offenem Bundwerkgiebel. Am traufseitigen Eingang Rundbogentür, darüber Wandmalerei (Kreuzigungsgruppe) und Relief (Gekreuzigter, bezeichnet P. S. + I. L., 1679). Rundbogentür und verbretterter vorkragender Giebel. Tonnengewölbte Labe und Küche, Stiege mit gemauerter Brüstung zum Obergeschoß, Oberlabe mit Kreuzgratgewölbe, Rundbogentür zu tonnengewölbter Kammer. Frei stehender gemauerter Backofen mit Vorgewölbe und Pultdach.

Korburg — Bpp. 52, 53/1, 53/2

Edelsitz, Eingang mit Schulterbogentür, daneben Türmchen mit Zinnen. Labe mit Kreuzgratgewölbe, Tür mit Schulterbogen, darüber barockes Mariahilffresko. Stube mit barockem Kreuzgratgewölbe. Tonnengewölbter Keller. An der Hofseite Oculi. Hofmauer mit Zinnen. Schmales Nebenhaus mit steilem Krüppelwalmdach und Söller.

St. Ignatius in Bachgart — Bp. 56

Dreiseitiger Chorschluß, Fassadendachreiter (Pyramidendach), Lünettenfenster und Oculus am Giebel. 1879 erneuert. Dekorationsmalerei von Georg Mader.

Widner — Bp. 64

Gemauertes Erdgeschoß, Obergeschoß und Giebel mit Ecksöller in Holzblockbau. Labe und Tonne mit Stichkappen, Stube mit Felderdecke und geschnitztem Vierpaßmittelfeld (Auge Gottes), bemaltes Wandkästchen (1859), Fassadenfresko (Wappen der Wolkenstein-Rodeneck 1903). Rundbogige Kellertür. Ziggelbrunnen.

Ortner — Bp. 71/1

Bau mit Holzgiebel und Giebellaube, Freitreppe, Rundbogentür, tonnengewölbte Labe, Stube mit Felderdecke und geschnitztem Vierpaßmittelfeld (Auge Gottes), Speisesaal mit Balkendecke, neugotischem Brustgetäfel und Kachelofen. Tonnengewölbter Aufenthaltsraum (ehemalige Küche). Im Obergeschoß Tür mit Jahreszahl 1753 und Initialen H. P.

Unterhuber — Bp. 74

Erdgeschoß und erster Stock gemauert, zweiter Stock und Dachgeschoß in Holz. Eingang mit Flachbogentür, darüber polygonaler Erker. Im Erdgeschoß vergitterte Fenster. Tonnengewölbte Labe und Küche, angebauter Backofenerker. Stube mit Felderdecke und geschnitztem Vierpaßmittelfeld (Auge Gottes).

St. Benedikt in Nauders — Bp. 84

Spätgotischer Bau mit steingerahmter Spitzbogentür und dreiseitigem Chorschluß. Im 17. Jh. in die heutige Form gebracht mit Dachreiter, Viereckfenster und Tonne. Wandgemälde 18. Jh.

Oben links: Rodeneck, Pfarrwidum in Vill
Unten links: Rodeneck, Bildstock beim Moar zu Vill
Rechts oben: Salurn, alter Schießstand
Rechts unten: Salurn, Loretostraße 6

Obergopperat Bp. 85

Dreigeschossiger Bau mit vorkragendem Holzgiebel. Eingang über gemauerter Freitreppe. Darüber kleiner Balkon mit Pultdach. Spitzbogentür, tonnengewölbte Labe, Stube mit moderner Felderdecke und altem geschnitzten Mittelfeld. Im zweiten Stock kleiner polygonaler Erker. Am Fassadengiebel barocke Sonnenuhr und Heiligenfresko (Florian, Josef), 1946.

Kranter Bp. 98

Paarhof. Gemauertes Futterhaus, das restliche Erdgeschoß und das Obergeschoß in Holzblockbau. Stube mit einfacher Balkendecke, die Wände aus geschroteten Balken. An der Haustür eingekerbte Initialen mit Jahreszahl (P. A. 18 C. A. B. 15 C. R.). Keller mit Balkendecke und Mittelsäule. Am Wirtschaftsgebäude an den Verschalungsbrettern Malerei (Florian mit Dorflandschaft). Frei stehender Backofen mit flachem Vorgewölbe und Satteldach.

Scheiberkapelle Bp. 119

Hoher, hölzerner Dachreiter (Spitzhelm), dreiseitiger Chorschluß, Rundbogenfenster, Tonnengewölbe, zum Teil vertäfelt. Am Gewölbe Jahreszahl 1867 und die Initialen G. W.

Herzleier Bp. 122

Ausgedehnte Hofanlage. Wohnhaus mit Söller und geschlossenem Holzgiebel. Angebautes Wirtschaftsgebäude, offene Durchfahrt mit Balkendecke. Eingang über gemauerter Freitreppe, Rundbogentür, Labe mit Tonnengewölbe und Stichkappen, Rundbogentür und Balkon. Tonnengewölbte Küche. Stube mit Felderdecke, Fassadenflacherker. Keller mit Balkendecke, gemauerter Mittelpfeiler mit zwei Schwibbögen und Drendl.
Kornspeicher: Untergeschoß in Holzblockbau, Obergeschoß in Bundwerk mit Verbretterung und offenem Giebel.
Backofen mit gemauertem Vorgewölbe, darüber Bundwerkgiebel und Satteldach.

Hospe mit Florianskapelle und Backofen Bp. 132

Zweiter Stock und Giebel in Schrotblockbau. Umlaufender Söller, darüber auf Säulen verbretterter Giebel mit großer Flachbogenöffnung. Gemauerte Freitreppe mit Rundbogentür, Fresken (Florian, Johannes Nepomuk, Madonna mit Kind), 18. Jh. Labe mit Kreuzgratgewölbe, rundbogige Hintertür und Freitreppe. Stube mit Felderdecke und geschnitztem Deckenfries.
Floriankapelle: Satteldach, abgesetzte Apsis, Rechtecktür, Fenster mit Karniesbögen. Flachtonne, 18. Jh.
Frei stehender Backofen mit hohem Vorgewölbe und Satteldach.

Forcher Bp. 158

Eingeschossiger Bau mit gemauertem Feuerhaus, Eingang mit Rechtecktür. Küche mit Tonnengewölbe, Fenster mit breiter Leibung, Stube mit zwei Unterzugbalken und abgeschroteten Wänden. Giebellaube und kleiner Söller.

Putzerkapelle Bp. 186

Kleiner Bau mit Satteldach und dreiseitigem Abschluß, flachbogige Tür und Fenster, Tonnengewölbe. Um 1900 erbaut.

Huber am Fröllerberg Bp. 190

Bau mit gemauertem Keller- und Erdgeschoß, Obergeschoß und Giebel in Bundwerk, vorkragende Giebellaube und Söller. Eingang mit überdachter Rundbogentür, tonnengewölbte Labe, Flachbogentür zur Stube (Felderdecke). Keller mit Sichtmauerwerk und Tonne.

Oberhauser am Fröllerberg Bp. 194

Gemauertes Keller- und Erdgeschoß, Obergeschoß teilweise und Giebel in Bundwerk. Fassadensöller und Giebellaube. Tonnengewölbte Labe mit Rundbogentüren. Angebauter Backofen mit Pultdach. An der Fassade Wandmalerei (Hl. Familie). Stube mit Felderdecke und Vierpaßmittelfeld (Auge Gottes), 19. Jh.

Bildstock im Pfarrgarten Bp. 172

Sechseckiger Steinschaft, viereckiger Aufsatz mit Satteldach, an allen vier Seiten bemalt (Ölberg, Abendmahl, Herz Jesu, Herz Mariä, Wappen), 17. Jh.

Baumannstöckl Bp. 635/2

Bildstock an der Straße nach Mühlbach. Spitzbogennische mit Freskenspuren (Kreuzigungszene, Engelsköpfe, am Giebel Veronikatuch), 16. Jh. Satteldach.

Rodeneck: Schloß Rodeneck

Rodeneck: Schloß Rodeneck, Iwein-Fresken

Katastralgemeinde Salurn

Pfarrkirche St. Andreas **Bpp. 1/1, 1/2**

Spätgotischer Glockenturm mit Zinnengiebel (19. Jh.). Frühbarocker Kirchenbau, 1628–1640 errichtet. Fassade mit Pilastergliederung, Säulenportal, Serliana, Skulpturennischen. Gerader Chorschluß, Tonnengewölbe mit Stichkappen, zwei Seitenkapellen.

Garibaldistraße 13 **Bp. 4**

Renaissancebau mit zwei polygonalen Eckerkern, steingerahmte Fenster und Türen. Mittelsäule mit regelmäßig angeordneten Räumen. Rechtecktüren in großer Marmorfassung. Rundbogiges Hoftor mit Wappenstein am Scheitel. Doppelbogenfenster, Balkon auf Kragsteinen mit Eisenbrüstung. An der Kellertür Jahreszahl 1563.

Loretostraße 6 **Bp. 10/1**

Renaissancebau mit vorspringender Fassade. Gewölbte Durchfahrt mit Pilastergliederung, Mittelsaal mit Doppelbogenfenster und Felderdecke mit kassettiertem Unterzugbalken, am gemalten Fenstergiebel die Jahreszahl 1592. Zwei Räume mit Kassettendecken. Rundbogenportal mit Jahreszahl 1808, am Giebel Oculi.

Loretokapelle **Bp. 18/1**

In der ersten Hälfte des 18. Jh.s errichtet. Fassadenglockenmauer, polygonaler, abgesetzter Chor. Eingangstür mit Dreieckgiebel, darüber Skulpturennische.

Zößenhof mit Wirtschaftsgebäuden **Bpp. 23, 24/2, 24/3, 24/4, 24/5**

Zweiflügelige Anlage, am Haupttrakt regelmäßige Fassadengliederung mit kräftiger Geschoßunterteilung. Portal in Steinrahmung, gewölbte Eingangshalle, im Treppenhaus Schmiedeeisengeländer. Mittelsaal mit Netzrippengewölbe auf skulptierten Konsolen, 16. Jh. In der Stube Kassettendecke mit Ovalfeldern, Wandtäfelung mit Pilastergliederung, 17. Jh.
Nebentrakt: Renaissancebau mit polygonalem Erker an der Fassade. Treppenhaus mit Balustergeländer, im ersten Stock gewölbte Räume. Zwei weitere Zimmer mit Stuckdecken, 18. Jh. Lagerhalle der alten Seidenspinnerei: geschlossener, zweiflügeliger Loggiengang auf toskanischen Säulen (ursprünglich Wandelhalle). Öffnungen zwischen den Säulen vermauert. 17. Jh.
Wirtschaftsgebäude: zur Straßenfront zwei Rundbogenöffnungen, zum Hof Rundbogentür in Steinrahmung, 16. Jh.

Goethestraße 3 **Bp. 28**

In der Hofmauer steingerahmtes Rundbogenportal mit Diamantquaderung, polygonaler Eckerker, überdachte Freitreppe, steingerahmte Türen und Fensteröffnungen. Im zweiten Stock Zimmer mit Barocktäfelung: gedrehte Wandpilaster auf hohen Sockeln, Kassettendecke mit Rosetten, Majolikaofen, bez. 1724.

Goethestraße 5 **Bp. 30**

Renaissancebau mit Rundbogenportal, am Scheitel Wappenschild und Jahreszahl 1609. Im zweiten Stock Mittelsaal mit Netzgewölbe, Raum mit Stuckdecke, 18. Jh. Doppelbogenfenster.

Goethestraße 7 **Bp. 33**

Renaissancebau mit regelmäßiger Raumeinteilung. Im Erdgeschoß und ersten Stock Hausgang mit Kreuzgratgewölbe auf Konsolsteinen, 16. Jh. Stiegengeländer mit Balustern. In der Küche Stichkappengewölbe. Am Giebel Oculi.

Schloßweg 14 **Bp. 35**

Mittelalterlicher Wohnturm mit zwei vermauerten rundbogigen Fensteröffnungen, im Dachgeschoß an der Westseite ein Rundbogenfenster in Ziegelsteinfassung. 13. Jh.

Verdistraße 22 **Bp. 41**

Mittelalterlicher Baukern, im ersten Stock vorkragender Gebäudeteil auf Konsolen, Kreuzgratgewölbe. Stützmauer mit drei Flachbogennischen, vermauerte romanische Rundbogentür. Mauerwerk mit ausgestrichenen Mörtelfugen.

Hofkeller **Bp. 48**

Ehemals Zehentkeller zur Haderburg gehörig. Anlage aus zwei getrennten Baueinheiten bestehend. An der Südseite zwei Rundbogentore in Steinfassung, im östlichen Trakt Kreuzgratgewölbe auf Wandpfeilern, Halle auf zwei Säulenreihen (2 x 7). Im westlichen Gebäudetrakt früher Balkendecke. 16. Jh.

St. Josef am Friedhof **Bp. 49**

Barocker Zentralbau mit Kuppel, 1656–58 von Francesco Carlone errichtet. Turm mit Oktogon und kleiner Zwiebel, im Innern als Dreikonchenanlage ausgebildet. Tonnengewölbe, Flachbogenfenster.

Alter Schießstand **Bp. 50**

Bau auf quadratischem Grundriß mit gemalten Fensterumrahmungen aus dem ausgehenden 18. Jh. (Musizierende Engel in Rocaillerahmen, Fruchtschalen, Blumen).

Haus am Titschen **Bp. 52**

Dreigeschossiger Bau, Eckerker auf Kragsteinen mit Schwalbenschwanzzinnenkranz, gemalte Ecksteinfassung. Steingerahmte Rechtecktür mit vergittertem Oberlicht. Durchgehender Mittelsaal mit Kreuzgratgewölbe, Marmortreppe ins Obergeschoß. Im Erd- und ersten Obergeschoß tonnengewölbte Küchen. Keller mit Tonnengewölbe.

Benefiziatenhaus **Bp. 55/1**

Im Erdgeschoß Hausgang mit Tonnengewölbe, steingerahmte Rundbogentüren. Überwölbter Treppenaufgang, im ersten Stock Saal mit steingerahmten Rechtecktüren, Zimmer mit profilierter Felderdecke, Wandtäfelung mit Pilastergliederung. Gewölbte Küche. Mehrere gewölbte Räume.

Trientstraße 51 **Bpp. 60, 66/1, 67/1, 67/2**

Zusammengehörige Anlage mit gemauerten Freitreppen, regelmäßigen Fensterreihen, steingerahmten Türen und Doppelbogenfenstern. Rundbogentore, mehrere Balkendecken. Im Erdgeschoß kreuzgratgewölbte Räume.

Trientstraße 34 **Bp. 71/1**

Ehemals Gasthof Weißer Adler. Dreigeschossiger Bau mit sechs Fensterachsen, an der Südseite angebautes Treppentürmchen. Gewölbte Durchfahrt, in den oberen Geschossen Decken mit Stuckdekorationen (Füllhörner, Supraporten). Gewölbte Küche. An der Ostseite Stützmauer, bez. 1696. An den Fenstern Ohrenrahmungen mit Gesimsen auf Konsolen. Mezzaningeschoß.

Gelministraße 9 **Bp. 76**

Giebelständiger Bau, steingerahmte Rundbogentore und Rechteckfenster. An der Fassade drei Wandgemälde in Stuckrahmen, 18. Jh.

Murenweg 2 **Bp. 78**

Dreigeschossiger Bau mit regelmäßiger Raumordnung. An der Nordseite flachbogig unterwölbter Verbindungsgang zum Nachbarhaus. An der Ostseite Rustikaportal mit gerolltem Keilstein, imitierter Quadersockel.

Trientstraße 15 **Bp. 79**

Dreigeschossiges Eckhaus. An der Westseite Rundbogentor in Rustikarahmung, im Norden vorspringender Fassadenteil mit Rundbogentor zwischen zwei Stützpfeilern mit Steinquaderfassung. Im Erdgeschoß Hausgang mit Flachdecke, im ersten Stock Saal mit Stichkappengewölbe und Unterzugbalken. An der Fassade Fresko (Heilige Familie), am Giebel Oculi.

Trientstraße 19 **Bp. 85/2**

Ehemals Gasthaus Krone. Dreigeschossiger Bau mit zwei Spitzbogenöffnungen im Erdgeschoß. Steingerahmte Rechteckfenster, erneuertes Doppelbogenfenster im ersten Stock, 16./17. Jh.

Schillerstraße 1 **Bpp. 88/1, 88/4**

Gebäudekomplex, von einer Zinnenmauer eingefaßt. Hoftor in Rustikarahmung, am Keilstein Jahreszahl 1638. Dreigeschossiges Wohnhaus mit regelmäßiger Fassadengliederung, steingerahmte Rechteckfenster. Durchgehender Mittelsaal mit Gewölbe auf Konsolsteinen, Doppelbogenfenster mit Seitensitzen. Über der Freitreppe Mariahilfbild.

Josef-Noldin-Straße 9–11 **Bpp. 100, 102**

Dreigeschossiger Barockbau, übereck errichtet.
Westfassade: sechs Fensterachsen in Steinrahmung, Rundbogentor, gewölbte Durchfahrt mit Marmortreppe.
Nordfassade: dreizehn Fensterachsen. In der Mitte Rundbogenportal und drei Balkone mit Schmiedeeisengitter. Im Stiegenhaus und im Saal des ersten Stockes Stuckdekorationen.

Josef-Noldin-Straße 1–3 **Bp. 105**

Dreigeschossiger Barockbau mit elf Fensterachsen. An der Fassade Wandgemälde in Stuckrahmen. Marmorgerahmtes Rundbogenportal und Balkon. Stichkappengewölbte Durchfahrt. Im Dachgeschoß Oculi. Am Hoftor Zinnenmauer.

Von Gelmini **Bpp. 106/1, 106/2**

Ansitz. Dreigeschossiger Bau mit Rundbogentor, steingerahmte Rechteckfenster, Erkertürmchen. Offenes Stiegenhaus mit Holzbalustraden, im Mittelsaal Kapelle (um 1860). Im Erkerzimmer getäfelte Stube, bez. 1661: zweizonige Wandgliederung mit eingelegten Pilastern, Eierstab- und Zahnschnittfries. Empireofen.

Hoffenburg **Bpp. 109/1, 109/2, 109/3**

Renaissancebau mit Viereck- und polygonalem Erker. Freitreppe unter weit vorkragendem Dach, kreuzgratgewölbter Hausgang, symmetrisch angeordnete Räume. Im Mittelsaal Barockfresken in ovalen Stuckrahmen (Judith und Holophernes, Urteil Salomons, Susanna), bez. 1748. Am Giebel Oculi, gemalte Fensterumrahmungen.

Von Anderlan **Bpp. 113, 114, 115**

Gebäudegruppe um einen Mittelhof. An der Straße Hofmauer, an der Südseite flachbogig unterwölbte Außentreppe, steingerahmte Rechtecktür mit Oberlicht. Zwei Räume mit Kreuzgratgewölbe, in der Küche Stichkappengewölbe. An der Platzfassade Mariahilfbild, bez. 1664. Zwei getäfelte Räume, ein Raum mit Brusttäfelung. Am östlichen Wirtschaftsgebäude ebenerdig Laubenöffnungen auf Pfeilern, darüber Holzbalkon mit Balustergeländer.

Rathaus **Bp. 118/1**

Im Erdgeschoß zwei Rundbogentore, drei steingerahmte Viereckfenster. Doppelbogenfenster im ersten und zweiten Stock. Zweigeschossiger Erker, im Dachgeschoß Vierecköffnungen. Gewölbter Mittelsaal, mehrere gratgewölbte Räume in Erd- und Obergeschoß.

Pfarrwidum **Bp. 119/1**

Ehemals Ansitz von Vilas. Dreigeschossiger Barockpalast mit steingerahmten Rechteckfenstern und imitierten Eckquadern. Steingerahmtes Rundbogentor mit Initialen A. V. am Keilstein. Flachgedeckte Halle mit Rundbogentüren, im Stiegenhaus schmiedeeisernes Geländer, an der Decke Stuckdekorationen. Im ersten Stock mehrere Räume mit Stuckdecken, steingerahmte Türen. Gotisierende Hauskapelle, 17. Jh. Am Dachansatz vermauerte Oculi.

Josef-Noldin-Straße 17 **Bp. 121**

Dreigeschossiger Bau mit regelmäßiger Fassadengestaltung, Rundbogenportal mit schwerem Keilstein in Rustikarahmung, imitierte Eckquaderung. Steingerahmte Rechteckfenster in sechs Achsen, am Dachansatz Vierecköffnungen.

Hausmann 17 **Bp. 123**

Renaissancebau mit steingerahmten Rechteckfenstern, Rundbogenportal, darüber Wappenstein mit Jahreszahl 1593 und Inschrift Andrä Locherer. Stichkappengewölbte Durchfahrt, Freitreppe. Im ersten Stock Mittelsaal mit Stuckdecke und Doppelbogenfenster, Küche mit Kreuzgratgewölbe, Zimmer mit Stuckdecke. Im zweiten Stock Zimmer mit reicher Stuckdecke, steingerahmte Rechtecktür. Supraporten mit Stuckdekorationen und Portraits.

Romstraße 9 **Bp. 131/1**

Breite Fassade mit abgerundeter Ecke. Rundbogenportal, am Scheitelstein Initialen V.G.H. und Jahreszahl 1661. Zwei Mittelsäle mit Doppelbogenfenstern, der untere gewölbt. Ursprünglicher Treppenaufgang.

Trientstraße 18 **Bp. 132/1**

Regelmäßige Fassadengestaltung, marmorgerahmtes Rundbogenportal mit Maskerons und Kegelaufsätzen. Offenes Treppenhaus, Schmiedeeisengeländer. Vorräume mit reichen Stuckdecken, Ende 17. Jh.

Trientstraße 36 **Bp. 135**

Dreigeschossiger Bau mit acht Fensterachsen. Im Erdgeschoß gewölbte Durchfahrt, zwei gewölbte Keller. Im ersten Stock kreuzgratgewölbter Raum. Zwei barocke Kachelöfen.

Dornach **Bpp. 165/1, 165/2, 165/3**

Ansitzartiger Bau, am Ende des 19. Jh.s in historisierenden Formen umgebaut. Eckturm mit Zinnenkranz, gekuppelte Rechteck- und Rundbogenfenster, zwei Erkertürme mit Spitzdach. Tonnengewölbte Durchfahrt mit Stichkappen. Stubentäfelung mit profilierter Kassettendecke.

Pfarrkirche St. Ursula in Buchholz **Bp. 200**

Spätgotischer Bau mit polygonalem Chorschluß, Sternrippengewölbe. Im Langhaus Kreuzrippengewölbe, im 19. Jh. um ein Joch verlängert. Turm mit gemauerter Viereckpyramide, 14. Jh.

St. Johannes Nepomuk in Salurn **Bp. 207**

Polygonaler Chorschluß, Tonnengewölbe mit Stichkappen, Rundbogenfenster. Portal mit gebänderten Säulen. Um 1700 errichtet.

St. Anna in Buchholz **Bp. 236**

Kapellenbau aus dem 17. Jh. mit hölzernem Glockenträger. Rechtecktür, Lünettenfenster. Gerader Chorschluß, Kreuzgratgewölbe.

Oberkerschbaum mit Kapelle Maria Schnee in Buchholz **Bp. 254**

Zweigeschossiger Bau mit gotischem Kern. Im Keller steingerahmte, vergitterte Fenster, Rechtecktür und Tonnengewölbe. Labe, Küche und zwei Räume im Erdgeschoß mit Stichkappen. Spätgotisch bemalte Fenster bei Restaurierung im Obergeschoß zum Vorschein gekommen. 1916 Brand, Abbruch und Wiederaufbau der Westseite. An der Westseite weit vorkragende Holzveranda, Anfang 20. Jh., und Fragment einer Sonnenuhr.

Kapelle Maria Schnee: an das Wohnhaus angebaut. Einfacher Bau mit marmorgerahmter Tür und Kreuzgratgewölben, 17. Jh.

Kalvarienbergkapelle mit sieben Kreuzwegstationen **Bpp. 340, 341, 342, 343, 344, 345, 346, 347, 349**

Einfache Kapellenbauten mit Rundbogenöffnung und Kreuzgratgewölbe, Satteldach. Letzte Kapelle höher, mit Rechtecktür und Lünettenfenster. Um 1700 angelegt.

Haderburg **Gp. 1628/1**

Burgruine. Im 13. Jh. errichtet (Palas, Bergfried, Zinnenmauer), im 14. Jh. erweitert (Vorburg). In der ersten Hälfte des 16. Jh.s umgebaut, erhöht und mit Eckrondellen und Befestigungsanlagen versehen.

Katastralgemeinde Gfrill

Pfarrkirche St. Margareth **Bp. 6**

Spätgotischer Bau um 1500, das Langhaus 1913/14 verlängert. Spitzturm, polygonaler Chorschluß mit Sternrippengewölbe, im Langhaus Netzrippen. Spitzbogenfenster mit Maßwerk. Schindeldach.

St. Karl beim Röll in Unterstein **Bp. 12**

Gerader Chorschluß, Flachdecke. Flachbogen- und Lünettenfenster. Über dem Portal Mariahilfbild, bez. 1715.

Maria Heimsuchung in der Wiese **Bp. 41 Gp. 307**

Barocker Zentralbau auf sechseckigem Grundriß, polygonaler Chorschluß, hölzerner Dachreiter mit Zwiebelhaube, Stuckkartuschen mit Fresken (Marienleben), 17. Jh. Um 1680 errichtet.

Links oben: Salurn, von Gelmini
Links unten: Salurn, Trientstraße 18
Rechts oben: Salurn, Maria Heimsuchung in Gfrill
Rechts unten: Sand in Taufers, Stockmair in Kematen

Katastralgemeinde Ahornach

Pfarrkirche St. Anna mit Friedhof **Bp. 73**

1512 von Valentin Winkler erbaut. Spätgotischer Bau mit Spitzbogenportal, Schlingrippengewölbe, dreiseitigem Chorschluß, Spitzturm. Wandgemälde (Jüngstes Gericht) von Josef Renzler, 1830.

Pfarrwidum **Bp. 85**

Dreigeschossiger Bau mit Schopfwalmdach, Rechtecktür, regelmäßig gegliederte Fassade. Schindeldach.

Kasten beim Mittermoar **Bp. 86**

Zweigeschossiger, spätgotischer Holzblockbau mit schindelgedecktem Satteldach, vorkragender, verschalter Giebel. Früher Söller mit hölzerner Freitreppe.

Oberpichler mit Kornkasten **Bp. 102**

Zweigeschossiger Bau mit gemauertem Erdgeschoß. Obergeschoß in Holzblockbau, verbretterter Giebel. Labe mit gotischen Türeinfassungen. Die Wände in der Stube aus geschroteten Balken, Bohlenbalkendecke. Am Kornkasten die Jahreszahl 1798.

Untergasteiger mit Mühle und Kornkasten **Bp. 109**

Wohnhaus mit gemauertem Erdgeschoß, Obergeschoß in Blockbau. Stube mit abgeschrägter, spätgotischer Tür und Schnitzwerk an der Decke, Pilastergliederung (1845). Oberstube mit bemalter Leistentäfelung. An der Taltraufenseite angebauter Holzblockbau mi Satteldach, in dem eine Mühle untergebracht ist.

Heiligkreuz-Kapelle **Bp. 150**

Gefallenengedenkstätte unterhalb von Schloß Taufers. Einfacher Bau mit polygonalem Chorschluß, Dachreiter und hohem Tonnengewölbe. Gedenktafel für die Kriegsgefallenen von 1809.

Taufers **Bp. 151**

Burganlage. Mitte des 13. Jh.s erbaute Anlage mit Bergfried, Wohnturm und Kapelle (Fresken aus der Pacher-Werkstatt, um 1480). Im erneuerten Südwesttrakt Täfelungen des 16. und 17. Jh.s. Um 1500 wurde die Burganlage mit Ausnahme des Bergfrieds und des Wohnturmes umgebaut und dabei der Torbau neu errichtet.

Aschbach mit Kornasten und Backofen **Bp. 155**

Zweigeschossiger Bau, Erdgeschoß gemauert, Obergeschoß in Blockbau, Giebel verbrettert. Stube mit abgeschrägter Tür, darüber die Jahreszahl 1604. Bohlenbalkendecke. Frei stehender Backofen und Kornkasten.

Toblburg **auf Gp. 436/2**

Burgruine. Reste einer einst ausgedehnten Burganlage aus der ersten Hälfte des 12. Jh.s. Grundmauern eines Turmes auf quadratischem Grundriß, Kapelle mit Rundbogenfenstern und Apsis, regelmäßige Steinlagen. Fundamente mehrerer Einzelbauten.

Katastralgemeinde Kematen

St. Nikolaus mit Friedhof **Bp. 1**

1396 erwähnt. Um 1500 spätgotisch umgebaut: aus dieser Zeit das Spitzbogenportal, der Turm mit Spitzhelm und das Netzrippengewölbe. Im Chor Wandgemälde, 15. Jh.

Stockmair **Bp. 17/1**

Das heutige, dreigeschossige Haus an einen alten Turm mit regelmäßigen Steinlagen und gebuckelten Eckquadern angebaut. Der Turm mit Lichtschlitzen und Rundbogentür mittelalterlich.

St. Walburg **Bp. 71**

Auf dem ehemaligen Burghügel Reste einer Ringmauer. Kirche mit geradem Chorschluß, Rundbogenfenster, Netzrippengewölbe und Spitzturm, 1433 geweiht, um 1500 eingewölbt. Schindeldach.

Katastralgemeinde Mühlen

St. Katharina und Florian **Bp. 28**

1389 erwähnt. Zweischiffige Anlage. Das Seitenschiff um 1510 angebaut (Spitztonne, Tonne mit Stichkappen). Spitzbogentür, dreiseitige Chorschlüsse, Spitztürmchen an der nördlichen Fassadenecke. Schindeldach.

Unterkohlgruber (Gasthaus) **Bp. 52**

Langgezogener, dreigeschossiger Bau mit steingerahmter Rechtecktür, tonnengewölbte Labe und Küche, Oberlabe mit Stichgewölbe, Stube mit Leistendecke. Kelleranlage mit gewölbtem Kellergang.

Oberkohlgruber **Bp. 53/1**

Zweigeschossiger Bau mit Schopfwalmdach, tonnengewölbte Labe und Küche. Am Giebel rautenförmige Fensteröffnungen. Stube mit Leistentäfelung. An der Taltraufenseite Mariahilffresko, 18. Jh.

Zehenter **Bp. 75/1**

Langgezogener, dreigeschossiger Bau mit Krüppelwalmdach. Steingerahmtes Rundbogentor. Vorhalle mit Balkendecke und zwei Rundbogentüren. Küche und Kammer (ursprünglich Kapelle) mit Tonne. In der Stube Jahreszahl 1697. Vorratskammer mit Eselsrückentürholm. Im Keller steingerahmte Türen und Tonnengewölbe.

Oberluckner **Bp. 77**

Zweigeschossiger Bau mit Bundwerkgiebel. Küche und Kellergang mit Tonnen. Stübele mit Bohlenbalkendecke. An der Fassade Wandmalereien (Krönung Mariä, Notburga, Josef, Anna, Johannes Nepomuk), 18. Jh.

Links oben: Sand in Taufers, Kasten beim Oberpichler
Links unten: Sand in Taufers, Zehenter in Mühlen
Rechts oben: Sand in Taufers, Kapelle beim Oberpichler in Rein
Rechts unten: Sand in Taufers, Mesnerhaus

Rainer (Becken) **Bp. 91**

Zweigeschossiger Bau mit verbrettertem Giebel. Hölzerne Freitreppe, Labe mit Kreuzgratgewölbe. Küche und Kammer mit Tonne. Steingerahmte Rundbogentür zur Küche, steingerahmte Rechtecktür zur Kammer. Die Labe im ursprünglichen Erdgeschoß mit Kreuzgratgewölbe. An der Rückseite des Hauses Flacherker.

Oberstock mit Wirtschaftsgebäude und Unterstock **Bpp. 95, 97, 98**

Der Überlieferung nach Ansitz der 1192 erwähnten Herren von Würsung. Bau mit Viereckerkern auf Kragsteinen, steingerahmte Spitzbogentür, Kreuzgratgewölbte Labe. Renaissancestube. Im Keller Tonnengewölbe.
Wirtschaftsgebäude: gemauert, mit steingerahmten Rundbogentor. Der untere Teil der Anlage nennt sich heute Unterstock.

Mesnerhaus **Bp. 131/1**

Bau mit steilem Satteldach und verbrettertem Giebel. Steingerahmte Spitzbogentür, Eckerker auf Kragsteinen, tonnengewölbte Labe und Oberlabe, im Obergeschoß tonnengewölbte Kammer.

Pfarrkirche Maria Himmelfahrt mit St. Michael, Friedhofskapelle und Friedhof **Bpp. 132, 134, 225 Gp. 288**

Pfarre 1240 erwähnt. Die untersten Steinlagen des Turmes noch romanisch. Spätgotischer Bau mit polygonalem Chorschluß, Netzrippengewölbe, Spitzbogenfenster, Spitzbogenportal und Radfenster. 1527 von Valentin Winkler vollendet. Arnbergkapelle an der Nordseite mit Netzrippengewölbe.
St. Michael: zweigeschossige Anlage mit Spitzbogenfenster und -türen. Fassadenglockenmauer, Sternrippengewölbe, in der Gruft Gratgewölbe. 15. Jh.

Kornkasten (Pfarrmuseum) **Bp. 136**

Gemauerter, spätgotischer, zweigeschossiger Getreidekasten, der heute als Museum eingerichtet ist. Rundbogentür.

Grüner mit Thomaskapelle **Bp. 162 Gp. 811/1**

Zweigeschossiger Bau mit gemauertem Erdgeschoß und Obergeschoß in Holzblockbau. Spätgotische, abgeschrägte Haustür, Küche mit Tonnengewölbe. Stube mit Unterzugbalken. Im Obergeschoß Kammer mit Eselsrückentür. Fassadenfresko (Krönung Mariä).
Kapelle: 1884 erbaut. Gerader Chorschluß, Rechtecktür, Rundbogenfenster, Satteldach mit Schindeln.

Katastralgemeinde Rein

Kapelle beim Ebner **Bp. 5/2**

Bau mit polygonalem Chorschluß, hölzernem Dachreiter (Spitzhelm), Rechtecktüre und -fenster, über Gesims Tonnengewölbe, Lourdesgrotte.

Pfarrkirche St. Wolfgang mit Kapelle und Friedhof **Bpp. 30, 135 Gp. 158/2**

Historisierender Bau in gotischen Formen, 1908–11 nach Plänen von Peter von Stadls errichtet. Polygonal abschließender Chor, Kreuzrippengewölbe. Spitzturm noch spätgotisch.

Kapelle beim Auer **Bp. 43/2**

Abgesetzter, gerader Abschluß, Altarnische mit Netzgratgewölbe, Malereien (Martin, Georg). Rechtecktür, Satteldach. 17. Jh.

Kapelle beim Eppacher **Bp. 52**

Bau um 1930 errichtet. Spitzbogentür, Rundbogenfenster, dreiseitiger Abschluß. Wandgemälde außen (Isidor, Maria, Notburga, Florian und Silvester). Innen (Theresia vom Kinde Jesu, Josef).

Kapelle beim Sager **Bp. 149**

Einfacher Bau mit Satteldach, Rundbogentür, Viereckfenster. Über der Tür Oculus. Altarnische mit übermalten Wandbildern.

Kapelle beim Oberpichler **auf Gp. 82**

Kleiner Bau mit abgewalmten Satteldach, Rechtecktür, darüber Lünettenfenster. An den Seiten Rundbogenfenster. Innen hohes Spitzbogengewölbe. Schindeldach.

Katastralgemeinde Sand

Josef-Jungmann-Straße 2 **Bp. 6/1**

Bau um die Jahrhundertwende errichtet, übereck gestellter Erker mit Zwiebeltürmchen, Dachgauben, Fenster mit Putzrahmen in verschiedenen geometrischen Formen. Unter dem Erker Wappenfresko. Dreistöckiger Holzsöller.

Jägerhaus **Bp. 7**

Gemauerte Freitreppe, steingerahmte Schulterbogentür, Balkon auf Kragsteinen, Stube mit abgeschrägter gotischer Tür und späterer Täfelung. Tonnengewölbte Küche.

Neumelans **Bp. 11/1**

1582 von Hans Fieger erbaut. Ansitz mit hohem, abgewalmtem Dach und vier Ecktürmen. Zwei dreigeschossige, polygonale Erker. Im Erdgeschoß tonnengewölbte Säle mit Stichkappen und Putzgraten. Im zweiten Stock Zimmer mit reich verzierten Felderdecken. In einem Erkerzimmer Hauskapelle mit Flachdecke.

Perl **Bp. 18**

Bau mit tonnengewölbter Labe, der hintere Teil mit Kreuzrippen. Mehrere Spitzbogentüren, in einer Kammer Balkendecke und Fenster mit Seitensitzen. Erker mit Gratgewölbe. 16. Jh.

Schrottwinkel **Bp. 21/1**

Bau mit steingerahmten Spitzbogenportal, darüber die Jahreszahl 1595. Im Erdgeschoß Stube mit Felderdecke und Minuskelinschrift um 1500. Im zweiten Stock Täfelung mit Pilastern und intarsiertem Rankenwerk an den Türen. Kassettendecke, um 1600.

Zeilheim **Bp. 48/1**

Im 17. Jh. erbaut, polygonaler Erker über dem Eingang. Tonnengewölbte Labe, regelmäßig angelegte Seitenräume.

St. Mauritius mit Kirchplatz **Bp. 116 Gp. 238**

1443 erwähnt. Zweischiffiger Bau mit seitlichem Spitzturm. Im 16. Jh. mit Netzgewölbe eingedeckt, im 17. Jh. das Seitenschiff hinzugefügt (Gratgewölbe). Spitzbogenportal (1679).

Pestkapelle **Bp. 156**

1636 von Martin Graber erbaut. Dachreiter mit Kuppelhaube, Flachbogentür, zwei Flachbogenfenster. Dreiseitiger Chorschluß, Flachtonne.

St. Johannes Nepomuk in Bad Winkel mit Umfriedung **Bp. 157 Gp. 344**

1731 durch Candidus von Zeiller erbaut. Hölzerner Dachreiter, dreiseitiger Chorschluß, steingerahmte Rechtecktür. Tonne über einfachem Gesims. Schindeldach.

Mühle beim Pranter **Bp. 172**

Schrotblockbau mit offenem Bundwerkgiebel, schindelgedecktes Satteldach, Tür mit Eselsrückenholm. Am First aufliegende Dachgaube.

Drassl **Bp. 175**

Gemauertes Untergeschoß, Obergeschoß in Holzblockbau. Eingang über Freitreppe und steingerahmter Spitzbogentür, tonnengewölbte Labe mit Stichkappen, Rundbogentür zur tonnengewölbten Küche, Stube mit Bohlenbalkendecke, die Wände geschrotet. Unterzugbalken mit geometrischem Schnitzwerk.

Obertreuer **Bp. 191**

Holzblockbau mit gemauertem Erdgeschoß. An den Fassaden Fresken (St. Michael, Florian, Maria). Stube mit Leistentäfelung (1857) und Vierpaßmittelfeld.

Graberstöckl (Weisner-) **Bp. 206**

Dreiseitiger Chorschluß, Rechtecktür, darüber Lünettenfenster. Tonnengewölbte Altarnische. Schindeldach.

Bildstock an der Tauferer Brücke **Bp. 218**

Sechseckiger Grundriß, nach vorne zwei Rundbogenöffnungen auf zwei sechseckigen Pfeilern. Innen moderne Wandmalerei (Pietà). Schindeldach.

Katastralgemeinde St. Christina in Gröden

Pfarrkirche St. Christina mit Friedhof **Bp. 366 Gp. 1526**

Turm 14. Jh. (Spitzhelm), polygonaler Chor 1478 geweiht, Langhaus um 1730 umgebaut. Tonnengewölbe auf Pilastern, 1840–1845 verlängert und durch zwei Seitenschiffe erweitert. Dekorationsmalerei.

La Posta, Via Chemun 8 **Bp. 339/1**

Dreigeschossiger Bau mit erneuerten Eckquadern und Fensterrahmungen. Im zweiten Stock außergewöhnlich reich geschnitzte Stube in Rokokoformen: Fenster mit Rundgiebel und Muschelbesatz, an der Decke geschwungene Felder mit eingelegten Sternen, Mittelfeld (Auge Gottes).

La Sigata, Via Chemun 50 **Bp. 372**

Barockbau mit Eckeinfassungen und Geschoßgliederung, bewegte Fensterrahmen. Inschrifttafel, bez. 1786, in Rocaillekartusche. Im ersten und zweiten Stock geschnitzte Barockstuben, am Giebel zwei Vierpaßöffnungen.

Fusell **Bpp. 470/1, 470/2**

Spätmittelalterlicher Bau, östlich und westlich später erweitert. An der Südostecke Reste von roter Quaderbemalung. Rechteckige Haustür, am hölzernen Türsturz Jahreszahl 1542. Labe mit Balkendecke, Rauchküche mit Tonnengewölbe. An den Stadeltüren Jahreszahl 1754.

Creppa **Bpp. 478, 480**

Gemauertes Untergeschoß, an der Westseite quadergerahmte Rundbogentür, 13. oder 14. Jh. Vorkragendes Obergeschoß in Holzbauweise. Stadel in Rundholzblockbau, am Tor Jahreszahl 1805.

Paratoni **Bpp. 490, 491**

Hof mit gemauertem Untergeschoß (13./14. Jh.) und gezimmertem, vorkragendem Obergeschoß. Haustür mit Eselsrückenholm, Türflügel, bez. 1761. Tonnengewölbte Küche.

Villa Anri **Bp. 827/1**

Villenbau zwischen 1925 und 1929 nach Plänen von Marius Amonn in neubarokken Stilformen errichtet.

Katastralgemeinde St. Leonhard

Pfarrkirche St. Leonhard mit Friehofskapelle St. Georg und Friedhof **Bpp. 1, 2 Gp. 1**

Erwähnt 1116. Polygonaler Chor mit Netzrippengewölbe und seitlichem Spitzturm. Turm im 16. Jh. erhöht. Seitenschiff 1646 angebaut. Tonnengewölbe mit Stichkappen im Langhaus, Spitzbogenfenster. An den Eingängen Schulterbögen.
St. Georg am Friedhof, (Gruftkapelle):
Erwähnt 1433, der heutige Bau aus dem 17. Jh. mit spätgotischen Elementen. Die spitzbogigen Fenster wurden 1921 abgerundet. Fassadendachreiter mit Spitzhelm, gerader Abschluß, Flachdecke.

Pfarrwidum **Bp. 3**

Mehrfach umgebautes Haus. Im zweiten Stock drei Zimmer mit Stuckdecken, in den Eckmedaillons Deutschordenshäuser. Wappen des Komturs Recordin, um 1740.

Schnitzer auf Hinterplatz mit Backhaus **Bp. 29 Gp. 156**

Spätgotischer Holzblockbau, vor dem Eingang Söller, gepflasterte Labe, Stube mit zwei Unterzugbalken und geschnitzten Leisten. Frei stehender, gemauerter Backofen.

Mühle und Backhaus beim Brandter auf Hinterplatz **Bpp. 33/2, 33/3**

Holzblockbau mit gemauerter Freitreppe und intaktem Mahlwerk. Frei stehender Backofen mit Gewölbe und Giebeldach.

Schmiedgut in der Brunst **Bp. 37**

Barockbau mit Graffitoverzierungen an der Fassade. Gang und Küche gewölbt. Im Obergeschoß gewölbter Flur.

Unterstickl **Bp. 104/1**

Spätgotischer, ansitzartiger Bau mit kunstvollem Giebelbundwerk und Eckbemalung. Marmorgerahmte Tür mit Christusmonogramm, Marienmonogramm, Steinmetzzeichen, bez. 1558. Kreuzgewölbter Hausgang, tonnengewölbte Küche und Keller. Im Obergeschoß gewölbte Küche mit offenem Herd.

Mair **Bp. 112**

Großer spätgotischer Bau mit steingerahmten Spitzbogenportal, Kreuzgratgewölbe im Flur, Freitreppe mit zwei Säulen im oberen Stock. Gewölbte Küche und Keller. Stube 1913 neugotisch getäfelt.

Jaufenburg **Bp. 122/3 Gp. 263**

Um 1300 erbaut. Reste einer ausgedehnten Anlage. Bergfried mit fünf Geschossen und verschieden geformten, meist späteren Fenstern mit Seitensitzen. Im vierten Geschoß dekorative Wandmalereien (16. Jh.). Spärliche Reste der alten Wohntrakte.

Heiligkreuz **Bp. 125**

Spätgotischer Bau mit polygonalem Chor und übereck gesetztem Fassadendachreiter mit Spitzhelm. Schulterbogentür. Netzgratgewölbe. Am Türsturz Jaufenberger Wappen, bez. 1531. Schindeldach. Wandgemälde, 16. Jh.

Freisegg in Glaiten **Bp. 154**

Mehrmals unterteilter, im Kern spätgotischer Holzblockbau mit steinerner Freitreppe, steingepflasterter Flur, getäfelte Stube, angebauter Kasten. Mühle und Backofen angrenzend.

St. Hippolyt auf Glaiten **Bp. 174**

Mehrfach veränderter Bau aus dem 14. Jh. Spätgotische Glockenmauer, Wandgemälde (St. Christoph), Ende 14. Jh. Tonnengewölbe mit Stichkappen im Langhaus, Gratgewölbe im Chor. Spitzbogenfenster, polygonaler Chorschluß. Freskenzyklus mit der Vita des hl. Hippolyt, Ende 14. Jh.
Bannzone: Bpp. 175, 176, Gpp. 510, 511, 512, 513/1, 514.

Peterjörglhaus (Schildhof Gomion) **Bp. 251**

Gemauerter Bau mit steingerahmtem Spitzbogenportal. An der Talgiebelseite zum Teil vermauerter, gewölbter Eingang mit steingerahmter Schulterbogentür, dahinter Steintreppe zum Flur. Stube mit kunstvollen Einlegearbeiten, 1896 neu getäfelt. Gewölbte Küche.

Pfarrkirche St. Anton in Walten mit Friedhof **Bp. 343 Gp. 1444**

Erbaut um 1705, 1851 erweitert. Kreuzförmiger Bau mit Tonnengewölbe. Turm mit Zwiebelhaube. Schindeldach.

Rinner in Walten **Bp. 355**

Spätgotischer Holzblockbau, Eingang mit Eselsrückenholm, Stube mit Unterzugbalken und ursprünglichen Fensteröffnungen. Scheune auf Pfosten (Rundholzbau), frei stehender Backofen. Schindeldach.

Auer in Walten **Bp. 380**

Spätgotischer Holzblockbau. Türsturz, bez. 1521. Stube mit Unterzugbalken und Feldergetäfel.

St. Johann in Wans **Bp. 397**

Erbaut 1822. Der Spitzturm 1824 hinzugefügt. Einfacher Bau mit Rundbogenfenster und Tonnengewölbe.

Winnebacher auf Karlegg **Bp. 410**

Ausgedehnte Anlage mit romanischem Mauerwerk im Keller. Gewölbter Kellergang, Rundbogentür, große abgefaste Gabelstütze, gotische Türflügel. Talgiebelseite gemauert, der Rest in Holzblockbau gezimmert. Mariahilffresko an der Fassade 19. Jh. Schindeldach.

St. Anna in Pfistrad **Bp. 428**

1850 an Stelle einer älteren Kapelle errichtet. Dreiseitiger Chorschluß, hölzerner Dachreiter, Rundbogentür und Rundbogenfenster, Gratgewölbe. Schindeldach.

Sandhof **Bpp. 464/1, 464/2**

Freitreppe, Rundbogentür, Flur mit Netzgewölbe, langgezogene gewölbte Kellerräume, getäfelte Stube. Bundwerk der Scheune bez. 1768 (heute zum Teil Museum). Andreas Hofers Geburtshaus.

Heilig-Grab-Kapelle in Sand **Bp. 466**

1698 eingeweiht. Entworfen und erbaut von Kaspar Hofer nach einer Pilgerfahrt ins Hl. Land. Einfacher Bau mit Fassadendachreiter (Spitzhelm), Blendarkaden auf Dreiviertelsäulen außen am Chor. Spitzbogentür, Lünettenfenster. Kreuzgratgewölbe mit Stuckbesatz.

Mühle beim Oberhof in Glaiten **Bp. 491**

Kunstvoll gezimmerte Stockmühle, Holzblockbau.

Oberbucher mit Mühle und Backofen **Bpp. 525, 526, 530**

Spätgotischer, ansitzartiger Bau mit Freitreppe, Rundbogentüren, gewölbter Kellergang. An einem Fenstergewände Wappen, bez. 1534. Getäfelte Stube mit geschnitztem Mittelfeld (Eichenblatt). Stockmühle (Holzblockbau) mit Bildstock und frei stehendem Backofenhaus.

Mariä Opferung auf der Mörre **Bp. 538**

1878 an Stelle einer früheren Kapelle errichtet.

Gasthaus Mörre mit Hauskapelle **Bp. 539/1**

Stube bez. 1739, gewölbte Küche. An der Berggiebelseite holzgetäfelte Kapelle mit allegorischen Darstellungen (Kontinente, Tugenden, Arma Christi), 1750.

Staudenhof in Schweinsteg **Bp. 585**

Untermauerter Holzblockbau mit Freitreppe, Stube mit Unterzugbalken, gewölbte Küche. Am Giebel Jahrzahl 1759. Frei stehender Backofen.

St. Ursula in Schweinsteg mit Friedhof **Bp. 620**
Gp. 3327/3

Erwähnt 1532. 1895 abgebrannt und erneuert, 1899 Neuweihe. Spitzturm. Langhaus mit hölzerner Satteldecke, polygonaler Chor mit Sternrippengewölbe. Spitzbogenfenster.

Widum in Schweinsteg **Bp. 621**

Bau mit Rundbogentür, „Fürstenzimmer“ mit Barockofen und Wandmalereien (St. Ursula, Kirche mit Widum, Landschaften), 1780.

Hütter in Schweinsteg **Bp. 627**

Spätgotischer Bau mit breiter Fassade und Wandmalereien (Hl. Familie, Mariahilfbild). Stube mit Bohlenbalkendecke, gewölbter Kellergang und Keller. Giebelbundwerk bez. 1797. 1989 bis auf die Grundmauern abgebrochen.

Alte Kaser auf der Pfistradalm **Bp. 658**

Gotisches Blockhaus, Stall mit mächtigen Unterzugbalken, drei Türen mit Eselsrückenholmen. Stube mit Unterzugbalken, Küche mit offenem Herd.

Herz-Jesu-Kapelle in Sand **Bp. 691**

Erbaut 1883. Eingeweiht 1899. Entworfen von Josef von Stadl. Kreuzbau in romanisierendem Stil. Fassadenglockenmauer. Vierungsturm mit Pyramidendach.

Lourdeskapelle in Gomion **Bp. 740**

Polygonaler Chorschluß (Fünfachtelschluß), Tonnengewölbe mit Stichkappen und Gurtbögen, übereck gesetzter Fassadendachreiter mit Spitzhelm. Rundbogenfenster. Schindeldach.

Kapelle zur Schmerzhaften Mutter Gottes auf Karlegg **Bp. 768**

1898 erbaut. Einfacher Bau mit Rundbogentür und Rundbogenfenster.

Franzosenfriedhof **Gp. 209**

Friedhof der französischen Soldaten, die 1809 in St. Leonhard gefallen sind.

Wegkapelle in Schweinsteg **auf Gp. 3211**

Erbaut 1824. Wandgemälde der Passeirer Schule (Simon von Trient, Anderle von Rinn, Krönung Mariä, Tod des hl. Josef, Engelssturz). Rundbogen auf Pilastern, in der Nische Kreuzgratgewölbe. Schindeldach.

St. Leonhard in Passeier, Pfarrkirche St. Anton in Walten
Links oben: St. Christina in Gröden, La Posta
Links unten: St. Leonhard in Passeier, St. Anna in Pfistrad

St. Leonhard in Passeier, Pfarrwidum
Rechts oben: St. Leonhard in Passeier, Heiligkreuz
Rechts unten: St. Lorenzen, Pfarrwidum

Katastralgemeinde Ellen

Unterramwalder **Bp. 20**

Im Kern spätmittelalterlicher Bau. Im Erdgeschoß gewölbter Hausgang, rundbogige Haustür. Ober- und Dachgeschoß in verbretterter Holzkonstruktion.

Pfarrkirche zu den Heiligen Johannes und Paul mit Friedhof **Bp. 35 Gp. 273**

Kirche 1483 geweiht. Polygonaler Chorschluß, seitlicher Spitzturm, Langhaus mit Sternrippengewölbe.

Katastralgemeinde Montal

Pfarrwidum **Bp. 10**

Gemauerter Bau mit steingerahmter Rechtecktür, Stube mit Leistentäfelung.

Pfarrkirche St. Margareth mit Friedhof **Bp. 11 Gp. 73**

Polygonaler Chorschluß, seitlicher Spitzturm, 1483 geweiht. Netzrippengewölbe, im Chor Deckengemälde von Friedrich Pacher. Am Triumphbogen Wandgemälde von Anton Sebastian Fasal (Christus lehrt die Apostel), 1943. Außen Fresko (hl. Christophorus), Anfang 16. Jh.

Mariahilfkapelle beim Unterguggenberg **Bp. 25**

Einfacher Bau mit Tonnengewölbe, Freskenausstattung (Verkündigung, Heilige Familie, Dreifaltigkeit, Florian) von Josef Renzler, 19. Jh.

Baumüller **Bp. 34**

Krüppelwalmdach, Labe und Küche mit Tonnengewölbe und Stichkappen, Diele mit Stuckdecken, Stube mit einfacher Leistentäfelung und Vierpaßmittelfeld, stark verblaßtes Außenfresko (Madonna mit Engeln), um 1500.

Katastralgemeinde Onach

Pfarrkirche St. Jakob mit Friedhof **Bp. 27 Gp. 309**

Polygonaler Chorschluß, seitlicher Spitzturm. 1451 erwähnt, 1575 das Langhaus angebaut, 1819 erneuert. Tonnengewölbe mit Stichkappen.

Maria-Schnee-Kapelle beim Astner **Bp. 35**

Hölzerner Dachreiter (Pyramide) und Tonnengewölbe. 1818 erbaut. Rechteckfenster und -tür.

St. Notburga in Hörschwang **Bp. 76**

Dreiseitiger Chorschluß, Fassadendachreiter (Spitzhelm), Spitztonne. Um 1700. Rechteckfenster, Schindeldach.

St. Agnes in Bad Ramwald **Bp. 85**

Kapelle mit hölzernem Dachreiter (Pyramide). Abgesetzter, gerade abschließender Chor, Tonnengewölbe, 18. Jh. Schindeldach.

Michelsburg **Bp. 396**

Ruine. Geschlossene Anlage auf einem freien Hügel, im Kern 12./13. Jh. Die Vorburg mit Rondellen, zweitürmige Hochburg, teilweise verfallen. Im 16. Jh. umgebaut und befestigt. Turm mit Zinnenkranz, mehrere Flacherkeranbauten, Ringmauer mit Schlüsselscharten und Viereckzinnen.

Jakobstöckl **auf Gp. 768**

Einfache, gemauerte Kapelle mit Satteldach. Innenraum mit Tonnengewölbe.

Katastralgemeinde St. Lorenzen

Pfarrkirche St. Lorenz mit Egererkapelle und Friedhof **Bpp. 1, 544 Gp. 1**

Dreischiffiger Bau mit erneuerter Fassade, polygonaler Chorschluß, im Langhaus Kreuzrippengewölbe. Asymmetrisches Rippengewölbe und Gratgewölbe in den Seitenschiffen. Turm an der Egererkapelle, 13. Jh., Südturm 1554. Egererkapelle: im Norden angebaut, gerader Chorschluß, asymmetrisches Gewölbe, 15. Jh. Freskenreste (Gregoriusmesse, um 1500; Marienleben, 1715). An der Südseite Freskenreste (Kreuzigung, heiliger Christophorus), 15. Jh.

Pfarrwidum **Bp. 3/1**

Gotischer Bau Eingang verändert. Im ersten Stock große Labe, Stube mit flachgewölbter Holzdecke, reich geschnitzte Balken, 15. Jh. Im zweiten Stock Stuckdecken.

Rader, Haus 34 **Bp. 26/1**

Fassadenfresko (Mariahilf und zwei Heilige, Sonnenuhr) von Josef Renzler. Gemauerter Söller auf Kragsteinen mit durchbrochener Ziegelbrüstung und Ziegelkantenfries. Tonnengewölbte Labe und Küche.

Wildberg **Bpp. 36/1, 36/2, 36/3, 36/4, 36/5**

Ansitz; viergeschossige Eckerker, ein polygonaler Erker. Felderdecke mit Wappen der Mühlstätter und Jahreszahl 1463. Labe mit Tonne und Stichkappen.

Hellweger **Bp. 49/1**

Geburtshaus des Malers Franz Hellweger. Im Erdgeschoß Rundbogentor, zwei parallel angelegte gewölbte Hausgänge, gewölbte Küchen im ersten und zweiten Stock, zwei Barocköfen, um 1760 und 1800.

Rathaus **Bp. 50**

Dreigeschossiger Bau. Tonnengewölbte Labe, steingerahmte Rundbogentür. Im Keller Flachtonnengewölbe.

Happacher **Bp. 57/1**

Gemauerter Bau mit steingerahmter Schulterbogentür, tonnengewölbte Labe mit Stichkappen.

Wiesenegg **Bp. 61**

Ansitz mit zwei übereck gestellten Erkern und turmartigen Anbau. Vierecktüre in abgefaster Steinrahmung, darüber Fresko (Madonna). Fenster mit Gitterkörben. Im Stiegenhaus Jahreszahl 1684.

Gerichtshaus **Bpp. 71, 72/1**

Spitzbogentür in abgefaster Steinrahmung, am Scheitel Wappen der Botsch. Polygonaler Erker, Fenster mit Korbgitter, am Giebel Oculi. Im Innern Tramdekken, zum Teil mit abgefaster Gabelstütze und Unterzugbalken. Gewölbte Kellerräume, tonnengewölbte Labe im Erdgeschoß.

Stocker **Bp. 77**

Stattlicher Bau mit Krüppelwalmdach, Reste alter Quadermalerei. Rundbogentor, steingerahmte Rechteckfenster mit breiter Fase. Tonnengewölbte Labe.

Spital mit Johanneskapelle **Bpp. 78/1, 78/2**

Renaissancestube mit Schuppenpilastern, Erker und tonnengewölbte Küche. Zur Kapelle gemauerte Freitreppe mit Spitzbogenportal, Ziegelglockenmauer, abgesetzte Apsis, Spitzbogenfenster und Flachdecke. Romanische Bauanlage, 12. Jh., im 15. Jh. umgebaut. Fassadengemälde (Marienkrönung, beide heiligen Johannes) von Christian Renzler, 18. Jh.

Hofrichter in Sonnenburg **Bpp. 80, 81**

Übereck gestellte Anlage mit Eckerker und Straßendurchfahrt. Steingerahmte Rechtecktür, Stube mit kunstvollem Leistengetäfel, Küche mit Tonnengewölbe, im Obergeschoß Zimmer mit Stuckdecken.

Sonnenburg **Bpp. 97, 100/1, 100/2, 101**

Ehemaliges Benediktinerinnenstift Sonnenburg. Ausgedehnter Wohntrakt mit Ringmauer, Rondellen und viereckigem Mauertürmchen. Am erhaltenen Äbtissinentrakt Saal mit Doppelbogenfenster und Gratgewölbe, Kassettendecke (1737). Ruine der dreischiffigen Klosterkirche mit Krypta und Kreuzgang, Freskenreste 13./15. Jh.

Schlosser **Bp. 105**

Krüppelwalmdach, verbretterter Giebel, Söller. Im Obergeschoß Tonne mit Putzrippen, tonnengewölbte Küche, Zimmer mit bemalter Decke (Marienkrönung) 1733.

Amtmannhaus **Bp. 113**

Krüppelwalmdach, steingerahmte Schulterbogentür, tonnengewölbte Küche. An der Fassade Wappen, 1751 renoviert.

Pitschelin **Bp. 120/1**

Verbretterter Giebel, Krüppelwalmdach, steingerahmte Spitzbogentür, gemauerter Treppenaufgang, Stube mit Vierpaßmittelfeld, bez. 1839. Fassadenfresken (Mariahilf, Sonnenuhr).

Dreifaltigkeitskirche in Pflaurenz **Bp. 143**

Abgesetzter Chor mit rundem Abschluß, seitlicher Turm (Zwiebel auf Oktogon), Spitzbogentür mit Jahreszahl 1680, Fenster mit Karniesbögen, am Giebel Oculi, Tonnengewölbe. Wandgemälde, um 1680.

Schwarzhorn **Bp. 191/1**

Eckerker mit steingerahmter Rundbogentür, Labe mit Tonnengewölbe und Stichkappen.

Maisterle (Herrenhauser) **Bp. 203/1**

Eckerker, steingerahmte Rundbogentür, Fassadenfresken (Wappen der Äbtissin Maria Elisabeth von Winkelhofen). Steingerahmte Rechtecktür mit Oberlichte an der Nordseite. Bau aus dem 16. Jh., im 18. Jh. barockisiert. Bemalte Fensterumrahmungen. Schindeldach.

St. Martin **Bp. 204**

Fassadendachreiter mit Spitzhelm, polygonaler Chor und Langhausgewölbe (Netzrippen), 16. Jh. Rundbogentür. Kirche 1187 erwähnt. An den Langhausmauern schöner romanischer Fugenputz. Rechteckfenster. Fresken, 15.–17. Jh. (Gregoriusmesse von Friedrich Pacher, 1493; hl. Martin von Hans von Bruneck, 1399; Heilsgeschichte, 1637; hl. Christophorus, um 1530).

Mair zu Gasteig mit Kornkasten und Backofen **Bpp. 208, 209, 210**

Spitzbogentür, darüber Erker, Labe mit Tonne und Stichkappen. Zwei Stuben mit Leistentäfelung, bez. 1778. Küche und Keller mit Tonnengewölbe.
Kasten: gemauerter Unterbau mit Freitreppe, Rundbogentüren und verbrettertem Giebel. Backofenhaus.

Widum bei Heiligkreuz **Bp. 211**

Barockbau mit regelmäßigen Fensterreihen, Walmdach. Mehrere Räume mit barocken Täfelungen aus der ersten Hälfte des 18. Jh.s.

Heiligkreuz in Fronwies **Bpp. 213, 214/1**

Im Osten Fassadenturm mit Zwiebelhaube auf Oktogon. Im Langhaus und geradem abschließendem Chor Tonnengewölbe. 1732 errichtet. Freskenausstattung von Josef Renzler, 1835.
Bannzone: 1052/1, 1052/2, 1054, 1057, 1074, 1075, 1076, 1077, 1078/1, 1078/2, 1078/3, 1078/4, 1078/5, 1079.

Wastlmair (Obermair) in Fassing **Bp. 273**

Rundbogentor, durchgehende tonnengewölbte Labe, Küche und Keller mit Tonnengewölbe, im Keller gemauerte Mittelsäule.

St. Lorenzen, Hellweger
Links oben: St. Lorenzen, St. Notburga in Hörschwang
Links unten: St. Lorenzen, Montal, Baumüller

Links oben: St. Lorenzen, Happacher
Links unten: St. Lorenzen, St. Martin
Rechts oben: St. Martin in Passeier, Magnuskapelle in Breiteben
Rechts unten: St. Martin in Passeier, Fischerhaus

Krüglwirt in Sonnenburg **Bp. 283**

Krüppelwalmdach, Doppelbogenfenster, im Obergeschoß Raum mit achteckiger Steinsäule und Gratgewölbe. Stube mit Felderdecke und Vierpaßmittelfeld.

Glurnhör (Hebenstreit) **Bp. 284**

Ansitz mit Rundbogentor und Schießscharten, Wehrgang, Erkertürmchen und rundem Eckturm. Steingerahmte Tür mit Jahreszahl 1512 am Sturz. Im Innenhof Flacherker, Spitzbogentüren. Dekorationsmalereien im Osttrakt, bez. 1591 (Bilderfries, Wappen, allegorische Figuren). Mehrere Leisten- und Balkendecken.

Überwieser in Sonnenburg **Bp. 289**

Krüppelwalmdach, steingerahmte Rechtecktür, Originalfenster mit breiter Leibung, tonnengewölbte Küche und Keller, Backofenerker.

Magnuskapelle in Lothen **Bp. 298**

Satteldach, Rundbogentür und zwei Rundbogenfenster

Oberhammer in Lothen **Bp. 299**

Mächtiger Bau mit Krüppelwalmdach, tonnengewölbter Labe, spätgotischer Stube mit originaler Türeinfassung und Felderdecke, tonnengewölbte Küche und Speis.

Kapelle beim Stadler **Bp. 304**

Einfacher Bau mit Fassadengemälde, Verkündigung mit Inschrift. Wappenstein. 1709 erbaut.

St. Margareth in Kniepaß **Bp. 313**

Abgesetzter Chor und seitlicher Spitzturm, Spitzbogentür mit abgefaster Steinrahmung, um 1400 errichtet. Gerader Chorschluß. Um 1700 mit Tonne eingewölbt. Wandgemälde (Leben Jesu, Krönung Mariens, Martyrium und Glorie der hl. Margareth, St. Georg) um 1700.

Kniepasser **Bp. 314**

Bau in gotischen Formen, Krüppelwalmdach. Wirtschaftsgebäude in kühner Lage.

Graspeinter **Bp. 317**

Steingerahmte Spitzbogentür, Fassadenfresko (Mariahilf). Labe mit breitem Tonnengewölbe, Küche mit Kreuzgratgewölbe. Flur im Obergeschoß mit Tonne und Putzrippen.

Marienkapelle beim Pichler in Runggen **Bp. 320**

Einfacher Bau mit Satteldach, um 1800 errichtet.

Gasthaus Maria Saalen **Bp. 344/1**

Krüppelwalmdach, steingerahmte Rechtecktür. Barockstube mit kunstvollem Schnitzwerk und Vierpaßmittelfeld. Gemalte Fensterumrahmungen.

Loretokirche in Maria Saalen **Bp. 345/2**

Wallfahrtskirche. Länglicher Bau mit Chortürmchen mit Zwiebel auf Oktogon. Steingerahmte Vierecktür, 1665 errichtet. Gerader Chorschluß, Tonnengewölbe.

Kapelle beim Gschlierer **Bp. 357**

Giebeldachreiter mit Pyramidendach, Tonnengewölbe. Am Türsturz Jahreszahl 1843.

Innerpfaffenberg mit Zuhaus und Kapelle **Bp. 365, 367 Gp. 3037**

Hof in gotischen Bauformen; durchgehende Labe mit Spitzbogengewölbe, Spitzbogentür zur tonnengewölbten Küche. Am Türsturz zur Brotkammer Jahreszahl 1695.
Zuhaus: Gemauerter spätgotischer Bau mit zwei steingerahmten Spitzbogentüren, im Erdgeschoß Schmiede.
Kapelle mit Tonnengewölbe 1882 erbaut.

Außerpfaffenberg **Bp. 366**

Bau mit verbrettertem Giebel und Söller, am Türsturz Jahreszahl 1699. Tonnengewölbte Küche, Stube mit Felderdecke und Leistengetäfel. Obergeschoß in Holzblockbau. Backofenhaus.

Söhler **Bp. 379**

Gemauerte Rundbogentür mit Putzrahmen, Labe und Tonne mit Putzrippen, Stube mit barockem Feldergetäfel und bemaltem Mittelfeld. Gang im Obergeschoß mit Putzrippengewölbe.

Gaderturn **Bp. 393**

Ansitz mit zwei Eckerkern, tonnengewölbter Flur mit Putzgraten, spitz- und rundbogige Türen. Um 1200 erwähnt. Raum mit Historienmalereien und Porträts, 20. Jh.

Jörglmair **Bp. 408**

Steingerahmte Spitzbogentür, große tonnengewölbte Küche, zwei spätbarocke Stuben mit Felderdecken und kunstvoll verzierten Mittelfeldern (Christusmonogramm). Labe mit Balkendecke.

Unterlindner in Stephansdorf **Bp. 423/1**

Einhof. An der Südseite Fresko, bez. 1706 (St. Georg, Florian, Krönung Maria). Gewölbter Gang, tonnengewölbte Küche, Spitzbogentür. Im Obergeschoß Labe mit Netzgratgewölbe, 16. Jh. Alle Gewölbe zerstört.

St. Stephan in Stephansdorf **Bp. 424**

1237 erwähnt, seitlicher Spitzturm, polygonaler Chorschluß, Sternrippengewölbe um 1500, Langhaus mit Spitzbogenfenstern. Neugotische Dekorationsmalerei. Wandgemälde Simon von Taisten zugeschrieben, um 1500 (Evangelistensymbole, Kain und Abel, St. Stephan, St. Veit).

Kapelle im Klosterwald mit Heldenfriedhof **Bp. 475**

Gotisierender Bau mit reicher Gliederung aus Granitquadern. 1903 zum Gedächtnis an die 1809 und 1813 gefallenen Soldaten errichtet.

Villa Kerschbaumer mit Park **Bp. 491**
Gp. 727/2

Jahrhundertwendebau mit Ecktürmchen, Dachgeschoß in Holzbauweise. Fassadenfresko (St. Martin) von Albert Stolz. Im ersten Stock Erkerzimmer mit neugotischem Getäfel. Im Mittelzimmer historisierendes Stubengetäfel, Nordzimmergestaltung in Jugendstilformen.

Kapelle beim Heidenberger **auf Gp. 3112**

Hölzerner Giebeldachreiter, Rundbogentür, Fassadenfresko, bez. 1773. Am Kreuzgratgewölbe Deckengemälde von Christian Renzler.

Kapelle beim Oberwelis **auf Gp. 3887/1**

Hölzerner Dachreiter mit Spitzhelm, Spitzbogenfenster, 1796 errichtet. Im Chor Netzrippen-, im Schiff Kreuzrippengewölbe.

Kapelle in Moos **auf Gp. 3402**

Polygonaler Chorschluß, Vierecktür, Tonnengewölbe auf Pilastern, 1721 erbaut. Wandgemälde (Mariahilf, Marienkrönung, Verkündigung, Veronika) in Stuckrahmen, Anfang 18. Jh. Stifterinschrift.

Katastralgemeinde St. Martin

Pfarrkirche St. Martin mit Friedhofskapelle St. Georg und Friedhof **Bpp. 1, 2 Gp. 1**

1226 erwähnt. Der untere Teil des Turmes romanisch. Zwiebelhaube 17. Jh. Spätgotisches, zweiteiliges Schiff 1553 vollendet. Im 17. Jh. verlängert. Tonnengewölbe mit Stichkappen und Stuckgraten. Im Chor Sternrippengewölbe. Spitzbogenfenster, Spitzbogenportal, darüber Satteldach mit Stuckmuschel. Friedhofskapelle: Zweigeschossiger Bau auf quadratischem Grundriß mit spitzem Dachreiten, spätgotisch. Wandgemälde, bez. 1508. Spitzbogenportal.

Turmhaus **Bp. 6**

Fassadengemälde von Josef Haller, 18. Jh. (Maria, Josef, Anna, Johannes Nepomuk, Florian, bewegte Rocaillerahmen). Erker, Spitzbogentüren mit Steingewände, tonnengewölbter Flur und Keller. Stube mit Leistengetäfel. Steinmetzzeichen am Portal identisch mit jenen an der Friedhofskapelle.

Oberwirt (Gasthaus Krone) **Bp. 8**

Fassadengemälde (Maria mit Kind und Heiligen in reicher Rocaillerahmung). Josef Haller, 18. Jh. Geschnitzte Feldertäfelung mit Inschrift und Spruchbändern in der Wirtstube.

Posthaus **Bp. 11**

Steingerahmtes Spitzbogenportal, 16. Jh.

Spitalerhaus (Hohes Haus) **Bp. 12**

An der Talgiebelseite Fassadengemälde, bez. G. H. 1794 (St. Josef, Martin, Georg, Anton, Franziskus, Tod, Unbefleckte). Am Giebelriegel Jahreszahl 1781, an der Kellertür Jahreszahl 1788.

Friedheim 29 **Bp. 36**

Fassadenerker, Rundbogentor. Im Erdgeschoß Raum mit Netzgewölbe.

Fischerhaus **Bp. 48**

Erdgeschoß gemauert, Obergeschoß kunstvoll in Holzblockbau gezimmert. Verbretterter Giebel. Schindeldach.

Steckholzgürtel **Bp. 55/1**

Fassadenerker und Fassadengemälde (Hl. Familie und dreifüßiger Glockspeishafen) an der Talgiebelseite.

Heilig-Grab-Kapelle im Dorf **Bp. 63**

Oktogon mit quadratischem Chor, Wände mit Tuffstein ausgelegt. 17. Jh.

Malerhaus **Bp. 71**

Fassadenmalerei vermutlich von Benedikt Auer um 1777 (St. Martin, St. Georg, Wessobrunner Gnadenbild). Kellertür mit Steingewände und Flachbogen. Gewölbte Küche. Getäfelte Stube. Heimathaus des M. Winnebacher und des Benedikt Auer.

Pfarrwidum **Bp. 79**

Bau mit Stützmauer und Rundbogenportal. Am Eingang Bildstock. Im Erdgeschoß zwei Türen mit Eselsrücken, Stuckdecken, Inschrift und Jahreszahl 1755. Barocke Türrahmen, Ofen.

Schildhof Steinhaus **Bpp. 84/1, 85**

Fassade mit zwei Ecktürmchen, Zinnengiebel, Schießscharten, steingerahmte Spitzbogentür, viereckiger Erker auf Kragsteinen. Im Erdgeschoß und ersten Stock Mittelflur mit Netzgewölbe. Um 1500. Am Stadel Schulterbogentüren.

Haslach **Bp. 86**

Ehemaliges Gerichtsgebäude. Steingerahmte Kellertür mit Rundbogen und Jahreszahl 1619. Flur, Kellertreppe und Küche mit Tonnengewölbe. Stubengetäfel 1892, gemalte Spruchbänder über dem geschnitzten Fensterrahmen.

Floner **Bp. 98**

Holzblockbau. Stube mit Leistengetäfel bez. 1773, Küche mit Tonnengewölbe, angebauter Kasten, bez. 1797.

Aigner **Bp. 109**

Fassadenmalerei (Sonnenuhr, bez. 1618, Jahreszahl 1613 bei Fensterrahmen, Initialen F. E.). Rundbogentor zum Keller. Stube um 1700 mit Leistengetäfel und Flachbogentür. Am Wirtschaftsgebäude Jahreszahl 1856.

Auer mit Kornkasten **Bp. 149**

Stube mit Unterzugsbalken und Zierleisten, Kammertür (Eselsrücken) bez. 1606. Gemauerter Kasten mit Lichtscharten und Zackenstäben. Keller mit Unterzugsbalken.

Magnuskapelle in Breiteben **Bp. 186/1**

Einfacher Bau mit polygonalem Chorschluß, übereck gesetzter Fassadendachreiter, Spitzgewölbe, Fenster und Tür mit Sattelabschluß.

Kornkasten beim Unterweger in Christl **Bp. 207**

Kunstvoll gezimmerter Holzblockbau mit Freitreppe, Söller, Eselsrückentür bez. 1812, Initialen H. P.

Groll **Bp. 228**

Mariahilffresko an der Fassade bez. 1807. Kunstvolles Giebelbundwerk. Eckbemalung. Freitreppe mit Söller, gewölbte Küche. Frei stehendes Backofenhaus.

Kornkasten und Backofen beim Ausseraicher **Bp. 259**

Kasten und Backofen unter einem Dach. Im Erdgeschoß mächtiger steingemauerter Backofen, darüber Kasten in Holzblockbau.

Schildhof Ober-Gereuth **Bp. 266**

Erwähnt 1288. Viereckbau mit steingerahmten Rundbogentor zum Keller, darin tonnengewölbte Zellen mit Schulterbogentüren. Eisentür bez. 1658. Mauerwerk mit regelmäßigen Steinlagen an der Ostseite. Backhaus und Waschküche mit Steinplattenboden.

Schildhof Baumkirch **Bp. 279**

1288 erwähnt. Zweigeschossiger Bau mit Freitreppe und Schulterbogentür. Mauerwerk mit ausgestrichenen Mörtelfugen. Wandgemälde (St. Christoph), 14. Jh. Über der Freitreppe ein zweites Christophorusfresko.

Schildhof Unter-Pseirer **Bp. 283**

Viereckiger Turm, Wohnhaus und Reste der Ringmauer mit regelmäßigen Steinlagen. Am Turm ursprünglicher Rundbogeneingang und Buckelquadern. Lichtschlitze.

Lanthaler (Oberkalm) **Bp. 289/1, 289/2, 290**
Gp. 1728

Frei stehender Viereckturm mit ausgestrichenen Mörtelfugen, steingerahmte Rechtecktür. Stube mit Feldergetäfel, geschnitzte Türrahmen, Schießscharten im Keller.

Schildhof Kalmbauer **Bp. 294**

Steingerahmte Rundbogentür, Küche mit hohem Tonnengewölbe, Stube mit zwei abgefasten Unterzugbalken. Fassadenmalerei (Heilige Familie). Erkersöller, Giebellaube.

Ederkapelle **auf Gp. 300**

Bildstock mit Rundbogenöffnung und Kreuzgratgewölbe.

Schildhof Haupold **Bp. 406**

Kunstvolles Giebelbundwerk, datiert 1770. Steingepflasterter Flur, gewölbte Rauchküche, Mittelfeld der Stubendecke, bez. 1888, Felderdecke.

Schildhof Saltaus **Bp. 410/1**

Dreigeschossiger Bau mit Zinnengiebel an Haupt- und Rückfassade. Später angebauter Turm. Heutige Form aus dem 18. Jh. Eckquadermalerei, steingerahmte Spitzbogentür. In Keller und Gang Gewölbe. Im ersten Obergeschoß Mittelsaal und zwei Räume mit Stuckdecken. Im Turm Balkendecke.

Dreifaltigkeitskapelle beim Schildhof Saltaus **Bp. 411**

1693 geweiht. Über dem Eingang Wandgemälde mit Krönung Mariä, bemalte Nischen, Mitte 18. Jh. Türmchen mit achteckigem Spitzhelm, gerader Chorschluß, Rechteckfenster, -tür mit Steinrahmung.

Waldkapelle bei Außerbruck **Bp. 622**

1909 erbaut. Einfacher Bau mit Tonnengewölbe.

Links oben: St. Martin in Passeier, Malerhaus
Links unten: St. Martin in Thurn, Oberpespak
Rechts oben: St. Martin in Thurn, Freyögg und St. Antonius in Piccolein
Rechts unten: St. Pankraz, Außerkaserbach

Katastralgemeinde Campill

Pfarrkirche St. Lucia mit Friedhofskapelle und Friedhof **Bp. 600 Gp. 4375**

Romanisierender Bau mit abgesetztem, rund abschließenden Chor mit Kreuzgratgewölbe, im Langhaus Tonnengewölbe. Seitlicher Spitzturm. 1865–1867 errichtet.
Friedhofskapelle: Hoher Rechteckbau mit Kreuzgratgewölbe, 18. Jh.

Jeron de Jan de Mëna **Bp. 632**

Zweigeschossiger Holzbau mit gemauertem Sockel mit Rundbogentür. An der verbretterten Giebelseite Lauben. Stube mit Wandkasten, bez. 1852, über der Stubentür Jahreszahl 1851. Kammeranbauten mit Eselsrückenholmen, bez. 1742.

Katastralgemeinde St. Martin

Pfarrkirche St. Martin mit Friedhofskapelle und Friedhof **Bpp. 1, 2 Gp. 1**

1298 erstmals erwähnt. Der 1492 geweihte Bau barockisiert und öfters verändert. Langhaus mit Tonnengewölbe und Stichkappen, polygonaler Chorschluß, seitlicher Spitzturm. Kapelle mit Kreuzgratgewölbe und Spitzbogenportal, -fenster, 16. Jh.

Gasthof Dasser **Bp. 19**

Bau mit Eckerker, an der Südfassade Lauben mit Korbbögen und Rundbogentor. Korbgitter an den Fenstern. Wappen der Dasser mit Jahreszahl 1588.

Thurn **Bpp. 23, 24, 25, 26**

Hauptgebäude mit Umfassungsmauern und Nebengebäuden. Um einen Innenhof gruppierte Burganlage mit Umfassungsmauer, Rundbogentor, Reste eines Wehrganges, zwei Rondelle, Wohnbau und Bergfried. Kornkasten, Brunnen, Mühle. Am Hauptbau Eckerker.

Mair zu Restalt und Mühle **Bpp. 52, 53**

Einhof mit gemauertem Unterbau, Obergeschoß in Holz. Gemalte Fensterumrahmungen, Stube mit spätbarocker Täfelung. Frei stehender Backofen. Funktionsfähige Mühle, bez. 1844.

Freyögg mit Garten in Pikolein **Bp. 70/1 Gpp. 339, 340**

Ansitz. Stattlicher Bau mit Eckerker und Umfassungsmauern. Steingerahmte Spitzbogentür, Fenster mit Korbgittern. Wappenkartusche. Tonnengewölbte Gänge. Holzdecken, Stube mit barockem Getäfel. Im Keller Tonnengewölbe.

St. Antonius von Padua in Pikolein **Bp. 72**

Tonnengewölbter Bau mit geradem Chorschluß, Turm mit Spitzhelm auf Oktogon, 1688 erbaut. Rundbogenfenster, -tür. Schindeldach.

Ciablung in Pikolein **Bp. 76**

Fenster in tiefen Leibungen, Rundbogentüren ins Kellergeschoß. An der Fassade Jahreszahl 1719. Unter- und Oberlabe mit Kreuzgratgewölben. Unter- und Oberstube mit einfachem Leistengetäfel. Keller mit Tramdecken und Drendl.

Mair in Pikolein 10 **Bp. 119**

Zweigeschossiger Bau mit Eckquaderung, Erkerturm, Rundbogentür, Fenster mit Korbgitter. In den Hausgängen Tonnengewölbe und Stichkappen. Im Erdgeschoß Stube mit barockem Getäfel, Küche mit Tonnengewölbe. Im ersten Stock Stube mit Renaissance-Kassettendecke von 1688 mit bemaltem Mittelfeld.

Oberpespak 45 **Bp. 187**

Holzbau mit gemauertem Kellergeschoß. Gemauerte Türöffnung mit Kielbogen und Jahreszahl 1482. Im Keller Holzgabelstütze mit geschnitztem Sattelholz. Erstes Obergeschoß in Blockbau, zweites Obergeschoß in Ständerbau, Söller um 1910.

Bad Valdander mit Kapelle in Untermoj **Bpp. 233/1, 233/2, 233/3, 233/4 Gpp. 1598, 1656, 1657**

Badegasthaus, Kapelle, Badhaus und Wirtschaftsgebäude. Badhaus mit Holzwannen und Heizanlage. Die Anlage gehört zu den kulturgeschichtlich bedeutenden Bauernbadeln. Es ist eines der wenigen, die in unserem Lande noch erhalten geblieben sind.
Kapelle: 1869 erbaut. Spitzturm, abgesetzter Chor mit Kreuzgratgewölbe, Schiff mit Tonnengewölbe.

Lacurt mit Wirtschaftsgebäude in Untermoj **Bpp. 286/1, 286/3**

Holzbau mit Lauben an der Giebelseite, gemauertes Kellergeschoß mit Spitz- und Rundbogentüren. Fenster und Lichtschlitze in tiefer Leibung mit ursprünglicher Vergitterung. Tonnengewölbe in der Küche. Stube mit Leistengetäfel und Unterzugbalken. Im Obergeschoß Keilbogentür. Wirtschaftsgebäude mit drei tonnengewölbten Ställen, an der Scheune Inschrift mit Jahreszahl 1875.

St. Anton Abt mit Friedhof in Untermoj **Bp. 289 Gp. 1975**

Polygonaler Chorschluß, tonnengewölbtes Langhaus, seitlicher Turm mit Pyramidendach. Chor und Turm 15. Jh. Rundbogenfenster. Langhausdekoration von Johann Matthias Pescoller, um 1920 (Umbau der Kirche).

Lourdeskapelle in Biock **Bp. 721**

Einfacher Bau mit Glockenmauer, Kreuzgratgewölbe im Schiff und gerade abschließender Chor. Laut Inschrift 1881 erbaut. Schindeldach.

Kapelle in Jù **auf Gp. 5000**

Fassadendachreiter (Pyramidendach), polygonaler abgesetzter Chor, einfacher Innenraum mit Tonne und Stichkappen. 1911 in gotisierenden Stilformen errichtet. Spitzbogenfenster. Schindeldach.

Katastralgemeinde St. Pankraz

Pfarrkirche St. Pankraz mit Friedhofskapelle St. Sebastian und Friedhof **Bp. 1, 2**

Bereits 1268 erwähnt. Turm mit Achteckhelm, polygonaler Chor 15. Jh., Langhausmauer noch aus der 1338 umgebauten Kirche. Spitzbogige Türen und Fenster, Netzrippengewölbe. Außen Christophorusfresko, 16. Jh.
St. Sebastian am Friedhof: 1492 geweiht. Polygonaler Chorschluß, Spitzbogenportal, Kreuzgratgewölbe. Fassadenglockenmauern um 1600 in die heutige Form gebracht. 1921 als Kriegerdenkmal renoviert. Fassadenmalereien von Dapoz.

Pfleghaus **Bp. 4**

Reiche Fassadenmalerei und Wappen. Steintreppe und Rundbogentür, zwei Rechteckfenster mit Eisengitter. Giebelbundwerk bez. 1738, Christusmonogramm, Initialen N. S. H. Tonnengewölbter Keller.

Niederhaus **Bp. 20**

Original erhaltener Blockbau mit gemauertem Unterbau. Im Hausgang gotische Bohlenwand mit Eselsrückenform. Stube mit Unterzugbalken und Bohlenwand mit geschnitztem Sonnenrad.

Frühmeßhaus **Bp. 33**

Bau mit geschlossenem Giebel und ovaler Luftöffnung. Flachbogentür über Steintreppe. Labe mit Steinplattenboden, Küche mit Tonne und Ausgußstein.

Gasthaus Innerwirt **Bp. 41/1**

Steintreppe, Spitzbogentür mit abgefasten Steingewände. Flachbogige Kellertür. Fenster und Eckbemalung. Geburtshaus des Historikers Josef Egger (geb. 1839).

Bäckerhaus **Bp. 45**

Regelmäßiges Mauerwerk im Keller (mittelalterlicher Wohnturm oder Speis). Kunstvoll gezimmertes Giebelbundwerk, bez. 1787.

Dusengrabl **Bp. 57**

Bau mit gemauertem Erdgeschoß, tonnengewölbte Küche mit Backofenerker, ursprünglich Rauchabzug durch Tür und Labe. Stube mit Leistengetäfel, 1874 bemalt und verziert.

Baumannhof bei Eschenlohe **Bp. 113**

Langgezogener, mehrfach veränderter Bau, Küche mit Kreuzgewölbe, tonnengewölbte Selchküche, Backstube mit Unterzugbalken. Backofen an der Talgiebelseite. Mächtiges Wirtschaftsgebäude, auf einem Balken Jahreszahl 1852.

Kornkasten beim Hanekamp **Bp. 117**

Spätmittelalterlicher Speicherbau (Stoangart). Eingang über drei Steinstufen zu Kastenraum. Untergeschoß (Weinkeller) und Kastengeschoß gemauert, offener Giebel mit doppelter Bundschwelle. An den Ecken lange Quadersteine. Im Kastengeschoß viereckiges Fenster mit Steingewände. Im Untergeschoß Schlitzfenster mit Steingewände und Zackenstab.

Auf der Klaus **Bp. 120**

Gemauertes Untergeschoß, darüber Holzblockbau mit kunstvoll gezimmerten Giebelbundwerk. Riegel bezeichnet Johannis Holzner – Zimmermann – Anno 1822. Küche mit Backofenerker. Stube mit Unterzug und Bohlenbalkendecke. Tür bemalt, bez. 1853.

Unter-Außerhof **Bp. 151**

Geschlossener Giebel, spitzbogige Steingewände an den Haustüren. Am Scheitel der Hintertür eingemeißelte Pflugschar, zwei Rebmesser und Jahreszahl 1551. Speisekammer mit Tonne, Stichkappen und aufgezogenem Gratnetz. Stube mit Feldergetäfel 1766. Flachbogige Stubentür. Im Keller regelmäßige Steinlagen.

Mair in der Gegend mit Kornkasten und Wirtschaftsgebäude **Bp. 162**

Zweigeschossiger Bau mit offenem Holzgiebel. Obergeschoß um 1700 aufgestockt. Hauptgeschoß 16. Jh. Flachbogensturz an Eingangstür, Speisekammer und Stube. Über dem Sturz der Eingangstür Verputzschild mit Jahreszahl 1700. Labe, Küche und Speisekammer mit Tonnengewölbe. Im Obergeschoß tonnengewölbte Küche mit offenem Herd. Stube mit Wandvertäfelung, bez. 1884.
Kasten: Schmaler, zweigeschossiger Bau mit offenem Giebel. Ebenerdig Torggel. 16. Jh.

Wirtschaftsgebäude: Stallgeschoß gemauert, Stadelgeschoß in Rundholzblockbau. Steiles Satteldach mit Strohdeckung. Am Spannriegel die Inschrift Elisabeth Hallerin und Jahreszahl 1788.

Bildstock beim Vordermann **Bp. 213**

Barocker Bildstock mit Rundbogennische, 1937 restauriert und teilweise übermalt.

St. Helena **Bp. 240**

1338 erwähnt und 1533 umgebaut. Langhaus 1677 und 1730 verlängert. Polygonaler Chorschluß, seitlicher Turm mit Achteckhelm. Spitzbogenportal, Spitzbogenfenster, Sterngratgewölbe im Chor, Tonne mit Stichkappen und Stukkaturen im Langhaus.

Halsmann mit Mühle und Wirtschaftsgebäude **Bp. 241**

Rechtecktür mit Oberlichte, Eckbemalung, Jahreszahl 1701 an der Fassade. Kammer (ehemalige Hauskapelle) mit Kreuzgewölbe und Stuckdekor. Tonnengewölbte Labe, Stube mit Leistengetäfel und Bemalung, bez. 1864.
Mühle: Holzblockbau, Tür mit derber Verzierung und Jahreszahl 1748.
Wirtschaftsgebäude: Kunstvoll gezimmerter Holzblockbau, 18. Jh.

Grub **Bp. 242**

Einheitlich erhaltener Holzblockbau aus dem Jahre 1880. Geräumige Stube mit Unterzugbalken, am Türsturz die Inschrift Johann Holzner – Maria Thaler 1881. Mariahilfbild an der Stubenwand.

Außerkaserbach **Bp. 245**

Auf einem Felsvorsprung, Erdgeschoß gemauert, Obergeschoß in Holzblockbau. In den Felsen gehauene Freitreppe. Stube mit Unterzugbalken, ober der Tür der Spruch „Hier zu Kasebach – früh auf und spät nieder – iß schnell und lauf wieder“. Gewölbter Kellergang, Keller mit Gabelsäule, 16./17. Jh.

Hauser **Bp. 271**

Obergeschoß bergseitig Mauer, talseitig Holzblockbau, tonnengewölbte Küche, Stube mit Unterzugbalken und bemalte Fensterrahmen. Milchkasten, bez. 1814. Am Firstbaum geschnitzter Kopf.

Mittereggen **Bp. 301**

Spätgotischer Bau, Taltraufenseite gemauert, Bergseite in Holzblockbau. Labe und Küche mit Tonnengewölbe und Stichkappen. Flachbogiger Eingang zur Stube mit Bohlenbalkendecke und Unterzugbalken (eingearbeiteter Zopf). Bemalte Stubentür und Milchkasten, bez. 1820.

St. Cosmas und Damian in Mitterbad **Bp. 329**

1840 anstelle einer älteren Kapelle erbaut. Rundbogenapsis, Stuckdecke, um 1947 erweitert. Wandgemälde von J. B. Oberkofler.

„Häusl am Stein“ (Sagmeister) **Bp. 382**

Auf einem Felsvorsprung errichtetes Handwerkerhaus. Giebel in Bundwerk, Untergeschoß gemauert. Gemauerte Küche mit Tonnengewölbe und Backofenerker. An der Haustür Jahreszahl 1867. Stube und Stubenkammer in Blockbau, davor Hochlaube mit Zugang durch die Hintertür. 18./19. Jh.

Innergrub mit Wirtschaftsgebäude **Bp. 397**

Holzblockbau mit gemauertem Untergeschoß, Stube mit Bohlenbalkendecke und Unterzugbalken, Milchkasten mit bemalter Tür, 1866. Tonnengewölbte Küche. Am Giebelbundwerk eingekerbt: Holzner Zimmermon 1822. An der Taltraufenseite kleiner Bildstock.
Wirtschaftsgebäude: Holzblockbau, am Riegel die Inschrift Joseph Frei Z. M. – Jakow Mairh u. Theresia Gru. Im Stadel zwei abgefaste Säulen, bez. 1809.

Eschenlohe **Bp. 719**
Gp. 659

Burgruine. 1189 erwähnt. Viergeschossiger Bergfried mit spitzbogigem Eingang im dritten Stock, im 15. Jh. vermutlich neu errichtet. Dach 1913 erneuert. Reste der Ringmauer, der Zwinger und des Palas.

Oben: St. Pankraz, Halsmann
Mitte: St. Ulrich, Pezza
Unten: Sarntal, Mitterbäck
Rechts: Sarntal, Pfarrkirche Maria Himmelfahrt in Sarnthein

Katastralgemeinde St. Ulrich

Nëvel **Bp. 6**

Zusammengebauter Paarhof. Wohnhaus aus der zweiten Hälfte des 18. Jh.s. Eingeritzte und bemalte Eckpilaster und Fensterrahmungen (übertüncht). Tonnengewölbte Küche, in der Stube Barocktäfelung mit reich geschnitztem Vierpaßmittelfeld.

Pradatsch **Bp. 18**

Barocke Fassadengestaltung von 1772, Stube mit profilierter Leistentäfelung an den Wänden und Stuckdecke, gedrehte Ofensäule mit Kapitell.

Kudan **Bp. 43, 47**

Barocke Fassadengestaltung mit Fensterrahmungen und Eckquadern, im Dachgeschoß Okuli. Stube mit Leistengetäfel, geschwungenes Mittelfeld, marmorierte Fenstereinfassungen. Küche mit Unterzugbalken.

St. Anna mit Friedhof **Bp. 107 Gp. 508**

1425 erwähnt, um 1515 in die heutige Form gebracht. Osttürmchen mit Pyramide, Spitzbogentür, gerader Chorschluß, Kreuzrippengewölbe auf skulptierten Konsolen, Rundbogenfenster.

Pfarrkirche St. Ulrich **Bp. 132**

1791–1796 von Matthäus Wachter erbaut. Geschwungener Blendgiebel, Vorhalle. 1906/07 Querarme angebaut. Zwiebelturm, flachrunder Chorschluß, Flachkuppelgewölbe auf Pilastern, Thermen- und Rechteckfenster. Freskenausstattung im Langhaus von Franz und Josef Kirchebner, 1795/96.

Janon **Bpp. 136/1, 136/2**

Rundbogige Haustür in abgefaster Steinrahmung. Am Scheitel erhaben eingemeißelte Schere, darunter reliefiert zwei Köpfe und Ornamente. Im südlichen Hausteil Raum mit Tonnengewölbe.

St. Anton in Boden **Bp. 162**

1680 geweiht. Dachreiter mit Zwiebelhaube, gerader Chorschluß, Tonnengewölbe mit Stichkappen. An der Fassade Skulpturennische über dem rechteckigen Portal. Wandgemälde: Szenen aus dem Antoniusleben, Ende 17. Jh.

Martin **Bpp. 206, 207**

Spätmittelalterlicher Bau mit zwei steingerahmten Spitzbogentüren. An der Nordseite Mariahilffresko vor Stadthintergrund ober der Tür. An der Westseite rundbogige Kellertür in abgefaster Steinrahmung. Gewölbte Küche. Im Keller spätgotische Gabelholzstütze.

Unterkostamula **Bp. 222**

Einhof, doppelläufige Freitreppe, rundbogige Haustür, tonnengewölbte Küche. Stube mit Felderdecke und geschnitzten Kranzleisten. Am Wirtschaftsgebäude Jahreszahl 1608 eingekerbt.

Oberkostamula **Bp. 223**

Rundholzblockbau mit bergseitig angebauter Küche in Mauerwerk mit Tonnengewölbe und offenem Herd. Stube mit Unterzugbalken und Bretterdecke. Trockensöller mit Hängevorrichtung.

St. Jakob mit Friedhof **Bp. 235 Gp. 1013**

Spätgotischer Bau, im 17. Jh. teilweise umgestaltet. Spitzturm, gerade abschließender, abgesetzter Chor mit Kreuzrippengewölbe, Langhaus mit Tonnengewölbe. Freskenausstattung im Chor um 1470 (Maler aus der Leonhardswerkstatt).

Pezza **Bpp. 139, 140, 239, 240**

Erdgeschoß gemauert, Aufbau in Holzkonstruktion. Im Nordosten übereck vorspringender Backofen. Rundbogige Haustür in Steinrahmung, Türflügel, bez. 1693. Hausgang mit Kreuzgewölbe, Stube mit Leistentäfelung.

Fëur **Bp. 707**

Ursprünglich Bauernhaus, heute Almhütte. Wohnhaus in Kantholzblockbau mit zwei kleinen ausgeschnittenen Spitzbogenfenstern. Stube mit satteldachförmiger Deckengestaltung (Firstbaum und Bohlen). Eine der ältesten Stubendecken Tirols. Tür mit Eselsrückenholm.

Cappella da Poz **Bp. 731**

Zweigeschossiger Kapellenbau mit rundem Chorschluß und Spitztonne, hölzerner Dachreiter mit Pyramide. Mitte 19. Jh. Das gewölbte Erdgeschoß profan genutzt. Spitzbogenfenster. Schindeldach.

Katastralgemeinde Sarnthein

Pfarrkirche Maria Himmelfahrt in Sarnthein und Friedhof **Bp. 1 Gp. 1/2**

Seitlicher Fassadenturm mit gemauerter Spitzpyramide (14. Jh.), Langhaus 1645 errichtet, 1850–54 neu gebaut. Romanisierende Fassadengestaltung. In Langhaus und Querschiff Tonnengewölbe mit Stichkappen, in der Vierung Kreuzgratgewölbe. Rundbogige Altarnischen, Rundbogenfenster. Dekorative Ausmalung in Jugendstilformen 1929 von J. Peskoller.

Raiffeisenkassegebäude **Bp. 14/1**

Ehemaliger Gasthof Schweizer. Spitzbogentor mit abgefaster Steinrahmung, darüber gotische Fensteröffnung mit Mittelpfosten. Halle mit Gratgewölbe, 16. Jh. Ehemalige Wirtsstube mit neugotischer Tafelung.

Apotheke **Bp. 26**

Ehemaliger Zachelwirt. Viergeschossiger Bau, am Giebel Oculus. Gemalte Fensterumrahmungen mit Vasen und Blumengehängen, Anfang 19. Jh. Am Bau Jahreszahl 1558. An der Fassade Reste eines Kreuzigungsfreskos, 16. Jh.

Pfarrwidum **Bp. 27/1**

Fünfstöckiger Bau, im Erdgeschoß gotischer Baukern mit Rund- und Schulterbogentüren. Erstes und zweites Obergeschoß wurden im Barock ausgebaut mit Tonnengewölbe und einfachem Stuck, mehreren getäfelten Räumen (in einem Wandtäfelung auf Pilastern), Felderdecke und Kachelofen. Der Bau wurde 1876 um zwei weitere Geschosse erhöht und mit Kachelöfen ausgestattet.

Deutschordensschwesternhaus **Bp. 36**

Bau mit stattlicher Elisabethkapelle, um 1845 erbaut. Hohes Tonnengewölbe, Rundbogenfenster, Chor mit gemauerter Balustrade.

Gasthof zum Hirschen **Bp. 46**

Eckerker, Rundbogentor. Gaststube aus dem 15. Jh. mit gotischer Balkendecke und maßwerkgeschnitztem Unterzug. Renaissanceofen mit Rundgiebel (Engel mit Christusmonogramm), 17. Jh. Im ersten Stock Zimmer mit Felderdecke, um 1600.

St. Cyprian mit Umfriedung **Bp. 51**

Abgesetzter polygonaler Chor (Fünfachtelschluß), seitlicher Spitzturm. Vordach auf abgefasten Steinstützen, Langhaus mit Netzrippengewölbe (15. Jh., zweite Hälfte). Fassadenfresken (St. Cyprian, Sebastian), 1687. Langhausfresken in zwei Reihen, Ende 15. Jh. (Cyprianslegende, Passion). Am Gewölbe Malereien von Conrad Waider (Sebastianslegende), bez. 1492; an der Westwand Jüngstes Gericht.

Gerichtshaus **Bpp. 63, 66 Gpp. 61, 8370/2**

Ansitzartiger Bau mit Krüppelwalmdach. Fassadenfresken unter Eselsrücken und Fialen von Conrad Waider (Madonna, St. Christoph, Wappen), um 1500. Bemalte Fensterumrahmung.

Kränzelstein **Bp. 77 Gp. 59/3**

Hoher Turm mit Krüppelwalmdach, um 1300 errichtet. Regelmäßiges Mauerwerk mit ausgestrichenen Fugen. Mehrere Rundbogentüren im Erdgeschoß. Gotisches Stubengetäfel mit Unterzug (maßwerkverziert), mehrere gotische Fensteröffnungen mit Fensterkreuz.

Mitterbäck **Bp. 103**

Gemauerte Freitreppe mit vorkragender Brüstung, Spitzbogentür. Ursprünglich Jahreszahl 1497 an der Haustür.

Mair am Grafen **Bp. 132/1**

Zwei Geschosse gemauert, am Giebel verbrettertes Bundwerk. Im Erdgeschoß gemauerte Spitzbogentür, tonnengewölbte Küche und Folt, gotische Stube mit Balkendecke.
Bannzone: Gpp. 133, 134.

Kellerburg **Bp. 133/1, 133/2 Gp. 152, 153, 155/1**

Ansitz mit zweiarmiger Freitreppe und Loggia, darüber Viereckerker, 17. Jh. Im ersten Stock am Gangende Hauskapelle (Erker). Rundbogiges Hoftor mit Wappenstein, 1778. Umfassungsmauer teilweise mit Zinnen und Schlitzscharten. An der Südseite Doppelbogenfenster, mehrere Räume mit Felderdecken.
Bannzone: Gpp. 135, 136.

Samer in Rungg **Bp. 196**

Verbretterter Giebel, im ersten Stock Rundbogentür, Labe mit Kreuzgratgewölbe, Küche mit Tonnengewölbe. Stube mit spätgotischer Bohlenbalkendecke und Unterzug. Eselsrückentüren zu Kammern im Dachgeschoß (Leistengetäfel). Reste von gemalten Eckquadern. Fassadenfresken (Johannes Nepomuk, Madonna), 18. Jh. Kurze Freitreppe, Spitzbogentür, zum Keller Rundbogentüren.

Erschbamgütl in Sarnthein **Bp. 202**

Hoher Bau mit Sichtmauerwerk, Freitreppe, Rundbogentüren zum Keller und im Obergeschoß, tonnengewölbte Labe, verbretterter Giebel.

Angerhaus **Bp. 206**

Ehemaliger Edelsitz in Sichtmauerwerk mit Rundbogentür, im Keller gewölbte Räume. Rückwärts turmartiger Anbau. Aufstockung in verbrettertem Giebelbundwerk mit Söllern. Gotisches Stubengetäfel mit Tonnenbalkendecke.

Rohrer in Rungg **Bp. 220**

Ecklabe mit Tonnengewölbe, Stube mit spätgotischer Bohlenbalkendecke und Wandvertäfelung, 16. Jh. Am Dach Jahreszahl 1703.

Moser in Stet **Bp. 233**

Turmartiger mittelalterlicher Speicherbau (13. Jh.) mit tonnengewölbtem Keller, Küche und Labe. Raum mit Kreuzgratgewölbe. Mehrere Rundbogentüren.

Platzmann **Bp. 241**

Spitzbogentür mit Sandsteingewände, im Keller Tonnengewölbe. Flachgewölbte Küche mit Spitzbogentür. Stube mit neugotischer Bohlenbalkendecke. In den Kammern Felderdecken, ebenso im Obergeschoß.

Wacker in Stet **Bp. 243**

Turmartiger Bau unterhalb von Schloß Reinegg. Rundbogentür, rundbogige Küchentür, in der Stube Bohlenbalkendecke, 16. Jh.

Niederhauser **Bp. 246**

Bundwerkgiebel, Labe und Küche mit Kreuzgratgewölben, Spitzbogentür. In der Stube Felderdecke. Kammer mit Intarsien, bez. 1855, Türen mit Intarsien (Jahreszahl 1841, Christusmonogramm). Im Obergeschoß Küche mit Tonnengewölbe. Tonnengewölbter Keller mit Rundbogentür. Tonnengewölbter Holzspeicher, Reste eines spätgotischen Bildstockes.

Stofen **Bp. 247**

Wohnturm mit regelmäßigen Steinlagen und quadergerahmter Rundbogentür im ersten Stock, 14. Jh.

Beim Boten (Frohndiener) in Stet **Bp. 251**

Regelmäßig gegliederter Baukörper, 16. Jh. Rundbogentüren zu Küche und Keller. In der Stube Leistengetäfel, bez. 1872. Am Bundwerkgiebel Jahreszahl 1789.

Tratter in Stet **Bp. 256**

An der Fassade Mariahilfbild. Küche und Labe mit Tonnengewölbe, Stube mit spätgotischer Bohlenbalkendecke. Am First Jahreszahl 1792.

Bremstall in Putzen **Bp. 288**

Stattlicher Bau mit tonnengewölbter Küche, Rundbogentür, Kammer mit Bohlenbalkendecke. Am First Jahreszahl 1703.

Heiligkreuz in Putzen **Bp. 291**

Einfacher Kapellenbau, 1822 errichtet. 1882 Langhaus angebaut. Rundbogenfenster, Tonnengewölbe, gerader Chorschluß. Hölzerner Dachreiter.

Ruebmühle in Dick **Bp. 325**

Gemauerter Bau mit offenem Holzgiebel, um 1700 errichtet. Funktionstüchtiges Mahlwerk.

Fiechter **Bp. 338/1**

Stattlicher Bau mit tonnengewölbter Küche. Alte Gaststube 1862 bemalt. In seiner ursprünglichen Bausubstanz vollkommen erhaltenes Landgasthaus.

Maria Einsiedeln in der Dick **Bp. 345**

1747 erbaut. Fassadendachreiter mit achteckigem Spitzdach, polygonal abschließender Chor, Tonnengewölbe mit Pilastergliederung. Karniesbogenfenster, Deckengemälde mit Stukkaturen.

Stürmer in Niederwangen **Bp. 395**

Gemauerter Bau mit geschrotetem Obergeschoß, Fassadenfresken (Madonna, St. Florian, St. Martin). Über der Rundbogentür kleine Nische, Küche mit Tonnengewölbe. In der Stube Bohlenbalkendecke, bez. 1676. Getäfelte Kammer. Zum Keller Rundbogentür.

Siebenpfarrer **Bp. 408**

Über dem Eingang Stukkaturen mit Christusmonogramm und Jahreszahl 1857. In der Küche steingerahmte Rundbogentür und Tonnengewölbe. Zum Teil tonnengewölbte Labe. Im Erdgeschoß Hauskapelle mit Tonnengewölbe und geradem Abschluß. Fenster in abgefaster Steinrahmung.

Jöchler in Windlahn **Bp. 414**

Holzblockbau mit gemauertem Untergeschoß. In der Stube einfache Bohlenbalkendecke. Küche mit Holzdecke und Unterzugbalken, 15./16. Jh. Anbau um 1600.

Stuefer in Riedelsberg **Bp. 448**

In der Stube spätgotische Bohlenbalkendecke mit Unterzug. Rundbogentür zur tonnengewölbten Küche und Kammer. Das Feuerhaus einheitlich aus der zweiten Hälfte des 16. Jh.s.

Morgenstett mit Annakapelle **Bpp. 455, 456**

Erkervorbau auf Holzstützen, verbretterter Giebel mit Söller. Rundbogige Eingangstür. Stube mit Bohlenbalkendecke, 16. Jh. „Richterstübele" mit Kassettendecke, Anfang 17. Jh. Fassadenfresken, 17. Jh.

Reinegg **Bp. 462**

Burganlage. Ausgedehnte Anlage mit Torturm, Palas, Nebentrakten, Bergfried und Kapelle, 13. Jh. Am Palas gekuppelte Rund-, und Spitzbogenfenster mit Knospenkapitellen. Zur zweigeschossigen Kapelle Schulterbogentür, hölzerne Umlaufgalerie, Kassettendecke. Im Untergeschoß romanische Apsis, im Obergeschoß Gratgewölbe. Romanische Wandmalerei (Madonna zwischen zwei Heiligen), um 1300.
Bannzone: Gpp. 2503, 2509, 2511/3.

Mair in der Wiesen in Glern mit Mühle **Bpp. 509, 510/2**

Flachbogentor mit Wappenstein, rückwärts angebauter Viereckturm mit Mauerwerk in regelmäßigen Steinlagen. Tonnengewölbte Labe und Keller, 15. Jh. Mühle: offener Holzgiebel, funktionsfähiges Mahlwerk und Wasserrad.

Stuefer in Glern **Bp. 518**

Einheitlicher Bau aus dem 16. Jh. Stube mit Bohlenbalkendecke und Unterzugbalken, Küche mit Tonnengewölbe, Rundbogen- und Eselsrückentüren.

Adam in Nordheim **Bp. 534**

Vermutliche Stammheimat der Grafen von Nordheim. Rundbogentür und Schartenfenster, tonnengewölbte Küche. Zwei Keller mit Rundbogentüren. Rest eines Turmbaues.

Links oben: Sarntal, Apotheke
Links unten: Sarntal, Mair am Grafen
Rechts oben: Sarntal, Moser in Stet
Rechts unten: Sarntal, Nissl

St. Nikolaus in Nordheim mit Friedhof **Bp. 552 Gpp. 3136/3, 3136/4**

1367 erwähnt, in der esrsten Hälfte des 16. Jh.s. neu errichtet. Abgesetzter, polygonaler Chor, seitlicher Spitzturm, Spitzbogentür mit Jahreszahl 1555. Im Chor Sternrippengewölbe, im Langhaus Kassettendecke (um 1900). Schindeldach.

Mesnergütl in Nordheim **Bp. 554**

Steingerahmtes Spitzbogenportal mit Jahreszahl 1551, tonnengewölbte Labe, steingerahmte Fenster mit breiter Fase. Das ursprünglich gotische Stubengetäfel nicht mehr vorhanden.

St. Erasmus in Astfeld **Bp. 585**

Abgesetzter, polygonaler Chor, seitlicher Turm mit Pyramidendach. 1759 erbaut. Tonnengewölbe, Rundbogentür, -fenster. Am Giebel Barockmalerei (Maria Loreto, Rahmenmalerei), 18. Jh. Deckengemälde (Erasmuslegende) aus der Erbauungszeit.

Trienbach **Bp. 600**

Fassadenfresken (Mariahilf, Florian, Heilige), bez. 1752. Gemalte Eckquaderung. Rundbogentür zum Keller, Kammer mit spätgotischer Bohlenbalkendecke, Stube mit Felderdecke. Am Hauseck Jahreszahl 1552.

Schußbrugg **Bp. 625**

In seiner Originalsubstanz einheitlich erhaltener Bau aus dem 16. Jh. Gemauertes Erdgeschoß, Obergeschoß in Blockbauweise. Stube mit Bohlenbalkendecke und Jahreszahl 1561 am Unterzugbalken. Tonnengewölbte Küche. Am Eingang Eselsrückentürholm.

Mühle beim Winkl zu Fuesberg **Bp. 626**

Holzblockbau mit offenem Giebel, funktionsfähiges Mahlwerk und Wasserrad.

Untersauleg in Kandelsberg **Bp. 639**

Holzgiebel mit Söller. Spitzbogentür zum Keller, tonnengewölbte Labe und Küche. Stube mit Bohlenbalkendecke und Eckbemalung. 16. Jh.

St. Valentin auf Kandelsberg **Bp. 648**

Hochmittelalterlicher Bau, 13. Jh. Abgesetzte Rundapsis, seitlicher hölzerner Dachreiter mit Spitzhelm, Rundbogentür. Im Schiff Flachdecke. Freskenausstattung in der Apsis und am Triumphbogen (Maiestas, Evangelisten, Apostel; Verkündigung, Kain und Abel, Heilige), Bozner Schule, Ende 14. Jh. An der Fassade Kreuzigung (Anfang 15. Jh.), St. Valentin (1522). Schindeldach.

Baur auf Kandelsberg **Bp. 652**

Spitzbogentür, tonnengewölbte Labe, kreuzgratgewölbte Küche mit Rundbogentür. In der Stube Bohlenbalkendecke mit Jahreszahl 1566 am Unterzugbalken. Das Obergeschoß 1870 ausgebaut: durchgehende Labe, gemalte Fensterrahmen.

Aigmann in Öttenbach **Bp. 689**

Kleiner Bau mit gemauertem Untergeschoß, Obergeschoß in Blockbau. Stuben- und Kammertüren mit breiten Türpfosten. Sehr sorgfältig gezimmertes Holzwerk. Kellertür mit gemauertem Rundbogen. 15./16. Jh.

Hofer in Öttenbach **Bp. 691**

Untergeschoß gemauert, Obergeschoß in Bundwerk, 16. Jh. Zur tonnengewölbten Küche Rundbogentür. Milchkasten in schön gearbeitetem Bundwerk mit Jahreszahl 1580.

Stofner in Öttenbach **Bp. 709**

Landschaftsprägender Bau mit tonnengewölbter Labe, spätgotische Stube mit Bohlenbalkendecke. Kammer mit kunstvoll gezimmertem Leistengetäfel, Brotkammer, 16. Jh.

Nissl mit Mühle **Bpp. 720, 721**

In seiner ursprünglichen spätgotischen Bausubstanz einheitlich erhaltener Bau mit tonnengewölbter Labe und Küche. In der Stube Bohlenbalkendecke, Spruchband und Jahreszahl 1553. Im Keller gemauerte Säule mit ausladenden Bögen. Fenster in breiten Leibungen. Mühle: kunstvoll gezimmerter Holzblockbau mit Wasserrad.

Sallmann **Bp. 724**

Gemauerter Bau mit Holzgiebel, durchgehende tonnengewölbte Labe. In der Küche Tonnengewölbe. Stubengetäfel, bez. 1858, Unterzugbalken und Leistengetäfel. Am First Jahreszahl 1789.

Hamann in Aberstückl **Bp. 744**

Um 1600 erbaut. Stube mit Bohlenbalkendecke und Unterzugbalken, Rundbogentür, Küche mit gewölbtem Kaminhut.

St. Bartholomäus **Bp. 762**

Abgesetzter, polygonaler Chor, seitlicher Spitzturm (1669). 1333 erwähnt, in spätgotischer Zeit erbaut, 1870 nach Plänen Josef von Stadls neu aufgeführt. Sternrippengewölbe.

Ribner auf Agratsberg **Bp. 841**

Durchgehende tonnengewölbte Labe, spätgotische Stube mit Bohlenbalkendecke und verziertem Unterzugbalken. Dachgeschoß 1778 erhöht.

Pfarrkirche St. Martin in Reinswald mit Friedhofskapelle und Friedhof **Bpp. 893, 894 Gp. 5748**

1280 erwähnt, 1472 umgebaut. 1900/01 in historisierenden Bauformen nach Plänen von A. Stecher/Prad errichtet. Abgesetzter polygonaler Chorschluß, seitlicher Spitzturm (gotischer Unterbau). Rundbogenportal, -fenster. Holzdecke. An den Chor der Kirche angebaut: Kapelle mit Rundbogentür und -fenstern.

Guggenhaus (Unter-Gugg) **Bp. 913**

Giebelgeschoß in Blockbauweise. Tonnengewölbte Labe, Eingang mit Rundbogentür, Keller in regelmäßigem Mauerwerk mit Rundbogentür. Stube 1921 renoviert, darunter das spätgotische Stubengetäfel.

Unter-Weifen **Bp. 946**

Gemauerter Unterbau, Obergeschoß in Blockbau. Kunstvoll gezimmertes Giebelwerk. Tonnengewölbte Labe und Küche, Rundbogentür, Stube mit neugotischem Getäfel, bez. 1920. Fenster mit Putzrahmen.

Pfarrkirche St. Nikolaus in Durnholz mit Friedhofskapelle und Friedhof **Bp. 994 Gp. 6454**

Spätromanische Anlage, 14. Jh. Spätgotischer Turm mit Spitzhelm. Abgesetzter, gerade abschließender Chor mit Tonnengewölbe, im Langhaus Flachdecke. Im Chor, am Triumphbogen und an der Nordwand Fresken, 15. Jh., erstes Drittel (Majestas mit Evangelistensymbolen, Apostel, Heilige, Nikolauslegende, Passion). Friedhofskapelle: Einfacher Bau aus dem 17. Jh.

Marienkapelle **Bp. 1004**

Romanisierender Kapellenbau mit Rundbogentür, 1873 errichtet. Rundbogentüre, Kreuzgratgewölbe.

Ploner **Bp. 1035/1**

Gemauertes Untergeschoß, Obergeschoß in Holzblockbau. Stube mit Unterzugbalken und bemalten Türflügeln, um 1786. In der Küche Tonnengewölbe. Am First die Jahreszahl 1786. Zwei Fenster in breiter Leibung.

Kapelle im Bergwerk **Bp. 1048/3**

Holzkapelle mit steingemauerten Eckpfeilern, Vorhalle und Spitzbogentür. Neugotisches Schnitzwerk, Dachreiter. Polygonalchor steingemauert.

Antoniuskapelle beim Gisser **Bp. 1068**

Rechteckbau mit steilem Satteldach, Tonnengewölbe. Über der Rundbogentür Oculus, Rechteckfenster.

Heiß **Bp. 1081**

Erdgeschoß und Obergeschoß gemauert, Giebelgeschoß in Blockbau. Kreuzgratgewölbte Labe, tonnengewölbte Küche, mehrere Rundbogentüren. Erker mit Hauskapelle. Kammer mit Kreuzgratgewölbe. Stube mit spötgotischer Balkendecke.

Sturm **Bp. 1086**

Gemauertes Untergeschoß, Obergeschoß in Blockbau. Labe und Küche mit Tonnengewölben, tonnengewölbter Keller mit Rundbogentür. Stube mit spätgotischer Bohlenbalkendecke und Unterzugbalken.

Nagler (Oberhinterfreisinger) **Bp. 1088**

Bau mit ursprünglich durchgehender tonnengewölbter Labe. Tonnengewölbte Küche, Stuben mit spätgotischer Bohlenbalkendecke und Unterzug. Reste von Rötelmalereien (Jagdszenen und Stadtansicht), bez. 1613.

Marienkapelle in Weißenbach **Bp. 1094**

1851 in historisierenden Bauformen errichtet. Polygonaler Chorschluß, hölzerner Dachreiter, Rundbogenfenster, Kreuzgratgewölbe.

St. Johannes Baptist im Wald **Bp. 1161**

Spätgotischer Bau mit polygonalem Chorschluß mit Sternrippengewölbe, seitlicher Spitzturm, Netzrippengewölbe im Langhaus. An einem Viereckfenster Jahreszahl 1532. Rundbogenportal. An der Fassade Wandgemälde, 16. Jh. (Enthauptung Johannes des Täufers). Im Chor Gewölbemalereien, 18. Jh. (Apostel).

Geirerdiktlgut **Bp. 1188**

Kunstvoll geschnitztes Giebelbundwerk, am Söller volkstümliche Malereien (Katze, Hund). Stube mit bemaltem Mittelfeld (St. Antonius), 1814. Bemalte Türflügel. In der Küche Tonnengewölbe.

Pfarrkirche zu den Heiligen Peter und Paul mit Friedhofskapelle und Friedhof in Pens **Bpp. 1223, 2079 Gp. 7006**

1242 erwähnt, 1507 von Thoman Scheiter aus Sterzing erbaut. Seitlicher Spitzturm, dreiseitiger Chorschluß mit Sternrippengewölbe, im Schiff Netzrippengewölbe. Vorhalle mit Spitzbogen, 1874. Fassadengemälde (St. Christophorus), bez. 1511. Friedhofskapelle:

Widumgut (Hof am Ort) und Pfarrwidum in Pens **Bp. 1224**

Widumgut: Gemauerter Bau mit einheitlich spätgotischer Bausubstanz. Labe mit Kreuzgratgewölbe, Küche mit Tonnengewölbe, Rundbogentür, gotisches Stubengetäfel verzierter Bohlenbalkendecke, 16. Jh. Gemauerte Steintreppe im Obergeschoß. Gotische Türöffnung zur Speis, geschlossener Holzgiebel. Widum: Bau in historisierenden Formen. Dreistöckiger geschlossener Fassadensöller, neugotisches Stubengetäfel mit reichem Schnitzwerk, um 1880. Putzdekor.

Kernkapelle **Bp. 1237**

Einfacher Barockbau, 18. Jh. Rechteckiger Chorschluß, Flachbogentür, Lünette, Tonnengewölbe. Satteldach.

Kapelle in Asten **Bp. 1252**

1740 errichtet, 1940 neu gebaut. Polygonaler Chorschluß, Rundbogentür, -fenster. Tonnengewölbe.

Kapelle beim Trattman **Bp. 1924**

Gotisierender Bau, um 1886 errichtet. Spitzbogentür, -fenster, Spitzbogengewölbe, Giebeldachreiter, Oculus.

Kapelle auf Gebrack **auf Gp. 5274**

Einfacher Bau mit großer, offener Rundbogenöffnung. 18./19. Jh.

Katastralgemeinde Schenna

Pfarrkirche zu den Heiligen Johannes und Paulus in Tall **Bp. 57**

Saalraum mit Rundapsis, Tonnengewölbe mit Stichkappen, Spitzturm und Rundbogenfenster. 1739 errichtet.

Pfarrkirche Heiligkreuz in Verdins **Bp. 196**

Einfacher Bau mit Tonnengewölbe und polygonalem Chorschluß, 1828 errichtet. 1980 nach Plänen von Willy Gutweniger ein größerer Kirchenraum angefügt. Neuer polygonaler Spitzturm.

Turn **Bp. 287**

Ausgedehnte Hofanlage, im Wohnhaus Freitreppe, steingerahmte Flachbogentür mit Eisenflügel. Langer tonnengewölbter Gang mit Stichkappe, ursprünglicher Steinplattenboden. Tonnengewölbte Rauchküche, Rundbogentür zum Keller. Offener Bundwerkgiebel.

Rothenturm **Bp. 288**

Ursprünglich zinnenbekrönter Wohnturm auf langgestrecktem Grundriß, um 1670 in die heutige Form gebracht. Regelmäßige Geschoßunterteilung mit steingerahmten Fenstern, Stuckdecken.

Schenna **Bp. 295**

Schloßanlage, um 1350 erbaut, Ende 16. Jh. vergrößert und umgestaltet. Spätgotisches Treppenhaus, Rund- und Eckturm. Säle mit Kassettendecken, zweigeschossige Burgkapelle mit Apsis. Innenraumgestaltung 18. Jh. mit Stuckdecken.
Bannzone: Gpp. 2283, 2288, 2290/1, 2290/2, 2291, 2292

Rathaus **Bp. 301/1**

Rechteckige Haustür in Granitrahmung, am Scheitel Relief und Jahreszahl 1549. Im ersten Stock durchgehender Hausgang mit Netzrippengewölbe, Rundbogentüren, Eckerker, in einem Raum spätgotische Balkendecke. Im zweiten Stock Gang mit Kreuzgratgewölbe, Zimmer mit Stuckdecke. Offener Bundwerkgiebel.

Mausoleum **Bp. 310/2**

Zweigeschossiges Mausoleum des Erzherzogs Johann und seiner Familie in gotisierendem Stil 1869 nach Plänen von Moritz Wappler in Wien erbaut. Fassadendachreiter, Fialenbekrönung. Gruft mit Kreuzrippengewölbe.

Armenhaus **Bp. 313**

Steingerahmte Rechtecktür, darüber Mariahilffresko in Lorbeerrahmen und Jahreszahl 1699. An der Nordfassade Kruzifixus. In einem Raum spätgotische Balkendecke, zweigeschossiger Viereckerker auf Kragsteinen.

Pfarrwidum **Bp. 317/1**

Regelmäßiger Renaissancebau mit Doppelbogenfenster an der Nordfassade. In mehreren Räumen Stuckdecken aus dem 18. Jh.

Pfarrkirche Maria Himmelfahrt mit Friedhofskapelle St. Martin und Friedhof **Bpp. 318, 319 Gp. 2358**

Langhausmauern und Turmunterbau romanisch, Turmabschluß mit Satteldach, polygonaler Chor mit Sternrippengewölbe im Langhaus Anfang 16. Jh. Am Triumphbogen Fresko, Anfang 16. Jh., in der Johanneskapelle Freskenausstattung um 1403.
Neue Pfarrkirche: Gotisierender Kirchenbau nach Plänen von Architekt Hütter in Salzburg ab 1915 errichtet. Weihe 1931. Dreischiffiges Langhaus, polygonaler Chor, Rippengewölbe.
St. Martin am Friedhof: Zweischiffiger romanischer Bau mit zwei Rundapsiden Ende 13. Jh. Sichtmauerwerk in regelmäßigen Steinlagen, Kreuzgratgewölbe auf achteckigen Pfeilern, teilweise erneuerte Rundbogenfensterchen.

Maritsch **Bp. 345**

Zweigeschossiger, teilweise verputzter Blockbau, Eckquadern und Fensterrahmen in Putz. Bundwerkgiebel mit gezupfter Firststrebe, bez. 1666. Barockstube mit Wandpilastern und Felderdecke, bez. 1756.

Benatzer **Bp. 357**

Bau mit barocken Fassadenfresken (Kreuzigung, St. Florian, Sebastian, Marienkrönung mit Hausbewohner). bez. 1774. Rundbogentür, tonnengewölbter Hausgang, Stube mit 1537 bez. spätgotischer Balkendecke mit Unterzug (Wappenschild mit Rebmesser).

Dorner **Bp. 364**

Gemauerte Freitreppe, steingerahmte Haustür, darüber Marienfresko und Sonnenuhr. Gewölbter Hausgang mit Stichkappengewölbe, tonnengewölbte Küche. Große Barockstube mit Felderdecke und Vierpaßmittelfeld. Nach Westen Erker mit Netzgratgewölbe.

Pföstl **Bp. 369**

Renaissancebau mit steingerahmter Haustür, Eckerker auf Kragsteinen, Fenstergitter. Durchgehender Hausgang mit Netzgratgewölbe, an den Konsolen Wappenschildchen. Stube mit Pilastergetäfel, bez. 1586. Nach dem Zweiten Weltkrieg zerstört.

Torggler **Bp. 383**

Spätmittelalterlicher Bau auf unregelmäßigem Grundriß. Freitreppe, steingerahmte Rechtecktür mit Eisentürflügel. Vergittertes Fenster in Steinrahmung, bez. 1552. Kurzer gewölbter Hausgang, gewölbte Küche. Über den Türen Dekorationsmalerei, 17. Jh. Am Haustürflügel Jahreszahl 1553.

Bangarter **Bp. 389**

Verbretterter Giebel mit Söller, gemauerte Freitreppe, abgefaste Rundbogentür in Steinrahmung, am Scheitel Pföstlwappen und Jahreszahl 1557. Schmaler kreuzgratgewölbter Hausgang, Stube mit Tonnengewölbe, Stubengetäfel 1908.

Lott **Bp. 400**

Flachbogige Haustür in Steinrahmung, im Erdgeschoß und ersten Stock gewölbte Hausgänge. Barocke Fassadenfresken (St. Georg, Florian, Josef, Mariahilfbild). Eckquaderung. Bundgiebel, bez. 1776.

Links oben: Sarntal, Mühle beim Nissl
Links unten: Schenna, Alte Pfarrkirche, Johanneskapelle
Rechts oben: Sarntal, Pfarrkirche St. Nikolaus in Durnholz
Rechts unten: Schenna, Lott

Goyen — Bp. 410

Turm aus dem 12. Jh. mit regelmäßigem Mauerwerk ohne Mörtel, Rundbogentür. Polygonale Ringmauer mit Zinnen. Um 1300 Burganlage erweitert. Spätgotischer Kapellenbau, um 1570 Palas erneuert. Getäfelte Stube.

Uolenturm — Bp. 423/1

Ehemals Bergfried der abgekommenen Burg St. Georgen. Mittelalterliches Mauerwerk, heute zu Wohnzwecken genutzt. Lichtschlitze.

St. Georg in Oberdorf — Bp. 426

Rotunde aus dem 13. Jh. mit späterem Mittelpfeiler. Der Tradition nach Kapelle der Burg St. Georgen. Spitzturm, Kuppelgewölbe mit Gurten. Wandmalereien der Meraner Schule, Ende 14. Jh.

Bannzone: Bpp. 423/1, 427, 428, 429/1, 429/2, 761, 866
Gpp. 3237/1, 3241/1, 3242/1, 3242/2, 3243/1, 3245, 3246, 3247, 3248, 3249, 3250/1, 3253/1, 3253/2, 3264/1, 3264/3

Außerroath — Bp. 433

Am Giebel Fresko (Pietà), bez. 1775. Rechteckige Haustür, kreuzgratgewölbter Hausgang. Barockstube mit profilierter Felderdecke, im Vierpaßmittelfeld Maria Himmelfahrt auf Holz gemalt, 18. Jh. Am Giebel Schlüsselfenster.

Benatzerkapelle — auf Gp. 3003/2

Bildstock auf einem Stein, Tonnennische mit Eisengitter. Außenfresken (St. Sebastian, Georg), innen erneuerte Fresken (Kreuztragung, Kreuzigung, Isidor, Antonius, Oswald, Urban). 17./18. Jh.

Farbbilder in Reihenfolge:
Montan, Tschaup
Neumarkt, Unsere Liebe Frau in Vill
Salurn, Haderburg
St. Ulrich, Pfarrkirche

Katastralgemeinde Göflan

Pfarrkirche St. Martin mit Friedhof **Bp. 1**
Gp. 1

Spätromanischer Turm mit achteckiger Spitzpyramide (1295), Kirche spätgotisch umgebaut. Polygonaler Chorschluß (1472) mit Sternrippengewölbe, Langhaus 1632 verlängert, Kreuzrippengewölbe. Wandgemälde im Chor von Johann Matthias Peskoller.

St. Walburg **Bp. 2**

Spätgotischer Bau, 1502 geweiht. Dachreiter mit Spitzhelm, polygonaler Chorschluß, Netzrippengewölbe mit bemalten Wappenschilden. Wandgemälde 1518.

Katastralgemeinde Kortsch

Pfarrkirche St. Johannes der Täufer mit Friedhof **Bp. 1**
Gp. 2090

Gegen Ende des 15. Jh.s erbaut, 1765 barockisiert, 1978 nach Westen vergrößert. Spitzturm 1597 erhöht, 1588 und 1699 Seitenkapellenanbau. Polygonaler Chorschluß, Tonnengewölbe auf Pilastern.

Weingart **Bp. 5**

Flacher Dreieckerker mit dekorativer Malerei (Christus- und Marienmonogramme). Im ersten Stock tonnengewölbter Hausgang mit Schildkonsolen, gemauerte Treppenbrüstung, Rundbogentür. Renaissancestube mit Majolikaofen.

Kreuzwirt **Bp. 9**

Flachbogig unterwölbter Viereckerker, darüber Balkon. Freitreppe, gewölbter Hausgang. In einem Raum Stuckdecke, Empireofen und Eckerker.

Hirschen **Bp. 11**

Bau mit Bundwerkgiebel. Fassadenmalerei (Mariahilf, Florian...). Tonnengewölbte Eingangshalle, gemauerter Treppenaufgang, hohe tonnengewölbte Küche. Spätgotische Stube mit drei Unterzugbalken, am Wandgetäfel Jahreszahl 1743.

Steinwand **Bp. 29/2**

Geschnitzte Dachstreben, an der Fassade Kruzifix. Tonnengewölbte Küche, spätgotische Stube mit Balkendecke, Tür mit polygonalem Schluß. Im ersten Stock Stube um 1820.

Gungg **Bp. 30**

Reiche Fassadenmalerei von 1787. Große Stube mit spätgotischer Täfelung und barockem Wandkästchen. Raum mit Stuckdecke.

Pufer **Bp. 31**

Gemauerte Freitreppe, Flachbogentür, Fresko in Mauernische (Pietà), 17. Jh. Stube mit Felderdecke und Unterzugbalken. Gang mit Balkendecke, Rundbogentür zur Küche.

Traut **Bp. 42**

Rundbogiges Hoftor, tonnengewölbter Hausgang mit Stichkappen auf Schildkonsolen mit spätgotischem Fenster. Stubentäfelung mit Felderdecke. Im ersten Stock Gangfenster mit Seitensitzen und Renaissancestube.

Neuhaus **Bp. 43**

Rechtecktür in abgefaster Marmorrahmung. Im Erdgeschoß und ersten Stock gewölbter Hausgang. Im Erdgeschoß Stube mit Felderdecke und Leistengetäfel (darunter gotische Balkendecke).

Zirch **Bp. 44**

Zwischen den Stubenfenstern Christusmonogramm, bez. 1775. Rechtecktür in abgefaster Marmorrahmung mit geschnitztem Türflügel aus dem 18. Jh. Breiter tonnengewölbter Hausgang, spätgotische Stube. Im zweiten Stock Barockstube, 1839 bemalt, marmorierte Tür- und Fensterrahmen.

Gelser **Bp. 59**

Rundbogentor zum Hof, vom später überdachten Hofraum aus Freitreppe. Im ersten Stock tonnengewölbter Hausgang auf Schildkonsolen. Stube mit spätgotischer Balkendecke und Leistengetäfel. Tonnengewölbte Rauchküche.

Irschen **Bp. 64**

Neben dem Hoftor Marmortabernakel mit Kreuzigung, Schweißtuch und Dreifaltigkeit. Doppelläufige Freitreppe, im ersten Stock tonnengewölbter Gang. Spätgotische Stube, bez. 1532. Oberer Hausgang tonnengewölbt mit Putzgraten, 1626 bemalt.

Schützen **Bp. 70**

Reiche (erneuerte) Fassadenmalerei von 1781. Geschnitzter Bundwerkgiebel.

Luzien **Bp. 73/1**

Geschnitzter Bundwerkgiebel, 1820 datiert, gefaßte Dachstreben. An der Südfassade Marienrelief von Gregor Schwenzengast. Freitreppe. Im Erdgeschoß gewölbter Hausgang, Stube mit spätgotischer Balkendecke und Unterzug.

Gass **Bp. 83**

Rundbogige Haustür, im Erdgeschoß Kreuzgratgewölbe, gemauerter Treppenaufgang. Im ersten Stock gewölbter Hausgang, Stube mit spätgotischer Balkendecke und Unterzug. Wirtschaftsgebäude mit reich geschnitztem Bundwerkgiebel von 1820, geschnitzte Dachstreben.

Sonnenwirt **Bp. 90**

Rundbogentor, tonnengewölbte Halle mit Stichkappen, Stiegenaufgang mit Steintreppe. Im ersten Stock gewölbter Gang, Fenster mit Seitensitzen, Flachbogentüren. Ehemalige Wirtsstube mit spätgotischer Täfelung, an einer Kammer Türrahmung mit Jahreszahl 1634.

Bertoll **Bp. 96**

Freitreppe, rundbogige Haustür, tonnengewölbter Hausgang. Stube mit Renaissancetäfelung. Im zweiten Stock Leistengetäfel, bez. 1837. Geschnitzter Bundwerkgiebel mit Söller.

Herrenbrunn **Bp. 99**

An der Südfassade Christus- und Marienmonogramm und Jahreszahl 1817. Im ersten und zweiten Stock Hausgänge, im zweiten Stock gewölbte Küche und bemalte Barockstube aus dem ausgehenden 18. Jh.

St. Ägidius **Bp. 103**

Romanisches Langhaus, Chor und Gewölbe 17. Jh. Fassadenturm mit Pyramidendach, polygonaler Chorschluß, Kreuzgratgewölbe, Rechteckfenster. Freskenausstattung 13.–17. Jh.

Brugger **Bp. 105**

Eckquadern und Fries unter dem Dach in Sgraffitotechnik. Putztafel mit Jahreszahl 1616. Vom Hof aus Freitreppe, kurzer gewölbter Hausgang, tonnengewölbte Küche, gemauerter Treppenaufgang. Am Bundwerkgiebel gefaßte Dachstreben.

Lorenzi **Bp. 106**

Spätmittelalterlicher Bau mit gewölbten Gängen im Erdgeschoß und ersten Stock. Alter Stiegenaufgang. Rundbogige Haustür, Fenster in tiefen Leibungen. An der ehemaligen Stalltür Jahreszahl 1786.

St. Laurentius **Bp. 107**

Romanischer Kirchenbau mit abgesetzter Rundapsis, 1302 erwähnt. Im Schiff Tonne mit Putzgraten, 16. Jh. Fassadendachreiter mit Zwiebelhaube auf Oktogon, Fenster mit Sattelschluß.

Mair **Bp. 108**

Freitreppe, tonnengewölbter Hausgang. Im zweiten Stock Stube mit ausgeschnittenem Fries und zwei Wandkästchen, bez. 1836. Im ersten Stock Stubengetäfel, bez. 1927. Am Giebel gefaßte Dachstreben.

Schlipf **Bp. 119**

Rundbogiges Hoftor, polygonaler Eckerker, am Giebel Okuli. Fenster in Steinrahmung. Reiche Fassadenbemalung von 1683 (Wappen, Heilige, Sonnenuhr). Im ersten und zweiten Stock Gänge mit Kreuzgratgewölbe. Im zweiten Stock Eckerkerstube mit Renaissancetäfelung, bemaltes Mittelfeld (Taufe Christi) an der Kassettendecke.

St. Georg **auf Gp. 479/1**

Ruine einer romanischen Kirche mit Rundapsis aus dem 12. oder 13. Jh. Nur mehr die Grundmauern erhalten.

Katastralgemeinde Nördersberg

Mühle beim Wieben **Bp. 44**

Steingemauerter Bau aus dem 17. Jh. mit schindelgedecktem Satteldach, zwei kleine Fenster mit Putzumrahmung, funktionsfähiges, zum Teil geschnitztes Mahlwerk.

Turm beim Mairinger **auf Gp. 808**

Ruine. Reste der westlichen Mauer eines vermutlichen Kreidenturmes. Regelmäßiges Mauerwerk ohne ausgestrichene Mörtelfiguren, ein Teil des Legverbundes und der südlichen Mauer ebenfalls erhalten.

Katastralgemeinde Schlanders

Steinberger **Bp. 13/1**

Großer Bau mit abgewalmtem Dach, Giebel 1850, Freitreppe. Im ersten und zweiten Stock gewölbter Hausgang, getäfelte Stube, Ofenkachel, bez. 1747. Gewölbte Rauchküche.

Trögerhaus, Hauptstraße 26 **Bp. 15/2**

Mittelalterlicher Steinbau in romanischen Stilformen. Quadergerahmte Rundbogentür, Süd- und Ostfassade mit ausgestrichenen Mörtelfugen. Gemauerte Freitreppe, steingerahmte Fenster, Stube mit späterer Balkendecke und Unterzug. Kachelofen.

St. Jenewein **Bp. 16**

1148 erwähnt, in der heutigen spätgotischen Bauform 1508 geweiht. Fassadenglockenmauer, polygonaler Chorschluß, Kreuzgratgewölbe. Dekorationsmalereien, um 1600.

Ladurner **Bp. 17**

Ehemaliger Mairhof des Klosters Marienberg. Von Jenewein Ladurner gegen Ende des 16. Jh.s umgebaut. Rechteckportal mit Oberlichte und Wappenkartusche mit Inschrift, steingerahmte Fenster, Erker mit Figurenreliefs am Ansatz. Stubengetäfel 1598 mit Kassettendecke. Offener Bundwerkgiebel.

Altes Spital und
Kirche zur Heiligen Dreifaltigkeit **Bpp. 21, 22/1**

Kirche: Spätgotischer Bau mit polygonalem Chorschluß, Spitzturm, gotisches Gewölbe ohne Rippen. Deckenmalerei von J. A. Mölckh, 18. Jh., im Chor von Sebastian Scheel, 1516.
Spital: Bereits im 13. Jh. erwähnt. Nördlich der Spitalkirche angebaut. Im Erdgeschoß gewölbter Gang, spätgotische Stube.

Links oben: Schlanders, Schlipf in Kortsch
Links unten: Schlanders, Saxalberhaus
Rechts oben: Schlanders, Schmalz in Vetzan
Rechts unten: Schlanders, Schlanderegg

Engel-Peter-Haus, Hauptstraße 40 **Bp. 42**

Spätmittelalterlicher Bau, Einhof. In der Mitte des Baues Wagendurchfahrt. Tonnengewölbte Küche, barockes Stubengetäfel.

Kapuzinerkloster und Kirche St. Johannes der Täufer **Bpp. 92, 93**

Klostergründung 1644, Weihe der Kirche 1648. Gerader Chorschluß, nördlich Seitenkapelle, Tonnengewölbe.

Altes Gericht **Bpp. 94/1, 94/2**

Zweigeschossiger Viereckerker mit gemalten Fensterrahmungen. Wappen: Reichsadler, Österreich, Tirol, Hendl mit Jahreszahl 1620. Gewölbte Hofdurchfahrt.

Göflaner Straße 1 **Bp. 96**

Große quadergerahmte Hofeinfahrt, darüber Marmortabernakel mit Kreuzigung, 16. Jh. Freitreppe, Rundbogentür.

Göflaner Straße 3 **Bp. 97/1**

Eckerker auf Kragsteinen, drei Felder an der Brüstung.

Pfarrkirche Maria Himmelfahrt mit Friedhofskapelle St. Michael und Friedhof **Bp. 99 Gp. 157**

Bau des ausgehenden 15. Jh.s. 1527 in eine dreischiffige Pfeilerhalle verwandelt, polygonaler Chorschluß. 1758 barockisiert: Langhaus verlängert, zwei Altarnischen angebaut, Tonnengewölbe eingezogen. Fresken von J. A. Mölckh, 1759.
St. Michael am Friedhof: Zweigeschossiger Bau 1304 erwähnt, Ende des 15. Jh.s umgebaut. Dachreiter mit Zwiebelhaube, polygonaler Chor mit Netzrippengewölbe, in der Gruft Gratgewölbe auf zwei Rundpfeilern. In einer Nische Fresko, bez. 1511.

Pfarrwidum **Bp. 101**

Ehemalige Deutschordenskommende. Mittelalterlicher Osttrakt mit Vorzeichnung eines spätgotischen Freskos. Im Hof zweigeschossiger Arkadengang aus dem frühen 18. Jh. Mehrere Räume mit Stuckdecken, Portal mit Rustikaquaderung, Fenster mit Ohrenrahmung.

Hueter **Bp. 106**

Dreigeschossiger Bau mit Freitreppe, Haustür mit Wappenschild, Rundbogentür, Gang mit Stichkappengewölbe. Gewölbte Kornkammer und Küche. Barockstube, bez. 1733. Spätrenaissancestube von 1668.

Oberschnatz **Bp. 109/1**

Dreigeschossiger Bau mit steingerahmter Spitzbogentür, gewölbte Hausgänge, Gangfenster mit Seitensitzen, Sohlbank mit Jahreszahl 1622. Stube mit profilierter Felderdecke und Leistengetäfel.

Saxalber, Gerichtsstraße 2 **Bp. 112**

Älterer Bau, heutige Form aus dem frühen 18. Jh. Ober der Rechtecktür Marmorstein mit Wappen und Inschrift von 1705. Im Erdgeschoß gewölbte Eingangshalle. Im Gang des ersten Stockes Holzdecke und Wappenfries der Komture.

Hauptstraße 128 **Bp. 113**

Am Hauseck Marmorstein mit drei Wappen (Vinzenz, Wolkenstein, Hendl) Jahreszahl 1615. An der Ostfassade großes Fresko, Schutzmantelmadonna, 17. Jh.

Freienthurm **Bp. 115**

Ansitz. Kurze Freitreppe zum Rundbogentor in Rustikarahmung, darüber Hendlwappen und Immaculata von Schwenzengast. Im ersten Stock großer Saal. Am Dach Lichthäuschen mit Zwiebelhaube, steingerahmte Fenster in regelmäßiger Reihung.

Beheimturm **Bpp. 118/1, 118/2**

Mittelalterlicher Wohnturm mit ausgestrichenen Mörtelfugen und Schwalbenschwanzzinnen. Daran angebaut ein großes Gebäude, um 1900 in die heutige Form gebracht.

Stocker **Bp. 121/1**

Spätmittelalterlicher Bau, im Erdgeschoß gewölbte Halle, Raum mit geschnitzter Balkendecke aus der zweiten Hälfte des 16. Jh.s.

Schlanderegg **Bp. 122**

Ansitz mit Rundbogenportal zum Hof mit geschwungenem Giebel und Architekturbemalung, aus der ersten Hälfte des 18. Jh.s. Im ersten Stock gewölbter Hausgang, im zweiten Stock Saal mit Rosettendecke. Bemalte Fensterbekrönungen.

Heydorf **Bp. 123/1**

Ansitz mit rundbogigem Hoftor in Steinrahmung, am Keilstein Wappen und Jahreszahl 1652. Freitreppe mit Loggia auf Säulen und Kreuggratgewölbe. Fenster mit aufgebogenen Bekrönungen.

Schlandersburg **Bp. 130**

Ansitz. Renaissancebau mit zweigeschossigem Loggienhof, um 1600 in die heutige Form gebracht. Zinnengiebel, Erkerturm. Zum Garten marmorgerahmtes Rundbogentor.

Gerichtsstraße 5 **Bp. 133/1**

Gemauerte Freitreppe mit hölzernem Balustergeländer. Rechtecktür, darüber zwei kleine Viereckerker mit Auge Gottes und Vierpaßrahmung, Wappenschild.

Pulverturm **Bp. 136**

Kleiner mittelalterlicher Turm, ehemals zum Ansitz Schlandersburg gehörig. Stark erneuert.

Weinberghäuschen **Bp. 142**

Kleiner gemauerter Bau mit reicher barocker Dekorationsbemalung um 1700 an der Fassade. Über der Tür Medaillon mit Marienbild. Satteldach.

St.-Franziskus-Kapelle **Bp. 165**

Einfacher Kapellenbau mit Rechtecktür zwischen zwei Viereckfensterchen, darüber Rundbogenfenster. Flachbogennische mit Fresko (Heilige Familie). Satteldach.

Katastralgemeinde Sonnenberg

Schlandersberg **Bp. 18**

Als Stammsitz der Herren von Schlandersberg seit dem Ende des 13. Jh.s nachgewiesene Burganlage. Turm mit ausgestrichenen Mörtelfugen, steingerahmte Viereckfenster mit Seitensitzen.

Gsal **Bp. 53**

Landschaftsprägender Einhof mit eingemauerter Rundbogentür, durchgehender tonnengewölbter Hausgang, tonnengewölbte Küche. Spätgotisches Stubengetäfel mit Bohlenbalkendecke. Stadel in Ständerbau.

Unter- und Oberrimpf **Bpp. 82, 83**

Rundbogige Haustür, kurzer gewölbter Hausgang, spätgotisches Stubengetäfel mit breit abgefasten Balken. An der Südwestseite Barockstube mit Felderdecke, bez. 1768. Stadelruine mit Jahreszahl 1768. Der Oberrimpfhof bildet mit dem Unterrimpfhof eine architektonische Einheit: geschnitzter, verbretterter Bundwerkgiebel, Putztafel mit Jahreszahl 1822.

Katastralgemeinde Vetzan

Runggnöf **Bp. 10**

Zweigeschossiger Bau mit gemauerter Rundbogentür, Fassadenfresko (Immaculata), 18. Jh. in Stuckrahmen. Renaissancestube, bez. 1599.

Schmalz **Bp. 11**

Bau mit breiter, steingerahmter Spitzbogentür und z. T. steingerahmten spätgotischen Fensteröffnungen. Am Giebel Oculi. Im zweiten Stock Gang mit Kreuzgratgewölbe und Kreuzigungsfresko von 1509. Eingemauerter Grabstein des J. S. Froschauer, 1722.

St. Nikolaus **Bp. 15**

Anstelle der 1840 vermurten Kirche 1849 neu erbaut. Turm mit Spitzhelm und romanischem Unterbau, gerader Chorschluß, Tonnengewölbe.

Katastralgemeinde Schluderns

Churburg mit Taubenturm, Vorturm (Eckhof), Schloßgarten und Burghügel **Bpp. 1, 2, 3, 4 Gpp. 10, 11, 13, 14, 15, 16, 17, 18, 19**

Zwischen 1253 und 1259 erbaut (Hochburg und Zwinger, Nikolauskapelle). Im 16. Jh. in Renaissanceformen umgebaut und vergrößert (Loggienhof mit Stammbaum der Trapp, im Torturm Fresken, 16. Jh. neuer Kapellenbau, polygonaler Chorschluß, Netzgratgewölbe, dekorative Deckenmalereien). Räume mit Kassetten- und Stuckdecken.

Tschoggenhaus **Bp. 35**

Erdgeschoß unter dem Straßenniveau. Gemalte Ecksteine und Fensterumrahmungen. An der Westseite Fenster in tiefer Leibung. Fresko (Pietà, darüber St. Josef) 18. Jh. Am Hauseck Inschrift mit Jahreszahl 1674.

Knottenhaus **Bp. 45/1**

Mittelalterlicher Bau, später erhöht, ein Fenster in tiefer Leibung. An der Schmalseite große rundbogige Einfahrt und kleine Rundbogentür, darüber Jahreszahl 1561.

In der Kohlstatt **Bp. 76**

Zweigeschossiger Bau mit gemalten Eckquadern und Fensterumrahmungen. An der Süd- und Westfassade Fresken (Herz Jesu unter Baldachin), um 1800. Am Giebel Oculi.

Benefiziatengut **Bp. 96**

Traufständiger Bau am Hauptplatz mit Krüppelwalmdach. An der Fassade Fresko (Immaculata zwischen Heiligen), 18. Jh.

Großhaus **Bp. 119**

Im Kern mittelalterlicher Bau, später erhöht. Das ehemalige Erdgeschoß heute Kellerraum. Rundbogentür. Im ersten Stock gewölbter Hausgang und gemauerter Treppenaufgang. Am Giebel Vierpaßöffnungen.

Franken **Bp. 131/1**

Tief eingemurtes Haus, später erhöht. Haustür und -ecken in gemalter Rahmung. An der Ostseite vier Fresken in einfachem Stuckrahmen, 1807. Im Erdgeschoß Fenster in tiefer Leibung.

Pfarrwidum mit Vorplatz **Bpp. 154, 155/1**

Gewölbte Kellerräume. Im Erdgeschoß steingerahmte Spitzbogentür, gewölbter Hausgang, tonnengewölbte Küche. Im Obergeschoß Saal und Seitenräume mit barocken Stuckdecken. Vorplatz von einer Mauer eingefaßt.

Dialer **Bp. 157**

Edelsitz aus dem 16. Jh. Ursprünglich zweigeschossiger Bau. Nach dem Brand von 1919 erhöht. Im Westen Vierecktürmchen. Gemalte Ecksteinfassungen, durchgehender Hausflur, zum Teil gewölbt, zum Teil mit Balkendecke. Rauchküche mit Tonnengewölbe.

Altes Gerichtshaus **Bp. 179**

Großer Bau, nur die halbe Fassade verputzt. Gemalte Fenster- und Türrahmen. Großes Rundbogentor, im ersten Stock tonnengewölbter Hausflur. Stube mit Stuckdecke.

Pfarrkirche St. Katharina mit Friedhofskapelle St. Michael und Friedhof **Bpp. 213, 404 Gp. 2628**

Turm mit Pyramidendach romanisch, spätgotischer Kirchenbau, Seitenschiff und Fassadengestaltung 1908-1910. Polygonaler Chorschluß, Netzrippengewölbe. Wandgemälde 16. Jh. Vorhalle mit Kreuzgratgewölbe mit Pfeilern. Eselsrückentür.
St. Michael am Friedhof:
Zweigeschossiger Bau mit Seitenkapelle um 1518 errichtet. Gruft mit Gratgewölbe und Balkendecke. Gerade abschließender Chor der Kapelle mit Netzrippengewölbe, im Schiff Putzrippen. Offener Bundwerkgiebel.

Fritzen **Bp. 287**

Ursprünglich zweigeschossiger Bau mit Vierecktürmchen. Fenster am Turm mit ursprünglicher Leibung. Durchgehender gewölbter Hausgang, gemauerter Treppenaufgang, im Vorraum des ersten Stockes Netzgratgewölbe mit Putzrippen und Wappenschildchen. An der Gartenmauer Wappenstein des Petrus Hess (1570) in Kartuschenrahmen.

Ölberghaus **Bp. 296**

Dreigeschossiger Bau mit gemalten Fensterrahmungen. In der Südostecke eingebaute Ölbergkapelle mit Jahreszahl 1728. Wandgemälde, hl. Leonhard.

Dreifaltigkeitskapelle in Gschnair **Bp. 343**

Kleiner Bau mit vorkragendem Dachreiter. Tonnengewölbe mit Stichkappen auf Wandpilastern, Flachbogentür und Flachbogenfenster.

Posthotel Hirsch in Spondinig **Bp. 356**

Hotelbau um 1900 aus einem kleineren Bau in neubarocken Formen ausgebaut. Vier Ecktürmchen, in der Mitte der Südfassade ein größerer Turm. Speisesaal mit reich verzierter Täfelung, historisierende Raumgestaltung.

Kalvarienbergkapellen **auf Gpp. 189, 560**

Vier einfache Kapellen mit rundbogigen Nischen und Satteldach (Steinplatten). Hinter Holzgittern Bilder aus der Leidensgeschichte. Die vierte Kapelle ist als Hl.-Grab-Kapelle in Verwendung.

Links oben: Schlanders, Pfarrkirche Maria Himmelfahrt in Schlanders
Links unten: Schluderns, Churburg
Rechts oben: Schluderns, Tschoggenhaus
Rechts unten: Schnals, Karthaus, Kreuzgang

Katastralgemeinde Karthaus

Pfarrkirche St. Anna mit Friedhof **Bp. 17 Gp. 7**

Um 1500 erbaut, später mehrfach verändert. 1924 abgebrannt, 1930 im Grundriß der alten Kirche neu errichtet. Polygonaler Chorschluß, Gratrippengewölbe, Spitzbogenportal um 1500.

Kreuzgang **Bp. 30**

Kreuzgang der ehemaligen Kartause Allerengelsberg aus spätgotischer Zeit. Kreuzgratgewölbe zum Teil herabgeschlagen, steingerahmte Rund- und Spitzbogentüren. Dekorative Malereien an den Fensterleibungen, Türrahmen und Gewölbe, 16. und 18. Jh.

Ehemalige Klosterkirche **Bpp. 35, 81**

1332 vollendet, 1407 nach einem Umbau neu geweiht, 1782 aufgehoben. Heute als Wohnhaus und Stadel in Verwendung.

Priorat **Bp. 39**

Spätgotischer Bau, steingerahmte Spitzbogentür, zwei Flacherker.

Klosterküche **Bp. 44**

Unveränderter spätgotischer Bau mit pyramidenförmigem Mantel. An den Eckquadern Steinreliefs mit Schlange, Ei und Adler.

Heilig-Grab-Kapelle **Bp. 71**

An die Südmauer des Kreuzganges angebaut. An der Fassade Wandgemälde (Auferstehung), 18. Jh.

Katastralgemeinde Katharinaberg

Pfarrkirche St. Katharina mit Friedhofskapelle und Friedhof **Bp. 1 Gp. 781**

1499 gestiftet, 1748 vergrößert, 1813–1814 nach einem Brand erneuert. Im Erdgeschoß des Spitzturmes Friedhofskapelle. Polygonaler Chor, Tonnengewölbe, Rundbogenfenster, -türe.

Obermair **Bp. 8/1**

Gemauerter Hof mit Tür-, Fenster- und Eckbemalung, Giebelbundwerk bez. 1814. Stube mit Feldergetäfel und geschnitzter Türeinfassung, bez. 1812 Jacob Kofler und Elisabeth Reinerin.

Untervernatsch **Bp. 13**

Schrotblockbau, 1593 durch Aufbau eines Obergeschosses erweitert (Jahrzahl am First). Tonnengewölbte Küche mit Backofen, Stubengetäfel aus dem 18./19. Jh. An der Türe zur Kammer Holm mit Eselsrücken, bez. 1693. Tagwerkerhaus angebaut, 17. Jh.

Obervernatsch **Bpp. 14, 15**

Holzblockbau, gotisches Erdgeschoß, Obergeschoß und Dachgeschoß 16. Jh. Stube mit geschnitzten Fenstereinfassungen, bez. 1739.

Montfert **Bp. 43**

Mächtiger Holzblockbau. Stube mit zwei Unterzugbalken und Felderdecke. Am Türholm die Jahreszahl 1812. Ensemble mit Wirtschaftsgebäude (bez. 1780) und Getreidekasten mit geschnitzter Firstfette.

Weithal **Bpp. 45, 47, 48**

Stark verändertes Ensemble mit Wirtschaftsgebäude. Wohnhaus mit Freitreppe, Fenster und Eckbemalung, gemauerter Kasten, 17. Jh.

Mitterkaser im Pfossental **Bp. 66**

Spätgotischer Blockbau mit steingepflastertem Eingang. Jahrzahl 1620 im Giebelbundwerk. Stube mit abgefasten Unterzugbalken, gewölbte Küche. Jahrzahl 1670 über dem Türholm.

Kapelle beim Unterperfl **Bp. 115**

Barockkapelle mit Schindeldach und gemalten Eckquadern. Im Inneren Tonnengewölbe und barocke Ausstattung, 18. Jh.

Katastralgemeinde Unser Frau

Pfarrkirche Mariä Himmelfahrt mit Friedhofskapelle **Bpp. 1, 2**

Turm und polygonaler Chor spätgotisch, Turmhelm 1793 (Oktogon mit Zwiebel), Kirche 1748 vergrößert. Wandpfeilerbau mit Tonne und Stichkappen, Spitzbogenportal.
Friedhofskapelle:
1707 errichtet. Bau mit polygonalem Chorschluß und rundbogigen Fenstern und Türe. Tonnengewölbe, Stickornament.

Ober-Niederhof **Bp. 8/1**

Blockbau mit Kastenausdehnung, turmartiger Mauerkörper, 15./16. Jh. Anfängersäule der Nolpenstiege mit Blätterkapitell, kunstvolles Bundwerk und Doppelöffnung mit Eselsrückenholm im Obergeschoß.

Gasthaus zum Hirschen (Unterwirt) **Bpp. 12, 13**

Rundbogentür, Küche mit hohem Tonnengewölbe, Fresken ober der Tür (Hirsch, alte Brotformen), an der Taltraufenseite (Kreuzigungsgruppe) 18./19. Jh. Bemalte Tür und Fensterrahmen.

Schnals, Katharinaberg, Obermair

Schnals, Unser Frau, Ober-Niederhof

Sexten, Peterer

Sexten, Touristenhaus

„Steingaden" am Unterwirt. Bemalter Viereckerker auf zwei Kragsteinen mit Rötelinschriften (bez. 1584), Ranken und rotweiße Quaderung, Spuren eines Christophorusfreskos, Christusmonogramm am Erkerfuß (bez. 1635). Barockstube mit Unterzugbalken, tonnengewölbte Küche und Labe.

Oberau **Bpp. 19, 20**

Holzblockbau mit Kastenausdehnung, gemauertes Untergeschoß, 15./16. Jh., Stube mit Tür bez. „17 Andani Spechtenhauser–Ursula Gamperin 64", Feldergetäfel und geschnitzte Türrahmen (bez. 1831). Stadel in Schrotblockbau.

Kaser mit Mühle **Bpp. 50, 51, 142**

Ensemble: Bauernhaus, Wirtschaftsgebäude und Mühle in Holzblockbau (Stampfe 1983 vermurt). Stube mit Feldergetäfel und Unterzugbalken, bez. 1800.

Tisen **Bp. 57**

Mächtiger Blockbau mit vermauerter Wetterseite, Stube mit Feldergetäfel, Unterzugbalken, geschnitzte Tür- und Fensterrahmen, gemalter Fries, bez. 1782.

Finail **Bpp. 81, 82**

In seiner Originalsubstanz gut erhalten, Holzblockbau 15./16. Jh. Ehemals höchster Kornhof Europas. Gewölbte Küche, bemalte Stube mit Feldergetäfel, bez. 1854, geschnitzte Pfettenköpfe.

Marchegg mit Pfostenspeicher **Bpp. 86, 88**

Ensemble: Wohnhaus, Wirtschaftsgebäude und Pfostenspeicher. Pfostenspeicher aus dem späten 16. Jh. auf neun runden Pfosten, mit Ringhochlaube, Schlafkammer mit Schriftband unter der Decke. Stube mit Feldergetäfel, 19. Jh.

Gfall **Bp. 98**

Holzblockbau aus dem 16./17. Jh. mit gemauertem Untergeschoß, im 18. Jh. erweitert. Stube mit Feldergetäfel und Unterzugbalken, Stübele mit Inschrift über der Tür „17 Martin Reiner und Theresia Marchöggerin 60". Stadel in Schrotblockbau.

Unterpifrail und Pfostenspeicher **Bpp. 123/1, 123/2, 123/3**

Zweigeschossiger Blockbau 16./17. Jh., Kniestock und Giebelbundwerk 19. Jh. Eingang über Hochlaube, vermauerte Flachbogentür zur Stube mit breitem Pfosten. Kleiner Pfostenspeicher, Blockbau auf vier runden Pfosten mit Absatz und Lichtschlitz, 16./17. Jh.

Kapelle in Kurzras **Bp. 188**

Erste Hälfte 19. Jh. Polygonaler Chor mit Tonnengewölbe und hölzernem Dachreiter. Rundbogige Tür- und Fensteröffnungen.

Katastralgemeinde Sexten

Mitterroggen **Bp. 11**

Einhof mit gemauertem Erdgeschoß, Obergeschoß in Holzblockbau. Stube mit Leistengetäfel, Mittelfeld mit Ölgemälde von 1818 (Heilige Familie, Heiliger Geist).

Bieler mit Kornkasten **Bpp. 13, 14**

Tiefe Fensterleibungen, Labe mit Tonnengewölbe und Stichkappen. Barockes Stubengetäfel mit reich bearbeiteter Felderdecke und Vierpaßmittelfeld mit Christusmonogramm. Zweigeschossiger Kornkasten, ursprüngliche Fensteröffnungen. Im Erdgeschoß Flachbogentür.

Peter **Bp. 80**

1698 erbaut. Barocke Fassadenmalerei (St. Florian). Fensterumrahmungen. Oberstube mit reicher Stuckdecke. Untere Stube mit spätbarockem Getäfel, geschnitzte Pilasterkapitelle.

Pfarrkirche zu den Heiligen Peter und Paul mit Friedhofskapelle und Friedhof **Bpp. 124/1, 124/2 Gp. 960/2**

Die Kirche wurde 1825 durch A. Mutschlechner errichtet. Nach den Bombenschäden 1921/22 neu aufgeführt. Turm mit Kuppelhaube. Dreiseitiger Chorschluß, Fassade mit Rundbogenportal, Statuennischen. Flachkuppelgewölbe, Pilastergliederung, Thermenfenster. Deckengemälde von Albert Stolz, 1923. Friedhofskapelle mit Fresken der Gebrüder Stolz (Totentanz).

Kapelle beim Gasthof Goldenes Kreuz **Bp. 143/2**

Profanierte Kapelle mit abgewalmtem Schindeldach und Kreuzgratgewölbe. Westseitig ein Türausbruch.

Forcher **Bp. 144**

Harmonischer Bau, spätbarocke Stube mit Leistengetäfel und geschnitztem Mittelstück (Maria Signum I.W. 1825 Vivat).

Kornkasten beim Pfeif **Bp. 198**

Gotischer Kornkasten mit offenem Giebel, Rundbogentüren in Ober- und Untergeschoß. Fenster mit breiter Leibung und Holzschiebefenster.

Kornkasten beim Kiniger **Bp. 226/2**

Zweigeschossiger Kornspeicher mit Holzschleuder. Fenster mit tiefen Leibungen und Schiebefenster. Verbretterter Giebel, im Erdgeschoß Rundbogentür.

Heideckweg 7 (Obergisser) **Bp. 281**

Charakteristisches Handwerkerhaus mit spätbarocker Stube, darin Mittelfeld, Sternenmuster und reiches Schnitzwerk. Um 1800.

St. Josef in Moos **Bp. 287**

Achteckiger Bau mit polygonalem Chorschluß, über der Tür die Jahreszahl 1717. Turm mit Pyramidendach auf Oktogon. Im Altarraum Tonne, im Schiff Kuppelgewölbe. Deckengemälde von Rudolf Stolz, 1922.

Huter **Bp. 294**

Einhof mit tonnengewölbten Laben und Küche mit Stichkappen. Stube mit einfachem Leistengetäfel.

St. Valentin in Moos **Bp. 324**

Um 1828 errichtet. Hölzerner Dachreiter mit Pyramide, Rechtecktür, -fenster, Spitztonne über Pilastern. Schindeldach.

Touristenhaus **Bp. 365**

Charakteristischer Bau im Heimatstil um 1920. Kunstvoll gezimmertes Obergeschoß mit Balkonen und Türen. An der Nordseite Fresko von Albert Stolz, 1924 (zwei Riesen in einer Landschaft und Wappen).

Hotel Innerkofler **Bp. 367**

Bau um 1907 im bayerischen Landhausstil. Außenfresko Mariahilf. Ornamentierte Fensterumrahmungen. Eckerker, Ecksöller, verbretterter Giebel. Flachbogenfenster. Kassettendecken.

Hotel Drei Zinnen **Bp. 484**

Bau von Architekt Clemens Holzmeister, 1930 errichtet. An der Südfassade Fresko von Rudolf Stolz (Maria mit Kind, Johannes, Michael). In einem Innenraum weitere Fresken von Rudolf Stolz (Tarockkarten). Stiegengeländer von Holzmeister entworfen. Im Speisesaal weiteres Fresko von Rudolf Stolz.

Festung Mitterberg **auf Gp. 1629/3**

Historische Festungsanlage aus der Zeit vor dem Ersten Weltkrieg.

Kapelle beim Reider **auf Gp. 1671**

Gotisierender Bau mit hölzernem Dachreiter, 1931 erbaut. Spitzbogentür, -fenster, Schindeldach.

Katastralgemeinde Ried

Pfarrkirche St. Stephan mit Friedhof **Bp. 1**
Gp. 1

Anstelle einer älteren Kirche in der zweiten Hälfte des 17. Jh.s erbaut, 1669 geweiht. Nach dem Brand von 1809 erneuert. Turm mit Oktogon und Doppelzwiebel (Unterbau 1492). Abgesetzter, gerade abschließender Chor, Tonnengewölbe mit Stichkappen, in den Seitenkapellen Kreuzgratgewölbe. Pilastergliederung, kräftiges Gesims. Rechteckfenster.

Gasthof Ried **Bp. 4/1**

Küche mit Tonnengewölbe und Stichkappen, Gaststube mit bedeutender neugotischer Täfelung, Inschriften und Jahreszahl 1908. An den Balken und an den Türeinfassungen Flachschnitzerei.

Pfarrwidum **Bp. 12**

Ausgang mit breitem Tonnengewölbe mit Stichkappen, Küche und Keller ebenfalls gewölbt. Gewölbtes Untergeschoß mit späteren Einbauten.

Alter Zoll in Lurx **Bp. 22**

Bau aus dem 16. Jh., im 17. Jh. umgebaut. Eckturm, vier Eckerker auf schweren Kragsteinen, Fenstergitter. Gewölbte Räume, in der Stube gotische Balkendecke.

Salvatorkapelle in Lurx **Bp. 24**

Anstelle eines ehemaligen Bildstockes 1643 erbaut und geweiht. Hölzerner Dachreiter mit Pyramide, Rechtecktür. Im Innern Tonnengewölbe und imitierter Ziegelverband. Gerader Chorschluß, Altargitter.

Pichl **Bp. 26/1**

Zweigeschossiger Barockbau mit Krüppelwalmdach. Labe und Küche mit Tonnengewölben und Stichkappen. Der Hausgang im ersten Stock ebenfalls gewölbt. Fenster mit geschwungenem Putzrahmen, am Giebel Vierpaßöffnung. Im Keller Drendl.

Gschnitzer **Bp. 26/2**

Zweigeschossiger Bau mit Jahrzahl 1869 am Giebel. Spätbarocke Fassadengestaltung. An Fenstern reiche Putzornamente, gemalte Eckpilaster.

Kornkasten beim Prantner **Bp. 43**

Hochmittelalterlicher Wohnturm, ursprüngliche Rundbogentür zu einem Fenster gewandelt. Geschmiedeter eiserner Türflügel. Offener Giebel. Zu Kornkasten umfunktioniert.

Pflasterer **Bp. 47**

Mittellabe und Küche mit Tonnengewölben und Stichkappen. Stube mit Barockgetäfel, bez. 1732; am Mittelstück Malereireste (Auge Gottes). Vergitterte Fenster. Im nordseitigen Keller Tonnengewölbe.

Straßberg **Bp. 53**

Burgruine aus dem 13. Jh. Hoher Bergfried, Torturm nach innen offen, rundbogiger Hofeinstieg am Bergfried, Lichtschlitze und Viereckzinnen.

Katastralgemeinde Sterzing

Garbe 5 **Bp. 7**

Bau im Stil der Jahrhundertwende mit Rundbogenfenster im ersten Stock. Im Erdgeschoß Flachbogenfenster. Westseitiger Eingang.

Lampl, Garbe 3 **Bp. 9/1**

Erker mit Zinnenaufsatz im ersten Stock. Breiter Söller über Kragsteinen und Flachbögen. Im Erdgeschoß und ersten Stock Gang mit Kreuzgratgewölbe, Zimmer mit Kreuzgratgewölben. Verbretterter Giebel. Gewölbter Stall.

Garbe 10 **Bp. 10**

Erker mit Schmiedeeisengitter, eingemauertes Steinrelief (Maria Heimsuchung). Im ersten Stock gewölbte Küche und spätgotische Balkendecke in der Stube.

Dantestraße 1 **Bp. 25**

Giebelständiger zweigeschossiger Bau. Im Erdsgeschoß gewölbte Räume. Im ersten Stock spätgotische Balkendecke. Zweiseitiger Fassadenerker im ersten Stock.

Neustadt 1 **Bpp. 43/1, 44, 513, 514**

Breit gelagerter Bau, an den Stadtturm angebaut. Rundbogenportal in Marmorrahmung mit Wappenschlußstein. Zweigeschossiger Erker. Gemauerter Treppenaufgang und gewölbte Gänge.

Geizkoflerstraße 2 **Bp. 45**

Im ersten Stock spätgotische Balkendecke, barockes Stubengetäfel, Barocktürflügel.

Neustadt 3 **Bp. 47**

Ehemaliger Gasthof zum Bären. Hohe Barockfassade mit zweigeschossigem Erker und Spitzbogenportal in Marmorrahmung. Gang mit Netzgratgewölbe, im ersten Stock gewölbte Küche. Stube mit Leistengetäfel und Renaissancewandschrank. Mehrere Räume mit Stuckdecken.

Neustadt 5 **Bp. 49**

Hohe Fassadenmauer mit mehrgeschossigem polygonalen Erker und Spitzbogenportal in Marmorrahmung. Im ersten Stock Lichthaube und Stube mit geschnitzter Balkendecke von 1439, dekorative Flachschnitzerei an den Balken.

Neustadt 7 **Bp. 50**

Barocke Fassadengestaltung mit hoher Giebelmauer. Steingerahmtes Rundbogenportal, dreigeschossiger Viereckerker. Lichthaube mit Doppeltonne. Galerie über Kragsteinen.

Schwalbeneggasse 11 **Bp. 52**

Barockisierte Fassade, gotischer Baubestand. Nach Süden vortretender Erker mit Putzfatschen und Eckpilastern. Im Erdgeschoß gewölbter Raum. Im ersten Stock zwei gotische Balkendecken.

Neustadt 9 **Bpp. 55/1, 55/2**

Ehemaliger Gasthof zum Weißen Rössl. Zwei gotisierende Türen. Schöner Lichthof, zwei Erker im ersten Stock. Getäfelte Stube mit gotischer Balkendecke. Im rückwärtigen Teil ehemals landwirtschaftliches Gebäude mit gewölbten Räumen.

Neustadt 11–13 **Bpp. 56, 57**

Zwei Rundbogenportale, zwei doppelgeschossige Erker und geschmiedetes Bäckerschild, 19. Jh. Geschnitzter barocker Haustürflügel. Gewölbte Eingänge, im Erdgeschoß Raum mit gotischer Balkendecke. Im ersten Stock bemalte Balkendecke, im Hausgang Tonnengewölbe.

Neustadt 15 **Bp. 58**

Schmales Haus mit Rundbogenportal. Zweigeschossiger polygonaler Erker, gewölbter Hausgang. Im ersten Stock barocke Rankenmalerei um ein gotisches Fenster. Gewölbte Küche und Balkendecke in der Stube.

Rathaus **Bp. 66**

Spitzbogenlauben mit marmornem Rundpfeiler. Zwei Erker, davon ein polygonaler Eckerker in Marmorfassung mit Wappen, 1524. Gewölbter Durchgang, Lichthaube mit ansteigender Tonne und Galerien über Kragsteinen. Im ersten Stock spätgotische Ratsstube, ebensolche im zweiten Stock. Kachelöfen. Im Vigil-Raber-Theater einfache Balkendecke mit Unterzug. Gemauerte überwölbte Freitreppe mit abgefastem Pfeiler, Rundbogenloggien.

Neustadt 23 **Bpp. 68/1, 68/2**

Laubenhaus, im Erdgeschoß Geschäftseinbau, im ersten Stock Gewölbe mit Stichkappen, Viereckerker.

Neustadt 25–27 **Bp. 70**

Ehemaliger Gasthof zum Goldenen Adler. Laubenhaus mit drei Spitzbogenöffnungen und einem Rundbogen, Spitzbogenfries im zweiten Stock, gotisches Spitzbogenportal. Zwei Erker, Wirtshausschild um 1800. Lichthof mit Umgangsgalerie, gemauerte Brüstung, Netzgratgewölbe. Tonnengewölbter Durchgang, Rundbogenöffnungen. Mehrere steingerahmte Spitzbogentüren. Im dritten Stock Blindfenster. Spätgotische Balkendecke mit Feldergetäfel, 16. Jh. kreuzgrat- und tonnengewölbte Hausgänge.

Pfitscher Tor, Rathausgasse **Bp. 71**

Altes Stadttor. Tordurchgang mit Tonnengewölbe, zinnenbekrönter Giebel. Über dem Durchgang Stube.

Neustadt 29 **Bpp. 75, 77/1**

Laubenhaus mit einer Rundbogen- und zwei Spitzbogenöffnungen. Mächtige Fassade mit zweigeschossigem Erker. Abgefastes Rundbogenportal in Marmorrahmung. Spitzbogiger Eingang in den Lichthof mit barocken Stiegengeländern. Im Erdgeschoß gewölbter Raum.

Gasthof zur Flamme mit Wirtschaftsgebäude, Neustadt 31 **Bpp. 78/1, 78/2, 78/3**

Laubenhaus mit zwei Spitzbögen, dreigeschossiger Erker, barockes Wirtshausschild, um 1800. Rundbogenportal in abgefaster Marmorrahmung, im Schlußstein Wappen der Flam. Im Erdgeschoß zwei Wirtslokale mit Kreuzgratgewölben, gewölbter Hausgang, im Lichthof Galerien. Wirtschaftsgebäude: gewölbter Gang, gewölbte Halle auf Pfeilern. Im ersten Stock Verbindungsgang auf Konsolen zum Gasthaus. Gewölbte Lagerhalle. Eingebaute Wohnung mit Balkendecken.

Neustadt 33 **Bpp. 79, 80**

Laubenhaus mit unterschiedlich großen Rundbogenöffnungen. Breite Fassade mit Zinnengiebel und zwei doppelgeschossigen Erkern.

Neustadt 35 **Bp. 81**

Laubenhaus mit einer Spitzbogenöffnung. Zweigeschossiger Erker.

Neustadt 37 **Bp. 84**

Laubenhaus mit zwei Laubenbögen mit Kreuzgratgewölbe. Barocke Fassade mit zweigeschossigem Rechteckerker. Rundbogentor, im Erdgeschoß gewölbte Räume, gewölbte Eingangshalle. Lichthof mit gewölbten Gängen, unterwölbte Treppen mit Holzgeländer. Im ersten Stock feuerfester Archivraum mit Eisentüre.

Neustadt 39 **Bp. 87**

Laubenhaus mit zwei Laubenbögen und Kreuzgratgewölben. An der Fassade Erker. Spitzbogiges Portal, gewölbte Eingangshalle. Lichthof mit ansteigender Tonne, zwei umlaufende Galerien mit durchbrochenen Brüstungen. Im ersten Stock spätgotische Balkendecke.

Neustadt 41 **Bp. 88**

Schmales Laubenhaus mit Flachbogen. Zweigeschossiger Erker, gewölbte Eingangshalle. Lichthaube mit Tonnengewölbe. Im ersten Stock gewölbte Küche und gotische Balkendecke.

Neustadt 43 **Bp. 89**

Laubenhaus mit Flachbogenlaubengang und zweigeschossigem Erker. Barocke Fassadengestaltung mit Putzfatschen. Lichthaube mit Mittelpfeiler, im ersten Stock tonnengewölbter Gang. Renaissancetürflügel, 16. Jh.

Neustadt 45 **Bp. 91/1**

Barockisierende Fassade mit dreigeschossigem Erker, 19. Jh. Spitzbogenportal in Marmorfassung, am Scheitel Lilienwappen. Seitlich skulptierte Rosetten. Barocker Haustürflügel, gewölbte Gänge.

Neustadt 47 **Bp. 92**

Barocke Fassadengestaltung mit zweigeschossigem Erker. Im Lichthof Vorraum mit Kreuzgratgewölbe. Im Hinterhaus Saal mit Stukkaturen, bez. 1736.

Gasthof zur Lilie, Neustadt 49 **Bp. 93**

Zinnengiebel mit zwei Erkern, Fassadenfresko. Spitzbogiges Marmorportal mit Jahrzahl 1461 am Scheitel. Eingangshalle, rückwärts ehemalige Ställe in zweischiffigen Hallen mit mehreren Granitpfeilern. Großer Lichthof mit Kreuzgratgewölbe im ersten Stock. Zweiarmiger Treppenaufgang.

Neustadt 51/a **Bp. 95**

Abgefastes Spitzbogentor in Marmorrahmung, polygonaler Erker im ersten Stock, im zweiten Stock Viereckerker. Im Erdgeschoß gewölbter Gang, im ersten Stock breite gewölbte Lichthaube. Spätgotische Balkendecke.

Neustadt 53 **Bp. 96**

Barocke Fassadengestaltung mit Erker, gewölbter Durchgang, im ersten Stock gotische Balkendecke.

Neustadt 50 **Bp. 100**

Laubenhaus mit Erker, gewölbter Gang mit großer Lichthaube. Zusätzlich gewölbter Eingang an der Südseite. Im ersten Stock gewölbte Magazine, gewölbter Gang mit barockem Türflügel.

Neustadt 48 **Bp. 101/1**

Laubenhaus mit barocker Fassadengestaltung, im Erdgeschoß gewölbter Hausgang, Lichthof mit ansteigender Tonne. Rundbogentor zu den hinteren Lagerräumen, mehrere gewölbte Räume.

Stöcklwirt, Neustadt 46 **Bp. 102/1**

Laubenhaus mit zweigeschossigem Erker. Spitzbogiges Marmorportal mit Bergwerkshämmern in Relief. Breiter gewölbter Eingang, gewölbte Gaststube. Im Gang Jahreszahl 1695. Geräumiger Lichtschacht mit gewölbten Vorräumen.

Neustadt 44 **Bp. 103**

Barocke Fassadengestaltung, zweigeschossiger Erker. Rundbogenportal, darüber eingemauerte Erzstufe. Gewölbter Eingang, Lichthof, im ersten Stock Halle mit Netzgratgewölbe. In der Stube gotische Balkendecke.

Neustadt 42 **Bp. 104**

Langgestrecktes Haus mit barocker Fassadengestaltung. Zweigeschossiger Erker, gemauertes Spitzbogenportal. Gewölbter Eingang, schmale Lichthaube.

Neustadt 40 **Bp. 105**

Barocke Fassade mit zwei doppelgeschossigen Erkern. Lichthaube mit tonnengewölbtem Vorraum im ersten und zweiten Stock. Im ersten Stock gewölbte Räume, Stube mit gotischer Balkendecke.

Neustadt 38 **Bp. 107**

Barockfassade mit stuckierten Fensterrahmen, zweigeschossiger Erker, um 1800. Lichthaube mit Tonnengewölbe, umlaufende Galerie im ersten Stock.

Gasthof zum Goldenen Kreuz, Neustadt 36 **Bp. 108/2**

Zweigeschossiger Erker mit schmiedeeisernem Wirtshausschild, Lichthaube mit Tonnengewölbe. Im ersten Stock gotische Decke mit geschnitzten Balken (vegetabile Motive), Flachbogennische, Holzstütze. Mehrere eingeritzte Jahreszahlen und Initialen, bez. 1439. Im Erdgeschoß zweischiffiger Saal mit Tonnengewölben auf Pfeilern.

Neustadt 34 **Bp. 109**

Tonnengewölbter Durchgang ins Jaufengassl. Erker, abgefastes Spitzbogenportal. Im ersten Stock Balkendecke und geschnitzter Türflügel, um 1500.

Gasthof zum Schlüssl, Neustadt 32 **Bp. 110/1**

Breites Spitzbogenportal in Marmorrahmung, zwei Erker, einmal mit gekreuzten Bergwerkshämmern in Relief. Im Erdgeschoß gewölbte Räume.

Neustadt 30 **Bp. 111**

Hohe Fassadenmauer mit zweigeschossigem Erker. Gemauertes Spitzbogentor. Gewölbter Hausgang, schmale Lichthaube. Im ersten Stock gewölbte Gänge mit Stichkappen, gotische Türleibungen. Tonnengewölbte Küche, in der Speis Kassettendecke.

Cleshaus, Neustadt 28 **Bp. 113**

Bau mit Zinnengiebeln und drei Erkern. Gewölbte Einfahrt auf Pfeilern mit Spitzbogentüren, Rundbogentor. Gewölbtes Lichthaus, weite Hallenvorräume im ersten und zweiten Stock. Im ersten Stock geschnitzte spätgotische Balkendecke mit Fischblasenornament. Raum mit flachbogigen Wandnischen über Kragsteinen. Kachelofen, bez. 1689. Raum mit Mittelpfeiler und Stichkappengewölbe. Im zweiten Stock Spitzbogentüren, Vorraum und Zimmer mit Balkendecken.

Neustadt 24 **Bp. 117**

Fassade mit zwei doppelgeschossigen Viereckerkern, spitzbogiges Marmorportal, hohe Giebelmauer. Hoher Lichthof mit Treppenanlage. Zwei Kreuzgewölbejoche mit Bandrippen. Im zweiten Stock unterwölbte Galerie auf Kragsteinen. Im ersten Stock gotische Balkendecken. Türflügel mit Flachschnitzerei (Ranken, Drachen). Im zweiten Stock Räume mit Leistengetäfel und profilierten Balken, 16. Jh.

Neustadt 22 **Bpp. 118, 119/2, 311, 404**

Zweigeschossiger Erker, Giebelwand mit Zinnenabschluß. Spitzbogenportal in Marmorrahmung. Im ersten Stock Halle mit Kreuzgratgewölbe auf Mittelpfeiler, durchbrochene Treppenbrüstung. Im zweiten Stock Eselsrückentür, Flur mit Sterngratgewölben.

Neustadt 20 **Bp. 119/1**

Viergeschossiger Bau mit Treppengiebel, Rundbogenportal in Steinrahmung. Zweigeschossiger polygonaler Erker, Fenster mit Eisengittern im ersten Stock. Gänge mit Kreuzgratgewölbe. Räume mit Balkendecke, ein Raum mit Sterngratgewölbe. Im Hinterhaus Saal mit Stuckdecke.

Sterzing, Neustadt 24
Links oben: Sterzing, Kornkasten beim Prantner in Ried
Links unten: Neustadt 5

Neustadt 18 **Bp. 120/1**

Abgefastes Spitzbogenportal, zweigeschossiger Erker, Fensterchen mit Eselsrückenholmen. Zwei Lichthauben mit Galerien, unterwölbt auf Kragsteinen, gewölbte Gänge. Im ersten Stock gewölbte Küche mit Rundbogentür. Stube mit gotischer Balkendecke (darüber Stuckdecke, um 1800). Rückwärts Raum mit gotischer Balkendecke.

Gasthof zum Lamm, Neustadt 122 **Bp. 122**

Spitzbogenportal in weißer Marmorrahmung. Zweigeschossiger Erker und Giebelwand mit Zinnenabschluß. Breiter gewölbter Eingang, gewölbte Dielen im Treppenhaus. Nach rückwärts gewölbte Halle mit abgefasten Mittelpfeilern.

Gasthof zur Neuen Post, Neustadt 14 **Bp. 123**

Drei zweigeschossige Erker, Giebelwand mit Zinnenabschluß. Lichthof mit Stichkappentonne. Im ersten Stock gewölbte Halle mit viereckigem abgefasten Mittelpfeiler. Im Erdgeschoß gotische Balkendecke.

Neustadt 12 **Bp. 124**

Zweigeschossige Erker und Giebelwand mit Zinnenabschluß. Fassade mit barockisierenden Putzfatschen, 19. Jh.

Neustadt 10 **Bp. 125**

Spitzbogiges Portal. Zweigeschossiger Erker mit Fächergewölben. Gewölbte Gänge und Küchen. Lichthaus mit ansteigender Tonne. Im ersten Stock Stube mit gotischer Balkendecke und barockem Wandgetäfel, gewölbte Archivräume. Rückwärts gewölbte Kammer. Im zweiten Stock Barockofen, 18. Jh.

Neustadt 8 **Bp. 126**

Rundbogentür in abgefaster Steinrahmung, eingeschossiger Erker. Lichthof mit gewölbten Vorräumen. Im zweiten Stock gotische Balkendecke. Geburtshaus Vigil Rabers († 1552).

Neustadt 6 **Bp. 127/1**

Rundbogenportal und zweigeschossiger Erker in Rechteckform. Geschwungene Giebelwand. Lichtschacht mit Kreuzgratgewölbe. Vorraum mit Kreuzgratgewölbe.

Neustadt 2 **Bp. 129/1**

Ehemaliger Gasthof zum Goldenen Hirschen. Im Erdgeschoß und ersten Stock gewölbte Räume. Im ersten Stock spätgotische Balkendecke.

Gasthof zum Schwarzen Adler, Stadtplatz 1 **Bp. 131**

Breit gelagerter Bau mit zwei Erkern. Lichthof mit gewölbten Vorräumen. Im ersten Stock gotisches Getäfel mit Minuskelinschrift am Balken, im zweiten Stock zwei Biedermeierzimmer mit Öfen und Stuckdecken, um 1830.

Altstadt 1 **Bp. 133/1**

Ehemaliger Gasthof zur Sonne. Rundbogentor im Erdgeschoß gewölbte Räume. Im ersten Stock spätgotische Bohlenbalkendecke. Lichthof mit gemauerten Brüstungen.

Altstadt 3 **Bp. 134**

Zweigeschossiger Erker, Fenster mit gotischen Leibungen. Im Erdgeschoß gewölbter Kellerraum. Im ersten Stock tonnengewölbte Küche, weitere gewölbte Räume. Im zweiten Stock ebenfalls gewölbte Küche.

Altstadt 5 **Bp. 135**

Schmales Haus mit zweigeschossigem Erker. Barocke Fassadengestaltung mit weißen Putzfatschen an den Fenstern.

Altstadt 7 **Bp. 136**

Spätgotischer Bau mit zwei Erkern, barocker Verputz abgenommen.

Spital mit Heilig-Geist-Kapelle **Bpp. 138, 142/1, 142/2, 142/3**

Übereck gestellter Fassadendachreiter, im Seitenschiff älterer Baubestand, Hauptschiff Ende 14. Jh. Gerader Chorschluß, Kreuzrippengewölbe. Freskenausstattung von Johannes von Bruneck, Anfang 15. Jh. Heilig-Geist-Spital an die Kirche angebaut. Mehrere gewölbte Räume.

Altstadt 4 **Bpp. 140/1, 140/2**

Erkeranbau, Fenster mit Putzrahmen. Im Erdgeschoß gewölbter Gang, im ersten Stock gotische Balkendecke.

Altstadt 6 **Bp. 143**

Zweigeschossiger Erker, Fassade mit Rauputz und weißen Putzfatschen, 19. Jh. Spätmittelalterlicher Baubestand. Im Erdgeschoß breites Gewölbe, gemauerter Stiegenaufgang.

Altstadt 8/a **Bp. 144**

Spätbarockfassade mit Erker. Im Erdgeschoß romanischer Fugenputz. Im ersten Stock gotische Balkendecke, Lichthaube mit mehreren gotischen Nischen und Türleibungen mit Spitzbogen. Im zweiten Stock zwei Räume mit Stuckdecken, um 1830.

Altstadt 10 **Bp. 145**

Ehemaliges Gasthaus zur Lärche. Rundbogenportal in Steinrahmung, zweigeschossiger Erker, Feuermauern mit Zinnenabschluß.

Gasthof zur Traube, Altstadt 12 **Bp. 146**

Breites Gebäude. Treppenaufgang mit Balustrade, malerische Lichthaube.

Altstadt 16 **Bp. 148**

Altes Hutmacherhaus. Schmaler Bau mit abgefastem Spitzbogenportal und zweigeschossigem Erker mit Hutmacheremblemata. Gewölbter Hausgang, im hinteren Teil gewölbte schmale Keller, anschließend Walche. Kleine Lichthaube, Barockstube mit Leistengetäfel.

Altstadt 20 **Bp. 150/1**

Ehemaliges Gasthaus Jägerheim. Breite gebogene Fassade mit steingerahmtem Spitzbogenportal. Im ersten Stock zweigeteiltes Fenster in Steinrahmung, im Erdgeschoß gewölbter Raum mit Mittelsäule.

Altstadt 22 **Bp. 153**

Bau aus drei Hauseinheiten bestehend. Fassadenerker. Im ersten Stock Balkendecke, im zweiten Stock gewölbter Raum.

Gasthof zum Roten Adler, Altstadt 24 **Bpp. 154/1, 154/2**

Am Eingangstor leichter Spitzbogen. Im Erdgeschoß dreischiffige Gewölbehalle auf vier Granitpfeilern. Gewölbter Durchgang zum Stall (zweischiffige Halle auf sechs Granitpfeilern). Wirtshausschild, 18. Jh. Zweiter Stock 1930 aufgebaut. Gewölbter Keller mit Eisentürflügel.

Altstadt 15 **Bp. 158**

Im ersten Stock Erker, gewölbte Vorräume und Hausgänge.

Altstadt 17 **Bp. 159**

Im Erdgeschoß gewölbter Raum, Erker, im ersten Stock gotische Balkendecke. Verbaute Lichthaube. Grauer Riefenputz, um 1900.

Altstadt 23 **Bp. 162**

Gotisches Spitzbogenportal in Marmorrahmung mit Rundstab und Hohlkehle. Im Erdgeschoß Raum mit Sterngratgewölbe.

Altstadt 32 **Bp. 166**

Rodererhaus. Gotischer Bau mit Barockfassade, Erker mit stuckiertem Wagenrad. Eingang mit Unterzugbalken, kleine Lichthaube. Im ersten Stock gotische Balkendecke mit geschnitzter Umrahmung. Gewölbte Küche, gewölbter Vorraum. Im zweiten Stock getäfelte Stube.

Altstadt 34 **Bp. 167**

Spätgotischer Bau mit Barockfassade. Spitzbogenportal mit Wappenstein. Zweigeschossiger und eingeschossiger Erker. Im Erdgeschoß gewölbter Durchgang, gewölbter Treppenaufgang.

Altstadt 36 **Bp. 168**

Erker, gotische Fensterleibungen. Lichthaube mit ansteigender Tonnenwölbung.

Altstadt 38 **Bp. 169**

Schmales Haus mit zweigeschossigem Erker. Barockfassade mit Putzfatschen, spätgotische Fensteröffnungen. Zweifach gewölbte Lichthaube. Gewölbter Gang. Im ersten Stock gewölbter Vorraum.

Altstadt 40 **Bp. 170**

Ehemals städtisches Zollgebäude. Fassade mit barocken Putzrahmen an den Fenstern. Tonnengewölbter Eingang, mehrere gewölbte Räume. Lichthof mit Treppenaufgang in Holz, ansteigende Tonne. Gewölbte Kellerräume.

Altstadt 46 **Bp. 174/2**

Färberhaus. Gewölbter Eingang, im zweiten Stock Stuckdecke.

Gasthof zur Goldenen Krone **Bpp. 176, 177, 178/1, 179**

Steingerahmtes Rundbogenportal, Erker. Im Erdgeschoß mehrere gewölbte Räume. Auf Bp. 177 nur äußerlich erhaltener gotischer Kapellenbau mit hohem Spitzgiebel und neugotischen Fensteröffnungen (mittelalterliches Hospiz).

Gstreinthurn, Frundsbergstraße 21 **Bp. 189/1**

Reste eines mittelalterlichen Turmes im Nordteil des Hauses von 8 × 8 Metern Ausmaß. Wandfresko (St. Michael mit Drachen), erstes Drittel 15. Jh. Am Firstbalken Jahreszahl 1685.

Seeberhaus **Bp. 194**

Herrschaftlicher zweigeschossiger Bau mit zehn Fensterachsen und imitierten Eckquadern. Ummauerter Vorgarten. Älterer Baukern im späten 19. Jh. in historisierenden Formen umgebaut. In der Dachzone Ochsenaugen.

St. Margareth **Bp. 195**

Einschiffiger Bau mit eingezogenem Rechteckchor und freistehendem Turm mit Pyramidendach (1327). Kirche 1678–1680 von Peter Delai errichtet, 1681 eingeweiht (Inschrift an der Empore). Im Langhaus flache Rundbogennischen, Tonnengewölbe mit Stichkappen.

Kapuzinerkirche St. Magdalena **Bp. 197**

Gerader Chorschluß, Seitenkapelle im Süden, Gratgewölbe. Dachreiter. 1636 errichtet. In der Fassadennische Gemälde (St. Magdalena), 17. Jh.

Jöchlsthurn mit Peter-und-Paul-Kapelle und Garten, Frundsbergstraße 20 **Bpp. 198, 199 Gp. 61**

Hoher Bau mit Treppengiebeln, Fenster mit barocker Stuckrahmung. Im Erdgeschoß mehrere gewölbte Räume, gewölbtes Treppenhaus. Im ersten Stock Saal mit Marmorsäule. Im zweiten Stock Raum mit geschnitzter Holzdecke, Wappen und Grünmalerei, Ende des 15. Jh.s. Im dritten Stock Malereien mit Weinranken und Sprüchen, Ende des 16. Jh.s. Saal mit Balkendecke.
Fassadendachreiter mit Spitzturm, polygonaler Chorschluß, Spitzbogenportal, rechteckiges Seitenportal in Marmorrahmung. Im Langhaus zwei Joche mit Sternrippengewölbe, 1474 (Jahreszahl am Triumphbogen). An der Nordwand Gemälde (Verkündigung, Stigmatisation des Hl. Franziskus), 17. Jh. An der südlichen Außenwand Madonna zwischen Petrus und Paulus von Friedrich Pacher, um 1480.

Fuchsthurn, Frundsbergstraße 2 **Bp. 201/2**

Würfelförmiger Bau, in die Stadtmauer eingebaut, Bundwerkgiebel. Im Norden und Westen horizontale Steinlagen (unter dem barocken Putz). Nach Westen alter Hocheinstieg mit steingerahmtem Rundbogentor. Holzschleuder.

Wildenburg mit Bildstock, Hochstraße 2 **Bpp. 202/1, 271**

Ansitz. Steingerahmtes Rundbogenportal mit Jahreszahl 1672 am Wappenstein. Fenster mit Stuckrahmen, 18. Jh. Kreuzförmiger Gang mit Kreuzgratgewölbe. Im Nordteil zweischiffige Halle auf vier freistehenden Pfeilern.

Pfarrwidum mit Kapelle **Bpp. 210, 211**

Um 1790 errichteter Bau mit Walmdach. Symmetrisch angelegter Bau mit Mittelgang, von dem aus das Treppenhaus mit schönem Schmiedegitter in die oberen Stockwerke führt. Kapelle mit hölzernem Türmchen, in neubarockem Kleid des 19. Jh.s. Umfassungsmauer.

Pfarrkirche Unsere Liebe Frau im Moos mit Friedhof und Arkaden **Bpp. 214, 278 Gpp. 227, 230**

Spätgotischer dreischiffiger Hallenbau, 1497–1524 erbaut. Polygonaler Chor 1443–1452. Kircheninneres im 18. Jh. barockisiert (Deckengemälde von Adam Mölckh, 1753), Chor 1860 regotisiert (Netzrippengewölbe). Skulptierte Süd- und Sakristeiportale. Am Triumphbogen Fresko (Jüngstes Gericht), 17. Jh. An der Westwand Freskenreste aus der Erbauungszeit (Engel mit Fruchtgirlande und Inschriftstafel), 1524. Bedeutende Grabdenkmäler (15.–18. Jh.).

Deutschhaus mit Elisabethkapelle **Bpp. 215, 216 Gpp. 436, 437**

Deutschhaus: Ausgedehnte dreiflügelige Anlage, im Kern 13. Jh. Viereckturm, gotischer Treppengiebel, Laubengang. Im Innern mehrere Kassettendecken, 16. Jh. Räume mit Barockmalereien (Landschaften, Wappenverleihungen). Mitte 18. Jh.
Barocker Zentralbau auf oktogonalem Grundriß, gerade abschließender Altarraum, Empore. 1729–1733 von Josef Delai errichtet. Kuppelgemälde (Deutschordenspatrone, Deutschordenswappen) von Matthäus Günther, 1733. Stukkaturen.

St. Salvator (Kreuzkirchl) **Bp. 221**

Barocker Zentralbau auf oktogonalem Grundriß, 1692 von Peter Delai errichtet (Jahreszahl am Eingang), 1693 geweiht. Flachkuppel mit Graten, Fassadendachreiter mit Pyramide, abgesetzter, gerade abschließender Chor. Rechteck- und Lünettenfenster.

Gänsbacherstraße 14 **Bp. 222**

Geburtshaus des Komponisten Johann Gänsbacher, früher alte Lateinschule. Im Erdgeschoß gewölbter Gang und Raum mit spätgotischer Balkendecke. Dachstuhl, bez. 1693.

Gänsbacherstraße 1 **Bp. 230**

Alte Torschmiede. Giebelständiger Bau mit weit vorkragendem Dach. Zwei polygonale Erker im zweiten Stock. Hufeisenemblemata an den Blumenkörben. Gewölbte Eingänge, Flachbogentür.

Gänsbacherstraße 3 **Bp. 231**

Altes Wagnerhaus. Weit vorgezogener Giebel, Rechteckerker. Im Erdgeschoß gewölbter Eingang, Nebenraum mit gotischer Balkendecke. Im ersten Stock gewölbter Raum.

Gänsbacherstraße 5 **Bp. 232**

Viereckerker auf drei vorkragenden Konsolsteinen, Balkendecke mit Leistengetäfel im ersten Stock.

Gänsbacherstraße 7 **Bp. 233**

Breitgezogener Giebelvorbau, polygonaler Barockerker. Im Eingang Tonnengewölbe. Raum mit gotischer Balkendecke. Fensteröffnungen mit hohen Leibungen.

Gänsbacherstraße 9 **Bp. 234**

Schmales Haus mit zweigeschossigem polygonalem Erker.

Gänsbacherstraße 11 **Bp. 235 Gp. 295**

Frei stehender Bau mit mittelalterlichem Baukern. Tor mit Flachbogenöffnung. Erker. Gewölbte Gänge, Eckfenster.

Fischerhaus, Gänsbacherstraße 39 **Bp. 241**

Fassadenfresko (Heilige Familie mit Sterzinger Stadtwappen), 17. Jh. Verbretterter Giebel, am Söller Jahreszahl 1842. Der Tradition nach ältestes Haus von Sterzing. Am Giebel Tafel mit Jahreszahl 1666.

Zwölferturm **Bp. 272**

Stadtturm aus Granitquader, über der Stadtgasse erbaut mit Durchgangsbogen. Im Süden über der Tordurchfahrt weißer Marmorstein mit Wappen von Tirol und Inschrift der Grundsteinlegung von 1468. Im ersten Stock Gefängniszelle mit vergittertem Lichtschlitz. Turmabschluß mit Satteldach und abgetrepptem Giebel, Spitzbogenfenster, 1868 aufgebaut.

Marmorsäule beim Kreuzkirchl **auf Gp. 475/5**

Pfeiler aus weißem Marmor mit achteckigem Schaft und Aufsatz mit vier Reliefs, bez. 1516 datiert (Ölberg, Kreuztragung, Kreuzigung, Grablegung).

Bildsäule St. Johannes Nepomuk beim Rathaus **auf Gp. 477**

Weißer Marmor, über vier Stufen Sockel mit Voluten und Inschrift. Skulptur des hl. Johannes Nepomuk mit zwei Engel, Inschrift und Jahreszahl 1739.

Katastralgemeinde Thuins

St. Jakob in Thuins **Bp. 1**

Spätgotischer Bau, um 1511 errichtet (Spitzturm). Zu Beginn des 17. Jh.s umgebaut, 1610 Neuweihe. Polygonaler Chorschluß, Tonne mit Netzrippen, Spitzbogenfenster. Im Langhaus Tonne mit Stichkappen und Netzrippen, Rundbogenfenster.

Gassebner **Bp. 15/1**

Barockfassade mit Putzornamentik, Fenster in bewegtem Rahmen. Verbretterter Bundwerkgiebel. Hausgang mit Tonnengewölbe, am Treppenaufgang Holzgeländer. Stube mit spätgotischer Balkendecke, im Erker Kreuzgratgewölbe.

Links oben: Sterzing, Gasthof zur Lilie
Links unten: Sterzing, Rathaus
Rechts oben: Sterzing, St. Peter und St. Paul beim Jöchlsthurn
Rechts unten: Stilfs, Oberstock in Sulden

Links oben: Deutschhaus
Links unten: Sterzing, Neustadt, westliche Häuserzeile
Rechts oben: Sterzing, St. Salvator (Kreuzkirchl)
Rechts unten: Taufers im Münstertal, Haus Nr. 65

Saxer **Bp. 30**

Hausgang und Küche mit Tonnengewölbe und Stichkappen. In der Stube Leistengetäfel mit verkleidetem Unterzug. Zum Stall Spitzbogentür.

Löweneck **Bp. 55**

Ansitz. Angebauter, viereckiger Turm mit Zinnenkranz. Eingangstür und Brustgetäfel im ersten Stock neugotisch. Im Erdgeschoß Gewölbe auf Mittelpfeiler. Gang mit Kreuzgratgewölbe. Stammsitz der Herren von Löwegg.

Seeber **Bp. 62**

Fassade mit bewegtem Putzrahmen an den Fenstern. Gewölbter Hausgang mit Stichkappen. Keller mit Tonnengewölbe. In der Stube barockes Leistengetäfel. Mehrere Rundbogentüren, im Keller mittelalterliches Mauerwerk mit Lichtschlitzen.

Kapelle in Thuins **Bp. 80**

Einfacher Kapellenbildstock mit abgesetztem Altarraum. Fassadendachreiter mit Pyramidendach, Lünettenfenster.

Katastralgemeinde Tschöfs

St. Peter und Paul mit Umfriedung **Bp. 1 Gp. 2**

Turm mit Pyramidendach um 1400. Kirche gegen Ende des 17. Jh.s neu erbaut, 1688 geweiht. Runder Chorschluß mit kurzen Querarmen, Tonnengewölbe auf Pilastern. Flachbogenportal mit Dreieckgiebel, Vierpaßmittelfeld mit Christusmonogramm, Oculus.

Ruepe **Bp. 7**

Rundbogige Haustür in Marmorrahmung mit erneuerter Jahreszahl 1473. Breite Mittellabe mit Tonnengewölbe und Stichkappen. Zwei Gaststuben mit qualitätsvollen neugotischen Täfelungen, Inschriften und Jahreszahl 1910 (Flachschnitzerei).

Pfitscher mit Kapelle **Bpp. 17, 152**

Spätmittelalterlicher Hof. Hausgang mit Tonnen- und Spitzbogengewölbe. Stube mit gotischer Balkendecke. Kapelle: dreiseitiger Chorschluß, Spitzbogentür, -fenster, darüber Lünette. Im Altarraum Gratgewölbe, Tonnengewölbe. Schindeldach.

Plattner in Raminges **Bp. 22**

Verbretterter Bundwerkgiebel, darunter Söller. Labe und Küche mit Tonnengewölben und Stichkappen. Stube mit barocker Felderdecke, am Fries geschnitzte Jagdszenen in Relief.

Holzmann in Raminges **Bp. 23**

Im Erdgeschoß und ersten Stock Hausgang mit Tonnengewölbe. Stube mit einfachem Feldergetäfel. Mehrere Rundbogentüren. Eisentürflügel zum Stall.

Thaler in Raminges **Bp. 28**

Ehemalige Sommerfrische der Kapuziner in Sterzing. Eine ursprünglich angebaute Kapelle abgebrochen. In der Stube spätgotische Balkendecke.

Frei in Raminges **Bp. 36/1**

Fassade 1962 stark verändert. Im Innern Stube mit spätgotischer Balkendecke und Leistengetäfel.

Geierhäusl **Bp. 54**

Im Erdgeschoß und ersten Stock tonnengewölbter Hausgang. Fassadenfresken (St. Christophorus, Jakobus unter Baldachin), um 1430.

Kapelle in Matzes **Bp. 71/2**

Barockbau mit Dachreiter. Dreiseitiger Chorschluß, Tonnengewölbe mit Stichkappen. Rundbogenfenster, Rechtecktür. Schindeldach.

Kapelle in Flans **Bp. 87**

Barocker Kapellenbau mit Dachreiter. Im Innern Tonnengewölbe mit Stichkappen und Dreifaltigkeitsfresko, bez. 1725. Abgerundeter Chorschluß mit Nischen in der Koncha. Rundbogenfenster.

Mader in Steckholz **Bp. 94**

Im Erdgeschoß und ersten Stock Hausgang mit Tonnengewölbe und Stichkappen. Tür zum Keller mit spätgotischem Eselsrücken, Tonnengewölbe. Raum mit Kreuzgratgewölbe im ersten Stock. Stube mit geschnitzter Barocktäfelung (Felderdecke).

Mariahilfkapelle in Raminges **Bp. 144**

Kleiner Bau mit hölzernem Dachreiter (Spitzhelm). Dreiseitiger Chorschluß, Tonnengewölbe mit Stichkappen. Rundbogenfenster, Deckenbilder (Geburt Christi und Mariens), 20. Jh. Fassadenfresko Mariahilf. Schindeldach.

Pfarrkirche St. Ulrich mit Friedhof **Bp. 1**
Gp. 3212

Romanisierende Kreuzkirche, entworfen von Anton Geppert, 1873 geweiht. Seitlicher Turm mit Achteckhelm. Polygonaler Chorschluß, Kreuzgratgewölbe, Rundbogenfenster.

St. Martin beim Weiler Platz **Bp. 158**

Einfacher Bau, 1822 errichtet.

Unsere Liebe Frau zu den Drei Brunnen mit Brunnenkapelle **Bpp. 276, 277**

1701/02 errichtet. Einfacher Bau mit abgesetztem polygonalen Chorschluß, Giebeldachreiter, Halbkreisfenster. Chorgemälde (Wirksamkeit Mariens) von Fr. M. Alexius Steyr.
Drei-Brunnen-Kapelle: Einfacher Bau mit polygonalem Chorschluß, 19. Jh.

Oberstock mit Unterkunfthaus und Malerwerkstätte **Bpp. 284, 572**

Ehemals zum Hotel Post gehörig. Wohnhaus und Unterkunfthaus gemauert, beide mit dekorativer Fassadenmalerei. Im Wohnhaus getäfelte Stube, 19. Jh. Der ostseitige Anbau des Wohnhauses in Holzbauweise mit interessanten Details, Ende 19. Jh.

Alte Pfarrkirche in Sulden **Bp. 294**

1369 erwähnt. Heutige Form 16. Jh. Polygonaler Chorschluß, Netzgratgewölbe, seitlicher Turm mit geknicktem Viereckhelm. Rundbogenportal, Oculi, Fenster mit Karniesbögen im Chor, im Schiff Rundbogenfenster. Wandgemälde außen: Reste eines Christophorusbildes, 16. Jh.

Maria Lourdes in Gand **Bp. 311**

1905/06 neu erbaut (Maurermeister Tschenett). Flachrunder Chorschluß und hölzerner Dachreiter mit Spitzhelm, Rundbogenfenster, Tuffgrotte.

Neue Pfarrkirche St. Gertraud in Sulden mit Friedhof **Bp. 356**
Gp. 2806/3

1896–1902 in romanisierendem Stil von Anton Stecher erbaut, Entwurf von Huter/Innsbruck. Abgesetzter Rundchor, Kreuzgratgewölbe. Vorhalle mit Rundbogen auf Säulen. Deckenmalereien von Johann Matthias Pescoller.

Mariä Heimsuchung in Trafoi mit Friedhof **Bp. 396**
Gp. 2600

1903 in romanisierendem Stil von Huter/Innsbruck entworfen. Turm mit Pyramidendach, rundbogige Fenster und Türe. Wandpfeilerraum mit sphärischen Gratgewölben.

Evangelische Kapelle in Sulden **Bp. 476**

Um 1900 vom Architekten Otto Schmid aus Wien erbaut. Bau mit Dachreiter und abgewalmten Giebeldach. Außen Natursteinverblendung, innen offener Dachstuhl. Rundbogenfenster.

Sterzing, Pfarrkirche Unsere Liebe Frau im Moos

Sterzing, Jöchlsthurn

Terenten, Stockner

Terenten, Kornkasten beim Huber an der Ast

Sterzing, Ruepe in Tschöfs
Links oben: Sterzing, Kapelle in Thuins
Links unten: Taufers im Münstertal, St. Valentin in Rifair

Katastralgemeinde Taufers im Münstertal

Pfarrkirche St. Blasius mit Friedhofskapelle **Bpp. 1, 2 Gp. 1**

Turm mit Spitzpyramide 1511, Kirche 1660 bis 1665 von Pietro Pedrino erbaut. Polygonaler Chorschluß, Kreuzgratgewölbe, im Chor sechsarmiges Gewölbe. Polygonale Seitenkapelle mit Kuppel und Laterne. Wandgemälde im Schiff, am Triumphbogen und im Chor, 1663.
St. Michael am Friedhof: Zweigeschossiger Bau, 1493 geweiht. In der Kapelle Altarnische in einem Flacherker (Fresken Anfang 16. Jh.). Flachdecke auch in der Gruft.

Haus Nr. 2 **Bp. 3**

Stattlicher Bau neben St. Johann, Bundwerkgiebel. An der Fassade Fenster in tiefen Leibungen, im Dachgeschoß Fenster mit geschnitztem Konsolfries. Im Erdgeschoß gewölbte Räume. Früher flachbogige Haustür.

St. Johann **Bp. 8**

Kirche und Hospiz aus der ersten Hälfte des 13. Jh.s unter Verwendung älterer Gebäude. Sakralraum auf kreuzförmigem Grundriß mit Anräumen und Emporen. Freskenausstattung im Chor, 13. Jh.
Bannzone: Bpp. 5, 6, 7, 247, 254, Gpp. 13/1, 13/3, 14, 15, 446/1, 446/2, 447, 460.

Pfarrwidum **Bp. 9**

Dreigeschossiger Bau mit Gewölben im Erdgeschoß, erneuerter hölzerner Stiegenaufgang (früher Wendeltreppe), im ersten Stock Diele mit Felderdecke, getäfelte Stube, gewölbter Raum.

St. Martin **Bp. 12**

Langhaus um 1394 errichtet, polygonaler Chor mit Gratgewölbe im 17. Jh. neu gebaut, dabei auch die Leistendecke (dekorative Schablonenmalereien) eingezogen. Flachbogenfenster, Dachreiter mit Holzverschalung.

Haus Nr. 16 **Bp. 24**

Breit abgefastes Rundbogentor, gewölbte Durchfahrt. Sehr gut erhaltene Stube mit geschnitzter Balkendecke, bez. 1576.

St. Anton **Bp. 60**

Einfacher Bau um 1720 errichtet, unter Joseph II. profaniert. Polygonaler Chorschluß, Kreuzgratgewölbe, Rundbogentür, Flachbogenfenster.

Haus Nr. 64 **Bp. 88**

Fassadenfresko (St. Georg), Fenster mit gemalten Zinnenbekrönungen, steingerahmte Spitzbogentür, im Erdgeschoß und im ersten Stock breite durchgehende Halle mit Balkendecke und Rundbogentüren. Stube mit Balkendecke und Unterzug, Fenster mit Schulterbögen.

Haus Nr. 65 **Bp. 89**

Gemauerte Freitreppe, Rundbogentür. An der Fassade Fresken (Madonna, Jakobus, Sebastian, Rochus, Anton und Christoph) 16. Jh. Im ersten Stock gewölbter Hausgang, Rundbogentor zum Keller.

Haus Nr. 66 **Bp. 90**

Einhof mit breiter Fassade zur Straße, Reste von Sgraffittoverzierungen, Fenster mit hohen Leibungen. Gewölbter Keller auf gemauerten Pfeilern. Im Erdgeschoß kreuzgratgewölbter Hausgang und mehrere gewölbte Räume. Stube mit Bohlenbalkendecke, gemauerter Treppenaufgang. Im zweiten Stock Gang mit einfacher Stuckdecke. Im Dachgeschoß Jahreszahl 1604. An der Küche Backofenanbau.

St. Nikolaus **Bp. 94**

Um 1400 erbaut. Polygonaler Chorschluß, Fassadenturm mit Spitzhelm, Kreuzrippengewölbe, Spitzbogenportal. Fresken um 1400.

St. Valentin in Rifair **Bp. 141**

Anstelle einer älteren Kirche errichteter spätgotischer Bau, 1521 geweiht. Breite Fassadenglockenmauer, polygonaler Chorschluß, Sternrippengewölbe, Rundbogenfenster.

St. Rochus in Puntweil **Bp. 184**

Sakralbau aus dem 17. Jh., Fassadenglockenmauer, polygonaler Chorschluß, Gratgewölbe, Rund- und Spitzbogenfenster.

Rotund (Oberreichenberg) **auf Gp. 1685**

Burgruine. Um die Mitte des 12. Jh.s errichtet, zu Beginn des 16. Jh.s umgebaut. Runder Bergfried, Spuren von Wandmalereien aus dem 15. Jh.

Reichenberg (Unterreichenberg) **auf Gp. 1691**

Burgruine. Ursprüngliche Anlage aus der zweiten Hälfte des 12. Jh.s. Runder Bergfried mit vermauertem Rundbogentor, Erker auf viereckigem Unterbau, dreigeschossige Palasmauer.

Katastralgemeinde Pichlern

Josl am Bichl mit Kasten **Bp. 12**

Zweigeschossiger Bau mit hölzernem Dachgeschoß. Rechtecktüre, Labe mit Tonne und Stichkappen, das Wohnhaus zum Teil verändert. Kasten: zweigeschossig, Eingang mit Rechtecktüre zum Erdgeschoß, Freitreppe und steingerahmte Rundbogentüren. Jahreszahl 1609.

Mair am Gruben mit Kapelle **Bp. 14**

Zweigeschossiger Bau mit vermauertem Giebel und Schopfwalmdach. Traufseitiger Eingang mit Rechtecktüre. Tonnengewölbte Küche, Stube mit neugotischem Schnitzwerk, im Mittelfeld Marienmonogramm und Jahreszahl 1920. Oberstube mit spätbarocker Vertäfelung, geschnitztes Mittelfeld, Rankenornamente ober der Türe und am Fries mit Füllhornmotiven.
Kapelle: Bau mit Satteldach, Rechtecktüre, abgesetzter Chor, Halbkreisfenster, 18. Jh.

Kornkasten und Kapelle beim Kuen **Bp. 21/3 Gp. 376**

Dreigeschossig, Erd- und Obergeschoß gemauert, zweites Obergeschoß in Bundwerk mit Bretterverschalung. Eingang zum Erdgeschoß mit Rechtecktüre. Eingang zum ersten Obergeschoß durch Rundbogentüre mit Steingewände.
Kapelle: Satteldach, polygonaler Schluß, Rundbogentür, Oculus im Giebel. Tonnengewölbe mit Stichkappen, im Chor Halbkreisfenster, 18. Jh.

Katastralgemeinde Terenten

Pfarrkirche St. Georg mit Friedhofskapelle Heiligkreuz und Friedhof **Bp. 1 Gp. 1**

1362 erwähnt, Grundmauern romanisch. Polygonaler Chor und Spitzturm spätgotisch. Langhaus 1683–1684 umgebaut, 1848–1858 verlängert und in romanisierenden Stilformen umgebaut. Tonne mit Stichkappen. Deckengemälde von Christoph Brandstätter. 1851.
Heilig-Kreuz-Kapelle: Spätgotischer Bau, 1520 geweiht. Polygonaler Chorschluß, Sternrippengewölbe auf Spitzkonsolen. Spitzbogentüren in abgefaster Steinrahmung, zwei Spitzbogenfenster mit Maßwerk.

Pichlhaus **Bp. 22**

Zweigeschossiges Handwerkerhaus mit gemauertem Erdgeschoß, Obergeschoß zum Teil in Ständerbau. Traufseitiger Eingang, Söller, Fenster mit breiter Leibung, Stube mit geschroteten Balken und Bohlendecke. 17. Jh.

Stockner **Bp. 35**

Großer, im Winkel gemauerter Bau mit Schopfwalmdach. Ebenerdig Rundbogentür, darüber Initialen 15... (unleserlich). Zwischen den Fenstern des Obergeschosses Wandmalerei (Florian. Sonnenuhr, bez. 1600, Mariahilf. Jahreszahl 1894, Georg und Nikolaus). Labe mit Netzgratgewölbe (Putzrippen), Stufe mit Felderdecke und Vierpaßmittelfeld (Auge Gottes). Oberlabe mit Netzgratgewölbe.
Im rechten Winkel zum Haus angebaut: Kasten mit Freitreppe, Rechtecktüre, Wandmalerei (Kreuzigungsgruppe, Sonnenuhr, bez. 1695). Lichtscharten mit breiter Leibung.

St. Zeno in Pein **Bp. 46**

Im 12. Jh. erbaut. Rundbogige Tür und abgesetzte Apsis. Tonnengewölbe aus der Barockzeit, Turm mit Pyramidendach 1794/95 errichtet. Wandgemälde von 1770 am Triumphbogen.
Bannzone: Gpp. 286, 287, 288, 341.

Kornkasten beim Pristaller **Bp. 48**

Eingeschossiger Bau mit offenem Giebel, Eckquadern aus Granit, Flachbogentür mit Putzrahmung und Eselsrückenholm, das restliche Mauerwerk nur dürftig verputzt. Vorgebauter kleiner Backofen mit Satteldach.

Unterpertinger mit Kornkasten **Bp. 65**

Rundbogige Haustüre, tonnengewölbte Labe mit Stichkappen. Stube mit Leistengetäfel, geschnitztes Mittelstück, bez. 1820.
Dreigeschossiger Kornkasten mit verschaltem Giebel. An der Taltraufenseite Sonnenuhr. Rundbogiger Eingang zum ersten Obergeschoß. Freitreppe zum zweiten Obergeschoß mit steingerahmter Rundbogentüre. Fenster mit breiter Leibung, Eckquadern.

Mühle, Kornkasten und Backofen beim Alpegger **Bpp. 74, 78, 334**

Mühle in Holzblockbau am Winnebach.
Zweigeschossiger, gemauerter Getreidekasten mit verschaltem Holzgiebel. Talseitiger Eingang mit Rundbogentüre. Bergseitiger Eingang zum Obergeschoß mit steingerahmter Rundbogentüre (1540).
Freistehender Backofen mit Vorgewölbe und Satteldach.

Kornkasten und Zubau beim Tötscher **Bp. 75**

Zweigeschossiger Kasten mit offenem Giebel, mächtige Holzschleuder um das Obergeschoß. Lichtscharten. Daran angebaut Wohnhaus mit gemauertem Erdgeschoß, Obergeschoß verbrettert mit Söller. Tonnengewölbte Labe mit Stichkappen, Stube mit Leistengetäfel, bez. 1710. Küche mit Tonne. Im Obergeschoß rundbogige Eingangstüre zum Kornkasten mit Eisentüre.

Mühlen am Winnebach **Bpp. 83, 84, 302, 303**

Dem Winnebach entlang drei Mühlen (eine Doppelmühle) und eine Stampfe. Holzblockbauten mit offenem Giebel, die Stampfe ein Ständerbau mit Pultdach, an einer Mühle angebaut.

Kornkasten beim Huber an der Ast **Bp. 118**

Zweigeschossiger Bau mit verbrettertem Holzgiebel. Eingang zum Obergeschoß über Freitreppe. Rechtecktür, bemalte Türeinfassung (Blumenmotive, Hirsch und Jäger). An der Giebelfassade Fresken (St. Martin, Georg).
Traufseitig angebauter Backofen mit Vorgewölbe (Tonne und Pultdach).

Terlan, Kapelle zu den Heiligen Drei Königen beim Gschnofer in Kreut
Links oben: Terenten, St. Zeno in Pein
Links unten: Antoniuskapelle in Siebeneich

Kapelle beim Mair am Graben **Bp. 119**

Um 1700. Einfacher Bau mit Tonnen- und Kreuzgratgewölbe. Außenfresko (Heimsuchung). Rundbogentür, -fenster. Schindeldach.

Kornkasten und Kapelle beim Oberleitner **Bp. 129**

Spätgotischer, zweigeschossiger Bau mit verschaltem Bundwerkgiebel. Über Eingang Mariahilffresko. Gemauerte Freitreppe mit Brüstung, Rundbogentür. Im Dachboden Originalstichbalken und verschiebbare Dörrvorrichtung für Getreide. Im Kellergeschoß Tonne mit Stichkappen und Holzdrendl, durch einen unterirdischen Gang mit dem Wohnhaus verbunden. Eckquaderverputz.
Später angebaute Kapelle mit Satteldach, Rechtecktüre, darüber Flachbogennische. Gerader Abschluß, Tonnengewölbe.

Kornkasten beim Brunner **Bp. 169**

Spätgotischer, zweigeschossiger Bau, verschalter Holzgiebel. Traufseitiger Eingang zum Obergeschoß mit Rundbogentüre, an der vorderen Giebelseite Rötelfresko mit Darstellung einer Stadt und zweier Landsknechte, 16. Jh.

Kornkasten beim Mair in Pein **Bp. 170**

Gemauerter Bau mit Freitreppe auf Granitkonsolen. In beiden Geschossen Rundbogentüren, offener Giebel.

Kornkasten und Schupfe beim Forchner **Bp. 188**

Zweigeschossiger Getreidespeicher mit verbrettertem Giebel, Eingang zum Erdgeschoß mit Rechtecktüre, traufseitiger Eingang zum Obergeschoß.
Schupfe: Kunstvoll gezimmerter Holzblockbau aus dem 17./18. Jh. mit offenem Giebel, Eingang an der Giebelfront mit kleiner Rechtecktüre.

St. Margareth in Margen **Bp. 221**

Erwähnt 1303. Aus dieser Zeit nur die Langhausmauern. Spitzturm um 1400, Langhausgewölbe 16. Jh. Rundbogenfenster. Wandgemälde (St. Christoph, 1742; am Triumphbogen Nothelfer, 18. Jh.).
Bannzone: Gp. 2354.

Falken in Margen **Bpp. 222, 224**

Dreigeschossig, Erd- und Obergeschoß gemauert, Giebelgeschoß verbrettert. Rundbogentüren, tonnengewölbter Mittelflur mit Stichkappen, zum Teil überwölbte Treppe zum Obergeschoß. Stübele mit Eselsrückentüre. An der Giebelfront Mariahilfbild.

Schneiderhäusl in Pein **Bp. 227**

Handwerkerhaus. Erdgeschoß gemauert, Obergeschoß und Giebel in Bundwerk und verbrettert. Tonnengewölbte Küche, Stube mit Felderdecke und Vierpaßmittelfeld. Ober der Türe Inschrift: Josef Oberhofer, Lucia Mairanhof 1880. Im Obergeschoß getäfelte Kammer mit Felderdecke, rundem Mittelfeld (Auge Gottes). Kammer mit Eselsrückentüren. Um 1850.

Zwei Kornkästen beim Gasser in Margen **Bpp. 228, 229**

Der untere Bau: zweigeschossig, offener Giebel, Eingang mit gemauerter Rechtecktür zum Obergeschoß, darüber hölzerne Freitreppe mit Eingang zum Obergeschoß mit Eisentüre. An der Türe Jahreszahl 1731 und Initialen P. E. Im Obergeschoß kreuzgewölbter Speicherraum. Wandmalerei (St. Peter und Paul).
Der obere Bau: zweigeschossig, Erdgeschoß gemauert, Obergeschoß in Ständerbauweise mit Bundwerk in Bretterverschalung. Zum Teil vermauerte Rundbogentüre mit Putzrahmen zum Erdgeschoß, Reste von Eckbemalung. Angebauter Backofen mit Satteldach.

Mühle beim Oberjakober **Bp. 286**

Holzblockbau mit offenem Giebel, 18. Jh. Funktionsfähiges Mahlwerk mit Wasserrad.

Zwei Mühlen im Terner Tal **Bpp. 287, 288**

Holzblockbauten mit verbrettertem Giebel, 18. Jh. Oberschlächtiges Wasserrad, funktionsfähiges Mahlwerk.

Englstöckl am Hohenbichl **Bp. 337**

Einfacher gemauerter Kapellenbildstock an einem Feldweg. Rundbogenöffnung, Tonnengewölbe, Satteldach mit Schindeln eingedeckt.

Aschburg **auf Gp. 433**

Burgruine. Spärliche Mauerreste einer kleinen Burganlage, im 13. und 14. Jh. im Besitz der Herren von Schöneck.

Katastralgemeinde Terlan

Pfarrkirche Maria Himmelfahrt mit Turm, Friedhofskapelle und Friedhof **Bpp. 1, 2/1, 2/2, 3**

Romanischer Turm um 1300 mit Pyramidendach, polygonaler Chor im letzten Drittel des 14. Jh.s errichtet, Sediliennische. Langhaus und Seitenschiff mit Kreuzgratgewölben zu Beginn des 15. Jh.s erbaut. Gotischer Turm 1884 abgetragen und 1891–1893 neu aufgebaut. Freskenausstattung im Chor nach 1380, im Langhaus ab 1407, in der Seitenkapelle um 1430 und 1470.
St. Michael am Friedhof: Um 1400 errichtet. Polygonaler Chorschluß, Rundbogentür, Flachbogenfenster, Flachdecke (früher gewölbt). 1405 von Hans Stocinger ausgemalt.

Pfarrwidum **Bp. 14**

Dreigeschossiger Renaissancebau mit Rechteckfenstern, Oculi und Haustür mit Oberlicht in Steinrahmung. Hofmauer mit Rundbogentor. An der Ostfassade eingemauertes Engelrelief mit Spruchband (15. Jh.).

Benefiziatenhaus **Bp. 24**

Zweigeschossiger Bau mit offenem Bundwerkgiebel, 1742 datiert. Gemauerte Freitreppe, rechteckige Haustür, Rundbogentor zum Keller.

Marstallstadel **Bp. 34**

Großes Wirtschaftsgebäude mit gewölbtem Stall, offener Heuboden, bez. 1745. Schöner offener Bundwerkgiebel.

Köstenholz mit Park **Bp. 46**
Gp. 110

Ansitz. Dreigeschossiger Bau, polygonaler Fassadenerker mit Türmchenabschluß, am Giebel Oculi. Im ersten Stock gewölbter Hausgang, zwei gewölbte Räume. Im Nebengebäude Bonifatiuskapelle mit Tonnengewölbe.

Meitinger **Bp. 48**

Krüppelwalmdach, darunter vermauerte Zinnenreihe. Im Erdgeschoß Gewölbe, 17. Jh. Östlich schmaler gewölbter Gang und ehemaliger Ansitz mit Gewölbe auf steinernem Mittelpfeiler (16. Jh.). Im ersten Stock großer Saal und gewölbter Hausgang, Stube mit Stuckdecke.

Lechenegg **Bp. 50**

Ansitz. Renaissancebau mit steingerahmten Rechteckfenstern und Oculi, im 18. Jh. im Besitz der Herren von Eberschlager.

Kirche zur Unbefleckten Empfängnis in Unterkreut **Bp. 73**

Im ersten Viertel des 18. Jh.s erbaut. Gerade abschließender, abgesetzter Chor, Kreuzgratgewölbe auf Wandpfeilern, Türmchen mit Zwiebelhaube. Deckengemälde von J. A. Prenner (Marienleben).

Gasthof Engel in Unterkreut **Bp. 77**

Dreigeschossiger Bau mit steingerahmten Fenstern, Oculi, Freitreppe und Eckerker. Im ersten Stock Haustür in Steinrahmung, im Vorraum Deckenfresko in Stuckrahmen.

Gschnofer mit Dreikönigskapelle **Bpp. 97, 98**

Gutshof aus dem 18. Jh. Flachbogentor zum Keller, Wirtschaftsgebäude mit offenem Bundwerkgiebel. Freitreppe, Rechtecktür in Steinrahmung, Fenster in Ohrenrahmung. Gewölbte Selchküche, Räume mit Stuckdecken.
Um 1700 durch Melchior von Eberschlager errichteter Zentralbau. Dachreiter mit Pyramide, gerade abschließender abgesetzter Chor, Kuppelgewölbe. Fenster mit Karniesbögen.

Kreuzweger in Kreut **Bpp. 102/1, 102/2**

An der östlichen Schmalseite verblaßtes Fresko, Ornamentmalereien (Jahreszahl 1648). An der Nordseite zwei zum Teil vermauerte Doppelbogenfenster, Dekorationsmalerei und Jahreszahl 1717.

Durcher in Kreut **Bpp. 104/1, 104/2**

Spätmittelalterlicher Hof. Dreigeschossiger Bau mit Fenster in gotischer Steinrahmung. Vergittertes Fenster.

Lindeplatt in Kreut **Bp. 108**

Freitreppe, steingerahmte Rundbogentür, Turmanbau mit gemalten Eckquadern und Fensterrahmungen, 16. Jh.

Turm zu Kreut **Bp. 109**

Mittelalterlicher Wohnturm um 1500 umgebaut. Bruchsteinmauerwerk in regelmäßigen Lagen, Zeltdach.

Haller in Kreut **Bp. 113**

Mittelalterlicher Hof mit Turmanbau aus dem 16. Jh. Steingerahmte Rechtecktür, davor Steinstufe. Rundbogentor zum Keller. Über dem Rundbogenportal Wappenkartusche. Sonnenuhr.

Alte Pfarrkirche St. Josef in Vilpian **Bp. 149**

1639 erbaut. Turm mit Spitzhelm 1865. Steingerahmte Rechtecktür mit flankierenden Fensterchen, am Giebel Oculus. Gerader Chorschluß mit frühgotischem Votivstein. Kreuzgratgewölbe, im Langhaus Tonne.

Linsl **Bpp. 187, 188**

Zwei Gebäude durch einen gedeckten Gang verbunden. Steingerahmte Fenster und Rechtecktür mit Oberlichte. Gewölbter Vorraum. Im ersten Stock Saal mit Doppelbogenfenster und symmetrisch angeordneten Seitentüren.

Liebeneich mit St.-Johannes-Nepomuk-Kapelle **Bpp. 196, 197**

Ansitz. Bereits im 14. Jh. erwähnt, in der ersten Hälfte des 18. Jh.s umgebaut. Flachbogiges Hoftor, steingerahmte rechteckige Fenster und Türen, Balkone mit Eisenbrüstung. Oculi.

Kapelle: 1735 geweiht. Dachreiter, polygonaler Chorschluß, Gratgewölbe auf Pilastergliederung, Rechteckportal in Steinrahmung, Viereck- und Flachbogenfenster. Freskenausstattung 1725 von Christoph Anton Mayr.

Steiner in Siebeneich **Bpp. 251, 252**

Im Erdgeschoß und ersten Stock gewölbte Räume, im zweiten Stock großer Saal mit Doppelbogenfenstern an den Schmalseiten, Tafel mit Jahreszahl 1681, Rundbogentor mit Wappen. Am Nebengebäude zweigeschossiger Turm angebaut.

Großkarnell in Siebeneich **Bpp. 256, 257**

Im 13. Jh. erwähnt. Großer Gutshof mit Turm, im 19. Jh. teilweise erneuert.

Deutschhaus mit Antoniuskapelle in Siebeneich **Bpp. 272, 273, 274**

Gutshof im 17. Jh. ausgebaut. Mehrere Stuckdecken. Antoniuskapelle 1699 errichtet. Dreikonchenanlage mit zentraler Kuppel und Laterne. Türmchen mit Zwiebelhaube auf Oktogon. Rechteckfenster. Vorhalle mit Stuckdecke.
Bannzone: Gpp. 1783/1, 1783/2, 1783/4

Datum in Siebeneich **Bp. 293**

Mittelalterlicher Hof mit Barockfassade und Volutengiebel am Mittelrisalit. Hölzerner Glockenträger, gemalte Fensterrahmungen mit aufgebogenem Gebälk, Flammenvasen und Rokoko-Zierat, 18. Jh. Gewölbte Kellerräume.

Haller in Klaus **Bp. 319**

Regelmäßige Fensterreihen mit Putzfatschen, zwei steingerahmte Rundbogentore, Wappen der Herren von Lana. Tonnengewölbter Hausflur als Durchfahrt gestaltet. Gemauerter Treppenaufgang.

Pfarrkirche zum Heiligsten Herzen Jesu in Siebeneich **Bp. 408**

1913 in gotisierenden Stilformen nach Entwürfen von Karl Atz von Hans Abfalter und Johann Lorenzo errichtet. Polygonaler Chor, Gratgewölbe, Fassadendachreiter mit Spitzpyramide.

Neuhaus **Gp. 94**

Ruine der um 1220 durch die Grafen von Tirol erbauten Burg. Toranlage, fünfeckiger Bergfried mit Rundbogentüren, Grundmauern der gotischen Burgkapelle.

Klause unter Neuhaus **auf Gp. 104/1**

Spärliche Mauerreste der alten Straßensperre, bereits 1280 erwähnt. Regelmäßige Steinlagen.

St. Peter **auf Gp. 1535/1**

Auf einem Felskopf Reste der Substruktions- und Grundmauern der St.-Peters-Kirche, die 1323 erstmals genannt wird. Gerader Chorschluß.

Helfenburg **auf Gp. 1755**

Ruine der 1234 erwähnten Burg auf einem Hügel oberhalb von Montigl. Reste der Ringmauer in regelmäßiger Steinlage.

St. Margareth in Klaus **auf Gp. 2277**

Ruine der 1322 erwähnten und unter Joseph II. geschlossenen Kirche. Mauerreste des Polygonalchors, des Fassadenturms mit Vorhalle und der Langhausmauern sind noch erhalten geblieben.

Links oben: Terlan, Neuhaus
Links unten: Tirol, Schrottwirt
Rechts oben: Tiers, St. Cyprian
Rechts unten: Tirol, Schloß Tirol

Katastralgemeinde Tiers

Kapelle beim Altersheim **Bp. 38**

Um die Jahrhundertwende in gotisierendem Stil erbaut, mit dem Altersheim verbunden. Spitzbogentür und -fenster, Gewölbe. Tür mit Flachschnitzerei. Hölzerner Giebeldachreiter.

St. Sebastian **Bp. 71**

Anstelle einer älteren Kirche 1635 erbaut. Glockentürmchen mit Pyramidendach, dreiseitiger Chorschluß und Tonnengewölbe. Wandgemälde (Votivbild mit Pietà, Pestheilige und Stifterinschrift), 1636. Schindeldach.

Pfarrkirche St. Georg und Friedhof **Bp. 79 Gp. 507/5**

Turm im 14. Jh. erhöht. Der spätgotische Chor wurde 1487 gewölbt. Turm mit Oktogon und Zwiebelhaube, 1738. Langhaus mit Flachkuppel, 1766. Deckenbilder von Carl Henrici, 1772.

Unterproder **Bp. 89**

Offener Bundwerkgiebel, steingerahmte Rundbogentür, Spitzbogentür an der Talseite. Steingerahmte Spitzbogentür an der Bergseite, Schlußstein mit Wappen. In der Labe steingerahmte Rundbogentür. Stube mit Brustgetäfel und Leisten, 1854 bemalt, Wandkästchen mit Intarsien (Auge Gottes, J. D., 1854).

St. Cyprian und Justina **Bp. 117**

Spätromanische Anlage, 1538 erneuert. Turm mit Pyramidendach. Apsis, Tonnengewölbe, Flachbogenfenster, Rundbogentür. An der Südwand und am Triumphbogen Wandmalereien, 16.–17. Jh. Schindeldach.

Katastralgemeinde Tirol

Pfarrkirche St. Johannes der Täufer mit Friedhof **Bp. 1**

1182 erwähnt. Romanischer Turm mit barocker Haube, 17. Jh. Polygonaler Chor, zweite Hälfte des 14. Jh.s Langhaus 1856 neu geweiht (mit Querschiff), Kreuzrippengewölbe im Chor. Wandgemälde im Chor (Passionsszenen), 15. Jh.

Pfarrwidum **Bpp. 2/1, 2/2**

Zwei Trakte mit romanischen und gotischen Bauelementen. Osttrakt: Spitzbogiges Doppelfenster, Sonnenuhr mit Wappen, Viereckerker. Verbindungstrakt: Steingerahmte Schulterbogentür, am Holzsöller eingefaßte Rechtecktür, bez. S. D. G. V. M. 1791. Westtrakt: Viereckerker, Fenster in Steinrahmung. Im Keller mittelalterliches Sichtmauerwerk.

Schrottwirt **Bp. 27/1**

Spätgotischer Bau mit Steildach und Vorschußgiebel. Im Keller Balkendecke auf Gabelstütze. Im Erdgeschoß Halle mit Netzgratgewölbe auf zwei Steinsäulen. Im ersten Stock kreuzgratgewölbter Hausgang, ehemalige Wirtsstube mit Balkendecke, 16. Jh.

Köhl **Bpp. 31, 32**

Spätmittelalterlicher Bau auf langgezogenem Grundriß. Im ersten Stock gewölbte Küche, gewölbter Gang, Stube mit Felderdecke. Im östlichen Keller hölzerne Gabelstütze, im westlichen Steinpfeiler mit vier Bögen.

Beat **Bp. 36**

Im Erdgeschoß Labe und Küche gewölbt, Stube mit Barocktäfelung, Mittelfeld (Maria und Josef mit Engel und Traube, bez. 1758). Im ersten Stock gewölbte Oberlabe mit Eckerker, Renaissancetäfelung mit kannelierten Pilastern. Kassettendecke mit vergoldeten Rosetten, in der Mitte Wappen.

Staingütl **Bp. 57/1**

Bau mit vorkragenden Bögen an der südlichen Fassade. Dazwischen Wandmalereien (Passeirer Schule, 18. Jh.). Spätbarocke Stube mit Felderdecke und Jahreszahl 1758.

Dorfmühle (Waldengut) **Bp. 64**

An der Ost- und Südfassade sowie im Erdgeschoß Sichtmauerwerk mit ausgestrichenen Mörtelfiguren aus dem 13. Jh.

Tritschermühle **Bp. 75**

Mühle mit Müllerwohnung, Rahmenmalereien an Erkern und Fenstern. Nischen mit Fresken der Passeirer Schule, 18. Jh. (Maria Hilf, Gott Vater mit Heiligem Geist, Heilige).

Auer **Bp. 104/1**

1288 erwähnt. Drei getrennte turmartige Wohnbauten mit Ringmauer. Spätgotischer Kapellenbau. Gotische Stube mit Balkendecke, Saal mit Renaissancemalereien um 1550.

Innermelaun **Bp. 122**

Ursprünglich mit Außermelaun verbunden, im mittelalterlichen Keller Verbindung noch vorhanden. Im ersten Stock gotisierendes Stubengetäfel, bez. 1930.

Außermelaun **Bp. 123**

Steingerahmtes Rundbogentor, am Scheitel Wappenschild (Pfeil), um 1300. Im Keller romanisches Sichtmauerwerk und Lichtschlitze, Tramdecke auf Unterzug. Im ersten Stock gotisierendes Stubengetäfel, bez. 1922.

Mair am Aich **Bp. 127**

Kelleramt von Tirol. Wohnhaus mit Fassaden in Sichtmauerwerk und ausgestrichenen Mörtelfiguren. Spätes 13., frühes 14. Jh. Geschlossener Bundwerkgiebel. Gewölbte Labe, Stube mit klassizistischer Wandtäfelung, im Mittelfeld Marienkrönung, bez. 1815. Unterbau eines freistehenden Turmes um 1300.

Strobl **Bp. 131/1**

Einhof mit Freitreppe, steingerahmte Eingangstür, Gang und Kreuzgratgewölbe, in der Küche Tonne. Stube mit spätbarockem Leistengetäfel. Backofen mit hoher gewölbter Tonne.

St. Ruprecht **Bp. 132**

1332 erwähnt. Langhausmauer romanisch, gerade abschließender Chor, 1472 geweiht. Türmchen mit Pyramidendach. Schulterbogentür, Netzrippengewölbe. Wandgemälde an der Fassade, Anfang 15. Jh. ; Sonnenuhr, 1537.

Erlacher **Bp. 140/1**

Talseitig Rundbogentor zur Ansetz, Sonnenuhr mit zwei Wappen. Ansetz mit gemauertem Pfeiler und Kreuzgratgewölben. Labe mit Kreuzgratgewölbe, tonnengewölbte Küche. Stube mit Barocktäfelung, Türsturz bez. Martin Langenmantel, 1716. Kammertür bez. Catarina Goldrainerin. Jagdstübele mit Wandmalereien von J. Rizzi, 1932 (Jagdszenen, Schloß Tirol, Auerhahn).

Dreikönigskapelle beim Königbauer **Bp. 141**

Kapelle im Haus, 18./19. Jh.

Gutshof Zenoburg **Bpp. 143/1, 143/2**

Gewölbter Gang und gewölbter Keller.

Zenoburg **Bpp. 144/1, 144/2, 144/3**
Gpp. 841, 842, 843, 844, 845, 846

1258 erwähnt. Bergfried, Ringmauer und Kapelle.
Kapelle: Doppelgeschossig mit zwei Apsiden im Osten, romanisches Portal mit Knospenkapitellen, Portalgewände mit figürlichem Schmuck (Wappenadler Tirols, Fabelwesen). Sichtmauerwerk, offener Dachstuhl.

Sandgruber **Bp. 153**

Einhof. An der Ostfassade Fresken (Franz Xaver, Mariahilf, Johannes Nepomuk) bez. 180.. Ansetz mit Gabelstütze. Gewölbte Küche, Stube mit Felderdecke und Jahreszahl 1758 am Türsturz.

Gratschberg **Bp. 158**

Wohnturm. Ein Turm zu Gratsch 1349 erwähnt. Um 1900 durch Dr. Vögele in Meran stark erneuert, mit Zinnenabschluß versehen.

Tirol **Bp. 161**
Gpp. 1259, 1260, 1261

1141 erwähnt. Bergfried 1904 wieder hergestellt. Südpalas mit östlich anschließender doppelgeschossiger Burgkapelle. Ostpalas, Mushaus und Wirtschaftsgebäude. Skulptierte Portale zur Kapelle und zum Rittersaal mit Reliefschmuck. In der Kapelle Wandmalereien aus dem 14. Jh.
Bannzone: Bpp. 159, 160, 172, 272
Gpp. 1249, 1250, 1252, 1253, 1254, 1255, 1256/1, 1257, 1258, 1262, 1263, 1281, 1282, 1283

St. Peter mit Friedhofskapelle in Gratsch **Bpp. 165/1, 165/2**

Auf zwei älteren Vorgängerbauten errichtet, kreuzförmiger Grundriß mit Vierungsturm (Pyramidendach). Karolingisch, Ende 8., Anfang 9. Jh. Leicht polygonaler Chorschluß, im Seitenschiff Tonne, 14. Jh. Wandmalereien, 13. bis 16. Jh. Friedhofskapelle: Zweigeschossiger Bau, unten Gruft, oben Kapelle mit Kassettendecke, 17. Jh.
Bannzone: Bpp. 166/1, 166/2, 167, 348
Gpp. 1315, 1316, 1317, 1318, 1319, 1320, 1322, 1326, 1364/1

Walkner **Bp. 170/1**

Bergseitig Freitreppe, Rundbogentür, kreuzgratgewölbter Gang. Barockstube mit Viereckerker und bemaltem Mittelfeld (Verkündigung). Über den Türen Inschrift: Ursula Luemerin, Jakob Waldner 1796. Tonnengewölbte Rauchküche mit Flachbogentür, Brunnentrog 1848. Am neueren Wohngebäude Sonnenuhr mit Jahreszahl 1849.

Turnstein **Bp. 171/1**

1276 erwähnt. Viergeschossiger Turm mit Zinnenbesatz. Nordtrakt 1803 angebaut.

Villa Maria **Bp. 236/1**

Um 1886 errichteter, mit historisierenden (barock-klassizistischen) Bauelementen durchdrungen. Polygonaler Eckturm, Rundbogenfenster, Zwiebelhaube. An der Süd- und Westseite je ein abgetreppter Ziergiebel. Innengestaltung zum Teil modernisiert.

Maria Heimsuchung in Finele **Bp. 250**

Kapelle 1898 nach Plänen von Architekt Anton Weber/Wien erbaut. Hölzernes Vordach, geschwungener Giebel mit Glockenmauer, abgesetzter Altarraum. Rundbogenöffnung mit Gitter, Rundbogenfenster mit Putzrahmen.

Brunnenburg **Bp. 278**

1253 erwähnt. Bergfried und Palas. Zwischen 1900 und 1905 von Karl Schwikkert in historisierenden Formen wiederaufgebaut.

Wegkapelle beim Traubenheim (Lindebauerkapelle) **Bp. 280**

Offene, barocke Kapelle mit Kreuzgewölbe, zwei vorgesetzte Säulen, Rosetten.

Johannes-Nepomuk-Kapelle (Lahnkapelle) **auf Gp. 290**

Offene Kapelle mit Statue des heiligen Johannes Nepomuk, 1886 benediziert.

Bischöfliches Seminar Johanneum **Bp. 295**

Nutz- und Zweckbau mit renaissancehaften (Stiegenaufgang) und barockisierenden Bauelementen. Turm mit Zwiebelhaube. Neubarocke Kirche, Zentralbau mit drei Apsiden. Entworfen von Josef Musch und Karl Lun (Meran) zusammen mit Prof. Josef Schmitz (Nürnberg), 1910 ausgeführt.

Segenbühelkapelle **auf Gp. 998/2**

Offene Kapelle mit seitlichen Pilastern und Flachbogennische. 19. Jh.

Links oben: Tirol, Beat
Links unten: Tisens, Gaßbauer
Rechts oben: Tisens, Unter-Haslraster
Rechts unten: Tisens, Katzenzungen

Katastralgemeinde Tisens

Resch **Bp. 5**

Renaissancebau mit doppelläufiger Freitreppe und Rechtecktür in Sandstein. Kreuzgratgewölbter Hausgang mit Porphyrplattenboden.

Holer **Bp. 7**

Steingerahmte Haustür mit vergittertem Oberlicht. Mariahilffresko, bez. 1756. Barockstube mit langgezogenem Vierpaßmittelfeld, Wandkästchen, bez. 1692. Im Keller romanische Rundbogentür in Steinrahmung.

Gärtner **Bp. 14**

Rundbogige Haustür, alter Stiegenaufgang. Im zweiten Stock Stube mit spätgotischer Balkendecke und Renaissanceofen, bez. 1688. Im Wirtschaftsgebäude zwei romanische Rundbogenfenster der ehemaligen St.-Katharinen-Kirche. Reste der gemalten Eckquaderung, Bundwerkgiebel, bez. 1835.

Faznager **Bp. 18**

Im Erdgeschoß Rundbogentür zwischen zwei vergitterten Viereckfenstern in Sandsteinrahmung. Hölzerne Freitreppe mit Söller. An der Stubendecke geschwungene Stuckleiste, bemalte Türen, bez. 1820. Reich geschnitzter Bundwerkgiebel.

Rathaus (Frankenberg) **Bp. 19**

Ansitzartiger Bau in Renaissanceformen (früher Abraham- oder Bergerhof). Rundbogentor in Rustica, am Keilstein Wappen der Herren von Frankenberg und Jahreszahl 1646. Zwei Doppelbogenfenster. Im Erdgeschoß tonnengewölbter Hausgang, im zweiten Stock Gang mit Kassettendecke. Am Giebel Oculi.

Pfarrkirche Maria Himmelfahrt mit Friedhofskapelle und Friedhof **Bpp. 23, 59 Gp. 85**

Turmunterbau romanisch, Abschluß mit Zwiebelhaube auf Oktogon, 1711. Spätgotischer Kirchenbau mit polygonalem Chor, Netzrippengewölbe, Langhaus mit Tonne. Seitenkapelle mit Kuppel und Laterne, Mitte 18. Jh. Am Turm Wandgemälde von Carl Henrici, 1780.
St. Michael am Friedhof: zweigeschossiger Bau aus dem ausgehenden 15. Jh. Fassadenglockenmauer, polygonaler Chorschluß, Netzrippengewölbe. Freskenausstattung aus der Erbauungszeit von Conrad Waider. In der Gruft Gewölbe.

Pfarrwidum **Bp. 27**

Bis 1882 Mairhof genannt, im 17. Jh. im Besitz der Herren von Frankenberg. Ansitzartiger Bau in Renaissanceformen, um 1900 teilweise umgestaltet. An der Fassade zwei Erkertürme mit Brüstung, Holzsöller. Steingerahmte Rundbogentüren.

Mairhäusl **Bp. 28**

Mittelalterlicher Bau mit tonnengewölbter Küche mit vergittertem Fenster in Steinrahmung. Rundbogentor zum Keller, Barockstube mit profilierten Leisten.

Kessler **Bp. 29**

Südfassade mit flachbogigem Rustikator in Sandsteinrahmung, ober den Fenstern verblaßtes Fresko (Pietà). Westseite mit Freitreppe und Rechtecktür.

Gaßbauer **Bp. 31**

Vom Hof aus Freitreppe, im ersten Stock Rechtecktür in Sandsteinrahmung. Kreuzgratgewölbter Hausgang und Küche mit Tonnengewölbe. In der Südwestecke Stube mit kassettierter Decke und Unterzug. Renaissanceofen mit Jahreszahl 1633, am Wandgetäfel Jahreszahl 1875.

Schmiedhaus **Bp. 38**

Flachbogentor mit Jahreszahl 1705 am Keilstein. Erker mit vier steingerahmten Fenstern und flachbogigem Aufsatz. Im ersten Stock steingerahmte Rechtecktür mit Jahreszahl 1711.

Richterhäusl **Bp. 39/1**

Doppelläufige Freitreppe, tonnengewölbter Hausgang (später abgeteilt). Feldergetäfelte Stube mit barockem Kachelofen, 18. Jh. Nach Süden angebautes Türmchen.

Armenhaus **Bp. 40**

Seit dem 14. Jh. als Pfarrhof erwähnt. Ursprünglich befestigte Anlage mit Turm und Zinnen. Im 16. und 17. Jh. vergrößert.

Gasthof zum Adler **Bp. 48/1**

Im Erdgeschoß Renaissancetür in Sandsteinrahmung, bez. 1619. Gemauerter Stiegenaufgang. Im ersten Stock kreuzgratgewölbter Hausgang, Stube mit spätgotischer Balkendecke. Spätbarocker Kachelofen, steingerahmte Schulterbogentür.

Gasthof zum Löwen **Bp. 50/1**

Langgezogener Bau mit Rundbogentor, im Erdgeschoß und ersten Stock tonnengewölbte Hausgänge. An der Schmalseite zwei gekuppelte Rechteckfenster mit Seitensitzen. Küche mit Tonnengewölbe. Offener Bundwerkgiebel, Wirtshausschild Anfang 19. Jh.

Zwingenburg **Bpp. 75, 76**

Burganlage aus der ersten Hälfte des 13. Jh.s, Bergfried um 1900 wieder aufgebaut. Erhalten haben sich noch Teile der Zwingermauern und des Palas. Im Kern turmartiger Bau, Stammsitz der seit 1298 erwähnten Herren von Greinegg. Zu einem Bauernhof erweitert. Steingerahmte Rundbogentüren, verbretterter Giebel, gekuppelte Rechteckfenster in Steinrahmung, Stube mit Renaissancetäfelung, um 1600. An einem Fenster Jahreszahl 1670.

Greifenegg **Bp. 78**

Stammsitz der seit 1298 erwähnten Herren von Greinegg. Ursprünglich turmartiger Bau, später zu einem Bauernhof erweitert. Rundbogentüren, Flachdecke mit Unterzugbalken. Im Obergeschoß Renaissancetäfelung mit Zahnschnittfries, um 1600. Ein weiterer Raum mit Renaissancedecke, heute stark verrußt. An Lichtschlitz im Dachgeschoß die Jahreszahl 1670.

Liedl **Bpp. 87/1, 87/2**

Im Kern mittelalterlicher Bau, um 1600 umgebaut. Freitreppe, steingerahmte und vergitterte Fenster, angebautes Viereckturmchen. Stube mit Kassettendecke und Unterzug. Steingerahmte Vierecktüren, außen Mariahilffresko, 18. Jh. Am Giebel Oculi, steingerahmte Schulterbogentür am Wirtschaftsgebäude.

St. Martin in Prissian **Bp. 92**

1383 erwähnt, um 1630 umgebaut. Turm mit Spitzpyramide, polygonaler Chor, Tonnengewölbe, Rechtecktür, Flachbogenfenster.

Katzenzungen **Bp. 95**

Ursprünglicher Wohnturm um die Mitte des 16. Jh.s erweitert. Zufahrt auf Rundbogenbrücke, Rundbogentor, unter dem Dach regelmäßige Reihung von Pechnasen auf Kragsteinen. Viereckfenster in Steinrahmung.

Saltenbichl **Bp. 96**

An der Südwestecke angebautes Türmchen mit rundbogiger Durchfahrt, im letzten Geschoß Wappenmalereien. Gemauerte Freitreppe, steingerahmte Rechtecktür mit vergittertem Oberlicht, tonnengewölbter Hausgang.

Untertreibgasser **Bp. 97**

Dreigeschossiger Bau mit barocker Quadraturmalerei an der Fassade. Steingerahmter Rundbogeneingang, originale Fensterleibungen. Im ersten Stock tonnengewölbte Küche, Stube mit Felderdecke und Vierpaßmittelfeld (Blattkranz), Kachelofen, 17. Jh.

Zehenter **Bp. 100**

An der Westseite rundbogige Haustür in Steinrahmung, an der Ostseite angebauter Turm. Im Norden und Süden reich geschnitzter Bundwerkgiebel, zum Teil mit bemalten Kopfstreben. Stube mit Leistendecke, 1856 bemalt. Küche mit Tonnengewölbe, zwei Empireöfen, 1828.

Klingler **Bp. 105/1**

Hohe gemauerte Freitreppe, steingerahmte Rechtecktür mit vergittertem Oberlicht, zwei gewölbte Küchen. Im Erdgeschoß, ersten und zweiten Stock kreuzgratgewölbte Hausgänge. Im zweiten Stock Doppelbogenfenster mit Rosettenverzierung. Verbretterter Giebel.

Platzbauer **Bp. 106**

Rundbogiges Hoftor, rechteckige Haustür mit vergittertem Oberlicht in Sandsteinrahmung, am Sturz Schildchen mit Jahreszahl 1680. Darüber Fenster mit barockem Korbgitter. Reste von gemalter Eckquaderung.

Fahlburg **Bp. 109**

Ursprünglich Turm aus dem 13. Jh. Zu Beginn des 17. Jh.s zu einem Ansitz ausgebaut. Zwei Ecktürme mit Laternen und Palladiomotiven, Kapelle mit polygonalem Chor und Dachreiter, getäfelte Räume mit Kachelöfen aus dem 17. Jh. Barocke Wandgemälde.
Bannzone: Gpp. 418/1, 419/6, 419/7, 420/1, 420/2, 420/3, 423/1

Baumann **Bp. 110**

Im Kern mittelalterlicher Bau, im 16. Jh. erweitert und in die heutige Form gebracht. Steingerahmte Fensterleibungen, Rundbogenportal in Rustikarahmung, Zinnenmauer, hölzerner Dachreiter.

Unterbäck **Bp. 111**

Ansitzartiger Bau in Renaissanceformen. Steingerahmte Rechtecktür (Jahreszahl 1866) mit vergittertem Oberlicht. Doppelbogenfenster. Kreuzgratgewölbter Hausgang. Nach Süden angebauter Turm.

Fieger **Bp. 131/1**

Rundbogiges Hoftor, steingerahmte Rechtecktür. Im Erdgeschoß, ersten und zweiten Stock tonnengewölbter, breiter Hausgang. Gewölbte Küche. Im ersten Stock Stube mit verkleidetem Unterzug und Balkendecke, im zweiten Stock Stube mit Brustgetäfel. Am Giebel Oculi.

Perdonig (Heufler) **Bp. 136/1**

Ansitz. Renaissancebau mit Freitreppe und vorspringender Loggia. An der Loggia außen und innen Wappenmalereien. Tonnengewölbter Hausgang mit Stichkappen, Stube mit Felderdecke und Vierpaßmittelfeld.

St. Christoph **Bp. 140**

Romanischer Bau. Zu Beginn des 17. Jh.s umgestaltet. Turm mit Pyramidendach, gerader Chorschluß, Kreuzgratgewölbe, Rundbogentür (Jahreszahl 1603) mit Rautenverzierung.

St. Hippolyt in Naraun **Bp. 148**

1286 erwähnt, im 17. und 18. Jh. umgestaltet. Turm mit Pyramide, Rundapsis, Langhaus mit Tonnenwölbung, Spitzbogenportal, Viereck- und Rundbogenfenster.

Hasler **Bp. 152**

Rechteckige Haustür in Sandstein, flachgewölbter kurzer Hausgang. Tonnengewölbte Küche. Stube mit Barocktäfelung und Vierpaßmittelfeld, vergitterte Fenster. Im Keller spätgotische Gabelstütze und mittelalterliches Mauerwerk. Am Stadel Putztafel mit Jahreszahl 1768.

Steinmann **Bp. 168/3**

Bau mit verbrettertem Giebel, gemauerte Freitreppe, Flachbogentür zum Keller, Stube mit Renaissancetäfelung.

St. Sebastian in Platzers **Bp. 196**

Historisierender Bau, 1889/90 errichtet. Rundapsis, Kreuzgratgewölbe im Langhaus, Lünettenfenster. An der Westfassade Rundfenster und abgetreppte Ziegelglockenmauer mit Satteldach, darunter Portalvorbau.

Berl **Bp. 215**

Kreuzgratgewölbter Hausgang mit flachbogiger Nische. In der Südwestecke Stube mit spätgotischer Bohlenbalkendecke und geschnitztem Unterzug. An der Fassade Mariahilfbild, bez. 1873.

Unter-Haslraster **Bp. 222**

Freitreppe. Im ersten Stock Stube mit kassettierter Balkendecke. Am geschnitzten Unterzug Jahreszahl 1562. Tonnengewölbte Küche. Im zweiten Stock ehemalige Gaststube mit einfacher Stuckdecke. Geschnitzter Bundwerkgiebel, bez. 1787.

St. Nikolaus in Gfrill **Bp. 233**

Romanisches Langhaus, spätgotischer polygonaler Chor mit Fächergewölbe, Turm mit Spitzpyramide. Im Langhaus Kreuzgratgewölbe auf Pilastern. Flachbogenfenster. An der Westwand Fresko (Jüngstes Gericht), 15. Jh.

St. Jakob in Grissian **Bp. 241**

Romanischer Kirchenbau, 1142 Weihe. Rundapsis. Langhaus mit Flachdecke. Im Chor und am Triumphbogen bedeutende Wandmalereien, um 1200, an den Langhauswänden Freskenreste, Ende 14. Jh. Turm mit Pyramidendach.

Mair am Turm in Grissian **Bp. 249**

Mittelalterlicher Turm, an zwei Kanten Buckelquadern. Später angebautes Bauernhaus mit tonnengewölbter Küche, in der Stube Renaissancekachelofen, Wappenkacheln, bez. 1688, 1717. Felderdecke mit Vierpaßmittelfeld.

Wehrburg **Bp. 256**

Burganlage aus der ersten Hälfte des 13. Jh.s. Um 1900 wieder aufgebaut. Palas, zwei Wohntürme mit Doppelbogenfenster, freskengeschmückte Fensternische in der ehemaligen Kapelle aus dem beginnenden 15. Jh. Neue Kapelle 1474 geweiht, im 17. Jh. umgebaut: gerader Chorschluß, Gratgewölbe auf Pilastern.
Bannzone: Gpp. 2011, 2012, 2013, 2014, 2015, 2016/1, 2016/2, 2017/1, 2017/2.

Kapelle beim Gfrillner Badl **Bp. 297/2**

Kleiner gotisierender Bau mit hölzernem Fassadendachreiter (Pyramidendach), um 1890 errichtet. Kreuzgratgewölbe, Spitzbogenfenster, -tür.

Nalser Kreuzkapelle **Bp. 357**

Bau mit polygonalem Schluß, Oculifenster, Satteldach. Vergitterte Rundbogentür, vor der gratgewölbten Altarnische Eisengitter.

St. Anton Abt **auf Gp. 662**

Reste der Umfriedungsmauer der unter Joseph II. profanierten St.-Antons-Kirche. Nach Westen kleine Kapelle angebaut, mit Rundbogentür.

Burgruine im Holz **auf Gp. 1775**

Mauerreste einer Burganlage aus der ersten Hälfte des 13. Jh.s. Feldsteinmauerwerk in unregelmäßiger Schichtung.

Bildstock bei St. Jakob in Grissian **auf Gp. 1797**

Kapellenbildstock mit Rundbogennische, Fresken um 1440 (Kreuzigung, Vera Icon, Christus in der Grabkufe, Engel mit Leidenswerkzeugen, Katharina, Dorothea, zwei Heilige).

Kapelle beim Stuber **auf Gp. 1829**

Kapellenbildstock mit Rundbogenöffnung und tonnengewölbter Nische. Schön gearbeitetes Schmiedeeisengitter.

Casatsch **auf Gp. 2066/2**

Burgruine. Mauerreste einer 1194 erbauten Burganlage mit Mauern aus Feldsteinmauerwerk, teilweise ohne Mörtelbindung in unregelmäßiger Schichtung.

Links oben: Tisens, St. Nikolaus in Gfrill
Links unten: Tisens, Bildstock bei St. Jakob in Grissian
Rechts oben: Toblach, Roter Turm
Rechts unten: Unsere Liebe Frau im Walde, Marschalk

Katastralgemeinde Toblach

Pfarrkirche St. Johannes der Täufer mit Turm, Friedhofskapelle und Friedhof — **Bpp. 1, 2, 3 Gp. 1**

Barockes Langhaus von Baumeister Rudolf Schraffl, 1769 errichtet. Freistehender Turm mit Oktogon und Zwiebelhaube um 1800. Wandpfeilerbau mit leicht abgeecktem quadratischem Chor. Flachkuppeln, Freskenausstattung von Franz Anton Zeiller (1769).
Friedhofskapelle: Einfacher Bau, im Ersten Weltkrieg zerstört und wieder aufgebaut.

Kornkasten beim Fauster — **Bp. 22**

Östlich an Wohn- und Wirtschaftsgebäude angebaut. Eisenbeschlagene Rundbogentür. Barocker Türklopfer, Fenster in tiefen Leibungen. Wandgemälde (Flucht nach Ägypten).

Taschler — **Bp. 28**

Spätgotischer Bau, das ehemalige Erdgeschoß heute zum Teil mit schönen Gewölben versehen, tieferliegend aufgrund von Vermurung. Im ersten Stock gewölbte Labe.

Herbstenburg mit Park — **Bpp. 52, 53/1 Gpp. 2, 3/4**

Ursprünglich mittelalterlicher turmartiger Bau, um 1500 umgebaut. Dreigeschossiges Gebäude mit auf Eckerkern aufruhenden Rundtürmen, hohem Dachgeschoß, Zierzinnen. Im Innern gratgewölbte Säle. Erneuerte Wandgemälde (16. Jh.), Spitz- und Rundbogentüren in Steinrahmung. Im dritten Stock Kamin mit Volutenwangen, 1700.

Rathaus (Altes Gerichtshaus) — **Bp. 65/1**

Breiter zweigeschossiger Baukörper, Rundbogentür, Fenster in gekehlter Steinrahmung mit Gitterkörben. Im Erdgeschoß gewölbte Räume, im Obergeschoß Mittelsaal mit Stuckdecke, Zimmer mit Getäfel und einfachen Stuckdecken. Christophorusfresko, um 1380.

Biedenegg — **Bp. 72**

Gemauerter Bau mit Krüppelwalm. An der Straßenfassade zweiflügelige Eingangstür. Im Erdgeschoß und im ersten Stock gewölbte Labe. Stube mit barockem Pilastergetäfel und bemaltem Mittelstück (Mariahilf). Raum mit Stuckdecke. Im zweiten Obergeschoß Mittelsaal mit Stuckdecke, Türen in Stuckrahmen.

Englös (Mutschlechnerhaus) — **Bp. 73/1**

Breiter gemauerter Bau; früher ein zweites gleiches Flügelgebäude im Westen und ein Verbindungsbau mit Zinnen. Netzgratgewölbter Hausflur, im Obergeschoß Tonnengewölbe. Der ehemalige Saal mit Pilastergetäfel heute abgeteilt.

Bäckenschuster-Rogger — **Bp. 84**

Länglicher Bau, zwei Rundbogentore, gewölbter Hausgang. Im ersten Stock Saal und Zimmer mit Stuckdecke, um 1700.

Wiesenegg — **Bp. 85**

Stattliches Haus mit Krüppelwalm, ehemalige Schmiede. Spitzbogeneingang, im Erdgeschoß und ersten Obergeschoß gewölbte Labe, gewölbte Küche. Anbau mit Zierzinnen, Sonnenuhr.

Altschluderbach — **Bp. 90**

Bau des 16. Jh.s. Durchgehende Mittellabe mit Kreuzgratgewölbe im Erdgeschoß und im ersten Obergeschoß (sternförmig). Überwölbter gemauerter Treppenaufgang. Einfaches Stubengetäfel.

Birgler — **Bp. 94**

Einhof. An der Traufseite breite rechteckige Eingangstür. Tonnengewölbte Labe, Felderdecke in der Stube; in der Oberstube neugotisches Getäfel, Decke bez. 1895.

Riedler — **Bp. 96**

Gotisches Haus mit Spitzbogentür, Fenster in originaler Leibung, Lichtschlitze. Kreuzgratgewölbte Labe im Erdgeschoß, tonnengewölbte Labe im ersten Obergeschoß. Stubengetäfel 1768.

Petertonighaus mit Garten — **Bp. 99 Gp. 202**

Haus mit zwei polygonalen Erkern, Schmiedeeisengitterkörbe an den Fenstern. Im ersten und zweiten Stock tonnengewölbter Flur. Mehrere Räume mit einfachem barocken Getäfel.

Strobl — **Bp. 112/1**

Im heutigen Keller und Hochparterre noch der gotische Baubestand erhalten: breite spitztonnengewölbte Gänge, gewölbte Rauchküche. Nach dem Brand von 1922 wurden die Obergeschosse (in der heutigen Form) wieder aufgebaut.

Gatterer — **Bp. 117**

Einhof. Gesindehaus des Roten Turms. Gemauerter Bau mit Holzgiebel. Im Erdgeschoß tonnengewölbte Labe; gemauerter überwölbter Treppenaufgang. Im Obergeschoß Mittelsaal mit Balkendecke und spätgotischer Wandvertäfelung.

Roter Turm mit Nebengebäuden — **Bpp. 119/1, 119/2, 120, 121, 123**

Dreigeschossiger Turm mit Pyramidendach, seitliche Anbauten. Von den vier ursprünglichen Eckrondellen zwei erhalten, eines 1985 abgebrochen. Am Turm (1430) steingerahmte Tür, Hausgang mit Tonne und gemörtelten Rippen. Im Innern mehrere getäfelte Räume, im dritten Stock Saal mit Stuckdecke.

Innermoar in Aufkirchen — **Bp. 131**

Einhof. Breites Eingangstor, gewölbte Labe im Erdgeschoß und Obergeschoß. Gewölbte Küche, Gewölbe auch in der Speis. Stube mit einfachem Getäfel, Zimmer mit neugotischem Getäfel (1910).

Wallfahrtskirche zur Schmerzhaften Muttergottes mit Friedhof in Aufkirchen — **Bp. 132, Gp. 3730**

Spätgotischer Bau mit polygonalem Chorschluß und seitlichem Spitzturm (1475). Steingerahmte Portale und Fenster. Netz- und Sternrippengewölbe. 1750 nach Westen verlängert.

Widum in Aufkirchen — **Bp. 133**

Barockbau mit Walmdach. Fenster mit Putzrahmen. Tonnengewölbte Küche, Labe mit einfacher Stuckleiste. Im Obergeschoß Zimmer mit spätbarocker dekorativer Stuckdecke und Wandvertäfelung. Stube mit Felderdecke und Pilastergetäfel.

St. Peter am Kofel — **Bp. 139/2**

Kirchenruine. Vom ursprünglichen Bau Giebel und Langseitenmauern, Flachbogentür, Fenster- und Mauernischen erhalten. 1984/85 wieder aufgebaut. An der Außenwand Fresko (hl. Christophorus), 16. Jh.

Turm beim Unterenglmair in Aufkirchen — **Bp. 140**

Mittelalterlicher Turm in Sichtmauerwerk, Eckquader, Fugenstriche, 13. Jh. Vermutlich Sitz der Herren v. Aufkirchen. Ursprünglicher Rundbogeneingang mit Steinrahmung im Obergeschoß. Lichtschlitze.

Trojer — **Bp. 143**

Ansitz der Herren von Trojer, gemauerter Bau, an der Traufseite zweiflügelige Eingangstür. Im ersten Obergeschoß an allen Fenstern barocke Korbgitter. Tonnengewölbte Mittellabe im Erd- und Obergeschoß. Gewölbte Küche. In Stube und Oberstube Pilastergetäfel mit Felderdecken.

Kapelle in der Gratsch — **Bp. 156**

Abgesetzter, rund abschließender Chor, Flachkuppel im Langhaus, Tonnengewölbe im Chor. Vierecktüre und Lünette, Viereckfenster. Stukkaturen 1760.

Trenker — **Bp. 163/1**

Haus mit Holzverandavorbau. Stube mit spätgotischer Pilastertäfelung und Felderdecke. Im Obergeschoß großer Mittelsaal, Türöffnungen mit Stuckrahmen. Gustav-Mahler-Zimmer mit Stuckdecke und Kachelofen.

Ochsenleger (Seehüter) — **Bp. 188**

Einhof. Im Erdgeschoß und im ersten Obergeschoß kreuzgratgewölbte Mittellabe, überwölbter Treppenaufgang. Gotische Tür mit Eselsrücken zu gewölbtem Gaden. Stube mit Pilastergetäfel. Sonnenuhr.

Kapelle beim Anderter am Haselsberg — **Bp. 216**

Kapelle mit Rundapsis, Dachreiter, Wandgemälde (hl. Florian, hl. Silvester) an der Giebelseite. Am Tonnengewölbe Gemälde der Krönung Mariens in spätbarockem Stuckrahmen und die vier Evangelisten.

St. Josef in Lerschach mit Kalvarienbergkapellen — **Bp. 231, Gpp. 1, 922, 1298, 4679/2**

Rundbau mit Kegeldach und hölzernem Dachreiter. Kuppelgewölbe mit Stichkappen und Schlingrippen auf Spitzkonsolen. 1519 als Heilg-Grab-Kapelle erbaut. Nachbildung des Heiligen Grabes im Innern.
Kalvarienbergkapellen: Fünf Kapellen. Vier Kapellen mit Rundbogen auf zwei Granitsäulen und Steingratgewölbe. Polychrome Steinreliefs, die Passion Christi vorstellend, von 1519. Die fünfte Kapelle von größerem Ausmaß mit Kreuzigungsgruppe (18. Jh.).
Bannzone: Gpp. 901/1, 901/2, 902, 903/1, 905, 906, 908/1

Kapelle in Kandellen — **Bp. 253**

Einfacher Bau, Dachreiter mit Spitzhelm, 1749 (Giebel), polygonal abschließender Chor, Rundbogentür und -fenster. Tonnengewölbe mit Stichkappen, Dekkengemälde (Krönung Mariä). Außen gemalte Eckpilaster.

Marienkapelle in Frondeigen — **Bp. 268**

Abgesetzter Chor, Rundbogenfenster, hölzerner Dachreiter. Flache Decke im Langhaus, Apsis überwölbt mit Putzgraten und einfachem Schlußstein. Einst bedeutende Wegkapelle.

Kapelle zur Heiligen Familie in Frondeigen — **Bp. 270**

Dachreiter (Spitzhelm), dreiseitiger Chorschluß. Gemalte Wand- und Eckpilaster, rundbogige Eingangstür. Im Giebelfeld die Jahreszahl 1765. Tonnengewölbe und Deckenbild (Krönung Mariä).

Mariahilfkapelle am Radsberg — **Bp. 279**

Kapelle 1732 errichtet. Abgesetzter, auffallend langgezogener Chor, Dachreiter (Spitzhelm), Spitzbogenportal in Steinrahmung. Tonnengewölbe mit Stichkappen, Deckengemälde.

Stoffer am Radsberg — **Bp. 285**

Einhof. Unterbau gemauert, Obergeschoß in Blockbau. Fenster in tiefen Leibungen, teilweise mit originaler Vergitterung und Putzrahmen. Stube mit gotischen Bohlenwänden, Decke mit Unterzugbalken. Gewölbte Küche, Labe mit Balkendecke.

Kapelle zu den Heiligen Peter und Paul in Mellaten — **Bp. 297**

Abgesetzter Altarraum, Walmdach, Dachreiter, gemalte Eckpilaster. Im Innern Flachkuppelgewölbe. Am Gewölbe Deckenbild (Pauli Bekehrung, vier Evangelisten in Zwickeln). Im Chor Tonnengewölbe. Schindeldach.

Ehemaliges Grandhotel mit Park — **Bp. 322/2, Gpp. 1460/1, 1461, 4808**

Der Hotelbau wurde 1877 im Auftrag der Südbahngesellschaft begonnen, 1885 und 1892/93 erweitert. Breit gelagerte Baugruppe, aus drei- bis viergeschossigen Baukörpern zusammengesetzt. Gemauerter Unterbau, Obergeschosse in Blockbauweise mit reicher Ornamentik, Holzveranden, Balkonen, Erkern und Risaliten.

Kapelle zum Leiden Christi in Wahlen — **Bp. 338**

Kapelle mit hölzernem Dachreiter, Rundbogeneingang, Tonnengewölbe, schmiedeeisernes Gitter vor dem Altar.

Klammschlößl mit Garten **Bp. 358 Gp. 572**

Aus mehreren zu verschiedenen Zeiten erbauten Baukörpern bestehend. Der älteste Teil aus der zweiten Hälfte des 19. Jh.s mit Turm, Eckerker, vorkragendem Mittelrisalit und Treppengiebel. Großzügiger Treppenaufgang mit Holzbalustrade.

Kapelle in der Säge **Bp. 445**

Einfacher Bau (1912/13). Gewölbter Innenraum mit Rundchorschluß. Jugendstilausmalung (Engel, Michael, Anna, Isidor, Josef, Sebastian) von J. M. Pescoller. Über dem Eingang Stifterinschrift.

Kapelle beim Mitterfeichter am Haselsberg **auf Gp. 640**

Kapelle mit Giebeldachreiter und eingezogener Apsis. Rechtecktür, Lünettenfenster, tonnengewölbter Innenraum mit Wandgemälden.

Kriegerfriedhof Naßwand **Gpp. 2256/2, 2257/2**

Schön gelegener Friedhof mit gemauerter offener Kapelle. 1915 angelegt.

Katastralgemeinde Wahlen

Pfarrkirche St. Nikolaus mit Friedhof **Bp. 1**

1512 von Meister Andrä Vierthaler errichtet, polygonal abschließender Chor, seitlicher Spitzturm, Eck- und Wandstreben, steingerahmte Portale, Netz- und Schlingrippengewölbe.

Pfarrwidum und ehemaliges Spital **Bpp. 3, 4**

Langgezogener Bau, aus zwei Einheiten bestehend. Krüppelwalmdach, Putzrahmen. Stube mit Täfelung von 1886. Mehrere Zimmer mit einfacher Stuckdecke und Wandgetäfel.

Kapelle Maria Himmelfahrt in Stadlern **Bp. 30**

Kapelle mit abgerundetem Chorschluß, Dachreiter mit Viereckhelm, 18. Jh. Granitgerahmte Tür, Lünettenfenster. Kreuzgratgewölbter Innenraum; im vierpaßförmigen Stuckscheitel Fresko (Krönung Mariä). In der Apsis muschelförmige Konche.

Friedhofskapelle in Wahlen **Bp. 75**

Einfacher Bau, Vierecktür, Kreuzgratgewölbe, 17. Jh.

Links oben: Toblach, St. Josef in Lerschach
Links unten: Tramin, Bachgasse 11
Rechts oben: Toblach, Trenker
Rechts unten: Tramin, Rechtenthal

Links oben: Toblach, Kapelle in der Säge
Links unten: Ulten, Turner
Rechts oben: Tramin, Pfarrkirche St. Quirikus und Julitta
Rechts unten: Tramin, St. Jakob in Kastelaz

Katastralgemeinde Söll

Rechtenthal mit Park **Bp. 1/3**
Gpp. 11, 12

Große Anlage, von einer Zinnenmauer mit Eckrondellen umgeben. Hauptgebäude mit gewölbtem Kellergeschoß, monumentalem Stiegenhaus und Loggiavorbau gegen Norden. Aus einem älteren Bauernhaus nach Mitte des 19. Jh.s durch Otto Freiherr von Unterrichter großzügig umgebaut.

Hundstein 21 **Bp. 19/1**

Dreigeschossiger Bau mit steingerahmten Rechteckfenstern, zwei gekuppelt. Fenstergitter. Rundbogentür mit Wappenschild, 17. Jh. Darüber Skulpturennische mit Stuckrahmen. Am Giebel Oculi. Gewölbte Küche, Stube mit Felderdecke, Barockofen.

St. Mauritius **Bp. 21**

Romanischer Baukern, 13. Jh. Turm mit gemauerter Spitzpyramide, Flachdecke, Polygonalchor um 1360 (Fächerrippengewölbe). Um 1470 Langhaus verändert, Seitenschiff mit asymmetrischem Netzrippengewölbe angebaut. Freskenreste, zweite Hälfte des 14. Jh.s. Passion, 15. Jh.

Haus Nr. 26 **Bp. 25**

Dreigeschossiger Bau mit zum Teil steingerahmten und vergitterten Fenstern. Polygonaler Erker, Rundbogentor in Quaderfassung, 17. Jh.

Haus Nr. 30 **Bp. 32**

Zweigeschossiger Bau mit steingerahmten Fenstern. Nach Süden Doppelbogenfenster. Zum Teil Sichtmauerwerk. Steingerahmtes Rundbogentor, 17. Jh.

Nußbaumer **Bp. 33**

Rundbogentor mit Jahreszahl 1684 und Initialen H. C. D. F. und Christusmonogramm. Nach Norden Doppelbogenfenster. Steingerahmte Rechteckfenster (im Osten gekuppelt).

Haus Nr. 36 **Bp. 38**

Rechtecktür mit vergittertem Oberlicht. Erneuerte Freitreppe. Gekuppelte Rechteckfenster, vergittert. Rundbogentor, bez. 1619, mit Initialen H. N. und Christusmonogramm.

Katastralgemeinde Tramin

Julius-von-Payr-Straße 6–8 **Bpp. 38/1, 38/2**

Dreigeschossiger, langgezogener Bau. Profilierte, steingerahmte Fenster, zum Teil erneuert. Rundbogentür. Nach Norden zwei Ecktürme mit steingerahmten Fenstern im ersten Stock und Oculi am Giebel. Heutige Form 17. Jh.

Quirikusgasse 1 **Bp. 39**

Quadergerahmtes Spitzbogentor. Im Hof ursprünglich offene Bogenhalle auf Sandsteinquaderpfeilern. Am Gewölbe (erneuerte) dekorative Malerei, um 1600. An der Südseite gotische Fensteröffnung mit steinernem Mittelpfeiler.

Spital mit Kapelle, Schneckenthalerstraße 13 **Bp. 48/1**

Ehemaliges Spital mit neugotischer Kapelle im Innenhof. Einstöckiger Bau, im Westen niedere Freitreppe, steingerahmte Schulterbogentür. Mittelsaal mit regelmäßiger Raumeinteilung, Kamineinbau.

Schneckenthalerstraße 19 **Bp. 50/1**

Rundbogentor aus Sandsteinquadern. Daneben mittelalterliches Mauerwerk. Zur Straße vergittertes Doppelbogenfenster. Gewölbter Saal zum Hof, 17. Jh. Im Hof Freitreppe, Rundbogenöffnung zum Keller. An der Südseite Rundbogenloggia.

Schneckenthalerstraße 17–18 **Bpp. 51/1, 51/2**

Zweigeschossiger Bau mit Sichtmauerwerk in unregelmäßigen Steinlagen. Freitreppe. Rundbogige Haustür, spätgotischer Viereckerker auf abgetreppten Konsolen, um 1500. Teilweise steingerahmte Fenster und Türen.

Langenmantel, Schneckenthalerstraße 4–12 **Bpp. 52, 53, 54, 55, 56/1, 56/2, 57, 59, 60/1, 61**

Bp. 52: Mittelalterlicher Bau, Sichtmauerwerk mit unregelmäßigen Steinlagen, Eckquadern. Steingerahmte Rechteckfenster, zum Teil vergittert. Marmorgerahmte Rechtecktür mit Oberlichte und Wappen.
Bp. 53: Keller mit hohem Stichkappengewölbe.
Bp. 54: Hofraum
Bp. 55: In den Hof vorspringender, viereckiger Zubau mit gewölbtem Durchgang. Rundbogige Kellertür in Sandsteinfassung.
Bpp. 56/1, 56/2: Stadeleinbau.
Bp. 57: Einfacher Bau mit turmartig erhöhtem Trakt, der im Dachgeschoß in der Trinkstube Wandmalereien von Bartholomäus Dill-Riemenschneider aus dem Jahre 1547 enthält.
Bp. 59: Rückwärtiger Teil des ehemaligen Ansitzes der Herren von Langenmantel. Zum großen Hof ursprünglich offene (jetzt vermauerte) Rundbögen. Rechtecktüren in roter Marmorfassung. Eckerker auf Steinkonsolen. Gemauerter Treppenaufgang mit Säule und Wappen. Rechteckfenster in Steinrahmung im ersten Stock.
Bp. 60/1: Vorderer Teil des ehemaligen Ansitzes. Hoftorbogen mit Wappenschild, quadrierter Verputz, steingerahmte Rechteckfenster, Söller mit Aussägebrüstung.
Bp. 61: Schmaler Bau, der den zweiten Hof des Langenmantelschen Ansitzes nach Osten abgrenzt.

Schneckenthalerstraße 2–3 **Bp. 62/1**

Breit abgefastes Hoftor in leicht spitzbogiger Form, Freitreppe. Im ersten Stock gotische Eselsrückentür in Sandsteinfassung mit zwei Wappenschilden, erste Hälfte 16. Jh. Vergittertes Gangfenster.

Gasthof Goldener Löwe, Rathausplatz 2 **Bp. 67/1**

Leicht konkav geschwungene Fassade, im ersten Stock vergitterte Fenster in tiefer Leibung. Erker mit Fresken an der Brüstung (St. Franziskus, Madonna, Antonius). Gewölbte Halle mit Steinpfeilern. Getäfelte Stube mit Flachschnitzerei, um 1500. Mehrere spätgotische Türen mit Kielbogen und dreiseitigem Schluß.

Hauptplatz 8 **Bp. 79**

Spätgotischer Bau mit steingerahmter Schulterbogentür. Fenster in tiefen Leibungen mit Eisengitter, am Giebel verbrettertes Bundwerk.

Hans-Feur-Straße 2–4 **Bpp. 82, 83, 85**

Dreigeschossiger Bau mit steingerahmten Fenstern. Freitreppe, Rechtecktür in rosettenverzierter Steinfassung. Doppelbogenfenster, Rundbogentür. Rundbogentor, 17. Jh., mit Rosetten und Wappenstein am Scheitel. Im Hof eingemauerter Wappenstein mit Jahreszahl 1662.

Pfarrwidum **Bp. 86/1**

Dreigeschossiger Bau mit steingerahmter Rechtecktür. Erneuerte Fensteröffnungen. Getäfelte Stube, 17. Jh. Über dem Eingang Flachrelief (Herz Jesu), 19. Jh.

Oswald-von-Wolkenstein-Straße 4 **Bp. 87/1**

Turmartiger Bau auf beinahe quadratischem Grundriß, zum Teil mit Sichtmauerwerk. An der Nordseite Quaderverputz. Rundbogentor in Quaderfassung. Im Osttrakt getäfelte Stube.

Hans-Feur-Straße 20 **Bp. 98/1**

Viergeschossiger Bau. Erker auf Steinsäule und Straßenmauer aufsitzend. Vergitterte, steingerahmte Erkerfenster, darüber Jahreszahl 1668. Freitreppe. Offener Giebel mit Laube. Im zweiten Stock gewölbter Hausgang, steingerahmte Rechtecktüren, tonnengewölbter Raum.

Alter Widum, Hans-Feur-Straße 22 **Bp. 99/1**

Zweigeschossiger Bau mit steingerahmter Rechtecktür und vergittertem Oberlicht. Im Flur Stuckrahmendecke, abgefastes Viereckfenster.

Hans-Feur-Straße 24 **Bp. 100/1**

Langgezogener zweigeschossiger Bau, im Erdgeschoß Ladeneinbauten. Straßenfassade erneuert. An der Nordfassade Reste der ursprünglichen Fensterrahmen und Eckmalerei. Im Kern spätmittelalterlicher Bau, ehemals Amtstetten genannt. Zum Nachbarhaus Schwibbögen.

Hans-Feur-Straße 26 **Bp. 101**

An der Südseite drei Schwibbögen zum Nachbarhaus. Nach Osten massives Mauerwerk, unverputzt. Kleine spätgotische Viereckfensteröffnung. Abgerundete Hausecke.

Bachgasse 9 **Bp. 115**

Zweigeschossiger Bau auf regelmäßigem Grundriß. Steingerahmte Rechtecktür, Fenster und Oculi mit Putzrahmen. An der Westfassade zwei kleinere vergitterte Viereckfenster. Eckquaderung.

Christian-Schrott-Gasse 7 **Bp. 145**

Gebäude mit dreigeschossigem Turm über einem flachbogigen Straßendurchgang. Steingerahmte Fenster, quadrierter Verputz, spätmittelalterlicher Baukern. Zwei gotische Balkendecken mit abgefastem Unterzug und Kerbschnitzerei. Im Erdgeschoß des Stadels gewölbte Räume.

Bachgasse 13 **Bpp. 146, 148**

Ehemaliger Ansitz der Herren von Freytag. Regelmäßiger, dreigeschossiger Renaissancebau. Zwei Doppelbogenfenster in verzierter Steinfassung. Zweigeschossiger Eckerker mit Türmchenabschluß auf geschwungenen Konsolen. Steingerahmte Rechteckfenster, in der Giebelzone Oculi. Saal teilweise mit Kassettendecke, 17. Jh. An der Südseite kleinerer Anbau: Steingerahmtes Fenster, im Dachgeschoß abgetreppter Zinnengiebel.

Bachgasse 11 **Bp. 151**

Ehemaliges Heilig-Geist-Spital. Giebelständiger Bau. An zwei Fenstern spätgotische Sandsteinfassung mit Rundstäben. Freskenreste (Thronende Madonna), um 1520. Nach Norden gemauerte Freitreppe mit rundbogiger Haustür. Im ersten Stock gotische Balkendecke mit profiliertem Unterzug, gemauerter Aufgang vom Keller. Schulterbogentür.

Hans-Feur-Straße 55 **Bp. 152**

Spätgotischer, traufständiger Bau mit erneuerter Fassade. Im Erdgeschoß und ersten Stock gewölbte Halle mit steingerahmten spätgotischen Türen. Lavabo, bez. 1529. Im zweiten Stock gewölbter Saal, steingerahmte Türen, 17. Jh. (ein Eisentürflügel). Schmiedeeisengitter.

Wolkensteinhaus, Hans-Feur-Straße 23–25 **Bpp. 168/1, 168/2**

Dreigeschossiger Bau mit gebrochener Fassade und abgewalmtem Dach. Rustikator mit Wappenkeilstein (Wolkenstein-Rodeneck, Initialen S. B. A. W. D. P.), 17. Jh. Vergittertes Rechteckfenster in Steinrahmung.

Hans-Feur-Straße 13–15 **Bp. 171**

Langgezogener Bau. An der Nordseite quadergerahmtes Rundbogentor, Rechteckfenster in Steinrahmungen, 17. Jh.

Hans-Feur-Straße 11–11A **Bp. 172/1**

Dreigeschossiger Bau mit steingerahmten Rechteckfenstern, im zweiten Stock gekuppelt. Abgefastes Rundbogenportal in Quaderrahmung. Ober dem Tor Wappenstein (Hahn). Balkon mit Eisenbrüstung.

Pfarrkirche St. Quirikus und Julitta mit Turm **Bpp. 177, 178**

Polygonaler Chor im Jahre 1400 geweiht. Dreischiffiges Langhaus im gotisierenden Stil 1910/11 erbaut. Spitzturm mit gemauertem Helm und Skulpturenbesatz aus der zweiten Hälfte des 15. Jh.s. Freskenausstattung im Chor und am Triumphbogen, Anfang 15. Jh.; ebenso an den Außenwänden des Chores.

St.-Julitta-Gasse 2 **Bp. 187**

Rundbogentor in Rustikarahmung, am Keilstein Wappen mit Greif, bez. 1625. An der Westseite Biforienfenster mit Rosettendekor.

Mühlgasse 11 **Bp. 189/1**

Spätgotischer Bau mit Zinnengiebel, an der Rückseite gewölbter Hausgang. Mühlenanbau.

St. Jakob in Kastelaz **Bp. 190**

1214 erwähnt. Romanischer Bau mit Rundbogenapsis, Turm mit Pyramiden, Seitenschiff 1440 mit geradem Abschluß, Kreuzgratgewölbe und Schulterbogentür angebaut. Freskenausstattung in der Apsis frühes 13. Jh. (Majestas, Apostel, Bestiarien), im Schiff Ende 14. Jh., im Seitenschiff 1441 von Ambrosius Gander. Turmanbau 14. Jh.

Andreas-Hofer-Straße 1 **Bp. 202**

Ansitzartiger Bau mit regelmäßiger Raumeinteilung. Im Innern erneuert. Ehemaliges Jesuitenkloster. Einfache Stuckdecken.

Unterspaur, Andreas-Hofer-Straße 5, 7, 9 **Bpp. 204, 205, 207**

Ehemaliger Ansitz Unterspaur. Ausgedehnter mittelalterlicher Baukomplex. Spitzbogiges, quadergefaßtes Portal. Im nördlichen Teil eingebaut die Margarethenkapelle mit gekehlter Spitzbogentür und polygonalem Chor, zweite Hälfte 15. Jh.

St. Valentin am Friedhof **Bp. 209**

Romanischer Baukern, 13. Jh., mit Rundapsis und Flachdecke. Turm mit spätgotischem Spitzhelm. Das Langhaus um 1400 nach Norden erweitert und mit gotischen Bauelementen versehen. Freskenausstattung zwischen 1368 und 1420.

Andreas-Hofer-Straße 19, 21, 23 **Bpp. 210, 211/1, 212**

Bp. 210: Bau mit Krüppelwalmdach, nach Süden turmartiger Anbau. Fenster und Türen zum Teil steingerahmt. Gewölbter Saal. Rundbogiges Hoftor, teilweise in Sichtmauerwerk. 17. Jh.
Bp. 211/1: Rundbogentor, darüber zwei steingerahmte und vergitterte Doppelbogenfenster, mehrere steingerahmte Viereckfensterchen. Gewölbte Eingangshalle mit Stichkappen. 17. Jh.
Bp. 212: Rundbogentor, steingerahmte Rechteckfenster, am Giebel Ochsenaugen. 17. Jh.

Andreas-Hofer-Straße 32 **Bp. 215**

Quadergerahmtes Rundbogentor. Erker mit Rechteckfenster in Steinrahmung, getäfelte Stube mit aufgelegten Schnitzereien. Tonnengewölbter Hausgang.

Andreas-Hofer-Straße 30 **Bp. 216/1**

Dreigeschossiger Bau, Rundbogentor in Steinfassung, im ersten Stock steingerahmte Rechteckfenster, Fenster im zweiten Stock mit Putzrahmen. 17. Jh.

Andreas-Hofer-Straße 28 **Bpp. 217/1, 217/2**

Dreigeschossiger Bau mit steingerahmten Rechteckfenstern, im Osten ehemals Erker (heute bis zum Boden geführt). Im ersten Stock zwei spätgotische Sohlbänke mit Rundstäben. Um 1500. Gewölbte Kellerräume, steingerahmte Spitzbogentür. Neugotisches Brustgetäfel im ersten Stock mit Dekorationsmalerei. Rundbogentor, bez. 1806.

Andreas-Hofer-Straße 26 **Bpp. 218/1, 218/2**

Dreigeschossiger Bau mit steingerahmten Rechteckfenstern und Rundbogentor mit vergittertem Oberlicht. Balkon auf Volutenkragsteinen mit Fratzen. Barockes Balkongitter, 18. Jh. Wirtschaftsgebäude angebaut. Im Norden zwei steingerahmte Rundbogentore. Zwei tonnengewölbte Keller, mehrere gewölbte Räume im Erdgeschoß. Stadel.

Katastralgemeinde Truden

Pfarrkirche St. Blasius mit Friedhofskapelle und Friedhof **Bp. 1 Gp. 1308**

Spätgotischer Bau, um 1500 errichtet. Turm mit spätromanischem Unterbau und Spitzhelm. Polygonaler Chorschluß, Stern- und Netzrippengewölbe, skulptierte Dienste.
Friedhofskapelle: Bau aus dem 16. Jh. mit Kreuzgratgewölbe, Spitzbogentür. Darüber Fresko (Maria als Fürbitterin des Fegefeuers), 18. Jh.

Pfarrkirche San Lugano **Bp. 3**

Romanischer Turm mit gemauerter Spitzpyramide, spätgotischer Kirchenbau mit polygonalem Chorschluß und Sternrippengewölbe, Vorhalle mit Rundbogenöffnungen, Christophorusfresko, 16. Jh. Schindeldach.
Bannzone: Gpp. 53/1, 53/2, 53/3, 56, 66/3

Rathaus **Bp. 80**

Regelmäßiger Bau auf rechteckigem Grundriß. Geschoßgliederung durch Putzstreifen. Im ersten Stock getäfelte Stube, 19. Jh.

Haus Nr. 169–170 **Bp. 105**

Zweigeschossiger Bau mit Krüppelwalmdach, vergitterte Fenster, Oculiöffnungen. Stube mit hohem Brustgetäfel und Vierpaßmittelfeld. Zimmer mit Kassettendecke und Wandpilastertäfelung aus dem 17. Jh.

Pausa mit Maria-Himmelfahrt-Kapelle **Bpp. 115/1, 116**

Herrschaftlicher, zweigeschossiger Bau, unter dem Dach Oculi. An der Hauptfassade Glockenmauer. Ebenerdig gewölbte Räume. Raststätte am alten Fleimstaler Weg.
Kapelle: Geräumiger Bau mit steilem Satteldach, 1745 errichtet. Im Norden Sakristeianbau. Gerader Chorschluß, Kreuzgratgewölbe, Halbkreisfenster. An der Fassade Rechtecktür zwischen zwei Viereckfenstern in Steinrahmung.

Farbbilder in Reihenfolge:
Terenten, Kasten und Kapelle beim Oberleitner
Sterzing, Heilig-Geist-Kirche
Tirol, Schloß Tirol
Vahrn, Stiftskirche Maria Himmelfahrt

·S·MARC·

Katastralgemeinde Tscherms

Pfarrkirche St. Sebastian und Nikolaus **Bp. 1**

Turm mit Spitzpyramide aus dem 15. Jh., Kirche 1928/1929 nach Plänen von A. Wietek neu gebaut. Polygonalchor mit Gratgewölbe, im Schiff Flachdecke, zwei niedrige Seitenschiffe.

Felderer **Bp. 13**

Geburtshaus des Kunsthistorikers Dr. Josef Garber. Freitreppe, steingerahmte Rundbogentür, am Scheitel Wappen, Inschrift und Jahreszahl 1604. Doppelbogenfenster, große Stube mit Viereckerker (Fresken von Josef Garber, 1911) und barocker Felderdecke.

Schreiber **Bp. 33/1**

Großer Bau mit kreuzgratgewölbtem Gang und Doppelbogenfenster in Sandsteinfassung, um 1600. Tonnengewölbte Küche, Stube mit neugotischer Brusttäfelung von 1908.

Nont **Bp. 39/1**

Dreigeschossiger Bau mit Zinnengiebeln, im Erdgeschoß gewölbte Halle, gemauerter Treppenaufgang, zwei gewölbte Küchen.

Unterplattner **Bp. 42/1**

Freitreppe, steingerahmte Rechtecktür mit vergittertem Oberlicht, darüber Fresko (St. Sebastian, Florian). Durchgehender Hausgang mit barocker Stuckdecke.

Oberplattner **Bpp. 43/1, 43/2**

Zinnengiebel, polygonaler Eckerker. Viereckerker mit Barockfresko (Rosenkranzmadonna), innen gewölbt und stuckverziert. Im Erdgeschoß gewölbter Hausgang.

Kränzl **Bpp. 48/1, 48/2, 48/3**

Ansitz. Gemauerter Torbogen, großer Bau mit Zinnengiebeln. Fenster mit schönen Gittern. Gang mit Tonnengewölbe und Putzgraten, Stube mit Renaissancegetäfel.
Bannzone: Bpp. 49, 50
Gpp. 895/1, 896, 897/1, 900, 901, 902, 903, 911/1, 913/1, 914/1, 2351, 2353/5

St. Anna in Basling **Bp. 72**

Von B. Schoepfer 1664 erbaut. Fassadendachreiter mit Pyramidendach, Rechtecktür, gerader Chorschluß, Kreuzgratgewölbe.

Baslan mit Nebengebäude und Park **Bpp. 76, 330**
Gpp. 1198, 1199/2, 1279/2, 1279/3, 1280

Zu Beginn unseres Jahrhunderts in den Stilformen des späten Historismus aus dem alten Unterschöpferhof schloßartig umgebaut. Im ersten Stock gewölbter Hausgang des alten Hofes, mehrere Räume mit qualitätsvoller Gestaltung aus der Erbauungszeit. Großer Park, von einer Mauer umgeben.

Pranter **Bp. 77**

Spätmittelalterlicher Bau. Freitreppe, darunter tonnengewölbter Durchgang, großer Viereckerker, Hausgang und Küche gewölbt. Stubengetäfel um 1600. Fenstergitter, am Stadel Bundwerkgiebel mit Jahreszahl 1610.

Lebenberg mit Kapelle **Bpp. 96, 97**

Burganlage in der zweiten Hälfte des 13. Jh.s erbaut. Ringmauer, Bergfried und Palas mit steingerahmten Rundbogenfenstern. Im 16. Jh. umgebaut und vergrößert (Innenraumgestaltung). Stuckdecken aus dem 17. Jh.
Kapelle St. Stephan: Spätgotischer Bau, achteckiger Dachreiter, polygonaler Chorschluß, Netzrippengewölbe, Empore mit Maßwerkbrüstung. Wandgemälde, um 1600.

Katastralgemeinde St. Nikolaus

Pfarrkirche St. Nikolaus mit Friedhof **Bp. 1 Gp. 1**

Erwähnt 1338, 1500 umgebaut, polygonaler Chor mit achteckigem Spitzhelm aus dieser Zeit. Langhaus im 18. Jh. verlängert und eingewölbt (Tonne mit Stichkappen). Rundbogenfenster.

Pfarrwidum in St. Nikolaus **Bp. 3**

Harmonische Fassade und Giebelsöller, im Innern stark verändert, die Außenmauern wohl noch 15./16. Jh. Darüber eine Bildstockkapelle zum hl. Johannes Nepomuk, 1896, mit Flachtonne. Unterhalb des Widums Bildstock mit Spitztonne und Eisengitter 1888.

Mitterschwienbach **Bp. 15**

Gemauertes Erdgeschoß, Dachgeschoß in Holzblockbau. Spätbarocke Haustür, Labe mit Kreuzgratgewölbe. Reichverzierte Stube mit Feldergetäfel. 16./17. Jh.

Thurner **Bp. 26**

Mittelalterlicher Wohnturm, an den Eckquadern ausgemeißelte Figuren und Fabelwesen (Kopf, Schlange, Fabeltier). 1423 als „Hof an der Ecken zum Turm" erwähnt. Stube mit Feldergetäfel und geschnitztem Mittelfeld. Bildstock mit tonnengewölbter Nische.

Untertembl mit Hausmühle **Bpp. 136/1, 137**

Dachgeschoß ursprünglich in Holzblockbau, Labe mit Kreuzgratgewölbe. In einer Kammer die alte Hauskapelle mit reichbemalter Decke (Blumen, Rankenwerk, Marienmonogramm), Tonnengewölbe. Neben dem Haus die alte Mühle, kunstvoll gezimmerter Holzblockbau.

Doppler **Bpp. 140/1, 140/3, 141**

An der Berggiebelseite bemalte Eckquadern. Nach Osten und Westen zwei Holzerweiterungen und vorgebauter Backofen. Im Erdgeschoß Keller mit Tramdecke, dahinter gewölbte Räume. Bemalte Fensterumrahmungen, Sonnenuhr mit Wappen Österreichs, des Kaiserreichs und Tirols, Jahreszahl 1634. Kreuzigungsgruppe mit Jahreszahl 1637. An den Hausecken Spuren früherer Quaderbemalung. Labe: Tonnengewölbe mit aufgezogenem Gratnetz, Flachbogentür zur Stube.

Zu Bach mit Kornkasten **Bpp. 267/1, 267/2**

Gemauertes Untergeschoß, Stube in Blockbau. Giebel in Bundwerk. Ringhocklaube im Erdgeschoß. Am Haustürholm früher Jahreszahl 1585. Kasten: Ebenerdiger Eingang, steingerahmte Tür in den tonnengewölbten Kastenraum. Steintreppe zum Obergeschoß, Flachbogentür. Im Obergeschoß Stichkappengewölbe. Eisenbeschlagene Türen, 16. Jh.

Pfarrkirche St. Gertraud mit Friedhof und Beinhaus **Bpp. 293, 294 Gp. 1851**

Erwähnt 1390, 1492 neu geweiht, 1684 umgebaut. Aus dieser Zeit Rundbogenfenster und Tonnengewölbe. Am Turm Reste eines Christophorusfreskos, 15. Jh. Spitzturm, dreiseitiger Chorschluß. Schindeldach.
Beinhaus: Gerader Abschluß, Satteldach.

Pfarrwidum in St. Gertraud **Bp. 296**

Bau mit Giebelsöller und imposanter Fassadengestaltung. An der Talgiebelseite Rundbogentür, darüber Oculus, steingerahmtes rechteckiges Doppelfenster mit Zwischensäule. Am Giebel ovale Luftlöcher. Die Außenmauern 15./16. Jh.

Zu Hof **Bp. 397**

Offener Bundwerkgiebel, polygonaler Eckerker, Hauseingang über Steintreppe. Flachbogige Türöffnungen in der Labe. Wandmalerei (Sonnenuhr bez. 1617 und Initialen G. T., an der Talgiebelseite Sonnenuhr bez. 1823). Rundbogiger Kellergang, Keller mit regelmäßigem Mauerwerk und Lichtscharte. Stube mit einfachem Leistengetäfel. Kern 15./16. Jh. Umgestaltung 17. Jh.

Katastralgemeinde St. Walburg

Pfarrkirche St. Walburg mit Friedhofskapelle und Friedhof **Bpp. 57, 410 Gp. 489**

Erwähnt 1318. Aus dieser Zeit der östliche Teil der Langhausmauern und der Turm (Spitzhelm). Ende 15. Jh.: Spitzbogenfenster und Netzrippengewölbe. 1843 Langhaus verlängert, Tonne mit Stichkappen, 1926 gegen Norden ein Seitenschiff angebaut.
Friedhofskapelle: Abgesetzte Rundapsis, Hauptfassade mit Treppengiebel und großem Portal. Türflügel mit Schmiedeeisengitter. Im Inneren Dekorationsmalereien und Lourdesgrotte. Erbaut 1895.

Nieschhof (Pecknhütt) **Bp. 86**

Kleines Handwerkerhaus mit gemauertem Untergeschoß, Obergeschoß in Holzblockbau, Giebel in Bundwerk. Kleine Stube mit Bohlenbalkendecke und Unterzugbalken. Gotisches Mauerwerk, Obergeschoß 18./19. Jh.

Obernieschen **Bp. 90**

Geschlossener Holzgiebel in Bundwerk. Kellereingang mit Flachbogentür. Küche mit Tonnengewölbe. Stube mit Bohlenbalkendecke und Unterzugbalken, an den Wänden Feldergetäfel. Stubenkammertür bez. 1877 (Zeit der Bemalung). 17. Jh.

Wirtschaftsgebäude beim Kuppelwieser **Bp. 135/2**

Ungewöhnlich großer Stall und Stadel mit gemauertem Erdgeschoß und gemauerten Ecken am Obergeschoß. Im Erdgeschoß Balkendecke auf mächtigen abgefasten Holzstützen. Schindeldach, nach Süden weit herabgezogenes Vordach auf gemauerten Pfeilern, 16./17. Jh. Nach Westen Zubau aus dem 18. Jh.

Links oben: Truden, Mariä-Himmelfahrt-Kapelle in Pausa
Links unten: Tscherms, Felderer
Rechts oben: Ulten, Breitenberg
Rechts unten: Vahrn, Wasserschleuse beim Kloster Neustift

St. Mauritius **Bp. 238**

Erwähnt 1390. Aus dieser Zeit die Langhausmauern. Hölzerner Fassadendachreiter mit Spitzhelm. Der Chor mit Spitzbogenfenstern und Netzrippengewölbe, 1492. Langhaus in spätgotischer Zeit umgebaut, im 17. Jh. eingewölbt (Tonne mit Stichkappen). Rundbogentür, Stukkaturen.

Breitenberg **Bpp. 252/1, 252/4, 252/5**

Bau aus dem 16. Jh. Steingerahmte Rechtecktür. Küche mit Tonnengewölbe. Im Keller steinerne Wendeltreppe. Im Erdgeschoß Labe mit Tonne und Stichkappen, Flachbogentüren. An der Talseite Biforienfenster, seitlich je eine steinerne Halbsäule mit Kapitellen, gemauerte Seitensitze. Stube mit Kassettendecke, das Mittelfeld eingelegt. Türaufsatz bez. Matheis Breitenperger 1600. Obergeschoß: Küche mit Tonnengewölbe. Stube mit Kassettendecke, Pilastergliederung, grüner Kachelofen, an einem Fenster die Reste eines Wappens mit Jahreszahl 1585.

Zeppen **Bp. 299**

Erdgeschoß gemauert, zwei Obergeschosse in Holzblockbauweise. Tonnengewölbte Küche. In der Labe Türsturz mit Jahreszahl 1772. Stubentäfelung von 1860.

Bildstock beim Eggwirt **auf Gp. 540/1**

Bildstock mit Rundbogennische, 1768 errichtet, 1908 demoliert. Im Auftrage des Thronfolgers Franz Ferdinand 1910 neu errichtet und 1911 von C. Dapoz bemalt.

Katastralgemeinde St. Felix

Pfarrkirche St. Felix **Bp. 32**

1742 errichtet. Turm mit Pyramide, polygonaler Chorschluß, Tonnengewölbe mit Stichkappen. Dekorationsmalereien am Gewölbe, 1902.

Katastralgemeinde Unsere Liebe Frau im Walde

Klammer **Bpp. 145/1, 145/2, 147/1**

Bau aus dem 16. Jh. mit späterer Erweiterung. Vergittertes Fenster mit Sgraffitoverzierung. Stube mit flacher, spätgotischer Balkendecke. Tonnengewölbte Küche, kreuzgratgewölbter Wohnraum. Wandgemälde, um 1500.

St. Christoph mit Friedhof **Bp. 175 Gp. 1136**

Spätgotischer Bau, um 1500. Spitzturm, polygonaler Chor, Sternrippengewölbe, Spitzbogenfenster.

Marschalk **Bp. 215**

Steinerne Freitreppe, Rundbogentür in Sgraffitorahmung, breiter, tonnengewölbter Hausgang. Rückwärts Rechtecktür mit Oberlichte. Küche mit hohem Tonnengewölbe. An der Südfassade spätgotische Fenster mit Sgraffitoumrahmung, 16. Jh.

Pfarrkirche Unsere Liebe Frau mit Friedhofskapelle und Friedhof **Bpp. 236/1, 236/2 Gp. 1425/2**

Romanischer Turm mit Spitzpyramide (13. Jh.) Spätgotischer Kirchenbau aus dem 15. Jh. Polygonaler Chor, dreischiffiges Langhaus, Netzrippengewölbe. St. Michael am Friedhof: zweigeschossiger Bau, um 1500 errichtet. Fassadenglockenmauer. In der Gruft Tonnengewölbe, in der Kapelle Sternrippengewölbe.

Katastralgemeinde Neustift I

Augustiner-Chorherrenstift mit Kirche Maria Himmelfahrt, Marienkapelle, Pfarrkirche St. Margareth mit Friedhof, Nikolauskapelle, Viktorskapelle, Kreuzgang und Klostermühle **Bpp. 1, 2, 3, 4 Gp. 5'**

Kirche (Bp. 1): Dreischiffige Anlage mit Vorhalle, Fassadenturm und Langhausmauern, um 1198, Staffelchor um 1468. 1734–1737 barockisiert. Freskenausstattung von Matthäus Günther. Marienkapelle mit Kuppeloktogon, 1695 von Johann Baptist Delai an das nördliche Seitenschiff angebaut.

Pfarrkirche (Bp. 2): 1293 erwähnt, 1452 Neuweihe. Um 1664 von Delai erneuerter Bau mit Kuppelturm und Laternenhaube. Asymmetrisches Rippengewölbe, gerader Chorschluß. In der Sakristei Rankenmalerei, 17. Jh.
Viktorskapelle (Bp. 3): Ursprünglich romanischer Bau, zwischen 1413 und 1418 erneuert. 1416 Neuweihe. Netzrippengewölbe um 1532. Gerader Chorschluß, Ziegelglockenmauer, Spitzbogenfenster und -tür. Freskenausstattung 14./15. Jh.
Kloster (Bp. 4): Klosteranlage 1142 gegründet, nach einem Brand 1190 erneuert. Der Südtrakt in der zweiten Hälfte des 17. Jh.s angebaut, 1707–1721 drei Flügel des Stiftshofes. 1771–1778 durch Giovanni Sartori der Bibliotheksbau errichtet.
Nikolauskapelle: 1212 erwähnt, beim Umbau der Kirche 1736 in die heutige Form gebracht. Gerader Abschluß, Flachkuppelgewölbe, Freskenausstattung von Matthäus Günther.
Klostermühle: Steingerahmte Schulterbogentüren, Kreuzgratgewölbe.

Wasserschleusen beim Kloster Neustift **Bpp. 7, 8**

Spätgotische Schleusenanlage. An der Giebelseite des Schleusenhauses steingerahmte Spitzbogentür mit Jahreszahl 1498. Eckpfosten mit angeblattenen Rändern und Flachwerk, Schießscharten und Hängewerk. Am zweiten Schleusenhaus gemauerte Spitzbogentür und Schießscharten.

St. Michael (Engelsburg) **Bp. 9/2**

Romanischer Zentralbau auf kreisförmigem Grundriß. Als Spitalkapelle 1198/99 geweiht. Neuweihe 1416. Treppentürmchen und Wehrgang mit Zinnen zwischen 1493 und 1502 hinzugefügt. 1525 profaniert, 1544 neu geweiht. Im Erdgeschoß Bandrippengewölbe, in der Kapelle im ersten Obergeschoß Kuppelgewölbe.

Klosterschmiede **Bp. 10**

Vorhalle mit Kreuzgewölbe. Fassadenmalerei (Mariahilf, St. Florian). Rundbogentür zur Schmiede, darin zwei gemauerte Essen.

Brückenwirt **Bp. 13**

Gemauerter Bau mit Krüppelwalmdach, steingerahmte Schulterbogentür. Zwei tonnengewölbte Kellerräume und Flachbogentür mit Steingewände. Zur Brücke hin ebenerdiges Tonnengewölbe und rundbogig überwölbter Durchgang.

Richterhaus **Bp. 14**

Bau mit hohem Walmdach, zwei Erkern, im Vorraum des ersten Stockes Gratgewölbe, dessen Gratenden sich überschneiden. Von Propst Lucas Härber (1483–1503) errichtet.

Steinmetzhaus **Bp. 15**

Zubau zum Richterhaus mit gemauerter Rundbogentür, Viereckfenster mit abgefastem Steingewände und Jahreszahl 1676 am Fenstersturz. Im Erdgeschoß Kreuzgewölbe und tonnengewölbter Keller.

Plattner **Bp. 33**

Bau mit verbrettertem Giebel, ebenerdig überwölbter Durchgang, rundbogige Haustür, tonnengewölbte Küche. Oberlabe mit Balkendecke, Backofen mit Rauchabzug in der Küche.

Kapelle beim Strasser **Bp. 34**

Einfacher Bau mit Giebeldachreiter (Pyramidendach), rundbogigem Abschluß, Tonnengewölbe. Vier Rundbogenfenster, über der Rechtecktür Lünettenfenster.

Hofstätter **Bp. 40**

Ansitz, spätgotischer Bau mit zinnenbekrönter Tormauer und Rundbogentor, Eckerker, Freitreppe, steingerahmte Viereckür, Labe und Küche mit Kreuzgratgewölbe, Stube mit Felderdecke und Küche mit Kreuzgratgewölbe, Stube mit Felderdecke und Erker mit Kreuzgewölbe, barocker Kachelofen. Erbaut von den seit dem 14. Jh. erwähnten Edlen von Hofstatt.

Edenhauser **Bp. 45**

Mehrfach veränderter Eisacktaler Einhof. Verbretterter Holzgiebel, rundbogige Kellertür, gemauerte Freitreppe, tonnengewölbte Labe. Gewölbter Durchgang zur Scheune. Stube mit Felderdecke. An einer Ofenkachel die Jahreszahl 1636. Ausgedehnte Kelleranlage mit mehreren Schwibbögen und Rundbogentüren.

Bacher **Bp. 46/1**

Ummauerter Weinhof mit Steintreppe und steingerahmter Schulterbogentür. Tonnengewölbte Küche, Stube mit barocker Felderdecke. Ausgedehnte Kelleranlage, der nordöstliche Teil mit Tonnengewölbe, der südwestliche mit Kreuzgratgewölbe und gemauerter Mittelsäule.

Strasser **Bp. 56**

Gemauerter Bau mit geschlossenem Giebel, Hofmauer, Rundbogentor. Barockes Fassadenfresko (Tod auf Weltkugel), Stube mit Felderdecke und Leistengetäfel, tonnengewölbter Stall. Übereck angebautes Wirtschaftsgebäude.

Ziegler **Bp. 58**

Bau mit verbrettertem Holzgiebel, Hofmauer mit Rundbogentor, rundbogige Haus- und Kellertüren. Keller mit gemauerter Mittelsäule, zwei Schwibbögen, Balkendecke, tonnengewölbte Küche. Labe mit Balkendecke, rundbogige Kammertür. Viereckiger Fassadenerker, daneben Mariahilffresko. Stube mit Felderdecke und gemaltem Vierpaßmittelfeld (Krönung Mariä, Jahreszahl 1740).

Oberplaickner **Bp. 62**

Bau mit rundbogiger Haustür, tonnengewölbter Labe, Stube mit Bohlenbalkendecke. Ausgedehnte Kelleranlage mit tonnengewölbtem Kellergang, Rundbogentüren, Rundbögen und Tonnengewölbe.

Vahrn, Pfarrkirche St. Wolfgang in Schalders

Vahrn, Stieglhof

Vahrn, Clementenhof - Villa Mayr

Vahrn, Gallhof

Katastralgemeinde Schalders

Steinwendhof mit Kapelle **Bpp. 155, 156**

Gemauertes Untergeschoß und Bundwerkobergeschoß. Labe mit Balkendecke, tonnengewölbte Küche, Stube mit Felderdecke. Keller mit Rundbögen und gemauerter Mittelsäule, kleiner tonnengewölbter Kartoffelkeller. Im Obergeschoß und im bergseitigen Zubau mehrere getäfelte Zimmer, Oberlabe mit Felderdecke. Talseitig Hauskapelle mit Tonnengewölbe, Lünettenfenster und hölzernem Dachreiter. Speisesaal mit Feldergetäfel.
Kapelle: Rechteckbau mit Vierecktür, geradem Chorschluß, hölzernem Giebeldachreiter mit Pyramidendach, Viereckfenster, 19./20. Jh. Trapezförmige Decke.

Bildstock beim Bad Schalders **Bp. 218**

Bau mit Satteldach (Schindeln), hufeisenbogige Öffnung, um 1652 von Raphael Barath errichtet. Außenfresko ober dem Bogen (Pietà).

Pfarrkirche St. Wolfgang mit Friedhofskapelle und Friedhof **Bp. 227 Gp. 2376**

1436 geweiht, im 17. Jh. umgebaut. Polygonaler Chor, Langhaus mit Tonnengewölbe auf Pilastergliederung, Stichkappen. Spitzturm. Außen Kreuzwegstationen, um 1730.

Katastralgemeinde Vahrn

Stieglhof **Bp. 1**

1538 als „Haus an der Stiegen" erwähnt. Ansitz mit Freitreppe und Loggia mit Kreuzgewölbe auf zwei Rundsäulen, darüber Erker. Zwei zweigeschossige polygonale Eckerker mit Schmiedeeisenfenstergitter. Doppelbogenfenster. An der Gartenmauer steingerahmte Schulterbogentür. Tonnengewölbte Küche, Stube mit Renaissancetäfelung, Felderdecke mit großem polygonalem Mittelfeld, Einlegearbeiten mit Jahreszahl 1651, Kachelofen. Kellerräume mit Tonnengewölbe.

Villa Lasser **Bp. 19**

Ursprünglich Teil des Domkapitelmairhofes. Der heutige einheitliche Bau eine Winkelanlage aus dem Ende des 19. Jh.s. Rundbogige Haustür, Fassadenerker an der Taltraufenseite, vorkragendes Dach an der Talgiebelseite mit zweigeschossigem Balkonaufbau auf Holzsäulen. Putzeckquaderung. Vierpaßförmige Luftlöcher am Giebel.

Haus Bernhardt – Ziegl **Bp. 20**

1609 im Besitz des Gerichtsschreibers von Salern. Schopfwalmdach, Eingang über Freitreppe und Loggia mit drei Rundsäulen und Rundbogenöffnungen, darüber geschlossener Erker. Im Südwesten übereck gestellter, im Westen einfacher Viereckerker. Unter der Loggia gewölbter Kellergang, rundbogige Kellertür. Fenster mit Schmiedeeisengitter, in der ehemaligen Gartenmauer steingerahmte Tür, darüber Fresken (Pietà, St. Paul und Antonius von Padua), 17. Jh. Steingerahmte Eingangstür mit Schulterbogen und viereckiger Oberlichte.

Clementenhof – Villa Mayr **Bpp. 23/1, 23/5**

Ursprünglich zum Mairhof des Domkapitels gehörig. Die heutige Form um 1877. Vom ursprünglichen Bau das steingerahmte Rundbogentor mit der Jahreszahl 1565 im Bogen. Initialen H. W. An der Westecke Stein mit Jahreszahl 1570. Im barockisierenden Stil erbaut. Dreigeschossiger Viereckerker mit Volutengiebel, mehrere polygonale Erker. Hausecken mit Putzquaderung. Fenster mit Ohrenrahmung.

Gallhof **Bp. 26/1**

Ansitz mit Viereckturm und Mittelhof, Spitzbogentor, mehrere zweigeschossige polygonale Erker, ein schmaler dreigeschossiger Viereckerker. Ein Viereckerker mit hölzernem Balkon im Obergeschoß. Gewölbte Tordurchfahrt mit Kreuzrippen und Gurten. Im Innenhof Freitreppe mit Galerie über Kragsteinen. Über der Freitreppe Vorgewölbe mit gekreuzten Gräten. Vierecktür mit gekehlter Steinrahmung. Im ersten Stock Stube mit Leistendecke und Erker, an den Türen kannelierte Pilaster, am Fries eingelegt Initialen und Jahreszahl: S. G. Z. A. E. G. C. H. 1637; daneben Stube mit Feldergetäfel. Küche mit Kreuzgratgewölbe. Ausgedehnte Kelleranlage mit tonnengewölbten Räumen.

Gasthof Lamm **Bp. 49/1**

Zwei aneinandergebaute Häuser mit geschlossenem Giebel, gemauerte Rundbogentüren im Erdgeschoß, viereckiger Fassadenerker, tonnengewölbte Labe. Im ersten Stock Räume und Labe mit Gratgewölbe. Im zweiten Stock Zimmer mit Kassettendecke, 17. Jh. Am Haus nebenan gemauerte Eingangstür und zweigeschossiger polygonaler Fassadenerker.

Gasthof Goldener Adler (Peintner) **Bp. 52/1**

Bundwerkgiebel, gemauerte Freitreppe, an der Fassade zweigeschossiger, polygonaler Erker. Fenster mit Schmiedeeisengittern. In der Gaststube einfaches Getäfel mit Felderdecke. Im Mittelfeld Ölgemälde auf Leinwand (Passionsszenen), bez. 1710. Im oberen Flur Stuckdecke.

Lidlhof mit Zubau und Gartenanlage **Bpp. 69 Gp. 183**

Vier übereck gestellte Eckerker auf Kragsteinen. Schopfwalmdach. Zinnenbekrönte Gartenmauer, steingerahmtes Rundbogentor, darüber Rundnische. Rundbogige Kellertür, breites Vorgewölbe, Eingang über kurzer Freitreppe, Vordach auf Rundsäulen. An der obersten Stufe Jahreszahl 1639. Spitzbogig überwölbte Steintreppe zum ersten Stock, tonnengewölbte Küche, Stube mit Felderdecke. Im Keller gemauerte Mittelsäule mit vier Kreuzgratgewölben. Reste einer auf drei Ebenen terrassierten Gartenanlage mit Kapellenruine, an einem Treppenstein Jahreszahl 1548.

Pfarrkirche St. Georg mit Friedhofskapelle und Friedhof **Bpp. 71, 330, 331 Gp. 210**

1335 erwähnt, Hauptschiff in spätgotischer Zeit verlängert und eingewölbt. Spitzturm, Seitenschiff. Lünetten- und Rundbogenfenster 17. Jh. Seitenkapelle mit Kuppel. Wandgemälde 15.–18. Jh.
Lourdeskapelle mit Tonne und Tuffsteingrotte.
Totenkapelle mit Rundbogenfenster, -tür, historistische Dekorationsmalerei.

Hubenbauer **Bp. 72**

Ehemals Turm der Edlen von Vahrn. Geschlossener Giebel, Freitreppe und Loggia auf Viereckpfeilern mit Rundsäulchen, Flachbogen und Kreuzgratgewölbe. Darüber geschlossener Erker mit aufgeblendetem Doppelbogen. An der Fassade Jahreszahl 1547. Im Erdgeschoß rundbogige Kellertür, Schulterbogentür, tonnengewölbter Kellergang mit Kreuzgratgewölbe. Im Obergeschoß Labe und Stube mit Felderdecke. Am Wandkästchen Jahreszahl 1808. Überwölbte Treppe im zweiten Stock mit Rundsäule.

Mesnerhäusl **Bp. 73**

Bau mit geschlossenem Bundwerkgiebel, steingerahmte Rundbogentür, tonnengewölbte Labe und Küche. Stube mit Stuckdecke, Fenster mit breiter Leibung. Rundbogige Tür in der Gartenmauer.

Nigglgasser **Bp. 76/1**

Geschlossener Giebel, steingerahmte Rechtecktür, darüber kleiner Balkon. Im Giebel vierpaßförmige Luftlöcher. Labe mit rundbogiger Nische, tonnengewölbte Speis, Stube mit Felderdecke, Kammer mit Stuckdecke.

Paulgasser **Bp. 78**

Langgestreckter Bau mit Schopfwalm, steingerahmte Schulterbogentür, darüber Nische mit verblaßtem Fresko. Labe mit Tonne und Stichkappen, Steinplattenboden. Kornkammer mit Kreuzgewölbe. Im Obergeschoß Gang mit Stuckdecke, Zimmer mit Kassettendecke und Brustgetäfel mit geschuppten Pilastern, 17. Jh. Küche mit Kreuzgratgewölbe, tonnengewölbte Speis. Stube mit Wandvertäfelung und bewegter Stuckdecke. Im Keller Hausschmiede, Ansetz mit gemauerter Mittelsäule und Schwibbögen.

Hasler **Bp. 81**

Turmartiger Baukörper, rundbogige Eingangstür, Stube mit gotischer Bohlenbalkendecke, die Wandvertäfelung zum Teil in Holzblockbau, barocker Wandkasten. Kammer mit Feldergetäfel. In der Labe Tür mit Eselsrückenholm.

Gschlössler **Bp. 84/1**

Zweigeschossiger Bau mit verbrettertem Bundwerkgiebel. Steingerahmte Rundbogentür, Labe mit Balkendecke, Küche mit Tonne und flachbogig überwölbten Fenstern, Speis mit Kreuzgratgewölbe, Stube mit barocker Felderdecke und Schuppenschnitzwerk. Am Hof gemauerter Bildstock mit offener Rundbogennische.

Bachbauer **Bp. 85**

Kleinhof mit gemauertem Erd- und Obergeschoß, verbrettertem Bundwerkgiebel mit Söller. Eingang über langem Söller, rundbogige Haustür, Labe mit Balkendecke, Stube mit Eselsrückentür und Leistengetäfel. Tonnengewölbte Küche. Im Erdgeschoß großer Kellerraum mit Balkendecke.

Ansitz Garten mit Kapelle **Bpp. 87, 88**

Zinnengiebel, im Süden zwei polygonale Eckerker, im Osten Mittelerker. Im ersten Stock Saal mit Stuckdecke, Gartenmauer mit rundbogigem Tor, 1659 von Martin Miller von Millershofen in die heutige Form gebracht.
Maria-Heimsuchungs-Kapelle: Bau mit Rundbogenöffnung, im unteren Teil verengt; Kreuzgratgewölbe, flachbogige Altarnische. Am Giebel neuere Wandmalerei. 17. Jh. Schindeldach.

Unterseeber mit Kapelle und Backofen **Bpp. 95, 97, 98**

Einhof mit geschlossenem Giebel am Feuerhaus, Rundbogentür, Labe, Oberlabe und Küche mit Tonnen und Stichkappen. Überwölbte Kellertreppe, gewölbter Keller.
Kapelle: Hölzerner Giebeldachreiter, Vierecktür, darüber Halbkreisfenster, zwei rundbogige Seitenfenster, Tonnengewölbe, flachbogige Altarnische. 17. Jh.
Freistehender Backofen mit Satteldach und überwölbtem Vorraum.

Kapelle beim Oberseeber **Bp. 101**

Viereckbau mit Flachbogentür, zwei Viereckfensterchen, Kreuzgratgewölbe und Altarnische. Schindeldach.

Heiligkreuz-Kapelle beim Hinterrigger **Bp. 108**

Gerader Chorschluß, hölzerner Dachreiter (mit Pyramide), Tür und Fenster rundbogig. Halbkreisfenster ober der Tür, Mariahilffresko. Tonnengewölbe. 17. Jh.

Vorderrigger mit Zuhaus **Bp. 112**

Geschlossener Giebel, übereck gestellter dreigeschossiger Erker, steingerahmte Vierecktür, tonnengewölbte Labe mit Stichkappen, Küche mit Kreuzgewölbe. Dreigeschossiges Treppenhaus mit flachbogig gewölbten Treppen mit Balustergeländer. Stube mit Felderdecke. Kornkammer mit Tonnengewölbe und Stichkappen. Keller mit Viereckpfeilern und Schwibbögen. Kellertür mit Schulterbogen.
Zubau: Tonnengewölbte Küche mit Rundbogentür. Steingerahmte Viereckfenster.

Grieser **Bp. 118**

Bischofshof mit geschlossenem Giebel, Freitreppe mit gemauerter Brüstung, spitzbogig gewölbte Labe. Küche mit Tonnengewölbe, Stube mit Felderdecke, bez. 1839. Im Obergeschoß polygonaler Eckerker. Im Keller Rundbogentür und Vierecksäule.

Moar in Sack **Bp. 128**

Dreigeschossiger Bau mit verbrettertem Giebel. Gartenmauer mit steingerahmtem Vierecktor. Rundbogiges Kellertor, polygonaler Fassadenerker, Küche mit Tonne und Stichkappen, Stube mit Felderdecke und Leistengetäfel, Mittelfeld (Heiliger Geist). Im Obergeschoß Kammer mit Felderdecke und bemaltem Mittelfeld. Oberlabe mit altem Estrich. In der Gartenmauer Bildstock auf Viereckpfeilern mit Flachbogennischen. Wandmalereien (Christus am Ölberg, Gottvater), 18. Jh.

Mühle in Spiluck **Bp. 259**

Holzblockbau mit funktionsfähigem Mahlwerk und oberschlächtigem Wasserrad. 19. Jh.

Kapelle in Spiluck **Bp. 267**

Um 1840 erbaut, gotisierender Bau mit hölzernem Giebeldachreiter, spitzbogige Tür und Fenster, Okulus, polygonaler Chorschluß, Spitztonnengewölbe mit Wandmalerei (St. Gallus). Schindeldach.

Villa Randeck **Bp. 292**

1891 im Stil der Jahrhundertwende erbautes Sommerfrischhaus. Fachwerkbau mit Erker, zierlich ausgeschnittenen Balkonen, geschlossenem Giebel mit Giebelsöller. Holztürmchen mit Eßglocke.

Rathaus **Bp. 328**

In historisierenden Formen errichteter Bau mit Schopfwalm, zahlreiche Dachgauben, Ecktürmchen mit Fassadenerker. Buckelquaderung, steingerahmte Viereckfenster und Türen.

Kriegerfriedhof 1914–1918 mit Kapelle **Bp. 329**
Gp. 1443

Terrassenförmig am Hang angelegter Friedhof, 1915 geweiht. Umfriedungsmauern aus Granitquadern, Grabsteine aus Porphyr. Rundbogig abschließende Kapelle mit geschwungenem Giebel, Zwiebeltürmchen auf Oktogon, Ochsenaugen, rundbogiger Eingang mit Eisengitter, davor gemauerte Freitreppe mit Überdachung auf Pfeilern.

Salern **auf Gp. 366**

Burgruine. Reste der Ring- und Palasmauer des Bergfrieds mit ausgestrichenen Mörtelfugen und gebuckelten Eckquadern. 13. Jh.

Voitsberg **auf Gp. 3011**

Burgruine. Spärliche Mauerreste einer ausgedehnten Wehranlage, um 1173 durch die Edlen von St.-Michaels-Tor in Brixen erbaut. Regelmäßige Lage mit Feldsteinmauerwerk, zum Teil ohne Mörtel.

Links oben: Vahrn, Vorderrigger
Links unten: Villanders, Kornkasten beim Breitner
Rechts oben: Villnöß, Ranui
Rechts unten: Villanders, Pardell

Katastralgemeinde Frag

Kornkasten beim Breitner **Bp. 6**

Zweigeschossiger Bau, bez. 1522 (am Putzschild). Im Erdgeschoß steingerahmte Rundbogentür, im Obergeschoß steingerahmte Schulterbogentür mit originalem Eisentürflügel.

Katastralgemeinde Villanders

Kobacher **Bp. 42**

Spitzbogige Kellertür in abgefaster Steinrahmung. Im Keller Tramdecke auf spätgotischer Gabelstütze mit geschnitztem Sattelholz. Im ersten Stock Rundbogentür und tonnengewölbte Rauchküche. Flach gedeckte Labe. Rundbogentür zu tonnengewölbtem Keller.

Sturm **Bp. 50**

An der Ost- und Westseite steingerahmte Spitzbogentüren. Spätgotischer Viereckerker auf Kragsteinen. Stube mit spätgotischer Balkendecke.

Pfaltener **Bp. 57**

Spätmittelalterlicher Bau, unmittelbar neben der St.-Valentins-Kirche. Steingerahmte spitzbogige Haustür, darüber spätere Jahreszahl 1865. An der Ostseite im Erdgeschoß zwei steingerahmte Rundbogentüren. Stubentäfelung 1898 bemalt. Keller mit Tonnengewölbe.

St. Valentin **Bp. 58**

1303 erwähnt, zu Beginn des 15. Jh.s erneuert. Spitzturm, gerader, abgesetzter Chor, Netzrippengewölbe, steingerahmte Spitzbogentür. Historistische Dekorationsmalerei.

Gravetsch **Bp. 73**

Ursprüngliche Anlage aus der zweiten Hälfte des 13. Jh.s, zu Beginn des 16. Jh.s umgebaut und vergrößert. Gemauerte Freitreppe, Rundbogentür in Steinrahmung, Fenster mit Gitterkörben, Freskenreste 15. Jh. (Fortunarad).

Felder **Bp. 120**

Charakteristischer kleiner Paarhof. Im Gemeindegebiet seltenes Beispiel eines strohgedeckten Stadels mit Krüppelwalmdach. Wohnhaus mit Legschindeldach.

Gassenschuster **Bp. 148**

Gebrochene Fassade mit hoher gemauerter Freitreppe und Bundwerkgiebel. Unter der Treppe Rundbogentür mit Granitgewände, seitlich gemauerte Rundbogentür. Am Giebel Ecksöller mit Ausschneidebrüstung.

Gassenschmied **Bp. 149**

Spätmittelalterlicher Bau mit Holzveranda.

Pfarrkirche St. Stephan mit Friedhofskapelle und Friedhof **Bpp. 150, 151 Gp. 1169**

Spitzturm um 1400, Kirche zu Beginn des 16. Jh.s neu gebaut und 1521 vollendet. Polygonaler Chorschluß, Netzrippengewölbe. Empore, 17. Jh. Historistische Dekorationsmalerei; außen Wandgemälde (Christophorus), bez. 1569.
St. Michael am Friedhof: Zweigeschossiger Bau mit Spitzbogentüren, 1344 geweiht. Spitzturm, Untergeschoß mit Beinhaus und flachgedeckter Kapelle mit Spitzbogentür. Obere Kapelle mit Flachdecke, im Osten Ansatzstelle der ursprünglichen Apsis. Spitzbogentür, Rechteckfenster.

Gasthaus Steinbock **Bp. 156**

Hölzerne Freitreppe, Eckerkerturm, Flacherker und reiche Fassadenbemalung. Im zweiten Stock getäfelte Stube aus dem 16. Jh. Gemauerter Treppenaufgang, Kielbogen- und Rundbogentüren.

Alter Widum **Bpp. 162/1, 161/2**

Zwischen Haus und Stadel Hofmauer mit Rundbogentor. Kurze gemauerte Freitreppe, steingerahmte spitzbogige Haustür. An der Südseite Flacherker mit Pultdach auf Stützmauer. An der Nordostecke quer angebautes Baumannhaus mit spätgotischem Erker auf Kragsteinen.

Rabensteiner **Bp. 170**

Runder Hoftorbogen zwischen Haus und Stadel. Im ersten Stock steingerahmte Spitzbogentür und vergittertes Labenfenster. Ehemalige Kapelle mit Tonnengewölbe. Tonnengewölbte Rauchküche mit Backofen. Keller mit Rundbogentür, Tramdecke auf Stützpfeilern.

Eisenstecken **Bp. 192**

Spitzbogige, steingerahmte Kellertür, rundbogige Haustür. Fassadenmalerei mit mehreren Heiligen. Unter dem First Jahreszahl 1670, renoviert 1936. Stube mit polygonalem Erker, im zweiten Stock Doppelbogenfenster.

St. Moritz in Sauders **Bp. 206**

1406 erwähnt, 1670 umgebaut. Gerader Chorschluß, Turm mit Spitzhelm. Rechtecktür und -fenster.

Pardell **Bp. 241**

Mittelalterliche Anlage mit angebautem Turm, um 1300 begonnen, im 16. Jh. umgebaut und erweitert. Gemauerte Freitreppe mit steingerahmter Spitzbogentür, darüber Wappen der Madruz. Stube mit gewölbtem Viereckerker und spätgotischer Balkendecke, Anfang 16. Jh.
Sebastiankapelle: Auf quadratischem Grundriß mit hölzernem Dachreiter (Pyramide), steingerahmte Spitzbogentür, Kreuzgratgewölbe mit Jahreszahl 1565. Rundbogenfenster.

St. Anna in Rotlahn **Bp. 283**

1736 errichtet, seitliches Türmchen mit Pyramide, gerader Chorschluß, Rechtecktür, Flachbogenfenster. Tonnengewölbe mit Stichkappen.

Kapelle beim Prackfiederer **Bp. 605**

Kleiner Rechteckbau mit abgesetzter Apsis, darin Lourdesgrotte, 19. Jh.

Totenkirchl **auf Gp. 3000**

1899 in gotisierenden Stilformen errichtet, polygonaler Abschluß, Spitztonne, Spitzbogenfenster, -tür. Schindeldach.

Katastralgemeinde Theis

St. Bartholomäus in Nafen **Bp. 14**

1307 erwähnt, 1489 spätgotisch umgebaut. Am Spitzturm Spitzbogenschallfenster mit romanischen Trennungssäulchen. Polygonaler Chorschluß, Netzrippengewölbe. Wandgemälde außen: St. Christoph um, 1510, im Innern Heilige um 1503, Apostel (16. Jh.) an der nördlichen Langhauswand.

Pfarrkirche zum Heiligsten Herzen Jesu mit Friedhofskapelle und Friedhof **Bpp. 46, 122 Gp. 409**

Der Spitzturm aus Granitquadern um 1500. Die heutige Kirche im gotisierenden Stil nach Plänen von Josef von Stadl errichtet und 1880 geweiht. Abgesetzter polygonaler Chorschluß, Rippengewölbe.
Friedhofskapelle: Gotisierender Bau auf achteckigem Grundriß, Spitzbogentür, -fenster, Rippengewölbe, um 1880.

Thurner **Bp. 66/1**

Ehemals Sitz der 1241 erwähnten Edlen von Theis. Turmartiger Bau mit späteren Zubauten, an der nördlichen Hälfte Eckquadern, teilweise mit Buckeln. Zur Hälfte vermauerte Rundbogentür, ursprünglich in Quaderfassung.

Glenig **Bp. 79**

Stark verändertes Kleinhäuslerhaus, verbrettertes Dachgeschoß mit Söller. Spätgotische Stube mit Bohlenbalkendecke.

Gneller **Bp. 88**

Gemauertes Erdgeschoß, Obergeschoß in Bundwerk. Durchgehender Söller an der Giebelseite. Die ursprüngliche Haustür (heute zwischen Labe und Kammer) mit Rundbogen und Steingewände. Küche mit Tonnengewölbe. Stube mit Leistentäfelung, Felderdecke mit geschnitztem Mittelfeld (Auge Gottes). Backofenerker, darüber kleiner Vorbau in Bundwerk auf Gabelstütze.

Kapelle am Kalvarienberg (Mantschkapelle) **Bp. 101**

Kleiner Bau, am Abschluß vier Polygonalseiten, Halbsäulchen mit vorgeblendeten Rundbögen, Viereckür, Lünettenfenster, Gratgewölbe. 17. Jh.

Katastralgemeinde Villnöß

Pfarrkirche zu den Heiligen Peter und Paul mit Friedhofskapelle und Friedhof **Bpp. 1, 2, 3 Gp. 1**

Bau Ende 18. Jh. von Blasius Abenthung errichtet. Fassade mit Volutengiebel, rundbogige Türen und Fenster, abgerundeter Chor. Der frei stehende Spitzzwiebelturm 1897 gebaut. Wandpfeilerraum mit Kuppeln. Deckengemälde von Josef Schöpf, 1798.

Unterschlell **Bp. 14**

Einheitlich erhaltener Bau aus der zweiten Hälfte des 18. Jh.s. Untergeschoß gemauert, Obergeschoß in Holzbau. Am Giebelbalken Jahreszahl 1769, Küche mit Tonnengewölbe, Stube mit Leistengetäfel. Keller mit Tonnengewölbe.

Ganeid **Bp. 18/1**

Bau mit gemauertem Untergeschoß, Obergeschoß in Bundwerk. An der Taltraufenseite auch Obergeschoß gemauert. Gemauerte Freitreppe, darunter gewölbter Kellergang. An der Haustür Jahreszahl 1851 und Spruchband. Backofenerker mit Pultdach. Stube mit Leistengetäfel. Im Keller Hausschmiede mit Esse.

St. Michael in Pizzag **Bp. 54**

Einfacher Bau mit dreiseitigem Chorschluß, Fassadendachreiter mit Zwiebelhelm um die Jahrhundertwende errichtet. Rundbogenfenster, -tür.

Pfarrmesner in St. Peter **Bp. 69**

Dreigeschossiger Bau mit Dachgeschoß in Bundwerk und verbrettert. Vorkragendes Hauseck an der Talgiebelseite. Im Erdgeschoß steingerahmte Rundbogentür. Eingang an der Berggiebelseite. Ecklabe mit Tonnengewölbe und Stichkappen. Stube mit gotischer Balkendecke, an den Wänden späteres Feldergetäfel. Bemalte Fensterumrahmungen, Backofenerker.

Marienkapelle beim Gsoi **Bp. 81**

1853 errichtet, 1983 renoviert. Einfacher Bau mit hölzernem Dachreiter, rundbogig abschließender Chor, Rechtecktür mit Lünettenfenster, Tonnengewölbe. Fenster mit Sattelschluß. Schindeldach.

Fischnal, Malerhaus und Marienkapelle **Bp. 83, 84, 85/1**

Dreigeschossiger Bau, oberstes Geschoß in Holzblockbau. Im Erdgeschoß steingerahmte spitzbogige Haustür mit schmaler Fase, tonnengewölbte Labe mit Stichkappen, tonnengewölbe Küche. Keller mit Kreuzgewölbe. Überwölbte Treppe in Erd- und Obergeschoß. Labentür mit rundbogigem Granitgewölbe. Viereckiger Fassadenerker. Stube mit Leistengetäfel. In der Labe spitzbogige Tür zur Kellerstiege.
Malerhaus: ehemaliges Zuhaus. Eingang über Freitreppe, tonnengewölbte Labe, überwölbte Treppe in das Obergeschoß. Spitzbogige Haus- und Küchentür. Am Untergeschoß Wandmalereien aus dem 17. Jh. (St. Christoph, St. Georg, Verkündigung und Flucht nach Ägypten). Dachstuhl um 1920.
Marienkapelle: Bau mit Viereckür, darüber Halbkreisfenster, talseitig zwei Spitzbogenfenster, Tonnengewölbe. 1816 erbaut.

Gander **Bp. 88**

An beiden Traufenseiten später je ein Kammeranbau angefügt. Fenster- und Eckbemalung aus dem Jahre 1705. In den Fensterleibungen zahlreiche Sinnbilder. An den Hausecken schwarze Quaderbemalung. Okuli am bergseitigen Giebel, dazwischen Jahreszahl 1705. Tonnengewölbte Küche, steingerahmte Rundbogentür zum Keller. Stube mit Leistengetäfel.

Vikolerbild (Antoniuskapelle) **Bp. 89/2**

Kapelle 1903 erbaut. Dreiseitiger Chorschluß, Rundbogenfenster, Rechtecktür, darüber Lünettenfenster, Tonnengewölbe.

Villnöß, Kornkasten bei Oberrunggatsch

Vintl, Töpsl

Villnöß, Kapelle am Kalvarienberg in Theis

Villnöß, Untermesner

Gruber **Bp. 95/1**

Dreigeschossiger Bau, Eingang an der Taltraufenseite. Labe, steingerahmte Spitzbogentür zur Küche, steingerahmte Rundbogentür zur Speis mit gemeißelten Rosen im Schlußstein. Küche mit Tonne. Stube mit Leistengetäfel.

Feldthun mit Dreifaltigkeitskapelle **Bp. 103, 105**

Turmartiger Bau, ursprünglich drei voneinander getrennte Baukörper, mit einem flachen Satteldach überdeckt. Bergseitiger Eingang, tonnengewölbte Küche, Stube mit Bohlenbalkendecke. Am Türholm der Kammer die Jahreszahl 1746. Im dreigeschossigen Turmbau ein Raum in jedem Stockwerk. Unter dem vorspringenden Bundwerkgeschoß Backofenerker auf langen Stabenpfeilern. Wandmalereien (St. Johannes Nepomuk, Florian, Antonius) Jahreszahl 1749. Turm und ältester Teil des Feuerhauses 15. Jh. Bundwerk, Obergeschoß 18. Jh.
Kapelle: Bau mit steilem Satteldach, hölzernem Dachreiter, Rechtecktür, darüber Lünettenfenster, Rundbogenfenster, Tonnengewölbe. Schindeldach.

Heiligkreuzkapelle zu Munt **Bp. 111/4**

1863 erbaut. Fassadendachreiter und dreiseitiger Chorschluß, Viierecktür, darüber Halbkreisfenster, Rundbogenfenster. Tonnengewölbe.

Ranui mit Johanneskapelle und Umfriedung **Bpp. 135, 136 Gp. 976**

1370 als Rumenuye erwähnt, seit dem 17. Jh. Jagdresidenz der Herren von Jenner. Dreigeschossiger Bau mit verbrettertem Giebel. Freitreppe, rundbogige Haustür, Biforienfenster. Im Erdgeschoß großes Rundbogentor. Im ersten Stock Wandgemälde mit Jagd- und Küchenszenen, an der Kachel eines Ofens die Namen Michael und Barbara Jenner mit der Jahreszahl 1685.
Kapelle: Erbaut 1744 von Michael Jenner. Dreiseitiger Chorschluß, Lünetten- und Viereckfenster, Tonnengewölbe und Türmchen mit Oktogon und Zwiebelhaube. Bemalte Fassade mit Säulenarchitektur.

Plawatsch **Bp. 146**

Bau mit hölzernem Dachgeschoß, Giebelbundwerk mit Söller, bez. 1840. Bergseitige, rundbogige Haustür. Tonnengewölbte Küche. Kunstvoll verziertes Stubengetäfel mit Leisten, geschwungenes Mittelfeld, darin Christusmonogramm, Blumenmotive und Jahreszahl 1846 eingelegt. Wandkästchen mit Auge Gottes.

Untermantinger **Bp. 151**

Erd- und Obergeschoß gemauert, Giebel in Bundwerk mit Söller. Ober der Viierecktür Rundbogennische und kleines Kreuzigungsfresko. An der Talgiebelseite zwischen den Fenstern je ein Heiligenfresko, bez. 1752 (Anton, Florian, Mariahilf, Nepomuk, Franziskus). Über der Terrassentür Mariahilf, St. Peter und Margareth, Küche mit Tonnengewölbe, Stube mit Leistengetäfel.

St. Magdalena mit Friedhofskapelle und Friedhof **Bpp. 195, 394 Gp. 1300**

1394 erwähnt. Turm mit gemauertem Spitzhelm. Die heutige Form des Langhauses um 1500. Netzrippengewölbe. Am Portal Rötelinschrift: 1492 Hic fuit... Chor mit Tonne und dreiseitigem Abschluß 17. Jh. Im Chor Deckengemälde von J. M Pescoller.
Friedhofskapelle: Viereckbau mit Kreuzgratgewölbe, 16. Jh.

Untermesner **Bp. 196**

Zweigeschossiger Bau mit verbrettertem Giebel. Reiche Eck- und Fensterbemalung. Engelsköpfchen und Jahreszahl 1689. Gemalte Ortsteineinfassung. Stube mit Leistengetäfel.

Mariahilfkapelle in Flitz **Bp. 230**

1847 errichtet. Bau mit hölzernem Glockenträger, rundbogig abschließender Chor, Viierecktür, darüber Lünettenfenster, Tonnengewölbe. Fenster mit Sattelschluß. Schindeldach.

Marienkapelle in Pardell **Bp. 247**

Bau mit hölzernem Giebeldachreiter und Zwiebelhaube. Abgesetzter, gerade abschließender Chor, Spitzbogentür, Flachbogenfenster, 19. Jh. An der Fassade Fresko (St. Josef als Patron der kath. Kirche).

Punter **Bp. 256**

Erd- und Obergeschoß gemauert, Dachgeschoß in Bundwerk mit Söller. Eingang mit spitzbogiger Tür zur tonnengewölbten Küche. Im Keller steingerahmte Rundbogentür, kleiner tonnengewölbter Kellerraum („Kerker"), Balkendecke, Erdgeschoß 14./15. Jh.

St. Valentin mit Umfriedung in Pardell **Bp. 277 Gp. 1905**

Erwähnt 1303. Turm (gemauerter Spitzhelm) und Langhausmauern romanisch. Chor und Netzgewölbe gotisch. Im Langhaus asymmetrisches Rippengewölbe. Neue Weihe 1780. 1944 durch Bomben beschädigt. Wandgemälde (Christophorus und St. Georg, frühes 15. Jh.).

Kapelle beim Miglanz **Bp. 282/2**

Bau mit Fassadendachreiter (Spitzhelm auf Oktogon), zweiseitig abschließender Chor, Spitzbogenfenster, Tonnengewölbe.

St. Jakob am Joch **Bp. 289**

1349 erwähnt, heutige Form um 1500. Turm mit Satteldach (Schindeln). Spitzbogenportal, Spitzbogenfenster, Netzrippengewölbe 1944 beschädigt. Wandgemälde (St. Christoph, St. Jakob als Pilger, 17. Jh.).

Oberrungatsch mit Kornkasten und Bildstock **Bp. 301/1**

Geschlossener Giebel. Traufseitiger Eingang über Steinstufen, Haustür mit spitzbogigem Steingewände. Mittellabe, Küche mit Tonnengewölbe und Stichkappen. Rundbogentür zur Küche. Stube mit gotischer Bohlenbalkendecke, 16. Jh. Weitere Stube mit Renaissancevertäfelung. Bergseitig vom Feuerhaus Kasten mit verbrettertem Bundwerkobergeschoß und Söller, von Viereckpfeilern getragen (in einem dieser Eckpfeiler Bildstock).

Pramstrahl mit Hauskapelle **Bp. 303/1**

Erd- und Obergeschoß gemauert, Dachgeschoß in Bundwerk mit Söller. Am talseitigen Giebel und an der Eingangsseite drei Wandmalereien auf Putz (zwei Madonnendarstellungen, St. Florian, um 1750). Eingang über gepflasterter Rampe und kleinem Söller. Labe und Küche mit Tonnengewölbe, Stube mit Leistentäfelung und Felderdecke.
Kapelle: Bau um 1770. Viierecktür, darüber Lünettenfenster, an den Seiten je ein Halbkreisfenster. Tonne mit Stichkappen und Stuckdekor.

Zinnen mit Kapelle **Bp. 306**

Erd- und Obergeschoß gemauert, Dachgeschoß mit umlaufenden Söller in Bundwerk. Eingang über kurzen Söller, tonnengewölbte Labe mit Stichkappen, flachbogig überwölbte Stubentür, Felderdecke, bemalte Tür (St. Margareth, Kreuzigungsgruppe). Backofenerker mit Pultdach.
Kapelle: 1842 erbaut. Einfache Kapelle mit steilem Satteldach, dreiseitig abschließender Chor, Viirecktür, Fenster mit Sattelabschluß, Tonnengewölbe.

Marienkapelle beim Oberkantioler **Bp. 342**

Ende 19. Jh. Bau mit dreiseitigem Chorschluß, Rundbogenfenster, Viirecktür, darüber Halbkreisfenster, Tonnengewölbe. Schindeldach.

Kapelle beim Lippenmöser **Bp. 362**

1912 geweiht. Einfacher Bau mit hölzernem Glockenträger, zweiseitig abschließender Chor, Rundbogenfenster, Rechtecktür, Tonnengewölbe. Der untere Teil natursteinverblendet.

Bildstock beim Mair **auf Gp. 2290**

Gemauerter Bildstock mit offenem Rundbogen und Kreuzgratgewölbe, Satteldach, am Bogen Jahreszahl 1695. Am Gewölbe Freskenspuren (Gott Vater, Dekorationsmalerei), 1856 renoviert und übertüncht.

Katastralgemeinde Niedervintl

Zehentstadel **Bp. 17**

Gemauerter Kornspeicher, im Originalzustand erhalten.

Troyenbach **Bp. 19**

Ansitz mit doppelgeschossigem Erker, überwölbtem Portalvorbau und Freitreppe. Gewölbte Kellerräume, im Erdgeschoß gewölbter Hausgang und Küche. Stube mit barockem Getäfel. Im Obergeschoß gewölbte Küche.

Alte Pfarrkirche **Bp. 20**

1378 erwähnt, der heutige Bau aus dem 14. Jh., im 17. Jh. umgestaltet. Chorturmkirche (Spitzturm), Rundbogenfenster, Lünette, Freskenreste aus drei Perioden: um 1390–1700, um 1460 und um 1600. Kreuzrippengewölbe.

Pfarrkirche Maria Verkündigung mit Grabkapelle von Guggenberg und Friedhof **Bp. 21 Gp. 120**

1760 in Anlehnung an den Brixner Dom neu aufgeführte Barockkirche. Geschwungener Giebel, abgesetzter, polygonaler Chor, Querschiff, Rundbogenfenster, Tonne mit Stichkappen. Freskenausstattung von Anton Zoller.

Gruben **Bpp. 37/1, 38**

Ansitz. Sommerfrische mit zwei übereinandergelagerten, tonnengewölbten Küchen mit Stichkappen. Zimmer mit einfachem Brustgetäfel, Balkon mit geschmiedetem Geländer. Nebengebäude mit Holzveranda.

Burgstaller mit Kapelle **Bpp. 109, 110**

Wohnhaus mit gewölbter Labe, Küche und Gaden, zwei barocke Stubentäfelungen.
Kapelle: Jahreszahl 1641, innen Netzgratgewölbe. Altarnische mit Wandgemälden (Pietà, Bauernheilige, Kreuzigung. A. B. fecit).

Kapelle und Kornkasten beim Stöcklhuber **Bpp. 116, 117**

Kornkasten im Blockbau, mit bäuerlichen Geräten, als Museum eingerichtet.
Kapelle: kleine Rundbogenfenster und -tür, im Innern Gratgewölbe, Wandbild (Beweinung Christi), 17. Jh. Schindeldach.

Orthammer **Bp. 146/1**

Stattlicher Einhof mit granitgefaßter Schulterbogentür und Jahreszahl 1578. Tonnengewölbte Labe und Küche, zum Teil gotische, gezimmerte Stube. Gemauerter Treppenaufgang, verbretterter Giebel, darunter Laube.

Schloß Vintl **auf Gp. 192**

Ruine. Spuren eines ausgedehnten, prähistorischen Ringwalles und einer jüngeren Burganlage.

Bildstock Haslach **auf Gp. 1708**

Viereckschaft mit Pyramidendach. In den Tabernakelnischen Fresken, 15. Jh.

Katastralgemeinde Obervintl

Pfarrkirche St. Nikolaus mit Friedhofskapelle und Friedhof **Bpp. 1, 2 Gp. 1**

Spätgotischer Bau mit polygonalem Chorschluß und seitlichem Spitzturm. 1749 barockisiert. Spitztonne (der Rippen beraubt).
Friedhofskapelle: Gratgewölbe und Spitzbogenportal, 16. Jh. Gerader Chorschluß.

Töpsl **Bp. 6**

Ansitz mit polygonalem, zweigeschossigem Erker. Rundbogentor, Labe mit Netzgratgewölbe, Stuben mit Renaissancegetäfel, 16. Jh. Fresken (Mariahilf unter Baldachin, Sonnenuhr). 18. Jh. Wappenmalereien der Künigl-Trautson. Im zweiten Stock Stube mit Renaissancemalereien und bemalter Holzdecke.

Huber an der Hilbe mit Kornkasten **Bpp. 10, 11**

Stattlicher Hof mit tonnengewölbter Mittellabe und Barockstube. Gotischer, gemauerter Kornkasten mit Jahreszahl 1541 und Inschrift, Spitzbogentür, offener Giebel. Schindeldach.

Stiegerstöckl **Bp. 29/2**

Gerader Abschluß, über dem Mariahilfbild. Rundbogentür, Kreuzgratgewölbe.

Baumgartner **Bp. 37**

1277 erwähnt. Asymmetrische Anlage mit Eckerker, gewölbte Labe, Stube mit barocker Felderdecke. Gemauerte Freitreppe, Fensterkörbe, dekorative Fassadenbemalung.

Joggelewirt **Bp. 41**

Einhof mit polygonalem Erker. Im Innern abgefaste Rundbogentüren, reichgearbeitete Barocktäfelungen, eine mit Jahreszahl 1823. Im Obergeschoß kreuzgratgewölbte Labe.

Katastralgemeinde Pfunders

Herz-Jesu-Kapelle beim Unterweglechen **Bp. 4**

Kleine Kapelle mit Apsis, Tonnengewölbe, steingerahmte Rechtecktür und Flachbogenfenster. Über dem Eingang Lünette. Schindeldach.

Obergasser **Bp. 76**

Mittellabe mit breitem Tonnengewölbe und Stichkappen. Stube mit Barockgetäfel. Steintreppe ins Obergeschoß. Renaissancestube mit Jahreszahl 1566. Tonnengewölbte Oberlabe.

Links oben: Vintl, Alte Pfarrkirche
Links unten: Vintl, Seng in Dun
Rechts oben: Völs am Schlern, Schloß Prösels
Rechts unten: Völs am Schlern, Pfarrkirche St. Johann in Völser Aicha

Grafmühle **Bp. 88**

Vollständig erhaltene Mühle in Kantholzblockbau auf gemauertem Sockel mit Jahreszahl 1877.

Jenewein **Bp. 103**

Rundbogentür, an der Südfassade Wandgemälde (zwei Heilige und Kreuzigungsgruppe). Küche mit Tonnengewölbe, Stube mit Barockgetäfel.

Seng **Bp. 145**

Giebel in Bundwerk mit Söller, an der Eingangsseite Wandmalereien (Auge Gottes, Wappenschild, Madonna mit Kind, Engel mit Korb, Flucht nach Ägypten). Stube mit barockem Leistengetäfel.

Pfarrkirche St. Martin mit Friedhofskapelle und Friedhof **Bpp. 205, 206 Gp. 1530**

Die Kirche 1397 erwähnt. Der heutige Bau 1808–1810 unter Beibehaltung des polygonalen Presbyteriums und des unteren Turmteiles umgebaut. Turm mit Zwiebelhaube auf Oktogon, Rundbogenfenster, Tonnengewölbe. Freskenausstattung von P. Altmutter 1810.
Friedhofskapelle: 1735 erbaut, Rechtecktür, am Giebel Vierpaßöffnung, Tonnengewölbe auf Pilastern. Schindeldach.

Eggerkapelle **Bp. 264**

1890 nach Lawinenabgang im Nazarenerstil errichtete Kapelle. Flachbogentür, -fenster, Lünette, Schindeldach.

Dorferkapelle **Bp. 275**

Kapelle mit hölzernem Dachreiter, Kreuzgratgewölbe. Schindeldach. Reste des 1951 von einer Lawine zerstörten Dorferhofes.

Katastralgemeinde Weitental

Pfarrkirche St. Thomas mit Friedhofskapelle und Friedhof **Bpp. 1, 2 Gp. 1**

Eine Kirche bereits 1180 erwähnt, um 1431 umgebaut. Langhaus 1777 neu aufgeführt. Abgesetzter polygonaler Chor, Spitzturm, Rundbogenfenster. Freskenausstattung von J. Mitterwurzer 1777.
Friedhofskapelle: Einfacher Bau, 1708 errichtet. Abgefastes Rundbogenportal, im Innern Sterngratgewölbe. Christophorusfresko, 16. Jh.

Pfarrwidum **Bp. 5**

Spätmittelalterlicher Bau. Im Erdgeschoß und im ersten Stock Hausgang mit Kreuzgratgewölbe. Tonnengewölbte Küche. Ursprünglicher Aufgang in den zweiten Stock, zwei Zimmer mit barocken Stuckdecken.

Kapelle beim Kofler **Bp. 43**

Gerader Chorschluß, hölzerner Dachreiter mit Pyramide, Rechtecktür. Decke mit abgeschrägten Enden. Reste von Bauernmalerei, 19. Jh.

Kornkasten beim Kröll **Bp. 45**

Gotischer Kornkasten mit Eselsrückenholm, Tür aus gehackten Brettern, geschmiedetes Schloß. Pultdach.

Oberhuber **Bp. 56**

Gemauerte Freitreppe, Rundbogeneingänge in Keller und Obergeschoß mit abgefasten Gewänden. Labe mit Tonne und Putzgraten, Küche mit breitem Tonnengewölbe, barockes Stubengetäfel.

Zasslermühle **Bp. 61/2**

Vollständig erhaltene Mühle in Kantholzblockbau auf gemauertem Unterbau. Funktionstüchtiges Mahlwerk.

Lotterhofer **Bpp. 90/1**

Wohnhaus mit Mariahilfbild an der Eingangsseite. Gewölbte Labe und Küche.

Kapelle beim Untersteiner **Bp. 116**

Kapelle mit barockem Baukern, später erweitert. Gerader Abschluß, verbretterter Giebel, Rundbogenfenster. Dekorationsmalereien an der Eingangsseite, 18. Jh.

Kamerschinkapelle **Bp. 187**

Einfache Kapelle aus dem 19. Jh.

Katastralgemeinde Völs

Pfarrkirche Maria Himmelfahrt mit Friedhofskapelle St. Michael, Friedhof und Bildstock **Bpp. 1, 446 Gp. 1**

Spätgotische Hallenkirche, erstes Viertel 16. Jh. Einwölbung des Langhauses um 1550. Fassadenturm mit Zwiebelhaube auf Oktogon, polygonaler Chorschluß mit Sternrippengewölbe (neu), im Langhaus Netzrippen auf Pfeilern. Südportal mit Kielbogen.
St. Michael am Friedhof: Zweigeschossige romanische Totenkapelle, um 1500 umgebaut. Leicht vorkragende Apsis (Altarnische), Wandmalereien aus dem 15./16. Jh. Heute Pfarrmuseum.
Bildstock: aus Sandstein. Konsole mit gedrehtem Schaft, Aufsatz mit flachen Nischen und Pyramidendach. Bez. 1518

Windischdillele **Bp. 2**

Kleines Wirtschaftsgebäude auf quadratischem Grundriß neben dem Friedhof. Heute ausgebaut.

Haus Nr. 23 **Bp. 5**

Dreigeschossiger spätgotischer Bau. Steingerahmte Rechtecktür mit ausgemeißelten Kielbögen am Sturz. Anfang 16. Jh. Innen vollständig erneuert.

Brudermesserhaus **Bp. 7**

Dreigeschossiger Bau, den Leonhard von Völs nach 1496 errichten ließ. Steingerahmte Spitzbogentür, gewölbter Hausgang. Tonnengewölbter Keller. Im ersten Stock zwei Stuckdecken und barocker Kachelofen.

Haus Nr. 18 **Bp. 10**

Stattlicher Bau mit rundbogiger Durchfahrt. An beiden Seiten Spuren der alten Tore. Heutige Form 16. Jh. Vermutlich stand an dieser Stelle die bereits 1304 genannte „Porta Bauzani".

Pfarrwidum **Bp. 13**

Anfang 16. Jh. Steingerahmtes Rundbogentor und vergittertes Fenster. An der Fassade Fresken mit Chronogramm 1729 (Johannes Nepomuk und Augustinus). Steingerahmte Schulterbogentür zum gewölbten Keller, Mittelpfeiler mit zwei spitzbogigen Schwibbögen, Tramdecke.

Gasthof Turm **Bp. 23**

Im Haus eingebaut der Turm von Völs, der 1244 zum ersten Mal erwähnt wird. Im Süden und Westen spätmittelalterliche Zubauten, nach Norden 1958 erweitert. Steingerahmte Spitzbogentür am Eingang, rundbogiges Hoftor.

Ehemaliges Gerichtsgefängnis **Bp. 24**

Der Überlieferung nach ehemaliges Gerichtsgefängnis. Gegen Norden ein Rundturm. Im Innern erneuert.

Oberhuber **Bp. 29**

Spätmittelalterlicher Bau, Keller mit Schulterbogentür, rundbogige Haustür in Steinfassung, Küche mit Tonnengewölbe und steingerahmter Rundbogentür, Stubentäfelung, bez. 1860.

Floret **Bp. 47**

Steingerahmte spitzbogige Haustür. Im ersten Stock Tür mit Eselsrückenholm zur Stube. Spätgotische Balkendecke, abgefaste Kanten, zwei Unterzüge. Ober der Tür ornamentale Flachschnitzerei, um 1500.

St. Peter am Bichl **Bp. 48**

Romanischer Baukern mit Apsis. Netzrippengewölbe im Schiff, Erhöhung des Turmes um 1498. Turm mit Krüppelwalmdach, Südportal in skulptierter Steinrahmung mit polygonalem Sturz. Dekorative Malereien in den Fensterleibungen und an der Apsis, um 1600.

Pfarrkirche St. Antonius von Padua, Friedhof und Pfarrwidum in Blumau **Bp. 91 Gp. 917**

Bau 1837 errichtet, 1840 geweiht. Spitzturm, gerader Chorschluß, Tonnengewölbe, Rundbogenfenster. Deckengemälde von L. Dapoz, 1929.
Widum: An die Kirche angebaut und gleichzeitig mit ihr 1837 errichtet.

Ziegelofen mit Magazinräumen in Blumau **Bp. 101/1**

Ofen in Ziegelmauerwerk mit Rundbogenfries und hölzernem Umgang. Drei vorgelagerte Magazinhallen mit Fassadengliederung und Rundfestern, Ende des 19. Jh.s.

St. Martin beim Gmoaner in Völser Aicha **Bp. 103/1**

Einfacher Kapellenbau aus dem 17. Jh. Hölzerner Dachreiter, Schindeldach.

Unterpsenner in Völser Aicha **Bp. 106**

Spätmittelalterlicher Bau mit Steintreppe, steingerahmte Spitzbogentür, gewölbte Küche, Stubengetäfel mit geschnitzten Kranzbalken aus dem ausgehenden 15. Jh.

Mitterpsenner in Völser Aicha **Bp. 107/2**

Wuchtiger spätmittelalterlicher Bau. Steingerahmte Rundbogentür. Innen zum Teil erneuert.

Oberpsenner in Völser Aicha **Bp. 108**

Breite, fensterlose Fassade, im Dachgeschoß zwei Oculi. Mit zwei kannelierten Pilastern steingerahmte Schulterbogentür. Am Sturz Wappenschild mit Hausmarke. Gewölbte Küche.

Kapelle beim Innerpeskoller in Völser Aicha **Bp. 113**

Barocke Hofkapelle, Flachbogentür, darüber Heiligenbild in Stuckrahmen und Jahreszahl 1736.

Federer in Völser Aicha **Bp. 135**

Südfassade mit polygonalem Treppenturm. Nach Osten späterer Zubau. In der alten Ostmauer der ursprüngliche Eingang, eine schmale romanische Rundbogentür. Im ersten Stock Flur mit spätgotischer Balkendecke, im Keller Schulterbogentür.

Pfarrkirche St. Johannes der Täufer mit Friedhof in Völser Aicha **Bp. 141 Gp. 1519**

Turm und Apsis romanisch, Langhaus mit Tonnengewölbe klassizistisch, um 1820. Altes Langhaus um 1400, teilweise als Sakristei in Verwendung. Fresken in der Apsis um 1420. Fassade mit Skulpturennischen. Deckengemälde von Anton Psenner, 1817.

Pulser in Völser Aicha **Bp. 143**

Spätmittelalterlicher Bau mit steingerahmter Spitzbogentür, breiter Flur. Im Keller romanisches Sichtmauerwerk und Schwibbögen.

Finger in Völser Aicha **Bp. 149**

Spitzbogige Haustür in Quaderfassung, darüber Rundbogennische, „Maria pit Got für uns 1521". Daneben Fresko (St. Georg, Margarethe), erste Hälfte 16. Jh. Labe mit Tramdecke, steingerahmte Spitz- und Rundbogentüren im Keller.

Verant in Völser Aicha **Bp. 150**

Mächtiger Bau mit steingerahmter Spitzbogentür mit Wappen am Scheitel (Reber, Traubenblatt). Außergewöhnlich hoher Keller, Quaderbogen über einem Mittelpfeiler, erste Hälfte 16. Jh. Stubenfenster mit Seitensitzen. Angebauter Backofen.

St. Katharina in Breien **Bp. 180**

Langhausmauern und Turmunterbau romanisch. Polygonaler Chor, Sternrippengewölbe und Turmabschluß mit Spitzpyramide, um 1500. Vorhalle auf Steinsäulen mit Pultdach. Außen Fresken (Katharinenlegende) der Bozner Schule, um 1410. Im Innern Fragmente eines Passionszyklus, Ende 16. Jh.

St. Nikolaus in Prösels **Bp. 194**

Romanischer Baukern (Apsis), um 1500 in die heutige Form gebracht. Turm mit Pyramide, Netzrippengewölbe, Rundbogenfenster. Apsisfresken um 1440.

Haus in Prösels **Bp. 199**

Ehemaliges Gasthaus Rose. Großer Bau aus dem 16. Jh. mit später ausgebautem Dachgeschoß. Freitreppe, zum Teil vergitterte Fenster.

Baumann in Prösels **Bp. 211**

Ursprünglich zum Schloß gehörig. Am Wohnhaus steingerahmte Fenster und Rundbogentüren im Erdgeschoß. Sandsteinreliefs (zwei Vögel, Vase) über dem Portal. Mächtiges gemauertes Wirtschaftsgebäude mit zwei steingerahmten Toren und steingefaßten Fenstern, erste Hälfte 16. Jh.

Schloß Prösels mit Pulverturm **Bpp. 212/1, 212/2, 212/3 Gpp. 1683/1, 1692/1, 1692/2**

Burganlage 1215 erwähnt. 1517 von Leonhard von Völs großzügig umgebaut, erweitert und befestigt. Tortürme, Zwinger, Rondelle. Im Burghof Spitzbogenloggia mit Wandmalereien. Räume mit Kreuzgratgewölben und Balkendecken. Kapelle um 1525 erbaut, Fassadendachreiter, polygonaler Chorschluß, Netzrippengewölbe.
Pulverturm: Mittelalterlicher, bergfriedartiger Wehrturm, 13. Jh. Hoher Einstieg mit Rundbogentür. *Bannzone:* Gpp. 1687, 1688/1, 1688/2, 1688/3, 1689, 1690, 1691, 1695.

Tschurer in Ums **Bp. 227**

Gemauerter Bau mit steingerahmter Spitzbogentür, Fenster in tiefen Leibungen, erste Hälfte 16. Jh. Am Giebel querliegende Ochsenaugen.

Daiml in Ums **Bp. 228**

Eingeschossiger Mauerbau mit verbrettertem Bundwerkgiebel. Steingerahmte Rundbogentür, kleine Fensteröffnungen.

St. Martin in Ums **Bp. 246**

Turm mit Pyramidendach, gerade abschließender Chor, Kreuzgratgewölbe, 17. Jh. Älteres Portal von 1504, darüber Wandgemälde (heiliger Martin), 19. Jh.

Zimmerlehen mit Wohnturm **Bpp. 275, 454**

Ansitz bestehend aus Herrschaftshaus, Wirtschaftsgebäude, Turm mit ebenerdig eingebauter Kapelle und Baumannhaus. Im Turm Wandmalereien (Wappen, Jagdszenen) und bemalte Holzdecken aus dem letzten Jahrzehnt des 16. Jh.s. Im Herrschaftsgebäude gewölbter Gang, große Renaissancestube und zwei Räume mit Wandmalereien.

Schlun **Bpp. 276/1, 276/2, 276/3**

Ehemals Kuhebachischer Gutshof. Steingerahmte Rechtecktür, große Diele mit Felderdecke, barocke Stubentäfelung. Im ersten Stock, in einem Raum mit Stuckdecke, Wappenofen, bez. 1607.

Mair **Bp. 290**

Ehemals Fürstbischöflich-Brixnerischer Mairhof. Nordtrakt: Fassade mit Marienbild und Rundbogentür in abgefaster Steinrahmung. Gewölbter Gang im Erdgeschoß und 1. Stock, dort Renaissancestube mit Erker und Kachelofen. Südtrakt: Fassade mit Rundbogentor und Fresko St. Florian. Im 1. Stock große Labe, tonnengewölbte Küche, getäfelte Stube, bez. 1696.

St. Margareth in Obervöls **Bp. 299**

Anstelle einer älteren Kirche Ende des 15. Jh.s erbaut, 1502 geweiht. Turm mit Pyramide. Polygonaler Chorschluß, Netzrippengewölbe im Langhaus. Wandmalereizyklus aus dem Jahre 1600 von Jakob Menn.
Bannzone: Bpp. 297, 298
Gpp. 3117, 3120/1, 3120/2, 4534.

St. Anton **Bp. 313**

Einfacher Bau, 1712 geweiht. Fassadendachreiter, gerader Chorschluß, Tonne auf Pilastern, Stuckverzierung, Ende 17. Jh.

Bildstock beim Aichner **Bp. 325**

Gemauerter Nischenbildstock mit Fresken, Inschrift und Jahreszahl 1622.

Völs am Schlern, St. Peter am Bühel
Links oben: Völs am Schlern, Turm der Pfarrkirche
Links unten: Waidbruck, Trostburg

Grott **Bp. 330**

Mittelalterlicher Baubestand mit zweiseitigem Fassadenerker und Mittellabe, steingerahmte Haustür aus dem 17. Jh., barockes Stubengetäfel, 18. Jh.

St. Konstantin **Bp. 351**

Turm, auf Oktogon mit Zwiebelhaube, und Langhausmauern sind romanisch. Spätgotischer, polygonaler Chor mit Netzrippengewölbe, um 1506. Wandgemälde am Turm (St. Christophorus), Anfang 15. Jh.

Salmseiner **Bp. 359**

Besonders gut proportionierter Bau aus dem 16. Jh. Steingerahmte Rundbogentür, bez. 1559. Stube mit Leistengetäfel, Küche mit Tonnengewölbe. Bundwerkgiebel, 18. Jh.

St.-Kassian-Kapelle am Schlern **Bp. 365**

Kleiner Kapellenbau, 1797 errichtet. Fassadenglockenmauer, dreiseitiger Chorschluß, Schindeldach.

Villa Oberrauch in St. Konstantin **Bp. 492**

Sommerfrischhaus in neubarocken Formen mit Jugendstileinflüssen, erbaut 1909. Erker, Loggia, originale Fenster und Türen, getäfelte Stube. In der Eingangshalle gemalter Fries von Albert Stolz.

Bildstock **auf Gp. 29/1**

Einfacher Kapellenbildstock aus dem 18. Jh.

Bildstock in Prösels **auf Gp. 1644/2**

Viereckiger Schaft mit Nischenaufsatz aus Sandsteinquadern, 1492 datiert. Satteldach. Wappen (Rebzweig mit Traube).

Kapelle beim Kompatscher **auf Gp. 2166**

Einfacher Kapellenbau aus dem 17. Jh.

Schenkenberg **auf Gp. 2479**

Burgruine. Auf der Kuppe des Hügels sehr spärliche Mauerreste der Burg, die Ende des 12. Jh.s. erstmals erwähnt wird und wahrscheinlich auf einer urgeschichtlichen Siedlungsstätte errichtet wurde.

Bildstock **auf Gp. 4364**

Spätgotischer Bildstock aus Sandsteinwerkstücken. Am Aufsatz vier Nischen mit modernen Fresken. Pyramidendach.

Atzwanger Brücke **auf Gp. 4586**

Gedeckte Holzbrücke auf einem Pfeiler, nach dem Zweiten Weltkrieg mit Ziegeldach versehen.

Steger Brücke **auf Gp. 4612**

Gedeckte Holzbrücke auf zwei gemauerten Pfeilern, nach dem Zweiten Weltkrieg mit Ziegeldach versehen.

Katastralgemeinde Vöran

Mariahilfkapelle in der Gassen **Bp. 18**

Einfache Hauskapelle aus dem 17. Jh., 1827 vergrößert.

Thöt mit Hauskapelle St. Anton **Bp. 29/1**

Gotischer Bau. Schulterbogentür mit Steingewände, tonnengewölbte Labe und Küche, Rundbogentür zum Keller.
Kapelle: Hölzerner Dachreiter, 18. Jh.

Plattner **Bp. 47**

An der Hausfassade Fresko (Krönung Mariä, Heilige) des 19. Jh.s. Gewölbte Labe, große Stube mit Felderdecke und Einlegearbeiten, bez. 1882.

Pfarrkirche St. Nikolaus mit Friedhof **Bp. 52**
Gp. 736

Langhausmauern um 1330. Spitzbogentüren, polygonaler Chor mit Fünfachtelschluß, Turm mit achteckigem Spitzhelm, 1484. Flachbogenfenster, Tonnengewölbe in Schiff und Seitenkapelle, 18. Jh.

Wieser **Bp. 56/1**

Bau teilweise verändert. Stube mit Feldertäfelung und kunstvollen Einlegearbeiten, bez. 1868.

Ödngut (Schwarzhütt) mit Heiligkreuzkapelle **Bp. 98**
Gp. 1088

Bau mit historisierenden Elementen. Labe mit steingerahmten Rundbogentüren, reichverzierte Stube mit Kassettendecke im Renaissancestil, um 1900. Tonnengewölbter Keller.
Kapelle: 1927 geweiht. Dachreiter, Vorhalle, romanisierender Stil.

Paag **Bp. 105**

Gotischer Bau mit veränderter Fassade. Stube mit Bohlenbalkendecke, Kielbogentür mit zwei bemalten Feldern. Fenster und Tür mit Eselsrückenholm, „Drendl" in der Speckkammer.

Katastralgemeinde Waidbruck

Gering — Bp. 1/1

Ansitz. Im Kern mittelalterlicher Baubestand, im 18. Jh. barockisiert. Ehemals Erbpostgebäude. Regelmäßige Raumeinteilung, im ersten Stock Stuckdecken. Fenster mit Muscheldekor, Balkon mit Korbbrüstung. Stichkappengewölbte Labe, steingerahmte Spitzbogentüren, Eingang mit steingerahmter Schulterbogentür.

Pfarrkirche St. Jodok mit altem Friedhof — Bp. 5, Gp. 1

Ursprüngliche Hospizkirche, 1331 geweiht. 1649 umgebaut. Fassadenspitzturm mit Vorhalle auf Porphyrpfeilern, polygonaler Chorschluß, Gratgewölbe. Im Norden Zubau von 1930 (Arch. Marius Amonn). Wandgemälde an der Westwand, um 1590; am Triumphbogen (Verkündigung), 1728.

Schmiedhaus — Bp. 14

Flacherker an der Straßenseite, Fassadenfresko (St. Florian) verblaßt. Im Erdgeschoß Tonnengewölbe mit alter Esse. Im ersten Stock Hausgang mit Kreuzgratgewölbe, gemauerter Stiegenaufgang, Stube mit Felderdecke und Erker.

Solderer — Bp. 16/1

Beachtlicher Bau in den Bauformen des späten Historismus. An der Fassade großes Allianzwappen des Grafen Karl von Wolkenstein, bez. 1652. Ausgeschnittene Giebel, Balkone mit Eisenbrüstungen, Fenster mit Putzrahmen, im zweiten Stock Diamantquaderung.

Österreicher — Bp. 19/1

Rundbogige Haustür, kreuzgratgewölbter Hausgang mit spätmittelalterlicher Spitzbogentür.

Trostburg mit Nebengebäuden — Bpp. 28, 29, 38, 39

Im Kern mittelalterliche Anlage um 1200 (Palas, Burghof, Bergfried, Zwinger). Spätgotischer Wohntrakt mit Loggien im Innenhof. Gotische Stube mit geschnitzter Balkendecke. Um 1600 Umbau: Rittersaal mit Stukkaturen, Kapelle mit Flachdecke und Stukkaturen.
Bannzone: Gpp. 204/1, 204/2, 204/3, 206, 218, 219, 220, 222, 223, 227, 228, 229/1, 232, 233, 234, 235, 250/2.

Völs am Schlern, Zimmerlehen

Vöran, Paag

Welsberg, Zellheim

Wengen, Rungg

Katastralgemeinde Taisten

St. Jakob am Friedhof **Bp. 24/1**

Spätgotischer Bau (1490) mit dreiseitigem Chorschluß, Fassadenglockenmauer, vermauerte Spitzbogentür, Rippengewölbe. Gemaltes Steinmetzzeichen und Jahreszahl 1490. Wandmalerei: Außen Kreuzweg (18. Jh.) und Passionsszenen (Ende 15. Jh., Simon von Taisten).

Marienkapelle am Friedhof (Lourdeskapelle) **Bp. 24/2**

Neuer Bau mit altem Rechteckportal aus Marmor. Über zwei Delphinen Flammenbecher, am Gewände Rautenmuster. Erste Hälfte des 17. Jh.s. Rundbogiger Chorschluß, Rundbogenfenster, am Giebel Rundfenster.

Pfarrkirche St. Ingenuin und Albuin mit Friedhof **Bp. 25 Gp. 86**

Spitzturm, abgesetzter, abgerundeter Chor, dahinter Sakristeianbau. Geschwungener Giebel und gemalte Pilasterarchitektur an der Fassade. Ab 1770 wurde der spätgotische Kirchenbau durch Franz Singer umgebaut: Tonnengewölbe und Flachkuppel, Wandpfeilerraum. Freskenausstattung von Franz Anton Zeiller, 1771. 1472 wurde die Grabkapelle der Grafen von Welsberg angebaut: Zentralbau auf quadratischem Grundriß, Pyramidendach mit Dachreiter.

Pfarrwidum **Bp. 28**

Alter, im Kern barocker Bau, später erweitert und verändert. Im Mittelsaal des ersten Obergeschosses Stuckdecke, ein Zimmer mit reich dekorierter Stuckdecke (18. Jh.). Fenster mit Putzrahmen (Dreieckgiebel), Oculifenster an der Fassade.

St. Georg mit Umfriedung **Bp. 42 Gp. 2876**

Zweigeschossige Anlage des 12. Jh.s. Hölzerner Fassadendachreiter (Pyramide mit Laterne), zweigeschossige Apsis, gemauerte Freitreppe im Süden. Netzrippengewölbe mit Heiligenbildern auf Holztafeln (1498), Spitzbogenfenster, Rankenmalerei, 19. Jh. Umlaufende Holzgalerie. Im Innern und an der Außenwand Wandmalereien (Simon von Taisten, um 1505; Leonhard von Brixen, 1460).

Keilwirt **Bp. 45**

Einhof. An der Giebelseite übermaltes Wandbild (Gekreuzigter mit Heiligen). Im Süden Verandavorbau. Gewölbte Labe im Erdgeschoß, im ersten Obergeschoß überwölbter Treppenaufgang. Gaststuben mit einfachem Getäfel. Zimmer mit barockem Pilastergetäfel und Felderdecke. Zimmer mit Brustgetäfel (1906).

Maurer **Bp. 127**

Fenster mit tiefen Leibungen, Holzsöller. Barockes Stubengetäfel mit Pilastergliederung (1987 widerrechtlich ins Ausland verkauft): im Mittelfeld reliefiertes Lamm Gottes und Jahreszahl 1793, Initialen T. H., barocke Türen mit Griffen und Beschlägen, geschnitztes Wandkästchen.

Kapelle in Wiesen **Bp. 155**

Kapelle mit hölzernem Giebeldachreiter, eingezogener polygonaler Chor und Tonnengewölbe mit Stichkappen. Rechteckfenster.

Außerbier **Bp. 168/2**

Gemauertes Erdgeschoß, Obergeschoß in Blockbau. Rundbogeneingang. Kreuzgratgewölbte Labe, Küche mit Tonne und Stichkappen. Gemauerter Treppenaufgang. In der Stube Balkendecke mit Unterzug.

Kapelle beim Feichter **Bp. 191**

Abgesetzter, gerader Chorschluß, Rundbogeneingang, darüber Lünette. Tonne mit Stichkappen. Schindeldach.

Ehemaliger Kornkasten beim Widum **Bp. 203**

Zweigeschossiger Bau mit verbrettertem Holzgiebel. Spitzbogentür mit Hohlkehle zu tonnengewölbtem Raum im Erdgeschoß. Holztreppe zum Obergeschoß, Kreuzgratgewölbe, Flachbogenfenster.

Thurn **auf Gp. 108/2**

Burgruine. Ursprünglich kleine Burganlage, fast gänzlich verfallener Palas, Teile des Bergfrieds, der Ringmauer und des Zwingers noch erhalten. Im späten 13. Jh. errichtet, im 16. Jh. umgebaut und vergrößert. 1765 abgebrannt.

Kapelle beim Moar in Wiesen **auf Gp. 2515**

Dreiseitiger Chorschluß, Rundbogeneingang, Kreuzgratgewölbe. Vor der Altarnische schmiedeeisernes Gitter von 1875 mit Initialen J. G., Schindeldach.

Bildstock **auf Gp. 2875**

Sockel auf Quadern, gemauerter Aufsatz mit vier flachen Rundbogennischen. Pyramidendach mit Schindeln. In den Nischen Wandgemälde aus dem dritten Viertel des 15. Jh.s.

Katastralgemeinde Welsberg

Pfarrkirche St. Margareth **Bp. 1**

1343 erstmals erwähnt, der heutige Bau 1736–1738 neu errichtet, 1908 verlängert. Polygonal abschließender Chor, spätgotischer Spitzturm (1452), geschwungener Giebel, tonnengewölbtes Langhaus mit Stichkappen und Quergurten. Halbkreis- und Rechteckfenster. Barockisierende Deckengemälde von J. M. Peskoller 1909/10.

Alter Pfarrwidum **Bp. 27**

Barockbau mit Krüppelwalmdach, Fenster mit Putzrahmen, tonnengewölbte Mittellabe und Küche. In der Stube spätgotische Bohlenbalkendecke mit Schnitzereien. Labe und mehrere Zimmer im ersten Obergeschoß mit Stuckdecke. Zwei Räume mit barocken Holzdecken und geschnitzten Ornamenten. Am Dachstuhl Jahreszahl 1870.

Links oben: Welsberg, Pfarrwidum in Taisten
Links unten: Welsberg, Pfarrkirche St. Margareth in Welsberg
Rechts oben: Welschnofen, Oberspecht
Rechts unten: Wolkenstein, Col dala Pelda

Trogerhaus **Bp. 52**

Geburtshaus des Barockmalers Paul Troger. Krüppelwalmdach. An der Ostfassade Holzverandavorbau. Eingangstür mit geschnitztem Türflügel. Tonnengewölbte Labe mit Stichkappen, gewölbte Küche. Im östlichen Teil des Obergeschosses Raum mit Kreuzgratgewölbe und Küche mit Tonne.

Zellheim mit Stöcklgebäude und Garten **Bpp. 109, 228 Gp. 159**

Ansitz mit ummauertem Garten. Im Kern spätgotischer Bau, von den Herren von Welsberg errichtet. Doppelbogenfenster, polygonaler Erker. Gewölbte Mittellabe im Erdgeschoß, im ersten Stock Mittelsaal. Sogenanntes „Kaiserzimmer“ mit Pilastergetäfel und reichgeschnitzter Kassettendecke. Mehrere getäfelte Räume. Stöcklgebäude: Eingeschossiger Bau mit kleinen Lichtöffnungen.

Unsere Liebe Frau am Rain mit Friedhofskapelle und Friedhof **Bp. 127 Gp. 213**

1343 erwähnt, 1551 Langhaus errichtet, 1635 Spitzbogenfenster abgerundet. Abgesetzter polygonaler Chorschluß (1526), seitlicher Spitzturm, Spitzbogenportal. Schlingrippengewölbe im Langhaus und Chor, über dem Portal Lünettenfenster.
Friedhofskapelle: Nordseitig an die Kirche im 18. Jh. angebaut. Vierecktür, Lünette, Flachdecke.

Welsperg **Bp. 130**

Einfache Burganlage bestehend aus ungewöhnlich hohem Bergfried, Palas, Kapelle, Torgebäude und Hof. Stammsitz der Herren von Welsberg, um die Mitte des 12. Jh.s errichtet, im 16. Jh. umgebaut. 1765 teilweise abgebrannt und wieder hergestellt.

Häusern in Ried **Bp. 164/1**

Gemauerter Unterbau, Obergeschoß in Blockbau mit späterem Verputz. Fenster mit tiefen Leibungen. Tonnengewölbte Labe und Küche. In der Stube Pilastergetäfel, Felderdecke mit Jahreszahl 1872, Vierpaßmittelfeld mit Christusmonogramm. Im ersten und zweiten Obergeschoß sämtliche Räume mit barocker Täfelung.

Antoniuskapelle in Ried **Bp. 170**

Dreiseitig abschließender Chor, hölzerner Dachreiter (Spitzhelm), Rechtecktür, Rundbogenfenster, Netzgratgewölbe mit Stichkappen, im Gewölbe Malereien (Evangelisten) von Schwingshackl. Schindeldach.

Villa Welsberg mit Park **Bp. 208/1 Gp. 201**

Villa in ummauertem Garten, um 1900 errichtet. Eckerkerturm mit umlaufendem Balkon, mehrere Fassadenerker, Verandavorbau auf Korbbögen und Säulen. Freitreppe zum Eingang. Im Obergeschoß Zimmer mit Wand- und Deckengemälden (Jahreszeiten). Glasierter Kachelofen mit Blumendekor, Stuck- und Kassettendecken.

Kapelle bei der Villa Welsberg **Bp. 232**

An die Gartenmauer der Villa Welsberg angebaute offene Kapelle, Rundbogenöffnung, tonnengewölbter Innenraum.

Kapelle in Plun **Bp. 249**

Die Kapelle wurde 1895 erbaut, dreiseitiger Chorschluß, gemauerter Dachreiter mit Spitzhelm, Rechtecktür, darüber Rundfenster. Rundbogenfenster, Tonnengewölbe. Innenraum 1935 von Pescoller ausgemalt.

Bildstock bei der Pfarrkirche **auf Gp. 1581/1**

Spätgotischer Bildstock mit Pyramidendach (Schindeln); nach der Überschwemmung 1882 wurden die Nischengemälde Michael Pachers weitgehend restauriert und ergänzt.

Katastralgemeinde Welschnofen

Marienkapelle beim Kohler **Bp. 263**

Einfacher Bau mit hölzernem Dachreiter (Spitzhelm), abgesetzter gerader Chorschluß mit Tonne, im Schiff Flachkuppel. Rechtecktür und Lünettenfenster. Deckenfresko mit Evangelisten und Muttergottes. 1848 nach einem Brand neu erbaut.

Springer **Bp. 291**

Dreigeschossiger Turm mit Pyramidendach, angebautes Feuerhaus. Flachbogiger Eingang zum Turm, darüber die Jahreszahl 1619. Balkendecken in jedem Stockwerk. Im Feuerhaus Keller mit hölzerner Mittelsäule, ein weiterer mit Tonnengewölbe und Lichtscharten. Tonnengewölbte Labe mit Stichkappen. Am Turm Reste einer Sonnenuhr, Eckbemalung.

Pfarrkirche St. Ingenuin und Albuin mit Friedhof **Bp. 312 Gp. 3145/2**

Eine Kirche 1142 erwähnt. Turm mittelalterlich, Abschluß mit Zwiebelhaube auf Oktogon, 18. Jh. Die 1828 geweihte klassizistische Kirche 1965 durch einen Neubau von H. Maurer ersetzt, wobei der Turm erhalten blieb.

Zyprian **Bp. 317/1**

Obergeschoß in Bundwerk. Rundbogige Haustür, an der Fassade drei kleine Skulpturennischen. Tonnengewölbte Rauchküche, Stube mit Feldergetäfel und Leisten. Am Türsturz Jahreszahl 1733. Im Mittelfeld eingelegtes Christusmonogramm und flammendes Herz. Im oberen Türfeld die Inschrift P. A. R. + S. E. H. 17 M. A. L. A. 33. Die Stube 1862 bemalt. Keller mit Rundbogentor und Mittelsäule.

Josefskapelle beim Ladritscher **Bp. 362**

Einfacher Bau mit Rechtecktür, Lünettenfenster, Tonnengewölbe. Ende 19. Jh.

Kapelle beim Pitschöler **Bp. 367**

Kleiner Bau mit Seitentürmchen, Rechtecktür, Lünettenfenster, abgesetzter Altarraum, Tonnengewölbe, Anfang 19. Jh.

Oberspecht **Bp. 368**

Verbretterter Giebel, tonnengewölbte Küche, Stube mit Felderdecke und Vierpaßmittelfeld, darin Intarsien: Jahreszahl 1797, Auge Gottes, Herz Jesu. Am Firstbaum Malkreuz und Jahreszahl 1781.

Marienkapelle beim Unterpoppener **Bp. 374/1**

Einfacher Bau mit Flachbogentür, Tonnengewölbe mit Stuckverzierung, Ende 19. Jh.

Planken **Bp. 393**

Bau mit offenem Bundwerkgiebel, Obergeschoß in Holzblockbau, Untergeschoß gemauert. Tonnengewölbte Küche mit Rundbogentür, Stube mit einfachem Feldergetäfel, rundbogige Kellertür, Jahreszahl 1656 an der Taltraufenseite.

St. Sebastian **Bp. 394**

Romanische Anlage mit abgesetzter Apsis, 1665 umgebaut. Flachbogenfenster, tonnengewölbte Seitenkapelle. Vorhalle und hölzerner Dachreiter mit Pyramidendach. Geschnitzte Tür mit Jahreszahl 1666. Schindeldach.

Ottilienkapelle beim Frommer **Bp. 502**

Einfacher Bau mit hölzernem Dachreiter (Spitzhelm), Rechtecktür, Lünettenfenster und Tonnengewölbe. An den Fenstern Marienmonogramme. Anfang 19. Jh.

Marienkapelle beim Geiger **Bp. 553**

Bau mit Kuppel und Kreuzgratgewölbe, abgesetzter gerader Chorschluß, Lünettenfenster, hölzerner Dachreiter. 1874 erbaut.

Kapelle beim Oberpoppener **Bp. 662**

Einfache Kapelle mit offenem Rundbogen, Tonnengewölbe, Tuffsteingrotte. 1937 erbaut. Satteldach.

Katastralgemeinde Wengen

Alte Pfarrkirche St. Genesius mit Friedhofskapelle und Kirchplatz **Bpp. 1, 2 Gp. 1**

Kirche um 1930 abgebrochen, Mauerreste mit einzelnen Kreuzwegstationen in Freskotechnik und der spätgotische Spitzturm erhalten.
Friedhofskapelle: Hochmittelalterlicher Bau mit Kreuzschlitz im Osten.

Altes Pfarrwidum **Bp. 4**

Barockes Fassadenfresko (Mariahilf, Florian, Genesius, Barbara, Johannes Nepomuk), bez. 1738. Im Hausgang Stuckwerk an der Decke. Barocke Stubentäfelung, gewölbte Küche. An der Talseite rundbogiger Durchgang.

Ehemaliges Gasthaus Unterwirt **Bp. 6**

Ober der Haustür Fassadenmalerei (Florian). Im Erdgeschoß einfache Wirtsstube, im ersten Stock schön geschnitztes und bemaltes barockes Stubengetäfel, Mittelfeld, bez. 1788. Labe mit Balkendecke. Abortanbau 1764.

St. Barbara **Bp. 18**

Spätgotischer Bau, 1491 geweiht. Spitzturm. Polygonaler Chorschluß, Netzgratgewölbe. Flachbogenfenster. Geschnitzte Emporenbrüstung. Fresko um 1490 (Kreuzigung, Heilige). Historistische Dekorationsmalerei von Rudiferia, 1886.

Rü **Bp. 23**

Ansitz. Spätgotischer Baukern mit steingerahmter Spitzbogentür und hölzerner Gabelstütze im Keller. Später nach Süden erweitert. Gemalte Fensterumrahmungen, hohe Fensterleibungen. Stubentäfelung in Renaissanceformen, Hauskapelle von 1636 mit Tonnengewölbe.

Neue Pfarrkirche St. Genesius mit Friedhof **Bp. 33/4 Gp. 173**

1868–1874 nach Plänen des Architekten Josef von Stadl in historisierenden Bauformen errichtet. Spitzturm. Polygonaler Chorschluß mit Gratgewölbe, Querschiff und Längsschiff mit Tonnenwölbung. In der Vierung Kreuzgratgewölbe. Rundbogenfenster. Deckengemälde von Max Gheri, 1893.

Rungg **Bp. 107**

Ansitz. Im schmalen Hausgang Tonne mit Putzgraten, Rundbogentüren. Gewölbte Treppe zum Keller, gewölbte Küche. Im ersten Stock Renaissancestube, bez. 1604. Im Kellerraum Jahreszahl 1588.

Kornkasten **Bp. 196**

Spätgotischer Kasten mit Resten von Quadermalerei, im 18. Jh. zu einer Kapelle umfunktioniert. Über dem Eingang Herz-Jesu-Bild, im Innern Stuckdecke.

Promberg **Bp. 213/1**

Äußerst seltenes Beispiel eines spätgotischen Rundholzblockbaues. Talseitig ein gemauerter Kornkasten, 1798 angebaut. Im Dachgeschoß Kammer, bez. 1825.

Colz **Bp. 293**

Krüppelwalmdach, gemalte Fensterumrahmungen. Ober der barocken Haustür Jahreszahl 1792. Im Erdgeschoß Stube mit Felderdecke und bewegtem Mittelfeld, 1793; marmorierte Fenster- und Türrahmen.

Mühle in Rumestlungs **Bp. 311**

Barocke Haustür, darüber Fresko (St. Florian). Zwei Mühlwerke heute noch in Betrieb. Im ersten Stock Stube von 1866 mit barock geschwungenem Mittelfeld und bemalten Türen. Zweigeschossiger Verandavorbau, Obergeschoß in Ständerbau.

Katastralgemeinde Wolkenstein

Fischburg mit Ottilienkapelle **Bpp. 1/1, 1/2, 1/3, 3, 320**

Einheitliche Schloßanlage, 1622–1641 durch Engelhard Dietrich von Wolkenstein errichtet. Torturm, zwei Innenhöfe mit Arkadenbögen und überdachten Gängen, bemalte Fensterumrahmungen, zwei Haupt- und drei Nebentürme.
Kapelle: Decke mit reicher Stuckverzierung, Türmchen mit Pyramide, Viereck- und Spitzbogenfenster.
Bannzone: Gpp. 7/1, 39/1, 39/2, 42/3

Ruaccia **Bpp. 7/1, 7/2**

Kurze, gemauerte Freitreppe und Rundbogentür in abgefaster Steinrahmung. Labe mit Tramdecke, Stube mit gotisierender Maßwerktäfelung und Felderdecke, 19. Jh. Rundholzblockbaustadel, bez. 1765. Backofen auf Gabelstütze.

Col dela Pelda **Bp. 32**

Würfelförmiger Barockbau mit drei zu vier Fensterachsen. Im ersten Stock kreuzgratgewölbter Hausgang, barocke Stubentäfelungen mit geschwungenem Mittelfeld und intarsiertem Christusmonogramm.
Zimmer mit Stuckdecke um 1900 mit Wandgemälden (vier Jahreszeiten als Mädchenbildnisse). Gewölbter Keller.

Gustin in La Poza **Bp. 58**

Einhof mit gemauertem Feuerhaus und Stadel in Holzkonstruktion. Offene Rauchküche mit Herdstelle und angebautem Backofen. Labe mit Balkendecke und Jahreszahl 1596. Stube mit Felderdecke und Leistengetäfel.

Piciulei **Bp. 73**

Einheitlicher Bau aus dem späten 18. Jh. Wohnhaus mit Mariahilfbild an der Südfassade, im Erdgeschoß barocke Stube mit geschwungenem Mittelfeld, Jahreszahl 1796, getäfelte Stubenkammer. Im ersten Stock sämtliche Räume getäfelt. An der Westseite Backofenanbau.

Plazola **Bpp. 123, 124**

Gemauertes Untergeschoß, vorkragendes gezimmertes Obergeschoß mit Söller. Eckquader, ausgestrichene Mörtelfugen, an der ursprünglichen nördlichen Außenmauer steingerahmte Rundbogentür (Türflügel mit gotisierendem Maßwerk), Freitreppe mit Haustür (Jahreszahl 1845), Firstbaum mit Jahreszahl 1802. An der Korntruhe Jahreszahl 1684. Zwei Rundbogentore im Erdgeschoß.

Pfarrkirche Mariä Himmelfahrt mit Friedhof **Bp. 169 Gp. 648/2**

Kapelle von 1503 (heute Sakristei), um 1600 erweitert. Presbyterium und Langhaus 1869–1871 in gotisierenden Stilformen nach Plänen von Cyprian Peskosta errichtet. Spitzturm, polygonaler Chorschluß, Rippengewölbe. Langhaus 1987 abgebrochen, Neubau auf polygonalem Grundriß aufgeführt.

Schanong in Plan **Bpp. 200, 201/1**

Bau mit späteren Anbauten. An der Ost- und Südfassade Rundbogentüren, an der Südostecke Reste von rot bemalten Eckquadern. Labe mit Stichkappengewölbe, in der Küche Ansatz des ursprünglichen Tonnengewölbes. Stube mit Ständerbohlenwänden unter der neueren Täfelung

Sylvesterkapelle **Bp. 451**

Spätbarocke Kapelle, um 1880 verändert. Abgesetzter, polygonaler Chor, Rundbogentür, Tonnengewölbe mit Stichkappen. Chorgitter.

Wolkensteinschlössl **Bp. 491**

Zu Beginn des 20. Jh.s als Jagdhaus von Arch. A. Ritter von Inffeld in Jugendstilformen errichtet. Im Erdgeschoß zwei Räume mit dekorativer Deckenmalerei, überdachte Freitreppe. Im ersten Stock Loggia mit Wandmalereien, Stube mit Kassettendecke und ausgeschiedener Sitzlaube, Jugendstilofen. Zimmer mit dekorativer Deckenumrahmung. Im Dachgeschoß Loggia mit Balkonvorsprung. Stiegenhaus mit geschnitzter Holzbrüstung.

Villa Fossi **Bp. 574**

1933 wahrscheinlich von Arch. Franz Sachs im Stil der Neuen Sachlichkeit errichtet. Blockhafter Baukubus mit Pultdach, im Erdgeschoß Terrassenrücksprung, im ersten Stock Panoramaterrasse. Schindeldach.

Wolkenstein **auf Gp. 1075**

Burgruine. Mauerreste aus dem 13. Jh. 1525 eingestürzt. An den Felsen gebaut, Fenster mit Seitensitzen, Rundbogentür.

Veröffentlichungen des Landesdenkmalamtes

Zehn Jahre Landesdenkmalamt 1973–1983 – Dieci anni di Soprintendenza Provinciale ai Beni Culturali, Bozen 1983 (vergriffen)

Denkmalpflege in Südtirol – Tutela dei Beni Culturali in Alto Adige 1984, Bozen 1985

Geschichte Tirols – Zur Ausstellung auf Schloß Tirol, bearbeitet von Josef Nössing und Heinz Noflatscher, Bozen 1986

Schloß Tirol, Text: Hans Nothdurfter, Bozen 1986

Denkmalpflege in Südtirol – Tutela dei Beni Culturali in Alto Adige 1985, Bozen 1986

Denkmalpflege in Südtirol – Tutela dei Beni Culturali in Alto Adige 1986, Bozen 1988

Denkmalpflege in Südtirol – Tutela dei Beni Culturali in Alto Adige 1987/88, Bozen 1989

St. Prokulus/Naturns – Archäologie/Wandmalerei, Bozen 1990

BAUDENKMÄLER IN SÜDTIROL

NACHTRAG 1991–1995

I. NEUE DENKMALSCHUTZBINDUNGEN

ALGUND — Seite 20

Klostergarten Maria Steinach

Bp. 238
Gpp. 706, 707, 708, 709
K.G. Algund I

Bannzone Kloster Maria Steinach

Bpp. 95/1, 99, 102/3, 267, 870,
Gpp. 657/2, 681/1, 682/1 686,
705, 710/2, 710/4, 712/1, 746/1, 747,
750/1, 1866/1, 1868/1, 1868/2, 1869/1
K.G. Algund I

Einen wesentlichen Bestandteil der Klosteranlage stellt die große Klostermauer dar, welche neben den Konventsgebäuden den großen Klostergarten, Gpp. 706, 707, 708, Bp. 238, sowie den kleinen westseitigen Klostergarten, Gp. 709, umschließt und die Anlage zu einer Einheit zusammenfaßt.

BARBIAN — Seite 28

Gasthof Bad Dreikirchen

Bp. 232
K.G. Barbian

Anstelle einer Herberge, die bereits 1315 erwähnt wird, im Jahre 1811 errichtet und später vergrößert, heute aus vier Baukörpern bestehend. An den talseitigen Fassaden gedeckte Terrassen und Balkone, im Inneren verschiedene Räume mit Holztäfelungen.

BOZEN — Seite 41

Museumstraße 46

Bp. 542
K.G. Bozen

Im Kern mittelalterliches Haus auf schmalem, langgestrecktem Grundriß mit Laube. An der Fassade Erker. Im Erdgeschoß und 1. Stock Gewölbe, im 2. Stock profilierte Felderdecke zur Straße, 17. Jh.

Bahnhofstraße 3

Bpp. 752/1, 752/2
K.G. Bozen

Viergeschossiges Wohn- und Geschäftsgebäude, 1899 nach Plänen des Bozner Baumeisters Johann Bittner errichtet. Reiche Fassadengestaltung in neubarocken Formen. Zwei Kellergeschosse mit Gewölben, Stiegenhaus mit originalen Türen und Geländern.

Seite 45

Oberhütter

Bp. 132
K.G. Gries

Spätmittelalterlicher Bau, erstmals erwähnt 1377. Auf jedem Geschoß zwei nebeneinander liegende Räume mit Tonnengewölbe. Kleines Nebengebäude mit zwei Geschossen.

Seite 48

Alte Wassermauer der Talfer

Bpp. 600/1, 600/2, 600/3,
600/12, 600/15
K.G. Gries

Teil der alten Wassermauer zum Schutze der landwirtschaftlich genutzten Flächen rechts von der Talfer (heute Quireiner Stadtviertel), 1541 erwähnt. Mauerwerk aus Bachsteinen.

Siedlung Klösterlegrund

Bpp. 786, 787, 788, 789, 790,
791, 792, 793, 794, 797, 798,
799, 800, 801, 802, 805, 806
K.G. Gries

Vorstädtische Siedlung aus den Jahren 1924/25, nach Plänen der Architekten Clemens Holzmeister und Luis Trenker, bestehend aus einem viergeschossigen Häuserblock längs der Armando-Diaz-Straße, einem viergeschossigen freistehenden Block und acht zweigeschossigen Zweifamilienhäusern. Traditionelle Gestaltungselemente in modernen Formen.

Bannzone Gerstburg — **Gpp. 5/4, 7/4**
K.G. Zwölfmalgreien

Seite 49

Nebengebäude des Ansitzes Compil — **Bp. 45**
K.G. Zwölfmalgreien

Schmaler, langgestreckter Bau. Im Erdgeschoß mehrere gewölbte Räume, Obergeschoß zu Wohnzwecken ausgebaut. Gegen Norden und Süden später erweitert, am südseitigen Anbau Jahreszahl 1821.

Bannzone Deutschordenskommende Weggenstein — **Gpp. 164/1, 165/2**
K.G. Zwölfmalgreien

Seite 50

Ansitz St. Oswald mit Park — **Bp. 115, Gp. 132/4**
K.G. Zwölfmalgreien

Großer Bau in späten Historismusformen, um 1900 umgebaut. An der Ostfassade des Mitteltraktes steingerahmte Rundbogentür in Neu-Renaissanceformen, am Scheitel Thun-Wappen. Tonnengewölbter Keller, im Erdgeschoß neugotische Tür, dat. 1909. Im 2. Stock zwei Zimmer mit neubarocken Stuckdecken.

Stockhammer mit Park — **Bp. 263**
K.G. Zwölfmalgreien

Großer Bau, in der heutigen Gestalt am Ende des letzten Jahrhunderts umgestaltet. Regelmäßige Fassade in historistischen Stilformen mit Dreieckgiebel, Statuennische und Balkon. Im Erdgeschoß ein Raum mit Tonnengewölbe. Im 1. Stock drei Räume mit neubarocken Stuckdecken. Gegen Westen kleine Parkanlage auf zwei Ebenen mit Nadelbäumen, Brunnen, Säulen und Balustrade, Ende 19. Jh.

Sandlaner — **Bp. 312**
K.G. Zwölfmalgreien

Kleiner Bau in Sichtmauerwerk mit regelmäßigen Steinlagen, 13./14. Jh. Im Erdgeschoß Keller mit Balkendecke. Im Hauptgeschoß Küche mit Balkendecke und offenem Herd, Stube mit Feldertäfelung, um 1800.

Seite 52

Villa von Pretz — **Bp. 1004**
K.G. Zwölfmalgreien

Bedeutender Villenbau in den Formen der rationalistischen Architektur, errichtet um 1930 nach Entwurf von Clemens Holzmeister. Fenster und Dach später verändert.

BRIXEN

Seite 58

Villa Marzari — **Bp. 52/2**
K.G. Brixen

Im Kern älterer Bau mit Aufstockung und typischer Fassadengestaltung aus dem späten 18. Jh. Im Erdgeschoß sämtliche Räume gewölbt, überwölbter Treppenaufgang bis zum 2. Obergeschoß. Seit 1872 Dependance zum Hotel Elephant.

Seite 59

Altenmarktgasse 21 — **Bp. 102/2**
K.G. Brixen

Dreigeschossiger Bau mit Mittelerker über zwei Geschossen. Im Kern spätmittelalterlicher Baubestand mit gewölbten Räumen im Erdgeschoß.

Altenmarktgasse 11 — **Bp. 108**
K.G. Brixen

Im Erdgeschoß zwei Räume mit Gewölben. Im 2. Stock barocke Stuckdecke und flaches Tonnengewölbe. Steingerahmte Eingangstüren. Hofseitig am Türsturz die Jahreszahl 1693.

Seite 62

Runggadgasse 18 — **Bp. 247**
K.G. Brixen

Spätgotischer Bau mit barocken Umgestaltungen. Fassade mit zwei Erkern. Haustür mit Granitrahmung, im Erdgeschoß Kreuzgratgewölbe. Im 1. Stock spätgotische Balkendecke, im 2. Stock barocke Felderdecke mit Zahnschnittfries.

Seite 67

Walkner

Bp. 388
K.G. Brixen

Ein Teil des wertvollen barocken Gebäudes auf Bp. 1, K.G. Elvas, das bereits mit Ministerialdekret vom 20. August 1952 unter Denkmalschutz gestellt worden ist, steht auf Bp. 388, K.G. Brixen.

BRUNECK Seite 77

Stadtgasse 11

Bp. 140
K.G. Bruneck

Großes Stadthaus, dreigeschossig mit Gewölben im Keller- und Erdgeschoß, zwei Stuckdecken im 1. Obergeschoß, Fassade mit gemalten Fenstereinfassungen.

Seite 79

Villa Marienhof mit Garten

Bp. 407/1
Gpp. 475/2, 479/13
K.G. Bruneck

Wohn- und Wirtschaftsgebäude in späten Historismusformen zwischen 1914 und 1919 nach Plänen von Arch. J. Menardi, Innsbruck, errichtet. Am Wohnhaus Krüppelwalmdach, nach Süden Erker, Fassadenmalereien von Weber, München (1919/1920): hl. Christophorus, hl. Georg, bäuerliches Leben, Allegorie von Arbeit und Fruchtbarkeit. Im Erdgeschoß und Keller gewölbte Räume.

DEUTSCHNOFEN Seite 89

St.-Peregrinus-Kapelle und St.-Leonardi-Eremitage in Weißenstein

Bpp. 1565, 1566, 1567
K.G. Deutschnofen

Aus der Gp. 2838/1 herausgenommen und als Bauparzellen neu errichtet.

EPPAN Seite 92

Josef-Innerhofer-Straße 44

Bp. 9
K.G. Eppan

Große Anlage aus Wohn- und Wirtschaftsgebäude bestehend. Im Erdgeschoß des Wohnhauses gewölbter Raum und ehemalige Mühle, in jenem des Wirtschaftsgebäudes ehemaliger Stall mit Gewölbe auf Mittelpfeiler. Im 1. und 2. Obergeschoß je zwei Räume mit barocken Stuckdecken und Fenstern sowie je einem Kachelofen für beide Räume, 18. Jh.

Seite 103

St.-Martin-Straße 28 in Girlan

Bp. 456/1
K.G. Eppan

Dreigeschossiger Bau, im Kern 16. oder 17. Jh., im 19. Jh. umgestaltet mit Loggia sowie Eck- und Geschoßbänderung. Im Erdgeschoß gewölbter Raum mit Mittelpfeiler und steingerahmte Fenster. Im 1. und 2. Stock Terrazzoböden, dat. 1847. Aus dieser Zeit auch der Stiegenaufgang mit gemauerter Säule.

Seite 105

Stromburg, J.-G.-Plazer-Straße 38–42

Bp. 2519
K.G. Eppan

Anstelle der gelöschten Bp. 97/1 neu errichtet. Die materiellen Anteile 1–7 betreffen den denkmalgeschützten Altbau.

GRAUN Seite 128

Altes Schulhaus

Bp. 18
K.G. St. Valentin

Großer dreigeschossiger Bau mit regelmäßiger Fassade zu acht Fensterachsen. Geschoßbänderung, Eckquadern in Putz. Abgetreppter Quergiebel mit Türmchen. Holztreppen, Mittelgang. Erbaut 1904.

HAFLING Seite 134

Leckplatt

Bp. 50
K.G. Hafling

Kleiner Bau des 18. Jh. auf einer Felsplatte, die Hofstelle 1636 genannt. Stube mit barockem Leistengetäfel. Größtenteils originale Fensteröffnungen mit barocken Gitterstäben. Legschindeldach.

KALTERN Seite 146

Goldgasse 2 **Bp. 322**
K.G. Kaltern

Dreigeschossiger Renaissancebau auf schmalem Grundstück. Zweiachsige Fassade mit steingerahmten Fenstern und zugemauerten Ochsenaugen. Stark vorspringendes Dach. Treppenhaus und Räume mit Kreuzgewölben im Erd- und 1. Obergeschoß. Doppelfenster, Stuckdecke im 2. Obergeschoß und zweiteilige Rechteckfenster. In den Innenräumen mehrere steingerahmte Türen und Fenster.

Marktplatz 6 **Bp. 332**
K.G. Kaltern

Dreigeschossiger Bau mit zwei Laubenbögen, 16./17. Jh. Im Erdgeschoß und im 1. Stock gewölbte Räume, Stiegenhaus und Obergeschosse um 1900 umgestaltet.

KASTELRUTH Seite 159

Dreifaltigkeitskapelle beim Drockerhof **Bp. 744**
K.G. Kastelruth

Barocke Wegkapelle mit Satteldach, straßenseitiger Rundbogentür und zwei kleinen seitlichen Rechteckfenstern, 18. Jh. Im Inneren Tonnengewölbe mit Stichkappen, triumphbogenartig gestaltete, gerade abschließende Altarwand mit Stuckleisteneinfassung.

KIENS Seite 160

Neumair **Bp. 26**
K.G. Ehrenburg

Spätgotischer Bau: Labe mit Tonnengewölbe im Erdgeschoß, mit Netzgratgewölbe im 1. Stock. Gemauerter Stiegenaufgang, gewölbte Küche.

KURTATSCH Seite 174

Kanderleweg 13 **Bp. 179**
K.G. Kurtatsch

Großes, dreigeschossiges Gebäude mit ausgebautem Dachgeschoß in beherrschender Lage, 1727 zum ersten Mal urkundlich erwähnt. An der Ostansicht zwei Stützpfeiler und gemauerte Freitreppe mit rechteckiger Haustür. Gewölbte Kellerräume mit steingerahmten Öffnungen.

LAJEN Seite 181

Nebengebäude des Ansitzes Lusenegg **Bp. 47**
K.G. Lajen

Turmartiger Bau, im Nordosten steingerahmte Kellertür mit einspringenden Kämpfersteinen, im Nordwesten Tür im 1. Stock mit abgefaster Steinrahmung, beide aus spätgotischer Zeit. Im 1. Stock gewölbte Küche. Im Dachgeschoß vermauerte Zinnen.

LANA Seite 185

Widum in Pawigl **Bp. 43**
K.G. Lana

Im ursprünglichen Bau zwei gewölbte Räume. In zwei Räumen einfache Holztäfelungen.

LATSCH Seite 193

Kofler in Tarsch **Bp. 58/1**
K.G. Tarsch

Spätmittelalterlicher Bau, Kellergeschoß mit Tramdecke und Tonnengewölbe. Im 1. Obergeschoß gewölbter Hausgang, gewölbte Küche, Stube mit Balkendecke und zwei Wandverkleidungen aus spätgotischer Zeit. Im 2. Obergeschoß gewölbter Hausgang, Stube mit Holzdecke des 17. Jh.s. Nach Westen Anbau von 1612 mit Sgrafitto-Tafel. Dachstuhl mit geschnitztem barocken Bundwerk am Südgiebel.

MERAN Seite 214

Rennweg 79 **Bp. 93**
K.G. Meran

Geschlossener Baukörper des ehemaligen Klarissenklosters, im Kern 14. Jh. Kellerraum original. Streng gegliederter schlichter Treppenaufgang, im 19. Jh. erneuert, Stuckdecken.

Seite 219

Tappeiner-Schlössl mit Park — **Bp. 576, Gpp. 242/10, 242/12, K.G. Meran**

Villa mit kleinem Park, 1913 von Arch. Pittoni erbaut. Zweigeschossiger Bau mit Mansardenwohnung und halbseitiger Unterkellerung, zwei seitliche Türme: Schneckentreppe mit Gußeisengeländer und hölzernem Handlauf.

Pfarrplatz 21–23 — **Bp. 1413, K.G. Meran**

Anstelle der gelöschten Bpp. 261 und 262 neu errichtet.

Seite 220

Bannzone St. Valentin — **Gpp. 878, 879, 880, 881, 882, 883, 884, K.G. Mais**

MÜHLBACH — Seite 234

Madlaner — **Bp. 91, K.G. Vals**

Gotischer Blockbau mit gemauerter Küche und Speise. Außenseite in späterer Zeit verputzt. Gotische Türen mit Eselsrücken und abgefasten Stehern. Stube mit Balkendecke, anschließendes Zimmer mit barocker Leistentäfelung und Felderdecke. Jahreszahl 1768.

NATURNS — Seite 240

Gasthof Weißes Rößl — **Bp. 1089, K.G. Naturns**

Anstelle der gelöschten Bp. 26/1 neu errichtet. Die materiellen Anteile 1–4 betreffen den denkmalgeschützten Altbau.

NEUMARKT — Seite 245

Andreas-Hofer-Straße 13 — **Bp. 36, K.G. Neumarkt**

Laubenhaus mit Giebeldach. Wandmalereien an der Fassade und im 2. Obergeschoß (16. Jh.). Gewölbte Räume im Erdgeschoß. Im 1. Obergeschoß spätgotische Balkendecke und einfache Stuckdecke.

RATSCHINGS — Seite 279

Paulheis — **Bp. 40, K.G. Mareit**

Einhof mit reich gearbeitetem Bundwerkgiebel, langer Inschrift und Jahrzahl 181... Im Hausgang Balkendecke, in der Küche Tonnengewölbe mit Stichkappen. Im Wirtschaftsteil doppelstöckig gemauerter Einbau mit Gewölben, wohl ehemaliger Kornkasten.

RITTEN — Seite 286

Krotental 7 in Klobenstein — **Bp. 41, K.G. Ritten I**

Zweigeschossiges Sommerfrischhaus mit Krüppelwalmdach, erbaut 1856. Regelmäßige Raumeinteilung. Mittelgang mit Sandsteinplatten. Im Erdgeschoß Stube mit Wandtäfelung, bemalt 1898, und Stuckdekoration an der Decke. Salon mit Stuckdecke. Im Obergeschoß vier Räume mit Stuckdecken, zwei mit Papiertapeten.

Seite 289

Bannzone Penzlhof — **Gpp. 1199, 1206, 1207, 1208, 1220, K.G. Ritten I**

Seite 296

Alter Mühlweg 5 mit Park in Oberbozen — **Bp. 1256, Gp. 3553**

Sommerfrischhaus in neubarocken Stilformen, erbaut 1927/28 nach Plänen von Arch. Marius Amonn. Steiles Vollwalmdach, nach Süden Terrasse, Mittelerker und Loggia, nach Norden gedeckter Vorplatz. Im Westen Rundbogentür mit Staffler-Wappen und Jahreszahl 1927. Park mit Nadelbäumen und talseitiger Stützmauer. Im Hauptgeschoß getäfelte Stube und Salon mit bemalter Decke, sig. Rudolf Stolz 1928.

SALURN Seite 304

Leitach in Buchholz **Bp. 248/1 K.G. Salurn**

Kubusförmiger Bau mit Vollwalmdach, Eckquadern und Geschoßbänderung in Putz. Durchgehender Hausgang und zwei Räume mit Stuckdecken. Hauskapelle mit Jugendstilmalereien an der Decke und barockem Altar.

ST. LORENZEN Seite 316

Ausluger **Bp. 185/1 K.G. St. Lorenzen**

Spätmittelalterlicher Hof. Fassadenfresko von 1730. Im Erdgeschoß Mittellabe mit zwei Rundbogentüren. Küche und zwei weitere Räume mit Gewölben, Stube mit spätgotischer Bohlenbalkendecke.

ST. MARTIN IN PASSEIER Seite 321

Pirpamer **Bp. 219/2 K.G. St. Martin**

Mittelflurhaus, erwähnt 1288. Kellergeschoß und Teile des Erdgeschosses in Natursteinmauerwerk, 1. Obergeschoß und Dachgeschoß in Blockbau; einfache Stube, talseitig Söller.

SARNTAL Seite 333

Außer- und Hintermurr in Pens **Bpp. 1174/1, 1174/2 K.G. Sarnthein**

Geteilter Hof, im Kern spätmittelalterlicher Bau mit seitlichen Anbauten aus späterer Zeit. Spätgotische Decke mit abgefasten Balken auf Unterzug. Im westlichen Anbau klassizistische Stubentäfelung. Anfang des 19. Jh.s.

Windschnur in Pens **Bp. 1203 K.G. Sarnthein**

Keller- und Hauptgeschoß gemauert, Obergeschoß in Holzbauweise mit Bundwerk, um 1840/50. Fensterrahmungen, Eckquadern, Geschoßbänder und Fassadenfresko aus der Bauzeit. Im Inneren zwei Stuben mit Türen und Täfelungen, Profilen und Ornamenten des frühen 19. Jh.s. Im Obergeschoß Holzkammern, an einer Tür Eselsrückenholm.

SCHLUDERNS Seite 342

Kapelle beim Grein **auf Gp. 697 K.G. Schluderns**

Kleiner Bau mit abgesetzter Rechteckapsis, 1896 anstelle einer älteren Kapelle erbaut. In der Apsis Lourdes-Grotte, im Schiff flache Decke mit Stuckdekor.

SCHNALS Seite 346

Althütt **Bp. 40 K.G. Unser Frau**

Holzblockbau mit barockem Bundwerkgiebel. Im Erdgeschoß gemauerte Küche mit Tonnengewölbe und Stube mit barocker Vertäfelung, 18. Jh. Im Obergeschoß Kammern teilweise mit originalen Schubfenstern.

STERZING Seite 354

Gänsbacherstraße 25 **Bp. 274 K.G. Sterzing**

Zweistöckige Villa in Jugendstilformen. Nahezu quadratischer Grundriß mit zentralem Verteilerraum und Veranden, Erkern mit Loggien im Giebelbereich. Riffelputz und Granitimitation an Fenster- und Türumrahmungen. 1924 datierte Stube im Obergeschoß, holzgetäfelt mit Intarsien.

TAUFERS IM MÜNSTERTAL Seite 361

St.-Johann-Straße 4 **Bp. 7 K.G. Taufers i. M.**

Mittelalterlicher Bau mit originalen Schlitzfenstern, quadergerahmten Öffnungen und Zugängen zur Kirche. Teil des mittelalterlichen Hospizes. Zwei Getäfel in der Stube, das ältere spätmittelalterlich, das jüngere barock. Barocke Fenster- und Türumrahmungen.

TRAMIN — Seite 383

Kapelle in Rungg — **Bp. 606**
K.G. Kurtatsch

Barocke Wegkapelle mit abgesetzter Apsis, zwei vergitterten Rundfenstern und Satteldach. Innen Wölbung mit Malereien aus dem späten 19. Jh. und Bogenöffnung in der Apsis.

WELSBERG — Seite 414

Gasthof Erharter — **Bp. 43**
K.G. Welsberg

Spätgotischer Bau mit gewölbten Mittelgängen im Erdgeschoß und Obergeschoß, im späten 18. Jh. nach Osten und Westen erweitert. Im Erdgeschoß tonnengewölbter Raum mit Brustgetäfel, darüber Porträts der Tiroler Freiheitshelden von 1809 von Johann Mathias Pescoller.

II. AUFGEHOBENE DENKMALSCHUTZBINDUNGEN

BOZEN — Seite 30

Gerbergasse 67 — **Bp. 26**
K.G. Bozen

Das Gebäude weist zu wenig Elemente von geschichtlicher und künstlerischer Bedeutung auf, um eine Denkmalschutzbindung zu rechtfertigen.

Gerbergasse 37–39 — **Bp. 42**
K.G. Bozen

Das Gebäude weist zu wenig Elemente von geschichtlicher und künstlerischer Bedeutung auf, um eine Denkmalschutzbindung zu rechtfertigen.

Gerbergasse 22 — **Bp. 44**
K.G. Bozen

Abgesehen von der Fassade weist das Gebäude heute im Inneren keinerlei Elemente von künstlerisch-geschichtlichem Wert auf, die eine Denkmalschutzbindung rechtfertigen würden.

BRENNER — Seite 55

Sailer — **Bp. 13/1**
K.G. Gossensass

Nachdem mit Landesausschußbeschluß Nr. 3013/90 vom 21. Mai 1990 trotz Einspruch des Denkmalamtes der Abbruch des straßenseitigen Hausteiles mit barockem Bundwerkgiebel genehmigt wurde, fehlen die Voraussetzungen für die Beibehaltung der Denkmalschutzbindung.

Nebengebäude des »Palace«-Hotels — **Bp. 78/2**
K.G. Gossensass

Das Gebäude weist weder historische noch künstlerische Merkmale auf.

DEUTSCHNOFEN — Seite 89

St.-Peregrinus-Kapelle und St.-Leonardi-Eremitage in Weißenstein — **auf Gp. 2838/1**
K.G. Deutschnofen

Aus der Gp. 2838/1 herausgenommen und als Bauparzellen neu errichtet.

EPPAN — Seite 93

Stromburg, J.-G.-Plazer-Straße 38–42 — **Bp. 97/1**
K.G. Eppan

Gelöscht und als Bp. 2519 neu errichtet, wobei die Denkmalschutzbindung des Altbaues, materielle Anteile 1–7, beibehalten wurde.

Seite 101

Paulser Straße 15–19 — **Bp. 267/2**

Landwirtschaftliches Nebengebäude ohne künstlerische oder geschichtliche Bedeutung.

KALTERN — Seite 142

Lahnbauerweg 3 — **Bp. 184, K.G. Kaltern**

Das Gebäude weist keine historischen oder künstlerischen Merkmale auf, welche eine Beibehaltung der Denkmalschutzbindung rechtfertigen würden.

LAAS — Seite 178

Rein — **Bp. 15, K.G. Tanas**

Das Gebäude weist heute keinerlei Elemente von künstlerisch-geschichtlichem Wert auf, die eine Denkmalschutzbindung rechtfertigen würden.

MALS — Seite 206

Haus Nr. 36/37 — **Bp. 31, K.G. Planeil**

Nach Überprüfung wurde festgestellt, daß aufgrund des äußerst prekären Erhaltungszustandes eine Restaurierung des Baues nicht möglich erscheint.

MERAN — Seite 216

Pfarrplatz 21–23 — **B p. 260/1, K.G. Meran**

Dem Gebäude kommt keinerlei künstlerische oder historische Bedeutung zu, nur aufgrund von Parzellenteilung unter Schutz.

Pfarrplatz 21–23 — **Bpp. 261, 262**

Die beiden Bauparzellen wurden gelöscht, an ihrer Stelle die neue Bp. 1413 errichtet.

NATURNS — Seite 239

Gasthof Weißes Rößl — **Bp. 26/1, K.G. Naturns**

Gelöscht und als Bp. 1089 neu errichtet, wobei die Denkmalschutzbindung des Altbaues, materielle Anteile 1–4, beibehalten wurde.

RATSCHINGS — Seite 283

Drossnhäusl — **Bp. 125, K.G. Ridnaun**

Der schlechte Erhaltungszustand des ohnehin bescheidenen und historisch nicht eindeutig festlegbaren Baubestandes rechtfertigt nicht die Aufrechterhaltung der Unterschutzstellung.

ST. LORENZEN — Seite 315

Pfarrwidum in Montal — **Bp. 10, K.G. Montal**

Der Bau weist keine künstlerische oder geschichtliche Bedeutung auf, welche die Beibehaltung der bestehenden Denkmalschutzbindung rechtfertigen würde.

ST. MARTIN IN PASSEIER — Seite 321

Posthaus — **Bp. 11, K.G. St. Martin**

Mit Ausnahme des steingerahmten Spitzbogenportals, das in den Neubau übertragen werden muß, weist das Gebäude keine künstlerische oder geschichtliche Bedeutung auf.

STERZING — Seite 348

Neustadt 1 — **Bpp. 513, 514, K.G. Sterzing**

Einfacher Bau, errichtet um 1935 ohne künstlerische oder geschichtliche Bedeutung, irrtümlich unter Denkmalschutz gestellt.

VILLANDERS — Seite 396

Gassenschmied — **Bp. 149, K.G. Villanders**

In seinem heutigen Zustand weist der Bau keine künstlerische oder geschichtliche Bedeutung auf, die eine Beibehaltung der Denkmalschutzbindung rechtfertigen könnte.